De nombreux **exercices progressifs** pour s'entraîner

Un cahier détachable avec les **corrigés détaillés** de tous les exercices

En fin d'ouvrage, des **fiches détachables** permettent de retrouver à tout moment et de garder les repères essentiels de toutes les matières

Avertissement : Toutes les références à des sites Internet présentées dans cet ouvrage ont été vérifiées attentivement à la date d'impression. Compte tenu de la volatilité des sites et du détournement possible de leur adresse, les éditions Belin ne peuvent en aucun cas être tenues pour responsables de leur évolution. Nous appelons donc chaque utilisateur à rester vigilant quant à leur utilisation.

Conception et réalisation : Archipel studio
16, rue Claude-Tillier 75012 Paris

Conception graphique couverture : Studio Belin

Mise en page : Archipel studio et STDI

ISBN 978-2-7011-6516-5

les**clés** du**collège**

5^e^

Tout le programme

CONFORME AUX PROGRAMMES OFFICIELS

Français
Franck Chefdor Professeur certifié, collège Saint-Jean de Passy (Paris)

Mathématiques
Hassina Ihaddaden Professeur certifié, collège Condorcet (Pontault-Combault)

Histoire-Géographie
Éducation civique
Pascale Dayries, Floriane Dutel
Irène Jami, François Vincent
Professeurs agrégés, lycée Janson de Sailly (Paris)

Anglais
Stéphanie Crescent Professeur certifié, collège Saint-Jean de Passy (Paris)

SVT
Arnaud Van-Praët Professeur certifié, collège Condorcet (Pontault-Combault)

Physique-Chimie
Mélanie Joubel Professeur agrégé, lycée Geoffroy Saint-Hilaire (Étampes)

Belin

8, rue Férou 75278 Paris cedex 06
www.editions-belin.com

Sommaire

Français

GRAMMAIRE

ORTHOGRAPHE

CONJUGAISON

LEXIQUE

EXPRESSION ÉCRITE

Mathématiques

NOMBRES ET CALCULS

ORGANISATION ET GESTION DE DONNÉES

GÉOMÉTRIE

Histoire-Géographie-Éducation civique

HISTOIRE

GÉOGRAPHIE

ÉDUCATION CIVIQUE

Anglais

SVT

RESPIRATION ET OCCUPATION DES MILIEUX DE VIE

FONCTIONNEMENT DE L'ORGANISME ET BESOINS EN ÉNERGIE

Physique-Chimie

Bilans

Dictées / Index

HDA Histoire des arts — **Difficulté des exercices** : de 🔑 à 🔑🔑🔑

1 Les mots variables

Comprendre et retenir

Rappel
Il y a dix catégories, natures grammaticales ou classes de mots en français. On distingue mots **variables** (cinq classes) et mots **invariables** (cinq classes).

Rappel et définitions

- La **nature** ou la **classe d'un mot, c'est ce qu'il est** (sa « carte d'identité »). Elle ne varie jamais. La **fonction d'un mot, c'est ce qu'il fait** (son « métier »). Elle varie suivant la place du mot dans la phrase.
- On appelle **mots variables** les mots dont la forme change en **genre** (masculin/féminin), en **nombre** (singulier/pluriel), en **personne** (verbes). Voici les **cinq classes de mots variables**.

Les noms

Les noms **variables** sont des **noms communs**. Un nom peut être formé sur un adjectif que l'on distingue au déterminant qui le précède : **Le bleu** du ciel.

Attention !
Les **noms propres** forment une catégorie particulière, ils sont **invariables** : Les Dupont viendront dîner ce soir.

Les adjectifs qualificatifs

Ils **varient en genre et en nombre** et enrichissent le texte en apportant des informations sur les noms. Certains adjectifs ont des accords particuliers (voir leçon 13, p. 30).

Les verbes

On distingue **verbes d'état** et **verbes d'action**. Ils varient en mode, en temps et en personne. Il y a trois groupes de verbes : le **1er groupe** (verbes en ***-er*** sauf « aller ») ; le **2e groupe** (verbes en ***-ir*** qui forment leur participe présent en ***-issant***) ; le **3e groupe** (tous les autres verbes).

Rappel
Attention à ne pas confondre pronoms et déterminants (voir leçon 2, p. 8) !

Les pronoms

Ils **remplacent les noms** : Les chats sont perchés. **Ils** guettent les oiseaux.
▸ « Ils » remplace « les chats » et s'accorde en genre et en nombre.

Les déterminants

Ils accompagnent les noms qu'ils déterminent :
Le gros homme. ▸ « Le » : article défini de « gros homme ».
Quelle surprise ! ▸ « Quelle » : déterminant exclamatif de « surprise ».

Apprendre comment faire

Identifier la nature d'un mot variable

Donner la nature des mots en rouge.

Il risqua un coup d'œil au coin de la pierre **tombale** et se recula aussitôt. L'**inconnu** à **la** silhouette massive **passa** d'une démarche pesante, il était si près que Flavien aurait pu **le** toucher.

Henri Winterfeld, *Caïus et le gladiateur*, trad. Jean Esch, © Livre de Poche Jeunesse, 1969.

RÉPONSE
- « **tombale** » est un adjectif. ▸ « **inconnu** » est un nom.
- « **la** » est un déterminant (article défini). Il précède le nom qu'il détermine et avec lequel il s'accorde.
- « **passa** » est un verbe (1er groupe, conjugué au passé simple).
- « **le** » est un pronom personnel COD qui remplace « l'homme à la silhouette massive ».

Méthode

Pour identifier la nature d'un mot, on le remplace par un autre de même nature.
1. **Remplacer « tombale » par un adjectif de couleur** : « une pierre noire ».
2. **Identifier la nature grammaticale** d'« inconnu », pour ne pas le confondre avec l'adjectif, grâce au déterminant « L' ». On peut remplacer « inconnu » par un autre nom : « homme ».
3. **Remplacer par un autre déterminant** : « cette », « une »…
4. **Remplacer par un autre verbe** : « marcha ».
5. **Remplacer le pronom « le » par un nom** : « Flavien aurait pu toucher le gladiateur ».

S'entraîner

1 Vrai ou Faux ?

	V	F
a. La nature d'un mot est ce qu'il fait.	☐	☐
b. Le déterminant remplace un nom.	☐	☐
c. Il y a 10 classes grammaticales en français.	☐	☐
d. La nature d'un mot ne change jamais.	☐	☐
e. « Aller » est un verbe du 1er groupe.	☐	☐
f. Le mot « bleu » est toujours un adjectif.	☐	☐

2 Parmi les mots en couleur, souligner les mots variables.

Utiliser la **méthode** décrite dans **Apprendre comment faire**.

Car, tournant le dos au **rivage**, **je** ne voyais plus **devant** moi que la rivière. Elle **glissait**. Plus **loin**, en aval, l'île, prise dans les **premiers** rayons du jour, commençait à sortir des brumes matinales. Peupliers, ormes et bouleaux formaient **une** masse confuse d'où peu à peu se détachaient de grands pans de feuillages **qui** prenaient la lumière. À la pointe, un roc **bleu** émergeait au-dessus de l'eau, qu'il brisait avec violence. Et l'eau bouillonnait de colère. **Mais** la rive de l'île était si rose et, **sous** une légère brise, il en venait de **tels** parfums d'arbres, de plantes et de fleurs sauvages, que j'étais saisi d'émerveillement.

Henri Bosco, *L'Enfant et la Rivière*,

3 Compléter ce texte avec les natures indiquées entre parenthèses.

a. (déterminant démonstratif) …… violence augmentait.

b. Le courant emportait de plus en plus rapidement la vieille (nom commun) ……

c. L'eau (verbe imparfait) …… par les fissures.

d. De (adjectif qualificatif) …… tourbillons me prenaient par le travers et la barque tournait sur elle-même.

e. Quand (pronom personnel sujet) …… offrait le flanc au choc de l'eau, (pronom personnel sujet) …… roulait dangereusement.

D'après H. Bosco, *op. cit.*

4 Classer les mots en bleu en un tableau en séparant mots variables et invariables et donner la nature grammaticale précise des mots variables.

Poil de Carotte et **grand** frère Félix s'éloignent. **Leur** costume simple est **celui** de tous les jours. Ils regrettent **de** n'avoir pas de bottes, **mais** M. Lepic **leur** déclare **souvent** que le vrai chasseur les **méprise**. La culotte de vrai chasseur traîne sur les talons. Il **ne** retrousse jamais. Il marche ainsi dans la patouille, les terres **labourées**, et des bottes se forment bientôt, montent jusqu'aux genoux, solides, naturelles, que la servante **a** la consigne de respecter.

Jules Renard, *Poil de Carotte*, 1894.

5 Donner la nature grammaticale précise des mots variables en bleu.

Utiliser la **méthode** décrite dans **Apprendre comment faire**.

Je perdis **la** (……) notion du temps, du lieu et de moi-même, et **je** (……) ne savais plus **qui** (……) s'en allait, de **ma** (……) barque ou de la rivière. Fuyait-elle, ou était-ce moi qui merveilleusement, sans rames, la **remontais** (……) ? Dieu sait comment je m'étais détaché du rivage, et déjà je voyais s'éloigner les quatre **pilotis** (……) de la cabane... Ils s'éloignaient... S'éloignaient-ils ?... Brusquement je revins à **moi** (……). Où étais-je ? Entre la barque et la cabane, la corde était tombée. Pris dans un courant **invisible** (……) je partais à la dérive. J'essayai de saisir, au passage, une branche ; mais elle m'échappa. Sans secousse, insensiblement, je m'éloignais du bord. Le froid de la peur me glaçait. Car l'eau, d'abord paisible, entrait dans le courant à mesure que j'avançais, et je voyais, sur moi, venir l'immense nappe de la rivière avec **rapidité** (……). Elle était tout entière en marche, et **sa** (……) masse profonde m'entraînait vers ce récif dressé à la pointe de l'île où les flots se brisaient en bouillonnant.

D'après H. Bosco, *op. cit.*

Livret des corrigés p. 1

2 Les pronoms

> **Astuce**
> On peut toujours remplacer un pronom par un nom ou un autre pronom et éviter ainsi de le confondre avec un déterminant.

> **Rappel**
> « Il » peut être utilisé comme pronom impersonnel avec des verbes comme : pleuvoir, falloir, venter, etc : Il neige.

> **Attention !**
> Ne pas confondre « notre » et « votre », adjectifs possessifs et « le nôtre », « le vôtre », pronoms possessifs qui portent un accent circonflexe.

Comprendre et retenir

Un pronom est un mot variable dont les formes changent selon sa fonction ou ce qu'il désigne.

Les pronoms personnels

Leur forme varie en personne, nombre et fonction :
– **Sujet** : je, tu, il, elle, on (pronom personnel indéfini), nous, vous, ils, elles.
– **COD** : me, m', te, t', se, s', le la, les, nous, vous, les.
– **COI, COS, etc. précédés d'une préposition** : moi, toi, soi, lui, nous, vous, leur, eux, elles.

- Le pronom « on » possède un sens indéfini : **On** apprend tout cela à l'école.
- Les pronoms personnels réfléchis représentent le sujet d'un verbe pronominal. Pour les identifier, on peut mettre la phrase à la 1re personne : Elle **s'**emporte ▸ Je **m'**emporte.

Les pronoms démonstratifs

- Ils ont des formes simples « celui, ceux, celle, celles » et des formes composées : Je vois bien **celui-ci**, mais je ne distingue pas **celui-là**.

Les pronoms possessifs

Au singulier : « le mien, le tien, le sien, le nôtre, le vôtre, le leur ».

Les pronoms relatifs

Ils varient en genre, en nombre et en fonction au sein de la relative « qui, que, quoi, dont, où… » : Je lui ai posé une question à **laquelle** elle n'a pas pu répondre.

Les autres pronoms

- **Indéfinis** : chacun, quelques-uns, plusieurs, aucun, personne, nul…
- **Numéraux** : on distingue les numéraux cardinaux « deux, quatre, douze… » et les numéraux ordinaux qui classent « le premier, le quatrième… ».
- **Interrogatifs** : ils ont des formes simples « qui, que, quoi… », composées « lequel, laquelle… » ou renforcées « qui est-ce qui ? qu'est-ce que ?… ».

Apprendre comment faire

Connaître les pronoms relatifs

Analyser les pronoms relatifs dans l'extrait suivant :

Mon cher papa,

J'apprends que[1] tu dois aller à Paris. Je partage la joie que[2] tu auras en visitant la capitale que[3] je voudrais connaître et où[4] je serai de cœur avec toi.

Jules Renard, *Poil de Carotte*, 1894.

RÉPONSE

1. Que est conjonction de subordination et complète le verbe « apprends ».
2. Que est pronom relatif, il complète le nom « joie » et introduit la proposition subordonnée relative « que tu auras en visitant la capitale ».
3. Que est pronom relatif, il complète le nom « capitale » et introduit la proposition subordonnée relative « que je voudrais connaître ».
4. Où est un pronom relatif, il complète le nom « capitale » et introduit la proposition subordonnée relative « où je serai de cœur avec toi ».

> **Méthode**
> **1 Examiner la forme du pronom.** Le pronom relatif a les formes suivantes : « qui, que, quoi, dont, où, lequel ».
> **2 Observer quel mot le pronom complète et la proposition qu'il introduit.** Le pronom relatif complète toujours un nom ou un groupe nominal.

S'entraîner

1 Vrai ou Faux ?

	V	F
a. Un pronom personnel peut être complément.	☒	☒
b. Les numéraux cardinaux permettent de classer.	☐	☒
c. Un pronom introduit un groupe nominal.	☒	☒
d. « Il » peut être pronom impersonnel.	☒	☒
e. « Notre » est un pronom possessif.	☒	☒

2 Relever les pronoms de ces phrases et indiquer à quelle catégorie ils appartiennent.

a. Ceci est à moi, et cela à vous.

b. Pierre a oublié son téléphone et emporté le mien.

c. Celles qui ont terminé le contrôle pourront sortir.

d. Geoffroy a mangé cinq glaces ! Il va être malade, d'autant qu'il aurait pu t'en laisser une !

e. Quelqu'un a gagné le prix mais n'est pas venu le chercher.

f. Qui n'a pas compris la méthode que je viens de vous donner ?

3 Réécrire les phrases en remplaçant les groupes de mots en bleu par des pronoms personnels.

a. J'ignore **s'ils resteront dîner**.

b. Voulez-vous expliquer **le fonctionnement de cet appareil à ces nouveaux clients** ?

c. Veux-tu m'épouser ? Oui je veux **t'épouser** !

d. Les auteurs parleront **de leur nouveau roman**.

e. Présentez-vous à **ce groupe de nouveaux adhérents**.

f. Maxime et sa mère renonceront-ils **à venir aux Charmilles cet été** ?

4 Souligner les pronoms indéfinis et encadrer les déterminants indéfinis.

a. Si chacun s'occupait de ses affaires, tous vivraient en paix.

b. Certains ont apprécié la tarte de ta grand-mère, mais tous ne l'ont pas aimée.

c. As-tu pensé à prendre quelques affaires chaudes pour tous ?

d. Tous les chemins ne sont pas bons à prendre mais tous ne le savent pas.

5 Souligner les pronoms relatifs et encadrer les pronoms interrogatifs.

a. Que fais-tu pour le jour de l'an ?

b. L'association dont je fais partie est très sympathique.

c. Dis-moi lequel tu préfères.

d. Avez-vous une technique qui arrêterait ce désagréable hoquet ?

e. Lequel d'entre vous sait à qui appartient ce chien ?

6 Analyser les mots en bleu.

Utiliser la méthode décrite dans **Apprendre comment faire**.

a. **Que** voyez-vous ?

b. Marie a un frère et une sœur **qui** l'adorent.

c. Elle portait la robe **que** nous lui avons offerte.

d. Je crois **que** tu m'entends.

e. **Qu'est-ce qui** te passionne dans la vie ?

f. Je m'intéresse à tous ceux **qui** œuvrent pour l'intérêt général.

g. Je te donne l'adresse **que** j'ai notée.

h. **Que** la route est longue !

i. La ville était protégée par de hauts murs d'enceinte **qui** la dissimulaient.

Livret des corrigés p. 1

3 Les conjonctions de coordination et les prépositions

Comprendre et retenir

Astuce
On peut toujours remplacer une préposition ou une conjonction de coordination par une autre et éviter ainsi de les confondre.

À savoir
« À » préposition ou « a » verbe « avoir » à la 3e pers. du singulier. Pour être sûr, remplacer « à/a » par « avait » : Il part à vélo ▸ « il part avait vélo » ne veut rien dire, « à » s'écrit avec un accent.

Remarque
« Ou » conjonction ou « où » pronom relatif. Pour être sûr, remplacer « ou » conjonction par « ou bien ».

Les conjonctions de coordination et les prépositions sont des petits **mots invariables** que l'on peut confondre. Pour bien les identifier, il est important de connaître leur rôle dans la phrase et d'en apprendre les listes par cœur.

Les prépositions

- Elles se placent **avant un nom, un pronom** ou encore **un verbe à l'infinitif**. C'est de là qu'elles tirent leur nom de « pré-position ». Il y a de nombreuses prépositions : « à, dans, par, pour, en, vers, avec, de, sans, sous… ».
- On trouve aussi des **formes composées** ou **locutions prépositives** comme : « près de, à travers, à côté de… ».

Les prépositions introduisent différents compléments :
– compléments du verbe : Je réponds **à** sa demande. (verbe + prép. + nom) ;
– compléments du nom : Le vélo **de** Jacques. (nom + prép. + nom) ;
– compléments de l'adjectif : Il est forcé **de** répondre. (adjectif + prép. + verbe).

Les conjonctions de coordination

- Elles sont en nombre limité : « **mais, ou, et, donc, or, ni, car** ». Elles **relient** des mots, des groupes de mots de même fonction ou des propositions de même nature : Paul **et** Virginie. (nom + nom).

Il plie, **mais** ne rompt pas. (proposition indépendante + proposition indépendante)

Apprendre comment faire

Identifier prépositions et conjonctions de coordination

Identifier les mots en gras dans le texte suivant :

J'en fus bien aise, **car** je redoutais le ridicule d'une entrée au lycée **à** la tête d'un cortège familial, comme le mort **de** l'enterrement.

Marcel Pagnol, *Le Temps des secrets*, © Marcel Pagnol (DR), 1960.

RÉPONSE

▸ **« Car »** est une conjonction de coordination, elle relie les deux propositions indépendantes « J'en fus bien aise » et « je redoutais le ridicule […] enterrement ».

▸ **« À »** est une préposition. On l'identifie à son accent. Elle introduit le complément circonstanciel de lieu « à la tête d'un cortège familial ».

▸ **« De »** est une préposition. Elle introduit « de l'enterrement », complément du nom sous-entendu « le ridicule ».

Méthode

1 **Apprendre par cœur** la liste des conjonctions de coordination.
2 **Remplacer** par une autre conjonction pour éviter une confusion.
3 **Identifier** les groupes de mots que ces conjonctions introduisent.

S'entraîner

1 Vrai ou Faux ?

	V	F
a. Les conjonctions de coordination relient des mots ou groupes de mots de même nature grammaticale.	☐	☐
b. Les prépositions tirent leur nom de leur place avant un groupe de mots.	☐	☐
c. La liste des conjonctions de coordination est courte.	☐	☐
d. « à » est une préposition.	☐	☐
e. « où » est une conjonction de coordination.	☐	☐

2 Barrer l'intrus qui s'est glissé dans chacune de ces listes.

a. avant – dès – après – car.

b. comme – pour – sur – contre – chez – parmi.

c. ici – près de – devant – dessous.

3 Compléter ces phrases avec des conjonctions de coordination.

a. J'ai fait tous les magasins mais je n'ai trouvé ...... ce que tu voulais, ... ce que je recherchais !

b. Préfères-tu les frites ...... le chocolat ?

c. Pierre est très sympa ...... un peu collant.

d. Il a laissé ses notes ...... son roman préféré sur la banquette arrière.

e. Je ne comprends pas de quoi tu veux parler, ... je t'en prie change de conversation !

4 Parmi les mots en bleu, identifier les prépositions (P) et les conjonctions de coordination (C) .

Utiliser la méthode décrite dans **Apprendre comment faire**.

Attention, il y a un piège !

a. Il est **très** (...) près de ses **sous** (...).

b. Je n'ai rien compris **car** (...) la ligne était brouillée.

c. Es-tu **sûr** (...) de vouloir partir **maintenant** (...) ?

d. Mathilde s'est glissée **sous** (...) la table **pour** (...) attribuer les parts de galette.

e. Ernest viendra **sans** (...) sa petite amie, **donc** (...) je pense qu'ils se sont encore brouillés.

5 Dans ces phrases souligner la préposition qui convient.

a. Tout ce petit monde est un vrai panier de crabes ! Je ne sais vraiment pas à/en qui me fier.

b. Tu devrais aller chez le/au coiffeur.

c. Elle est partie à/en voiture vers/pour La Défense.

d. Je vous remercie pour/d'être venus me voir quand j'étais au plus mal.

6 Relever les locutions prépositionnelles et remplacer chacune d'elles par une préposition simple de votre choix.

a. Un magnifique rosier se déploie au-dessus de la terrasse. ....

b. Nous avons pique-niqué au milieu de la forêt. ....

c. Le chat dort dans son panier à côté du radiateur. ....

d. Tristan garde son épée à la main afin d'être prêt au combat. ....

7 Relever les prépositions de ces phrases et indiquer la classe grammaticale du mot ou du groupe de mots qu'elles introduisent.

a. J'ai très envie de venir encourager Joshua à la première de sa pièce. ....

b. Marie joue du piano depuis ses premières années. ....

c. Après avoir étendu le linge, papa ira faire les courses. ....

d. En dépit de son métier exigeant, il a toujours l'air d'être disponible. ....

e. Sans son aide, nous n'avons aucune chance de réussite à ce jeu de culture générale. ....

f. Sans mes lunettes, je ne peux conduire. ....

g. Par précaution, j'enverrai cette lettre demain à ta grande sœur. ....

Livret des corrigés p. 1

4 Les expansions du nom

À savoir
On appelle expansions du nom les mots qui dépendent de ce nom.

Attention !
Un adjectif substantivé est un adjectif transformé en nom : Le jaune des champs de tournesols.

À savoir
Un groupe participial est un groupe de mots dont un participe (passé ou présent) est le noyau : Les tournesols, **brûlés par le soleil**. Un chevalier, **répondant au nom de Guillaume**.

Comprendre et retenir

L'épithète liée ou détachée

- C'est le plus souvent un **adjectif** ou un **participe** ou **groupe participial** qui caractérise un nom auquel il est relié directement (**épithète liée**) ou séparé par une virgule (**épithète détachée**) : Un poème courtois ▸ « courtois » est l'épithète liée au nom « poème ». Un chevalier courageux, honnête et droit ▸ « honnête » est l'épithète détachée du nom « chevalier ».
- La fonction épithète peut aussi être occupée par un **nom** : Une femme sirène.

Rappel : en grammaire le mot « épithète » s'utilise comme adjectif ou comme nom. Le nom « épithète » est un nom féminin : Un adjectif épithète/Une épithète.

La mise en apposition

Il s'agit d'un **groupe nominal** qui caractérise un nom, **dont il est séparé par une virgule** : Guillaume, le prince d'Aquitaine, est l'auteur des premiers poèmes courtois ▸ « le prince d'Aquitaine » est une mise en apposition au nom « Guillaume ».

Le complément du nom

Il complète le nom par l'intermédiaire d'une préposition : La Mer du Nord ▸ « du Nord » est un complément du nom « Mer ».

Le complément de l'antécédent

C'est la proposition subordonnée relative (nature) qui a pour fonction **complément de l'antécédent**. On appelle antécédent le nom, le groupe nominal ou le pronom qui précède immédiatement le pronom relatif (voir leçon 10, p. 24) : La fleur qui te plaisait tant ▸ « qui te plaisait tant », proposition subordonnée relative complément de l'antécédent « la fleur ».

Apprendre comment faire

Identifier les expansions du nom

Analyser les expansions entre crochets de cet extrait :

Mon père, [ce héros au sourire si doux],
[Suivi d'un seul housard] [qu'il aimait entre tous]
Pour sa grande bravoure et pour sa haute taille,
Parcourait à cheval, le soir d'une bataille,
Le champ [couvert de morts] sur qui tombait la nuit.

Victor Hugo, « Après la bataille », *La Légende des siècles*, 1859.

Méthode

1 Repérer la ponctuation et la nature du groupe de mots. Attention, un groupe de mots peut être éloigné du mot qu'il caractérise.

2 Observer et identifier le mot qui introduit le groupe : son antécédent. Ne pas confondre conjonction de subordination et pronom relatif.

3 Identifier la nature du groupe de mots et analyser le lien entre ce groupe et le mot qu'il complète.

RÉPONSE

▸ **« ce héros… »** est une mise en apposition. Ce groupe nominal se rapporte à « mon père », dont il est séparé par une virgule.

▸ **« suivi… »** est une épithète détachée. Ce groupe participial se rapporte à « mon père » dont il est séparé par une virgule et par la mise en apposition précédente.

▸ **« qu'il aimait… »** est complément de l'antécédent « housard ». Le pronom relatif « que » complète un nom.

▸ **« couvert… »** est un groupe participial épithète lié au nom « champ ».

S'entraîner

1 Vrai ou Faux ?

	V	F
a. « L'inconsolé » est un adjectif.	☐	☐
b. Une épithète détachée peut être un groupe nominal.	☐	☐
c. Un complément du nom est séparé du nom par une préposition.	☐	☐
d. Une proposition subordonnée relative est une expansion du nom.	☐	☐
e. La fonction épithète est toujours occupée par un adjectif.	☐	☐

2 Créer les expansions demandées.

a. Un chevalier (épithète liée) :

....

b. La rose (prop. sub. relative) :

....

c. La colonne (complément du nom) :

....

d. La lyre (mise en apposition) :

....

e. La sirène (épithète détachée) :

....

3 Souligner le nom ou le pronom auquel se rapportent les expansions en bleu.

Utiliser la méthode décrite dans **Apprendre comment faire**.

Il était une fois une veuve **qui avait deux filles** ; l'aînée, **une fort mauvaise fille**, lui ressemblait si fort d'humeur et de visage, que qui la voyait voyait la mère. Toutes deux, **désagréables et orgueilleuses**, rendaient la vie insupportable aux autres. La cadette, qui était le **vrai** portrait **de son père** pour la douceur et l'honnêteté, était avec cela une des plus **belles** filles qu'on eût su voir. Comme on aime naturellement son semblable, cette mère était folle de sa fille aînée, et en même temps avait une aversion* effroyable pour la cadette.

Charles Perrault, *Les Fées*, 1697.

* répugnance

4 Souligner les expansions des noms en bleu et préciser leur nature et leur fonction.

C'est un large **buffet** sculpté ; le chêne sombre,
Très vieux, a pris cet **air** si bon des vieilles gens ;
Le buffet est ouvert, et verse dans son ombre
Comme un **flot** de vin vieux, des parfums engageants ;

Tout plein, c'est un fouillis de vieilles vieilleries,
De linges odorants et jaunes, de chiffons
De femmes ou d'enfants, de dentelles flétries,
De **fichus** de grand'mère où sont peints des griffons ;

– C'est là qu'on trouverait les médaillons, les mèches
De cheveux blancs ou blonds, les portraits, les [**fleurs** sèches
Dont le parfum se mêle à des parfums de fruits.

Rimbaud, « Le Buffet », *Poésies*, 1870.

5 Identifier et souligner les expansions du nom de l'extrait suivant.

Souvent, pour s'amuser, les hommes d'équipage
Prennent des albatros, vastes oiseaux des mers,
Qui suivent, indolents compagnons de voyage,
Le navire glissant sur les gouffres amers.

À peine les ont-ils déposés sur les planches,
Que ces rois de l'azur, maladroits et honteux,
Laissent piteusement leurs grandes ailes blanches
Comme des avirons traîner à côté d'eux.

Charles Baudelaire, « L'Albatros », *Les Fleurs du mal*, 1857.

6 Parmi les groupes en bleu, souligner les compléments du nom.

a. Heureusement **pour lui**, Jacques arriva à l'heure **à son rendez-vous**.

b. Les enfants se sont dispersés par groupes **dans les champs**.

c. Au pied **de l'arbre** poussent **de grands massifs floraux**.

d. Il aperçoit ses amis **en plein soleil**.

Livret des corrigés p. 1

5 Les compléments d'objet et l'attribut

Comprendre et retenir

Astuce
Pour ne pas confondre complément du verbe et sujet inversé, encadrez le sujet par « C'est… qui » ou « ce sont… qui » : Sous le Pont Mirabeau coule la Seine (Apollinaire)
▸ « la Seine » n'est pas COD du verbe « couler » mais son sujet inversé : C'est la Seine qui coule sous le Pont Mirabeau.

À savoir
Un sujet ou un complément est toujours fonction de quelque chose. Préciser quel verbe le complément complète ou quel sujet l'attribut complète.

- Dans une phrase, il y a trois grandes fonctions : les **fonctions du nom**, les **fonctions du verbe**, et les **fonctions de la phrase** (voir Fiche Mémo 2).
- Les **compléments d'objet** et **l'attribut du sujet** sont des **constituants essentiels du groupe verbal**. Ils sont indispensables au verbe. C'est pourquoi on les appelle essentiels : on ne peut ni les déplacer ni les supprimer.

Le COD

Le COD est un complément **directement lié au verbe** qu'il suit. Il n'y a pas de préposition entre le verbe et son complément : Les villageois aperçoivent **un étranger**. Un verbe suivi d'un COD est appelé **transitif direct**.

Le COI

Le COI est un complément **indirectement lié au verbe** qu'il suit. Il y a une préposition entre le verbe et son complément : Les villageois s'étonnent **de sa venue**. Un verbe suivi d'un COI est appelé **transitif indirect**.

L'attribut du sujet

L'attribut du sujet n'est pas un complément. Il est cependant lui aussi **directement lié au verbe** qu'il suit. À la différence des COD et COI, **il suit des verbes d'état** ou attributifs (être, demeurer, paraître, sembler, rester, se trouver, ressembler, avoir l'air de…). **On peut remplacer un verbe d'état par « être »** ou le signe = car il exprime une qualité, une caractéristique du sujet : Il ressemblait **à un Indien d'Amérique**.

Apprendre comment faire

Distinguer les compléments d'objet et l'attribut du sujet

Dans les phrases suivantes, identifier un COD, un COI, un attribut du sujet parmi les groupes en gras.

L'étranger lui tapota **les joues**, puis lui donna un thaler*, foula de ses longues enjambées la place du village, cracha dans la fontaine en passant. Tout le village le contemplait maintenant. Les buveurs restaient **debout**. Mais l'étranger ne leur jeta pas même un regard, il regrimpa dans la carriole […] et disparut bientôt en prenant la route plantée de sorbiers qui mène **au chef-lieu de canton**.

D'après Blaise Cendrars, *L'Or*, © Éditions Denoël, 1925.

*ancienne monnaie allemande

RÉPONSE

▸ « **les joues** » est bien complément du verbe « tapoter ». On ne peut le supprimer. Il n'y a pas de préposition entre le verbe et le complément. Le verbe n'est pas un verbe d'état (on ne peut le remplacer par « être »). C'est donc un COD du verbe « tapoter ».

▸ « **debout** » complète le verbe « rester ». On ne peut le supprimer. Il n'y a pas de préposition entre le verbe et le complément. Le verbe est un verbe d'état : « Les buveurs étaient debout ». C'est donc un attribut du sujet « les buveurs ».

▸ « **au chef-lieu de canton** » complète le verbe « mener ». On ne peut le supprimer. Il y a une préposition entre le verbe et le groupe nominal (*au* = *à* + *le*). Le verbe n'est pas un verbe d'état. C'est donc un COI du verbe « mener ».

Méthode

1. **Observer si le mot** (ou groupe de mots) **est lié au verbe** : essayer de le supprimer ou de le déplacer.
2. **Identifier le type du verbe** : si c'est un verbe d'état, c'est un attribut du sujet.
3. **Identifier le sujet** pour ne pas confondre un complément essentiel et un sujet inversé.
4. **Analyser comment le mot** (ou groupe de mots) **est lié au verbe.**

S'entraîner

1 Vrai ou Faux ?

	V	F
a. On peut déplacer ou supprimer un complément d'objet.	☐	☐
b. On peut encadrer un COD par « c'est… qui ».	☐	☐
c. Un groupe qui suit un verbe d'état est attribut du sujet.	☐	☐
d. Les COI suivent des prépositions.	☐	☐
e. Les verbes qui introduisent des COD sont appelés transitifs indirects.	☐	☐
f. « demeurer » et « ressembler » sont des verbes d'état.	☐	☐

2 Souligner les sujets et les attributs du sujet des phrases suivantes et indiquer leur classe grammaticale.

a. Jouer aux jeux vidéo est mon loisir préféré.

....

b. Qui trouvera la bonne réponse ?

....

c. Tous les convives ont été de bonnes connaissances. ....

d. J'ai pris soin de cette hirondelle qui semblait blessée. ....

e. Qu'elle ne soit toujours pas arrivée me paraît inquiétant. ....

3 Souligner en bleu les attributs du sujet et en vert les compléments d'objet.

Utiliser la **méthode** décrite dans **Apprendre comment faire**.

a. Elle se souvient avec émotion du jour de leur première rencontre.

b. Gauvain passe pour le plus valeureux des chevaliers de la Table ronde.

c. Elle renonce à son héritage.

d. L'inconnu demeurait immobile, son visage semblait prématurément vieilli.

e. Elle a reconnu ses torts.

f. Il donne un cadeau à sa petite sœur.

4 Souligner les constituants essentiels du groupe verbal dans les phrases suivantes et indiquer leur nature grammaticale.

a. Les enfants ont offert un bouquet de roses à leur grand-mère. ....

b. Il est devenu joueur de tennis professionnel.

....

c. À l'orée du bois apparurent trois brigands.

....

d. Que feras-tu de tout ce temps libre ?

....

e. Marie pense qu'elle ne pourra pas venir.

....

f. Il a collé un timbre de collection sur l'enveloppe.

....

5 Donner la nature et la fonction précises des mots ou groupes de mots en bleu.

Dans ce charmant district de la joyeuse Angleterre qu'arrose **le Don**, s'étendait, aux jours reculés, une vaste forêt qui couvrait **la plus grande partie des montagnes pittoresques et des riches vallées qui se trouvent entre Sheffield et la gracieuse ville de Doncaster.** Les restes de ces bois immenses sont encore **visibles** aux environs du beau château de Wentworth, du parc de Warncliffe et autour de Rotherham. Là, autrefois, revenait **le dragon fabuleux de Wantley**; là, furent livrées **plusieurs des batailles désespérées qui ensanglantèrent les guerres civiles des Deux-Roses**; là encore, fleurirent, aux anciens jours, ces troupes de vaillants outlaws dont les actions ont été popularisées par les ballades anglaises.

Walter Scott, *Ivanhoé*, 1820.

6 Analyser les natures et fonctions des compléments du verbe.

a. Charles Baudelaire, Arthur Rimbaud et Paul Verlaine furent des poètes du XIXe siècle.

b. Charles Baudelaire écrivit *Les Fleurs du Mal*.

c. Marcel Proust est considéré comme le plus grand écrivain du XXe siècle.

d. Mon rêve le plus fou est de marcher sur la lune.

e. À l'impossible nul n'est tenu.

Livret des corrigés p. 1

6 Le complément d'agent

Comprendre et retenir

Définition

On appelle **complément d'agent (CA)** le complément d'un verbe à la **voix passive (VP)**. Un verbe est au **passif** quand le sujet **subit l'action** exprimée par le verbe. Il est alors introduit par une préposition (le plus souvent « par » ou « de ») :

Gaspard est élu délégué par la classe. ▸ Dans cette phrase, le sujet grammatical « Gaspard » n'accomplit pas l'action. C'est bien « la classe » qui l'accomplit, c'est donc le **complément d'agent**.

Utilisation

- Seuls les **verbes transitifs directs** (c'est-à-dire suivis d'un COD) peuvent être transposés à la voix passive. C'est le **COD à la voix active** qui deviendra **sujet** grammatical à la voix passive :

Hemingway écrivit *Le Vieil Homme et la mer*. ▸ *Le Vieil Homme et la mer* fut écrit par Hemingway.

- Inversement, lorsqu'on transpose la phrase de la voix passive à la voix active, le complément devient sujet.

Voix active : Antoine l'a bousculé. ▸ voix passive : Il a été bousculé par Antoine.

- Le complément d'agent n'est pas toujours exprimé :

Un jour tu seras puni. ▸ On peut alors restituer un complément d'agent : Un jour tu seras puni **par ton père**.

Attention !
Un verbe à la voix active n'est constitué que d'un élément. À la voix passive, il est constitué de deux ou trois éléments (voir leçon 22, p. 48).

À savoir
Aux temps composés les verbes actifs se conjuguent avec l'auxiliaire « avoir ».

Apprendre comment faire

Identifier le complément d'agent

Identifier les compléments d'agent parmi les groupes de mots introduits par une préposition dans le texte suivant :

Ils marchèrent de long en large sur l'avenue des Ternes avant de s'arrêter dans un restaurant. Celui-ci était dirigé par un couple de sympathiques Italiens.

RÉPONSE

▸ « de long en large » est un complément circonstanciel (CC) de manière, « sur l'avenue des Ternes » un CC de lieu, « avant de s'arrêter » un CC de temps, « dans un restaurant » un CC de lieu. Ces **compléments circonstanciels** ne complètent pas le verbe mais la phrase, on peut donc les supprimer.

▸ « par un couple de sympathiques Italiens » est un **complément d'agent** du verbe « diriger » à la voix passive. Le complément dépend du verbe, « diriger » est bien à la voix passive et non au plus-que-parfait (plus-que-parfait = il avait dirigé). On peut transposer la phrase à la voix active : « Un couple de sympathiques Italiens dirigeait le restaurant ».

Méthode

1 **Repérer** les compléments et les prépositions qui les introduisent.
2 **Vérifier** si le complément dépend du verbe ou de la phrase. Le complément circonstanciel complète un verbe. Le complément d'agent complète la phrase.
3 **Identifier** si le verbe est à la voix passive : en essayant de conjuguer le verbe au temps composé avec lequel il peut y avoir confusion, en vérifiant l'auxiliaire, en transposant la phrase à la voix active.

S'entraîner

1 Vrai ou Faux ?

	V	F
a. On peut déplacer ou supprimer un complément d'objet.	☐	☐
b. On peut encadrer un COD par « c'est… qui ».	☐	☐
c. Un groupe qui suit un verbe d'état est attribut du sujet.	☐	☐
d. Les COI suivent des prépositions.	☐	☐
e. Les verbes qui introduisent des COD sont appelés transitifs indirects.	☐	☐
f. « demeurer » et « ressembler » sont des verbes d'état.	☐	☐

2 Souligner les sujets et les attributs du sujet des phrases suivantes et indiquer leur classe grammaticale.

a. Jouer aux jeux vidéo est mon loisir préféré.

....

b. Qui trouvera la bonne réponse ?

....

c. Tous les convives ont été de bonnes connaissances. ....

d. J'ai pris soin de cette hirondelle qui semblait blessée. ....

e. Qu'elle ne soit toujours pas arrivée me paraît inquiétant. ....

3 Souligner en bleu les attributs du sujet et en vert les compléments d'objet.

Utiliser la méthode décrite dans Apprendre comment faire.

a. Elle se souvient avec émotion du jour de leur première rencontre.

b. Gauvain passe pour le plus valeureux des chevaliers de la Table ronde.

c. Elle renonce à son héritage.

d. L'inconnu demeurait immobile, son visage semblait prématurément vieilli.

e. Elle a reconnu ses torts.

f. Il donne un cadeau à sa petite sœur.

4 Souligner les constituants essentiels du groupe verbal dans les phrases suivantes et indiquer leur nature grammaticale.

a. Les enfants ont offert un bouquet de roses à leur grand-mère. ....

b. Il est devenu joueur de tennis professionnel.

....

c. À l'orée du bois apparurent trois brigands.

....

d. Que feras-tu de tout ce temps libre ?

....

e. Marie pense qu'elle ne pourra pas venir.

....

f. Il a collé un timbre de collection sur l'enveloppe.

....

5 Donner la nature et la fonction précises des mots ou groupes de mots en bleu.

Dans ce charmant district de la joyeuse Angleterre qu'arrose **le Don**, s'étendait, aux jours reculés, une vaste forêt qui couvrait **la plus grande partie des montagnes pittoresques et des riches vallées qui se trouvent entre Sheffield et la gracieuse ville de Doncaster.** Les restes de ces bois immenses sont encore **visibles** aux environs du beau château de Wentworth, du parc de Warncliffe et autour de Rotherham. Là, autrefois, revenait **le dragon fabuleux de Wantley**; là, furent livrées **plusieurs des batailles désespérées qui ensanglantèrent les guerres civiles des Deux-Roses**; là encore, fleurirent, aux anciens jours, ces troupes de vaillants outlaws dont les actions ont été popularisées par les ballades anglaises.

Walter Scott, *Ivanhoé*, 1820.

6 Analyser les natures et fonctions des compléments du verbe.

a. Charles Baudelaire, Arthur Rimbaud et Paul Verlaine furent des poètes du XIXe siècle.

b. Charles Baudelaire écrivit *Les Fleurs du Mal*.

c. Marcel Proust est considéré comme le plus grand écrivain du XXe siècle.

d. Mon rêve le plus fou est de marcher sur la lune.

e. À l'impossible nul n'est tenu.

Livret des corrigés p. 1

6 Le complément d'agent

Comprendre et retenir

Définition

On appelle **complément d'agent (CA)** le complément d'un verbe à la **voix passive (VP)**. Un verbe est au **passif** quand le sujet **subit l'action** exprimée par le verbe. Il est alors introduit par une préposition (le plus souvent « par » ou « de »):

Gaspard est élu délégué par la classe. ▶ Dans cette phrase, le sujet grammatical « Gaspard » n'accomplit pas l'action. C'est bien « la classe » qui l'accomplit, c'est donc le **complément d'agent**.

Utilisation

- Seuls les **verbes transitifs directs** (c'est-à-dire suivis d'un COD) peuvent être transposés à la voix passive. C'est le **COD à la voix active** qui deviendra **sujet** grammatical à la voix passive:

Hemingway écrivit *Le Vieil Homme et la mer.* ▶ *Le Vieil Homme et la mer* fut écrit par Hemingway.

- Inversement, lorsqu'on transpose la phrase de la voix passive à la voix active, le complément devient sujet.

Voix active: Antoine l'a bousculé. ▶ voix passive: Il a été bousculé par Antoine.

- Le complément d'agent n'est pas toujours exprimé:

Un jour tu seras puni. ▶ On peut alors restituer un complément d'agent: Un jour tu seras puni **par ton père**.

Attention !
Un verbe à la voix active n'est constitué que d'un élément. À la voix passive, il est constitué de deux ou trois éléments (voir leçon 22, p. 48).

À savoir
Aux temps composés les verbes actifs se conjuguent avec l'auxiliaire « avoir ».

Apprendre comment faire

Identifier le complément d'agent

Identifier les compléments d'agent parmi les groupes de mots introduits par une préposition dans le texte suivant:

Ils marchèrent de long en large sur l'avenue des Ternes avant de s'arrêter dans un restaurant. Celui-ci était dirigé par un couple de sympathiques Italiens.

RÉPONSE

▶ « de long en large » est un complément circonstanciel (CC) de manière, « sur l'avenue des Ternes » un CC de lieu, « avant de s'arrêter » un CC de temps, « dans un restaurant » un CC de lieu. Ces **compléments circonstanciels** ne complètent pas le verbe mais la phrase, on peut donc les supprimer.

▶ « par un couple de sympathiques Italiens » est un **complément d'agent** du verbe « diriger » à la voix passive. Le complément dépend du verbe, « diriger » est bien à la voix passive et non au plus-que-parfait (plus-que-parfait = il avait dirigé). On peut transposer la phrase à la voix active: « Un couple de sympathiques Italiens dirigeait le restaurant ».

Méthode

1 **Repérer** les compléments et les prépositions qui les introduisent.
2 **Vérifier** si le complément dépend du verbe ou de la phrase. Le complément circonstanciel complète un verbe. Le complément d'agent complète la phrase.
3 **Identifier** si le verbe est à la voix passive: en essayant de conjuguer le verbe au temps composé avec lequel il peut y avoir confusion, en vérifiant l'auxiliaire, en transposant la phrase à la voix active.

S'entraîner

1 Vrai ou Faux ?

	V	F
a. On peut déplacer ou supprimer un complément d'objet.	☐	☐
b. On peut encadrer un COD par « c'est… qui ».	☐	☐
c. Un groupe qui suit un verbe d'état est attribut du sujet.	☐	☐
d. Les COI suivent des prépositions.	☐	☐
e. Les verbes qui introduisent des COD sont appelés transitifs indirects.	☐	☐
f. « demeurer » et « ressembler » sont des verbes d'état.	☐	☐

2 Souligner les sujets et les attributs du sujet des phrases suivantes et indiquer leur classe grammaticale.

a. Jouer aux jeux vidéo est mon loisir préféré.

b. Qui trouvera la bonne réponse ?

c. Tous les convives ont été de bonnes connaissances.

d. J'ai pris soin de cette hirondelle qui semblait blessée.

e. Qu'elle ne soit toujours pas arrivée me paraît inquiétant.

3 Souligner en bleu les attributs du sujet et en vert les compléments d'objet.

Utiliser la méthode décrite dans Apprendre comment faire.

a. Elle se souvient avec émotion du jour de leur première rencontre.

b. Gauvain passe pour le plus valeureux des chevaliers de la Table ronde.

c. Elle renonce à son héritage.

d. L'inconnu demeurait immobile, son visage semblait prématurément vieilli.

e. Elle a reconnu ses torts.

f. Il donne un cadeau à sa petite sœur.

4 Souligner les constituants essentiels du groupe verbal dans les phrases suivantes et indiquer leur nature grammaticale.

a. Les enfants ont offert un bouquet de roses à leur grand-mère.

b. Il est devenu joueur de tennis professionnel.

c. À l'orée du bois apparurent trois brigands.

d. Que feras-tu de tout ce temps libre ?

e. Marie pense qu'elle ne pourra pas venir.

f. Il a collé un timbre de collection sur l'enveloppe.

5 Donner la nature et la fonction précises des mots ou groupes de mots en bleu.

Dans ce charmant district de la joyeuse Angleterre qu'arrose **le Don**, s'étendait, aux jours reculés, une vaste forêt qui couvrait **la plus grande partie des montagnes pittoresques et des riches vallées qui se trouvent entre Sheffield et la gracieuse ville de Doncaster.** Les restes de ces bois immenses sont encore **visibles** aux environs du beau château de Wentworth, du parc de Warncliffe et autour de Rotherham. Là, autrefois, revenait **le dragon fabuleux de Wantley**; là, furent livrées **plusieurs des batailles désespérées qui ensanglantèrent les guerres civiles des Deux-Roses**; là encore, fleurirent, aux anciens jours, ces troupes de vaillants outlaws dont les actions ont été popularisées par les ballades anglaises.

Walter Scott, *Ivanhoé*, 1820.

6 Analyser les natures et fonctions des compléments du verbe.

a. Charles Baudelaire, Arthur Rimbaud et Paul Verlaine furent des poètes du XIXe siècle.

b. Charles Baudelaire écrivit *Les Fleurs du Mal*.

c. Marcel Proust est considéré comme le plus grand écrivain du XXe siècle.

d. Mon rêve le plus fou est de marcher sur la lune.

e. À l'impossible nul n'est tenu.

Livret des corrigés p. 1

6 Le complément d'agent

Comprendre et retenir

Définition

On appelle **complément d'agent (CA)** le complément d'un verbe à la **voix passive (VP)**. Un verbe est au **passif** quand le sujet **subit l'action** exprimée par le verbe. Il est alors introduit par une préposition (le plus souvent « par » ou « de »):

Gaspard est élu délégué par la classe. ▸ Dans cette phrase, le sujet grammatical « Gaspard » n'accomplit pas l'action. C'est bien « la classe » qui l'accomplit, c'est donc le **complément d'agent**.

Utilisation

- Seuls les **verbes transitifs directs** (c'est-à-dire suivis d'un COD) peuvent être transposés à la voix passive. C'est le **COD à la voix active** qui deviendra **sujet** grammatical à la voix passive:

Hemingway écrivit *Le Vieil Homme et la mer*. ▸ *Le Vieil Homme et la mer* fut écrit par Hemingway.

- Inversement, lorsqu'on transpose la phrase de la voix passive à la voix active, le complément devient sujet.

Voix active: Antoine l'a bousculé. ▸ voix passive: Il a été bousculé par Antoine.

- Le complément d'agent n'est pas toujours exprimé:

Un jour tu seras puni. ▸ On peut alors restituer un complément d'agent: Un jour tu seras puni **par ton père**.

Attention !
Un verbe à la voix active n'est constitué que d'un élément. À la voix passive, il est constitué de deux ou trois éléments (voir leçon 22, p. 48).

À savoir
Aux temps composés les verbes actifs se conjuguent avec l'auxiliaire « avoir ».

Apprendre comment faire

Identifier le complément d'agent

Identifier les compléments d'agent parmi les groupes de mots introduits par une préposition dans le texte suivant:

Ils marchèrent de long en large sur l'avenue des Ternes avant de s'arrêter dans un restaurant. Celui-ci était dirigé par un couple de sympathiques Italiens.

RÉPONSE

▸ « de long en large » est un complément circonstanciel (CC) de manière, « sur l'avenue des Ternes » un CC de lieu, « avant de s'arrêter » un CC de temps, « dans un restaurant » un CC de lieu. Ces **compléments circonstanciels** ne complètent pas le verbe mais la phrase, on peut donc les supprimer.

▸ « par un couple de sympathiques Italiens » est un **complément d'agent** du verbe « diriger » à la voix passive. Le complément dépend du verbe, « diriger » est bien à la voix passive et non au plus-que-parfait (plus-que-parfait = il avait dirigé). On peut transposer la phrase à la voix active: « Un couple de sympathiques Italiens dirigeait le restaurant ».

Méthode

1 **Repérer** les compléments et les prépositions qui les introduisent.
2 **Vérifier** si le complément dépend du verbe ou de la phrase. Le complément circonstanciel complète un verbe. Le complément d'agent complète la phrase.
3 **Identifier** si le verbe est à la voix passive: en essayant de conjuguer le verbe au temps composé avec lequel il peut y avoir confusion, en vérifiant l'auxiliaire, en transposant la phrase à la voix active.

S'entraîner

1 Vrai ou Faux ?

	V	F
a. Un verbe à la voix passive est constitué de deux à trois éléments.	☐	☐
b. Un COD à la voix active devient complément d'agent à la voix passive.	☐	☐
c. Tous les compléments introduits par « à » ou « de » sont compléments d'agent.	☐	☐
d. Le complément d'agent ne dépend pas du verbe.	☐	☐
e. Toutes les formes verbales composées à partir de l'auxiliaire « avoir » appartiennent à la voix active.	☐	☐

2 Indiquer le temps et la voix des verbes dans les phrases suivantes.

a. Elles avaient été prévenues.
Temps : ....
Voix : ....

b. Les acteurs étaient entrés en scène.
Temps : ....
Voix : ....

c. L'opération fut terminée.
Temps : ....
Voix : ....

d. Nous sommes rentrés du Pérou.
Temps : ....
Voix : ....

e. Elles auront abandonné.
Temps : ....
Voix : ....

3 Souligner les compléments d'agent dans les phrases suivantes puis les transposer à la voix active et souligner les COD obtenus.

a. Le temple d'Artémis a été incendié par Érostrate.
....

b. Ce large buffet est rempli de vieilles dentelles.
....

c. Par qui ce drame a-t-il été écrit ?
....

d. Des œufs de Pâques furent distribués à tous les enfants par les animateurs ....
....

e. L'hôtel a été occupé par les séminaristes toute la semaine. ....
....

4 Parmi les groupes en bleu, souligner les compléments d'agent. Donner le temps et le mode des verbes conjugués à la voix passive.

Utiliser la **méthode** décrite dans **Apprendre comment faire**.

a. Elle est sortie **par l'issue de secours.**
Temps : ....
Mode : ....

b. Ils sont arrivés là **par magie.**
Temps : ....
Mode : ....

c. Madame Dupic était redoutée **de tous ses élèves.**
Temps : ....
Mode : ....

d. Le carrosse royal aurait été aperçu **par un aubergiste.**
Temps : ....
Mode : ....

e. Les fontaines jaillissaient **de tous côtés.**
Temps : ....
Mode : ....

5 Parmi les compléments soulignés, identifier les compléments d'agent des autres compléments précédés d'une préposition.

a. <u>À qui</u> peut-on le confier ?

b. Elle a été exclue <u>de l'école pour faute grave</u>.

c. Une nouvelle planète a été découverte <u>par une équipe de physiciens</u>.

d. <u>De la cheminée</u> <u>du paquebot</u> sort une épaisse fumée.

e. Tu dois retourner chercher ton cartable <u>à cause de ton étourderie</u>.

f. L'Amérique aurait été explorée <u>par les Vikings</u>.

g. Il a été arrêté <u>par la police</u> alors qu'il sortait <u>du supermarché</u>.

h. Ma grand-mère me parle souvent <u>de son enfance</u>.

Livret des corrigés p. 2

7 Les compléments circonstanciels

Comprendre et retenir

Définition

- **Les compléments circonstanciels (CC)** sont des **compléments de phrase**. Contrairement aux compléments essentiels du verbe (COD, COI, voir leçon 5, p. 14), ils sont déplaçables ou supprimables dans la phrase.
- On les appelle **circonstanciels** parce qu'ils précisent, pour l'ensemble de la phrase, **les circonstances de l'action**.
- Certains **compléments circonstanciels** de temps et de lieu sont des compléments **essentiels**. Ils ne sont pas supprimables: Pierre habite **à Paris** ▸ Le complément circonstanciel de lieu «à Paris» ne peut pas être supprimé sinon la phrase ne voudrait rien dire: c'est donc un complément essentiel de lieu.

Astuce
Pour déterminer quelle circonstance est exprimée, il faut s'appuyer sur les questions correspondantes: quand? où? comment? dans quel but? pourquoi? avec qui/quoi?

Les différentes circonstances exprimées par les compléments

– Temps: Il court **tous les matins**.
– Lieu: Il court **dans la forêt**.
– Manière: Il court **très vite**.
– Moyen: Il court **avec ses nouvelles baskets**.
– But: **Pour se préparer à la compétition**, il court.
– Cause: **Parce qu'il veut être le meilleur**, il court.
– Conséquence: Il court, **si bien qu'il reste en forme**.

Attention!
Ne pas confondre les CC avec d'autres compléments introduits par des prépositions: chambre **avec vue** (complément du nom), être impressionné **par les marathoniens** (complément d'agent).

Classes grammaticales des compléments circonstanciels

– Pronom ou groupe pronominal: Il **y** court. Il court **avec moi**.
– Adverbe: Il court **précipitamment**.
– Groupe nominal, avec ou sans préposition: **Le lendemain**, il courut **à toute allure**.
– Groupe infinitif: Il court **sans regarder en arrière**.
– Groupe gérondif ou proposition participiale: Il court **en sifflant sa chanson préférée**.
– Proposition subordonnée: **Même si la terre est gelée**, il court.

Apprendre comment faire

Distinguer les compléments circonstanciels de cause, de conséquence et de but

Identifier la circonstance des compléments en bleu:

a. Jacques donne un peu de son temps pour **aider les personnes en difficultés**.
b. Il est tellement investi **que les personnes du foyer où il travaille le surnomment affectueusement Jacquot**.
c. Personne ne sait que Jacques aide les plus démunis **parce qu'il ne parle jamais de ses activités au dehors**.

RÉPONSE

a. CC de but: le complément commence par le mot «pour».
b. CC de conséquence: c'est parce qu'il est investi qu'on le surnomme affectueusement.
c. CC de cause: le complément commence par «parce que» et c'est «parce qu'il ne parle jamais de ses activités» qu'on ne connaît pas ses activités.

Méthode

1 **Vérifier que le complément est circonstanciel** en essayant de le déplacer ou de le supprimer.
2 **Observer le mot qui l'introduit** (quand, pour, etc.).
3 **Poser la question pour ne pas confondre cause et conséquence**: Qu'est-ce qui provoque quoi?

S'entraîner

1 Vrai ou Faux ?

	V	F
a. Il est impossible de supprimer le complément circonstanciel d'une phrase.	☐	☐
b. Un adverbe peut être à lui seul un complément circonstanciel.	☐	☐
c. Le complément circonstanciel de but commence souvent par « pour ».	☐	☐
d. On trouve des compléments essentiels et circonstanciels de temps.	☐	☐
e. La cause est le résultat, la conséquence l'origine.	☐	☐

2 Préciser la classe grammaticale et la circonstance exprimée par les CC en bleu.

J'avais déjà près de neuf ans **lorsque je tombai amoureux pour la première fois**. [...] Elle avait huit ans et elle s'appelait Valentine. Je pourrais la décrire **longuement** et **à perdre le souffle**, et **si j'avais une voix**, je ne cesserais de chanter sa beauté et sa douceur.

D'après Romain Gary, *La Promesse de l'aube*,
© Éditions Gallimard, 1960.

....
....
....

3 Dire si les compléments en bleu sont circonstanciels ou essentiels et donner cette circonstance.

a. La ministre s'est rendue **sur les lieux du drame, pour rencontrer les familles des victimes**. ....
....

b. **À son arrivée**, une foule de micros et de caméras l'a littéralement assaillie. ....
....

c. La jeune femme est restée **une heure, réconfortant les parents avec une émotion visible**.
....

d. **Dès sa sortie**, la ville a repris une apparence normale. ....

4 Souligner les CC et indiquer leur nature et la circonstance exprimée.

Utiliser la **méthode** décrite dans **Apprendre comment faire**.

J'ai tué Rogers le 10 août au matin. Occupé à débiter du bois pour allumer le feu, il ne m'a pas entendu approcher. J'ai trouvé la clef de la salle à manger dans sa poche. Il avait fermé la porte à double tour la veille au soir. Dans la confusion qui a suivi la découverte du corps de Rogers, je me suis faufilé dans la chambre de Lombard et je lui ai subtilisé son revolver.

Agatha Christie, *Dix petits nègres*,
© Librairie des Champs-Élysées, trad. Louis Postif, 1940.

....
....
....

5 Souligner les compléments circonstanciels introduits par les prépositions « à » et « de » et indiquer leur valeur. Attention, ces prépositions n'introduisent pas que des CC.

a. La mère caresse l'enfant de ses doigts et il se met à dormir à poings fermés. ....
....

b. À la nuit tombée, retrouvons-nous au Café de Flore. ....

c. De la tribune, l'empereur contemple l'arène de l'amphithéâtre. ....
....

d. Le chevalier au lion retourne à Carduel. ....
....

6 Souligner les CC et déterminer la circonstance exprimée.

Utiliser la **méthode** décrite dans **Apprendre comment faire**.

a. On est venu le chercher pour l'interroger.
....

b. On a fini par l'identifier grâce à son empreinte digitale. ....

c. Il va chercher du bois afin d'alimenter le foyer de la cheminée. ....

d. Il a mangé du gâteau à en avoir mal au ventre.
....

e. J'ai trop attendu pour renoncer maintenant.
....

f. Je ne l'inviterai plus parce qu'à chaque fois Louis fait des histoires. ....

Livret des corrigés p. 2

8 Phrase simple et phrase complexe

Comprendre et retenir

La phrase est une **suite de mots organisée grammaticalement** offrant un sens complet, commençant par une majuscule et se terminant par un point. Certaines phrases ont une organisation grammaticale simple. D'autres ont une organisation dite complexe.

La phrase simple

- Dans une phrase simple, il n'y a qu'**une seule proposition**, c'est-à-dire un seul verbe conjugué à un mode personnel : L'eau bout à cent degrés.
- Une phrase simple contient **un sujet et un groupe verbal**. On appelle groupe verbal le verbe conjugué ainsi que les mots ou groupes de mots qui le complètent : Le chat (sujet) mange la souris (groupe verbal).
- La phrase peut contenir **un ou plusieurs constituants facultatifs** : les compléments de phrase ou circonstanciels sont facultatifs, ils peuvent être déplacés ou supprimés : Il l'embrassa **sur la joue, devant la fontaine de Trévi**.

Attention !
Une phrase simple peut être plus longue qu'une phrase complexe.

La phrase non verbale

Certaines phrases ne contiennent pas de verbe conjugué.
C'est le cas des phrases :
– **exclamatives** : Quel talent !
– **nominales**, comme les titres de journaux par exemple, dont le noyau est un groupe nominal : Grossesse inattendue de la duchesse de Windsor.

À savoir
On appelle **phrase minimale** une phrase qui n'est constituée que des éléments fondamentaux à sa construction : Joséphine dort.

La phrase complexe

- La phrase complexe est constituée de **plusieurs propositions** : on y trouve autant de propositions que de verbes conjugués à un mode personnel.

Phrase = Proposition 1 + Proposition 2 + … :
Une phrase complexe contient deux verbes conjugués donc deux propositions : Le chat dort et les souris dansent.

Apprendre comment faire

Identifier une phrase complexe

Cette phrase est-elle simple ou complexe ?
Identifier ses différentes propositions.

Il vint un moment où le roseau se trouva à peu près englouti, et la gueule du serpent se trouva terriblement proche de mes doigts.

Camara Laye, *L'Enfant noir*, © Éditions Pocket, 1953.

RÉPONSE

1 Cette phrase est une phrase complexe. On compte trois verbes conjugués : « vint », « se trouva » et « se trouva ».

2 et **3** La première proposition (« Il vint un moment ») est la principale car celle qui suit est une subordonnée introduite par le pronom relatif « où » (« où le roseau se trouva à peu près englouti »). La troisième proposition est une proposition indépendante coordonnée : elle est reliée à la précédente par la conjonction de coordination « et » (voir leçon 9, p. 22).

Méthode

1 **Compter** le nombre de verbes conjugués et définir l'organisation de la phrase (simple ou complexe).
2 **Déterminer** les limites de chaque proposition.
3 **Identifier** la nature de chaque proposition.

S'entraîner

1 Vrai ou Faux ? V F

a. Une proposition indépendante est autonome. ☐ ☐

b. Pour compter le nombre de propositions, on compte les verbes conjugués. ☐ ☐

c. Une proposition peut contenir plusieurs verbes conjugués. ☐ ☐

d. « Accident dans le Var : 5 morts » est une phrase nominale. ☐ ☐

2 Dans ce texte, dire si les phrases suivantes sont simples ou complexes. Dans ce dernier cas, délimiter les propositions.

Le Chat

Le mien ne mange jamais les souris. Il n'aime pas ça. Il n'en attrape que pour jouer avec. Quand il a bien joué, il lui fait la grâce de sa vie, et il va rêver ailleurs, innocent, assis dans la boucle de sa queue, la tête bien fermée comme un poing.

Mais à cause des griffes, la souris est morte.

Jules Renard, *Histoires naturelles*, 1894.

3 Dans ces phrases, identifier les propositions indépendantes (I), principales (P) ou subordonnées (S).

Utiliser la méthode décrite dans **Apprendre comment faire**.

a. Il était une fois un géant qui avait des chaussettes rouges. ....

b. Il vivait seul et s'ennuyait à mourir. ....

c. Il décida donc de se marier. ....

d. Il alla voir le curé et lui demanda la main de Mireille. ....

e. Mais le curé lui répondit que cela était impossible parce qu'il était beaucoup trop grand. ....

f. Le géant alla donc voir le pape pour lui demander conseil. ....

g. Celui-ci répondit que s'il voulait devenir aussi petit qu'un homme, il lui faudrait d'abord donner ses chaussettes au blanchisseur puis aller se tremper les pieds dans la mer en invoquant la vierge Marie. ....

h. Le géant suivit scrupuleusement ses conseils et il devint effectivement aussi petit qu'un homme. ....

D'après Pierre Gripari, « Le Géant aux chaussettes rouges », *Contes de la Rue Broca*, © Éditions de la Table Ronde, 1967.

4 Enrichir au maximum les phrases minimales suivantes en veillant néanmoins à ce qu'elles restent des phrases simples.

a. Le soleil se couche. ....

b. Quelle soirée ! ....

c. Mange ! ....

d. Louis lit. ....

e. La goélette disparaît. ....

5 Compléter ces débuts de phrase par une proposition avec un verbe conjugué pour obtenir des phrases complexes.

a. Mon petit frère n'aime pas ....

b. Le chat se glissa lentement vers la souris qui ....

c. J'adore écouter le conteur ....

d. Perceval se baissa pour prendre son heaume ....

6 Identifier phrases simples et phrases complexes. Délimiter les propositions des phrases complexes.

C'était un grand jeune homme de vingt-six ans, d'une physionomie belle et régulière, mais manquant d'expression. Sa taille et ses formes athlétiques justifiaient bien la réputation d'infatigable joueur de paume qu'on lui faisait dans le pays. Il était ce soir-là habillé avec élégance, exactement d'après la gravure du dernier numéro du *Journal des modes*. Mais il me semblait gêné dans ses vêtements ; il était raide comme un piquet dans son col de velours, et ne se tournait que tout d'une pièce. Ses mains grosses et halées, ses ongles courts, contrastaient singulièrement avec son costume. C'étaient des mains de laboureur sortant des manches d'un dandy.

Prosper Mérimée, *La Vénus d'Ille*, 1837.

Livret des corrigés p. 2

9 La phrase complexe : propositions indépendantes, coordonnées et juxtaposées

Comprendre et retenir

Remarque
Une proposition principale peut être coordonnée à une précédente proposition. On dira alors qu'elle est principale coordonnée.

On distingue deux types de propositions :
– **les propositions de même rang** : la phrase complexe réunit alors deux phrases autonomes, articulées entre elles par un lien de juxtaposition (ponctuation) ou de coordination (conjonction de coordination ou adverbe de liaison);
– **les propositions dépendantes** : l'une, la subordonnée, dépend de la principale par l'intermédiaire d'un mot subordonnant.

Les propositions indépendantes

- On dit qu'une proposition est indépendante lorsqu'elle se suffit à elle-même. **Dans la phrase simple, phrase et proposition se confondent** : La guerre de Troie n'aura pas lieu.
- Il y a deux types de propositions indépendantes :
– **les propositions juxtaposées** reliées entre elles par de la ponctuation faible (virgule, point-virgule, deux points) : Le chat n'est pas là : les souris dansent.
– **les propositions coordonnées** lorsque une phrase relie entre elles deux propositions par l'intermédiaire d'une conjonction de coordination (voir leçon 3, p. 10) ou d'un adverbe de liaison (alors, toutefois, ainsi, etc.) : Le chat n'est pas là **et** les souris dansent.

À savoir
Deux propositions subordonnées peuvent se suivre, elles sont alors coordonnées : Les souris dansent / **parce que** le chat n'est pas là / **et qu'**elles aiment faire la fête (principale + subordonnée + subordonnée).

Les principales et les subordonnées

Lorsque deux propositions sont reliées par un **mot subordonnant** (pronom relatif, mot interrogatif ou conjonction de subordination), l'une dépend de l'autre. On distingue alors principale et subordonnée : Les souris dansent parce que le chat n'est pas là. ▸ « parce que » est conjonction de subordination, donc la proposition « parce que le chat n'est pas là » est une proposition subordonnée conjonctive : elle dépend de la principale « les souris dansent ».

Apprendre comment faire

Reconnaître les propositions coordonnées et juxtaposées

Nous étions à l'Étude, quand le Proviseur entra, suivi d'un *nouveau* habillé en bourgeois et d'un garçon de classe qui portait un grand pupitre. [...] chacun se leva comme surpris dans son travail.

D'après Gustave Flaubert, *Madame Bovary*, 1857.

1 Les verbes conjugués sont : « **étions** », « **entra** », « **portait** » et « **se leva** ».
Il y a donc quatre propositions.
Attention : « habillé », « surpris » sont des participes passé et non des verbes conjugués !

2 On indique les limites des propositions : « Nous **étions** à l'Étude, / quand le Proviseur **entra**, suivi d'un nouveau habillé en bourgeois et d'un garçon de classe / qui **portait** un grand pupitre. / chacun **se leva** comme surpris dans son travail.

3 On constate que la 1re et la 2e proposition sont reliées par la conjonction de subordination « quand », donc on a : proposition principale + subordonnée conjonctive. La proposition suivante est une relative introduite par « qui », elle est dite « enchâssée » car elle est incluse dans la proposition précédente. La dernière est une proposition indépendante.

Méthode
1 Compter le nombre de verbes conjugués pour retrouver les différentes propositions.
2 Déterminer les limites de chaque proposition.
3 Vérifier le lien qui unit les propositions entre elles et noter les mots subordonnants.

S'entraîner

1 Vrai ou Faux ?

	V	F
a. Une proposition indépendante se suffit à elle-même.	☐	☐
b. Propositions juxtaposée et subordonnée sont dites de « même rang ».	☐	☐
c. Une subordonnée est nécessairement accompagnée d'une principale.	☐	☐
d. Toutes les propositions indépendantes sont coordonnées.	☐	☐
e. Un adverbe de liaison introduit une proposition coordonnée.	☐	☐

2 Transformer ces propositions juxtaposées en propositions subordonnées. Ne pas oublier d'utiliser les adverbes de liaison.

a. Le chat est entré dans la maison : Mathilde avait laissé la porte ouverte. ....

....

b. Tu es habillé de manière très extravagante ; ne t'étonne pas si l'on fait des plaisanteries à ce sujet ce soir. ....

....

....

c. Je ne pratique aucune collection, je ne collectionne pas les timbres : je préfère envoyer des lettres avec. ....

....

....

d. Oscar a charrié dix brouettes de gravats ; harassé, il s'est étendu à l'ombre d'un grand chêne : il s'est endormi. ....

....

....

3 Les propositions coordonnées des phrases suivantes sont-elles indépendantes, principales ou subordonnées ?

Utiliser la méthode décrite dans **Apprendre comment faire**.

a. Lucas a peint les chaises mais n'a pas rangé son matériel.

....

b. J'adore les toiles de Van Gogh qui représentent une nature mouvante et vous font rêver.

....

c. Hortense ne viendra pas car son père l'a punie.

....

d. Elle rit toute seule et pleure à la fois parce qu'elle vient d'oublier ses clés chez elle en claquant la porte.

....

4 Dans ces phrases extraites de *Madame Bovary*, souligner en bleu les propositions indépendantes, en vert les principales et en rouge les subordonnées.

a. Le *nouveau*, prenant alors une résolution extrême, ouvrit une bouche démesurée et lança à pleins poumons, comme pour appeler quelqu'un, ce mot : *Charbovari*.

b. Ce fut un vacarme qui s'élança d'un bond, monta en crescendo, avec des éclats de voix aigus (on hurlait, on aboyait, on trépignait, on répétait : *Charbovari ! Charbovari !*), puis qui roula en notes isolées, se calmant à grand-peine, et parfois qui reprenait tout à coup sur la ligne d'un banc où saillissait encore çà et là, comme un pétard mal éteint, quelque rire étouffé.

5 Transformer les phrases simples qui suivent en phrases complexes selon le modèle imposé.

Exemple : Pierre ramasse les champignons (subordonnée) ▸ Pierre ramasse les champignons qu'il sélectionne avec soin.

a. Charlotte peint des aquarelles (subordonnée). .....

....

b. Un cyclone s'approche dangereusement (indépendante juxtaposée). ....

....

c. Ce chercheur travaille sur des manuscrits enluminés (subordonnée). ....

....

d. Un choc assourdissant retentit (indépendante juxtaposée et indépendante coordonnée). ....

....

Livret des corrigés p. 3

10 Les subordonnées relatives et conjonctives introduites par « que »

Comprendre et retenir

On distingue deux natures de propositions subordonnées : les subordonnées relatives et les subordonnées conjonctives.

La proposition subordonnée relative (PSR)

- Elle est introduite par un **pronom relatif** et complète un groupe nominal qui est repris par le pronom et qu'on appelle l'**antécédent** : c'est une fonction du nom (voir leçon 4, p. 12).
- Proposition subordonnée relative est une **nature** de proposition. **Sa fonction est complément de son antécédent** : Le chat **dont je t'ai parlé** joue avec les souris mais ne les mange pas. ▶ La PSR « dont je t'ai parlé » est complément de l'antécédent « le chat ».
- Le pronom relatif introduit la proposition et a une fonction au sein de celle-ci : « **qui** » = sujet du verbe de la relative ; « **que** » = COD du verbe de la relative ; « **dont** » = complément du nom ou COI ; « **où** » = complément circonstanciel.
- Pour bien identifier la fonction du pronom relatif au sein de la relative, on doit isoler la proposition, remplacer le pronom relatif par son antécédent dans la phrase simple ainsi obtenue et voir quelle fonction a ce mot dans la phrase : Mathilde dont tu me parles sans cesse vient de passer en te regardant.

▶ J'isole la subordonnée « dont tu me parles sans cesse » et je remplace « dont » par « Mathilde », son antécédent : « Tu me parles sans cesse de Mathilde ». ▶ « Mathilde » est COI de « parler » donc le pronom relatif « dont » est COI du verbe « parler » de la relative.

La proposition subordonnée conjonctive (PSC)

Elle est introduite par une conjonction de subordination (que, comme, si, parce que, comme, quand, puisque, pour que, de telle sorte que, etc). Proposition subordonnée conjonctive est donc une **nature** de proposition. Elle peut avoir deux fonctions :
- **complétive** (le plus souvent COD du verbe ▶ on ne peut la supprimer) ;
- **complément circonstanciel** (elle peut être déplacée ou supprimée).

À savoir

La PSR peut aussi, quoique plus rarement, être sujet d'un verbe. C'est le cas dans nombre de proverbes : **Qui dort** dîne. **Qui vole** un œuf vole un bœuf. « Qui dort » et « Qui vole » sont les PSR des verbes.

Rappel

Le mot « que » peut être pronom relatif ou conjonction de subordination :
On pense **que** Charles ne viendra pas. (conjonction de subordination)
L'invitation **que** Charles a reçue était pourtant soignée. (pronom relatif)

Apprendre comment faire

Distinguer relatives et conjonctives

Identifier la nature du mot « que » et donc la nature de la proposition de la phrase :
Il faut que je te parle du livre que j'ai lu hier.

RÉPONSE

▶ Que est conjonction de subordination : il complète un verbe. « Que je te parle [...] hier » est donc une PSC.

▶ Que est pronom relatif : il complète le nom « livre ». « que j'ai lu hier » est donc une PSR. Elle est « enchâssée », c'est-à-dire qu'elle se trouve à l'intérieur d'une autre proposition.

Méthode

1 Observer et indiquer ce que le mot « que » complète ou ce à quoi il se rapporte.
2 Identifier la proposition : si « que » se rapporte à un nom, c'est un pronom relatif, s'il complète un verbe, c'est une conjonction de subordination.

S'entraîner

1 Vrai ou Faux ?

	V	F
a. Proposition subordonnée relative et proposition subordonnée conjonctive sont des natures de propositions.	☐	☐
b. La proposition subordonnée relative est le plus souvent complément de l'antécédent.	☐	☐
c. Le pronom relatif n'a pas de fonction au sein de la subordonnée.	☐	☐
d. La proposition subordonnée conjonctive est toujours complétive.	☐	☐
e. Le mot « que » peut être pronom relatif ou conjonction de subordination.	☐	☐

2 Dans les phrases suivantes, souligner les propositions relatives, entourer le mot subordonnant. Indiquer si ce sont des propositions conjonctives (PC) ou des relatives (PR).

a. Peux-tu me donner un exemple de recette que je pourrais réaliser seule ? (......)

b. Il me semble que le quatre-quarts est à la portée de tout le monde. (......)

c. Celui qui m'a dérobé mon livre de cuisine va en entendre parler ! (......)

d. Il ne sait pas que c'est un cadeau de ma grand-mère auquel je tiens beaucoup. (......)

e. Malgré son âge, Mathilde croit encore que le Soleil tourne autour de la Terre ! (......)

3 Dire si « que » introduit une relative ou une conjonctive.

a. J'ai beaucoup aimé le roman que tu m'as prêté. ....

b. Je trouve que tu as bon goût en matière de romans ! ....

c. Il faudrait que l'on s'échange plus souvent nos livres ! ....

d. Tu crois que cet écrivain a tout inventé ? Il a dû s'inspirer d'autres histoires ! ....

e. Qu'il vienne ce soir ferait plaisir à tout le monde ! ....

4 Compléter par le pronom relatif qui convient et donner sa fonction précise.

a. L'armure ...... recouvrait tout le corps du chevalier était étincelante.
Fonction : ....

b. Nous aimions cette vieille chanson ...... il fredonnait quand les beaux jours revenaient.
Fonction : ....

c. Le mercredi est le jour ...... beaucoup des jeunes de mon âge pratiquent une activité sportive.
Fonction : ....

d. Les murs de cette villa ...... tant de belles fresques ont été réalisées sont en cours de restauration.
Fonction : ....

e. L'écrivain ...... je t'ai parlé fait une séance de dédicaces ce week-end !
Fonction : ....

5 Donner la fonction des propositions subordonnées des phrases suivantes.

a. Elle a mis trois couches de vêtements parce qu'elle a peur de prendre froid.
Fonction : ....

b. Le peintre dont tu m'as parlé expose à Paris en avril !
Fonction : ....

c. Je pense que tu ferais mieux de tout avouer maintenant.
Fonction : ....

d. Je ne crois pas que Benoît soit un égoïste.
Fonction : ....

e. Qui vivra verra.
Fonction : ....

f. Faisons les courses tout de suite avant que les magasins ne ferment !
Fonction : ....

g. Ce bouclier est fait d'un métal que nous n'avions jamais vu auparavant.
Fonction : ....

Livret des corrigés p. 3

11 La proposition subordonnée interrogative indirecte

Comprendre et retenir

Définition

- La proposition subordonnée interrogative indirecte est un **type de subordonnée qui complète des verbes introducteurs de paroles ayant un sens interrogatif** comme : demander, se demander, savoir, comprendre, ignorer, expliquer…
- Elle est **introduite par un mot interrogatif** : pronom, déterminant ou adverbe interrogatif.

Je me demande **qui** viendra. ▶ « qui » pronom interrogatif.
Il ne sait pas **quelle** chemise choisir. ▶ « quelle » déterminant interrogatif.
J'ignore **où** se trouvent mes clés. ▶ « où » adverbe interrogatif.

Place du sujet

Quand on transpose une question du style direct au style indirect, le sujet reprend sa place habituelle avant le verbe.

– **Au style direct** : « Pourquoi n'est-il pas venu ? » ▶ dans une question, le sujet suit le verbe.

– **Au style indirect** : Je me demande pourquoi **il n'est** pas venu et non Je me demande pourquoi **n'est-il** pas venu ▶ l'interrogation indirecte se trouve dans une phrase affirmative, donc le sujet dans la subordonnée interrogative indirecte reprend sa place habituelle, devant le verbe.

Fonction

La proposition subordonnée interrogative indirecte est fonction essentielle du groupe verbal, elle est la plupart du temps COD du verbe de la principale : Il **se demande** (quoi ?) si c'est une si bonne idée.

Attention !
« Qui » pronom relatif reprend l'antécédent : Je connais quelqu'un qui collectionne les timbres.
▶ la proposition subordonnée peut être supprimée, elle fait partie du groupe nominal.

Attention !
« Qui » pronom interrogatif correspond à une question que l'on pose : Je me demande qui peut bien encore collectionner les timbres.

À savoir
Au style indirect, on ne retrouve ni guillemets ni point d'interrogation.

Apprendre comment faire

Utiliser la proposition subordonnée interrogative indirecte

Transposer les questions du style direct au style indirect en faisant commencer la phrase par « Je me demande ».

a. « Pourquoi Paul ne continue-t-il pas à faire du dessin ? »
b. « Marie viendra-t-elle ? »

RÉPONSE

a. Je me demande pourquoi Paul ne continue pas à faire du dessin.
b. Je me demande si Marie viendra.

▶ « Je me demande » introduit une subordonnée interrogative directe essentielle à la compréhension de la phrase. Dans ces phrases, le redoublement du sujet que l'on trouve dans une question directe disparaît au style indirect puisque les mots reprennent leur place habituelle dans la phrase. On supprime également les guillemets et le point d'interrogation.

Méthode

1 **Supprimer le redoublement du sujet, les guillemets et le point d'interrogation** propres à l'interrogation directe.
2 **Intégrer la subordonnée interrogative indirecte à une principale** grâce à un verbe de sens interrogatif.

S'entraîner

1 Vrai ou Faux ?

	V	F
a. La proposition interrogative indirecte ne dépend pas d'une principale.	☐	☐
b. La proposition interrogative indirecte est COD du verbe de la principale.	☐	☐
c. Tous les mots ne sont pas conservés tels quels lorsque l'on passe du style direct au style indirect.	☐	☐
d. Dans une proposition interrogative indirecte, le sujet précède le verbe, comme dans une affirmation.	☐	☐
e. Le pronom « qui » est toujours interrogatif.	☐	☐

2 Dans les phrases suivantes, souligner les subordonnées, donner leur nature grammaticale (conjonctive ou interrogative indirecte) et leur fonction précise.

a. Peux-tu me dire pourquoi Jeanne s'emporte à chaque fois qu'on lui parle de ses cheveux ?
Nature : ……………………………………
Fonction : ……………………………………

b. Je pense que c'est devenu une habitude chez elle : au collège, tout le monde se moque d'elle, alors elle s'emporte.
Nature : ……………………………………
Fonction : ……………………………………

c. Je ne sais pas encore si je viendrai avec vous à la plage. Je pense que je vais plutôt rester à la maison pour lire à l'ombre.
Nature : ……………………………………
Fonction : ……………………………………

d. Nous nous demandons comment Joshua a pu nager jusqu'au rocher en aussi peu de temps.
Nature : ……………………………………
Fonction : ……………………………………

e. Dites-moi qui aimerait jouer aux dames avec moi.
Nature : ……………………………………
Fonction : ……………………………………

3 Transformer ces propositions indépendantes de type interrogatif en propositions subordonnées interrogatives indirectes introduites par « Je me demande » ou « J'ignore ».

Utiliser la **méthode** décrite dans **Apprendre comment faire**.

a. Delacroix est-il un peintre romantique ?
……………………………………

b. Pourquoi a-t-il peint l'Afrique du Nord ?
……………………………………

c. Ne me suis-je pas quelque peu emporté hier soir ?
……………………………………

d. Aimeriez-vous visiter la cathédrale ?
……………………………………

e. Qu'allons-nous faire avec ces pelles et cette brouette ?
……………………………………

4 Identifier et corriger les erreurs qui se sont glissées dans les phrases suivantes.

a. Je me demande si Paul Gauguin n'est-il pas le plus grand peintre des îles et de l'exotisme.
……………………………………
……………………………………

b. Il est bien malade et je ne sais pas qu'est-ce qu'il faut faire pour l'aider.
……………………………………
……………………………………

c. J'avoue ne pas vraiment savoir comment dois-je m'y prendre avec cet ustensile.
……………………………………
……………………………………

d. Croyez-vous, comme on l'entend un peu partout, que le sel soit-il si mauvais pour la santé ?
……………………………………
……………………………………

e. Franchement, je ne vois pas qu'est-ce que tu as à te reprocher.
……………………………………
……………………………………

Livret des corrigés p. 3

12 L'accord du verbe avec le sujet

Remarque
Le sujet peut être un pronom impersonnel : **Il** faut que je puisse m'exprimer.

Attention !
À la voix passive, le sujet est dit grammatical car ce n'est pas lui qui accomplit l'action, mais son complément d'agent (voir leçon 6, p. 16) : **La souris** est mangée par le chat.
▶ « La souris » est sujet grammatical mais « le chat », qui fait l'action, est complément d'agent.

Attention !
Le sujet inversé ne doit pas être confondu avec un COD : Ce jour-là naissait **Amélie**.
▶ « Amélie » est sujet du verbe, on peut l'encadrer par « C'est... qui ».

Comprendre et retenir

Le verbe s'accorde en genre et en nombre avec son sujet, quelle que soit la construction de la phrase : **Paul** aime la vie.
Le sujet est parfois éloigné du verbe ou séparé de celui-ci par un pronom personnel complément : **Paul**, malgré ses réticences compte-tenu du fiasco du dernier dîner, m'a confirmé qu'il venait.

Nature du sujet

Le sujet peut être :
– un **nom** : **Paul** vient dîner ce soir ;
– un **pronom personnel** : **Je** le savais ;
– un **pronom démonstratif** : **Celle-ci** me plaît davantage que celle-là ;
– un **pronom possessif** : Ma voiture est en panne mais **la tienne** fonctionne très bien ;
– un **pronom relatif** : C'est Paul **qui** viendra le premier ;
– un **pronom interrogatif** : **Que** fais-tu ce soir ? ;
– une **proposition subordonnée** : **Que Marie vienne ce soir** m'étonne un peu.

Accord du verbe avec plusieurs sujets

- Si le verbe a plusieurs sujets, dont un à la 1re personne, le verbe se conjugue à la 1re personne du pluriel : **Paul et moi** aidons Marie à cuisiner.
- Si le verbe a plusieurs sujets dont un à la 2e personne, le verbe se conjugue à la 2e personne du pluriel : **Paul et toi** aidez Marie à cuisiner.
- Dans le groupe nominal sujet, il est important de bien identifier le nom qui commande l'accord : Sur la ligne de départ se préparent **les athlètes**. ▶ ce sont bien « les athlètes » qui se préparent « sur la ligne de départ ».

Accords particuliers

Avec le pronom relatif « qui » on accorde le verbe avec le pronom ou le nom antécédent de « qui » : **Toi qui** aimes la cuisine épicée, tu vas être servi !
Avec « la plupart », le verbe s'accorde au pluriel : **La plupart** n'aiment pas manger trop épicé.

Apprendre comment faire

Identifier le sujet pour accorder le verbe

Dans les phrases suivantes, identifier le sujet :

a. Pauline et toi irez à la plage.
b. Paul, parce qu'il ne sait pas nager, n'ira pas.
c. Je t'écris.

RÉPONSE

a. Le sujet est pluriel : « Pauline et toi ». Il contient le pronom personnel de la 2e personne du singulier, donc le verbe s'accorde à la 2e personne du pluriel.
b. Le sujet « Paul » est éloigné du verbe, il en est séparé par le complément circonstanciel de cause « parce qu'il ne sait pas nager ».
c. Le sujet est le pronom personnel « je ». « t » est pronom personnel complément ▶ « J'écris à quelqu'un ».

Méthode
Pour identifier le sujet du verbe :
1 **Poser la question** « Qu'est-ce qui + le verbe » ou « Qui est-ce qui + le verbe ».
2 **Vérifier la réponse** en encadrant le sujet par « C'est... qui ».

S'entraîner

1 Vrai ou Faux ?

	V	F
a. Le verbe s'accorde en genre et en nombre avec son sujet.	☐	☐
b. Un verbe suit toujours immédiatement son sujet.	☐	☐
c. On peut retrouver le sujet en l'encadrant par « C'est… qui ».	☐	☐
d. Avec le pronom relatif « qui », on accorde le verbe avec l'antécédent.	☐	☐

2 Corriger les erreurs d'accord avec le sujet.

a. Préparons vite le dessert avant que les invités n'arrives. ……

b. On hésitent souvent à cuisiner sucré salé parce que tout le monde n'aiment pas ce type d'alimentation. ……

c. À cause du fiasco du dernier dîner, Marie et toi ont hésité à venir ce soir. ……

d. Tu doit te demander ce qu'on t'a préparé ce soir. ……

3 Accorder correctement les verbes des phrases suivantes.

Utiliser la **méthode** décrite dans **Apprendre comment faire**.

a. Pierre et moi (faire) …… partie de la même équipe.

b. Ton père, toi et moi (aller) …… au cinéma la semaine prochaine.

c. Trop peu de personnes (savoir) …… comment aider quelqu'un en difficulté.

d. William et toi qui (parler) …… bien anglais (pouvoir) …… me traduire ce courrier.

4 Construire cinq phrases renfermant chacune une inversion du sujet. Utiliser un vocabulaire riche et varié, et enrichir les groupes nominaux.

a. ……

b. ……

c. ……

d. ……

5 Réécrire ces phrases en utilisant les sujets proposés, sans modifier le temps des verbes.

a. La forêt dans laquelle nous jouons sera bientôt abattue.
1. Les bois…… vous ……
2. Le tronc d'arbre …… ils ……

b. La leçon que vous notez contient plusieurs parties.
1. Les exercices que je ……
2. Le problème que tu ……
3. Les rédactions que les élèves ……

c. Nous trouvions que les jours diminuaient notablement.
1. Je …… le niveau de l'eau ……
2. Le capitaine …… la visibilité ……

d. Le vélo que tu as acheté l'an dernier est déjà hors d'usage.
1. La poêle à frire que vous ……
2. Les ordinateurs qu'ils ……

6 Accorder les verbes au temps entre parenthèses.

Utiliser la **méthode** décrite dans **Apprendre comment faire**.

Les deux hôtes de Gavroche (regarder, passé simple) …… autour d'eux et (éprouver, passé simple) …… ce que (devoir, passé simple) …… éprouver Jonas dans le ventre biblique de la baleine. […] En haut, une longue poutre brune, d'où (partir, imparfait) …… de distance en distance de massives membrures cintrées, (figurer, imparfait) …… la colonne vertébrale avec les côtes […]. On (voir, imparfait) …… ça et là dans les coins de grosses taches noirâtres qui (avoir, imparfait) …… l'air de vivre et qui (se déplacer, imparfait) …… avec un mouvement brusque et effaré.

D'après Victor Hugo, *Les Misérables*, 1862.

Livret des corrigés p. 3

13 L'accord de l'adjectif qualificatif

Comprendre et retenir

Astuce
Pour accorder plus facilement l'adjectif au groupe nominal, on remplace le groupe nominal par un pronom personnel : La maison est grande ▸ **Elle** est grande (féminin singulier).

L'accord des adjectifs dans le groupe nominal

- Un adjectif, s'accorde en genre et en nombre avec le nom auquel il se rapporte. Le groupe nominal peut être enrichi par un ou plusieurs adjectifs : C'est une maison **bleue**, **adossée** à la colline.
- Lorsque l'adjectif se rapporte à des noms des deux genres, il s'accorde au masculin pluriel : **La** tapisserie et **le** tapis sont **déchirés**.

Fonctions de l'adjectif

- Les adjectifs peuvent être placés avant ou après le nom qu'ils enrichissent : La **grande** maison **bleue**. L'adjectif a pour fonction d'être **épithète** du nom auquel il se rapporte (il est « collé » au nom, s'il en est séparé par une virgule on parle d'**épithète détachée**).
- Lorsque l'adjectif est séparé du nom auquel il se rapporte par un verbe attributif (verbe d'état), il est **attribut** du sujet : La maison est **grande**.

Attention !
Ne pas confondre adjectif qualificatif de nationalité et nom propre de nationalité. L'adjectif de nationalité s'écrit avec une minuscule, le nom propre avec une majuscule : Le Hollandais cueille des tulipes hollandaises.

Accords particuliers

- Les **adjectifs de couleur s'accordent** généralement avec le nom ou le pronom qu'ils qualifient : La jeune fille porte une robe **noire**.
- Certains adjectifs de couleur restent **invariables s'ils sont tirés d'un nom** (sauf « rose », « mauve » et « fauve ») : (le) marron, (la) noisette, (le) kaki, (l')argent, (l')ivoire, (la) crème, (le) grenat, (la) prune, (l')orange, (l')or, (l')azur, (l')émeraude, (l')écarlate, (la) pourpre.
- Les adjectifs de couleur suivis d'un autre adjectif de couleur ou d'un nom précisant la couleur restent **invariables** : des volets vert foncé. (= des volets *d'un* vert qui *est* foncé).
- Quand deux ou trois adjectifs de couleur qualifiant un même nom sont juxtaposés ou coordonnés, ils sont **invariables** : des drapeaux bleu blanc rouge. En revanche, si on évoque plusieurs drapeaux différents, alors les adjectifs s'accordent : des drapeaux bleu**s**, blanc**s**, roug**es**.

Apprendre comment faire

Accorder correctement les adjectifs qualificatifs

Effectuer l'accord des adjectifs des groupes nominaux suivants :

a. Des dentelles / crème.

b. Des volets / vert clair.

c. Des casseroles et des plateaux / alourdi.

RÉPONSE

a. Des dentelles crème : « dentelles » est féminin pluriel mais l'adjectif « crème » est issu d'un nom donc invariable.

b. Des volets vert clair : « volets » est masculin pluriel mais « vert clair » est un adjectif de couleur composé donc invariable.

c. Des casseroles et des plateaux alourdis : le groupe nominal est composé d'un nom féminin et d'un nom masculin, donc le masculin l'emporte.

Méthode

1 **Repérer le groupe nominal** (déterminant + nom).

2 **Identifier le genre et le nombre du groupe nominal,** en le remplaçant par un pronom personnel.

3 **Accorder en genre et en nombre l'adjectif** avec le nom en se souvenant que tous les adjectifs de couleur ne s'accordent pas.

S'entraîner

1 Vrai ou Faux ?

	V	F
a. Un groupe nominal est composé d'un déterminant et d'un nom.	☐	☐
b. Un groupe nominal ne peut être enrichi que d'un seul adjectif.	☐	☐
c. Un adjectif de couleur composé ne s'accorde pas.	☐	☐
d. Un adjectif de nationalité prend une majuscule.	☐	☐
e. Lorsqu'un groupe nominal est constitué d'un nom féminin et d'un nom masculin, on accorde au masculin pluriel.	☐	☐

2 Accorder les adjectifs entre parenthèses.

a. Quasimodo s'était arrêté sous le (grand) .... portail de la cathédrale.

b. Ses (large) .... pieds semblaient aussi (solide) .... sur le pavé que de (lourd) .... piliers.

c. Il ne ressemblait à nul autre (pareil) .... : aucun homme n'avait cette stature, cette (imposant) .... silhouette.

d. Il regardait en face cette société dont il était (banni) ....

D'après Victor Hugo, *Notre-Dame de Paris*, 1831.

3 Accorder les adjectifs entre parenthèses.

a. Des voix (aigu) ....

b. Des réponses (naïf) ....

c. Des étoffes (mauve) ....

d. De (gentil) camarades ....

e. Une robe (vermeil) ....

4 Corriger si nécessaire les accords des adjectifs de couleur.

Utiliser la **méthode** décrite dans **Apprendre comment faire**.

a. Ses rubans bleu flottaient au vent. ....

b. Elle avait des rubans bleu ciel dans les cheveux. ....

c. Les perroquets sont souvent des oiseaux jaune, vert et bleu. ....

d. Les drapeaux espagnols sont rouge et jaune. ....

e. Les motifs de la tapisserie étaient marrons. ....

5 Accorder les adjectifs entre parenthèses.

Utiliser la **méthode** décrite dans **Apprendre comment faire**.

La côte était (couvert) .... de palmiers. Les troncs s'élevaient dans la lumière, bien (droit) .... ou (incliné) ...., et leurs palmes (vert) .... s'étalaient tout en haut des troncs. Ils poussaient sur un talus (couvert) .... d'herbe (dru) ...., (saccagé) .... par la chute des arbres, (parsemé) .... de noix de coco (pourrissant) .... et de plants de palmiers. Au-delà, c'était la zone (dense) .... de la forêt (sabré) .... par la déchirure. Ralph se tenait appuyé contre un tronc (gris) ...., plissant les yeux pour regarder la surface (miroitant) .... de l'eau.
À quelque distance du bord, l'écume (blanc) .... zébrait un récif de corail et, au large, l'eau était d'un bleu (profond) .... Dans l'enceinte (irrégulier) .... de l'atoll, le lagon, (calme) .... comme un lac de montagne, étalait ses eaux aux teintes (bleu varié) .... , (mêlé) .... de vert (ombreux) .... et de pourpre.

D'après Willliam Golding, *Sa Majesté des Mouches*, trad. Lola Tranec-Dubled, © Éditions Gallimard, 1965.

6 À l'aide de la leçon, décrire le tableau de Monet en employant un maximum d'adjectifs de couleur. HDA

Claude Monet, *Les Coquelicots*, huile sur toile, 1873, musée d'Orsay, Paris.

Livret des corrigés p. 3

14 L'accord du participe passé en « é »

Comprendre et retenir

Remarque
Le participe passé, même lorsqu'il est employé comme adjectif, reste une **forme verbale**.

Le participe passé (PP) employé comme adjectif

Sans auxiliaire, il équivaut à un adjectif qualificatif. **Il s'accorde en genre et en nombre avec le nom** auquel il se rapporte :

Compère Loup, le gosier **altéré**, / Passe par là. (La Fontaine)

▸ Le participe passé « altéré » se rapporte au nom « gosier » ; il s'accorde au masculin singulier.

Le participe passé employé avec l'auxiliaire « être »

Conjugué avec l'auxiliaire « être », **il s'accorde en genre et en nombre avec le sujet** du verbe :

Deux jours étaient passés...

▸ « passés » s'accorde avec le sujet « deux jours », au masculin pluriel.

Le participe passé employé avec l'auxiliaire « avoir »

- Conjugué avec l'auxiliaire « avoir », **il ne s'accorde jamais avec le sujet** :
Les Fables de La Fontaine **ont bercé** notre enfance.
- **Il s'accorde avec le complément d'objet direct (COD) s'il est placé avant le verbe.**
- Le COD peut être :

– **un pronom relatif** (« que » le plus souvent) qui remplace l'antécédent :
Cette fable **qu'**il a appris**e** lui a beaucoup plu.
▸ « apprise » s'accorde avec « qu' » mis pour « cette fable ».
– **un pronom personnel** (le, la, nous, vous…) :
Il **nous** a passionné**(e)s** avec son récit.
▸ « passionné(e)s » s'accorde avec le pronom personnel « nous » (masculin ou féminin pluriel selon ceux ou celles qu'il remplace).
– **un adjectif interrogatif ou exclamatif** (quel(s), quelle(s)) :
Quelles fables a-t-il écrit**es** ? Quels récits palpitants il a racont**és** !

Astuce
Retrouver le COD en posant la question qui ? ou quoi ? après le verbe et repérer l'antécédent.

Apprendre comment faire

Accorder le participe passé en « é »

Accorder correctement le verbe entre parenthèses.

1. Le Renard (berner, passé composé) le Loup pour arriver à ses fins.
2. Les ruses que le Renard (employer, passé composé).
3. Les poires (vendre, futur, passif) à prix coûtant.
4. (Affamer, participe passé comme adjectif), le Renard et le Loup se disputent un fromage.

RÉPONSE

1. Le Renard **a berné** le Loup pour arriver à ses fins.
2. Les ruses que le Renard **a employées**.
3. Les poires **seront vendues** à prix coûtant.
4. **Affamés**, le Renard et le Loup se disputent un fromage.

Méthode

1 et **2** **Cas de l'auxiliaire « avoir ». Chercher s'il existe un COD et identifier sa place.** Dans l'exemple 1, le COD « le Loup » est placé après le verbe, le pp ne s'accorde donc pas avec le COD. Dans l'exemple 2, il est placé avant le verbe, le pp s'accorde avec le COD « que » mis pour « les ruses ».

3 **Cas de l'auxiliaire « être ».** Repérer le sujet de la phrase pour accorder le pp.

4 **Cas d'un pp employé comme adjectif.** Repérer le nom auquel le pp se rapporte quand il est employé sans auxiliaire et accorder le sur ses noms. Ici, le pp « affamés » se rapporte aux noms « le Renard et le Loup ».

S'entraîner

1 Vrai ou Faux ?

Un participe passé :

	V	F
a. est un adjectif qualificatif.	☐	☐
b. est un verbe conjugué au passé composé.	☐	☐
c. est employé seul ou avec les auxiliaires « être » ou « avoir ».	☐	☐
d. s'accorde toujours avec le sujet.	☐	☐
e. employé avec « être » s'accorde avec le sujet.	☐	☐
f. employé avec « avoir » s'accorde avec le sujet.	☐	☐
g. employé avec « avoir » s'accorde avec le COD placé devant.	☐	☐

2 Souligner tous les participes passés employés dans l'extrait suivant.

Ma pauvre muse, hélas ! qu'as-tu donc ce matin ?
Tes yeux creux sont peuplés de visions nocturnes,
Et je vois tour à tour réfléchis sur ton teint
La folie et l'horreur, froides et taciturnes.
Le succube verdâtre et le rose lutin
T'ont-ils versé la peur et l'amour de leurs urnes ?
Le cauchemar, d'un poing despotique et mutin,
T'a-t-il noyée au fond d'un fabuleux Minturnes ?

Baudelaire, « La Muse malade », *Les Fleurs du mal*, 1857.

3 Remplacer l'infinitif par le participe passé.

Utiliser la méthode décrite dans **Apprendre comment faire**.

a. La fable est (créer) .... par Ésope au VIe siècle avant Jésus-Christ.

b. La Fontaine a (puiser) .... son inspiration chez les Anciens.

c. J'ai (apprendre) .... une fable de La Fontaine.

d. Le Loup et le Renard sont (tomber) .... dans le panneau.

e. Le fabuliste a (prévoir) .... une morale pour finir ses fables.

f. Dans les fables, les travers humains sont (observer) .... et (moquer) ....

4 Retrouver le pronom personnel COD dans la phrase et justifier l'accord du participe passé.

a. J'ai acheté des gâteaux et je les ai mangés.

....

b. Nous avons vu ta sœur hier soir et nous l'avons saluée. ....

c. L'histoire d'Anne Frank est terrible, je l'ai lue en classe. ....

d. Le médecin a soigné ces malades et les a guéris.

....

e. Les mouettes se posent sur la plage à marée basse, je les ai observées. ....

....

5 Accorder les participes passés et justifier.

Utiliser la méthode décrite dans **Apprendre comment faire**.

a. La porte de la chambre est fermé... à double tour.

b. Ces îles sont peuplé... de gens fuyant le cyclone qui a tout saccagé... .

c. Les tissus qu'ils ont acheté... sont fabriqué... en Inde.

d. La maison que nous avons vu... brûler est toujours debout.

e. Les deux frères, bien que fâché..., ont soutenu... leur mère.

6 Modifier les phrases suivantes en utilisant un COD sur le modèle suivant :

Le Loup a subi une belle farce !
▸ La belle farce que le Loup a subie !

a. Le jardinier a arrosé les fleurs :

....

b. Nous avons traversé les mers :

....

c. Les marins ont cherché les côtes :

....

d. Elle a chanté les chansons de son pays :

....

e. Il nous a raconté ses voyages :

....

Livret des corrigés p. 4

15 Les homophones grammaticaux

Comprendre et retenir

On appelle «**homophones**» des mots qui ont la même prononciation sans avoir la même orthographe ni la même classe grammaticale.

a/à

«**a**» est le verbe «avoir» au présent et «**à**» est une préposition, mot invariable: Jean **a** un cartable très lourd pour aller **à** l'école.

et/est

«**est**» est le verbe «être» au présent et «**et**» est une conjonction de coordination, mot invariable: Il **est** inscrit au football **et** à la gymnastique cette année.

son/sont

«**son**» est un adjectif ou déterminant possessif et «**sont**» est le verbe «être» au présent: Ses parents **sont** contents que **son** nouveau jouet lui plaise.

on/ont

«**on**» est un pronom personnel indéfini de la 3e pers. du sing. et «**ont**» est le verbe «avoir» au présent: **On** prétend qu'ils **ont** beaucoup de terres.

l'a/la

«**l'a**» est un groupe formé de l'article élidé «l'» et du verbe «avoir» («l'» a pour fonction COD) et «**la**» est un article défini féminin singulier ou un pronom: Elle ne cherche plus **la** bague offerte par sa mère, elle **l'a** trouvée sous le sofa. Elle peut enfin **la** remettre.

sans/s'en

«**sans**» est une préposition et «**s'en**» est un pronom personnel réfléchi ou complément: Il **s'en** prend toujours aux filles **sans** défense.

ni/n'y

«**ni**» est une conjonction de coordination et «**n'y**» est un adverbe de négation ou un pronom adverbial: **N'y** va pas: **ni** Pierre **ni** Jacques n'en sont revenus.

Apprendre comment faire

Identifier la nature grammaticale des homophones

Orthographier correctement les mots entre parenthèses.

a. Il (a/à) mal au dos. Je vais donc (a/à) la pharmacie.

b. Il (es/est/et) au téléphone.

RÉPONSE

a. Je remplace «a» par «avait». «Il **avait** mal au dos» a du sens, il s'agit donc du verbe «avoir» à la 3e pers. du singulier. «Je vais donc **avait** la pharmacie» n'a pas de sens! Il s'agit de la préposition «à».

b. Je remplace «et» par «était». «Il **était** au téléphone» a du sens donc «est» est bien le verbe «être».

Méthode

1 **Conjuguer le verbe «être» ou «avoir»** à une des trois personnes du singulier de l'imparfait de l'indicatif.

2 **Vérifier si la phrase garde un sens.** Si elle garde un sens il s'agit du verbe, si elle perd son sens il s'agit d'un mot invariable comme une préposition ou une conjonction de coordination.

S'entraîner

1 Vrai ou Faux ?

	V	F
a. « à » est un adverbe.	☐	☐
b. « et » est une conjonction de coordination.	☐	☐
c. « n'y » est toujours suivi d'un autre « n'y ».	☐	☐
d. « on » peut être remplacé par « il ».	☐	☐
e. « la » est toujours article.	☐	☐
f. « sont » peut être remplacé par « étaient ».	☐	☐

2 Utiliser « ni » ou « n'y ».

a. Prendre le large avec cette mer démontée ? Je .... pense même pas !

b. .... toi .... moi ne connaissons les rudiments de la navigation.

c. .... les filles .... les garçons ne veulent goûter le gâteau de tante Suzanne.

d. Heureusement, elle .... prête pas attention !

3 Replacer les mots dans l'ordre afin de former une phrase correcte.

a. à – sa – l' – a –tante – enfant – fini – par – confier – se. ....

....

b. joue – Marie – un – a – à – joli – la – droite – beauté – de – grain. ....

....

c. prévue – Pierre – n'- pas – à – rendu – a – devoir – son – date – la. ....

....

4 Compléter par « a/à » ou « la/l'a ».

a. Pourquoi Pierre n'....... t-il pas parlé .... Jacques ? Il faut qu'ils se réconcilient !

b. Son teint .... encore de beaux traits malgré son âge avancé.

c. On ne l'....... pas encore aperçu .... gare. Peut-être son train .... t-il du retard ?

d. Arthur s'est mis .... nager .... toute vitesse. Il .... beaucoup de mal .... rattraper les autres concurrents.

e. Il .... croisée dans .... rue près de chez toi.

5 Compléter avec « sans/s'en » et « on/ont ».

a. Les nageurs .... démarré si vite qu'....... ne parvient pas à les suivre des yeux.

b. Il voudrait bien .... aller sur l'île mais il ne sait pas nager.

c. Il a repris du gâteau .... se faire prier.

d. Tes voisins .... été incommodés par les odeurs peinture.

e. .... circule bien mieux sur ce boulevard depuis que les services de la ville l'....... reconfiguré.

f. Il a oublié son portefeuille et .... rend compte .... tarder.

g. .... -ils consolidé leur anglais lors de leur séjour à Brighton ?

h. .... pense toujours qu'ils .... raison, alors qu'ils .... souvent tort.

6 Compléter avec « on/ont ».

a. Qu'est-ce qu'ils .... à tant parler ? .... ne s'entend plus !

b. Est-ce qu'....... peut savoir si ce château est bien Renaissance ? D'après ce que j'ai appris en classe, ... dirait bien.

c. .... n'aurait pas pu dire ce qu'....... a mangé. .... aurait cru avaler du piment frais.

d. .... les a entendus bien avant qu'....... ne les voie.

e. .... n'était jamais venus ici mais .... y reviendra, c'est certain !

7 Compléter avec le bon homophone (« a/à », « la/l'a ») en précisant à quelle classe grammaticale il appartient.

Utiliser la **méthode** décrite dans **Apprendre comment faire**.

a. Pierre .... appelé .... plusieurs reprises et .... fortement insisté pour que tu le rappelles .... ton retour.

b. .... fille du directeur porte toujours un serre-tête à paillettes, tu .... reconnaîtras facilement.

c. Il .... décidé de ne plus aller faire les soldes. Il y .... trop de monde.

d. Il .... ouvert .... fenêtre et .... refermée aussitôt.

Livret des corrigés p. 4

16 Les adverbes

Comprendre et retenir

Attention !
Ne pas confondre adverbes et adjectifs ! L'adverbe est invariable, alors que l'adjectif peut varier en genre et en nombre. Il marche vite ▸ « vite » est adverbe, il est invariable. Il est vif ▸ « vif » est adjectif, on peut le mettre au féminin : Elle est vive.

Un adverbe est un **mot invariable** qui modifie ou précise le sens d'un autre mot (verbe, adjectif, autre adverbe) ou d'une phrase.

Valeurs et fonctions des adverbes

Valeurs	Exemples
Quantité, intensité	Peu, beaucoup, si, plus, moins…
Interrogation	Quand, comment, pourquoi…
Doute, certitude	Peut-être, certainement.
Affirmation, négation	Oui, non, ne… pas, ne… plus.
Liaison	En effet, par conséquent, ainsi…
Fonction : compléments circonstanciels	
Manière	Suffixe en *-ment*.
Lieu, temps	Ici, là, quand…

Rappel
On appelle suffixe l'élément placé à la fin du mot qui en modifie la nature grammaticale.

Attention !
Ce n'est pas parce qu'on entend le son [a] qu'on doit l'écrire ! « Évidemment » se prononce [ament] mais s'écrit *-emment*.

Formation des adverbes en *-ment*

L'adverbe de manière se forme généralement à partir du féminin de l'adjectif auquel on ajoute le suffixe *-ment* : seul ▸ seule ▸ seulement.

Cas particuliers

- Pour les **adjectifs terminés par une voyelle**, on ajoute directement le suffixe ***-ment*** : habile ▸ habilement / assuré ▸ assurément.
- Les adverbes formés à partir d'un **adjectif terminé par *-u*** prennent un accent circonflexe : assidu ▸ assidûment.
- Lorsque l'adjectif se termine en *-ent*, son adverbe se forme en *-emment*. S'il se termine en *-ant*, son adverbe est en *-amment* : prudent ▸ prudemment / savant ▸ savamment.
- Quelques adverbes sont **irréguliers** : gentil ▸ gentiment / bref ▸ brièvement / journalier (= quotidien) ▸ journellement.

Apprendre comment faire

Construire un adverbe en *-ment*

Former les adverbes en *-ment* à partir des adjectifs : « naturel » et « suffisant ».

1 Le féminin de l'adjectif « naturel » : « naturel**le** ».
2 On ajoute le suffixe *-ment* : « naturelle**ment** » qui signifie d'une façon, d'une manière naturelle.
3 L'adjectif « suffisant » est un cas particulier, il se termine par ***-ant***, sa formation est donc en *-amment* : « suffis**amment** ».

Méthode

1 **Mettre l'adjectif qualificatif au féminin.**
2 **Ajouter le suffixe *-ment*.**
3 **Repérer les cas particulier :** les adjectifs en *-ant* et *-ent*. Dans ces cas on ne met pas l'adjectif au féminin mais on ajoute respectivement le suffixe *-amment* ou *-emment*.

S'entraîner

1 Vrai ou Faux ?

	V	F
a. Un adverbe modifie le sens d'un mot.	☐	☐
b. L'adverbe de manière se forme généralement à partir de l'adjectif au féminin.	☐	☐
c. On appelle préfixe l'élément placé à la fin d'un mot qui en modifie la nature.	☐	☐
d. Les adjectifs en *-ent* se forment en *-emment*.	☐	☐
e. Les adverbes en *-ument* ne prennent pas d'accent circonflexe.	☐	☐

2 Souligner l'adverbe présent dans les phrases suivantes.

a. Il est devenu très beau.

b. Je n'ai pas fini de réviser.

c. Hier, nous avons déjeuné avec ton père.

d. Écris lisiblement ! Ton professeur ne te relira jamais !

e. Pourquoi prends-tu cette mine déconfite ?

f. Je travaille beaucoup avec elle en ce moment.

g. Il a sonné puis il est entré.

3 Former des adverbes de manière à partir des adjectifs suivants, et compléter le tableau.

Utiliser la **méthode** décrite dans **Apprendre comment faire**.

Adjectif	Adjectif au féminin ou cas particulier	Adverbe de manière
réel		
joli		
fou		
fréquent		
bruyant		
goulu		
gentil		

4 Entourer la bonne orthographe dans chaque liste d'adverbes de manière.

Utiliser la **méthode** décrite dans **Apprendre comment faire**.

a. innocament – innocamment – innocemment.

b. confusement – confusément – confusémment.

c. nullement – nulment – nulement.

d. récamment – récemment – récement.

e. poliement – poliment – polîment.

f. gentilment – gentilement – gentiment.

g. inversément – inversement – inversemment.

5 Indiquer la nature (adjectif ou adverbe) des mots en bleu.

Attention il y a un piège !

a. Tout ceci n'est pas **clair**. Il faut absolument l'interroger à nouveau. ....

....

b. **Hier**, ton **petit** cousin est sorti **chaudement** vêtu. ....

....

c. J'aime l'**isolement** de cette petite bourgade. **Jamais** je n'irai vivre dans l'agitation **fébrile** de la ville. ....

....

d. Prête-moi ces baskets, **juste** pour la journée !

....

e. Cette chemise est un peu **juste**, tu ferais **mieux** de prendre la taille au-dessus. ....

....

6 Relever les adverbes du texte suivant.

Monsieur Otis perçut distinctement un bruit de pas. Il chaussa ses pantoufles, sortit tranquillement une petite fiole de sa valise et ouvrit la porte. Juste devant lui, dans un pâle rayon de lune, se tenait un vieil homme d'aspect terrible. Ses yeux étaient aussi rouges que des charbons ardents. Ses longs cheveux lui tombaient sur les épaules en mèches entremêlées. Ses vêtements de coupe antique étaient souillés et pitoyablement déchirés ; à ses poignets et à ses chevilles pendaient de pesants fers mangés de rouille.

– Cher monsieur, dit Monsieur Otis, je vous prie instamment d'huiler vos chaînes ; je vous ai apporté, précisément dans ce but, une petite bouteille de lubrifiant indien.

Oscar Wilde, *Le Fantôme de Canterville*, © Éditions Gallimard, trad. Henri Robillot, 1887.

Livret des corrigés p. 4

17 Le mode indicatif

Comprendre et retenir

Rappel
Pour former un temps composé, on utilise l'auxiliaire « être » ou « avoir » du temps simple correspondant + le participe passé.
Plus-que-parfait de « chanter » = imparfait de « avoir » + participe passé « chanté » = j'avais chanté

Rappel
Pour l'imparfait et le passé simple, voir leçon 18, p. 40.

Attention !
Les verbes « voir », « pouvoir », « envoyer », « acquérir », « mourir » et « courir » redoublent le « r » au futur.

Le mode indicatif

L'indicatif comporte **huit temps** répartis en deux familles : **temps simples** et **temps composés**. Chaque temps composé exprime l'**antériorité** par rapport au temps simple correspondant.

Le présent

- **Les verbes du 1er groupe** ont leurs terminaisons en *-e, -es, -e, -ons, -ez, -ent*.
- **Les verbes des 2e et 3e groupes** ont leurs terminaisons en *-s, -s, -t, -ons, -ez, -ent*, sauf certains verbes qui **changent de radical**. C'est le cas de « finir », « peindre » ou « devoir » : Je **fin**is, vous **finiss**ez ; tu **pein**s, nous **peign**ons ; je **doi**s, nous **dev**ons, ils **doiv**ent.
- **Les valeurs du présent** :
  – **présent d'énonciation** : Bonjour Marie ! Comment vas-tu ?
  – **présent de vérité générale** : L'eau bout à 100 degrés.
  – **présent de narration (dans un récit au passé)** : Nous regardions la télévision quand tout à coup une panne de courant survient.
  – **futur et passé proche** : Elle sort à l'instant, vous la ratez de peu…
  – **présent d'habitude** : Tous les matins il prend le bus de 8 heures.

Le futur simple

- Il se forme à partir de l'infinitif du verbe auquel on ajoute les terminaisons *-ai, -as, -a, -ons, -ez, -ont* : Je chanterai, tu chanteras... Certains verbes ont un radical différent de celui de l'infinitif (voir fiches Mémo 4 et 5).

Le futur antérieur

- Il se forme à l'aide de l'auxiliaire « être » ou « avoir » au futur et du participe passé du verbe et situe les faits entre le présent et le futur simple : Quand Romain **aura fait** ses devoirs, il **pourra** sortir voir ses amis.

Apprendre comment faire

Conjuguer un verbe aux temps de l'indicatif

Conjuguer au présent, au passé composé et à l'imparfait les verbes entre parenthèses.

Il y (avoir) beaucoup de choses ce printemps-là, des bonnes et des mauvaises. Mais je (croire) bien qu'il n'y (avoir) rien de mieux que ces promenades sur le bébé Peugeot*, à travers la ville, tôt le matin, quand l'air (être) encore froid et qu'on (réveiller) même les pigeons. C'(être) bien, c'(être) vraiment bien. J'(avoir) l'impression de recommencer à vivre, que je pouvais recommencer à rester en vie, qu'il y (avoir) quelque chose pour moi, ici.

D'après J.M.G. Le Clézio, *Printemps et autres saisons*, © Éditions Gallimard, 1989.

* un vélomoteur

RÉPONSE

Il y a eu beaucoup de choses ce printemps-là […]. Mais je crois bien qu'il n'y a eu rien de mieux […], quand l'air est encore froid et qu'on réveille même les pigeons. C'était bien, c'était vraiment bien. J'avais l'impression […], qu'il y avait quelque chose pour moi, ici.

Méthode

1 **Pour conjuguer un verbe au passé composé**, conjuguer l'auxiliaire « être » ou « avoir » au temps simple correspondant, auquel on ajoute le participe passé.

2 **Pour conjuguer un verbe au présent**, on vérifie le groupe du verbe (y a-t-il changement de radical ?) et on le conjugue selon la terminaison demandée.

3 **Pour conjuguer un verbe à l'imparfait**, on prend le radical du verbe au présent de l'indicatif à la première personne du pluriel, auquel on ajoute les terminaisons qui s'imposent.

S'entraîner

1 Vrai ou Faux? V F

a. Le futur antérieur est un temps simple. ☐ ☐

b. Le présent de vérité générale est celui que l'on utilise dans les définitions et les proverbes. ☐ ☐

c. Au futur, certains verbes vont redoubler le « r ». ☐ ☐

d. Les temps composés se forment sur le temps simple correspondant. ☐ ☐

e. Le futur antérieur situe les faits avant le présent. ☐ ☐

2 Identifier les temps des formes verbales suivantes et indiquer leur infinitif.

a. Je venais : ....
Infinitif : ....

b. Je viendrai : ....
Infinitif : ....

c. Je courrai : ....
Infinitif : ....

d. Je courrais : ....
Infinitif : ....

e. Nous balayons : ....
Infinitif : ....

f. Nous balaierons : ....
Infinitif : ....

g. Je saurai : ....
Infinitif : ....

h. Je serai : ....
Infinitif : ....

3 La plupart des radicaux des verbes du 3e groupe changent au présent de l'indicatif. Conjuguer correctement à ce temps et aux personnes demandées.

a. Boire : je.......... ; nous ....

b. Voir : tu .... ; vous ....

c. Mourir : je .... ; nous ....

d. Naître : il .... ; elles..........

e. S'émouvoir : tu .... ; ils ....

4 Former des phrases complètes en conjuguant le verbe au présent de l'indicatif à la personne demandée.

a. prendre (1re pers. du singulier) : ....

b. plaindre (2e pers. du singulier) : ....

c. résoudre (1re pers. du pluriel) : ....

d. peindre (1re pers. du singulier) : ....

e. rejoindre (3e pers. du singulier) : ....

f. bondir (2e pers. du singulier) : ....

5 Conjuguer les verbes entre parenthèses au présent de l'indicatif.

Utiliser la **méthode** décrite dans **Apprendre comment faire**.

a. Le cavalier (rejoindre) .... le gros de l'armée.

b. Papa (prétendre) .... que je (descendre) .... de Charles le Téméraire.

c. Tu (résoudre) .... toujours les problèmes les plus délicats.

d. (entendre)-tu .... la clameur de la foule ?

e. Ils ne (feindre) .... pas d'être courageux.

6 Conjuguer au futur les verbes entre parenthèses de ce poème.

Utiliser la **méthode** décrite dans **Apprendre comment faire**.

Par les soirs bleus d'été, j'(aller) .... dans les sentiers
Picoté par les blés fouler l'herbe menue :
Rêveur, j'en (sentir) .... la fraîcheur à mes pieds.
Je (laisser) .... le vent baigner ma tête nue.

Je ne (parler) .... pas, je ne (penser) .... rien :
Mais l'amour infini me (monter) .... dans l'âme,
Et j'(aller) .... loin, bien loin, comme un [bohémien,
Par la nature, heureux – comme avec une femme.

Arthur Rimbaud, « Sensation », *Poésies*, 1895.

Livret des corrigés p. 4

18 Le passé simple et l'imparfait

Comprendre et retenir

À savoir
La 3e pers. du singulier ne prend jamais d'accent circonflexe, sauf si le radical l'impose (croître). Les formes « dût », « fît », « tînt » sont des formes de l'imparfait du subjonctif.

Remarque
La 1re personne du singulier des verbes en *-er* est toujours en *-ai*.

Rappel
Devant « a », « o » et « u », le « c » prend une cédille et on intercale un « e » après le « g » : Nous l'obli**geâmes**, alors il s'avan**ça**.

Le passé simple

- Il y a quatre formes de passé simple : en ***-a***, en ***-i***, en ***-u***, en ***-in***. Les terminaisons (sauf pour le 1er groupe) sont : ***-s, -s, -t, -^mes, -^tes, -rent***.

1er groupe + verbe « aller »	2e groupe (participe présent en *-issant*) + 3e groupe	3e groupe	3e groupe
En ***-a***	En ***-i***	En ***-u***	En ***-in***
Je chant**ai** Tu chant**as** Il/elle/on chant**a** Nous chant**âmes** Vous chant**âtes** Ils/elles chant**èrent**	Je rempl**is**, v**is** Tu rempl**is**, v**is** Il/elle/on rempl**it**, v**it** Nous rempl**îmes**, v**îmes** Vous rempl**îtes**, v**îtes** Ils/elles rempl**irent**, v**irent**	Je l**us** Tu l**us** Il/elle/on l**ut** Nous l**ûmes** Vous l**ûtes** Ils/elles l**urent**	Je t**ins** Tu t**ins** Il/elle/on t**int** Nous t**înmes** Vous t**întes** Ils/elles t**inrent**

- **Le passé simple s'emploie dans un récit au passé.** Il est utilisé pour des faits limités dans le temps, par opposition à l'imparfait, temps qui s'étire, dont on ne perçoit pas les limites.
- Employé en alternance avec l'imparfait, il exprime des **faits de premier plan**, alors que l'imparfait exprime l'arrière-plan :
Gaëtan prenait (arrière-plan) son bain quand le téléphone sonna (premier plan).

L'imparfait

- On forme l'imparfait sur le radical du présent de l'indicatif à la 1re personne du pluriel auquel on ajoute les terminaisons suivantes : ***-ais, -ais, -ait, -ions, -iez, -aient*** : Soigner ▸ nous **soign**ons.
- L'imparfait s'emploie dans un **récit au passé ou à l'oral** pour évoquer des **faits dans leur déroulement**, dont on ne perçoit ni le commencement ni la fin.

Apprendre comment faire

Utiliser passé simple et imparfait

Transposer les verbes du texte en gras au passé simple ou à l'imparfait :

La nuit **s'achève**, l'aube **point**. Monseigneur Constant des Granges, un vavasseur* assez riche [...] **prend** un cor, **appelle** ses chiens, **ordonne** de seller son cheval, au milieu des cris et des encouragements de toute la maison.

D'après *Le Roman de Renart*, branche III, édition d'Élisabeth Charbonnier, © Librairie Générale Française, Le Livre de Poche, 1987.

* Titre de féodalité : vassal d'un seigneur déjà vassal

RÉPONSE

▸ « La nuit **s'achevait** » action en déroulement = imparfait.
▸ « L'aube **pointait** » : action en déroulement = imparfait.
▸ « Monseigneur [...] **prit** un cor » : fait délimité = passé simple. « Prendre » : verbe du 3e groupe donc formation en *-i*, *-u* ou *-in*.
▸ « **appela** ses chiens » : fait délimité = passé simple. « Appeler » : verbe du 1er groupe, donc formation en *-a*.
▸ « **ordonna** de seller son cheval » : fait délimité = passé simple. « Ordonner » : verbe du 1er groupe, donc formation en *-a*.

Méthode

1. **Identifier le groupe du verbe.**
2. **Repérer si l'action est limitée ou non dans le temps.**
3. **Conjuguer le verbe au bon temps** sur l'un des modèles de la leçon.
4. **Vérifier en conjuguant ce verbe à toutes les personnes** si vous avez un doute sur la conjugaison d'un verbe.

S'entraîner

1 Vrai ou Faux ? V F

a. Le passé simple est utilisé pour évoquer des faits de premier plan. ☐ ☐

b. Seules les terminaisons des deux 1res personnes du pluriel prennent un accent circonflexe. ☐ ☐

c. Les verbes du 1er groupe se conjuguent en *-a* à la 1re personne du singulier. ☐ ☐

d. « Aller » se conjugue comme les verbes du 1er groupe. ☐ ☐

e. Les verbes dont le participe présent est en *-issant* se conjuguent tous en *-i* au passé simple. ☐ ☐

2 Conjuguer les verbes à l'imparfait et aux personnes demandées.

a. 1re personne du singulier :
glacer – éloigner – s'appuyer

b. 2e personne du singulier :
vidanger – renvoyer – amorcer

c. 1re personne du pluriel :
peigner – habiller – tancer – balayer

d. 3e personne du pluriel :
jouer – déplacer – naviguer

3 Conjuguer les verbes au passé simple et aux personnes demandées.

a. 1re personne du singulier :
demander – venir – s'exercer – s'endormir

b. 3e personne du singulier :
atterrir – élancer – alourdir – convenir

c. 1re personne du pluriel :
craindre – tenir – sembler – choisir

d. 3e personne du pluriel :
crier – revoir – s'élever – paraître

4 Compléter le texte suivant avec des verbes au passé simple ou à l'imparfait.

Utiliser la **méthode** décrite dans **Apprendre comment faire**.

C'est au Moyen Âge que (naître) .... la chanson de geste, un type roman qui (raconter) .... les exploits de héros aux qualités exceptionnelles. Les écrivains (utiliser) .... la langue romane, issue du latin. Le mot roman (servir) .... ensuite à désigner un type de récit du XIIe siècle qui (évoquer) .... souvent les aventures de chevaliers qui (chercher) .... à conserver l'amour de leur dame grâce à leurs exploits. C'est ce qu'on (appeler) .... l'amour courtois. Le plus grand écrivain de romans courtois (être) .... Chrétien de Troyes.

5 Identifier les valeurs des temps en gras.

Compère le Renard **se mit** un jour en frais,
....
Et **retint** à dîner Commère la Cigogne.
....
Le régal **fut** petit et sans beaucoup d'apprêts :
....
Le galant, pour toute besogne,
Avait un brouet clair ; il **vivait** chichement.
....
Ce brouet **fut** par lui servi sur une assiette :
....
La Cigogne au long bec n'en **put** attraper miette.
....

D'après Jean de La Fontaine, « Le Renard et la Cigogne », *Fables*, 1668.

6 Transposer les verbes du texte suivant à l'imparfait et au passé simple.

Voici qu'arrivent .... à vive allure des marchands de poisson qui viennent .... de la mer, portant quantité de bons harengs bien frais. Leur charrette contient .... aussi beaucoup de lamproies et d'anguilles achetées aux villages où ils étaient passés. Renard qui sait .... tromper son monde, file .... sans se montrer pour prendre les devants et berner les marchands. [...] Voyez la ruse qu'il emploie ....: après s'être roulé dans l'herbe, il s'allonge .... au milieu du chemin et fait .... le mort, yeux fermés, gueule entrouverte, il prend .... bien soin de ne pas respirer.

D'après Jacqueline Mirande, « Renard et les marchands de poissons », *Contes et légendes du Moyen Âge*, © Nathan, 1995.

Livret des corrigés p. 4

19 Les formes verbales en *-i* et *-u*

Comprendre et retenir

Formes conjuguées du verbe en *-i* et en *-u*

- **Au présent de l'indicatif** (certains verbes du 1er groupe : *-ue, -ues*) :
Sa voie **mue** maintenant qu'il est adolescent.
- **Au passé simple de l'indicatif** (verbes du 2e et certains du 3e groupe) :
Elle **sut** étancher sa soif : elle **sortit** sa gourde et en **but** toute l'eau.

Formes participiales

Le participe passé est une forme verbale qui permet de construire les temps composés des verbes : Nous sommes **convenus** d'un lieu de rendez-vous.

- **Terminaisons des verbes au participe passé** : ***-é*** pour le 1er groupe ; ***-i*** pour le 2e groupe ; ***-u*** pour les verbes du 3e groupe en *-ir, -oir, -re* ; ***-i*** pour d'autres verbes du 3e groupe.
- **Certains verbes du 3e groupe ont des terminaisons particulières** : ***-s*** pour « asseoir » (assis), « promettre » (promis), « apprendre » (appris) ; ***-t*** pour « dire » (dit), « construire » (construit) ; changement de radical (couvrir = couvert ; offrir = offert).

Accords du participe passé

- **Le participe passé employé sans auxiliaire** équivaut à un adjectif qualificatif et **s'accorde en genre et en nombre** avec le nom auquel il se rapporte : Parven**ue** à un croisement, **Madeleine** ne sait où aller.
- Employé **avec l'auxiliaire « être », il s'accorde en genre et en nombre** avec le sujet du verbe : **Les filles** n'étaient pas **venues**.
- Employé **avec l'auxiliaire « avoir », il s'accorde avec le COD s'il est placé avant le verbe**. Le COD peut être :
– **un pronom relatif** (« que » le plus souvent) renvoyant à son antécédent :
Cette fable **qu'**il a appris**e** lui a beaucoup plu.
– **un pronom personnel** (le, la, nous, vous …) :
Il **nous** a séduit**(e)s** avec son récit.
– **un groupe nominal** introduit par un adjectif interrogatif ou exclamatif (quel(s), quelle(s)) : **Quelles contrées** as-tu parcour**ues** ?

Astuce
Pour vérifier que le verbe est bien au présent ou au passé simple et non un participe passé, il faut le conjuguer à l'imparfait.

À savoir
Pour savoir si le participe passé en *-i* au masculin singulier a un « s » ou « t » muet à la fin, il faut essayer de le mettre au féminin pour l'entendre :
un tarif rédui**t** / une taxe rédui**te**.

Apprendre comment faire

Distinguer les terminaisons en « i » et en « u »

Analyser les formes verbales en bleu terminées par *-i* et *-u*.

a. Ce bâtiment **vieillit** de jour en jour.
b. Les tapisseries ont **pris** feu avant que les pompiers aient **pu** arriver.
c. Tu **partis** sans te retourner vers tes amis. J'en **conclus** que tu les as **déçus**.

RÉPONSE

a. « vieillit » : passé simple ou présent de l'indicatif, 3e pers. du sing.
b. « ont pris » : participe passé du passé composé, 3e pers. du pl. ; « aient pu » : participe passé du subjonctif passé, 3e pers. du pl. ; donc pas d'accord du participe.
c. « partis » : 2e pers. du sing. au passé simple ; « conclu » : 1re pers. du sing. au passé simple ; « déçus » : participe passé du passé composé à la 2e pers. du sing., donc accord du participe avec le COD « les » (« amis ») placé avant.

Méthode

1. **Bien identifier de quel verbe vient la forme** en trouvant son infinitif.
2. Pour distinguer les formes de présent ou de passé simple du participe passé, **essayer de les remplacer par l'imparfait.** Toutes les autres formes sont des participes passés.
3. **Appliquer les règles d'accord** de la leçon ci-dessus.

S'entraîner

1 Vrai ou Faux ?

	V	F
a. Une forme en -*i* ou -*u* peut être une forme conjuguée du verbe ou un participe passé.	☐	☐
b. Pour ne pas oublier une consonne muette en fin de mot, on peut l'accorder au féminin.	☐	☐
c. Employé avec l'auxiliaire « avoir » le participe passé s'accorde avec le sujet.	☐	☐
d. Employé seul, le participe passé s'accorde comme un adjectif qualificatif.	☐	☐
e. Écrire : « Les tartes que j'ai cuisinées sentent délicieusement bon » est correct.	☐	☐

2 Souligner les participes passés de ce texte. Aide : il y en a 12 !

Les roses de Saadi

J'ai voulu ce matin te rapporter des roses ;
Mais j'en avais tant pris dans mes ceintures closes
Que les nœuds trop serrés n'ont pu les contenir.
Les nœuds ont éclaté. Les roses envolées
Dans le vent, à la mer s'en sont toutes allées.
Elles ont suivi l'eau pour ne plus revenir.
La vague en a paru rouge et comme enflammée.
Ce soir, ma robe encore en est toute embaumée...
Respires-en sur moi l'odorant souvenir.

Marcelline Desbordes-Valmore, *Poésies inédites*, 1860.

3 Compléter les formes ci-dessous avec la terminaison qui convient.

Utiliser la **méthode** décrite dans **Apprendre comment faire**.

a. Les cours sont fin... ! On va enfin pouvoir songer aux vacances !

b. Il fin... son bol de chocolat avant de sauter dans la rue.

c. Ludmilla vern... la maquette qu'elle vient de terminer.

d. Une fois la maquette vern... elle est fière de l'exposer aux yeux ébah... de toute la famille.

e. Une fois la longueur du lac parcour..., il fall... faire demi tour pour rentrer au port.

f. Gaspard parcour... toute la longueur du lac en seulement 10 minutes !

g. Cette lettre a dispar... !

h. Dispar... sous la couette, la petite chatte a inquiété la famille toute la journée !

4 Même consigne

Utiliser la **méthode** décrite dans **Apprendre comment faire**.

a. Pendant des années, Gaspard a suiv... son grand-père sur son voilier.

b. Cette petite fille n'a jamais cr... à la petite souris.

c. Ém... par la prestation d'Alice, l'assemblée l'a adm... à intégrer la première année.

d. Ma petite sœur a écr... au Père Noël.

e. Elle était très surpr... qu'il prenne le temps de lui répondre.

5 Accorder les participes passés si nécessaire.

Cette lettre, je l'ai relu..., et je l'ai trouvé... bien nunuche, mais je n'avais pas le courage de recommencer une treizième fois [...]. Je l'ai posté... en revenant du collège, et c'est en m'asseyant pour le goûter que j'ai relu... le dépliant et que j'ai vu... que le directeur était en fait une directrice ! Mais quel âne ! ai-je pensé... en me mordant la joue. Quel âne, quelle triple buse !...

D'après Anna Gavalda, *35 kilos d'espoir*, © Bayard Jeunesse, 2002.

6 Former les participes passés des phrases suivantes.

a. Elle a été (prendre) .... la main dans le sac.

b. (disparaître) .... l'écurie, la petite fermette, et les chevaux de mon enfance !

c. Elles sont tout (ébahir) .... par le récit de Manuel.

d. La messe (dire) .... les fidèles se retrouvent sur le parvis de l'église.

e. Quand tu auras (lire) .... ce livre, ton regard sur la vieillesse s'en trouvera (changer) ....

Livret des corrigés p. 5

20 Le conditionnel

Comprendre et retenir

Avec l'indicatif (voir leçon 17, p. 38), l'impératif et le subjonctif (voir leçon 21, p. 46), **le conditionnel** est l'un des quatre modes personnels du français. C'est le mode de **l'hypothèse** et de l'imaginaire. Utilisé avec des temps du passé, il a la valeur de **futur dans le passé**.

Formation

▪ Comme le futur de l'indicatif, le conditionnel se forme sur le **radical de l'infinitif** auquel on ajoute les **terminaisons de l'imparfait**:

Finir ▸ « finir- » + terminaisons de l'imparfait ▸ tu finir**ais**, elle finir**aient**.

Pouvoir ▸ pourr- + terminaisons de l'imparfait ▸ je pourr**ais**, nous pourr**ions**.

▪ Il existe un temps simple, le **conditionnel présent**, et un temps composé correspondant, le **conditionnel passé** qui se conjugue en associant l'auxiliaire « avoir » ou « être » au conditionnel présent avec le participe passé: il aurait fini; vous seriez venus.

▪ Comme au futur de l'indicatif, des verbes très fréquents présentent des particularités orthographiques à connaître: je **ferais**, tu **courrais**, il **tiendrait**, nous **mourrions**, vous **pourriez**, ils **verraient**.

Emplois

▪ Le conditionnel possède une **valeur temporelle** comme **futur dans le système du passé**:

Aurélien **avait révisé** tous ses cours et il **savait** qu'il **obtiendrait** une bonne note au prochain contrôle: **avait révisé** ▸ **savait** ▸ **obtiendrait.**

▪ Le conditionnel possède **quatre valeurs modales**. L'action exprimée par le verbe est:

– imaginaire, rêvée: Je **conduirais** un vaisseau spatial et tu **serais** mon copilote.

– une information incertaine: Selon le journaliste, les deux pays **auraient signé** un accord.

– une demande atténuée ou une forme de politesse: **Pourriez-vous** éteindre cette cigarette, je vous prie?

– hypothétique: Si tu étais riche, tu **pourrais** faire le tour du monde.

Attention!

Ne pas confondre pas conditionnel et futur de l'indicatif: à la différence du conditionnel, le futur ne prend pas de *-s*. Pour identifier ces temps, conjuguez le verbe à d'autres personnes: Demain **je viendrai**. ▸ on peut remplacer par « tu viendras ».

À savoir

Pour « courir », « mourir » et « acquérir » on peut confondre conditionnel et imparfait. La différence se fait avec le double du « r »: il courait (imparfait), il courrait (conditionnel).

Apprendre comment faire

Distinguer le présent du conditionnel des autres temps

Analyser les verbes en gras des phrases suivantes:

a. Léo **courait** vers l'immeuble de Marie. Il **monterait** l'escalier et elle lui **pardonnerait**, il le savait.

b. Dès que je **connaîtrai** l'horaire d'arrivée, je te **préviendrai**. Si tu ne venais pas me chercher, je **serais** déçu.

RÉPONSE

a. « courait » = 3e personne du singulier de l'imparfait (un seul « r »); monterait/pardonnerait = 3e personne du singulier du conditionnel présent (terminaison « ait »).

b. « connaîtrai » et « préviendrai » = 1re personne du singulier du futur; « serais » = 1re personne du singulier du conditionnel présent.

Méthode

1 Vérifier combien il y a de « r » s'il s'agit des verbes « mourir », « courir » ou « acquérir ». S'il y en a un c'est l'imparfait, deux le conditionnel.

2 Changer de personne si le verbe est à la 1re personne du singulier pour entendre la différence entre futur et conditionnel.

S'entraîner

1 Vrai ou Faux ?

	V	F
a. Le conditionnel peut exprimer le futur.	☐	☐
b. Le conditionnel a les mêmes terminaisons que l'imparfait de l'indicatif.	☐	☐
c. « il courait » est au conditionnel.	☐	☐
d. « vous auriez su » est au conditionnel.	☐	☐
e. Une hypothèse s'exprime au conditionnel.	☐	☐

2 Conjuguer les formes verbales suivantes au futur de l'indicatif puis au conditionnel présent.

a. Je fais.
Futur de l'indicatif : ....
Conditionnel présent : ....

b. Tu sais.
Futur de l'indicatif : ....
Conditionnel présent : ....

c. Il parle.
Futur de l'indicatif : ....
Conditionnel présent : ....

d. Nous mourons.
Futur de l'indicatif : ....
Conditionnel présent : ....

e. Vous venez.
Futur de l'indicatif : ....
Conditionnel présent : ....

f. Elles viennent.
Futur de l'indicatif : ....
Conditionnel présent : ....

g. Je tends.
Futur de l'indicatif : ....
Conditionnel présent : ....

h. Tu veux.
Futur de l'indicatif : ....
Conditionnel présent : ....

i. Elle boit.
Futur de l'indicatif : ....
Conditionnel présent : ....

3 Conjuguer le verbe à la forme qui convient, futur ou conditionnel.

a. Pourr...... -tu m'expliquer ce cours s'il te plaît ?

b. Quand tu auras terminé tes exercices, je reprendr...... cela avec toi.

c. Hans et Charlène pourr...... faire l'exposé ensemble quand ils aur...... trouvé un moment pour se voir.

d. S'ils avaient su que ce sujet était aussi difficile, jamais ils ne l'aur...... choisi !

e. Je pense qu'elle ne te reverr...... pas avant un mois.

f. Quelle surprise ! Moi qui pensais que je ne te reverr...... pas !

g. Si je pouvais, j'ir...... vivre en Polynésie !

4 Conjuguer les verbes de la proposition principale à l'imparfait de l'indicatif et faire toutes les modifications qui s'imposent.

a. Tu sais bien que tu pourras toujours compter sur moi ! ....

b. Il croit que tu grandiras vite.
....

c. Ma tante croit toujours qu'on viendra en retard !
....

d. Jules espère que je serai là.
....

e. À chaque fois qu'il a une maladie, Virgile croit qu'il mourra dans les 24 heures ! ....
....

5 Compléter chacune de ces phrases.

a. Si je gagnais au Loto ....

b. Si j'étais Président de la République ....
....

c. Si je vivais en Polynésie ....

d. Si je pouvais revivre un événement passé ....
....

e. Si je pouvais lire dans les pensées ....
....

Livret des corrigés p. 5

21 Le subjonctif

Comprendre et retenir

Description

- **Le subjonctif** est un mode qui présente **deux temps simples**: le présent et l'imparfait, et **deux temps composés**: le passé et le plus-que-parfait.
- C'est le mode de la **subjectivité**. Il sert à exprimer un sentiment, une volonté, un souhait, la supposition, l'éventualité ou la nécessité.
- Au subjonctif **présent**, les verbes des trois groupes ont les mêmes terminaisons: ***-e, -es, -e, -ions, -iez, -ent***: Que je travaille (1er groupe). Que je finisse (2e groupe). Que je vienne (3e groupe).

Attention à la confusion indicatif / subjonctif!

Indicatif		**Subjonctif**	
présent	j'ai	présent	**que** j'aie
imparfait	nous voyions	présent	**que** nous voyions
passé simple	il dit	imparfait	**qu**'il dît

Emplois

- Dans les **propositions indépendantes**: Que la nuit vous **porte** conseil!
- Dans les **propositions subordonnées**:

– introduites par les conjonctions «pour que», «afin que»: Bien qu'elle **soit** arrivée, tu n'es pas allé la saluer.

– introduites par «que» après un verbe de volonté ou de sentiment: Je veux que tu **sois** rentrée pour 18 heures.

– introduites par un **pronom relatif**: Je cherche un pull qui ne **soit** pas trop grand.

Verbes irréguliers

Infinitif	**Subjonctif présent**
être	que je sois
aller	que j'aille
faire	que je fasse
savoir	que je sache
pouvoir	que je puisse
vouloir	que je veuille
valoir	qu'il vaille
falloir (verbe impersonnel)	qu'il faille

Attention!

«que» n'indique pas nécessairement que le verbe qui suit est au subjonctif. Pour s'en assurer, remplacez-le par le verbe «savoir»: À chaque fois qu'il travaille, c'est pareil ▸ À chaque fois qu'il sait ▸ Le verbe est donc conjugué au présent de l'indicatif.

Apprendre comment faire

Repérer l'emploi du subjonctif

Choisir la bonne conjugaison:

Il ne faut pas que tu (as-aies-aie) peur.

RÉPONSE

1 Repérer la marque grammaticale du mode subjonctif comme: «**il faut que**», «**pourvu que**», «**que**». Ici «il ne faut pas **que**».

2 Remplacer par un verbe au subjonctif aisément identifiable (comme «savoir»): «il ne faut pas que tu **saches**».

3 Conjuguer correctement le verbe: «il ne faut pas que tu **aies** peur».

Méthode

1 **Repérer** la marque «que» du subjonctif.

2 **Remplacer** par «savoir» pour savoir si on conjugue à l'indicatif ou au subjonctif.

3 **Conjuguer** le verbe au subjonctif si on obtient «que je/tu/il… sache(s)».

S'entraîner

1 Vrai ou Faux ?

	V	F
a. Le subjonctif est un mode.	☐	☐
b. Le subjonctif est le mode de l'hypothèse.	☐	☐
c. Les trois groupes ont les mêmes terminaisons au présent du subjonctif.	☐	☐
d. Le subjonctif comporte quatre temps.	☐	☐
e. « que » permet souvent d'identifier un verbe au subjonctif.	☐	☐

2 Conjuguer au subjonctif présent

	avoir	savoir	vouloir	croire
que je/j'				
que tu				
qu'il/elle/on				
que nous				
que vous				
qu'ils/elles				

3 Mettre les verbes entre parenthèses au subjonctif présent.

a. Nous allons tout faire pour qu'ils (venir) ....

b. Il faut absolument que Charlène (faire) .... le tour du monde cette année.

c. Bien qu'elle (avoir) .... des problèmes d'argent, elle garde son insouciance.

d. Hans aimerait qu'on (venir) .... le chercher après l'école, mais je ne suis pas certaine que ce (être) .... possible.

e. Je ne suis pas sûre que cela en (valoir) .... la peine.

4 Conjuguer les verbes entre parenthèses à l'indicatif ou au subjonctif présent.

a. Il est important que Stéphane (revoir) .... sa leçon d'histoire.

b. Je (revoir) .... ma leçon d'histoire.

c. J'aimerais que tu (finir) .... ton assiette.

d. Si tu (finir) .... ton assiette, tu auras de la glace.

e. J'(avoir) .... un gâteau pour toi si tu veux.

f. Il faut que j'(avoir) .... fini pour demain.

g. Je (être) .... en route.

h. Il est important que tout (être) .... prêt quand il arrivera.

5 Les verbes en bleu sont-ils à l'imparfait de l'indicatif (I) ou au présent du subjonctif (P).

Utiliser la **méthode** décrite dans **Apprendre comment faire**.

a. Mamie a demandé que vous **passiez** la voir. (.....)

b. Elle a cru que toute la salle **se moquait** d'elle. (.....)

c. Le professeur veut que nous **finissions** nos exposés pour la semaine prochaine. (.....)

d. Par ta faute, Isabelle a appris que nous **voulions** lui faire une surprise pour son anniversaire ! (.....)

e. Dès que nous **nous retournions**, le mime changeait de position. (.....)

6 Compléter ces phrases avec des verbes au présent de l'indicatif ou du subjonctif. Indiquer à chaque fois le mode choisi (I) ou (S).

a. Mes parents pensent que j'(avoir) .... (.....) fait une mauvaise chute et craignent que j'(avoir) .... (.....) de mauvaises notes.

b. Il faut impérativement que tu (ranger) .... (...) ta chambre avant que les invités ne (venir) .... (.....).

c. Il est inutile que tu (prendre) .... (.....) ton appareil photo puisque Marie (arriver) .... (.....) avec le sien.

d. Je trouve dommage que tu (prendre) .... (.....) tout cela ainsi.

e. Je propose que nous (faire) .... (.....) le trajet du collège ensemble.

f. Tu permets que je (ouvrir) .... (.....) le rideau afin de profiter de cette belle lumière ?

7 C'est le 1er janvier. Rédiger vos bonnes résolutions et vos vœux pour cette nouvelle année à l'aide du subjonctif présent. Utiliser dans le 1er paragraphe « il faut que » et dans le 2e « je souhaite que ».

Livret des corrigés p. 5

22 La voix active et la voix passive

Rappel
Un verbe à l'infinitif peut être à la voix passive : aimer (infinitif présent), être aimé (infinitif passé), avoir été aimé (infinitif passé passif).

Comprendre et retenir

Aux temps simples

- À la voix **passive**, le sujet **subit l'action** exprimée par le verbe. Il est alors conjugué avec l'auxiliaire « **être** » et **est constitué de deux éléments** : Le tourbillon de la foule m'**emporte** : voix active ▸ Je **suis emportée** par le tourbillon de la foule : voix passive.
- Pour conjuguer un verbe à la voix passive, on utilise son **participe passé** que l'on fait précéder de **l'auxiliaire « être », conjugué** à tous les temps des modes personnels (indicatif, conditionnel, subjonctif) : Je suis/serais/que je sois emportée par le tourbillon de la foule.
- Utilisé avec l'auxiliaire « être », le participe s'accorde en genre et en nombre avec son sujet grammatical : **Nous** fûmes emport**é(e)s** par la foule.

	Indicatif				Conditionnel	Subjonctif
	présent	**imparfait**	**passé simple**	**futur**	**présent**	**présent**
Je/j'	suis emporté(e)	étais emporté(e)	fus emporté(e)	serai emporté(e)	serais emporté(e)	sois emporté(e)

Aux temps composés

- Pour conjuguer les temps composés à la voix passive, on utilise son **participe passé** que l'on fait précéder de **l'auxiliaire « avoir » conjugué** à tous les temps des modes personnels (indicatif, conditionnel, subjonctif) et suivi de **l'auxiliaire « être » au participe passé**. Il est donc constitué de **trois éléments**.

	Indicatif				Conditionnel	Subjonctif
	passé composé	**plus-que-parfait**	**passé antérieur**	**futur antérieur**	**passé**	**passé**
Vous	avez été emporté(e)s	aviez été emporté(e)s	eûtes été emporté(e)s	auriez été emporté(e)s	auriez été emporté(e)s	ayez été emporté(e)s

Attention !
Le participe passé « été » ne s'accorde pas, mais celui du verbe s'accorde en genre et en nombre avec son sujet : **Ils** avaient été emport**és** par la vague. **Elle** fut emport**ée** par la foule.

Apprendre comment faire

Reconnaître la voix du verbe

Dans les phrases suivantes, reconnaître la voix et le temps du verbe :

a. J'ai été nommé délégué par la classe.

b. Ils furent contents d'assister à la remise de médaille.

c. Elle était arrivée une heure avant pour préparer la réunion.

RÉPONSE

a. Le verbe est constitué de trois éléments (« ai été nommé »), il est donc à la voix passive à un temps composé. (Attention : aucun verbe à la voix active ne peut être constitué de trois éléments.) L'auxiliaire (« ai ») est conjugué au présent : il s'agit donc du passé composé à la voix passive.

b. Il n'y a qu'un seul élément verbal (« content » est un adjectif). Le verbe est donc au passé simple à la voix active.

c. L'auxiliaire est « être » mais c'est bien le sujet qui accomplit l'action (on ne peut pas dire « elle avait arrivé »). Le verbe est donc conjugué au passé composé.

Méthode

1. **Se demander si l'auxiliaire est « être » ou « avoir »** et de combien d'éléments est formé le verbe.
2. **Se poser la question : le sujet fait-il l'action ?** Essayer de conjuguer au temps composé correspondant.
3. **Introduire un complément d'agent.** (voir leçon 6, p. 16)
4. **Identifier la conjugaison de l'auxiliaire.**

S'entraîner

1 Vrai ou Faux ?

	V	F
a. Seuls les verbes pouvant se construire avec un COD peuvent être transposés à la voix passive.	☐	☐
b. À la voix passive, le verbe est constitué de deux éléments au moins.	☐	☐
c. Aux temps simples, un verbe à la voix passive se construit avec l'auxiliaire « être » ou « avoir ».	☐	☐
d. Aux temps composés, le participe passé « été » s'accorde en genre et en nombre avec le sujet grammatical.	☐	☐

2 Indiquer le temps puis la voix de ces formes verbales.

Utiliser la *méthode* décrite dans **Apprendre comment faire**.

a. j'avais élucidé : ....
Voix : ....

b. qu'elle soit pardonnée : ....
Voix : ....

c. avoir été condamné : ....
Voix : ....

d. être renouvelé : ....
Voix : ....

e. tu aurais été déçue : ....
Voix : ....

f. être remercié : ....
Voix : ....

3 Indiquer le temps puis la voix de ces phrases.

Utiliser la *méthode* décrite dans **Apprendre comment faire**.

a. Nous avions été prévenues : ....
Voix : ....

b. Les citoyens étaient entrés sur le forum : ....
....
Voix : ....

c. Ils auront compris notre petite leçon : ....
Voix : ....

d. La construction du kiosque fut achevée à la fin du XIXe siècle : ....
Voix : ....

e. Vous êtes revenus les voir ! : ....
Voix : ....

f. J'aurai été invité à la cérémonie : ....
Voix : ....

4 Réécrire ces phrases à la voix passive. Souligner le complément d'agent s'il existe. Respecter temps et accords et faire toutes les modifications nécessaires.

a. Les touristes attendent impatiemment leur guide.
....

b. Les enfants ont réalisé un spectacle de marionnettes. ....
....

c. Bientôt on abattra cet arbre calciné. ....
....

d. Chacun des convives avait apporté un mets.
....

e. Les cousins découvrirent une vieille malle vermoulue dans le grenier du manoir.
....
....

5 Avec ces mots, inventer des phrases sur le modèle imposé entre parenthèses.

a. qui – le chemin – trouver (futur, voix active).
....

b. terminer – Charlotte – une tapisserie de deux mètres (passé composé, voix passive). ....
....
....

c. un foie gras – préparer – ma tante (futur antérieur, voix passive). ....
....

d. des présents – recevoir – le champion (plus-que-parfait, voix active). ....
....

e. quatre kilomètres – les nageurs – parcourir (conditionnel passé, voix passive). ....
....

f. Mathilde – surprendre – la main dans le sac (passé composé, voix passive). ....
....

g. Pierre – retenir – par son travail (futur antérieur, voix passive). ....
....

Livret des corrigés p. 5

23 Les mots du français

Comprendre et retenir

À savoir
On appelle **étymologie** l'étude de l'origine des mots.

Origines

- **Plus de 90 % des mots français sont issus du latin.** À partir du Ier siècle avant J.-C., les Romains imposent leur langue qui, déformée par les Gaulois, devient le **latin populaire**.
- Quelques mots gaulois subsistent en français, liés au monde rural: bec, char, lierre, talus…

Lors des invasions germaniques, les Francs ont apporté des mots **franciques** comme guerre, halle, poche, rang…
- Au Xe siècle, on parle le **roman** ou **ancien français**: la langue d'oc au sud de la Loire, et la langue d'oïl au nord. Savants et écrivains continuent à écrire et communiquer en latin.
- Au Moyen Âge, savants et écrivains ont créé des mots dits **savants** à partir des mots français issus du latin classique. Ces mots ont parfois un **double de formation populaire**, ayant évolué avec la langue orale. Ces **doublets** ont un sens quelque peu différent:

auscultare: 1. «ausculter» au sens savant. 2. «écouter» au sens populaire; *fragilis*: 1. «fragile» au sens savant. 2. «frêle» au sens populaire.

Remarque
Ce n'est qu'au XVIIIe siècle qu'orthographe et syntaxe vont être codifiées avec notamment la parution du **dictionnaire de l'Académie**.

Influences et évolution

- De nombreuses langues étrangères ont également influencé notre langue. Voici quelques exemples d'**emprunts**: moustache, ombrelle (italien); cigare, tabac (espagnol); alcool, algèbre, magasin, zéro (arabe); parking, tennis, smartphone (anglais).
- Les mots ont aussi une histoire et changent de sens. Au Moyen Âge, le mot «charme» avait un sens fort et désignait un ensorcellement. Aujourd'hui il renvoie à la séduction.
- Certains mots disparaissent. On les appelle des **archaïsmes**. Ils donnent au texte un caractère historique: choir, palefroi… D'autres apparaissent, on les appelle des **néologismes**: courriel, mobile…

Apprendre comment faire

Retrouver l'origine d'un emprunt étranger

En s'aidant d'un dictionnaire, retrouver l'origine des mots suivants:
camarade – football – militaire – record.

RÉPONSE

Camarade: La racine *camara* vient de l'espagnol et signifie « chambre » et *-ada* « partagé ». Par extension, un camarade partage des relations amicales.

Football: La racine *foot* vient de l'anglais et signifie « les pieds » et *-ball* « ballon ». Discipline sportive qui consiste à jouer au ballon uniquement avec les pieds.

Militaire: La racine *militaris* vient du latin et signifie « soldat ». Par extension, elle exprime ce qui concerne la guerre.

Record: *To record* vient de l'anglais et signifie « enregistrer quelque chose ». Par extension, dans le domaine du sport, il s'agit du meilleur score enregistré.

Méthode

1 **Rechercher la racine du mot**: elle est souvent placée au début. Elle peut être composée de deux mots juxtaposés.

2 **Chercher de quel pays il provient**: dans un dictionnaire, l'étymologie étrangère est indiquée avant la définition.

3 **Indiquer sa signification** : le mot conserve le même sens ou par extension évolue.

S'entraîner

1 Vrai ou Faux ?

	V	F
a. La plupart des mots du français proviennent du latin.	☐	☐
b. On appelle archaïsmes les mots issus d'autres langues.	☐	☐
c. Le roman est l'autre nom donné à l'ancien français.	☐	☐
d. Au Moyen Âge, orthographe et syntaxe ne sont pas encore fixées.	☐	☐
e. Un néologisme est un mot qui a disparu, utilisé pour donner un caractère historique au texte.	☐	☐
f. Au Moyen Âge, la langue d'oïl est parlée au sud de la Loire.	☐	☐

2 Chercher dans un dictionnaire étymologique ce que signifie à l'origine les mots suivants.

Utiliser la **méthode** décrite dans **Apprendre comment faire**.

abasourdir : ....

charme : ....

coquin : ....

étrennes: ....

fulgurant : ....

merveilleux : ....

navré : ....

poète : ....

ravissant : ....

3 Chercher le sens de ces mots latins passés tels quels dans notre langue.

agenda : ....

accessit : ....

curriculum vitae : ....

extra : ....

interim : ....

post scriptum : ....

a posteriori : ....

4 Établir, sur une feuille, une liste des mots français obtenus en francisant les mots grecs suivants et trouver des mots de la même famille.

theâtron, voir – *kinema*, mouvement – *kruptos*, caché – *dunamikos*, puissant – *kuklos*, cercle

5 Chercher le sens de ces archaïsmes et rédiger sur une feuille une phrase pour chacun d'entre eux.

occire – félon – olifant – gonfanon – ouïr – couard – destrier – oncques – vilénie – s'esbaudir

6 Chacun de ces termes latins a donné naissance à deux mots : un mot populaire et un mot savant. Relier le mot latin et son doublet.

Mots latins	Mots de formation populaire	Mots de formation savante
auscultare	évier	singulier
caput	douer	ministère
dotare	raide	rigide
singularis	arracher	aquarium
hospitalem	hôtel	ausculter
eradicare	royal	fragile
fragilis	métier	doter
rigidus	écouter	hôpital
ministerium	chef	capitaine
regalis	frêle	régalien
aqua	sanglier	éradiquer

7 Trouver un mot ou groupe de mots français pour chacun des emprunts suivants.

parking : ....

skate-board : ....

week-end : ....

p-c (personal computer) : ....

milk shake : ....

free lance : ....

light : ....

cool : ....

ok : ....

8 Un personnage du Moyen Âge se trouve transporté à notre époque. Imaginer un dialogue plaisant où se mêlent archaïsmes et récit. Vous pouvez réutiliser les mots de l'exercice 5.

Livret des corrigés p. 5

24 Les mots dérivés et composés

Comprendre et retenir

Les mots français ont souvent été créés à partir d'une racine ou d'un **radical** déjà existant, auquel on a ajouté un ou plusieurs éléments, placés avant (préfixes) ou après (suffixes) le radical :

In – habit – é
(préfixe) (radical) (suffixe)

Le radical

Le radical vient du latin *radix* qui signifie « racine ». C'est l'élément principal d'un mot, la plus petite partie à laquelle on peut donner un sens. À partir du radical, on peut construire différents mots, ce sont des **dérivés**. On peut y ajouter des **préfixes** ou des **suffixes** :

lait ▸ laiteux (radical + suffixe) ▸ allaiter (préfixe + radical + suffixe)

Les préfixes

Le préfixe se place devant le radical (pré = ce qui est avant), il le **précède**. Il ne change pas sa classe grammaticale mais transforme le sens du mot. *ac-* = vers, *anté-* = avant, *co-*, *con-*, *com-* = avec, *in-*, *im-* = dans, *pré-* = avant, *post-* = après, etc.

connaître ▸ **mé**connaître ▸ **re**connaître (les trois mots sont des verbes).

Certains préfixes jouent le rôle de prépositions : concourir = *cum* + courir ▸ courir avec, d'où le sens d'être en compétition.

▪ D'autres servent à former l'antonyme (sens opposé) d'un mot : **in**-colore = qui n'a pas de couleur, **anti**-nucléaire = qui est contre le nucléaire, **dé**-boucher = retirer le bouchon, **dis**-courtois = qui n'est pas courtois, **il**-logique = qui n'est pas logique, **ir**-résolu = qui n'est pas résolu, **mal**-heureux = qui n'est pas heureux,…

Les suffixes

Le suffixe se place après le radical (*-sub* = qui vient après), il le **suit**. Il peut modifier la classe grammaticale d'un mot, mais ne change pas sa signification : précis (adjectif) ▸ précis**ément** (adverbe) ▸ précis**er** (verbe) ▸ précis**ion** (nom commun).

Attention !
Les préfixes d'**ajout** ou de **réunion** entraînent parfois des doublements de consonne ou un changement orthographique : *co-* (devant une voyelle), *col-* (devant un « l » double la consonne), *con-* (devant une consonne sauf devant *b-*, *m-*, *p-*, *l-*, *r-* on écrira *com-*).

Remarque
Plusieurs suffixes peuvent s'ajouter à la fin d'un radical : malheur**-euse-ment**.

Apprendre comment faire

Retrouver le radical d'un mot

À partir du radical « discut- » former des mots à l'aide de préfixes et de suffixes.

1 Le radical « discut » vient du latin *discutere* qui signifie « discuter » (verbe).

2 On ajoute le suffixe *-able* et on modifie sa nature : « discut**able** » devient un adjectif qui indique une possibilité (on peut discuter).

3 On ajoute à cet adjectif le préfixe négatif *in-* et on modifie le sens : « **in**discutable » reste un adjectif mais indique une impossibilité (que l'on ne peut discuter).

4 On constate que ce dernier adjectif formé est le contraire du précédent.

Méthode

1 **Identifier le radical** du mot.

2 **Ajouter un suffixe** pour modifier sa nature.

3 **Ajouter un préfixe** à ce mot et en modifier le sens.

4 **Vérifier le sens** et l'effet produit par cette transformation.

S'entraîner

1 Vrai ou Faux ? V F

a. Un préfixe se place avant le radical. ☐ ☐

b. On ne peut pas ajouter plusieurs préfixes au radical d'un mot. ☐ ☐

c. Le suffixe permet de former, à partir d'un même radical, des mots appartenant à des classes grammaticales différentes. ☐ ☐

d. Le radical permet de former des dérivés. ☐ ☐

2 Ajouter le bon préfixe pour modifier le sens des mots suivants.

a. Former : ....

b. Rationnel : ....

c. Changé : ....

d. Essayer : ....

e. Ranger : ....

f. Fonctionnement : ....

g. Tonnerre : ....

3 Identifier le radical des mots suivants.

a. Instinctif, instinctivement : ....

b. Universel, universalité : ....

c. Tracasser : ....

d. Fusiller, fusillade : ....

e. Bondir : ....

f. Coûter, coûteux : ....

g. Embarrasser : ....

h. Marchander, marchandage : ....

i. Respectable, respectueux : ....

j. Galoper : ....

4 Donner les antonymes de ces mots en utilisant le préfixe qui convient.

a. Rationnel : ....

b. Prévu : ....

c. Variable : ....

d. Sous-exploité : ....

e. Ranger : ....

f. Modéré : ....

g. Lisible : ....

h. Connu : ....

5 Trouver le mot comportant un préfixe et/ou un suffixe qui correspond à chaque définition.

a. Qui est contraire à la loi :

....

b. Que l'on ne peut pas comprendre :

....

c. Faire passer d'une forme à une autre :

....

d. Faire quelque chose d'une façon qui n'est pas normale :

....

e. Une chose dont on peut rire :

....

f. Qui ne peut être changé :

....

6 Décomposer puis expliquer le sens des mots en bleu dans ces phrases.

a. Tu as rayé ce miroir : il est **irrécupérable**.

....

b. Cette intrigue policière est compliquée, mais pas **insoluble** !

....

c. Je suis **irrésistiblement** attiré par le bruit de la mer.

....

d. Pierre est **inconstant** : il ne sait jamais prendre de décision.

....

e. Ces formes **discontinues** fatiguent l'œil.

....

7 Former un nom, un verbe, un adverbe à partir des adjectifs suivants.

a. Gros : .... ; .... ; ....

b. Large : .... ; .... ; ....

c. Pauvre : .... ; .... ; ....

d. Solide : .... ; .... ; ....

Livret des corrigés p. 5

25 Les principaux genres littéraires narratifs

Comprendre et retenir

La narration est l'**art du récit**. Il existe plusieurs genres narratifs, c'est-à-dire plusieurs manières de raconter.

Les genres narratifs

▪ L'**épopée** est l'une des premières formes de narration. **Long poème** à l'origine chanté, il raconte les **exploits d'un héros aux qualités exceptionnelles**, confronté à des créatures parfois merveilleuses (*L'Iliade* d'Homère). **La chanson de geste** est une des formes de l'épopée.

▪ Le **roman** est la forme aujourd'hui la plus répandue de la narration. Apparus au XIIe siècle, les premiers romans sont **courtois**. Ils se situent dans l'**univers mythique de la cour du roi Arthur** et racontent les exploits de chevaliers de la Table ronde qui tentent de concilier action chevaleresque et amour pour leur dame (*Yvain ou le chevalier au lion* de Chrétien de Troyes).

▪ Dans le **roman d'aventures**, apparu au XVIIIe siècle, le héros rencontre quantité de **péripéties**, ce qui favorise l'identification du lecteur au personnage (*Robinson Crusoé* de Defoe).

▪ Enfin le **fabliau**, court récit médiéval mettant en scène des catégories sociales souvent populaires (le bourgeois, le paysan, le clergé) ou des animaux dans un but **satirique** (critiquer par le rire) ou moral. Les **fables** sont issues du fabliau.

À savoir
Apparue au Moyen Âge, la chanson de geste était racontée par les **troubadours** qui se déplaçaient dans les châteaux (*La Chanson de Roland*).

La construction du récit

Dans un récit, les événements sont organisés de manière cohérente selon un **schéma narratif** qui comprend :

– **la situation initiale** : les personnages sont présentés dans un cadre spatial et temporel ;
– **un élément perturbateur** ou **déclencheur** : un événement vient rompre cet équilibre et déclenche l'action ;
– **des péripéties** : les épreuves rencontrées par les personnages pour rétablir l'équilibre du début.
– **le dénouement** : le nœud de l'intrigue est « dénoué », c'est-à-dire que la situation n'est plus critique ;
– **la situation finale** : un nouvel équilibre apparaît.

Apprendre comment faire

Construire un schéma narratif

Dans la fable, retrouvez les étapes du schéma narratif.

Une Grenouille vit un Bœuf
Qui lui sembla de belle taille
Elle, qui n'était pas grosse en tout comme un œuf,
Envieuse, s'étend, et s'enfle, et se travaille
Pour égaler l'animal en grosseur.
Disant : « Regardez bien ma sœur ;
Est-ce assez ? Dites-moi n'y suis-je point encore ?
Nenni. – M'y voici donc ? – Point du tout – M'y voilà ?
Vous n'en approchez point
La chétive pécore
S'enfla si bien qu'elle creva.

Jean de La Fontaine, *Fables*, 1668.

RÉPONSE

- **Situation initiale** : v. 1-2.
- **Élément perturbateur** ou **déclencheur** : v. 3-5.
- **Péripéties** : v. 6-9.
- **Dénouement** : v. 10-11.
- **Situation finale** : elle est sous-entendue. La grenouille meurt.

Méthode

1 **Donner une identité forte** aux personnages (situation initiale).
2 **Perturber** cette situation avec **un événement fort.**
3 **Imaginer des péripéties.**
4 **Penser au dénouement.**

S'entraîner

1 Vrai ou Faux ?

	V	F
a. Une fable est un texte narratif.	☐	☐
b. L'épopée évoque des personnages populaires.	☐	☐
c. Les aèdes chantaient les romans courtois de ville en ville.	☐	☐
d. Le schéma narratif contient cinq étapes.	☐	☐
e. Les romans courtois mettent en scène les chevaliers de la Table ronde.	☐	☐

2 Restituer l'ordre de ce conte en respectant le schéma narratif.

a. Lustucru décide de conquérir la Gaule.

b. Vercingétorix, battu, se rend à Lustucru qui écrit le récit de ses exploits dans un livre qu'il confie à César. Celui-ci doit apporter son livre aux Romains et emmener Vercingétorix à Rome.

c. À douze ans, le prince Lustucru est envoyé à Rome par son père.

d. César arrive à Rome, fait étrangler Vercingétorix afin qu'il ne dise pas la vérité. Il envoie alors des hommes en Gaule, chargés de tuer Lustucru.

e. Mais César est jaloux : là ou apparaît le nom de Lustucru, il l'efface pour inscrire Caesar à sa place.

....

3 Ces textes sont-ils extraits de roman courtois, de fabliau, d'épopée ou de roman d'aventures ?

a. Une vieille femme ne possédait à elle en tout et pour tout que deux vaches. C'est peu sans doute mais c'était beaucoup pour elle. Elle vivait de leur lait. Un jour hélas les deux vaches mal attachées se sauvèrent ensemble ; le prévôt les trouva qui vagabondaient toutes seules en dehors du communal et il les emmena purement et simplement.

....

b. Dick Sand à quinze ans savait déjà prendre un parti, et exécuter jusqu'au bout ce qu'avait décidé son esprit résolu. Son air, à la fois vif et sérieux, attirait l'attention. Il ne se dissipait pas en paroles ou en gestes, comme le font ordinairement les garçons de son âge. De bonne heure, à une époque de la vie où on ne discute guère des problèmes de l'existence, il avait envisagé en face sa condition misérable, et il s'était promis de « se faire » lui-même.

....

c. Le Chevalier de la Charrette s'est enfoncé dans ses pensées comme un homme qu'Amour gouverne entièrement au point de le rendre sans force et sans défense. Il est tellement plongé dans ses pensées qu'il s'en oublie lui-même. Il ne sait s'il existe ou s'il n'existe pas ; il a oublié jusqu'à son nom ; il ne sait s'il est armé ou non ; il ne sait d'où il vient et où il va.

....

d. Cacus, monstre effroyable, avait pour père Vulcain, sa bouche en vomissait les feux sombres. Il vivait dans une grotte inaccessible aux rayons du soleil. Un jour, le Vengeur très grand, fier de la mort et des dépouilles du triple Géryon, Alcide, passa en ces lieux ; vainqueur, il poussait devant lui des taureaux énormes.

....

4 Imaginer la suite de ce récit.

Utiliser la **méthode** décrite dans **Apprendre comment faire.**

Le jeune garçon était assis torse nu, sur un ponton de bois dominant la mer et il réparait un filet dont il avait coincé quelques mailles autour de son gros orteil. Il travaillait avec application, en serrant bien chaque nœud [...]. Il avait le visage hâlé, des yeux noirs ombragés de longs cils et une bouche aux lèvres charnues. Il portait pour tout vêtement un pantalon de pêcheur usé jusqu'à la corde.

D'après Éric Boisset, *Nicostratos*,
© Éditions Magnard, 1998.

....

....

....

....

....

....

....

....

Livret des corrigés p. 6

26 Les paroles rapportées

Comprendre et retenir

Il y a deux manières de **rapporter les paroles**: au **style direct** et au **style indirect**.

> À savoir
> Une **proposition incise** est une proposition comprenant un verbe de parole avec un sujet inversé entre deux virgules et placé dans ou après les paroles rapportées: « Oh ! **dit-elle**, je te les rendrai bien tes vingt euros ! »

Le style direct

- Les paroles sont rapportées **telles qu'elles ont été dites** et donnent un caractère **vivant** au récit: « Maman, quand me rendras-tu mes vingt euros ? »
- Plusieurs éléments permettent d'identifier un discours au style direct:
– le **verbe introducteur** de paroles (parfois dans une proposition incise);
– la **ponctuation** (les guillemets, les deux points, les tirets);
– les **temps** de l'énonciation (présent et passé composé);
– les **marques** de subjectivité (points d'exclamation, interjections, niveau de langue, etc.).

Le style indirect

- Les paroles sont **intégrées à la narration**:
Elle me prie qu'on lui laisse du temps.
- Les paroles sont intégrées dans une **proposition subordonnée** qui suit le verbe de parole. Cette proposition subordonnée peut être:
– **conjonctive complétive** (introduite par une conjonction de subordination): Il dit à sa mère que…
– **interrogative indirecte** (si les paroles rapportées sont une question): Il se demandait quand…
- **Les indices d'énonciation** (pronoms personnels des 1re et 2e personnes, adverbes de lieu et de temps) sont remplacés: demain ▸ le lendemain; hier ▸ la veille.
- **Les temps des verbes sont nivelés sur les temps de la narration.** On n'utilise plus les temps de l'énonciation du style direct (système du présent) mais les temps du récit (système du passé).

Style direct	Style indirect
Présent	Imparfait/passé simple
Passé composé	Plus-que-parfait
Futur simple	Conditionnel présent

Apprendre comment faire

Passer du style direct au style indirect

a. « Jacques, veux-tu faire crédit à ta mère ?... »
Elle me demanda si je voulais bien lui faire crédit.

b. « Oui, ma mère, je vous fais crédit. Oh ! gardez, gardez ces vingt sous. »
Je lui répondis que je lui faisais crédit et qu'elle devait garder ces vingt sous.

1 Les paroles rapportées indirectement sont toujours précédées d'une proposition principale qui a été soulignée.

2 Les pronoms personnels en rouge (sujet) et en jaune (complément) peuvent subir des modifications: des pronoms sujets: « je » ▸ « tu » dans la phrase **a.**; pas de modification dans la phrase **b.** puisque le narrateur parle à la 1re personne.

3 Les temps des verbes (en vert) changent, on passe du système du présent au système du passé.

4 Les marques d'oralité et de subjectivité (en rose) disparaissent du style direct au style indirect.

> Méthode
> **1 Subordonner** les paroles rapportées à une principale contenant un verbe de parole.
> **2 Transposer** les pronoms personnels sujets et compléments.
> **3 Modifier** les temps des verbes.
> **4 Supprimer** les marques de subjectivité.

S'entraîner

1 Vrai ou Faux ?

	V	F
a. Une proposition incise contient des paroles rapportées.	☐	☐
b. On ne trouve pas d'indices d'énonciation au style indirect.	☐	☐
c. L'imparfait et le passé simple sont les temps des paroles rapportées indirectement.	☐	☐
d. Les questions au style direct deviennent des propositions subordonnées conjonctives au style indirect.	☐	☐

2 Direct ou indirect ? Identifier les styles des phrases suivantes.

a. Mélanie demanda au marchand s'il vendait des réveils. ....

b. Il lui répondit qu'il n'avait plus son modèle.

....

c. « Peu importe, dit-elle, je prendrai celui-ci. »

....

d. Le vendeur lui indiqua un prix exorbitant.

....

e. Mélanie se ravisa : « Je prendrai plutôt celui-là : il fera bien l'affaire. » ....

3 Compléter les phrases suivantes.

a. Son père lui .... quand il fera ses devoirs.

b. Hier, l'infirmière avait dit qu'elle ne .... pas présente aujourd'hui.

c. « À l'époque, ...-ils, nous n'aurions pas réussi l'examen. »

d. « Je ne .... jamais la solution, bredouilla l'élève. »

4 Transposer les phrases suivantes au style indirect.

Utiliser la **méthode** décrite dans **Apprendre comment faire**.

a. L'inspecteur demanda : « Que faisiez-vous la nuit dernière ? » ....

....

b. « Je dormais, bafouilla le quadragénaire aux moustaches tombantes, chez moi ! Comme toutes les nuits, Monsieur l'inspecteur ! » ....

....

....

c. L'homme au complet bleu marine rétorqua : « Des témoins vous ont pourtant aperçu, vous, rôdant près du domicile du colonel. » ....

....

....

d. L'accusé bredouilla : « Mais enfin, commissai… inspecteur, puisque je vous dis que j'étais chez moi ! Vous pouvez me croire ! » ....

....

....

e. Le fin limier montra l'arme du crime et menaça son interlocuteur : « Regardez-moi dans les yeux et dites-moi que vous n'avez pas tué cette nuit le colonel ! » ....

....

....

f. L'homme baissa les yeux et avoua dans un étranglement : « Oui Monsieur l'inspecteur, c'est bien moi qui ai assommé le colonel Moutarde. »

....

....

....

5 Transposer, sur une feuille, les phrases suivantes au style direct.

a. Le contrôleur nous demanda si l'on avait quelque chose à déclarer.

b. Tous les badauds demandent aux forces de l'ordre qui a causé l'accident.

c. Pierre s'exclama qu'il allait passer les prochaines vacances au Canada.

d. Marie demanda si le directeur était déjà parti parce qu'il avait oublié sa serviette.

e. Ma mère m'ordonna d'aller acheter des œufs chez l'épicier quand j'aurais fini mon puzzle.

f. Nos voisins nous demandèrent si le Canada était vraiment si beau qu'on le disait.

Livret des corrigés p. 6

27 La poésie

Comprendre et retenir

On distingue les textes **en vers** et les textes **en prose**.

Un texte rythmé

Ce qui caractérise le texte poétique est son **rythme**. Pour le marquer, on prononce tous les **-e muets situés à l'intérieur du vers et qui précèdent une consonne.**

Versification

- Une **strophe** est un ensemble de vers offrant un ensemble de sens cohérent séparé des autres strophes par un blanc typographique. Par exemple: six vers = sizain; quatre vers = quatrain; trois vers = tercet; deux vers = distique.
- Un **vers** commence par une majuscule et se termine par une rime.
- Un **mètre** correspond au **nombre de pieds ou de syllabes** que l'on rencontre dans le vers. Parmi les mètres les plus fréquents on trouve l'octosyllabe (8 pieds), le décasyllabe (10 pieds) et l'alexandrin (12 pieds).

La rime

La rime est la sonorité identique que l'on trouve à la fin des vers.

- **Rimes masculines et féminines**: les rimes féminines se terminent par un *-e* muet. Toutes les autres sont des rimes masculines.
- **Richesse des rimes**: rime **pauvre**: un seul son commun; rime **suffisante**: deux sons communs; rime **riche**: trois sons communs ou plus.
- **Disposition des rimes**: les rimes peuvent être plates ou suivies (AABB), embrassées (ABBA) ou croisées (ABAB).

À savoir

Diérèse: prononciation d'une syllabe en deux (un li-ion = deux syllabes). **Synérèse**: prononciation de deux sons voyelles en une seule syllabe (hier au lieu de hi-ier), au contraire de la diérèse.

Remarque

Pour les formes de poèmes, voir la Fiche Mémo 3.

Apprendre comment faire

Étudier un poème

Analyser le rythme et les rimes du poème suivant:

L'Amour et la Folie jouaient un jour [ensemble
Celui-ci n'était pas encor privé des yeux
Une dispute vint. L'Amour veut qu'on [assemble
Là-dessus le Conseil des dieux
L'autre n'eut pas la patience
Elle lui donne un coup si furieux
Qu'il en perd la clarté des cieux.
Vénus en demande vengeance

La Fontaine, « L'Amour et la Folie », *Fables*, 1685.

Les rimes sont croisées (ABAB) puis embrassées (CDDC).
Les rimes « ensemble / assemble » sont riches: elles ont quatre sons communs.
Les rimes « yeux / cieux »/« furieux/cieux » et « patience/vengeance » sont suffisantes: deux sons communs.
On note l'alternance entre rimes féminines et rimes masculines: « ensemble/assemble » et « patience/vengeance » sont féminines, toutes les autres sont masculines.
Le poème n'a pas un rythme constant. Les trois premiers vers et le dernier sont des alexandrins. Tous les autres vers sont des octosyllabes, à l'exception du vers 6 qui est un décasyllabe grâce à la diérèse à « furieux » (on appuie sur le « i » comme si c'était une syllabe). Ce changement de rythme met en valeur la violence du coup.

Méthode

1. **Observer les fins des vers pour identifier les rimes.**
2. **Compter le nombre de syllabes (pieds) pour identifier le mètre.**
3. **Vérifier qu'il n'y a pas de diérèse ou de synérèse.** Indice: généralement un poème a un rythme constant (isométrique) et les rythmes impairs sont assez rares.

S'entraîner

1 Vrai ou Faux ? V F

a. Le texte poétique se caractérise par son rythme. ☐ ☐

b. En poésie, tous les -e muets se prononcent. ☐ ☐

c. Les rimes croisées sont en ABBA. ☐ ☐

d. Une fable illustre une morale. ☐ ☐

e. Une strophe de deux vers est un distique. ☐ ☐

2 Relier chaque mot à sa définition.

Quatrain •	• Vers de 8 pieds
Sonnet •	• Poème de forme fixe en 2 quatrains et 2 tercets
Tercet •	• Strophe de 4 vers
Alexandrin •	• Strophe de 3 vers
Octosyllabe •	• Vers de 12 pieds

3 Souligner les -*e* muets que l'on doit prononcer dans le poème suivant.

Elle représenta l'énormité du cas,
Son fils, sans un bâton ne pouvait faire un pas :
Nulle peine n'était pour ce crime assez grande :
Le dommage devait être aussi réparé.
Quand on eut bien considéré
L'intérêt du public, celui de la partie
Le résultat enfin de la suprême cour
Fut de condamner la Folie
À servir de guide à l'Amour.

Jean de La Fontaine, « L'Amour et la Folie », *Fables*, 1685.

4 Déterminer le mètre de chacun des vers suivants.

Utiliser la méthode décrite dans Apprendre comment faire.

a. Heureux qui, comme Ulysse a fait un beau voyage. (Du Bellay) ....

b. Il fait noir, enfant, voleur d'étincelles. (Corbière)

....

c. Mais où sont les neiges d'antan ? (Villon)

....

d. J'ai embrassé l'aube d'été. (Rimbaud)

....

e. À la fin tu es las de ce monde ancien. (Apollinaire)

....

5 Analyser les rimes du poème suivant : féminines, masculines, richesse, disposition. De quelle forme fixe s'agit-il ? Justifier votre réponse.

Utiliser la méthode décrite dans Apprendre comment faire.

Heureux qui, comme Ulysse, a fait un beau voyage,
Ou comme cestui-là[1] qui conquit la toison,
Et puis est retourné, plein d'usage et raison
Vivre entre ses parents le reste de son âge.

Quand reverrai-je, hélas ! de mon petit village
Fumer la cheminée, et en quelle saison
Reverrai-je le clos de ma pauvre maison,
Qui m'est une province et beaucoup davantage ?

Plus me plaît le séjour qu'ont bâti mes aïeux
Que des palais romains le front audacieux,
Plus que le marbre dur me plaît l'ardoise fine,

Plus mon Loire[2] gaulois que le Tibre latin,
Plus mon petit Liré[3] que le mont Palatin
Et plus que l'air marin la douceur angevine.

Joachim Du Bellay, « Heureux qui comme Ulysse... », *Les Regrets*, 1558.

[1] Pour celui-là. Le vers fait allusion au mythe de la Toison d'or.
[2] Le nom du fleuve était masculin au XVIe siècle.
[3] Village natal de Du Bellay.

6 À l'aide d'une anthologie de poésie, composer un centon en vers régulier et comportant des rimes.

Un centon est un poème constitué des vers empruntés à d'autres poèmes. Par exemple, ces quatre vers sont le premier quatrain d'un centon (on trouve, dans l'ordre, des vers de Hugo, Lamartine, Nerval, Baudelaire) :

Le corps se perd dans l'eau, le nom dans la mémoire
Je suis d'un pas rêveur le sentier solitaire
Et comme un œil naissant couvert par ses paupières,
Ton souvenir en moi luit comme un ostensoir !

Livret des corrigés p. 6

28 Le théâtre

Comprendre et retenir

La finalité du texte de théâtre est sa **représentation**. C'est la raison pour laquelle figurent dans le texte des indications de mise en scène, en italiques : les **didascalies**.

À savoir
L'aparté, le quiproquo et le **monologue** sont des manifestations de la double énonciation : les personnages se parlent mais parlent aussi au public.

L'échange théâtral

Il existe différentes façons d'échanger au théâtre :
– **la réplique** : prise de parole d'un personnage ;
– **la tirade** : longue réplique ;
– **l'aparté** : réplique prononcée par un personnage que les autres personnages présents sont censés ne pas entendre ;
– **le monologue** : longue tirade effectuée par un personnage se trouvant seul sur scène qui permet au spectateur d'accéder à ses pensées.

L'action dramatique

Remarque
Certaines péripéties sont de véritables **coups de théâtre** (retournements de situation imprévus).

Les scènes sont définies par les entrées et sorties des personnages et sont regroupées en **actes**. **L'exposition** donne les éléments de la situation initiale, puis **le nœud de l'intrigue** enchaîne les **péripéties** et enfin **le dénouement** fixe le sort final des personnages. (Voir Fiche Mémo 3 pour les genres dramatiques).

Le registre comique

On distingue quatre grands registres comiques :
– **le comique de mots** : jeux sur le langage (lexique, patois, répétitions, etc.) ;
– **le comique de gestes** : mimiques, grimaces, jeu de scène des personnages ;
– **le comique de situation** : les quiproquos (malentendus, situations cocasses) ;
– **le comique de caractère** : défaut, vice humain mis en valeur par la caricature.

Apprendre comment faire

Maîtriser le vocabulaire dramaturgique

a. De quel type de scène s'agit-il ?
b. Quels personnages apparaissent ici ?
c. Relevez les didascalies. d. Quels sont les deux comiques dominants ?

En scène. Le décor représente les gorges de Ronceveaux. Apparition de Piégelé.
Les Preux : « Noël ! Noël ! Gloire à l'illustrissime Roland ! «
Piégelé *jouant* : « Ah ! Ah ! Voici ma fidèle armée !... ma fidèle armée… » euh…heu…
Le souffleur : « Voici mes vieux compagnons d'armes. Salut, ô mes preux ! »
Piégelé : « Voici mes vieux compagnons d'armes. Salut, aux nez creux ! »
Le souffleur, *rectifiant* : « Ô mes preux ! »
Piégelé : « Aux lépreux ! » C'est ce que je voulais dire. « Salut aux lépreux ! »

Georges Courteline, *L'Illustre Piégelé*, 1904.

RÉPONSE

a. Il s'agit d'un dialogue : il y a plusieurs répliques.

b. Le souffleur, Piégelé, Les Preux. Les personnages apparaissent en gras.

c. Les didascalies sont les indications de mise en scène. Elles apparaissent en italiques (« *jouant* »).

d. Deux comiques dominent : le comique de situation et le comique de mots. La situation est drôle car le personnage entre en scène alors qu'il ne connaît pas son texte. Au fur et à mesure de la scène, il ne fait que se ridiculiser. Le comique de mots apparaît à travers les déformations : « aux nez creux », les « euh » et la répétition : « aux lépreux ».

Méthode

1. **Identifier le type de scène** (monologue, dialogue, nombre de personnages).
2. **Identifier le type de caractères utilisé** (italiques, majuscules, gras, etc.).
3. **Se demander quel est le comique ?** La situation est-elle drôle ? Y a-t-il des personnages caricaturaux ? des répétitions ? des jeux de mots ?

S'entraîner

1 Vrai ou Faux ?

	V	F
a. Une tragédie se termine bien.	☐	☐
b. Un monologue est une courte réplique.	☐	☐
c. Le théâtre est destiné à la représentation.	☐	☐
d. Les didascalies sont des indications de mise en scène.	☐	☐
e. Les entrées et sorties des personnages déterminent les changements d'actes.	☐	☐

2 Associer chaque terme à sa définition.

didascalies ●	● échange des acteurs sur scène
scène ●	● division d'un acte marquée par les entrées et sorties des personnages
réplique ●	● indications de mise en scène à destination des acteurs et du metteur en scène.
monologue ●	● longue réplique
acte ●	● pièce courte à sujet comique
farce ●	● parole prononcée sur scène à destination du public que les autres personnages présents sur scène n'entendent pas
tirade ●	● grande division d'une pièce de théâtre.
aparté ●	● longue réplique prononcée par un acteur seul sur scène.

3 D'après cette vue en coupe d'un théâtre, dire si les affirmations suivantes sont vraies. Sinon, les corriger.

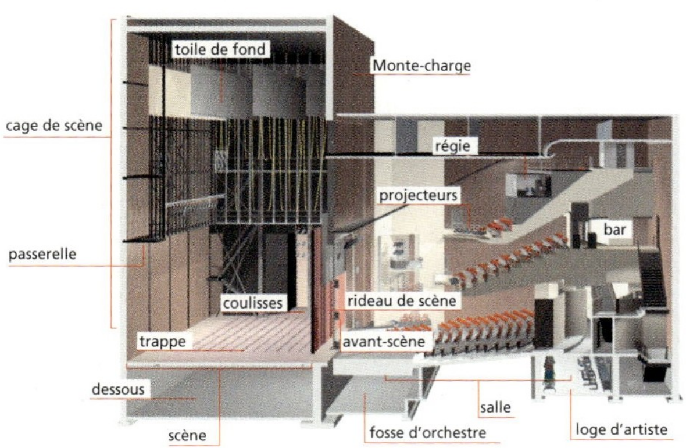

a. La salle contient les spectateurs. ....

b. Les décors sont rangés dans les coulisses. ....

c. Les artistes se préparent dans les loges. ....

d. Les spectateurs doivent descendre un escalier pour accéder à leurs places. ....

e. La régie est le lieu où se retrouvent les spectateurs pendant l'entracte. ....

f. Les décors sont montés grâce à un monte-charge. ....

4 Répondre aux questions suivantes sur le texte ci-dessous.

a. Quel est le type de scène ici ? Dialogue ou monologue ?

b. Comment appelle-t-on ce type de réplique ?

c. Relever des didascalies dans les paroles de Guignol. En quoi contribuent-elles au comique de la scène ?

d. Quel comique domine ? Justifier précisément votre réponse. Un autre comique apparaît également. Relever des éléments précis pour justifier votre réponse.

Guignol, *seul*: Des confitures de dinde et de trois cents francs le pot!... ça me fait la chair de poule de porter quelque chose de si bon... Oh! je veux ben les sentir... si j'ai un nez, c'est pas pour faire un tuyau de poêle... (*Il met le nez sur le pot*) Oh! qu'elles sentent bonnes! qu'elles sentent bonnes! Allons, allons, emportons-les... (*Il prend le pot*) Oh! cette odeur me prend le nez; ça me met sens dessus dessous. Elles doivent être bien jolies... si je les regardais!... ça n'en ôtera pas; et si on a des quinquets*, c'est ben pour s'en servir. (*Il ôte le papier*) Oh! quelle jolie couleur!... allons, allons, pas de bêtise, emportons-les... (*Il prend le pot*) tiens mon pouce qui y a touché! mon pouce en a! si je le lichais... (*Il suce son doigt*) Oh! que c'est bon! que c'est bon! bah! j'y mets les doigts. (*Il goûte encore*) Oh! j'y tiens plus, j'y tiens plus. (*Il met la tête dans le pot*) Ah! malheureux, qu'ai-je fait?... y en a-t-il encore? (*Il regarde*) N'y a plus rien... (*Il sort*)

Jean-Baptiste Onofrio, *Théâtre lyonnais de Guignol*, 1865.

* yeux

Livret des corrigés p. 6

1 Généralités sur les fractions

Comprendre et retenir

Dans toute cette page, a, b, c et d désignent des nombres, avec $b \neq 0$ et $d \neq 0$.

Attention !
La division par 0 est impossible !

Définitions

- Du **point de vue numérique**, $\frac{a}{b}$ désigne le **quotient exact** de la division de a par b.

C'est le nombre qui, multiplié par b, permet d'obtenir a : $b \times \frac{a}{b} = a$.

- Du **point de vue géométrique**, $\frac{a}{b}$ décrit un partage en parts **égales** et traduit une **proportion** : celle de la quantité a par rapport à la quantité totale b.

Exemple : La partie marron représente $\frac{3}{5}$ du rectangle ABCD.

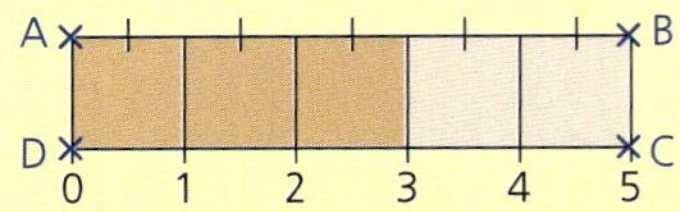

Remarque
Si la division ne s'arrête pas, une écriture décimale ne pourra donner qu'une valeur approchée du quotient.

Vocabulaire

Numérateur → 3
5 ← Dénominateur

$\frac{3}{5}$ est **l'écriture fractionnaire** du quotient.

Dividende → 3,0 | 5 ← Diviseur
− 0 | 0,6 ← quotient
3 0
− 3 0
Reste → 0

0,6 est **l'écriture décimale** du quotient.

Lorsque a et b sont des nombres entiers, $\frac{a}{b}$ est plus communément appelée **fraction**.

Remarque
Un nombre en écriture fractionnaire formée de nombres décimaux peut toujours être transformé en une fraction formée de nombres entiers : il suffit de multiplier le numérateur et le dénominateur par un même multiple de 10 judicieusement choisi.

Cas d'égalité et simplification

- En multipliant ou en divisant le numérateur **et** le dénominateur d'une fraction $\frac{a}{b}$ par un **même** nombre k non nul, on ne change pas la valeur de son quotient : $\frac{a \times k}{b \times k} = \frac{a}{b}$ ou $\frac{a \div k}{b \div k} = \frac{a}{b}$.
- **Simplifier** une fraction $\frac{a}{b}$, c'est trouver une fraction $\frac{c}{d}$ telle que $\frac{a}{b} = \frac{c}{d}$ avec $c < a$ et $d < b$.
- Une fraction est **irréductible** lorsque l'on ne peut plus la simplifier.

Apprendre comment faire

Simplifier une fraction

Simplifier la fraction $\frac{36}{54}$ et l'écrire sous sa forme irréductible.

SOLUTION

1 9 divise à la fois 36 et 54.

2 $36 = 9 \times 4$ et $54 = 9 \times 6$.

3 $\frac{36}{54} = \frac{\cancel{9} \times 4}{\cancel{9} \times 6} = \frac{4}{6}$ (ce qui revient à $\frac{36}{54} = \frac{36 \div 9}{54 \div 9} = \frac{4}{6}$).

4 $\frac{4}{6} = \frac{2 \times \cancel{2}}{3 \times \cancel{2}} = \frac{2}{3}$ (ce qui revient à $\frac{4}{6} = \frac{4 \div 2}{6 \div 2} = \frac{2}{3}$).

Méthode

1 **Chercher un nombre entier k qui divise le numérateur et le dénominateur** en même temps.

2 **Décomposer les numérateurs et dénominateur en multiples** de k.

3 **Éliminer le facteur commun k** au numérateur et au dénominateur.

4 **Recommencer** les étapes précédentes jusqu'à obtenir une fraction irréductible.

S'entraîner

1 Vrai ou Faux ?

	V	F
a. $\frac{10}{3}$ est égal à 3,33.	☐	☐
b. $\frac{1}{2}$ est inférieur à $\frac{1}{3}$.	☐	☐
c. La fraction $\frac{9}{8}$ est supérieure à 1.	☐	☐
d. 2,5 est l'écriture fractionnaire de $\frac{10}{4}$.	☐	☐
e. $\frac{6}{9}$ est le quotient de 9 par 6.	☐	☐
f. $\frac{6}{9}$ est le nombre qui multiplié à 9 donne 6.	☐	☐

2 Observer

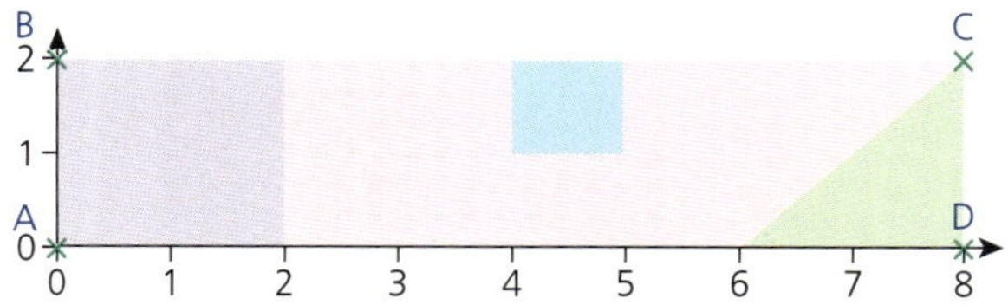

a. Quelle proportion du rectangle ABCD représente le carré violet ?

b. Quelle proportion du rectangle ABCD représente le carré bleu ?

c. Quelle proportion du rectangle ABCD représente le triangle vert ?

3 Partager !

a. Construire un carré de côté 6 cm.

b. Colorier en vert $\frac{1}{6}$ du carré.

c. Colorier en noir $\frac{4}{36}$ du carré.

d. Colorier en rouge $\frac{1}{9}$ du carré.

e. Que remarque-t-on ? Pourquoi ?

4 Fractions égales

Compléter les égalités suivantes :

$\frac{2}{14} = \frac{1}{\dots}$; $\frac{3}{24} = \frac{\dots}{8}$; $\frac{1}{\dots} = \frac{5}{25} = \frac{\dots}{50}$;

$\frac{8}{9} = \frac{\dots}{72}$; $\frac{48}{36} = \frac{\dots}{12}$; $\frac{5}{2} = \frac{50}{\dots}$.

5 Critères de divisibilité

a. Comment reconnaît-on qu'un entier est divisible par 2 ? par 3 ? par 4 ? par 5 ? par 9 ? par 10 ?

b. Pour chaque ligne du tableau ci-dessous, cocher les cases pour indiquer les diviseurs du nombre.

		Diviseur					
		2	3	4	5	9	10
Nombre	30						
	126						
	415						
	1 836						
	0						

6 À vue d'œil

Les fractions $\frac{3}{4}$ et $\frac{27}{24}$ sont-elles égales ? Justifier de deux façons différentes.

7 Irréductible !

Utiliser la méthode décrite dans **Apprendre comment faire**.

Simplifier et écrire les fractions suivantes sous forme irréductible :

$\frac{12}{18}$; $\frac{72}{27}$; $\frac{50}{12}$; $\frac{90}{420}$; $\frac{120}{85}$; $\frac{624}{312}$.

8 Diviseur décimal

On considère les divisions suivantes :
$A = 3{,}794 \div 1{,}4$; $B = 5{,}76888 \div 5{,}16$; $C = 11 \div 1{,}3$.

a. Donner le quotient exact de chaque division sous la forme d'une fraction (les numérateur et dénominateur attendus doivent donc être entiers).

b. Donner, si cela est possible, une écriture décimale exacte de chacun des quotients.

9 Raisonner

a. Poser et effectuer la division suivante : $6\,192 \div 12$.

b. À l'aide du résultat précédent, donner l'écriture décimale des quotients suivants sans poser de divisions :

$A = \frac{6{,}192}{1{,}2}$; $B = \frac{619{,}2}{0{,}12}$; $C = \frac{6{,}192}{0{,}012}$.

Livret des corrigés p. 6

2 Opérations sur les fractions

> **Astuce**
> Avant d'effectuer des opérations sur des fractions, on cherchera à les simplifier pour faciliter la suite des calculs.

> **Attention !**
> Réduire au même dénominateur est indispensable pour comparer, additionner ou soustraire des fractions.

Comprendre et retenir

Réduction de fractions

Réduire deux fractions au même dénominateur, c'est remplacer chacune des fractions par une fraction égale pour que les fractions obtenues aient le même dénominateur.

Exemple :
- $\frac{16}{35}$ et $\frac{3}{7}$ n'ont pas le même dénominateur.
- On choisit de garder $\frac{16}{35}$ et de transformer $\frac{3}{7}$: $\frac{3}{7} = \frac{3 \times 5}{7 \times 5} = \frac{15}{35}$.
- Les fractions $\frac{16}{35}$ et $\frac{15}{35}$ ont le même dénominateur.

On dit que l'on a réduit les fractions $\frac{16}{35}$ et $\frac{3}{7}$ au même dénominateur.

Règles opératoires

- Pour **additionner** (respectivement **soustraire**) des fractions de **même dénominateur**, on additionne (respectivement soustrait) **directement** les numérateurs entre eux, et on **garde** le dénominateur commun :

$$\frac{a}{c} + \frac{b}{c} = \frac{a+b}{c} \qquad \frac{a}{c} - \frac{b}{c} = \frac{a-b}{c}$$

(les flèches désignent c : dénominateur commun) dénominateur commun

Exemple : $\frac{1}{5} + \frac{3}{5} = \frac{1+3}{5} = \frac{4}{5}$.

- Pour **additionner** (respectivement **soustraire**) des fractions de **dénominateurs différents**, on réduit d'abord les fractions au même dénominateur, puis on applique la règle précédente.

Exemple : $\frac{2}{7} + \frac{9}{14} = \frac{2 \times 2}{7 \times 2} + \frac{9}{14} = \frac{4}{14} + \frac{9}{14} = \frac{13}{14}$.

- Pour **multiplier** des fractions, on multiplie les numérateurs entre eux et les dénominateurs entre eux : $\frac{a}{c} \times \frac{b}{d} = \frac{a \times b}{c \times d}$.

Exemple : $\frac{4}{7} \times \frac{2}{9} = \frac{4 \times 2}{7 \times 9} = \frac{8}{63}$.

Apprendre comment faire

1. Calculer une somme de fractions

Effectuer l'addition suivante : $A = \frac{2}{3} + \frac{5}{12}$.

SOLUTION

1 12 est un multiple de 3, donc on peut transformer la fraction $\frac{2}{3}$ en fraction de dénominateur 12.

2 $\frac{2}{3} + \frac{5}{12} = \frac{2 \times 4}{3 \times 4} + \frac{5}{12} = \frac{8}{12} + \frac{5}{12}$.

3 $\frac{2}{3} + \frac{5}{12} = \frac{13}{12}$.

> **Méthode**
> 1 **Chercher un multiple commun aux deux dénominateurs.**
> 2 **Réduire les fractions au même dénominateur**, ici, on transforme $\frac{2}{3}$ en une fraction égale et de dénominateur 12.
> 3 **Additionner (ou soustraire) les numérateurs** entre eux.

2. Calculer un produit de fractions

Effectuer la multiplication suivante : $B = \frac{7}{3} \times \frac{5}{11}$.

SOLUTION

$B = \frac{7}{3} \times \frac{5}{11} = \frac{7 \times 5}{3 \times 11} = \frac{35}{33}$.

> **Méthode**
> **Multiplier les numérateurs entre eux.**
> **Multiplier les dénominateurs entre eux.**

S'entraîner

1 Vrai ou Faux ?

	V	F
a. Pour additionner deux fractions, il faut les réduire au même dénominateur.	☐	☐
b. Pour soustraire deux fractions, il faut les réduire au même dénominateur.	☐	☐
c. Pour multiplier deux fractions, il faut les réduire au même dénominateur.	☐	☐
d. $\frac{1}{2}+\frac{3}{6}=\frac{4}{8}$.	☐	☐
e. $\frac{3}{10}-\frac{1}{10}=\frac{1}{5}$.	☐	☐
f. $\frac{3}{8}\times\frac{3}{8}=\frac{33}{88}$.	☐	☐

2 Somme directe

Calculer les sommes suivantes :

a. $A=\frac{2}{3}+\frac{5}{3}$. **b.** $B=\frac{1}{4}+\frac{3}{4}$.

c. $C=\frac{11}{18}+\frac{5}{18}$. **d.** $D=\frac{2}{35}+\frac{3}{35}+\frac{4}{35}$.

3 Différence directe

Calculer les différences suivantes :

a. $A=\frac{4}{5}-\frac{1}{5}$. **b.** $B=\frac{10}{45}-\frac{5}{45}$.

c. $C=\frac{14}{9}-\frac{5}{9}$. **d.** $D=\frac{20}{52}-\frac{4}{52}$.

4 Somme et réduction

Utiliser la **méthode 1** décrite dans **Apprendre comment faire**.

Calculer les sommes suivantes :

a. $A=\frac{1}{7}+\frac{2}{21}$. **b.** $B=\frac{5}{16}+\frac{3}{4}$.

c. $C=\frac{12}{24}+\frac{1}{2}$. **d.** $D=\frac{2}{35}+\frac{2}{7}+\frac{2}{5}$.

5 Différence et réduction

Calculer les différences suivantes :

a. $A=\frac{24}{25}-\frac{3}{5}$. **b.** $B=\frac{56}{81}-\frac{2}{9}$.

c. $C=\frac{48}{100}-\frac{2}{10}$. **d.** $D=\frac{2}{3}-\frac{3}{18}$.

6 Produit

Utiliser la **méthode 2** décrite dans **Apprendre comment faire**.

Calculer les produits suivants :

a. $A=\frac{5}{25}\times\frac{3}{2}$. **b.** $B=\frac{6}{7}\times\frac{2}{7}$. **c.** $C=\frac{8}{48}\times\frac{2}{5}$.

d. $D=\frac{20}{4}\times\frac{4}{10}$. **e.** $E=\frac{1}{2}\times\frac{1}{2}\times\frac{1}{8}$.

7 Maîtriser le vocabulaire

Calculer en donnant le résultat sous la forme d'une fraction irréductible :

a. La somme de $\frac{10}{32}$ et de $\frac{3}{16}$.

b. La différence de $\frac{32}{36}$ et de $\frac{7}{18}$.

c. Le produit de $\frac{6}{42}$ par $\frac{7}{2}$.

8 Avec des nombres entiers

a. Écrire l'entier 1 sous la forme d'une fraction de dénominateur 3 et en déduire la somme $A=1+\frac{1}{3}$.

b. Écrire l'entier 2 sous la forme d'une fraction de dénominateur 3 et en déduire la différence $B=2-\frac{1}{3}$.

c. Écrire l'entier 5 sous la forme d'une fraction et en déduire le produit $C=5\times\frac{1}{3}$.

9 Fractions égales

a. Écrire les fractions $\frac{2}{9}$ et $\frac{5}{6}$ sous la forme d'une fraction dont le dénominateur est égal à 18.

b. En déduire la somme : $\frac{2}{9}+\frac{5}{6}$.

10 Proportions

Lors d'un repas d'anniversaire, $\frac{4}{6}$ du gâteau au chocolat et $\frac{1}{3}$ du gâteau aux poires ont été mangés. Les $\frac{7}{12}$ du gâteau au citron sont restés.

a. Quelle proportion du gâteau au citron a été mangée ?

b. Quel gâteau a été le plus consommé ?

c. Une personne affirme que plus de la moitié des gâteaux a été mangée. A-t-elle raison ?

Livret des corrigés p. 7

3 Généralités sur les nombres relatifs

Comprendre et retenir

> **Attention !**
> Le nombre 0 est un nombre positif et négatif. Il s'écrit sans signe.

Définitions

- Les nombres inférieurs à 0 sont appelés **nombres négatifs**. Ils s'écrivent avec le signe « – ».
- Les nombres supérieurs à 0 sont appelés **nombres positifs**. Ils s'écrivent avec le signe « + » ou sans signe.
- L'ensemble des nombres positifs et négatifs forment les **nombres relatifs**.

Droite graduée

> **Remarque**
> Tout nombre relatif admet un nombre opposé.

> **Remarque**
> Sur une droite graduée, deux nombres opposés sont représentés par des points symétriques par rapport à l'origine O.

- Une **droite graduée** est une droite munie d'un **sens** de parcours, d'un point nommé **origine** et d'une **unité** que l'on reporte régulièrement de chaque côté de l'origine.
- À tout point d'une droite graduée correspond un nombre relatif qui le repère. Ce nombre est appelé **abscisse** du point.
- La distance d'un point d'une droite graduée à l'origine est appelée la **distance à zéro** de l'abscisse de ce point.
- Deux nombres de signes contraires qui ont la même distance à 0 sont appelés des **nombres opposés**.

Exemple : Sur la droite graduée ci-contre :

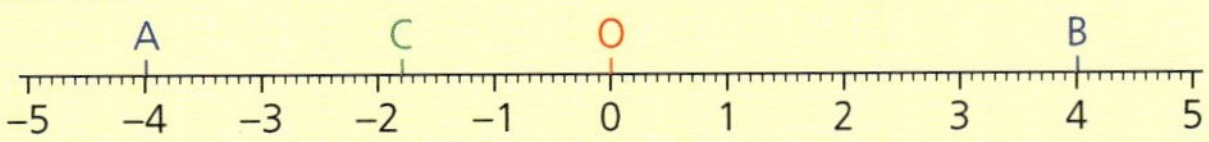

- l'abscisse du point A est –4, on note A(–4) ;
- le point B a pour abscisse 4 ; on note B(4) ;
- l'abscisse du point C est –1,8 ; on note C(–1,8).

La distance à zéro de 4 et la distance à zéro de –4 sont égales à 4, donc 4 et –4 sont des nombres opposés.

Comparaison

- Un nombre négatif non nul est toujours inférieur à un nombre positif.
- Si deux nombres sont négatifs, alors le plus petit est celui qui a la plus grande distance à zéro.
- Si deux nombres sont positifs, alors le plus petit est celui qui a la plus petite distance à zéro.

Exemples : $-13 < 10$; $-27 < -14$; $14 < 27$.

Apprendre comment faire

Ordonner des nombres relatifs

Ranger dans l'ordre croissant les nombres suivants :
4 ; –3,2 ; –7 ; –12,7 ; 0 ; –13 ; 7,01 ; 30 ; –20 ; 9,6.

SOLUTION

1. –3,2 ; –7 ; –12,7 ; –13 ; –20 ; 0 ; 4 ; 7,01 ; 30 ; 9,6.
2. $20 > 13 > 12,7 > 7 > 3,2$
   donc $-20 < -13 < -12,7 < -7 < -3,2$
3. $4 < 7,01 < 9,6 < 30$
4. $-20 < -13 < -12,7 < -7 < -3,2 < 0$
   $0 < 4 < 7,01 < 9,6 < 30$

Méthode

1. **Regrouper les nombres positifs et les nombres négatifs.**
2. **Ranger les nombres négatifs non nuls dans l'ordre croissant**, c'est-à-dire du plus petit au plus grand, en comparant leurs distances à zéro.
   Par exemple : 20 > 13, donc –20 < –13.
3. **Ranger les nombres positifs non nuls dans l'ordre croissant.**
4. **Réunir les résultats** sachant que les nombres négatifs non nuls sont inférieurs à zéro et les nombres positifs non nuls sont supérieurs à zéro.

S'entraîner

1 Vrai ou Faux ?

	V	F
a. L'opposé de l'opposé de −3 est 3.	☐	☐
b. Il existe des nombres qui n'admettent pas de nombre opposé.	☐	☐
c. L'opposé d'un nombre relatif est toujours négatif.	☐	☐
d. La distance à 0 d'un nombre relatif est toujours positive.	☐	☐
e. −27 est plus petit que −32.	☐	☐

2 Distance à zéro

a. Écrire l'abscisse de chacun des points A, B, C, D, E et F de la droite graduée ci-dessous.

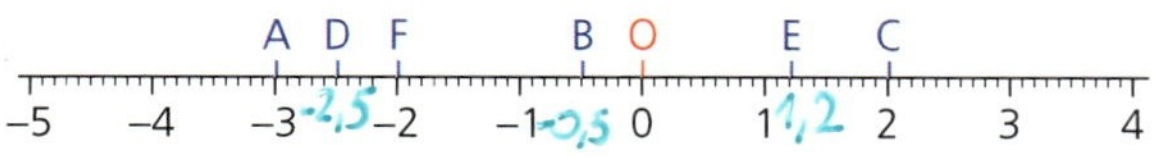

b. Calculer la distance à zéro de chaque abscisse.

3 Symétriques ?

Dessiner une droite graduée en prenant pour unité 2 cm.

a. Placer les points suivants :
M(−0,25) ; N(2,25) ;
P(−3) ; Q$\left(\frac{1}{4}\right)$; R$\left(-\frac{3}{4}\right)$; S(3).

b. Que peut-on dire des points M et Q ?
Des points P et S ?
Expliquer pourquoi ces points ont cette propriété géométrique.

4 Un peu d'ordre !

Utiliser la **méthode** décrite dans **Apprendre comment faire**.

Ranger dans l'ordre croissant les nombres relatifs suivants :

12,5 ; −3,4 ; 0,25 ; 11,2 ; −12,5 ; −2,75 ; 0 ; −7,2.

5 L'opposé

Écrire l'opposé de chacun des nombres suivants.

−2,3 ; 8 ; π ; 21,7 ; 0 ; $-\frac{5}{4}$.

6 L'opposé de l'opposé

Écrire l'opposé de l'opposé de chacun des nombres suivants.

−9 ; 743 ; 1,29 ; −1,1 ; 37 ; 62,4 ; −200 ; 0.

Que remarque-t-on ?

7 Différents types de nombres

Parmi les nombres de l'exercice précédent, lesquels sont :

a. des nombres entiers ?

b. des nombres positifs ?

c. des nombres négatifs ?

d. des nombres décimaux positifs ?

e. des nombres entiers négatifs ?

f. des nombres relatifs ?

8 Qui suis-je ?

Je suis un nombre entier qui a pour opposé un nombre entier pair strictement compris entre 11 et 14.

9 Le « bon » signe

Compléter à l'aide du signe qui convient (> ou < ou =) :

−21,5 ...... −25,1 ;

−0,5 ...... 0,5 ;

−25,1 ...... −25,10 ;

14 ...... −41 ;

−13,5 ...... 2,5 ;

112 ...... 121,5.

10 Du plus grand au plus petit

Utiliser la **méthode** décrite dans **Apprendre comment faire**.

Ranger les nombres suivants dans l'ordre décroissant :

a. 12,5 ; 0,25 ; 11,2 ; −12,5 ; −3,4 ; 0 ; −7,2 ; −2,75.

b. −37 ; 14,7 ; −21,5 ; 4 ; −4 ; −14,7 ; 14,07 ; −1,375.

Livret des corrigés p. 7

4 Nombres relatifs et repère orthogonal

Vocabulaire

Un repère est **orthogonal** lorsque ses axes sont perpendiculaires.
Un repère est **orthonormé** lorsque ses axes sont perpendiculaires et gradués avec la même unité.

Attention !

Ne pas inverser l'ordre des coordonnées : dans les parenthèses, l'abscisse précède l'ordonnée, les deux étant séparées par un point virgule.

Comprendre et retenir

Coordonnées d'un point

Un **repère orthogonal** du plan est constitué de deux droites graduées qui se coupent perpendiculairement en leur origine commune :

- l'axe horizontal est appelé l'axe des **abscisses** ;
- l'axe vertical est appelé l'axe des **ordonnées**.

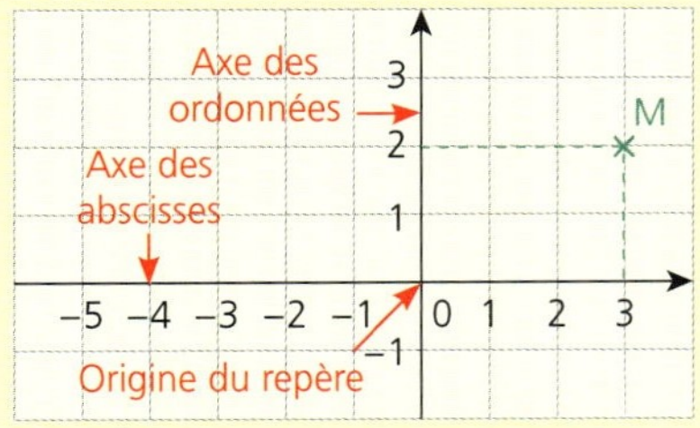

Repère

À tout point M du plan correspond un couple de nombres relatifs appelés les coordonnées du point M.
Ce couple s'écrit sous la forme (abscisse du point M ; ordonnée du point M).

Exemple : Le point M sur la figure précédente a pour coordonnées M(3 ; 2).

Apprendre comment faire

Lire les coordonnées d'un point dans un repère orthogonal

Sur le repère suivant, lire et écrire les coordonnées des points H, I et N.

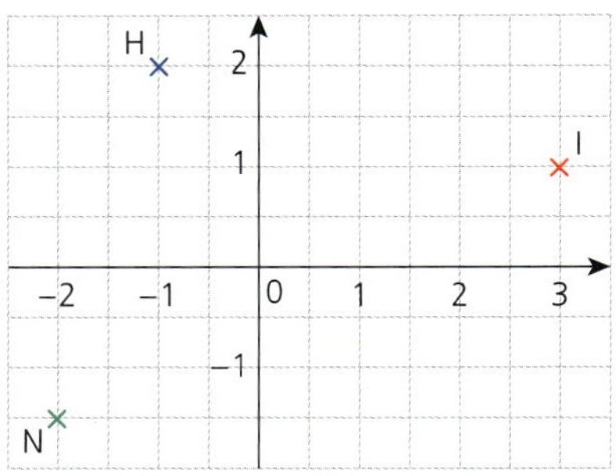

SOLUTION

1

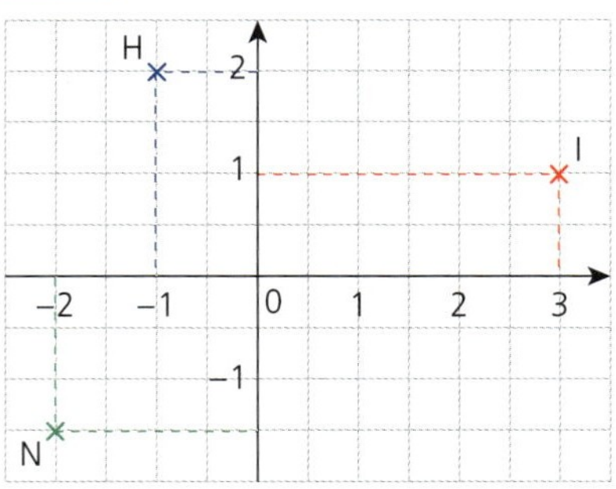

2 L'abscisse du point H est – 1.

3 Voir graphique.

4 L'ordonnée de H est 2.

5 Le point H a pour abscisse – 1 et pour ordonnée 2. On écrit H(– 1; 2).

En utilisant la même méthode, on établit que :

- le point I a pour abscisse 3 et pour ordonnée 1 : I(3 ; 1) ;
- le point N a pour abscisse -2 et pour ordonnée – 1,5 : N(– 2 ; – 1,5).

Méthode

1 **Tracer** en pointillés **un segment reliant perpendiculairement le point à l'axe des abscisses.**

2 **Lire l'abscisse** du point sur l'axe des abscisses à l'extrémité du segment tracé.

3 **Tracer** en pointillés **un segment reliant perpendiculairement le point à l'axe des ordonnées.**

4 **Lire l'ordonnée** du point sur l'axe des ordonnées à l'extrémité du segment tracé.

5 Écrire **les coordonnées** du point en viellant à respecter la forme (abscisse ; ordonnée).

S'entraîner

1 Vrai ou Faux ?

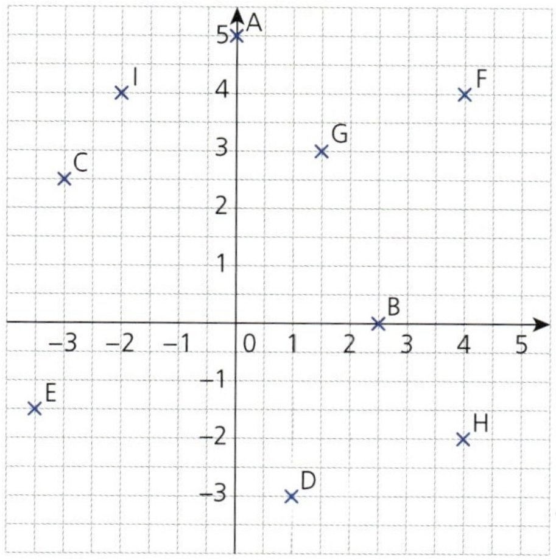

	V	F
a. L'axe des ordonnées est vertical.	☐	☐
b. Les points I et F ont même abscisse.	☐	☐
c. L'abscisse du point A est 5.	☐	☐
d. Le point H a une abscisse positive.	☐	☐
e. Les coordonnées du point I sont (4 ; −2).	☐	☐
f. Les points H et F ont même abscisse.	☐	☐

2 Lecture graphique

Écrire les coordonnées de chacun des points du repère de l'exercice **1**.

Utiliser la *méthode* décrite dans **Apprendre comment faire**.

3 Placer un point

a. Tracer un repère orthogonal en prenant 1 cm pour unité sur l'axe des abscisses et 1 cm sur l'axe des ordonnées.

b. Placer les points suivants :
E(−5 ; 1), F(−6 ; −3), G(3 ; 1,5), H(2 ; 3), I(5 ; −2), J(3,5 ; −3,5), K(−2 ; 0) et L(−3 ; −3).

4 Qui suis-je ?

Dans le repère de l'exercice **3**, je suis le point désigné par une consonne, d'abscisse négative supérieure à −4 et mon ordonnée est l'opposée de celle du point H. Qui suis-je ?

5 Symétriques ?

On considère les quatre points suivants : V(4 ; 6), P(−4 ; 6), S(3 ; 5) et T(3 ; −5).

a. Observer leurs coordonnées. Quelles propriétés géométriques peut-on prévoir ?

b. Placer les quatre points dans un repère orthogonal d'unité 1 cm.

c. Les prévisions émises à la question **a.** sont-elles confirmées ?

6 L'axe des abscisses

a. Tracer un repère orthogonal en prenant un carreau pour unité de longueur.

b. Placer 10 points sur l'axe des abscisses ; les nommer, puis écrire leurs coordonnées.

c. Observer les coordonnées des 10 points et compléter la phrase suivante :
« L'axe des abscisses est formé par les points… »

d. Que peut-on dire de l'axe des ordonnées ?

7 Droite verticale

On considère les points suivants : E(3 ; 0), F(3 ; 2), G(3 ; −8), H(3 ; 3), I(3 ; −1), J(3 ; −4), K(3 ; 9).

a. Observer leurs coordonnées. Que dire ?

b. Placer chacun de ces points dans un repère orthogonal d'unité 0,5 cm.

c. Tracer la droite (KG). Que remarque-t-on ?

d. Compléter la phrase suivante : « Une droite parallèle à l'axe des ……. est formée de points ayant la même ……».

8 Quadrilatère particulier

a. Placer les points A(0 ; 4), B(4 ; 2), C(0 ; −4) et D(−4 ; 0) dans un repère orthogonal.

b. Quelle est la nature du quadrilatère ABCD ?

c. Placer les points : K milieu de [AB], L milieu de [BC], M milieu de [CD] et N milieu de [DA].

d. Lire les coordonnées des points K, L, M et N. Étaient-elles prévisibles ?

e. Tracer le quadrilatère KLMN. Ce quadrilatère semble-t-il présenter des particularités ? Si oui, lesquelles ?

Livret des corrigés p. 7

5 Opérations sur les nombres relatifs et simplifications d'écritures

Comprendre et retenir

Remarque
Une somme algébrique est une suite d'additions et de soustractions de nombres relatifs.

Remarque
La somme de deux nombres opposés est nulle.

Addition

- Pour calculer la **somme** de deux nombres relatifs de **même signe** :
  - on additionne leur distance à zéro ;
  - on reporte dans le résultat le signe commun.

Exemples : $(+8) + (+3) = (+11)$ (Même signe) | $(-8) + (-3) = (-11)$ (Même signe)

- Pour calculer la **somme** de deux nombres relatifs de **signes contraires** :
  - on soustrait leur distance à zéro ;
  - on reporte dans le résultat le signe du nombre ayant la plus grande distance à zéro.

Exemples : $(+8) + (-3) = (+5)$ (Signes contraires ; Signe de la plus grande distance à zéro) | $(-8) + (+3) = (-5)$ (Signes contraires ; Signe de la plus grande distance à zéro)

Soustraction

Soustraire un nombre relatif revient à additionner son opposé.

Exemples : $(+8) - (+3) = (+8) + (-3) = (+5)$ et $(+8) - (-3) = (+8) + (+3) = (+11)$.

Distance de deux points

Pour calculer la **distance** entre deux points d'une droite graduée, on effectue la soustraction suivante :
« abscisse la plus grande – abscisse la plus petite ».

Simplification d'écriture

- Dans une somme, on peut modifier l'ordre des termes sans que cela ne change le résultat.
- On peut supprimer le signe « + » et les parenthèses d'un nombre positif.

Apprendre comment faire

Calculer une expression algébrique

Calculer la somme algébrique suivante :
$A = (+24) + (-14) - (-10) + (+21) - (+11)$.

SOLUTION

$A = (+24) + (-14) - (-10) + (+21) - (+11)$.

1. $A = (+24) + (-14) + (+10) + (+21) + (-11)$.
2. $A = 24 + (-14) + 10 + 21 + (-11)$.
3. $A = 24 + 10 + 21 + (-14) + (-11)$.
4. $A = 55 + (-25) = 55 - 25 = 30$.

Méthode

1. **Transformer les soustractions** en additions des opposés.
2. **Simplifier l'écriture** (supprimer les parenthèses et signes « + » des nombres positifs).
3. **Regrouper les termes** positifs entre eux, et les termes négatifs entre eux.
4. **Calculer les sommes** restantes (termes positifs et termes négatifs). Terminer le calcul.

S'entraîner

1 Vrai ou Faux ?

	V	F
a. Le résultat de $(-1)+(-27)$ est négatif.	☐	☐
b. Le résultat de $(-1)+(+27)$ est négatif.	☐	☐
c. Le résultat de $(+1)+(-27)$ est positif.	☐	☐
d. La différence de (-2) et de $(+3)$ est $2-3$.	☐	☐
e. Si le point A a pour abscisse -1, et le point B a pour abscisse $+9$, alors $AB = 8$.	☐	☐

2 Addition

Calculer les sommes suivantes :

a. $(+2)+(+7)$; **b.** $(-13)+(-4)$;
c. $(+5)+(-3)$; **d.** $(-20)+(+13)$;
e. $(-41)+(+21)$; **f.** $(+32)+(-32)$.

3 Soustraction guidée

Compléter les égalités suivantes :

a. $(+5)-(+7)=(+5)+(......)=......$
b. $(+5)-(-3)=(+5)+(......)=......$
c. $(-10)-(-20)=(-10)+(......)=......$
d. $(-31)-(+21)=(-31)+(......)=......$

4 Soustraction non guidée

Calculer les différences suivantes :

a. $(+10)-(+7)$; **b.** $(+42)-(+2)$;
c. $(+5)-(+4)$; **d.** $(+18)-(+30)$;
e. $(-23)-(+19)$; **f.** $(+13)-(-13)$;
g. $(-100)-(-150)$; **h.** $(0)-(-11)$.

5 Lecture graphique

Sur la droite graduée suivante :

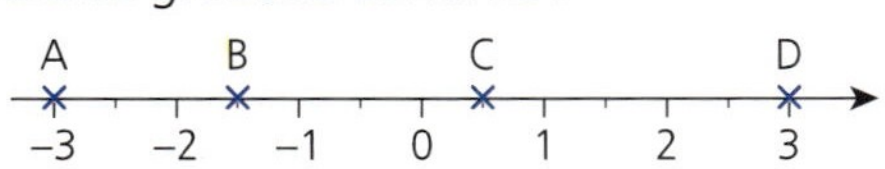

a. Lire l'abscisse des points A, B, C et D.
b. En déduire les distances AB, BC, DB, CD et AD.
c. Vérifier graphiquement les résultats précédents.

6 Au plus simple !

Dans chaque cas, choisir parmi les réponses proposées celle qui correspond à l'écriture simplifiée de l'écriture donnée dans la première colonne.

	Réponse 1	Réponse 2	Réponse 3	Réponse 4
$(+10)$	(10)	$+10$	10	-10
$(+4)+(+5)$	$4+(+5)$	$(+4)+(5)$	$+4+5$	$4+5$
$(+12)-(+18)$	$(12)+(-18)$	$12-18$	$18-12$	$12-(+18)$

7 Règles des signes

Compléter les égalités, puis les phrases suivantes :

a. $A = 3+(+7) = 3+ ...... = ...$
« Pour simplifier l'écriture d'une expression algébrique, **on pourra remplacer deux signes ..... qui se suivent, par un seul signe ....** ».
b. $B = 20-(-12) = 20+(......) = 20+ ...... = ...$
« Pour simplifier l'écriture d'une expression algébrique, **on pourra remplacer deux signes ..... qui se suivent, par un seul signe ....** ».
c. $C = 49-(+15) = ... - ...... = ...$
d. $D = 49+(-15) = 49-(......) = 49- ...... = ...$
« Pour simplifier l'écriture d'une expression algébrique, **on pourra remplacer deux signes contraires qui se suivent par un seul signe .....** ».

8 Simplification d'écriture

Sans calculer, simplifier les écritures suivantes :

a. $A = (+21)+(+4)+(-3)-(-9)+(+12)$.
b. $B = (-13)-(-13)+17-(+7)+(-10)$.
c. $C = (100)-(+50)+50-25-(+25)+(+100)$.

9 Enchaînement d'opérations

Simplifier si besoin, puis calculer les sommes suivantes :

Utiliser la *méthode* décrite dans **Apprendre comment faire**.

a. $A = -45-5+20-11+1+60$.
b. $B = (+12)+(-24)-(-2)+17+(+13)$.
c. $C = 25+(-16)-(-4)+(+19)+1$.
d. $D = (+80)+35-20-80+(-35)$.

Livret des corrigés p. 8

6 Priorités opératoires : addition et soustraction

Comprendre et retenir

Somme – Différence

- Une expression numérique est une somme si la dernière opération effectuée est une addition.
- Une expression numérique est une différence si la dernière opération effectuée est une soustraction.

Enchaînement d'opérations sans parenthèses

Remarque
Changer l'ordre des termes permet de faire des regroupements astucieux qui facilitent les calculs.

- Dans une suite de calculs **sans parenthèses**, comportant **uniquement des additions et soustractions**, on effectue les opérations, étape par étape, de la **gauche vers la droite**.

Exemple :
A = 14 + 42 – 16 – 5
A = 56 – 16 – 5
A = 40 – 5
A = 35

- Dans une suite de calculs comportant **uniquement des additions**, on peut **modifier l'ordre des termes** sans que cela ne change le résultat.

Exemple :
B = 172 + 93 + 7
B = 93 + 7 + 172
B = 100 + 172
B = 272

Enchaînement d'opérations avec parenthèses

- Dans une suite de calculs comportant des **parenthèses**, on commence par calculer les expressions entre parenthèses. On dit que les **parenthèses sont prioritaires** sur les additions et les soustractions.

Exemples :
C = 26 – (4 + 7)
C = 26 – 11
C = 15

D = (22 + 11) – (5 – 2)
D = 33 – 3
D = 30

Conseil
Pour améliorer la lisibilité d'une expression, on peut remplacer les parenthèses les plus extérieures par des crochets.

- Lorsqu'une suite de calculs comporte des **parenthèses imbriquées** les unes dans les autres, on commence par celles qui sont situées **le plus à l'intérieur**.

Exemples :
E = 200 – [107 – (3 + 4)]
E = 200 – (107 – 7)
E = 200 – 100
E = 100

F = 1 – [12 – (4 – 2)]
F = 1 – (12 – 2)
F = 1 – 10
F = –9

Apprendre comment faire

Calculer un enchaînement d'opérations ne faisant intervenir que des additions et soustractions

Calculer l'expression suivante : A = [100 – (2 + 38)] – [5 + (13 + 12)] + 150.

SOLUTION

1 A = [100 – (2 + 38)] – [5 + (13 + 12)] + 150.

2 A = [100 – 40] – [5 + 25] + 150.

3 A = 60 – 30 + 150
A = 30 + 150
A = 180.

Méthode

1 **Repérer et calculer les parenthèses prioritaires.**

2 **Recommencer l'étape 1** jusqu'à ce qu'il n'y ait plus de parenthèses.

3 **Effectuer le calcul de la gauche vers la droite, étape par étape.**

S'entraîner

1 Vrai ou Faux ?

	V	F
a. La somme de 17 et 3 est égale à 14.	☐	☐
b. La différence entre 20 et 15 est égale à 5.	☐	☐
c. 12 – 7 – 2 est égal à 2 – 7 – 12.	☐	☐
d. 21 + 6 + 49 est égal à 49 + 21 + 6.	☐	☐
e. 8 – 5 + 3 est égal à 0.	☐	☐

2 Le bon coup d'œil !

En faisant des regroupements judicieux, calculer les sommes suivantes :

a. $A = 31 + 123 + 7 + 69$.

b. $B = 6 + 2 + 4 + 18$.

c. $C = 15 + 4 + 7 + 8 + 26 + 35$.

3 Sans parenthèses

Calculer les expressions suivantes :

a. $A = 66 - 11 + 24 - 5$.

b. $B = 132 + 8 - 14 - 20$.

c. $C = 29 + 36 - 29 + 114$.

d. $D = 47 - 32 + 19 - 23$.

4 Avec parenthèses

Utiliser la **méthode** décrite dans **Apprendre comment faire**.

Calculer les expressions suivantes :

a. $A = 51 - (14 - 6) + 7$.

b. $B = (2 + 3) - (5 + 4)$.

c. $C = 25 + 60 - (3 + 32)$.

d. $D = (47 - 2) - (32 + 13) - 5$.

5 Avec des crochets

Calculer les expressions suivantes :

a. $A = 51 - [(14 - 6) + 7]$.

b. $B = 555 - [122 - (11 + 11)]$.

c. $C = 128 - 70 - [(94 - 14) - (3 + 32)]$.

6 Avec des fractions

En effectuant des regroupements judicieux, calculer les expressions suivantes :

a. $A = \frac{2}{7} + \frac{1}{4} + \frac{5}{7} + \frac{3}{4}$.

b. $B = \frac{40}{6} + 42 + \frac{8}{6}$.

c. $C = \frac{1}{3} + \frac{10}{9} + \frac{34}{6} + \frac{8}{9} + \frac{5}{3} + \frac{2}{6}$.

7 Un tableau

Compléter le tableau suivant :

	$a = 2$, $b = 3$, $c = 4$	$a = -1$, $b = 1$, $c = 5$	$a = 9$, $b = 12$, $c = 7$
$a + b + c$			
$a - (b - c)$			
$a - b + c$			
$a - c + b$			

8 Avec deux expressions

a. Calculer les expressions suivantes :
$M = 54 - (9 - 11)$.
$N = (95 + 125) - (-31 - 29)$.

b. En utilisant les résultats de la question **a.**, calculer M + N.

c. En utilisant les résultats de la question **a.**, calculer M – N.

9 Synthèse

Calculer les expressions suivantes :

a. $E = \frac{27}{28} - (\frac{1}{7} + \frac{5}{7})$.

b. $F = (2 - \frac{1}{4}) + (2 + \frac{1}{4})$.

c. $G = 15 - (\frac{2}{5} + \frac{10}{5} + \frac{16}{10})$.

10 La bonne place !

Placer des parenthèses pour que les égalités suivantes soient vraies :

a. $16 - 14 + 4 = -2$.

b. $12 + 7 - 5 - 6 + 14 = -6$.

c. $94 - 1 - 2 + 3 = 98$.

Livret des corrigés p. 8

7 Priorités opératoires : multiplication, division et enchaînements quelconques

Comprendre et retenir

Produit – Quotient

- Une expression numérique est un produit si la dernière opération effectuée est une multiplication.
- Une expression numérique est un quotient si la dernière opération effectuée est une division.

Enchaînement d'opérations sans parenthèses

- Dans une suite de calculs **sans parenthèses**, comportant **uniquement des multiplications et des divisions**, on effectue les opérations, étape par étape, de la **gauche vers la droite**.

Exemple :
$A = 4 \times 8 \div 16 \times 5$
$A = 32 \div 16 \times 5$
$A = 2 \times 5$
$A = 10.$

- Dans une suite de calculs comportant **uniquement des multiplications**, on peut **modifier l'ordre des facteurs** sans que cela ne change le résultat.

Exemple :
$B = 5 \times 6{,}21 \times 20$
$B = 6{,}21 \times \underbrace{5 \times 20}$
$B = 6{,}21 \times 100$
$B = 621.$

Remarque
Changer l'ordre des facteurs permet de faire des regroupements astucieux qui facilitent les calculs.

- Dans un enchaînement d'opérations quelconque **sans parenthèse**, on **commence** par effectuer les **multiplications et les divisions** pour **terminer** par les **additions et soustractions**.

Exemple :
$C = 7 + \underbrace{3 \times 5} - 2$
$C = 7 + 15 - 2$
$C = 22 - 2$
$C = 20.$

Enchaînement d'opérations avec parenthèses

Dans un **enchaînement d'opérations quelconque** comportant des **parenthèses** :
1. on commence par calculer les expressions entre parenthèses ;
2. puis on effectue les multiplications et divisions ;
3. enfin, on termine par les additions et soustractions.

Exemple :
$D = 2 + (9{,}5 + 0{,}5) \times (5{,}3 - 2{,}3)$
$D = 2 + 10 \times 3$
$D = 2 + 30$
$D = 32.$

Remarque
La multiplication et la division sont prioritaires sur l'addition et la soustraction.

Apprendre comment faire

Calculer un enchaînement d'opérations diverses

Calculer l'expression suivante :
$B = 3 \times (11{,}2 + 3{,}8) - [20 - (11{,}4 - 1{,}4)] \div 2{,}5 + 14.$

SOLUTION

1 $B = 3 \times (11{,}2 + 3{,}8) - [20 - (11{,}4 - 1{,}4)] \div 2{,}5 + 14$
2 $B = 3 \times (11{,}2 + 3{,}8) - (20 - 10) \div 2{,}5 + 14$
3 4 $B = 3 \times 15 - 10 \div 2{,}5 + 14$
5 $B = 45 - 4 + 14$
$B = 41 + 14$
$B = 55.$

Méthode

1 **Repérer et calculer les parenthèses prioritaires.**
2 **Recommencer l'étape** 1 jusqu'à ce qu'il n'y ait plus de parenthèses.
3 **Poursuivre avec les multiplications et divisions prioritaires** sur les additions et soustractions.
4 **Recommencer l'étape** 3 jusqu'à ce qu'il n'y ait plus de multiplications et divisions.
5 **Effectuer les sommes et différences** restantes de la gauche vers la droite.

S'entraîner

1 Vrai ou Faux ?

	V	F
a. $1 \times 2 \times 3 \times 4 \times 5 \times 0 = 120$.	☐	☐
b. $3 \times 5 + 2 = 3 \times (5 + 2)$.	☐	☐
c. $3 \times 5 + 2 = (3 \times 5) + 2$.	☐	☐
d. Le produit de 9 par la somme de 1 et 5 vaut 14.	☐	☐
e. La division est prioritaire sur la soustraction.	☐	☐
f. L'expression $2 \times 3 + 5 \times 4$ est une somme.	☐	☐

2 Premiers pas

Calculer les expressions suivantes en détaillant les étapes de calculs :

a. $A = 12 \times 6 \div 2$. **b.** $B = 12 \div 6 \times 2$.

c. $C = 90 \div 6 \div 3$. **d.** $D = 90 \div 2 \times 3 \div 3$.

e. $E = 90 \div 3 \div 3 \div 2$. **f.** $F = 9 \times 8 \div 12 \div 6$.

3 Le bon coup d'œil !

En faisant des regroupements judicieux, calculer les expressions suivantes en détaillant les étapes de calculs :

a. $50 \times 125 \times 4$. **b.** $0{,}8 \times 9 \times 5 \times 3$.

c. $\frac{2}{7} \times 1\,321 \times 7$. **d.** $1{,}2 \times 11 \times 5$.

4 Sans parenthèses

Calculer les expressions numériques suivantes en détaillant les étapes de calculs :

a. $24 + 6 \times 7$. **b.** $21 \div 3 - 9 \times 3$.

c. $9 \times 9 + 6 \div 6 - 6 \times 9$. **d.** $9{,}6 \div 3 - 2 \times 11{,}1$.

e. $0{,}7 + 0{,}3 \times 2 - 1$. **f.** $30 \times 4 - 4 \times 30$.

5 La bonne place !

Placer des parenthèses pour que les égalités suivantes soient vraies :

a. $8 + 3 \times 8 - 4 = 44$.

b. $15 - 2 + 7 + 24 \div 6 = 10$.

c. $2 \times 1{,}3 + 2{,}1 - 0{,}4 + 94 = 100$.

d. $2 + 16 - 12 \div 6 + 7 = 8$.

6 Avec des parenthèses

Calculer les expressions suivantes en détaillant les étapes de calculs :

Utiliser la **méthode** décrite dans **Apprendre comment faire**.

a. $3 \times (6 - 4) \div 2$. **b.** $25 - (20 \div 4) \times 3$.

c. $3 \times 9 + (7 - 5) \times 20$. **d.** $(14 - 8) \div (1 + 3)$.

7 Observer

Associer à chaque expression numérique son écriture fractionnaire :

$A = \frac{6+1}{9}$. $B = 6 + \frac{1}{9}$.

$C = \frac{6}{9} + 1$. $D = \frac{6}{9+1}$.

e. $6 + 1 \div 9$. **f.** $6 \div 9 + 1$.

g. $(6 + 1) \div 9$. **h.** $6 \div (9 + 1)$.

8 Avec des fractions

Calculer les expressions suivantes :

$A = 10 \div (\frac{2}{6} + \frac{5}{3}) - 5$.

$B = \frac{2}{36} + \frac{7}{4} \times (\frac{13}{9} - \frac{1}{3})$.

$C = (\frac{6}{5} + \frac{1}{10}) \times (\frac{3}{7} - \frac{2}{14})$.

9 Avec la calculatrice

Comme au BREVET

a. Calculer le quotient suivant $A = \frac{8 + 3 \times 4}{1 + 2 \times 1{,}5}$.

b. Pour calculer l'expression A précédente, un élève a tapé sur sa calculatrice la succession de touches ci-dessous :

8 + 3 × 4 ÷ 1 + 2 × 1 . 5 =

Expliquer pourquoi il n'obtient pas le bon résultat.

DNB 2009

10 Synthèse

Calculer chacune des expressions numériques suivantes :

a. $A = [9 - (2 + 7) \div 3] \times (2 + 20 \div 5)$.

b. $B = 42 \div (2 \times 3) \times (18 \div 9) + 1$.

c. $C = (210 - 11 \times 5) \div (9 - 2 \times 2)$.

d. $D = [120 \div (8 + 4 \times 3)] \times (32 - 20) - 10$.

Livret des corrigés p. 8

8 Calcul littéral : exprimer, calculer et simplifier

Comprendre et retenir

Remarque
Dans une expression littérale, les lettres sont utilisées pour désigner des nombres qui peuvent changer de valeur.

Définition

- Une **expression littérale** est une expression comportant des nombres écrits en chiffres appelés **constantes** et des nombres représentés par des **lettres** appelées **variables**.

Les variables sont utilisées pour désigner des nombres dont on ignore la valeur.

Exemple : $P = 2 \times L + 2 \times l$ est une expression littérale exprimant le périmètre de tout rectangle :
- la variable L désigne sa largeur,
- la variable l désigne sa longueur.

- **Exprimer** une quantité **en fonction de** x, c'est l'écrire sous la forme d'une expression littérale qui contient la variable x.

Simplification d'écriture

Étant donné une expression littérale :
- on peut **additionner ou soustraire les termes exprimés** en fonction de la **même variable** ;
- on peut **multiplier tous types de facteurs** entre eux ;
- on peut supprimer les signes « × » situés devant une variable, devant ou derrière une parenthèse ;
- on peut changer l'ordre des termes d'une addition ou les facteurs d'une multiplication pour les regrouper judicieusement.

Exemples : $A = 3a + 2a + 4b = 5a + 4b$.
$B = 3a \times 4b = 3 \times a \times 4 \times b = 3 \times 4 \times a \times b = 12 \times a \times b = 12ab$.
$P = 2 \times L + 2 \times l = 2L + 2l$.

Remarque
Dans un produit de facteurs, on écrit les constantes devant les variables : $12a$ plutôt que $a \times 12$.

Notation

$1 \times a = 1a$ s'écrit plus simplement a.
$a \times a$ s'écrit plus simplement a^2 et se lit : « a au carré ».
$a \times a \times a$ s'écrit plus simplement a^3 et se lit : « a au cube ».

Attention !
On réduit toujours les formules dans l'ordre des priorités opératoires.

Vocabulaire

Réduire l'écriture d'une expression littérale, c'est la simplifier au maximum.

Apprendre comment faire

Réduire l'écriture d'un produit

Réduire l'expression $B = 5a \times 4b \times 3a \times 5 \times 2b \times a$.

SOLUTION

1. $B = 5 \times a \times 4 \times b \times 3 \times a \times 5 \times 2 \times b \times a$.
2. $B = 5 \times 4 \times 3 \times 5 \times 2 \times a \times a \times a \times b \times b$.
3. $B = 600 \times a^3 \times b^2$
$B = 600a^3b^2$.

Méthode

1. **Rajouter mentalement les signes « × »** des multiplications, ici « $5a$ » désigne en fait « $5 \times a$ ».
2. **Regrouper les facteurs** : les constantes entre elles et les mêmes variables entre elles.
3. **Réduire l'expression** au maximum.

S'entraîner

1 Vrai ou Faux ?

	V	F
a. $8x + 12x = 20x$.	☐	☐
b. $x + x = x^2$.	☐	☐
c. $7c + c - 3c = 4c$.	☐	☐
d. 5(1 + 3) est une expression littérale.	☐	☐
e. $12 \times a \times 2 \times b = 24ab$.	☐	☐
f. $8x + 4y = 12xy$.	☐	☐

2 Exprimer

a. On considère un carré de côté c. Donner l'expression littérale de son périmètre P, puis de son aire $\mathcal{A}$.

b. On considère un triangle équilatéral de côté x. Donner l'expression littérale de son périmètre P.

3 Simplification d'écriture

Simplifier les écritures suivantes :

a. $9 \times a$.

b. $a \times b$.

c. $x \times 10$.

d. 19×6.

e. $3 \times a \times 5 \times b$.

f. $3 \times a + 5 \times b$.

g. $(a + b) \times (8 \times a - 1 \times b)$.

h. $(x + 2x) \times 11$.

4 Avec des valeurs

On donne : $A = 6x + 3z + 1$.

Compléter et terminer le calcul suivant :

$x = 2$ et $z = 4$, alors :

$A = 6x + 3z + 1$

$A = 6 \times 2 + 3 \times 4 + 1$

A = …

5 Réduire une somme

Réduire les expressions suivantes :

a. $13x + 9x$.

b. $26a - 22a$.

c. $1 + 2a + 5$.

d. $9 + b + 2b$.

6 Puissance ou multiple ?

Réduire les expressions suivantes :

a. $p \times p$.

b. $2 \times (p + p)$.

c. $p \times p + p + p + p$.

d. $m \times m \times m + 3$.

e. $m + m + m$.

f. $m + m \times m$.

7 Maîtriser le vocabulaire

Exprimer en fonction de f.

a. La somme de f et de 5.

b. La différence de f et de 10.

c. Le produit de f par 4.

d. Le quotient de 2 par f.

e. Le double de f sous la forme d'une somme, puis d'un produit.

f. Le triple de f sous la forme d'une somme, puis d'un produit.

g. Le carré, puis le cube de f.

8 Avec plusieurs termes

Réduire les expressions littérales suivantes :

a. $A = 6a + 9a + 6 + 9$.

b. $B = 25a + 15b - 4a - 2b$.

c. $C = 13 + 7x - 6x$.

d. $D = (x + 2x + 3x + 4x) \times 0$.

9 Problème

Chez le libraire, Mélina a acheté 3 ardoises et 6 feutres.

Chaque ardoise coûte a euros, et chaque feutre coûte f euros.

a. Exprimer en fonction de a le prix des 3 ardoises.

b. Exprimer en fonction de f le prix des 6 feutres.

c. Exprimer en fonction de a et de f la dépense totale.

d. Mélina possède un billet de 50 euros. Exprimer en fonction de a et de f l'argent qu'il lui restera après ces achats.

10 Programme de calcul

On considère le programme de calcul suivant :

- ✓ Choisir un nombre.
- ✓ Le multiplier par 5.
- ✓ Ajouter 2 au résultat précédent.
- ✓ Multiplier par 10 le résultat.

a. Appliquer ce programme de calcul en prenant pour valeur de départ le nombre 4.

b. Appliquer ce programme de calcul en prenant pour valeur de départ le nombre 7.

c. Appliquer ce programme de calcul en prenant pour valeur de départ un nombre x et écrire l'expression littérale obtenue sous la forme la plus simple possible.

Livret des corrigés p. 8

9 Calcul littéral : distributivité et égalités

Comprendre et retenir

Définitions

- **Développer** un produit, c'est l'écrire sous la forme d'une somme ou d'une différence.

Pour tous nombres k, a et b, on a :

$k \times (a + b) = k \times a + k \times b = k\,a + k\,b$ *et* $k \times (c - d) = k \times c - k \times d = k\,c - k\,d$.

Exemples :

$A = 7 \times (a + 5)$	$B = 6 \times (2 - x)$
$A = 7 \times a + 7 \times 5$	$B = 6 \times 2 - 6 \times x$
$A = 7a + 35$	$B = 12 - 6x$
On a **distribué** le facteur 7 pour obtenir la somme $7a + 35$.	On a **distribué** le facteur 6 pour obtenir la différence $12 - 6x$.

- **Factoriser** une somme ou une différence, c'est l'écrire sous la forme d'un produit.

Pour tous nombres k, a et b on a :

$$k\,a + k\,b = k \times a + k \times b = k \times (a + b) = k(a + b)$$

et $$k\,c - k\,d = \underline{k} \times c - \underline{k} \times d = k \times (c - d) = k(c - d).$$

Exemples : • $P = \underline{2} \times L + \underline{2} \times l = \underline{2}(L + l)$.

2 est un **facteur commun** à chaque terme de la somme.

• $A = 3\underline{a} + 2\underline{a} = 3 \times \underline{a} + 2 \times \underline{a} = \underline{a} \times (2 + 3) = a \times 5 = 5a$.

a est un **facteur commun** à chaque terme de la somme.

Remarque
La factorisation est le procédé inverse de la distributivité.

Égalité et équation

Une **égalité** est une expression composée d'un signe « = », d'un membre à gauche du signe « = » et d'un membre à droite du signe « = ». Une égalité est vraie lorsque les deux membres ont la même valeur, sinon, elle est fausse.

Exemple : $2 + 10 = 6 \times 2$ est une égalité vraie car $2 + 10 = 12$ et $6 \times 2 = 12$.

Une **équation** est une **égalité** dans laquelle l'un au moins de ses deux membres est composé d'une expression littérale écrite avec une ou plusieurs variables, appelées **inconnues**.

Les **solutions** de l'équation sont les valeurs des inconnues qui rendent vraie cette égalité.

Exemple : $2x + 7 = 15$ est une équation, d'inconnue x, dont la solution est $x = 4$.
En effet, $2 \times 4 + 7 = 8 + 7 = 15$.

Attention !
Dans l'**égalité** « $4 + 2 = 4 \times 2$ » :
• $4 + 2$ est le membre de gauche égal à 6 ;
• 4×2 est le membre de droite égal à 8.
Cette égalité est **fausse** car les deux membres ne sont pas égaux.

Apprendre comment faire

Factoriser une expression littérale

Factoriser l'expression suivante : $A = 10x + xy$.

SOLUTION

1 $A = 10\underline{x} + \underline{x}y$

2 $A = \underline{x} \times (10 + y)$

3 $A = x(10 + y)$

Méthode

1 **Identifier le facteur commun** aux deux termes et le souligner.

2 **Utiliser la formule** $\underline{k}a + \underline{k}b = \underline{k}(a + b)$, ici avec $k = x$, $a = 10$ et $b = y$.

3 **Simplifier.**

S'entraîner

1 Vrai ou Faux ?

	V	F
a. $6(a+5) = 6a + 11$.	☐	☐
b. $2(b-4) = 2b - 8$.	☐	☐
c. $15x + 10 = (x+2) \times 5$.	☐	☐
d. Le double de m est $2m$.	☐	☐
e. Si $p = 3$, alors l'expression $A = 3 + p^2$ est égale à 9.	☐	☐
f. 5 est solution de l'équation $2x + 1 = 11$.	☐	☐

2 Distributivité simple

Développer les produits suivants :

a. $A = 5 \times (1 + a)$; **b.** $B = (3 + b) \times 7$;
c. $C = 8 \times (10 - 2x)$; **d.** $D = 10(m + m^2)$;
e. $E = m(10 - 2m)$; **f.** $F = (4 - 6x)a$.

3 Factorisation de sommes

Utiliser la **méthode** décrite dans **Apprendre comment faire**.

Factoriser les sommes suivantes :

a. $A = 2 \times a + 2 \times b$; **b.** $B = 7 \times a + 3 \times a$;
c. $C = 4 \times u + 2 \times 4$; **d.** $D = 9 \times y + a \times y$;
e. $E = 2x + 5x$; **f.** $F = 9 \times a + 8 \times a$;
g. $G = am + bm$; **h.** $H = 13x + ax$.

4 Factorisation des différences

Factoriser les différences suivantes :

a. $A = 95 \times a - 95 \times c$;
b. $B = 18 \times 3 - 3 \times m$;
c. $C = 4 \times p - p \times 2$;
d. $D = 3x - 5ax$;
e. $E = 18b - 18 \times a$;
f. $F = 7x - 10x$;
g. $G = pm - mn$.

5 Facteur caché !

Factoriser les expressions suivantes :

a. $A = 2x + 2$; **b.** $B = 5m - m^2$;
c. $C = xy + xy$; **d.** $D = 99a + 11b$;
e. $E = 3x^2 + 9x^3$; **f.** $F = 24 - 6ac$.

6 Enchaînement de calculs

Développer, puis réduire les expressions suivantes :

a. $A = 3(4x + \frac{1}{3}) + 5$;
b. $B = 2m + m(1 + m)$;
c. $C = a(a + b) + b(a + b)$;
d. $D = 2(x + 1) + 8(x - 1) - 15$.

7 Équation avec une expression littérale

On considère l'équation suivante : $3x - 8 = 10$.

a. Cette égalité est-elle vraie pour $x = 10$? Justifier.

b. Cette égalité est-elle vraie pour $x = 0$? Justifier.

c. Cette égalité est-elle vraie pour $x = 6$? Justifier.

8 Équation avec deux expressions littérales

On considère l'équation suivante :
$3x - 7 = 2x + 15$.

a. Calculer le membre de gauche pour $x = 22$.

b. Calculer le membre de droite pour $x = 22$.

c. 22 est-il une solution de cette équation ? Pourquoi ?

9 Avec deux inconnues

On considère l'égalité suivante : $5a + 9b = 12a + b$.

a. Cette égalité est-elle vraie pour $a = 2$ et $b = 3$? Justifier.

b. Cette égalité est-elle vraie pour $a = 7$ et $b = 8$? Justifier.

c. Cette égalité est-elle vraie pour $a = 8$ et $b = 7$? Justifier.

10 Rechercher

a. Déterminer la solution de l'équation suivante : $9x + 4 = 85$. Justifier.

b. À un test de rapidité chronométré en secondes, Sarah a mis 9 s, Mathieu a mis quatre fois plus de temps que Sarah et Médéric a mis quatre secondes de plus que Mathieu pour répondre aux questions. Quel a été le temps de réponse de chacun ?

Livret des corrigés p. 8

10 Longueurs et durées

Comprendre et retenir

Rappel
La partie décimale du nombre π est infinie. Pour les calculs, on prend souvent 3,14 pour valeur approchée.

Définitions

- **Le périmètre** d'une figure est la longueur de son contour :
  - le périmètre d'un polygone est égal à la somme des longueurs de tous ses côtés ;
  - le **périmètre P du disque** est donné par les formules : $P = 2 \times \pi \times R$, en fonction du rayon R du cercle ou $P = d \times \pi$, en fonction du diamètre d du cercle.
- La **durée** d'un événement est le temps qui s'écoule entre le début et la fin de l'événement.
  - 1 jour correspond à 24 heures.
  - 1 heure correspond à 60 minutes.
  - 1 minute correspond à 60 secondes.
  - 1 heure correspond à 3600 secondes.

Apprendre comment faire

1. Calculer le périmètre d'une figure

La figure $\mathscr{F}$ suivante est composée du demi-disque de diamètre [AD] et du rectangle ABCD.
Calculer une valeur approchée du périmètre de $\mathscr{F}$. Arrondir le résultat au centième. (Prendre : $\pi \approx 3,14$.)

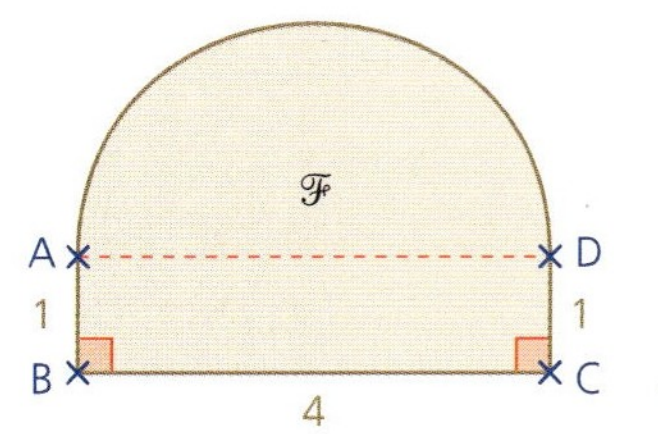

SOLUTION

1 La figure est composée du rectangle ABCD et du demi-disque de diamètre [AD].

2 Le périmètre du demi-disque de diamètre 4 vaut :
$P_1 = \dfrac{4 \times \pi}{2} = 2\pi \approx 2 \times 3,14 \approx 6,28$ cm.
Le reste de la figure est composé des segments [AB], [BC] et [DC] dont le périmètre vaut $P_2 = AB + BC + DC = 1 + 4 + 1 = 6$ cm.

3 Le périmètre de la figure est la somme des périmètres précédents :
$P = P_1 + P_2 \approx 12,28$ cm.

Méthode

1 **Éventuellement, décomposer la figure initiale en figures géométriques dont on sait calculer la longueur**, ici demi-cercle et segments [AB], [BC] et [CD].

2 **Calculer la longueur de chaque figure sélectionnée.**

3 **Effectuer la somme** des longueurs pour obtenir le périmètre de la figure.

2. Calculer des durées

Au retour d'une sortie scolaire, les élèves d'une classe ont pris le train de 15 h 12 pour arriver à 16 h 09.
Quelle est la durée du trajet ?

SOLUTION

1 En fin de sortie, le train a démarré à 15 h 12 et est arrivé à 16 h 09.

2 16 h 09 – 15 h 12 = 15 h 69 – 15 h 12 = 0 h 57.
Retrancher 1 heure compense le fait d'ajouter 60 minutes :

16 h 09	équivaut à	15 h 69
– 15 h 12		– 15 h 12
Impossible		00 h 57

Le trajet retour a duré 57 minutes.

Méthode

1 **Rechercher les horaires** de début et de fin d'événement.

2 Effectuer la soustraction. **Si la soustraction des minutes n'est pas possible, remplacer 1 h par 60 minutes, ce qui se traduit par retirer 1 au nombre d'heures et ajouter 60 au nombre des minutes. Soustraire** les minutes entre elles et les heures entre elles.

S'entraîner

1 Vrai ou Faux ?

	V	F
a. $\pi = 3,14$.	☐	☐
b. Le périmètre d'une figure mesure sa surface.	☐	☐
c. Dans une heure, il y a 3 600 secondes.	☐	☐
d. 2,5 heures correspondent à 2 heures et 50 minutes.	☐	☐

2 Carré, rectangle, triangle

Calculer le périmètre des figures suivantes :
- carré de côté 5,2 cm ;
- rectangle de longueur 6,9 cm et de largeur 3,5 cm ;
- triangle de longueur des côtés 3,1 cm, 9 cm et 8,7 cm.

3 Périmètre d'un cercle

Dans cet exercice, prendre : $\pi \approx 3,14$.

a. Calculer une valeur arrondie au centième du périmètre d'un disque de diamètre $d = 6,8$ dm.

b. Calculer une valeur arrondie au centième du rayon d'un disque de périmètre de 45 m.

4 Autres figures

Utiliser la **méthode** décrite dans **Apprendre comment faire**.

Calculer les périmètres des figures suivantes.
Si nécessaire, on donnera une valeur approchée au centième. (Prendre : $\pi \approx 3,14$.)

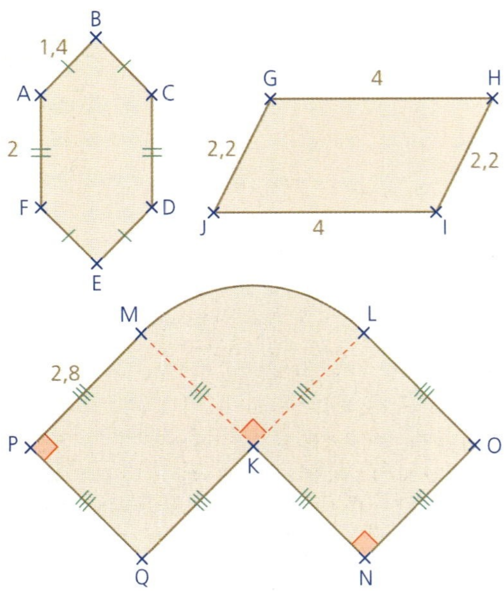

5 Périmètre et expression littérale

a. Exprimer en fonction de x, y et z, le périmètre d'un triangle de côtés de longueurs x, y et z.

b. Exprimer en fonction de a le périmètre d'un triangle équilatéral de côté a.

c. Exprimer en fonction de c le périmètre d'un carré de côté c.

d. Exprimer en fonction de L et l le périmètre d'un rectangle de longueur L et de largeur l.

6 Conversions

Convertir :

a. 5 h 16 minutes en minutes ;

b. 2 heures 21 minutes et 1 seconde en secondes ;

c. 2 640 secondes en minutes ;

d. 47 964 secondes en heures minutes secondes.

7 Additionner des durées

Quelle est la durée totale d'un spectacle si :

a. sa première partie dure 2 h 07 minutes et sa deuxième partie dure 1 h 15 minutes ;

b. sa première partie dure 1 h 57 minutes et sa deuxième partie dure 1 h 41 minutes.

8 Calculer des durées

Utiliser la **méthode** décrite dans **Apprendre comment faire**.

Dans chacun des cas suivants, calculer la durée de l'événement à partir des horaires de début et de fin indiqués :

a. Début : 19 h 39 ; fin : 21 h 47.

b. Début : 8 h 31 ; fin : 12 h 18.

c. Début : 22 h 06 min ; fin : 6 h 24 min le lendemain.

Aide *Une journée commence à 00 h 00 min et se termine à 24 h 00 min !*

9 Durées décimales

a. Convertir 9,75 heures en heures, minutes et secondes.

b. Convertir 3,89 heures en heures, minutes et secondes.

Livret des corrigés p. 9

11 Proportionnalité

Comprendre et retenir

Méthode

Pour montrer qu'un tableau est de proportionnalité, on peut vérifier que tous les quotients formés par les valeurs correspondantes des deux grandeurs sont égaux.

Attention !

Lorsqu'un tableau de proportionnalité est présenté en deux lignes, on passe des valeurs d'une ligne à celle de l'autre ligne en multipliant ou divisant par le coefficient de proportionnalité.

Situation de proportionnalité

- Deux **grandeurs** sont **proportionnelles** si chaque valeur de l'une s'obtient en multipliant la valeur correspondante de l'autre par **un même nombre non nul**.
- Ce même nombre est appelé « **coefficient de proportionnalité** ».
- Une situation mettant en jeu deux grandeurs proportionnelles est appelée « **situation de proportionnalité** ».
- Un tableau de valeurs décrivant deux grandeurs proportionnelles est appelé « **tableau de proportionnalité** ».

Quatrième proportionnelle

La **quatrième proportionnelle** est la valeur manquante d'un tableau de proportionnalité à 4 cases dont on connaît 3 valeurs.

Pourcentage

Un **pourcentage** est une proportion exprimée par rapport à un total de 100.

Apprendre comment faire

Déterminer une quatrième proportionnelle

L'or jaune 750 millièmes est un métal précieux composé à 75 % d'or pur et de 25 % d'argent et de cuivre.
Quelle quantité d'or pur contient un bijou de 12 g d'or jaune ?
De 20 g ?

SOLUTION

100 grammes d'or contiennent 75 grammes d'or pur.
Calculer le pourcentage que représente une quantité traduit par rapport à une autre situation de proportionnalité.

÷ 5 (de la colonne 100 à la colonne 20)

× 0,75 (de la première ligne à la deuxième ligne)

Quantité totale d'or en g	100	12	20
Quantité d'or pur en g	75	a	b

1 Première méthode. Coefficient de proportionnalité : $\frac{75}{100} = 0{,}75$.
Donc $a = 12 \times 0{,}75 = 9$ g et $b = 20 \times 0{,}75 = 15$ g.
Un bijou de 12 g d'or jaune contient 9 g d'or pur.

2 Deuxième méthode. Dans la 1re ligne : $100 \div 5 = 20$.
Dans la 2e ligne : $b = 75 \div 5 = 15$.
Un bijou de 20 g d'or jaune contient 15 g d'or pur.

Méthode

1 En utilisant le coefficient de proportionnalité : dans le tableau, on passe des valeurs de la première ligne à celle de la deuxième ligne en multipliant par 0,75.

2 En multipliant ou divisant une colonne par un nombre. Ici on divise la colonne n° 2 par 5 pour obtenir la colonne n° 4. La quantité d'or pur dans 20 g d'or jaune est 5 fois plus petite que la quantité d'or pur dans 100 g d'or jaune.

S'entraîner

1 Vrai ou Faux ?

	V	F
a. Une durée exprimée en minutes est proportionnelle à une durée exprimée en heures.	☐	☐
b. L'aire $\mathcal{A}$ d'un carré est proportionnelle à la longueur c de son côté.	☐	☐
c. $\frac{1}{5}$ correspond à 5 %.	☐	☐
d. 25 % de 50 est égal à 12,5.	☐	☐
e. Dire que le coefficient de proportionnalité d'un tableau de proportionnalité est 4 signifie que l'on passe des valeurs d'une grandeur à celles de l'autre en ajoutant 4.	☐	☐

2 Situation de proportionnalité

Dans chaque cas, dire si les grandeurs sont ou ne sont pas proportionnelles. Justifier.

a. La taille et le poids d'une personne.

b. Le temps de révision et la note obtenue à un contrôle.

c. Le salaire et le nombre d'heures travaillées.

d. La distance parcourue par une voiture et le temps.

3 Tableau de proportionnalité

Le tableau suivant est-il un tableau de proportionnalité ? Justifier.

6	9	11	13	20
42	63	77	92	140

4 Quatrième proportionnelle

Compléter les tableaux de proportionnalité suivants en utilisant la méthode la plus judicieuse :

Utiliser la **méthode** décrite dans **Apprendre comment faire**.

13	39
3	

5	
1	5

0,08	14
	140

	3
7	4

5 En chimie !

Chaque molécule d'eau H_2O est composée de 2 atomes d'hydrogène et d'un atome d'oxygène.
Combien d'atomes d'hydrogène et d'oxygène faut-il pour former 5 molécules d'eau ? 15 molécules d'eau ? 20 molécules d'eau ?

6 Appliquer un pourcentage

Un pantalon coûte initialement 32 euros. Une remise de 20 % est accordée. Quel est son nouveau prix ?

7 Taux de réussite

Le tableau suivant donne le nombre de candidats présents et reçus au Diplôme National du Brevet (DNB) session juin 2012 :

	Présents	Admis	% réussite
Garçons	393 052	320 697	g
Filles	x	338 839	f
Ensemble	780 534	y	e

a. Calculer le nombre x de filles présentes aux épreuves.

b. Calculer le nombre y d'élèves admis au DNB.

c. À l'aide de la calculatrice, calculer les pourcentages de réussite g, f et e. Arrondir les résultats au dixième près.

8 À vitesse constante !

L'abeille se déplace à une vitesse moyenne constante de 8 m/s, à 200 battements d'ailes par seconde.
Pour se nourrir, elle butine le nectar de fleurs situées à 3 km de son essaim.

a. Combien de temps mettra-t-elle pour s'y rendre ?

b. Combien de battements d'ailes aura-t-elle effectués ?

Livret des corrigés p. 9

12 Agrandissement, réduction et échelles

Attention !

La formule de l'échelle n'est correcte que si les dimensions sur le plan et dans la réalité sont exprimées dans la même unité !

Notation

L'échelle $\frac{1}{200\,000}$ s'écrit aussi 1/200 000.

Comprendre et retenir

Échelle

Dire qu'un plan ou schéma est reproduit à l'**échelle** e, c'est indiquer que ses dimensions sont **proportionnelles** aux dimensions réelles. Le coefficient de proportionnalité est égal à $\frac{1}{e}$ avec :

$$e = \frac{\text{dimension sur le plan}}{\text{dimension réelle correspondante}}.$$

L'échelle est le nombre par lequel on multiplie les longueurs réelles pour obtenir les longueurs correspondantes sur le plan.

Exemple : Une carte de France reproduite à l'échelle $e = \frac{1}{200\,000}$ signifie que 1 cm sur la carte représente 200 000 cm dans la réalité, soit 200 km.

Vocabulaire

- Lorsque l'échelle est égale à 1, le plan est réalisé en **vraie grandeur**.
- Lorsque l'échelle est un nombre strictement compris entre 0 et 1, les grandeurs sur le plan sont plus petites que les grandeurs réelles : c'est une situation de **réduction**.
- Lorsque l'échelle est un nombre strictement supérieur à 1, les grandeurs sur le plan sont plus grandes que les grandeurs réelles : c'est une situation d'**agrandissement**.
- Un agrandissement ou une réduction traduisent des situations de proportionnalité.

Apprendre comment faire

Déterminer des longueurs à partir d'une échelle

Pour illustrer ses cours, le professeur d'histoire a acheté un globe terrestre de 30 cm de diamètre.
Sur l'emballage, il est écrit « échelle = 2/85 000 000 ». Déterminer le diamètre approximatif de la Terre.

SOLUTION

1 Une échelle de $\frac{2}{85\,000\,000}$ signifie que 2 cm sur le globe représentent 85 000 000 cm dans la réalité.

2 Une réduction traduit une situation de proportionnalité :

Dimension sur le globe terrestre en cm	2	30
Dimension réelle en cm	85 000 000	x

3 Le coefficient de proportionnalité est $\frac{85\,000\,000}{2} = 42\,500\,000$.

$x = 30 \times 42\,500\,000 = 1\,275\,000\,000$.

4 Le diamètre de la Terre est d'environ 1 275 000 000 cm, soit environ 12 750 km.

Méthode

1 **À partir de l'échelle donnée, écrire la correspondance entre les longueurs réelles et les longueurs réduites (ou grandies).**

2 **Dans un tableau de proportionnalité, porter les dimensions réelles dans une ligne et les dimensions réduites (ou grandies) dans l'autre ligne.**

3 **Déterminer la quatrième proportionnelle.** Ici on utilise le coefficient de proportionnalité : on passe de la 1re à la 2e ligne en multipliant par 42 500 000.

4 **Conclure** sans oublier de convertir dans une unité adaptée.

S'entraîner

1 Vrai ou Faux ?

	V	F
a. Une échelle de $\frac{1}{2}$ signifie que les longueurs réelles sont deux fois plus petites que les longueurs du plan.	☐	☐
b. Sur un plan à l'échelle $\frac{1}{100}$, une longueur de 5 m représente une longueur réelle de 500 cm.	☐	☐
c. Sur un plan à l'échelle $\frac{1}{100}$, une longueur de 5 cm représente une longueur réelle de 5 m.	☐	☐
d. Dans une reproduction à l'échelle 3, une longueur réelle de 3 cm est représentée par une longueur de 1 cm.	☐	☐

2 Calculer une échelle

Dans chacun des cas suivants, déterminer l'échelle d'une image dans laquelle :

a. 4 cm représentent une longueur réelle de 2 mm.

b. Une longueur réelle de 2 cm est représentée par une longueur de 4 mm.

c. Vérifier la cohérence des résultats.

3 Calculer une longueur

Le Guadalquivir est un fleuve du sud de l'Espagne. Le pont romain de longueur 2,47 m est un des ponts qui le traverse.

Quelle serait la longueur de sa représentation sur un plan reproduit à l'échelle 1/9 500 ?

Utiliser la **méthode** décrite dans **Apprendre comment faire**.

4 Gare à l'unité !

Sachant qu'un plan est à l'échelle $\frac{1}{15000}$, compléter le tableau suivant :

Longueur sur le plan en cm	Longueur réelle en cm	Longueur réelle en km
1		
		4,5
	3 000	
15		

5 Sécurité incendie

Le plan d'évacuation d'un collège est affiché dans toutes les salles à l'échelle 1/220.
Le préau y est représenté par un rectangle de longueur 7 cm et de largeur 3,5 cm.

a. Quelles sont les dimensions réelles du préau ?

b. Quelles sont les dimensions d'un local de rangement carré dont le périmètre vaut 6 cm sur le plan ?

6 Raz-de-marée

Le 24 décembre 2004, s'est produit un violent séisme d'une magnitude 9 sur l'échelle de Richter, provoquant 20 minutes plus tard un des plus graves tsunami de l'histoire.
La carte suivante illustre la propagation de la vague à l'aide de dix cercles de même centre.
On admet que ces cercles sont tous distants de 3 mm les uns des autres et que l'échelle utilisée est $e = \frac{1}{100\,000\,000}$.

a. Déterminer la distance réelle qui sépare chacun de ces cercles.

b. En supposant que le premier cercle est un cercle de rayon 1 mm, déterminer la distance réelle parcourue par la vague.

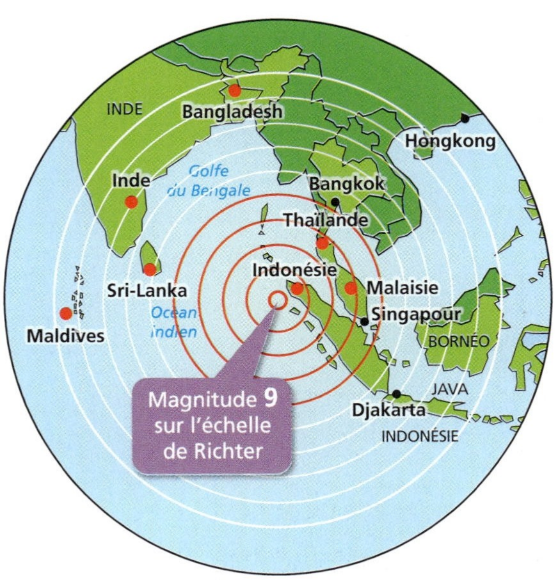

Source : http://www.pedagogie.ac-nantes.fr/1183631399203/0/fiche___ressourcepedagogique/>>

Livret des corrigés p. 9

13 Gestion de données statistiques

Comprendre et retenir

Série statistique

On appelle **série statistique** l'ensemble des données recueillies au cours d'une enquête ou d'un sondage.

Effectif

L'**effectif d'une valeur** est le nombre de données égales à cette valeur dans la série statistique. L'**effectif total** est le nombre total de données.

Fréquence

La **fréquence** f d'une donnée est le quotient de son effectif par l'effectif total. Elle s'exprime :

- soit directement sous forme de fraction : $f = \dfrac{\text{effectif de la valeur}}{\text{effectif total}}$;
- soit sous la forme d'un pourcentage : $f_{(\%)} = \dfrac{\text{effectif}}{\text{effectif total}} \times 100$.

La somme de toutes les fréquences est égale à 1 (ou 100 % si elles sont exprimées en pourcentage).

Remarque

Lorsque le quotient $\dfrac{\text{effectif}}{\text{effectif total}}$ est exact, la fréquence peut être exprimée sous la forme d'un nombre décimal.

Tableaux

Un tableau précisant l'effectif (respectivement les fréquences) de chacune des valeurs est appelé « **tableau d'effectifs** » (respectivement « tableau de fréquences »).

Classes

Soient D_1 et D_2, deux valeurs numériques d'une série statistique telles que $D_2 > D_1$.

Toutes les données numériques comprises entre D_1 inclus et D_2 exclu (ou D_1 exclu et D_2 inclus) forment une **classe** ou **tranche**.

La différence $D_2 - D_1$ est appelée l'**amplitude** de la classe.

L'**effectif de la classe** est alors le nombre de données qu'elle contient.

Apprendre comment faire

Calculer des effectifs et des fréquences

On relève le nombre d'erreurs commises par les 25 élèves d'une classe de 5e lors de la passation du premier niveau de l'Attestation scolaire de sécurité routière (ASSR) : 2 ; 4, 3 ; 2 ; 2 ; 0 ; 5 ; 1 ; 4 ; 3 ; 2 ; 2 ; 2 ; 5 ; 4 ; 3 ; 6 ; 0 ; 0 ; 3 ; 4 ; 4 ; 1 ; 8 ; 2.

Construire le tableau des effectifs et le tableau des fréquences.

SOLUTION

1 Nombre d'erreurs	0	1	2	3	4	5	6	8	Totaux
2 Effectifs	3	2	7	4	5	2	1	1	25
3 Fréquence	$\frac{3}{25}$	$\frac{2}{25}$	$\frac{7}{25}$	$\frac{4}{25}$	$\frac{5}{25}$	$\frac{2}{25}$	$\frac{1}{25}$	$\frac{1}{25}$	$\frac{25}{25}$

Méthode

1 **Inscrire les différentes valeurs** de la grandeur étudiée dans la 1re ligne du tableau, ici : 0 ; 1 ; 2 ; 3 ; 4 ; 5 ; 6 ; 8.

2 **Compter le nombre de fois qu'apparaît chaque valeur** et reporter l'effectif dans la colonne correspondante.

3 **Exprimer les fréquences** sous la forme demandée, en vérifiant que leur somme est égale à 1 ou 100 %.

S'entraîner

1 Vrai ou Faux ?

	V	F
a. Une fréquence s'exprime nécessairement en pourcentage.	☐	☐

On donne la répartition des filles d'un collège de 793 élèves :

Niveau	6e	5e	4e	3e
Nombre de filles	101	95	100	102
Fréquence en pourcentage	25,25	23,75	25	26

	V	F
b. Il y a 400 garçons dans cet établissement.	☐	☐
c. Il y a moins de filles dans les niveaux 6e et 5e qu'en 4e et 3e.	☐	☐
d. La somme des fréquences vaut 1.	☐	☐

2 Différents angles de vue

Une enquête statistique menée en 2009 par l'INSEE, au sujet du temps passé à regarder la télévision par jour en fonction de l'âge du téléspectateur :

	Plus de 4 h	De 2 à 4 h	Moins de 2 h
16 – 24 ans	13	37	32
25 – 39 ans	10	40	35
40 – 59 ans	11	41	32
60 ans et plus	22	50	21

a. Compléter les tableaux suivants :

	Plus de 4 h	De 2 à 4 h	Moins de 2 h	Total
Effectif				
Fréquence				

	16 – 24 ans	25 – 39 ans	40 – 59 ans	60 ans et plus	Total
Effectif					
Fréquence					

b. Quelle différence y a-t-il entre ces deux tableaux ?

c. Parmi les personnes interrogées, quel pourcentage d'entre elles regarde plus de 2 heures par jour la TV ?

3 Maîtriser le vocabulaire

On considère la série de l'exercice 2. Compléter les phrases suivantes :

a. 13 est l'................ de la .... « 16 – 24 » pour une durée de plus de 4 h.

b. La différence 24 – 16 donne son ....

c. Les tableaux de l'exercice 2 sont appelés .... et ....

d. La somme de tous les effectifs est égale à l'.......

4 Interpréter

Les températures trimestrielles de la ville de Rennes (arrondies à l'unité), entre janvier 2008 et janvier 2012 sont indiquées dans le tableau ci-dessous.

Année \ Trimestre	1	2	3	4
2012	7	13	17	10
2011	8	15	18	11
2010	6	15	18	8
2009	6	14	18	10
2008	7	14	17	8

a. Relever l'ensemble des températures et les classer par ordre croissant.

b. Construire le tableau des effectifs.

c. Construire le tableau des fréquences en pourcentage.

d. Quel est le pourcentage des trimestres où la température moyenne est comprise entre 8 et 13 degrés ?

e. Peut-on dire que la température est supérieure à 10 degrés la moitié de l'année ? Justifier.

5 Regrouper des données

a. Regrouper les données de l'exercice 4 en classe d'amplitude 3, puis construire le tableau des effectifs.

b. Calculer la fréquence en pourcentage de chacune des classes.

c. Comparer les fréquences obtenues avec celles de la question **c.** de l'exercice 4. Que peut-on constater ?

Livret des corrigés p. 10

Mathématiques

14 Diagrammes statistiques

Comprendre et retenir

Remarque
La **mesure de l'angle** du secteur est **proportionnelle** à l'**effectif** ou à la fréquence de la valeur qu'il représente.

Remarque
La **largeur d'une bande** est **proportionnelle** à l'**effectif** ou à la fréquence de la valeur qu'elle représente.

Diagramme circulaire ou semi-circulaire

C'est une représentation sous la forme d'un **disque** ou **demi-disque** partagé en secteurs. Chaque secteur représente une valeur.

Diagramme en bandes

- C'est une représentation sous la forme d'un **rectangle** partagé en **bandes**.
- Chaque bande représente une donnée.

Diagramme en bâtons (ou barres)

- C'est une représentation dans un **repère orthogonal**:
  - sur l'axe des **abscisses**, on indique les **données** de la série statistique;
  - sur l'axe des **ordonnées**, on indique l'**effectif** associé à chaque donnée.
- Chaque donnée est représentée par un **bâton** de largeur fixe et dont la **hauteur** est **égale** à son **effectif** ou à sa fréquence.

Histogramme

- Pour des séries statistiques regroupées en classes d'**amplitude constante**, on pourra utiliser l'histogramme. C'est une représentation dans un **repère orthogonal**:
  - sur l'axe des **abscisses**, on indique les **classes** de la série statistique;
  - sur l'axe des **ordonnées**, on indique l'**effectif** associé à chaque classe.
- Chaque classe est représentée par un **rectangle** dont l'**aire** est **proportionnelle** à son **effectif** ou à sa fréquence.

Apprendre comment faire

Représenter des données sous la forme d'un diagramme circulaire

Le tableau suivant indique le nombre d'erreurs commises par les élèves d'une classe de 5e lors de la passation du premier niveau de l'ASSR:

Nombre d'erreurs	0	1	2	3	4	5	6	8
Effectif	3	2	7	4	5	2	1	1

Représenter ces données sous la forme d'un diagramme circulaire.

SOLUTION

1 L'effectif total est $3 + 2 + 7 + 4 + 5 + 2 + 1 + 1 = 25$.

2 Le coefficient de proportionnalité est égal à $\frac{360}{25} = 14{,}4$.

3 Dans l'ordre, on trouve des secteurs de mesures: 43,2°; 28,8°; 100,8°; 57,6°; 72°; 28,8°; 14,4°.

4

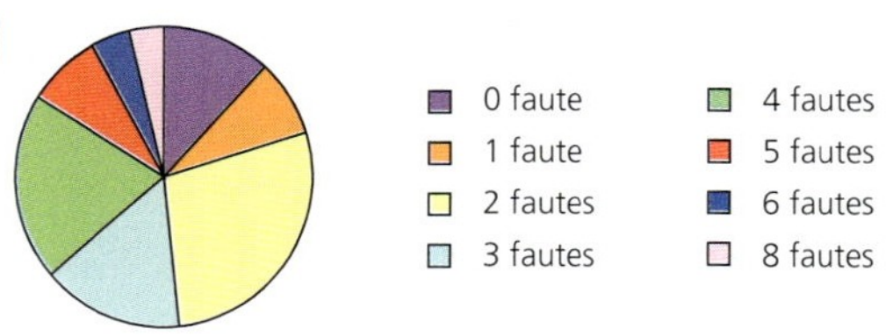

Méthode

1 **Calculer l'effectif total.**

2 Déterminer le coefficient de proportionnalité faisant correspondre 360° au total des effectifs.

3 **Déterminer les mesures des angles correspondants à chaque effectif en utilisant la proportionnalité entre les effectifs et les classes.**

4 **Construire les secteurs du diagramme circulaire** à partir des mesures trouvées.

S'entraîner

1 Vrai ou Faux ?

Une famille partage son budget « loisirs » comme indiqué dans le diagramme suivant :

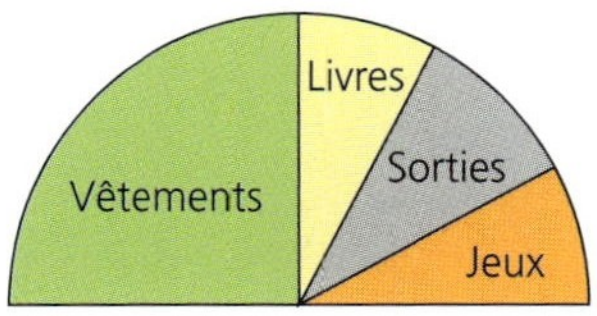

	V	F
a. Il s'agit d'un diagramme circulaire.	☐	☐
b. Le quart du budget est consacré aux vêtements.	☐	☐
c. Les dépenses en jeux sont inférieures aux dépenses en sorties.	☐	☐
d. Cette famille dépense près de 90 euros par mois de vêtements.	☐	☐

2 Extraire des informations

On considère le diagramme suivant, obtenu par un professeur en demandant à chaque élève de sa classe de 5e quelle est sa couleur préférée :

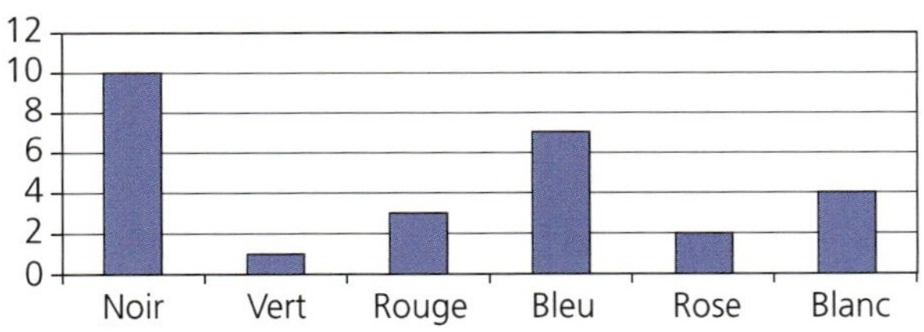

a. Quel est le nom de ce diagramme ?

b. Quelle légende aurait pu inscrire le professeur sur l'axe vertical ?

c. Combien de couleurs ont été citées par les élèves ?

d. Combien d'élèves ont répondu par la couleur Rouge ? Bleu ? Rose ?

3 Du diagramme au tableau

a. Construire le tableau des effectifs de la série de l'exercice 2.

b. Construire le tableau des fréquences sous la forme d'un nombre décimal arrondi au millième près.

c. Dans cet exercice, la somme des fréquences est-elle égale à 1 ? Pourquoi ?

4 Diagramme circulaire

Le tableau suivant indique la composition de la consommation d'énergie en France en 2011 :

Utiliser la méthode décrite dans Apprendre comment faire.

Type d'énergie	Charbon	Énergies renouvelables	Gaz	Pétrole	Électricité
Part de la consommation en %	4 %	6 %	15 %	31 %	44 %

On souhaite représenter cette répartition à l'aide d'un diagramme circulaire.

a. Calculer la mesure de l'angle des secteurs représentant chacune des énergies citées.

b. Construire le diagramme circulaire associé à cette série de données.

c. Quelles interprétations peut-on faire en observant ce diagramme ?

5 Comparaison

On a interrogé un groupe de personnes pour connaître le nombre de fois où ils sont allés au cinéma durant l'année 2012. Les résultats sont donnés dans le tableau suivant :

Nombre de sorties	Aucune fois	Entre 1 et 4 exclu	Entre 4 et 7 exclu	Entre 7 et 10 exclu	Entre 10 et 13 exclu
Filles	12	17	24	10	7
Garçons	14	14	27	12	8

a. Combien de garçons ne sont jamais allés au cinéma dans l'année 2012 ?

b. Combien de filles sont allées au moins une fois au cinéma dans l'année 2012 ?

c. Combien de personnes ont vu 7, 8 ou 9 films dans l'année ?

d. Combien de personnes ont été interrogées ?

e. Compléter le tableau suivant :

Nombre de sorties	Entre 1 et 4 exclu	Entre 4 et 7 exclu	Entre 7 et 10 exclu	Entre 10 et 13 exclu
Ensemble des élèves				

f. Représenter cette répartition par un histogramme.

Livret des corrigés p. 10

15 Les symétries : définitions et propriétés

Comprendre et retenir

Rappel
La médiatrice d'un segment est la droite qui le coupe perpendiculairement en son milieu.

Attention !
Si M est un point de la droite (*d*), alors M et M′ sont confondues.

Attention !
Dans la symétrie de centre O, le symétrique du point O est le point O lui-même !

Remarque
- La conservation des longueurs permet la conservation des périmètres et des aires.
- La conservation des mesures d'angle permet la conservation des angles droits et du parallélisme.

Symétrie axiale

- La **symétrie axiale** est une symétrie effectuée par rapport à **une droite**, appelée l'**axe** de la symétrie.
- Deux figures $\mathcal{F}$ et $\mathcal{F}'$ sont **symétriques par rapport à une droite** si elles se superposent en pliant la feuille le long de l'axe.
- Les points M et M′ sont symétriques par rapport à une droite (*d*) signifie que la droite (*d*) est la médiatrice du segment [MM′].

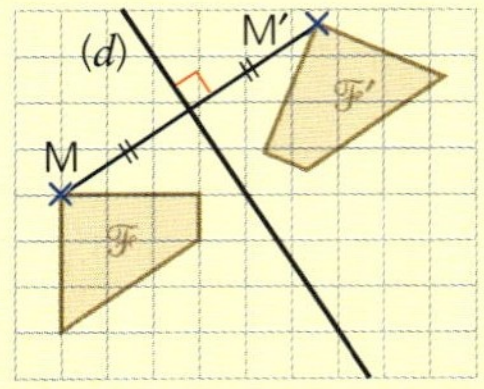

Symétrie centrale

- La **symétrie centrale** est une symétrie effectuée par rapport à **un point**.
- Deux figures $\mathcal{F}$ et $\mathcal{F}'$ sont **symétriques par rapport à un point** si elles se superposent en effectuant un demi-tour autour de ce point.
- Si les points M et M′ sont symétriques par rapport au point O, cela signifie que O est le milieu du segment [MM′].

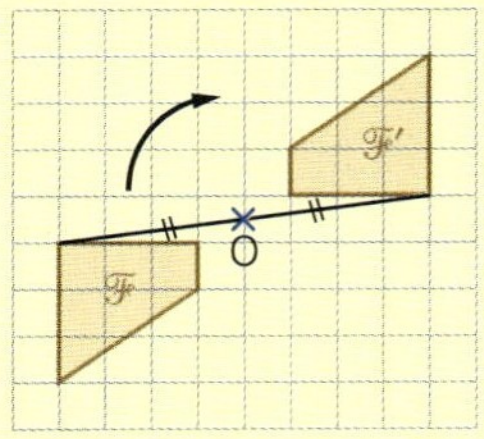

Propriété de conservation

Les symétries centrale et axiale conservent les formes, les longueurs, les mesures d'angles.

Centre de symétrie

S'il existe un point (respectivement une droite) pour lequel le symétrique d'une figure $\mathcal{F}$ est la figure $\mathcal{F}$ elle-même, alors ce point (respectivement cette droite) est appelé le centre (respectivement un axe) de symétrie de la figure $\mathcal{F}$.

Apprendre comment faire

Construire le symétrique d'un point

Construire le point M′, symétrique du point M par rapport au point O.

SOLUTION

1

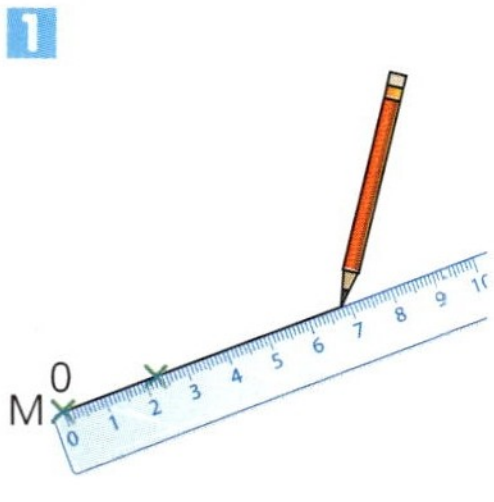

2

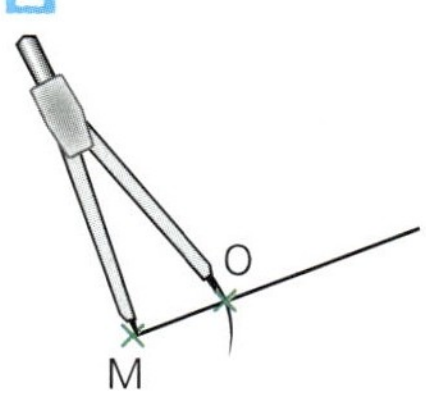

3

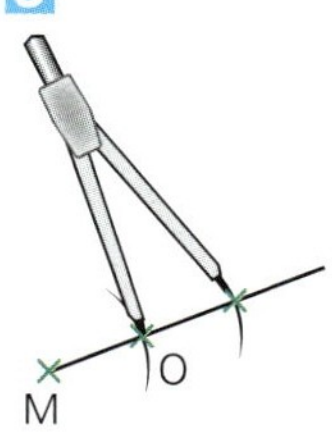

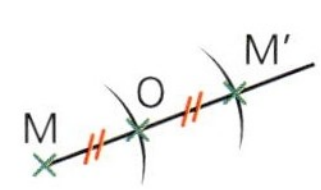

Méthode

1 **Tracer la demi-droite [MO).**

2 **Mesurer la longueur MO à l'aide du compas** (ou de la règle graduée).

3 **Reporter la longueur MO sur la demi-droite [MO) de l'autre côté du point O**, à l'aide du compas (ou de la règle graduée).

S'entraîner

1 Vrai ou Faux ?

	V	F
a. Le point M est le milieu du segment [AB] signifie que le point M est le symétrique du point A par rapport au point B.	☐	☐
b. Le point A est le symétrique du point B par rapport à la droite (d) signifie que la droite (d) est la médiatrice du segment [AB].	☐	☐
c. Deux figures symétriques ont le même périmètre mais pas la même aire.	☐	☐
d. La lettre N admet un centre de symétrie.	☐	☐
e. Deux droites parallèles admettent une infinité de centre de symétrie.	☐	☐

2 Superposons !

a. Les figures suivantes sont-elles symétriques par rapport à (d) ? Justifier.

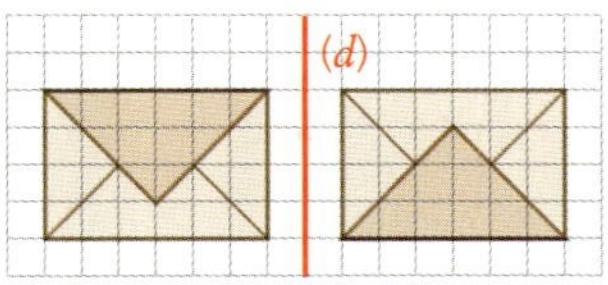

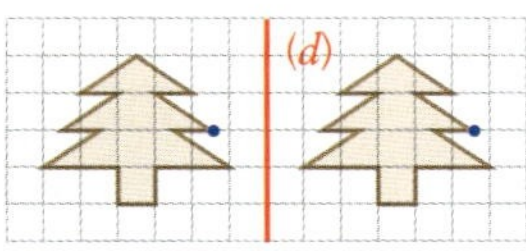

b. Les figures suivantes sont-elles symétriques par rapport à O ? Justifier.

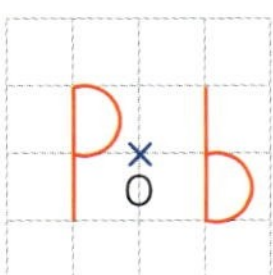

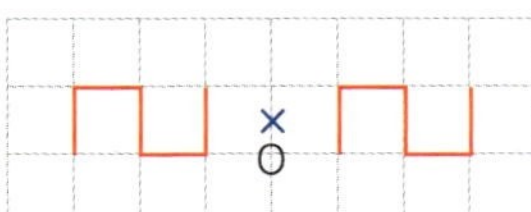

3 À vue d'œil !

a. Pourquoi peut-on affirmer que les figures :
1 et 2 ne sont pas symétriques par rapport à (d) ?

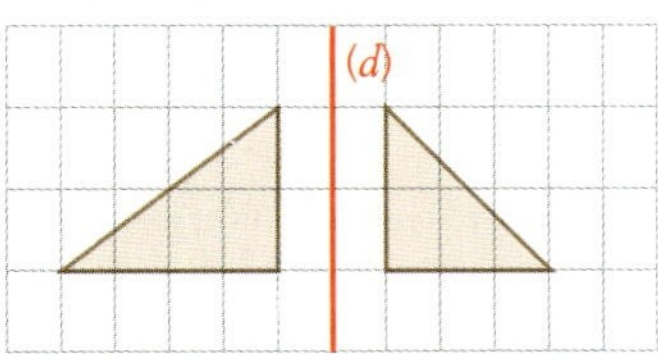

fig. 1

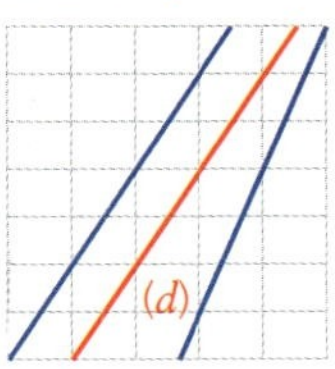

fig. 2

b. Les figures 1 et 2 sont-elles symétriques par rapport à O ? Justifier.

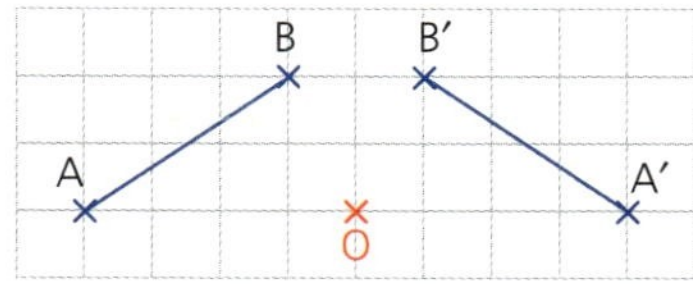

fig. 1

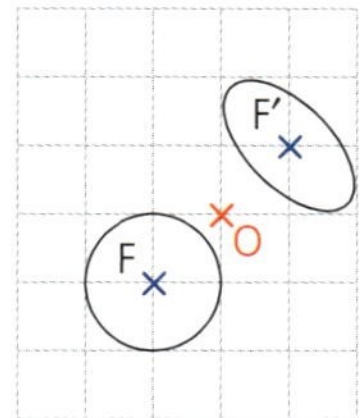

fig. 2

4 Figures géométriques usuelles

Si possible, placer le centre de symétrie des figures suivantes :

a. Le segment

b. Le carré

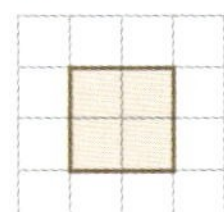

c. Le rectangle

d. Le cercle

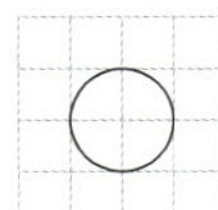

e. Le triangle isocèle

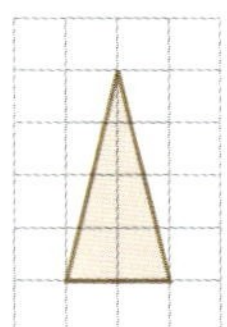

f. Le losange

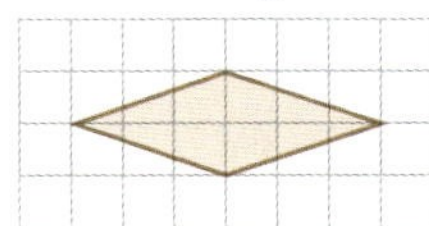

5 Raisonner

Utiliser la **méthode** décrite dans **Apprendre comment faire**.

ABCD est un rectangle de périmètre 14 cm et de longueur AB = 5 cm.

a. Calculer la largeur BC de ce rectangle.

b. Construire le symétrique A'B'C'D' du rectangle ABCD par rapport au point A.

c. Quelle est la nature du quadrilatère A'B'C'D' ? Justifier.

d. Quel est le périmètre du quadrilatère A'B'C'D' ? Justifier.

e. Calculer l'aire du quadrilatère A'B'C'D'. Justifier.

Livret des corrigés p. 10

16 Constructions de symétriques

Comprendre et retenir

Définitions et constructions

Méthode
Pour construire le symétrique d'un segment, il suffit de construire le symétrique des deux extrémités, puis de les relier.

- Le **symétrique d'un segment [AB]** par rapport à un point O est un segment [A'B'] de même longueur, qui lui est parallèle.
Dans le cas particulier où les points A, B et O sont **alignés**, alors les points A, A', B, B' et O sont tous alignés.
- Le **symétrique d'une demi-droite [AB)** par rapport à un point O est une demi-droite [A'B') qui lui est parallèle.
Leurs origines sont symétriques par rapport au point O.
Dans le cas particulier où les points A, B et O sont alignés, alors les points A, A', B, B' et O sont tous alignés.

Méthode
Pour construire le symétrique d'une droite, il suffit de construire le symétrique de deux points quelconques de la droite, puis de tracer la droite passant par ces points.

- Le **symétrique d'une droite (AB)** par rapport à un point est une droite (A'B') qui lui est parallèle.
Dans le cas particulier où les points A, B et O sont alignés, alors les points A, A', B, B' et O sont tous alignés.
- Le **symétrique d'un cercle** par rapport à un point O est un cercle de même rayon *r*.
Leurs centres sont symétriques par rapport au point O.
- Pour construire le **symétrique d'un polygone**, il suffit de construire le symétrique de chacun des sommets qui le composent, puis de les relier.

Apprendre comment faire

Construire le symétrique d'une figure quelconque

Construire le symétrique par rapport au point M de la figure ci contre :

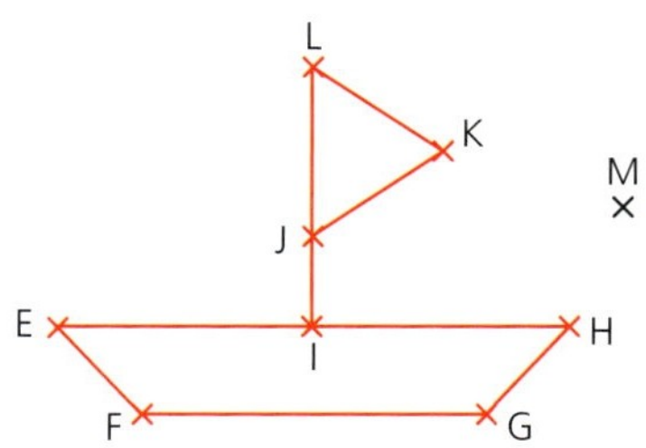

SOLUTION

1

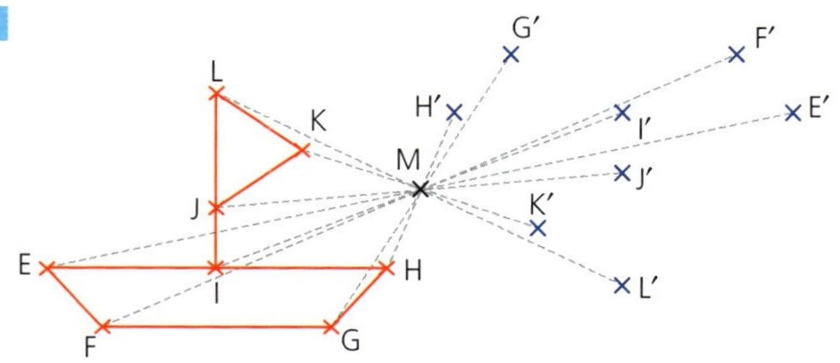

2 **3**

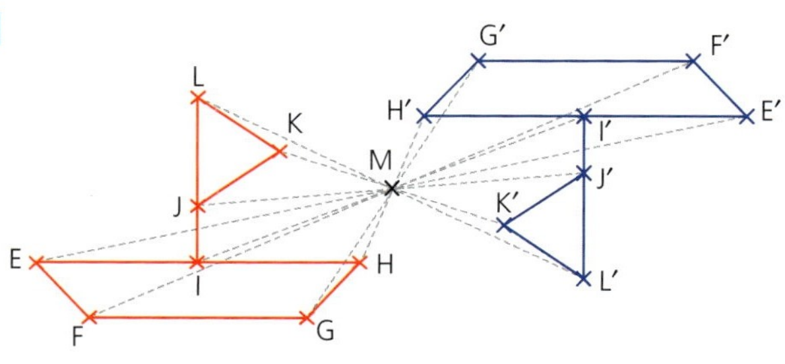

Méthode

1 **Construire successivement le symétrique de chaque sommet** de la figure.

2 **Relier les points symétriques dans le même ordre** que la figure initiale.

3 **Vérifier** que dans la figure obtenue, toutes les propriétés de conservation sont respectées.

S'entraîner

1 Vrai ou Faux ?

	V	F
a. Pour construire le symétrique d'un segment, il suffit de construire le symétrique de deux points quelconques du segment.	☐	☐
b. Pour construire le symétrique d'une droite (d) par rapport à un point O, il suffit de construire le symétrique de n'importe quel point M appartenant à la droite (d), puis de tracer la droite parallèle à (d) et passant par le point M′.	☐	☐
c. Pour construire le symétrique d'une figure par rapport à un point, il est nécessaire d'utiliser l'équerre.	☐	☐
d. Deux segments symétriques par rapport à un point forment toujours un rectangle.	☐	☐

2 Symétrie centrale

On considère la figure suivante pour répondre aux questions.

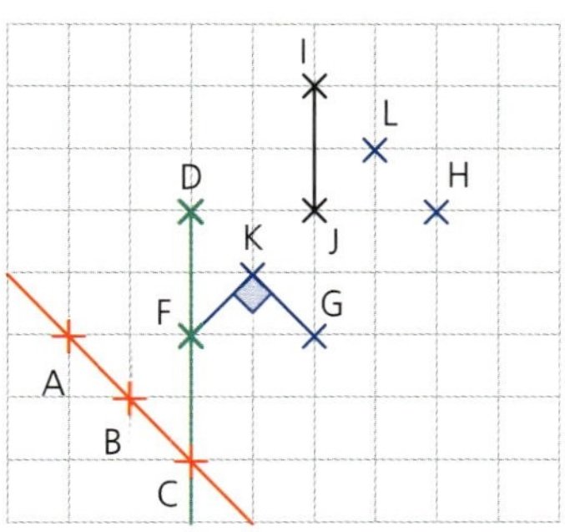

a. Par rapport au point K, quel est le symétrique :
- du point I ?
- du segment [IJ] ?
- de la demi-droite [DF) ?
- de l'angle $\widehat{FKG}$?

b. Les points H et C sont-ils symétriques par rapport à un point ? Si oui, lequel ?

3 Symétrie centrale et quadrillage

Dans la figure de l'exercice **2**, quel est le symétrique de la droite (AC) par rapport :

a. au point B ?

b. à la droite (KG) ?

c. au point F ?

d. à la droite (FG) ?

4 Construction

Utiliser la **méthode** décrite dans **Apprendre comment faire**.

a. Construire un carré ADBC de côté 3 cm.

b. Construire son symétrique par rapport : au point A ; au point B ; au point C ; au point D.

5 Programme de construction

(1) Construire un cercle $(\mathscr{C})$ de centre O et de diamètre 6 cm.
(2) Placer un point E.
(3) Construire le symétrique du cercle $(\mathscr{C})$ par rapport au point E.

a. Appliquer ce programme de construction dans le cas où E est un point situé :
sur le cercle $(\mathscr{C})$; à l'intérieur du cercle $(\mathscr{C})$;
à l'extérieur du cercle $(\mathscr{C})$.

b. Que peut-on constater ?

6 Observer et raisonner

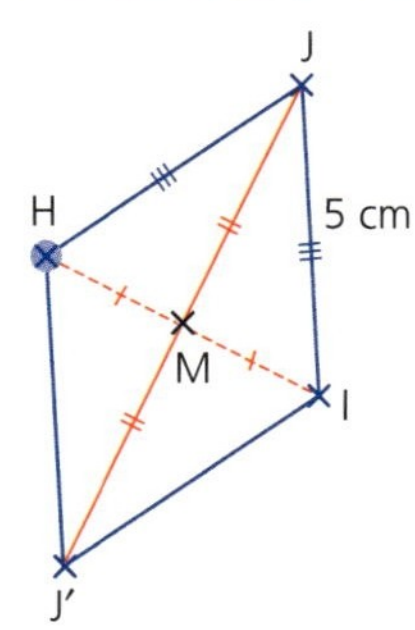

a. Observer la figure ci-dessus et compléter les phrases suivantes :
- Le triangle HIJ est .... en ....
- Le point M est le .... du segment [HI].
- Le point J′ est le .... du point .... par rapport au point ....

b. Par rapport au point M, quelles sont les symétriques des segments [IJ] et [HJ] ? Combien mesurent-ils ?

c. En déduire la nature du quadrilatère HJIJ′.

Livret des corrigés p. 11

17 Triangles, inégalité triangulaire et triangles particuliers

> **Astuce**
> Pour étudier la constructibilité d'un triangle, on peut se contenter de vérifier que la plus grande longueur est inférieure à la somme des deux autres longueurs.

> **Remarque**
> La ligne droite est le plus court chemin qu relie deux points.

> **Vocabulaire**
> Un triangle n'ayant aucune propriété particulière est dit quelconque.

Comprendre et retenir

Inégalité triangulaire

Soient A, B et M, trois points.
M appartient au segment [AB] revient à dire que AB = AM + MB.
M n'appartient pas au segment [AB] revient à dire que AB < AM + MB.
Ces deux cas sont réunis dans l'**inégalité triangulaire** : AB ⩽ AM + MB.

Inégalité triangulaire et triangle

Pour pouvoir construire un triangle, la longueur de chacun de ses côtés doit être **inférieure ou égale** à la somme des longueurs des deux autres côtés. Sinon, le triangle n'est pas constructible.
En particulier, si la longueur d'un côté est **égale** à la somme des longueurs deux autres côtés, alors le triangle est plat et les trois sommets sont alignés.

Triangles particuliers

- Un **triangle rectangle** est un triangle ayant un angle droit. Le côté opposé à l'angle droit s'appelle l'**hypoténuse**.

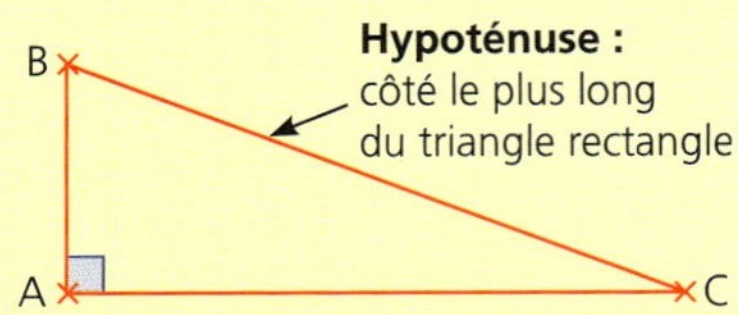

- Un **triangle isocèle** est un triangle ayant deux côtés de même longueur.

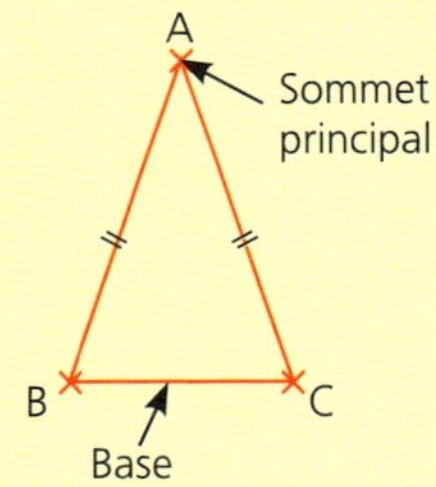

- Un **triangle équilatéral** est un triangle ayant tous ses côtés de la même longueur.

Apprendre comment faire

Prouver qu'un triangle est constructible

Montrer qu'il est possible de construire un triangle dont les côtés ont pour longueurs 12 cm, 9 cm et 4 cm.

SOLUTION

1 La longueur du côté le plus long est de 12 cm.

2 La somme des longueurs des deux autres côtés est égale à 9 + 4 = 13 cm.

3 Comme 12 < 9 + 4, alors le triangle est constructible.

> **Méthode**
> 1 **Repérer la longueur du plus long côté** du triangle.
> 2 **Faire la somme des longueurs des deux autres côtés.**
> 3 **Comparer et conclure.**

S'entraîner

1 Vrai ou Faux ?

	V	F
a. M appartient à la droite (EC), alors CE = CM + ME.	☐	☐
b. X, Y et Z sont trois points non alignés, alors XY < XZ + ZY.	☐	☐
c. Si (MG) ⊥ (MC), alors le triangle MGC est rectangle en M.	☐	☐
d. Si DF = DE, alors le triangle EDF est isocèle en F.	☐	☐

2 Le bon argument

Dans chacun des cas suivants, déduire des informations portées sur les figures la nature du triangle ABC :

a.

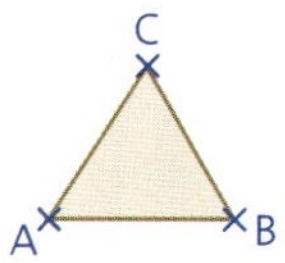

b.

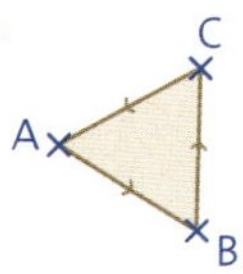

c. ABCD est un rectangle

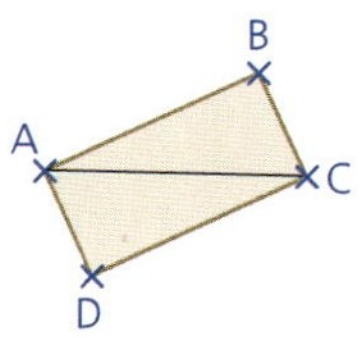

d. ABCD est un carré

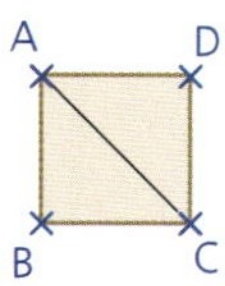

3 Le bon signe

KLMN est un quadrilatère. Ses diagonales [KM] et [LN] sont sécantes en O.
Compléter avec les signes « = », « < » ou « > ».

a. MN .... KM + KN.
b. NO + OM .... MN.
c. MK + KO .... OM.
d. NL .... NO + OL.
e. NL .... NK + KL.

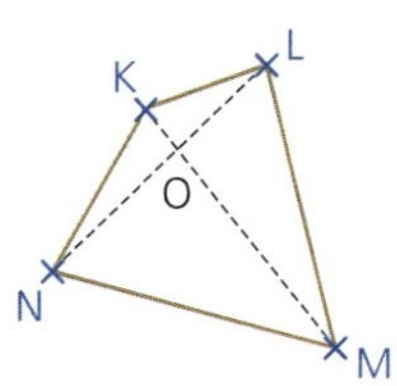

4 Constructibilité

Utiliser la **méthode** décrite dans **Apprendre comment faire**.

Dans chacun des cas suivants, dire s'il est possible de construire un triangle dont les côtés ont pour longueurs x, y et z, et préciser sa nature.

a. $x = y = 5$ cm ; $z = 8$ cm.
b. $x = 7$ cm ; $y = 4$ cm ; $z = 12$ cm.
c. $x = 3{,}4$ cm ; $y = 7{,}5$ cm ; $y = 10{,}9$ cm.
d. $x = y = z = 3$ cm.
e. $x = 11{,}7$ cm ; $y = 5{,}5$ cm ; $z = 9{,}2$ cm.

5 Raisonner

MLR est un triangle isocèle tel que MR = 3,9 et LR = 9,3.
Quelle est la mesure du côté ML ?

6 Alignés ?

Compléter le tableau par « Oui » ou « Non ». Justifier.

CD	2,4 cm	2 dm	85 dm
DE	6 cm	50 cm	600 cm
EC	3,6 cm	60 cm	2,5 m
Les points E, C et D sont-ils alignés ?			

7 Programme de construction

On donne le programme de construction suivant :

(1) Tracer un segment [AB] de longueur x.
(2) Tracer le cercle de centre A et de rayon a.
(3) Tracer le cercle de centre B et de rayon b.

a. Appliquer le programme suivant pour :
- $x = 10$ cm, $a = 8$ cm et $b = 6$ cm ;
- $x = 8{,}5$ cm, $a = 4$ cm et $b = 3$ cm ;
- $x = 9$ cm, $a = 5{,}5$ cm et $b = 3{,}5$ cm.

b. Dans chacun des cas précédents, combien de triangle(s) de longueurs x, a et b peut-on construire ? Pourquoi ?

8 Vers la démonstration

On donne la figure ci-contre. On ajoute que les droites (AN) et (AP) sont perpendiculaires.
Quelle est la nature du triangle APN ? Justifier.

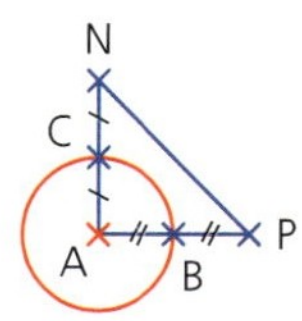

9 Pour chercher

Dans la figure ci contre,
(d) est la médiatrice du segment [RS].
P est un point situé du même côté que le point S par rapport à (d).
E est le point d'intersection des droites (d) et (RP).
Montrer que SP < RP.

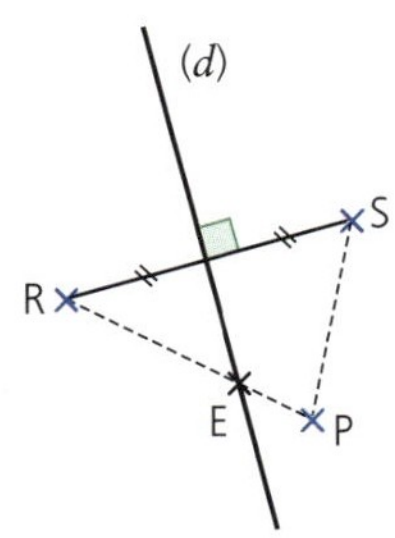

Livret des corrigés p. 11

18 Constructions de triangles

> **Remarque**
> Il est conseillé de commencer par faire une figure codée à main levée qui servira de modèle pour construire la figure en vraie grandeur avec les instruments de géométrie.

Comprendre et retenir

Construction

Pour construire un triangle, on utilise un ou plusieurs de ces instruments :
- règle graduée,
- équerre,
- compas et
- rapporteur.

Un triangle peut être défini par :
- les longueurs de ses trois côtés ;
- la longueur de deux de ses côtés et la mesure de l'angle formé par ces deux côtés ;
- la mesure de deux de ses angles et la longueur du côté reliant leurs sommets.

Apprendre comment faire

Construire un triangle connaissant la mesure de deux angles et la longueur du côté reliant leurs sommets

Construire un triangle LMN tel que : ML = 6,5 cm, $\widehat{LMN} = 60°$ et $\widehat{MLN} = 40°$.

SOLUTION

1

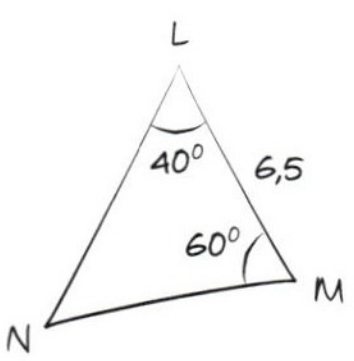

2

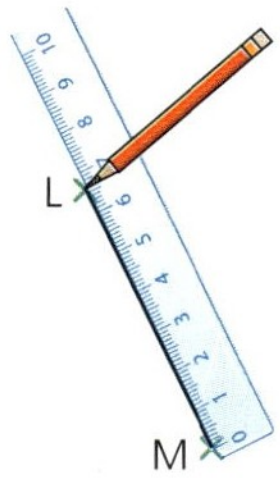

3

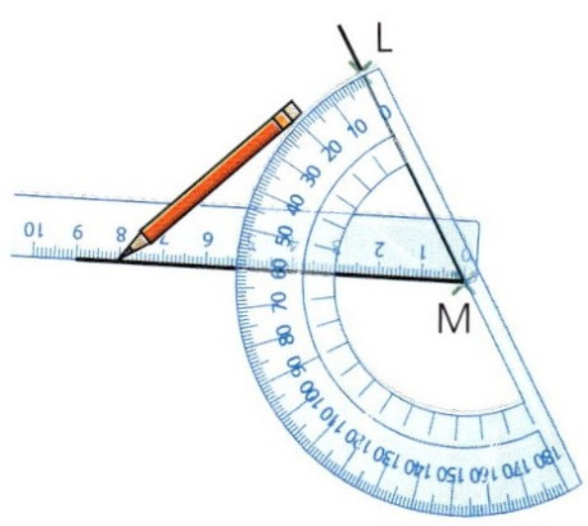

4

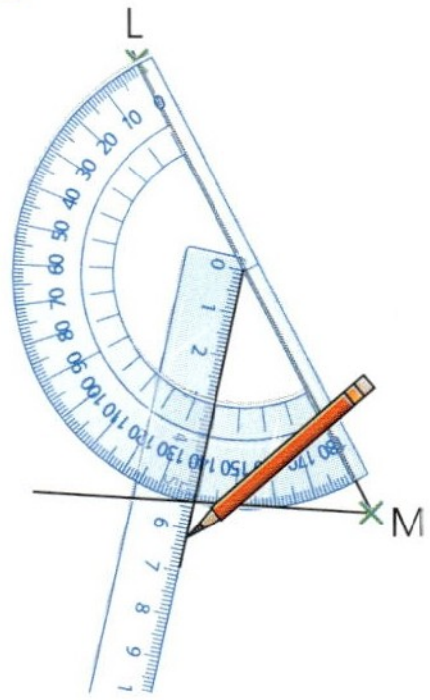

5 6

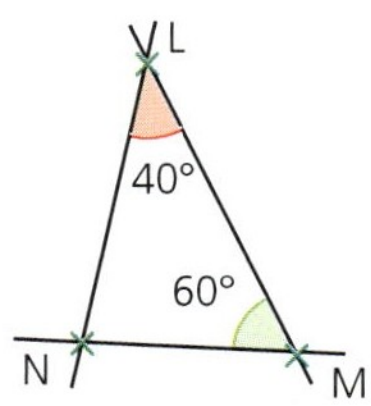

(Le point N', symétrique du point N par rapport à (ML) aurait pu convenir également).

Méthode

1. **Faire une figure codée à main levée.**
2. **Tracer le côté de longueur donnée à la règle graduée,** ici le côté [ML] qui mesure 6,5 cm.
3. **À l'aide du rapporteur, construire la demi-droite partant d'une extrémité du côté tracé et formant avec lui un angle de la première mesure donnée :** ici la demi-droite d'origine M et qui forme un angle de 60° avec les côtés [ML].
4. **À l'aide du rapporteur, construire la demi-droite partant de l'autre extrémité du côté tracé et formant avec lui un angle de la deuxième mesure donnée :** ici la demi-droite d'origine L et qui forme un angle de 40° avec les côtés [ML].
5. **Prolonger si besoin les deux demi-droites afin qu'elles se coupent et forment le troisième sommet** du triangle : ici, elles se coupent au point N.
6. **Renseigner la figure :** lettres, dimension et mesures.

S'entraîner

1 Vrai ou Faux ?

	V	F
a. Le triangle ABC tel que AB = 3 cm et AC = 4 cm est constructible à la règle et au compas.	☐	☐
b. Le triangle EFM tel que EF = 7 cm, FM = 9 cm et $\widehat{EFM} = 90°$ est constructible sans rapporteur.	☐	☐
c. Le triangle MDH, isocèle en H tel que MD = 6,1 cm et MH = 4,3 cm est constructible à la règle seule.	☐	☐
d. Pour construire un triangle équilatéral, il est nécessaire de connaître la longueur d'un seul côté.	☐	☐

2 Avec 3 longueurs

Utiliser la *méthode* décrite dans **Apprendre comment faire**.

Construire les triangles suivants :

a. ABC tel que AB = 3,7 cm, BC = 4,8 cm et CA = 4 cm.

b. SVT tel que SV = 3,5 cm, VT = 5,3 cm et TS = 6,4 cm.

c. JPR tel que JP = 5,5 cm, PR = 8,8 cm et RJ = 4,4 cm.

3 Avec 1 angle

Construire les triangles suivants :

a. HQS tel que HQ = 3,7 cm, QS = 3,2 cm et $\widehat{HQS} = 132°$.

b. DEF tel que DE = 3,9 cm, EF = 4,9 cm et $\widehat{DEF} = 70°$.

c. TWU tel que TW = 7,1 cm, WU = 4,4 cm et $\widehat{TWU} = 56°$.

4 Avec 2 angles

Utiliser la *méthode* décrite dans **Apprendre comment faire**.

Construire les triangles suivants :

a. AZB tel que AB = 7,6 cm, $\widehat{BAZ} = 34°$ et $\widehat{ZBA} = 95°$.

b. RUS tel que RS = 4,5 cm, $\widehat{SRU} = 29°$ et $\widehat{USR} = 45°$.

c. IOP tel que IP = 6,2 cm, $\widehat{PIO} = 65°$ et $\widehat{OPI} = 48°$.

5 Triangles rectangles

Dans chacun des cas suivants, faire une figure codée à main levée, puis construire le triangle GHI en vraie grandeur :

a. GHI, rectangle en I et tel que GI = 6 cm et $\widehat{IGH} = 30°$.

b. GHI, rectangle en I et tel que GI = 7,5 cm et IH = 3,4.

c. GHI, rectangle en I et tel que GI = 4 cm et GH = 6,2.

6 Triangles isocèles et équilatéraux

Dans chacun des cas suivants, faire une figure codée à main levée, puis construire les triangles en vraie grandeur :

a. RES, isocèle en E, et tel que RE = 5 cm et RS = 9 cm.

b. RES, isocèle en E, et tel que RE = 4 cm, $\widehat{RES} = 103°$.

c. MVD, équilatéral de côté 5,5 cm.

7 Raisonner

a. Avec toutes les explications nécessaires, construire, si possible un triangle de périmètre 16 cm et dont un côté mesure 4 cm.

b. Même question avec un côté qui mesure :
• 7 cm ; • 8 cm ; • 10 cm.

8 Avec le calcul littéral…

On considère le triangle ANO ci-dessous :

a. Pour L = 1,5 cm, ce triangle est-il constructible ? Justifier.

b. Que se passe-t-il si L est égal à 2 cm ?

c. Lorsque L = 6 cm, quelles sont les longueurs des segments [AN], [NO] et [OA] ? Construire le triangle obtenu.

d. De même, construire le triangle NOA obtenu lorsque L = 4 cm. Quelle semble être la nature de ce triangle ?

e. Écrire la condition pour que le triangle NOA soit constructible.

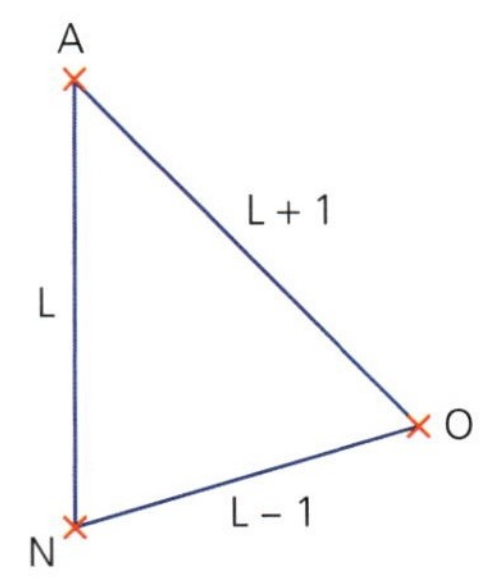

Livret des corrigés **p. 11**

Mathématiques

19 Médianes et hauteurs

Comprendre et retenir

Rappel
Trois droites sont concourantes si elles se coupent au même point.

Médiane

Dans un triangle, la **médiane** issue d'un sommet est la droite passant par ce sommet et par le **milieu** du côté opposé (fig. 1).
Le mot « médiane » peut également désigner le segment reliant un sommet du triangle au milieu du côté opposé (fig. 2).
Il peut également désigner la longueur de ce segment.
Les **trois médianes** d'un triangle sont **concourantes** (fig. 3).

Vocabulaire
Le point de concours des médianes d'un triangle s'appelle le centre de gravité du triangle.

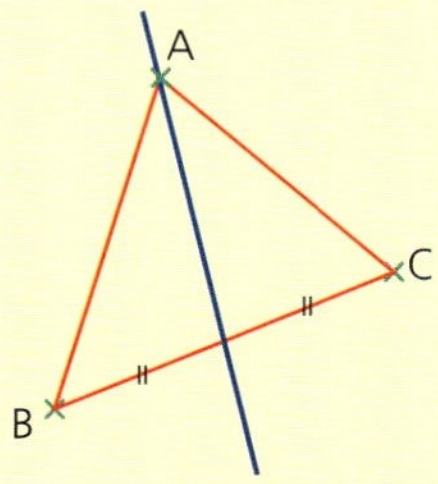

fig. 1

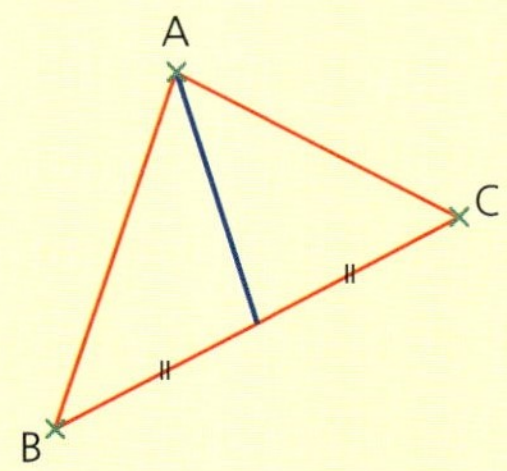

fig. 2

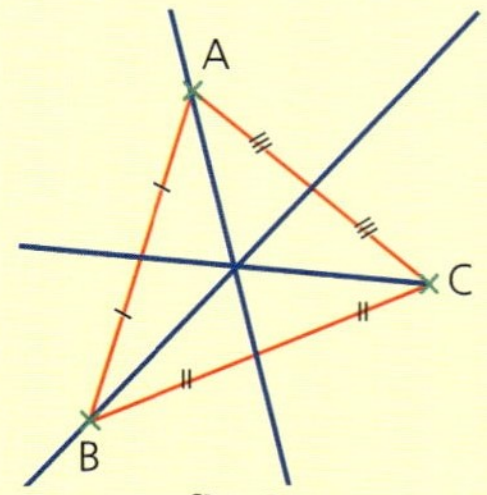

fig. 3

Hauteur

Dans un triangle, la **hauteur** issue d'un sommet est une droite passant par ce sommet et qui coupe la droite partout le côté opposé **perpendiculairement** (fig. 4).
Le mot « hauteur » peut aussi désigner le segment de cette droite reliant le sommet du triangle au point d'intersection avec le côté opposé. Il peut également désigner la longueur de ce segment.
Les **trois hauteurs** d'un triangle sont **concourantes** (fig. 5).

Remarque
Une hauteur est à l'extérieur d'un triangle si ce dernier comporte un angle obtus.

Vocabulaire
Le point de concours des hauteurs d'un triangle s'appelle l'orthocentre du triangle.

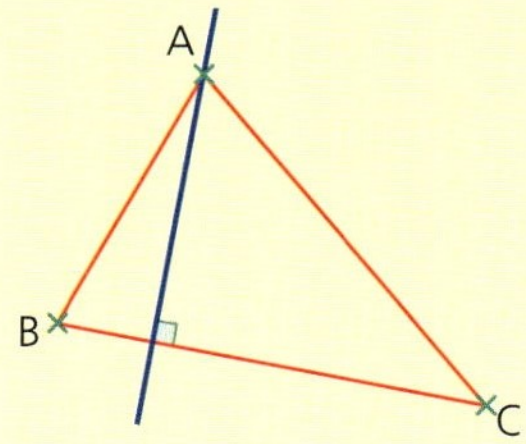

fig. 4

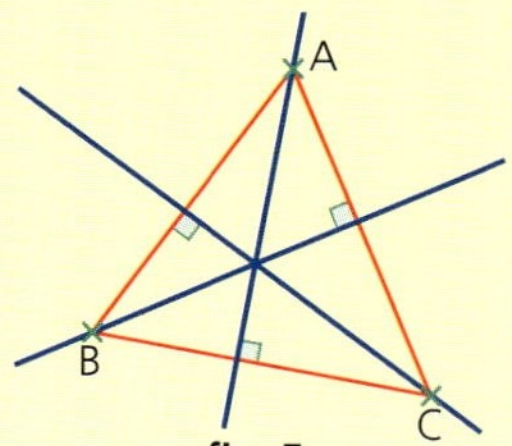

fig. 5

Apprendre comment faire

Construire la hauteur d'un triangle ayant un angle obtus

Dans le triangle ABC suivant, construire la hauteur issue du sommet C.

SOLUTION

1

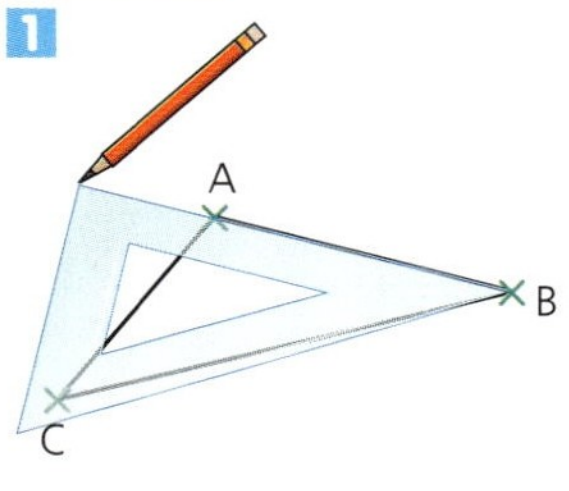

2

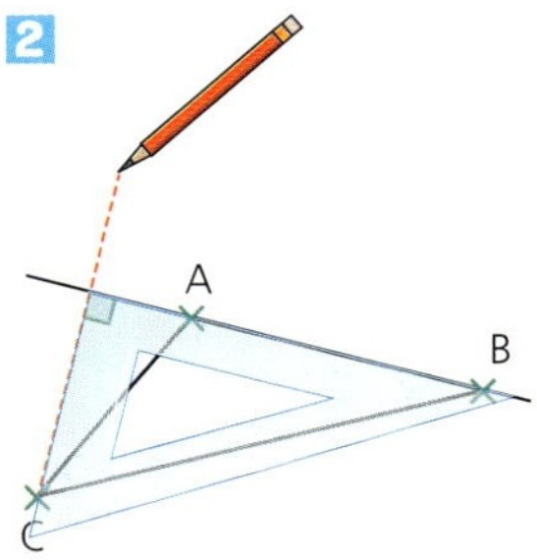

3

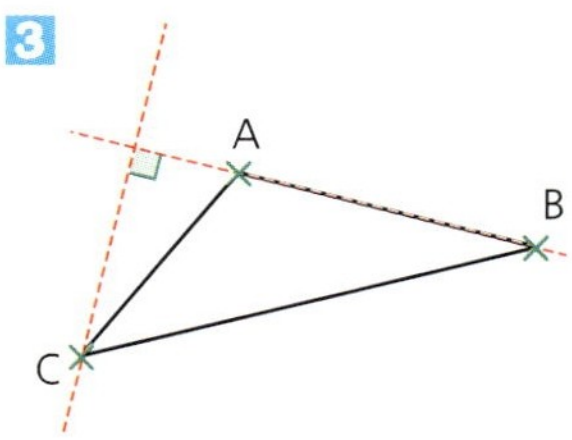

Méthode

1 Tracer éventuellement une demi-droite qui prolonge le côté opposé du sommet, ici la demi-droite [BA).

2 Tracer la perpendiculaire à cette demi-droite et passant par le sommet, ici la perpendiculaire à la demi-droite [BA) et passant par le sommet C.

3 Coder l'angle droit. Ici, la hauteur se trouve alors à l'extérieur du triangle.

1 Vrai ou Faux ?

	V	F
a. Dans le triangle BVM, la hauteur issue du sommet B est perpendiculaire au côté [BV].	☐	☐
b. Dans un triangle, la médiane et la hauteur issue d'un même sommet sont parallèles.	☐	☐
c. Le point de concours des médianes d'un triangle peut être situé à l'extérieur du triangle.	☐	☐
d. Le point de concours des hauteurs d'un triangle peut être situé à l'extérieur du triangle.	☐	☐

2 Reconnaître

Dans chacun des cas suivants, dire si la droite (d) est une hauteur, une médiane ou aucune de ces droites. Justifier.

a.

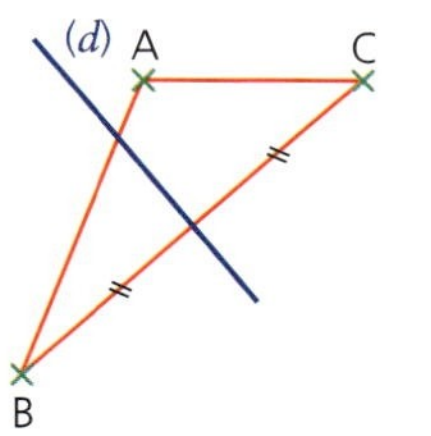

b.

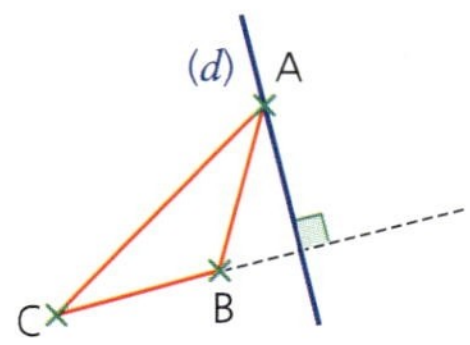

c.

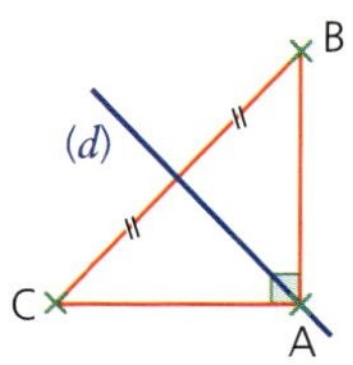

d.

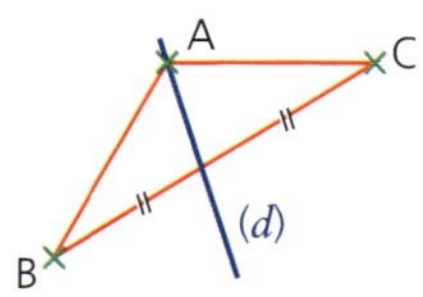

3 Les trois médianes d'un triangle

Dans chacun des cas suivants, construire le triangle et tracer ses trois médianes :
- DEF est un triangle tel que DE = 4 cm, DF = 5 cm et EF = 8 cm ;
- KML est un triangle isocèle en M tel que MK = 7 cm et KL = 5 cm.

4 Visualiser

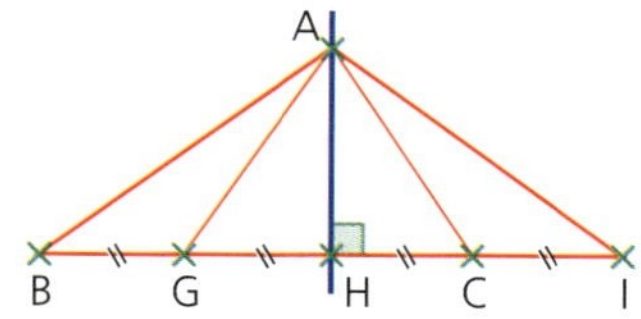

On considère la figure ci-contre.

a. De quel(s) triangle(s) la droite (AH) est-elle une médiane ?

b. De quel(s) triangle(s) la droite (AH) est-elle une hauteur ?

5 Les trois hauteurs d'un triangle

Utiliser la **méthode** décrite dans **Apprendre comment faire**.

Dans chacun des cas suivants, construire le triangle et tracer ses trois hauteurs. Puis, préciser la position du point de concours des hauteurs par rapport au triangle.
- MLN est un triangle équilatéral de côté 6 cm ;
- STV est un triangle rectangle en S tel que ST = 8 cm et SV = 4 cm ;
- GJK est un triangle tel que GJ = 6,5 cm, JK = 4,5 cm et $\widehat{GKJ} = 115°$.

6 Avec le carré…

On considère un carré EFGH. Dans le triangle EFH :

a. quelle est la médiane issue du sommet E ? Justifier.

b. quelle est la hauteur issue du sommet E ? Justifier.

c. Que remarque-t-on ?

7 Centre de gravité

a. Tracer un triangle ABC quelconque.

b. Tracer les deux médianes issues de B et C. Nommer G leur point d'intersection.

c. Que peut-on dire de la droite (AG) ?

8 Raisonner

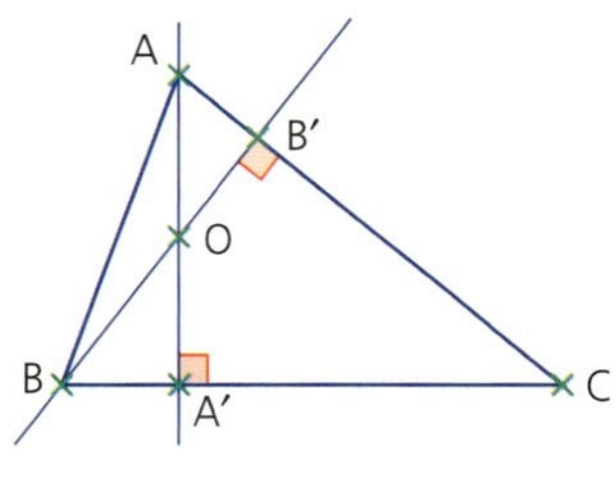

On considère la figure codée ci-contre.

a. Que représentent les droites (AA′) et (BB′) pour le triangle ABC ? Justifier.

b. Prouver que les droites (AB) et (OC) sont perpendiculaires.

Livret des corrigés p. 12

20 Médiatrices et cercle circonscrit

Comprendre et retenir

Médiatrices

- La **médiatrice** d'un segment est la droite qui le coupe perpendiculairement en son milieu.
- Dire que la droite (*d*) est la médiatrice du segment [AB] revient à dire que les points A et B sont **symétriques** par rapport à (*d*).

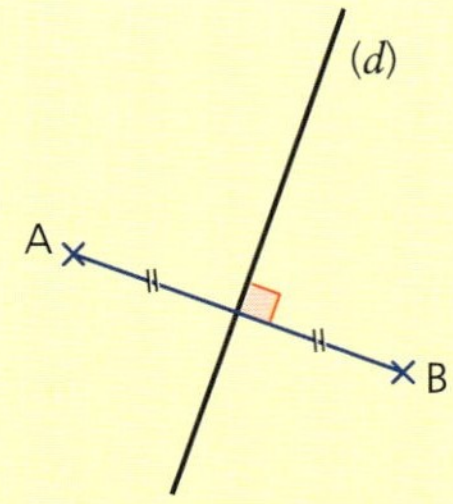

La médiatrice d'un segment [AB] est donc formée par l'ensemble des points **équidistants** des extrémités A et B, c'est-à-dire, situés à égale distance des points A et B.

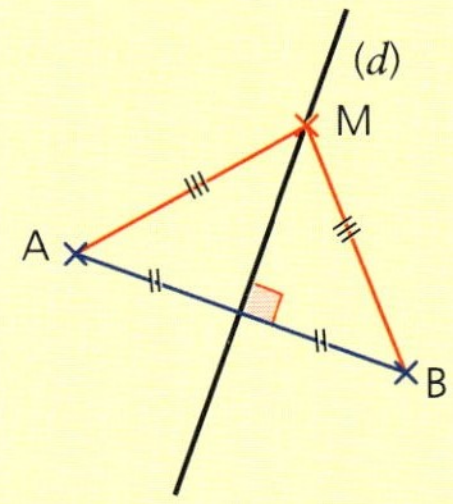

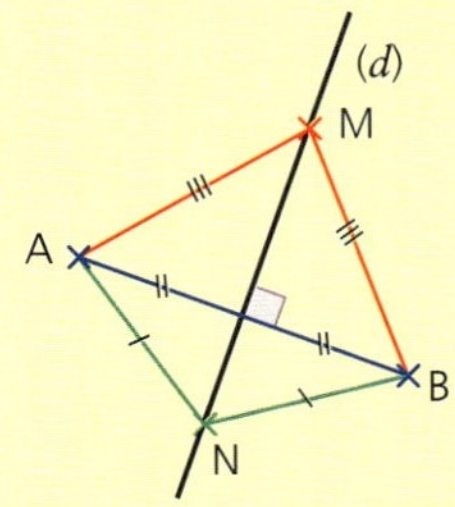

Astuce
La construction au compas de la médiatrice d'un segment permet de trouver le milieu d'un segment sans avoir recours à la règle graduée.

Cercle circonscrit

Dans un triangle, les trois médiatrices (*d*), (*d'*) et (*d''*) sont **concourantes**.
Leur point de concours O est appelé le **centre du cercle circonscrit** au triangle.
C'est le centre de l'unique cercle passant par les trois sommets du triangle A, B et C.

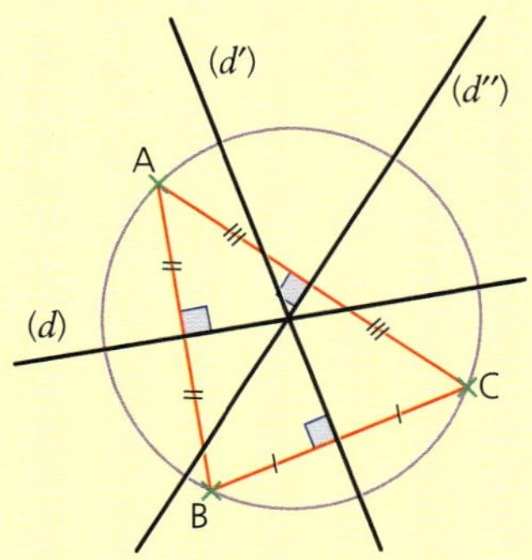

Astuce
Pour construire le centre du cercle circonscrit à un triangle, deux médianes suffisent.

Apprendre comment faire

Construction à la règle et au compas

1

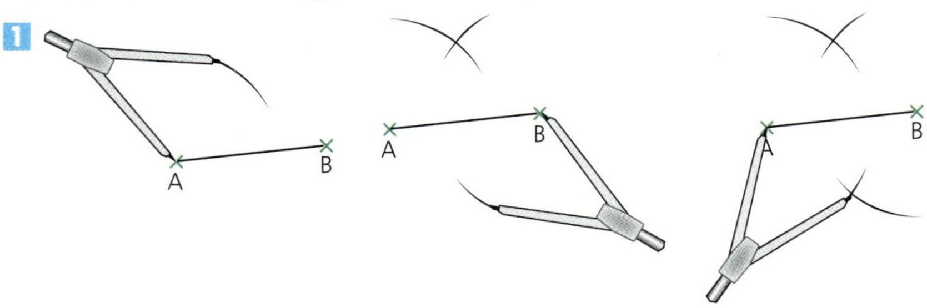

2

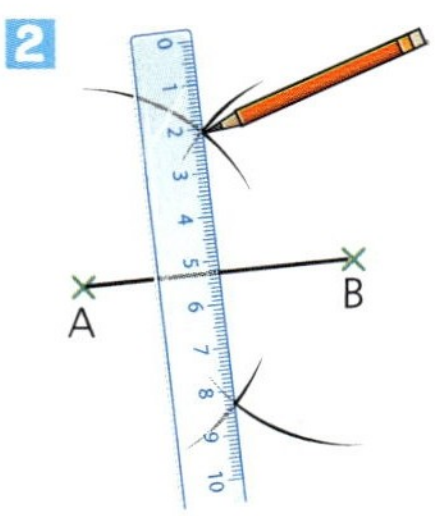

3

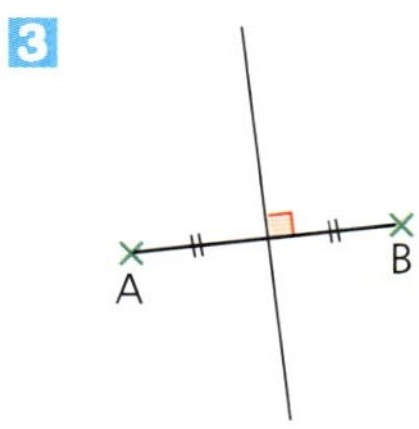

Méthode

1 **Construire deux points situés à égale distance des extrémités A et B du segment** à l'aide du compas.

2 **Tracer la droite qui passe par ces deux points.**

3 **Coder l'angle droit et les longueurs égales sur le segment.**

S'entraîner

1 Vrai ou Faux ?

V F

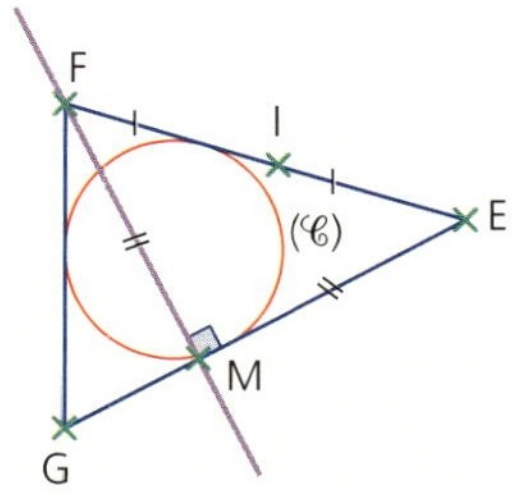

a. M est un point de la médiatrice du segment [EF]. ☐ ☐

b. Le cercle (𝒞) est le cercle circonscrit au triangle EFG. ☐ ☐

c. La droite (FM) est la médiatrice du segment [EG]. ☐ ☐

d. La droite (IM) est la médiatrice du segment [EF]. ☐ ☐

2 Reconnaître une médiatrice

Dans chaque cas, préciser si la droite (*d*) est la médiatrice du segment [MN]. Justifier.

a.

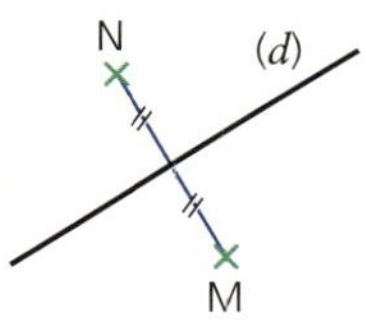

b.

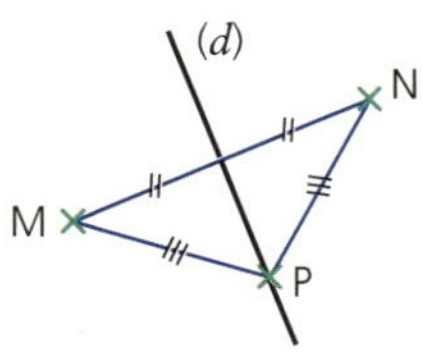

c.

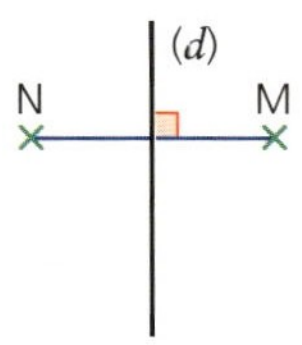

d.

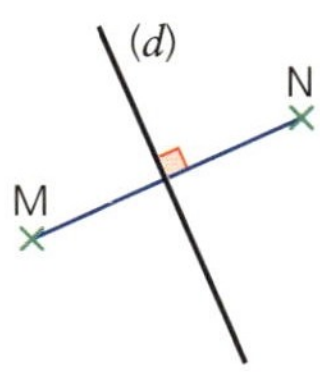

3 Construction au compas

En utilisant la règle non graduée et le compas, reproduire et construire la médiatrice des segments suivants :

Utiliser la **méthode** décrite dans **Apprendre comment faire**.

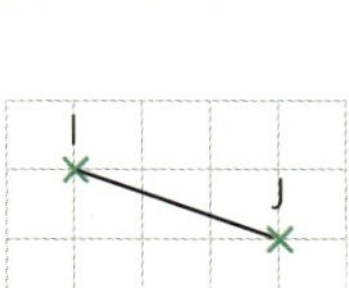

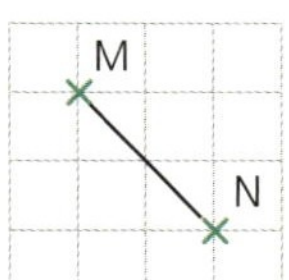

4 Construction du cercle circonscrit

a. Reproduire les triangles suivants HFG, CED et XZY.

b. Construire le cercle circonscrit à chaque triangle.

c. Que dire du centre O de chaque figure ?

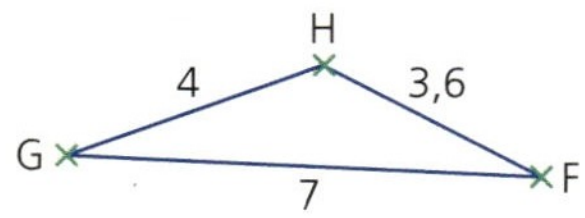

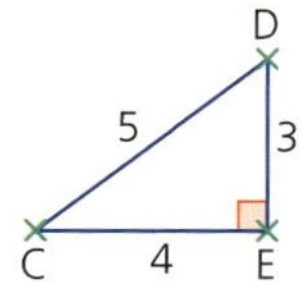

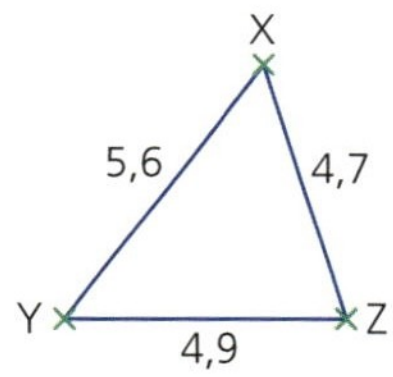

5 Démonstration

On considère un triangle HIJ et O le point d'intersection des médiatrices des côtés [HI] et [IJ].

a. Montrer que HO = OI.

b. Montrer que OI = OJ.

c. En déduire que les points H, I et J sont situés sur un même cercle.

d. En déduire que O est le centre du cercle circonscrit au triangle HIJ.

6 À la recherche du centre perdu !

a. Construire un triangle inscrit dans le cercle 𝒞, c'est-à-dire un triangle dont les sommets appartiennent à ce cercle.

b. Proposer une méthode pour placer le centre de ce cercle.

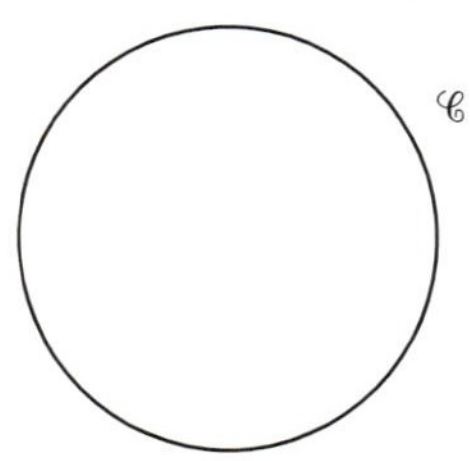

Livret des corrigés p. 13

21 Angles et parallélisme

Rappel
Deux angles sont **complémentaires** si la somme de leurs mesures est égale à 90°.
Deux angles sont **supplémentaires** si la somme de leurs mesures est égale à 180°.

Remarque
Deux angles opposés par le sommet sont symétriques par rapport à leur sommet commun.

Comprendre et retenir

Définitions

- Deux angles sont **adjacents** si :
  - ils ont le même sommet ;
  - ils ont un côté commun ;
  - ils sont situés de part et d'autre du côté commun.
- Deux angles sont **opposés par le sommet** si :
  - ils ont le même sommet ;
  - ils ont leurs côtés dans le prolongement l'un de l'autre.

Deux angles opposés par le sommet ont la même mesure.

- Deux droites (d_1) et (d_2) coupées par une sécante (d_3) forment :
  - des **angles alternes-internes** : ils sont non adjacents, situés de part et d'autre de (d_3), entre les droites (d_1) et (d_2).
  - des angles **correspondants** : ils sont non adjacents, situés du même côté par rapport à (d_3), et tels que l'un est compris entre les droites (d_1) et (d_2) tandis que l'autre ne l'est pas.

Parallélisme

- Si **deux droites parallèles** sont coupées par une sécante, **alors les angles alternes internes ou correspondants** qu'elles forment ont la **même mesure**.
- Si deux droites coupées par une sécante forment des **angles-alternes internes ou correspondants de même mesure**, alors elles sont **parallèles**.

Apprendre comment faire

Montrer que deux droites sont parallèles

On considère la figure ci-contre. Montrer que les droites (AB) et (CD) sont parallèles.

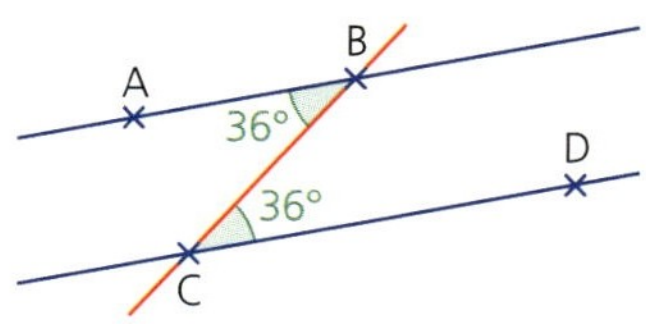

SOLUTION

1 La droite (BC) coupe les droites (AB) et (CD).

2 Je sais que :
Les angles $\widehat{ABC}$ et $\widehat{BCD}$ sont alternes-internes et mesurent tous deux 36° :
- ils ne sont pas adjacents ;
- ils sont situés de chaque côté de la droite (BC) ;
- ils sont situés entre les droites (AB) et (CD).

3 Propriété :
Si deux droites coupées par une sécante forment des angles alternes-internes de même mesure, alors elles sont parallèles.

4 J'en déduis que :
Les droites (AB) et (BC) sont parallèles.

Méthode

1 Identifier la droite sécante aux deux autres.
2 Identifier les angles alternes-internes ou correspondants, ainsi que leur mesure.
3 Citer la propriété qui s'applique sur cette configuration.
4 Conclure que les droites sont parallèles.

S'entraîner

1 Vrai ou Faux ?

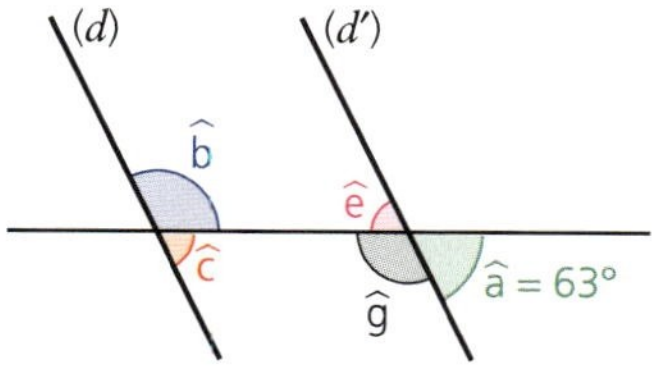

	V	F
a. Si les droites (*d*) et (*d′*) sont parallèles, alors l'angle $\widehat{c}$ mesure 63°.	☐	☐
b. Si l'angle $\widehat{b}$ mesure 127°, alors les droites (*d*) et (*d′*) sont parallèles.	☐	☐
c. Si les droites (*d*) et (*d′*) ne sont pas parallèles, alors l'angle $\widehat{e}$ ne mesure pas 63°.	☐	☐
d. Si les droites (*d*) et (*d′*) sont parallèles, alors les angles $\widehat{c}$ et $\widehat{g}$ sont supplémentaires.	☐	☐
e. Les angles $\widehat{b}$ et $\widehat{e}$ sont adjacents.	☐	☐

2 Adjacents ?

Dans lesquels des cas suivants les angles bleu et rouge sont-ils adjacents ? Justifier.

a.

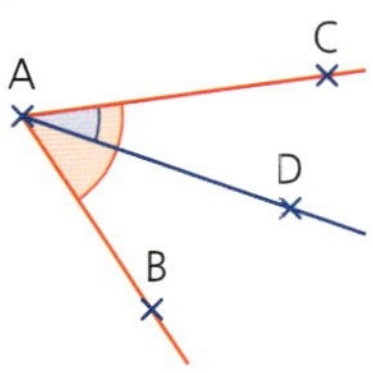

b.

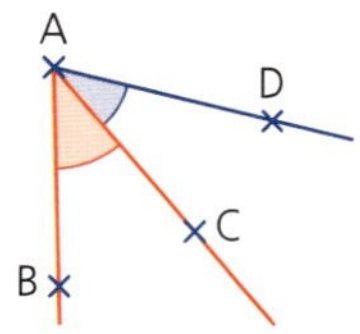

c.

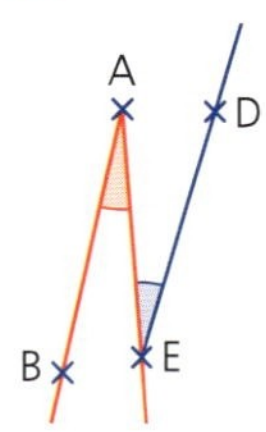

3 Observer

Dans la configuration suivante, citer des paires d'angles :

a. alternes-internes ;

b. correspondants ;

c. opposés par le sommet.

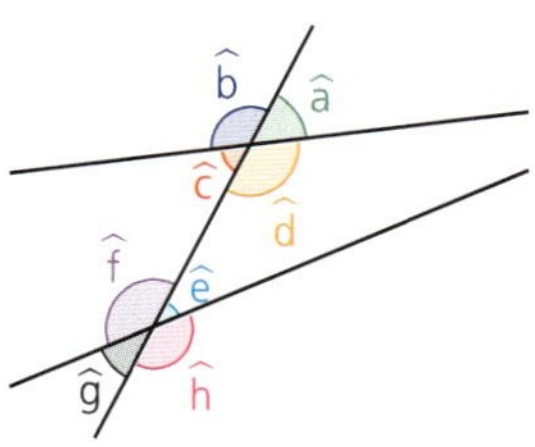

4 Mesure d'angles

Les droites (*d*) et (*d′*) étant parallèles, déterminer la mesure des angles des figures suivantes. Justifier.

a.

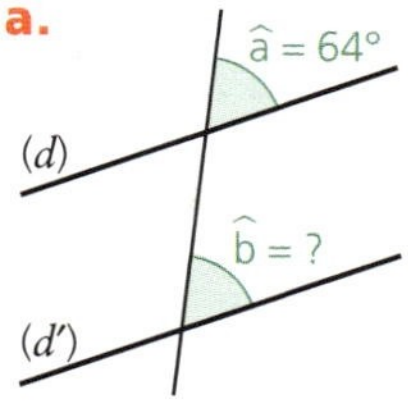

b.

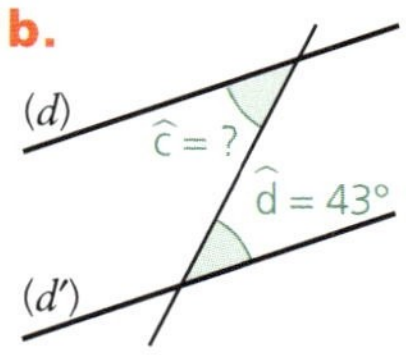

5 Parallèles ?

Utiliser la **méthode** décrite dans **Apprendre comment faire**.

Observer les figures suivantes.

Dans quel cas peut-on affirmer que les droites (*d*) et (*d′*) sont parallèles ? Justifier.

a.

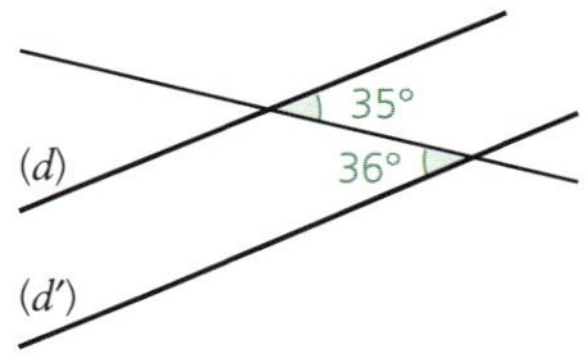

b.

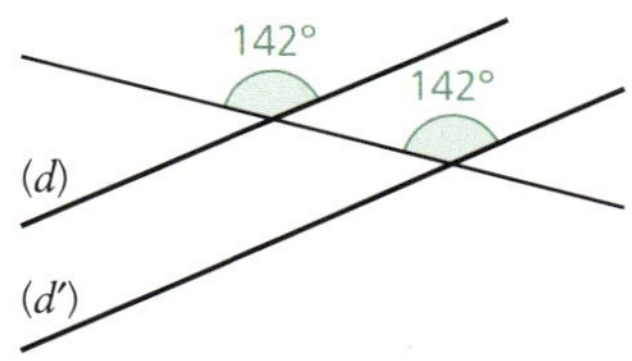

c.

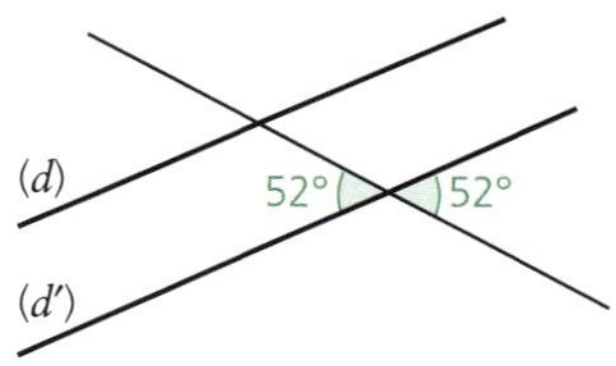

6 En route vers la démonstration…

Sur la figure suivante, EFGH est un rectangle.
La droite (*d*) coupe la droite (EF) en formant un angle $\widehat{a}$ = 123°.

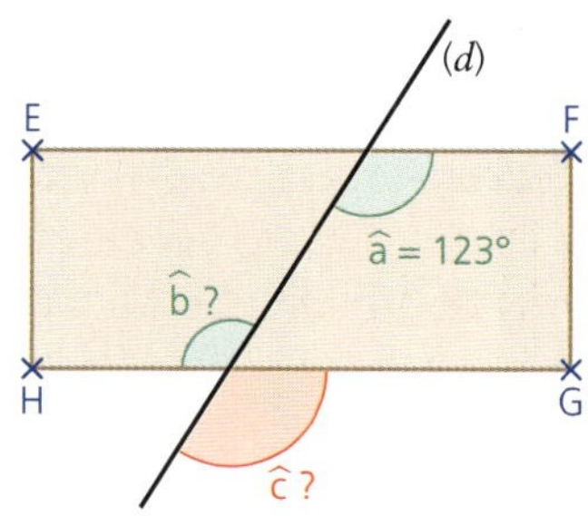

a. Déterminer la mesure de l'angle $\widehat{b}$. Justifier.

b. Déterminer de deux façons différentes la mesure de l'angle $\widehat{c}$.

Livret des corrigés p. 13

22 Angles dans le triangle

Comprendre et retenir

Triangle quelconque

Dans tout triangle, la **somme des mesures** des trois angles est toujours égale à **180°**.

Exemple : Dans le triangle ci-contre,
$\widehat{BAC} + \widehat{ABC} + \widehat{ACB} = 99° + 55° + 26° = 180°$.

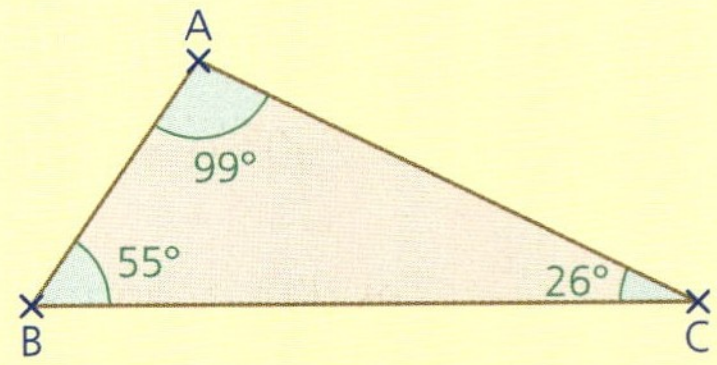

Triangle particulier

- **Si** un triangle est **rectangle**, **alors** ses deux angles aigus sont **complémentaires**.
Réciproquement :
Si deux angles d'un triangle sont complémentaires, **alors** ce triangle est rectangle.
Exemple : $\widehat{BAC} + \widehat{BCA} = 63° + 27° = 90°$.

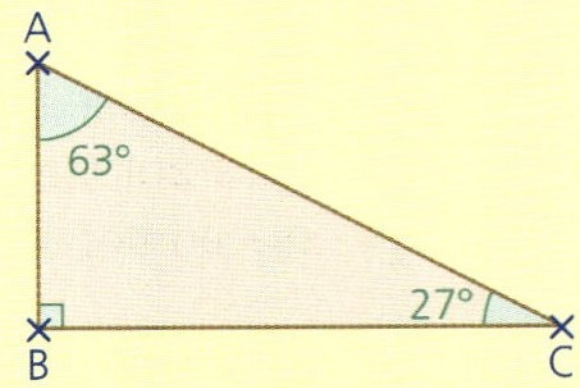

- **Si** un triangle est **isocèle**, **alors** les deux angles de la **base** ont la **même mesure**.
Réciproquement :
Si deux des trois angles d'un triangle ont la même mesure, **alors** ce triangle est isocèle.
Exemple : $\widehat{ABC} = \widehat{ACB} = 52°$.

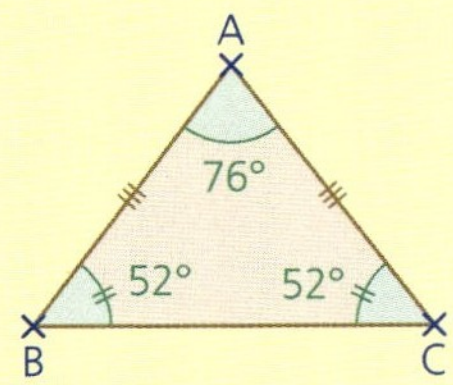

- **Si** un triangle est **équilatéral**, **alors** ses trois angles mesurent 60°.
Réciproquement :
Si les trois angles d'un triangle mesurent 60°, **alors** ce triangle est équilatéral.
Exemple : $\widehat{ABC} = \widehat{BAC} = \widehat{BCA} = 60°$.

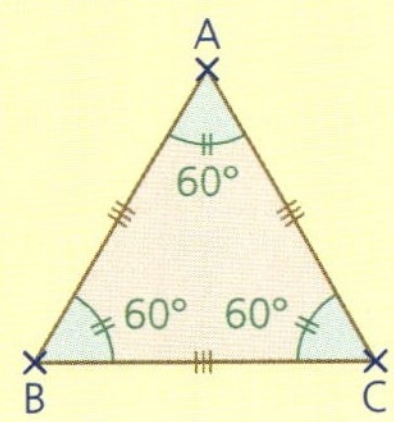

Astuce
Dire que deux des trois angles d'un triangle sont égaux à 60° suffit pour affirmer que le triangle est équilatéral.

Apprendre comment faire

Déterminer la mesure d'un angle d'un triangle

ABC est un triangle isocèle en B tel que $\widehat{BAC} = 57°$.
Déterminer la mesure des angles de ce triangle.

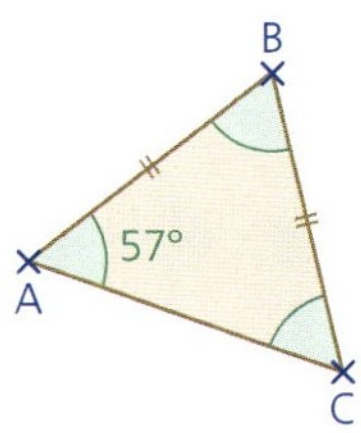

SOLUTION

1 Je sais que :
ABC est un triangle isocèle en B et que $\widehat{BAC} = 57°$.

2 Propriété :
Si un triangle est isocèle, alors les deux angles de la base ont la même mesure.
J'en déduis que : $\widehat{BAC} = \widehat{BCA} = 57°$.

3 Propriété : Dans un triangle, la somme des angles est égale à 180°.
$\widehat{ABC} + \widehat{BAC} + \widehat{BCA} = 180°$
$\widehat{ABC} + 57° + 57° = 180°$.
$\widehat{ABC} + 114° = 180°$.
$\widehat{ABC} = 180 - 114 = 66°$.

4 Dans le triangle ABC, on a : $\widehat{ABC} = 66°$ et $\widehat{BAC} = \widehat{BCA} = 57°$.

Méthode

1. **Identifier la nature du triangle.**
2. **Énoncer et utiliser les propriétés relatives aux mesures des angles de triangles particuliers,** ici le triangle est isocèle.
3. **Énoncer et utiliser la propriété sur la somme des mesures des trois angles d'un triangle pour calculer la mesure du 3e angle.**
4. **Conclure.**

S'entraîner

1 Vrai ou Faux ?

	V	F
a. Dans un triangle rectangle, la somme des angles est égale à 90°.	☐	☐
b. Un triangle ayant des angles de mesures 100°, 50° et 30° est constructible.	☐	☐
c. Si deux angles d'un triangle sont complémentaires, alors ce triangle est isocèle.	☐	☐
d. Si un triangle isocèle a un de ses angles de la base qui mesure 37°, alors ce triangle admet un angle obtus.	☐	☐

2 Application directe

HIN est un triangle tel que $\widehat{HIN} = 86°$ et $\widehat{IHN} = 33°$. Calculer la mesure du troisième angle, puis construire un tel triangle.

3 Chercher l'erreur !

Trois élèves ont tracé à main levée les triangles suivants :

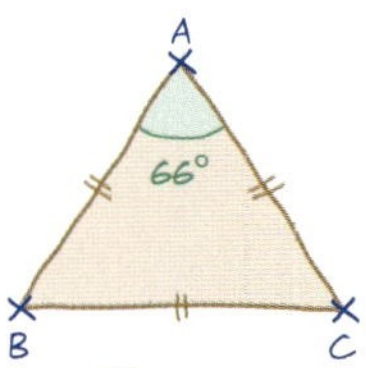

Marwan

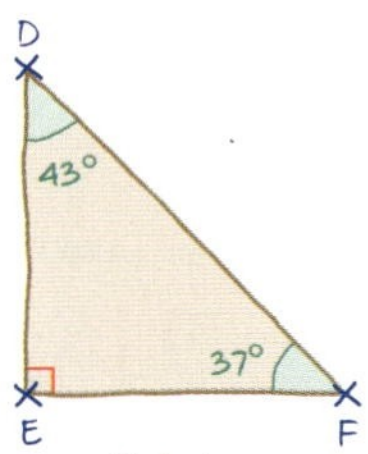

Sabrina

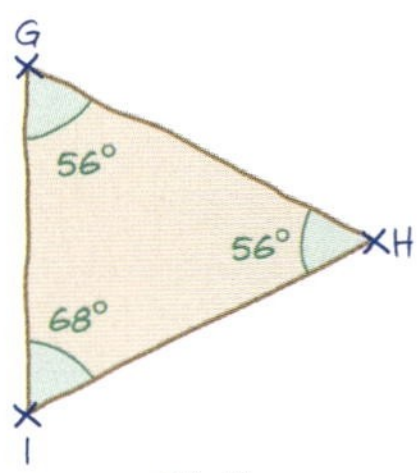

Cécile

Dans chaque cas, expliquer pourquoi le triangle est ou n'est pas constructible.

4 Calculer, puis observer

EFG est un triangle. Pour chaque colonne, calculer la mesure manquante et indiquer la nature du triangle.

a. Mesure de l'angle $\widehat{EFG}$		45°	90°	60°	
b. Mesure de l'angle $\widehat{EGF}$	103,4°	45°			30°
c. Mesure de l'angle $\widehat{FEG}$	42,4°		27,6°	60°	120°

5 Observer, puis calculer

Observer les figures suivantes et calculer la mesure de l'angle recherché.

a.

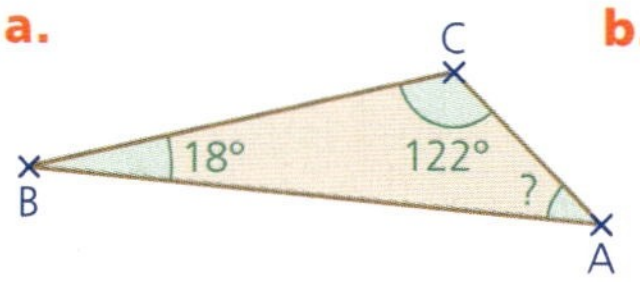

b.

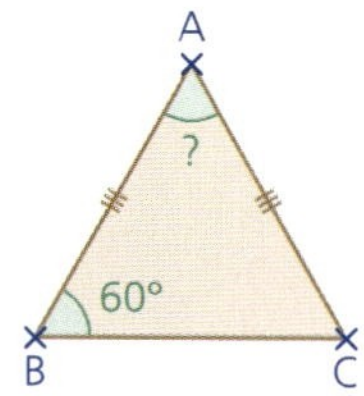

c.

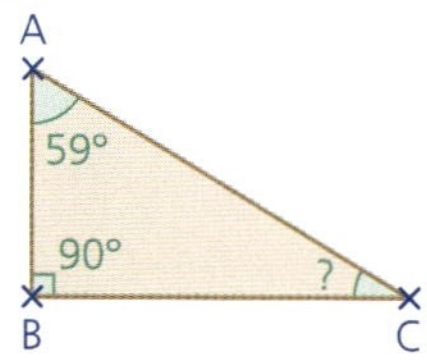

d.

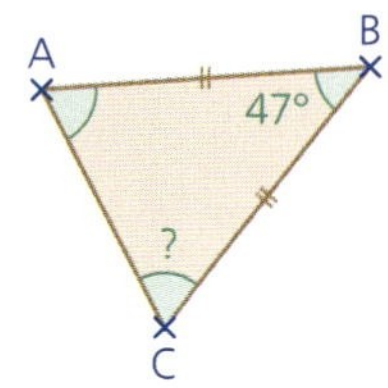

6 De proche en proche

Les points G, E et F étant alignés, déterminer la mesure de tous les angles de cette figure.

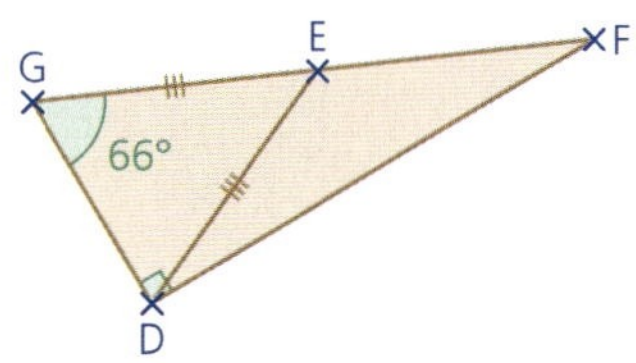

7 Démonstration

ABC est un triangle quelconque. Les droites (HI) et (BA) sont parallèles. Les points H, C et I sont alignés.

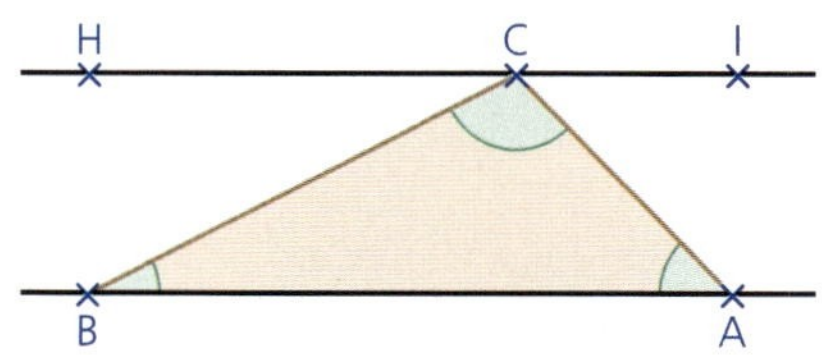

a. Que peut-on dire des angles $\widehat{HCB}$, $\widehat{BCA}$ et $\widehat{ACI}$? Justifier.

b. Que peut-on dire des angles $\widehat{ICA}$ et $\widehat{CAB}$? Justifier.

c. Que peut-on dire des angles $\widehat{HCB}$ et $\widehat{CBA}$? Justifier.

d. En déduire que la somme des mesures des trois angles d'un triangle est égale à 180°.

Livret des corrigés p. 13

23 Parallélogrammes

Comprendre et retenir

> **Remarque**
> Les propriétés du parallélogramme découlent des propriétés de la symétrie centrale.

> **Vocabulaire**
> Le centre de symétrie est appelé le centre du parallélogramme.

> **Attention !**
> Une réciproque n'est pas toujours vraie.

Définition

Un **parallélogramme** est un quadrilatère qui admet **le point d'intersection de ses diagonales** pour **centre de symétrie**.

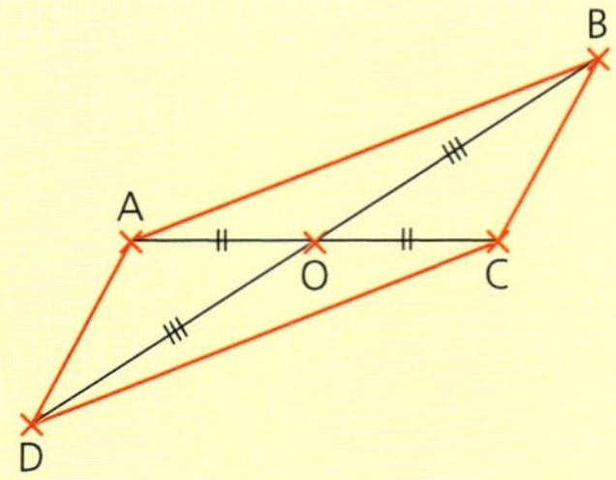

Conséquences

▪ Diagonales

Si les diagonales d'un quadrilatère ont le même milieu, **alors** ce quadrilatère est un parallélogramme.

Si un quadrilatère est un parallélogramme, **alors** ses diagonales ont le même milieu.

▪ Cotés opposés

- **Si** un quadrilatère non croisé a ses côtés opposés de même longueur, **alors** ce quadrilatère est un parallélogramme.
- **Si** un quadrilatère est un parallélogramme, **alors** ses côtés opposés ont la même longueur.
- **Si** un quadrilatère a ses côtés opposés parallèles, **alors** ce quadrilatère est un parallélogramme.
- **Si** un quadrilatère est un parallélogramme, **alors** ses côtés opposés sont parallèles.

▪ Deux côtés opposés

Si un quadrilatère non croisé a **deux côtés opposés de même longueur ET parallèles**, **alors** ce quadrilatère est un parallélogramme.

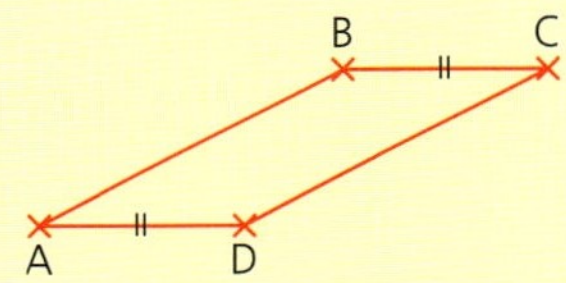

BC = AD et (BC) // (AD)

Apprendre comment faire

Construire et utiliser les propriétés du parallélogramme

À l'aide des informations portées sur la figure, reproduire le parallélogramme suivant :

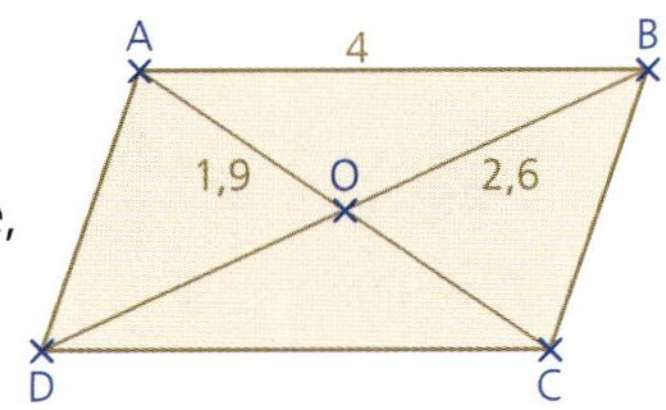

SOLUTION

1

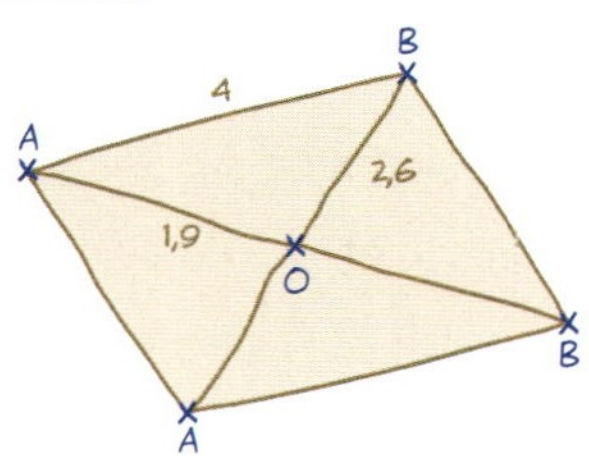

2 Si un quadrilatère est un parallélogramme, alors ses diagonales ont le même milieu.

3 On construit les points C et D symétriques respectifs des points A et B par rapport à O.

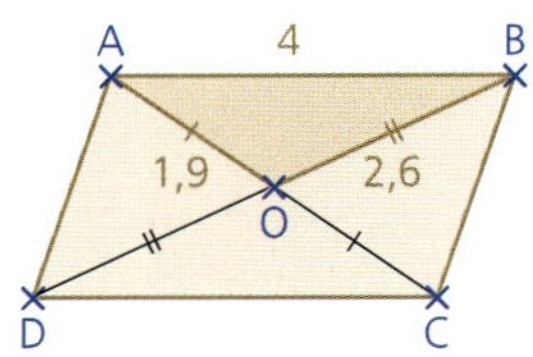

> **Méthode**
>
> **1 Faire une figure à main levée et y porter les données** de l'énoncé.
>
> **2 Compléter les données en déduisant des longueurs ou des angles utiles à la construction,** en appliquant des propriétés connues.
>
> **3 Établir un programme de construction** : ici :
> - tracer le triangle ABO,
> - construire les points symétriques des points A et B par rapport à O,
> - finaliser la construction en reliant tous les sommets.
>
> **4 Réaliser la figure en vraie grandeur avec les instruments de géométrie.**

S'entraîner

1 Vrai ou Faux ?

	V	F
a. Dans un parallélogramme, les côtés consécutifs ont la même longueur.	☐	☐
b. Si un quadrilatère admet deux angles consécutifs supplémentaires, alors c'est un parallélogramme.	☐	☐
c. Les diagonales d'un parallélogramme ont le même milieu.	☐	☐
d. Dans un parallélogramme, les diagonales sont des axes de symétrie.	☐	☐
e. Un parallélogramme admet un seul centre de symétrie.	☐	☐

2 À vue d'œil !

Lesquels de ces quadrilatères semblent être des parallélogrammes ? Pourquoi ?

a. 

b. 

c. 

d. 

e. 

f. 

3 À partir du codage

Les quadrilatères suivants sont-ils des parallélogrammes ? Justifier.

a. 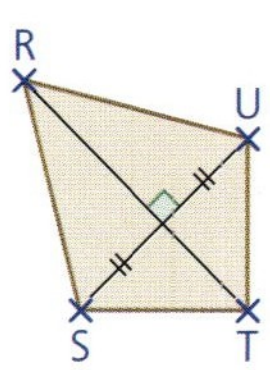

b. 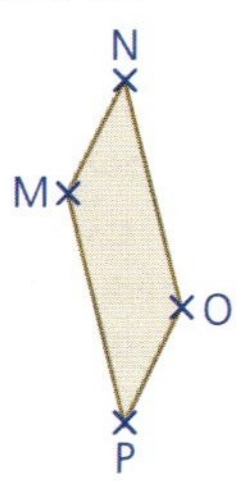

(MN) // (OP)
(MP) // (NO)

c. 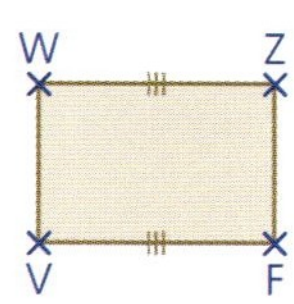

d. 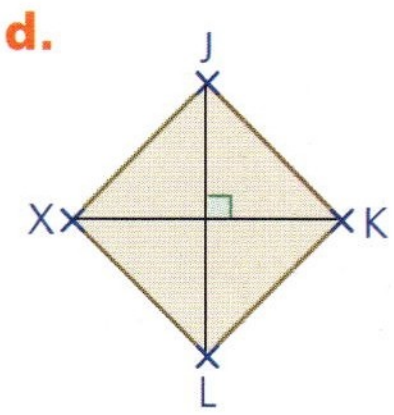

e. 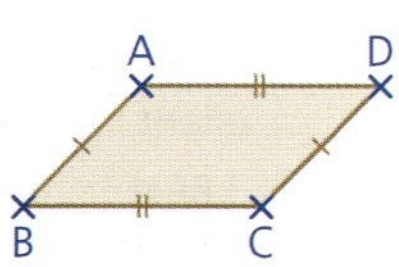

f. 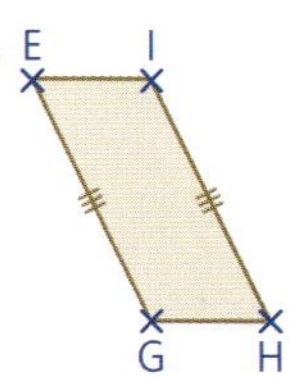

(EG) // (IH)

4 Sans quadrillage

Utiliser la **méthode** décrite dans **Apprendre comment faire**.

a. Construire un parallélogramme EPRL tel que EP = 5,5 cm, PL = 4 cm et $\widehat{EPL} = 30°$.

b. Construire un parallélogramme ABCD tel que AB = 9 cm, BC = 6 cm et $\widehat{ABC} = 109°$.

c. Construire un triangle FGH, équilatéral de côté 5 cm. Construire le point I tel que FIHG soit un parallélogramme.

d. Construire un parallélogramme IMKJ tel que IK = 7 cm et MJ = 3,2 cm.

5 Raisonner

a. Construire un parallélogramme SRVT tel que ST = 4,5 cm, SR = 6 cm et $\widehat{S} = 56°$.

b. Déterminer la mesure du segment [TV]. Justifier.

c. Déterminer la mesure de l'angle $\widehat{V}$. Justifier.

d. Quel est le périmètre du parallélogramme SRVT. Justifier.

6 Démonstration

Dans la figure suivante, (AB) // (DC) et (AD) // (BC).

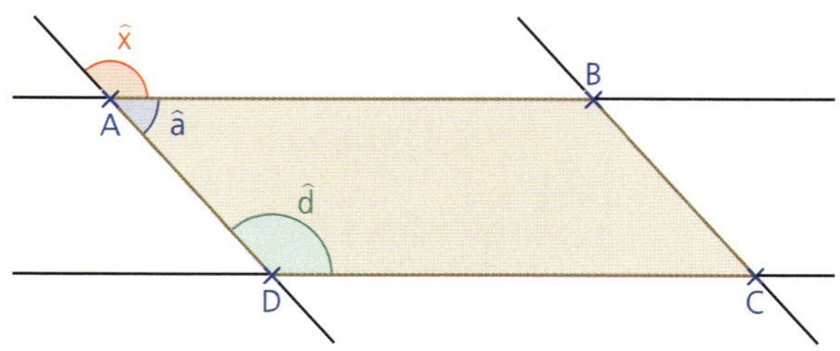

a. Quelle est la nature du quadrilatère ABCD ? Justifier.

b. Que peut-on dire des angles $\widehat{x}$ et $\widehat{d}$? Justifier.

c. En déduire que les angles $\widehat{x}$ et $\widehat{d}$ ont la même mesure.

d. Que peut-on dire des angles $\widehat{a}$ et $\widehat{x}$? Justifier.

e. Que peut-on en déduire sur les angles $\widehat{a}$ et $\widehat{d}$?

f. Compléter la phrase suivante : « Si un quadrilatère est un parallélogramme, alors deux angles consécutifs sont .... ».

Livret des corrigés p. 14

24 Rectangles

Comprendre et retenir

Définition

Un **rectangle** est un **quadrilatère** ayant ses **quatre angles droits**. C'est un **parallélogramme particulier.**

Conséquences

• **Si** un quadrilatère est un rectangle, **alors** ses **diagonales ont le même milieu** et ont même longueur.

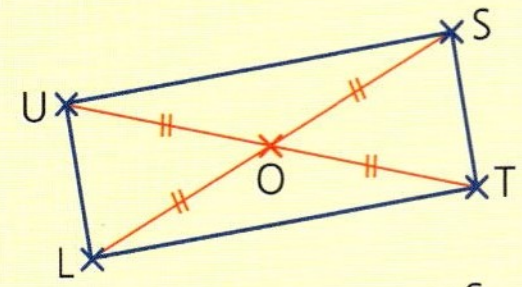

• **Si** un quadrilatère est un rectangle, **alors** ses **côtés opposés** sont de **même longueur** et sont **parallèles.**

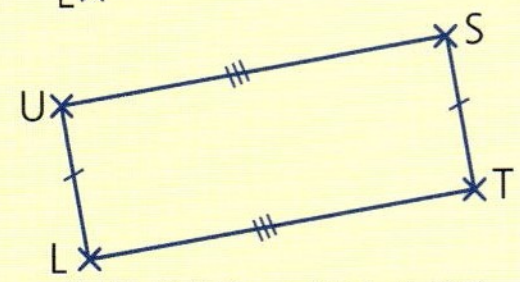

(US) // (LT) et (UL) // (ST)

Remarque
Toute figure admet au maximum 1 centre de symétrie.

Reconnaître un rectangle

- **Si** un **quadrilatère** a trois angles droits, **alors** ce quadrilatère est un rectangle.
- **Si** un **quadrilatère** a ses diagonales de même longueur et de même mesure, **alors** ce quadrilatère est un rectangle.
- **Si** un **parallélogramme** a au moins un angle droit, **alors** ce parallélogramme est un rectangle.
- **Si** un **parallélogramme** a ses diagonales de même longueur, **alors** ce parallélogramme est un rectangle.

Attention !
Tout rectangle est un parallélogramme particulier, mais tout parallélogramme n'est pas un rectangle.

Apprendre comment faire

Démontrer qu'un quadrilatère est un rectangle

GFM est un triangle rectangle en F.
O est le milieu du segment [MG] et R est le symétrique de F par rapport au point O.
Démontrer que le quadrilatère GFMR est un rectangle.

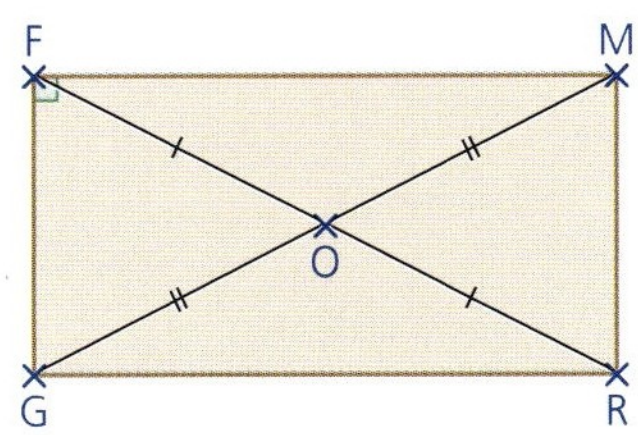

SOLUTION

1 R est le symétrique du point F par rapport au point O, donc O est le milieu du segment [FR].

2 3 **Je sais que :** Les diagonales [FR] et [GM] du quadrilatère GFMR ont le même milieu O.
Propriété : Si les diagonales d'un quadrilatère ont le même milieu, alors ce quadrilatère est un parallélogramme
J'en déduis que : GFMR est un parallélogramme.

4 **Je sais que :** GFMR est un parallélogramme et $\widehat{GFM}$ est un angle droit.
Propriété : Si un parallélogramme a au moins un angle droit, alors ce parallélogramme est un rectangle.
J'en déduis que : Le parallélogramme GFMR est un rectangle.

Méthode

1 **Analyser toutes les données de l'énoncé pour trouver une propriété qui permettrait de prouver que le quadrilatère est un rectangle.**

2 **Examiner les conditions de cette propriété :** si elles ne font pas partie des données, les démontrer en utilisant d'autres propriétés. Le plus souvent, il faut d'abord prouver que le quadrilatère est un parallélogramme.

3 **Rédiger un paragraphe pour chaque propriété utilisée, sous la forme** « Je sais que… Propriété … J'en déduis que … ».

4 **Terminer par le paragraphe qui démontre que le quadrilatère est un rectangle.**

S'entraîner

1 Vrai ou Faux ?

	V	F
a. Les côtés consécutifs d'un rectangle sont perpendiculaires.	☐	☐
b. Les diagonales d'un rectangle se coupent perpendiculairement en leur milieu.	☐	☐
c. Un rectangle est un parallélogramme.	☐	☐
d. Un rectangle n'admet pas de centre de symétrie.	☐	☐
e. Un rectangle admet 4 axes de symétrie.	☐	☐

2 Maîtriser le vocabulaire

On considère un rectangle ABCD. Faire une figure à main levée et nommer :

a. ses diagonales ;

b. deux côtés opposés ;

c. deux côtés consécutifs ;

d. deux sommets opposés.

3 À partir du codage

Les quadrilatères suivants sont-ils des rectangles ? Justifier.

a.

b.

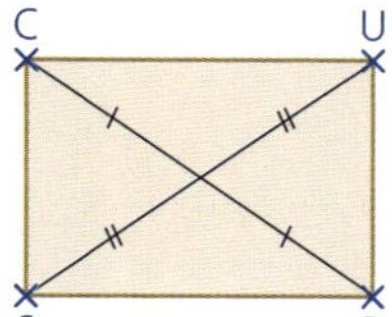

c.

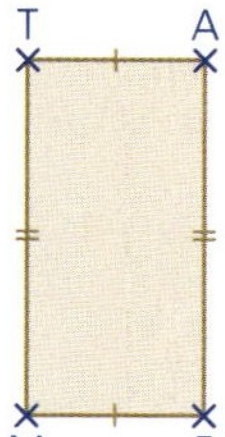

d.

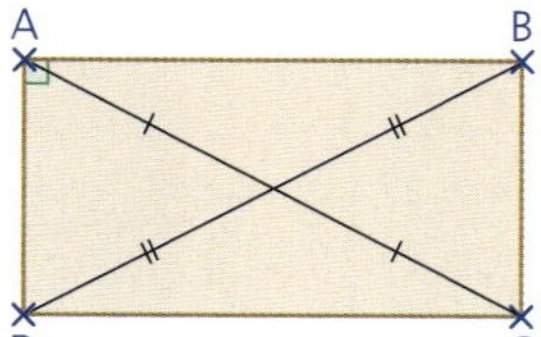

4 Propriétés immédiates

ULIS est un rectangle tel que UL = 9,4 cm et LI = 3,1 cm.

a. Faire une figure en vraie grandeur.

b. Déterminer la longueur de SI. Justifier.

c. Déterminer la longueur de US. Justifier.

d. Tracer les axes de symétrie du rectangle ULIS.

e. La figure possède-t-elle un centre de symétrie ? Si oui, le placer.

5 Construction

a. Construire un rectangle PION de longueur 10 cm et de largeur 6 cm.

b. Construire un rectangle MATH tel que MA = 6,5 cm et MT = 9 cm.

c. Construire un rectangle EFGH, de centre O, tel que EF = 5 cm et EO = 6 cm.

d. Construire un rectangle SCOR tel que CR = 5,2 cm et $\widehat{CRO} = 27°$.

6 Bon sens

On considère un rectangle de largeur 5 cm et de périmètre 25 cm.

a. Quelle est sa longueur ? Justifier.

b. Faire une construction en vraie grandeur.

7 Raisonner

Utiliser la méthode décrite dans **Apprendre comment faire**.

REC est un triangle rectangle en E.
Soit O le milieu de l'hypoténuse. On note T le symétrique du point E par rapport au point O.

a. Faire une figure.

b. Démontrer que le quadrilatère RECT est un rectangle.

8 Avec un cercle…

a. Construire un cercle ($\mathscr{C}$) de centre O et de diamètre 8 cm.

b. Construire deux diamètres [AB] et [EF].

c. Démontrer que le quadrilatère AEBF est un rectangle.

9 Au service des angles

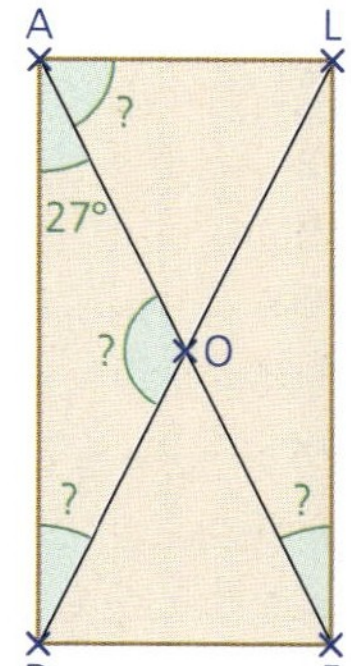

Dans la figure suivante, ADEL est un rectangle de centre O tel que $\widehat{DAE} = 27°$.
En justifiant les réponses, déterminer la mesure des angles :
a. $\widehat{EAL}$. **b.** $\widehat{AEL}$. **c.** $\widehat{ADL}$. **d.** $\widehat{AOD}$.

Livret des corrigés p. 14

25 Losanges

Comprendre et retenir

Définition

Un **losange** est un quadrilatère ayant ses **quatre côtés de même longueur**. Un losange est parallélogramme particulier.

Attention !
Tout losange est un parallélogramme, mais tout parallélogramme n'est pas un losange.

Conséquences

- **Si** un quadrilatère est un losange, **alors** ses **diagonales ont le même milieu** et sont **perpendiculaires**.
- **Si** un quadrilatère est un losange, **alors** ses **côtés opposés sont parallèles.**

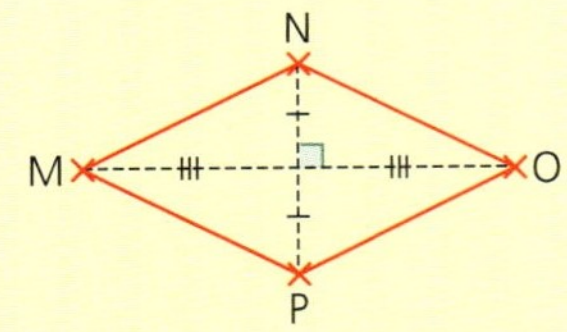

Reconnaître un losange

- **Si** un **quadrilatère** non croisé a ses quatre côtés de même longueur, **alors** ce quadrilatère est un losange.
- **Si** un **quadrilatère** a ses diagonales perpendiculaires et de même milieu, **alors** ce quadrilatère est un losange.
- **Si** un **parallélogramme** a deux côtés consécutifs de même longueur, **alors** ce parallélogramme est un losange.
- **Si** un **parallélogramme** a ses diagonales perpendiculaires, **alors** ce parallélogramme est un losange.

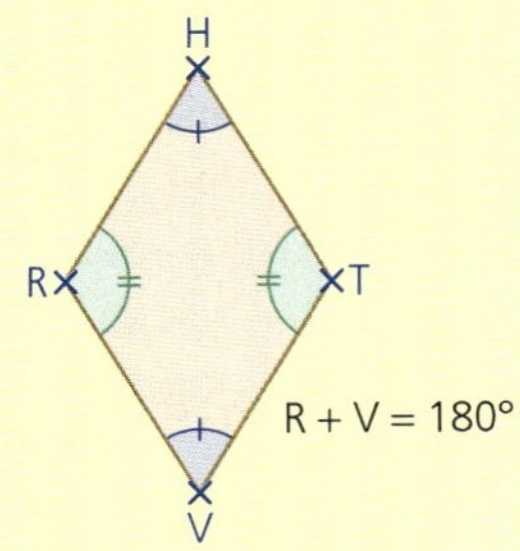

Apprendre comment faire

Démontrer qu'un quadrilatère est un losange

RHT est un triangle isocèle en H.
On note O le milieu de la base [RT] et V le symétrique de H par rapport au point O.
Démontrer que le quadrilatère RHTV est un losange.

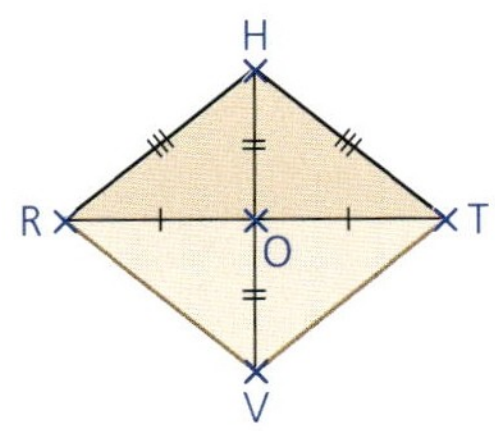

SOLUTION

1 Le point V est le symétrique du point H par rapport au point O, donc O est le milieu de [HV].

2 **3** **Je sais que :** RO = OT et HO = OV.
Propriété : Si les diagonales d'un quadrilatère ont le même milieu, alors ce quadrilatère est un parallélogramme.
J'en déduis que : Le quadrilatère RHTV est un parallélogramme.

4 **Je sais que :** RHTV est un parallélogramme et RH = HT
Propriété : Si un parallélogramme a deux côtés consécutifs de même longueur, alors ce parallélogramme est un losange.
J'en déduis que : Le parallélogramme RHTV est un losange.

Méthode

1 **Analyser toutes les données de l'énoncé pour trouver une propriété liée aux caractéristiques du losange.**

2 **Examiner les conditions de cette propriété** : si elles ne font pas partie des données, les démontrer en utilisant d'autres propriétés. Le plus souvent, il faut d'abord prouver que le quadrilatère est un parallélogramme.

3 **Rédiger un paragraphe pour chaque propriété utilisée, sous la forme** « Je sais que… Propriété … J'en déduis que … ».

4 **Terminer par le paragraphe qui démontre que le quadrilatère est un losange.**

S'entraîner

1 Vrai ou Faux ?

	V	F
a. Si un quadrilatère a deux côtés consécutifs de même longueur, alors c'est un losange.	☐	☐
b. Si un parallélogramme a deux côtés consécutifs de même longueur, alors c'est un losange.	☐	☐
c. Un losange est un parallélogramme particulier.	☐	☐
d. Un losange n'admet pas de centre de symétrie.	☐	☐
e. Un losange admet 2 axes de symétrie.	☐	☐
f. Les diagonales d'un losange ont la même longueur.	☐	☐

2 Reconnaître un losange

Les quadrilatères suivants sont-ils des losanges ? Justifier.

a.

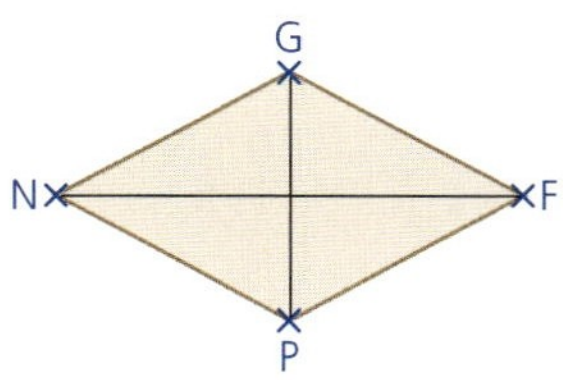

(GN) // (PF) et (PN) // (FG)

b.

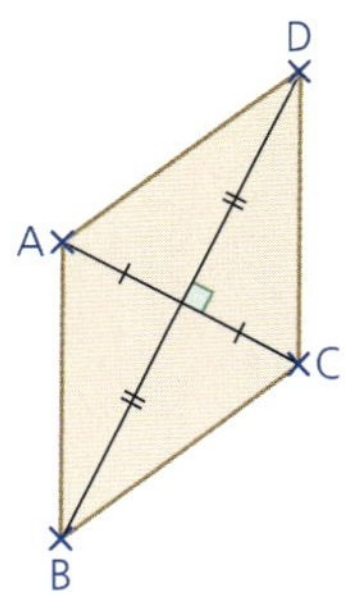

c.

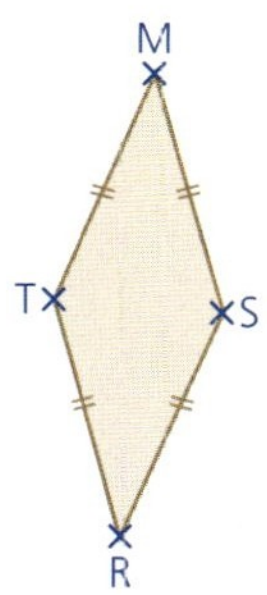

d.

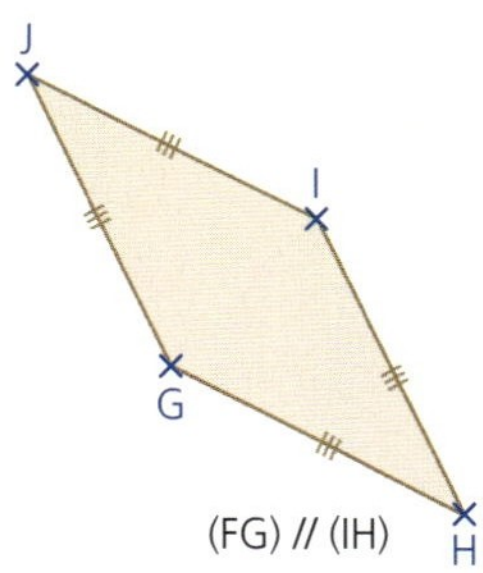

(FG) // (IH)

3 Construction

a. Construire un losange CIEL de côté 5,5 cm et tel que $\widehat{CIE} = 38°$.

b. Construire un losange FIRE tel que FR = 11 cm et IE = 6 cm.

c. Construire un losange MIEL tel que ME = 10 cm et EL = 7,1 cm.

4 Bon sens

On considère un losange dont une diagonale mesure 6 cm et de périmètre 18 cm.

a. Quelle est la longueur de ses côtés ? Justifier.

b. Réaliser une construction en vraie grandeur.

5 Raisonner

Utiliser la **méthode** décrite dans **Apprendre comment faire**.

a. Construire le triangle LEO, rectangle en O et tel que LO = 3 cm et OE = 7 cm.

b. Construire le point L′, symétrique du point L par rapport au point O.

c. Construire le point E′, symétrique du point E par rapport au point O.

d. Démontrer que le quadrilatère EL′E′L est un losange.

6 Demi-losange

MLR est un triangle isocèle en R

a. Construire le symétrique M′L′R′ du triangle MLR, par rapport à la droite (ML).

b. Quelle est la nature du quadrilatère MRLR′ ? Justifier.

7 Calculs d'angles

NUAG est un losange de centre O et tel que $\widehat{NGU} = 28°$.

a. Quelle est la nature du triangle NOG ? Justifier.

b. En déduire la mesure de l'angle $\widehat{GNO}$.

c. En déduire la mesure des angles $\widehat{GNU}$ et $\widehat{NGA}$.

d. En déduire la mesure des angles $\widehat{NUA}$ et $\widehat{UAG}$.

8 Le bon argument

a. Construire la médiatrice (d) d'un segment [FM].

b. Placer deux points P et S sur la médiatrice (d) et situés de part et d'autre du segment [FM].

c. Le quadrilatère FPMS est-il toujours un losange ?

d. Comment reformuler la question **b.** pour que le quadrilatère FPMS soit un losange ?

Livret des corrigés p. 15

26 Carrés

Attention !
Tout carré est un parallélogramme, mais tout parallélogramme n'est pas un carré.

Remarque
Un carré est à la fois un rectangle **et** un losange ; il possède donc toutes leurs propriétés.

Comprendre et retenir

Définition

Un **carré** est un quadrilatère ayant ses **quatre angles droits et** ses **quatre côtés de même longueur**.
Un carré est un **parallélogramme particulier**.

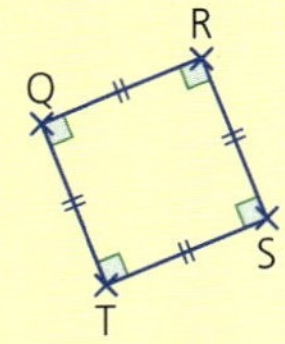

Conséquences

- **Si** un quadrilatère est un carré, **alors** ses **diagonales** ont le **même milieu**, sont de **même longueur** et sont **perpendiculaires**.
- **Si** un quadrilatère est un carré, **alors** ses **côtés opposés** sont **parallèles** et ses côtés consécutifs sont perpendiculaires.

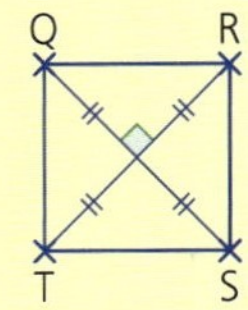

Reconnaître un carré

- **Si** un **parallélogramme** a ses diagonales perpendiculaires et de même longueur, **alors** ce parallélogramme est un carré.
- **Si** un **parallélogramme** a deux côtés consécutifs perpendiculaires et de même longueur, **alors** ce parallélogramme est un carré.
- **Si** un **rectangle** a deux côtés consécutifs de même longueur, **alors** ce rectangle est un carré.
- **Si** un **losange** a un angle droit, **alors** ce losange est un carré.

Apprendre comment faire

Démontrer qu'un quadrilatère est un carré

À l'aide des informations portées sur la figure, démontrer que le quadrilatère ABCD est un carré.

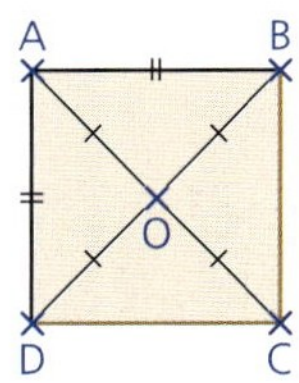

SOLUTION

1 2 3 **Je sais que** : les diagonales [AC] et [BD] ont le même milieu.
Propriété : Si les diagonales d'un quadrilatère ont le même milieu, alors ce quadrilatère est un parallélogramme.
J'en déduis que : ABCD est un parallélogramme.
Je sais que : AC = BD.
Propriété : Si un parallélogramme a ses diagonales de même longueur, alors ce parallélogramme est un rectangle.
J'en déduis que : ABCD est un rectangle.

4 **Je sais que** : les côtés [AD] et [AB] sont de même longueur.
Propriété : Si un rectangle a deux côtés consécutifs de même longueur, alors ce rectangle est un carré.
J'en déduis que : ABCD est un carré.

Méthode

1 **Analyser toutes les données de l'énoncé pour trouver une propriété liée aux caractéristiques du carré.**

2 **Examiner les conditions de cette propriété** : si elles ne font pas partie des données, les démontrer en utilisant d'autres propriétés. Le plus souvent, il faut d'abord prouver que le quadrilatère est un parallélogramme.

3 **Rédiger un paragraphe pour chaque propriété utilisée, sous la forme** « Je sais que… Propriété … J'en déduis que … ».

4 **Terminer par le paragraphe qui démontre que le quadrilatère est un carré.**

S'entraîner

1 Vrai ou Faux ?

	V	F
a. Si un parallélogramme admet deux côtés consécutifs de même longueur, alors c'est un carré.	☐	☐
b. Si un quadrilatère admet quatre angles droits, alors c'est un carré.	☐	☐
c. Un rectangle est un carré particulier.	☐	☐
d. Un carré admet un centre de symétrie.	☐	☐
e. Un carré admet 8 axes de symétrie.	☐	☐

2 À partir du codage

Les quadrilatères suivants sont-ils des carrés ? Justifier.

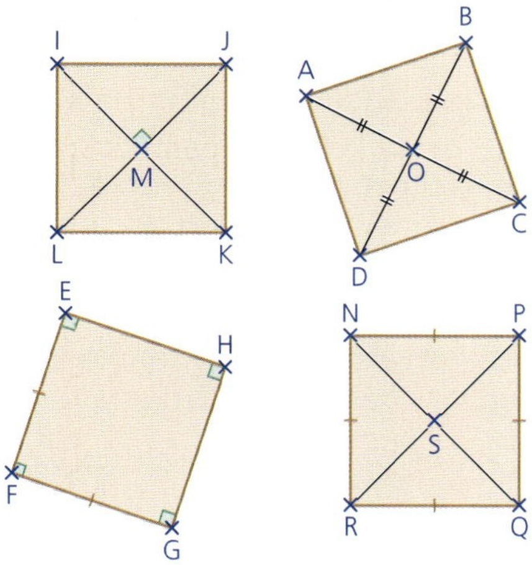

3 Construction

a. Construire un carré AMGH tel que GH = 4 cm.

b. Construire un carré RFST tel que RS = 4,5 cm.

4 Bon sens

On considère un carré de périmètre 22 cm.

a. Quelle est la longueur de ses côtés ? Justifier.

b. Réaliser une construction en vraie grandeur.

5 Raisonner

Utiliser la méthode décrite dans **Apprendre comment faire**.

VAS est un triangle rectangle isocèle en A.
Soit O le milieu de l'hypoténuse. On note E le symétrique du point A par rapport au point O.

a. Faire une figure.

b. Démontrer que le quadrilatère VASE est un carré.

6 Symétriques

a. Construire un carré LMNO de 6 cm de côté.

b. Construire le point P, symétrique du point N par rapport au point O.

c. Construire le point R, symétrique du point L par rapport au point O.

d. Quelle est la nature du quadrilatère LNRP ? Justifier.

7 Inscrit dans un cercle

Sur la figure suivante, [CR] et [AE] sont des diamètres du cercle (𝒞).

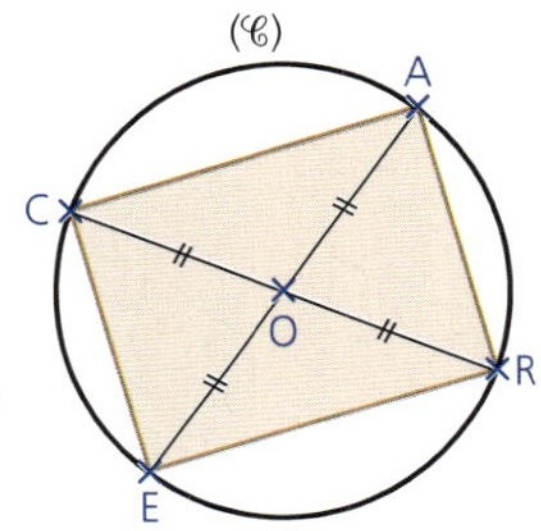

a. Quelle est la nature du quadrilatère CARE ?

b. Quelle condition sur les diamètres [CR] et [AE] faudrait-il ajouter pour que CARE soit un carré ?

8 Nuances !

Cocher les bonnes cases du tableau suivant, où :

- P désigne un parallélogramme ;
- L désigne un losange ;
- R désigne un rectangle ;
- C désigne un carré.

	P	L	R	C
Un quadrilatère ayant deux côtés consécutifs de même longueur est un....				
Un quadrilatère ayant tous ses côtés de même longueur est un				
Un parallélogramme ayant deux côtés consécutifs de même longueur est un ...				
Un quadrilatère ayant un angle droit est un ...				
Un quadrilatère ayant trois angles droits est un ...				
Un parallélogramme ayant un angle droit est un ...				
Un quadrilatère ayant ses diagonales qui ont le même milieu est un				
Un parallélogramme ayant des diagonales de même longueur est un ...				
Un parallélogramme ayant des diagonales perpendiculaires est un ...				
Un parallélogramme ayant des diagonales perpendiculaires et de même longueur est un ...				

Livret des corrigés p. 16

27 Prismes droits

Comprendre et retenir

Définitions

▪ Un **prisme droit** est un solide composé de:

• deux faces polygonales parallèles et superposables, appelées **bases du prisme**;

• faces rectangulaires et perpendiculaires aux bases, appelées **faces latérales du prisme.**

▪ Les **arêtes latérales** sont les côtés communs aux faces latérales. Elles sont perpendiculaires aux bases, parallèles entre elles et de même longueur. Cette même longueur s'appelle la **hauteur du prisme** droit.

Perspective cavalière

Un prisme droit peut être représenté en **perspective cavalière** posé sur sa base ou posé sur l'une de ses faces latérales. Les faces latérales sont alors représentées par des parallélogrammes.

Patron

▪ Un **patron** d'un prisme droit de hauteur h est une figure obtenue en le «dépliant». Il est composé de:

• **deux polygones superposables** de périmètre P, représentant les bases.

• d'**un rectangle** de longueur P et de largeur h, qui se replie tout le long des bases et qui constitue la surface latérale du prisme droit, représentant l'ensemble des faces latérales.

▪ **L'aire latérale** d'un prisme droit est l'aire de sa surface latérale. Elle est égale au produit du périmètre P de sa base par sa hauteur: $A = P \times h$.

Remarque
Les bases d'un prisme peuvent être des polygones de toute nature: triangle, quadrilatère, pentagone, hexagone, etc.

Remarque
En perspective cavalière, les arêtes cachées sont représentées en pointillés.

Remarque
Un prisme admet plusieurs patrons.

Apprendre comment faire

Représenter un prisme droit en perspective cavalière

ABCDEF est un prisme droit tel que:

• ABC est un triangle équilatéral de côté 3 cm;

• sa hauteur EC mesure 8 cm.

Représenter ce prisme droit en perspective cavalière posé sur une des faces latérales.

SOLUTION

1

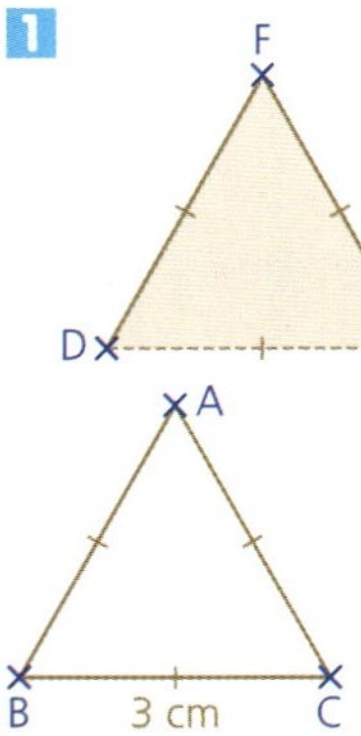

2

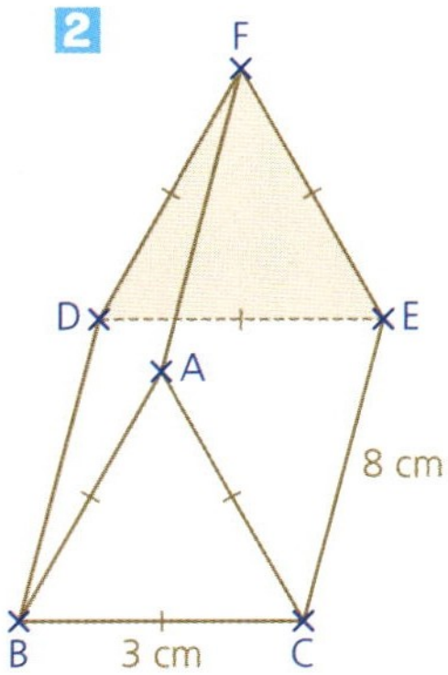

Méthode

1 **Tracer les deux bases en vraie grandeur, parallèles et superposables,** décalées l'une par rapport à l'autre;

2 **Ajouter les arêtes latérales** en joignant les sommets des bases. Vérifier qu'elles sont:

• parallèles entre elles;

• de même longueur, même si sur la représentation en perspective cavalière, ces dimensions ne sont pas partout en vraie grandeur: les arêtes obliques sont légèrement réduites pour donner une impression de réalisme.

Ne pas oublier de tracer les arêtes cachées en pointillés.

Renseigner la longueur d'une arête latérale, et la longueur d'un côté de la base, ici 8 cm et 3 cm.

S'entraîner

1 Vrai ou Faux ?

	V	F
a. Un prisme droit est un solide à six faces.	☐	☐
b. Un prisme droit dont toutes les faces sont des rectangles est un parallélépipède rectangle.	☐	☐
c. Un prisme droit à 6 sommets possède 6 faces.	☐	☐
d. Un prisme droit à 8 sommets possède 12 arêtes.	☐	☐
e. Il existe des prismes admettant 7 arêtes.	☐	☐

2 Reconnaître un prisme droit

Parmi les solides suivants, trois sont des primes droits. Lesquels ? Justifier.

a.
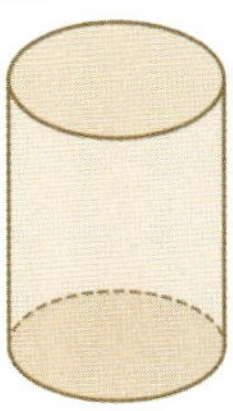

b.
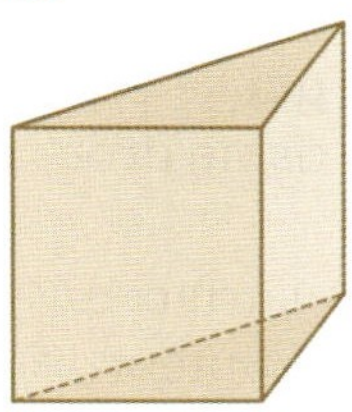

c.

d.
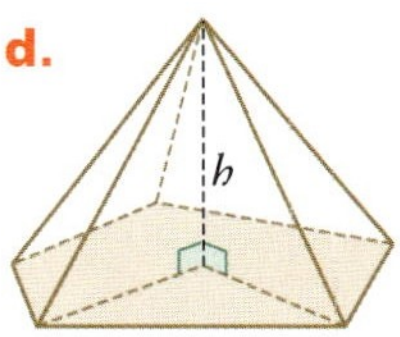

e.
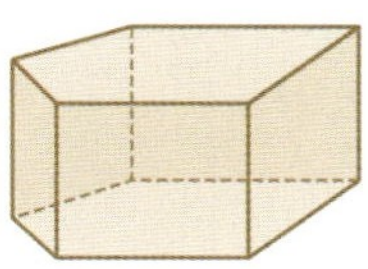

f.
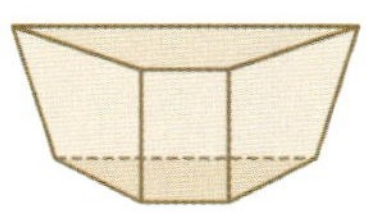

3 Maîtriser le vocabulaire

Pour le prisme droit représenté ci-dessous, citer :

a. les sommets ;

b. les bases ;

c. les faces latérales ;

d. les arêtes latérales ;

e. la hauteur.

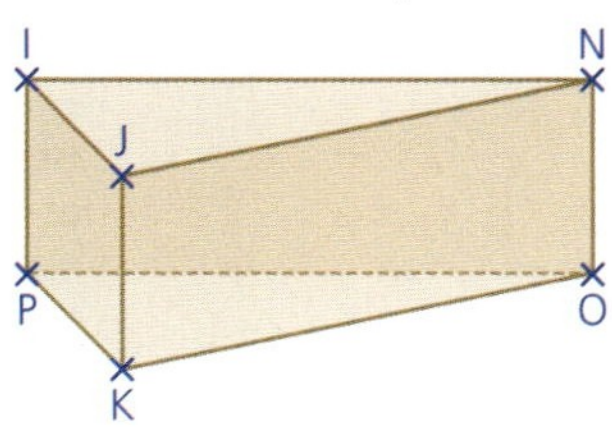

4 Parallèle ou perpendiculaire ?

Pour le prisme droit représenté ci-contre, citer :

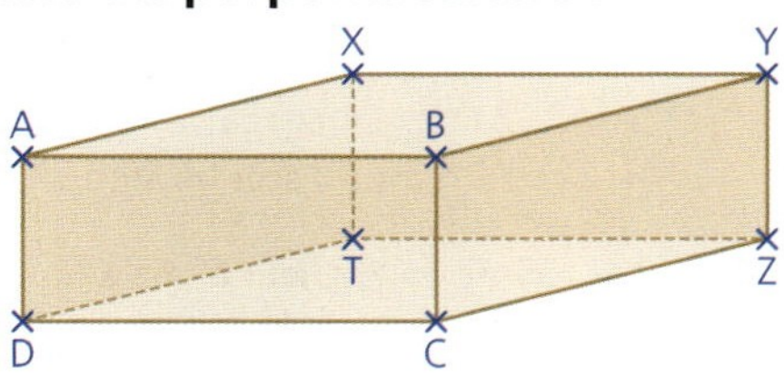

a. deux faces parallèles ;

b. deux faces perpendiculaires ;

c. deux arêtes parallèles n'appartenant pas à la même face ;

5 Prisme à base triangulaire

Utiliser la **méthode** décrite dans **Apprendre comment faire**.

On considère un prisme droit de hauteur 5 cm, dont les bases sont des triangles de dimensions = 35 mm, 42 mm et 48 mm.

a. Le représenter à main levée, en perspective cavalière, posé sur une de ses faces latérales.

b. Le représenter en vraie grandeur, en perspective cavalière, posé sur une de ses faces latérales.

c. Représenter un de ses patrons en vraie grandeur.

d. Calculer l'aire latérale de ce prisme.

6 Prisme à base parallélogramme

On considère un prisme droit de hauteur 8 cm, dont les bases sont des parallélogrammes de dimensions 70 mm et 50 mm et dont un angle mesure 37°.

a. Le représenter à main levée, en perspective cavalière, posé sur une de ses bases.

b. Le représenter en vraie grandeur, en perspective cavalière, posé sur une de ses bases.

c. Représenter un de ses patrons à l'échelle $e = \frac{1}{2}$.

d. Calculer l'aire latérale de ce prisme.

7 Aire latérale

a. Expliquer pourquoi la surface latérale d'un prisme droit est un rectangle dont les dimensions sont le périmètre d'une base et sa hauteur.

Aide *L'aire latérale d'un prisme droit est donnée par la formule : Aire latérale = Périmètre de la base × Hauteur.*

b. En déduire les dimensions d'un cube dont l'aire latérale est égale à 400 cm^2. Justifier.

Livret des corrigés p. 16

28 Cylindres de révolution

Remarque
Un cylindre de révolution est le solide décrit en faisant tourner un rectangle autour d'un de ses côtés.

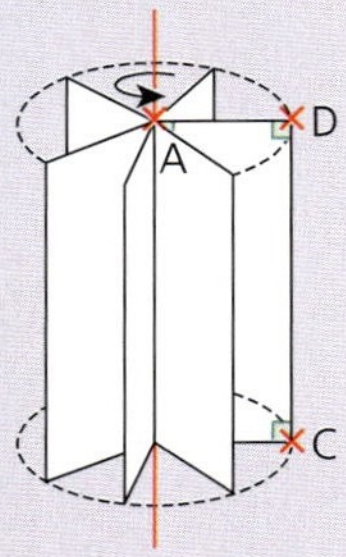

Remarque
Un même cylindre admet plusieurs patrons.

Comprendre et retenir

Définitions

- Un **cylindre de révolution** est un solide composé de :
  - deux disques parallèles et superposables, appelés **les bases** ;
  - d'un **rectangle** qui « s'enroule » autour des deux bases appelé la **surface latérale**.
- L'**axe** d'un cylindre de révolution est la droite perpendiculaire aux bases et passant par le centre des deux bases.
- La **hauteur** d'un cylindre de révolution est le segment qui joint les centres des deux bases. Elle désigne également la longueur de ce segment.

Représentation

- Lorsqu'un cylindre de révolution est représenté en **perspective cavalière**, les bases sont représentées par des formes légèrement ovales.
- Le **patron** d'un cylindre de révolution de rayon r et de hauteur h est la figure obtenue en le « dépliant ». Il est composé de :
  - **deux disques** superposables de rayon r, représentant des bases ;
  - d'**un rectangle** de dimensions $2 \times \pi \times r$ et h, qui s'enroule tout autour des bases et qui représente la surface latérale du cylindre.

Apprendre comment faire

Représenter un cylindre de révolution en perspective cavalière

Représenter en perspective cavalière un cylindre de hauteur 6 cm et de rayon 2 cm :

a. posé sur une de ses bases ;

b. posé sur sa surface latérale.

SOLUTION

a.

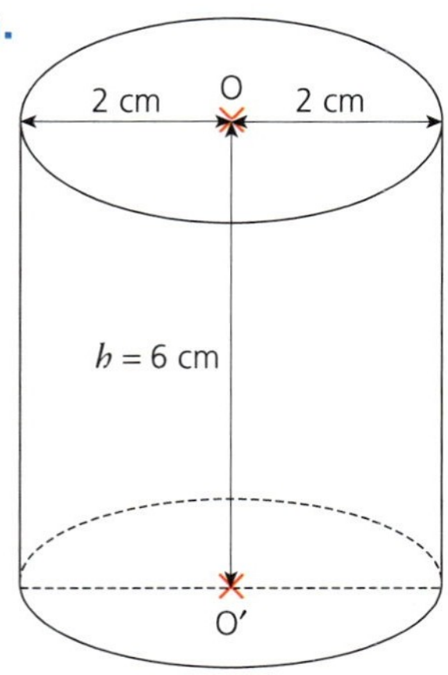

b.

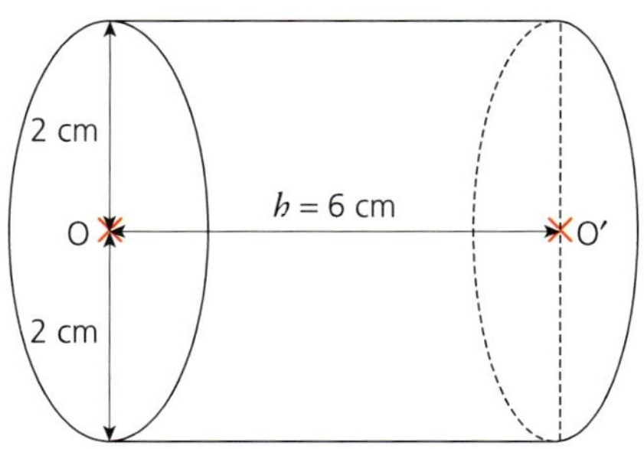

Méthode

Construire en vraie grandeur un rectangle, ici de longueur 6 cm et de largeur 4 cm.
Placer les points O et O′, milieu des côtés correspondant aux diamètres des bases.
Tracer à main levée les bases de centre O et O′ et de rayon 2 cm.
Vérifier qu'elles sont :
- parallèles entre elles ;
- superposables ;
- de forme légèrement ovales pour donner une impression de réalisme.

Ne pas oublier de tracer les éléments cachés en pointillés.

S'entraîner

1 Vrai ou Faux ?

	V	F
a. Les bases d'un cylindre de révolution sont des cercles.	☐	☐
b. On peut décrire un cylindre de révolution en faisant tourner un triangle rectangle autour d'un de ses côtés de l'angle droit.	☐	☐
c. La hauteur d'un cylindre de révolution est perpendiculaire aux bases.	☐	☐
d. Les deux bases d'un cylindre de révolution sont parallèles et superposables.	☐	☐
e. Lorsque la hauteur est égale au diamètre d'un cylindre de révolution, la surface latérale est un carré.	☐	☐

2 Identifier

On considère le cylindre de révolution ci-contre :

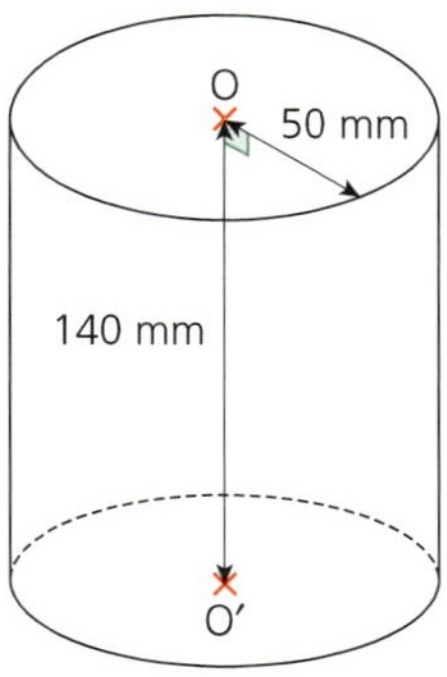

a. Décrire ses bases.

b. Préciser son diamètre.

c. Préciser sa hauteur.

d. Préciser son axe.

3 Constructions avec quadrillage

Reproduire et compléter les figures suivantes pour obtenir une représentation en perspective cavalière d'un cylindre de révolution.

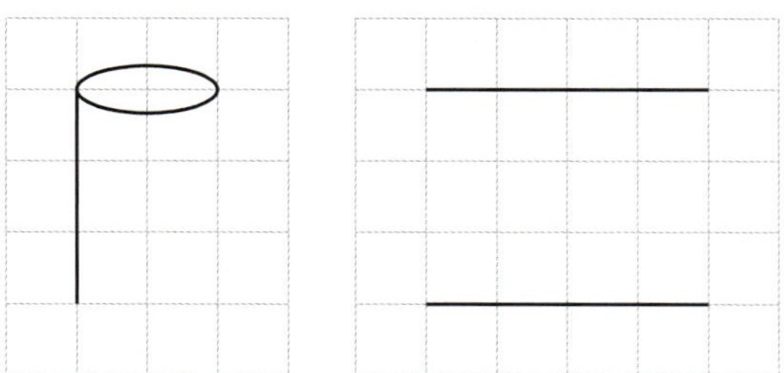

4 À vue d'œil !

Pour chacune des figures suivantes :

a. Justifier qu'elles puissent ou non être un patron d'un cylindre de révolution ;

b. Si oui, quelle condition sur les dimensions faut-il ajouter pour qu'elles le soient réellement ? Justifier.

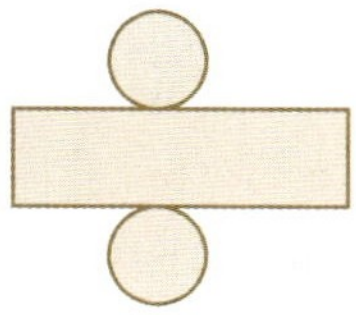
fig. 1

fig. 2

fig. 3

fig. 4

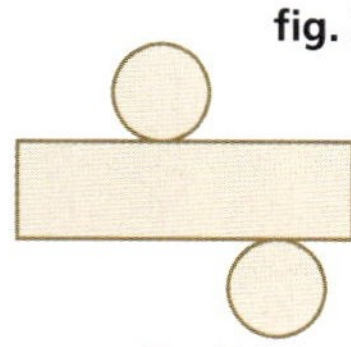
fig. 5

5 Constructions sans quadrillage

Utiliser la **méthode** décrite dans **Apprendre comment faire**.

On considère un cylindre de révolution de rayon 3 cm et de hauteur 8 cm.

a. À main levée, tracer deux représentations différentes en perspective cavalière :

- posé sur une base ;
- posé sur sa surface latérale.

b. Représenter en vraie grandeur les deux figures précédentes.

6 Tourner autour de l'axe

On considère un rectangle ABCD tel que AB = 12 cm et AD = 4 cm.

Décrire le cylindre de révolution formé lorsque l'on fait tourner le rectangle ABCD autour :

a. du côté [AB] ; **b.** du côté [AD] ; **c.** de la médiatrice du côté [DC] ; **d.** de la médiatrice du côté [BC].

7 Aire latérale

a. Calculer l'aire latérale d'un cylindre de révolution de diamètre 11 mm et de hauteur 22 mm. Donner la valeur exacte puis la valeur arrondie au centième.

b. Donner la valeur arrondie à l'unité du diamètre d'un cylindre de révolution de hauteur 10 cm et dont la surface latérale est un rectangle de longueur 44π cm. Justifier.

Aide *L'aire latérale d'un cylindre de révolution est donnée par la formule : Aire latérale = Périmètre de la base × Hauteur.*

c. Calculer la valeur exacte puis arrondie au dixième de la hauteur d'un cylindre de révolution de rayon 6 cm et dont l'aire latérale est égale à 72 cm². Justifier. (On prendra $\pi \approx 3,14$.)

Livret des corrigés p. 17

29 Aires

Comprendre et retenir

> **Remarque**
> La hauteur issue d'un sommet est le segment qui joint perpendiculairement ce sommet au côté opposé.

> **Attention !**
> Dans les calculs d'aires, les longueurs doivent être exprimées dans la même unité.

Parallélogramme

Dans un parallélogramme, la **hauteur relative à un côté** est le segment qui joint perpendiculairement ce côté au côté opposé. Elle désigne également la longueur de ce segment.

L'aire $\mathcal{A}$ du parallélogramme est égale au produit de la longueur d'un côté par la hauteur relative à ce côté.

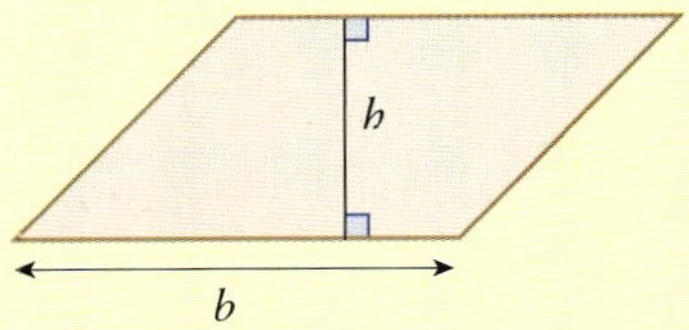

$\mathcal{A} = b \times h$

$\mathcal{A} = b' \times h'$

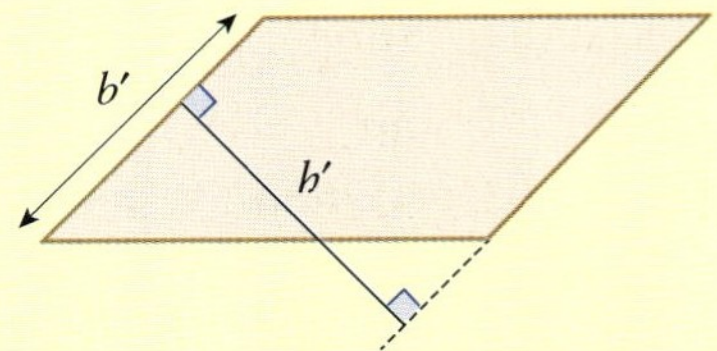

Triangle

L'aire $\mathcal{A}$ d'un triangle est égale à la moitié du produit de la longueur d'un côté par la hauteur relative à ce côté.

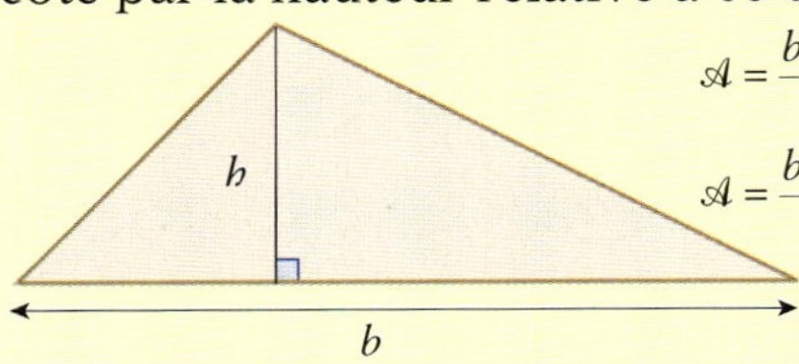

$\mathcal{A} = \dfrac{b \times h}{2}$

$\mathcal{A} = \dfrac{b' \times h'}{2}$

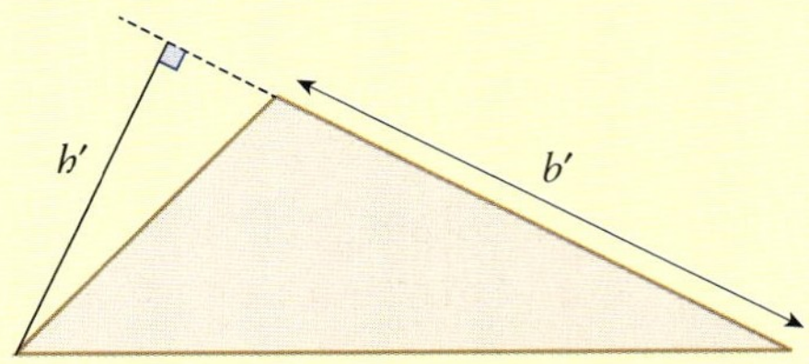

> **Remarque**
> L'aire d'un prisme droit ou d'un cylindre est égale à la somme des aires des deux bases et de l'aire latérale.

Dans un triangle, toute médiane le partage en deux triangles de même aire.

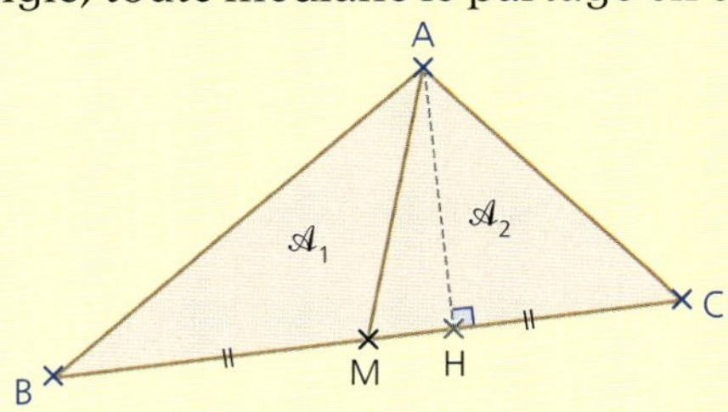

$\mathcal{A}_1 = \dfrac{\text{BM} \times \text{AH}}{2}$

$\mathcal{A}_2 = \dfrac{\text{MC} \times \text{AH}}{2}$

$\mathcal{A}_1 = \mathcal{A}_2$

> **Attention !**
> La **valeur exacte** d'un produit de facteurs faisant intervenir π est donnée sous la forme d'un multiple de π.

Disque

L'aire $\mathcal{A}$ d'un disque de rayon r est égale au produit de π par le carré de son rayon.

$\mathcal{A} = \pi \times r \times r = \pi \times r^2$.

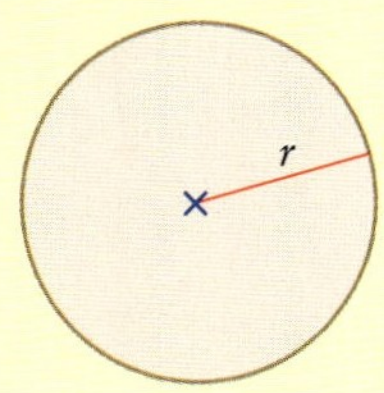

Apprendre comment faire

Calculer l'aire d'un triangle

En utilisant les indications de la figure, calculer l'aire du triangle ci-contre :

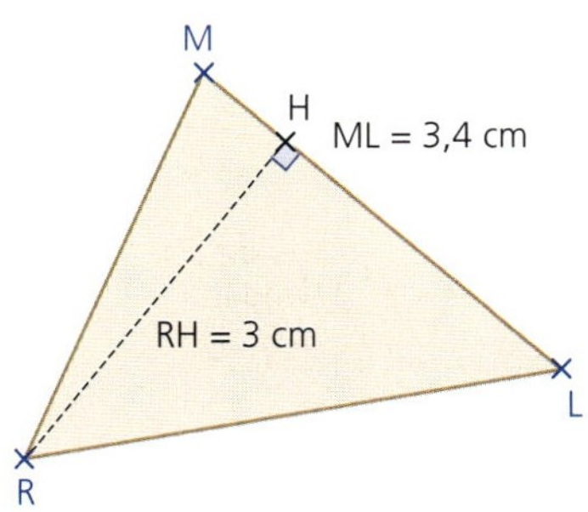

SOLUTION

1 $\mathcal{A} = \dfrac{b \times h}{2}$.

2 La hauteur [HR] relative au côté [ML] mesure 3 cm et le côté [ML] mesure 3,4 cm.

3 $\mathcal{A} = \dfrac{\text{ML} \times \text{HR}}{2} = \dfrac{3{,}4 \times 3}{2} = 5{,}1 \text{ cm}^2$.

> **Méthode**
> **1 Écrire la formule générale** de l'aire d'un triangle.
> **2 Identifier un côté de longueur connu ainsi que la hauteur relative à ce côté.**
> **3 Appliquer la formule de l'aire** avec les valeurs numériques relevées. Ne pas oublier de conclure avec l'unité adéquate.

S'entraîner

1 Vrai ou Faux ?

	V	F
a. L'aire d'un rectangle de longueur L et de largeur l est égale à $(L + l) \times 2$.	☐	☐
b. L'aire d'un disque de diamètre 4 mm est égale à 4π mm^2.	☐	☐
c. L'aire d'un disque de diamètre 6 mm est égale à 6π cm^2	☐	☐
d. 10 m^2 = 100 000 cm^2.	☐	☐
e. L'aire d'un carré de côté 5 cm est deux fois plus petite que l'aire d'un carré de côté 10 cm.	☐	☐
f. Si deux figures géométriques ont le même périmètre, alors elles ont la même aire.	☐	☐

2 En utilisant le quadrillage

À l'aide du quadrillage, donner la nature et calculer l'aire en carreaux de chacune des figures suivantes.

a.

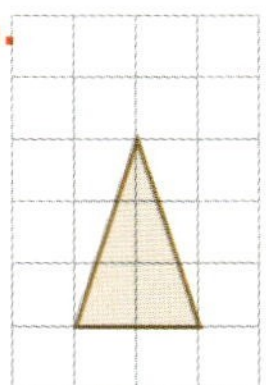

b. **c.**

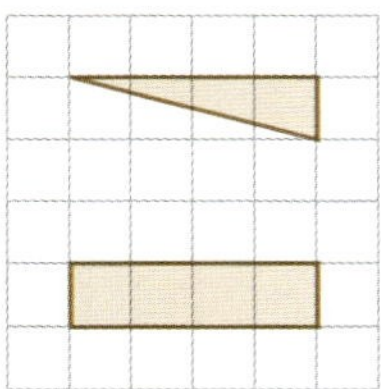

d.

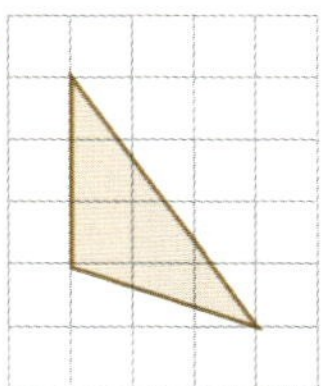

e.

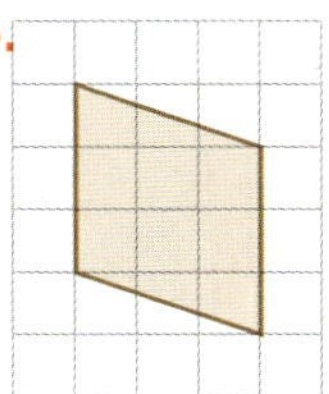

f.

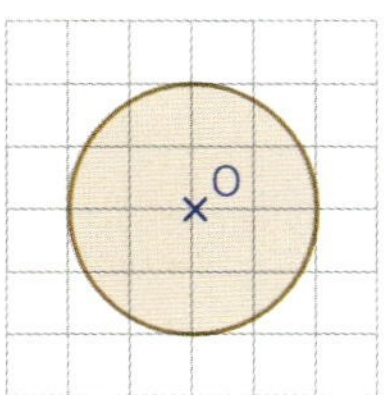

g.

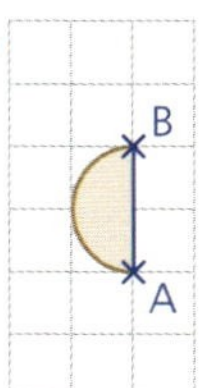

3 Triangle et parallélogramme

Compléter les tableaux suivants.

Utiliser la **méthode** décrite dans **Apprendre comment faire**.

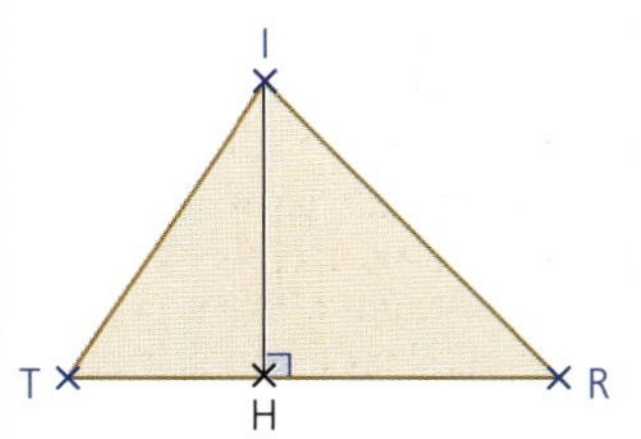

TR	IH	Aire du triangle TRI
7,4 mm	3 mm	…
4,8 m	…	15 m^2
…	16 cm	176 cm^2

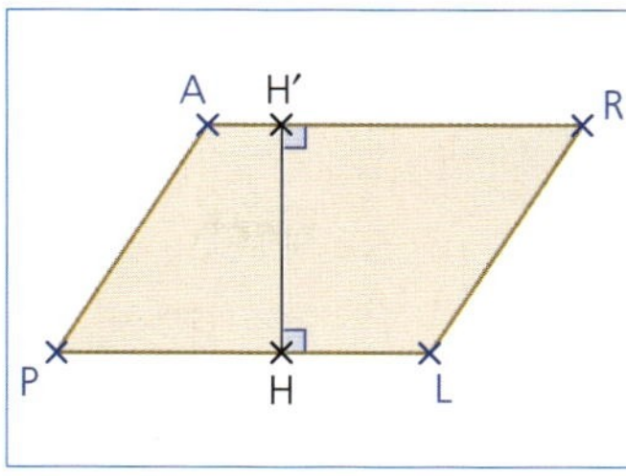

PL	HH'	Aire du parallélogramme PARL
13 cm	3,2 cm	…
…	6 hm	42 hm^2
8 dm	…	72 dm^2

4 Pourquoi ?

Observer la configuration suivante :

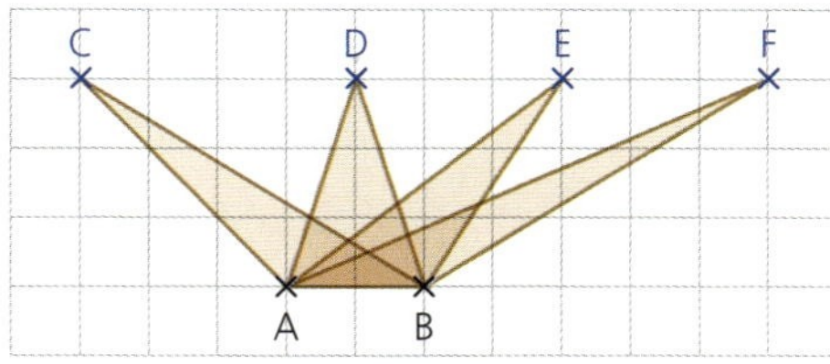

Pourquoi les triangles ABC, ABD, ABE et ABF ont-ils tous la même aire ?

5 Du périmètre à l'aire

On considère un rectangle de périmètre 24 cm, dont la longueur est le triple de la largeur.

a. Déterminer les dimensions du rectangle.

b. En déduire l'aire du rectangle.

6 Raisonner

Observer la configuration suivante :

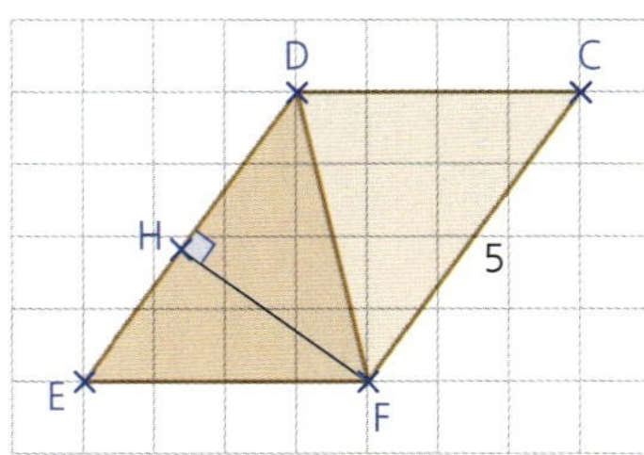

a. À l'aide du quadrillage, déterminer l'aire en carreaux du quadrilatère CDEF. Justifier.

b. En déduire l'aire du triangle DEF. Justifier.

c. En déduire la longueur du segment [HF]. Justifier.

Livret des corrigés p. 17

30 Volumes

Comprendre et retenir

Attention !
Dans les calculs de volumes, les longueurs doivent être exprimées dans la même unité.

Unités de volume

Pour passer d'une unité de volume à la précédente, on multiplie par 1 000.

km^3 ← ×1 000 — hm^3 ← ×1 000 — dam^3 ← ×1 000 — m^3 ← ×1 000 — dm^3 ← ×1 000 — cm^3 ← ×1 000 — mm^3

Parallélépipède rectangle

Le volume $\mathcal{V}$ d'un parallélépipède rectangle est égal au produit de l'aire de sa base par sa hauteur.

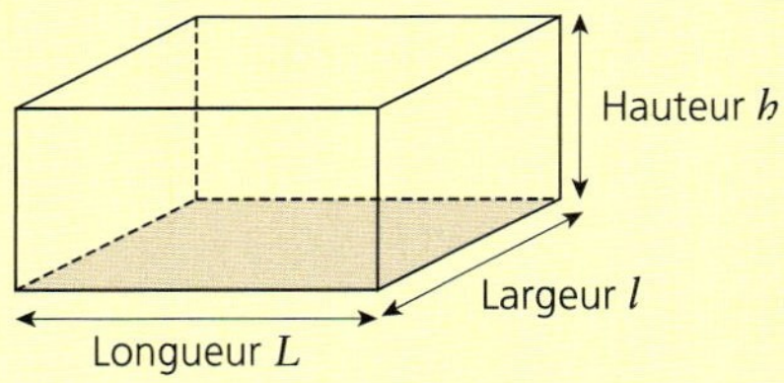

$\mathcal{V} = L \times l \times h$

Prisme droit

Le volume $\mathcal{V}$ d'un prisme droit est égal au produit de l'aire de sa base par sa hauteur.

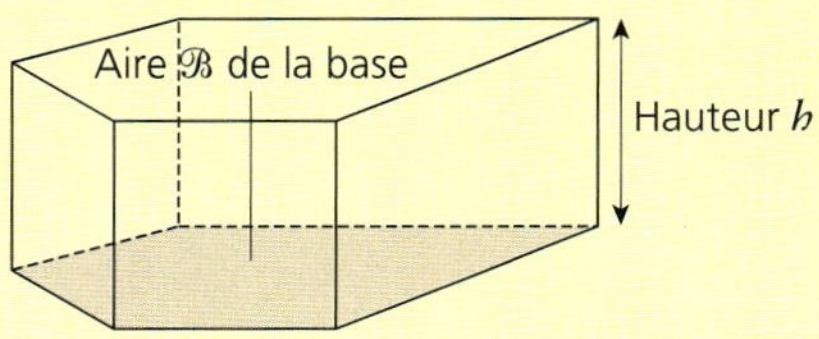

$\mathcal{V} = \mathcal{B} \times h$

Cylindre de révolution

Le volume $\mathcal{V}$ d'un cylindre de révolution de rayon r et de hauteur h est égal au produit de l'aire de sa base par sa hauteur.
$\mathcal{V} = \pi \times r^2 \times h$.

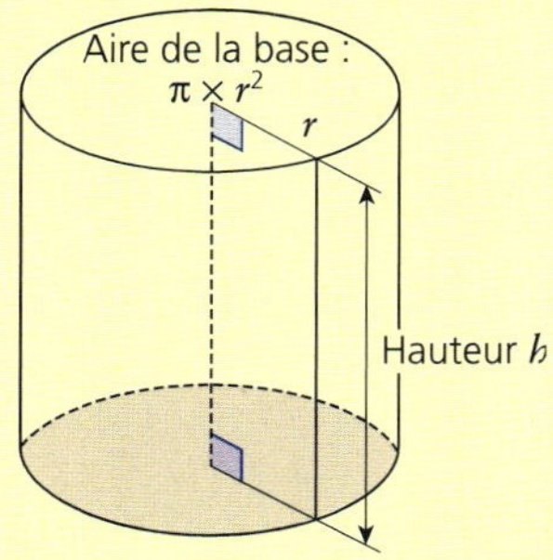

Remarque
La formule du volume est identique pour les trois solides de cette page (Aire de la base × hauteur).

Apprendre comment faire

Calculer le volume d'un prisme droit

Calculer le volume d'un prisme droit de hauteur $h = 9$ cm et dont la base est un triangle HIN rectangle en H, tel que HI = 4 cm et HN = 3 cm.

SOLUTION

1 $\mathcal{V} = \mathcal{B} \times h$.

2 La base est un triangle rectangle d'aire $\mathcal{B} = \dfrac{4 \times 3}{2} = 6$ cm².

3 La hauteur vaut $h = 9$ cm.

4 $\mathcal{V} = \mathcal{B} \times h = 6 \times 9 = 54$ cm³.

Méthode

1 **Écrire la formule générale** du volume d'un prisme droit.

2 **Identifier la nature de la base et calculer son aire**. Ici, c'est un triangle rectangle.

3 **Identifier la hauteur** du prisme.

4 **Appliquer la formule du volume** avec les valeurs numériques relevées. Ne pas oublier de conclure avec l'unité adéquate.

1 Vrai ou Faux ?

	V	F
a. Le volume $\mathcal{V}$ d'un cube de côté c est donné par la formule $\mathcal{V} = c \times c \times c$.	☐	☐
b. Le volume d'un prisme de hauteur 5 cm est proportionnel à l'aire de sa base.	☐	☐
c. 1 L = 1 m^3.	☐	☐
d. Si deux cylindres de révolution ont le même rayon, alors ils ont le même volume.	☐	☐
e. Pour convertir des cm^3 en mm^3, on multiplie par 1 000.	☐	☐

2 Changer d'unités

a. 1,52 L = ... cL.
b. 5 dL = ... dm^3.
c. 0,021 hL = ... dL.
d. 20 m^3 = ... hL.
e. .... dL = 1,39 daL.
f. .... mL = 100 cm^3
g. .... mL = 0,02 L.
h. .... mL = 1 000 mm^3

3 Parallélépipède rectangle

Le solide ci-contre est un parallélépipède rectangle.

a. Coder ses angles droits.

b. Calculer son volume.

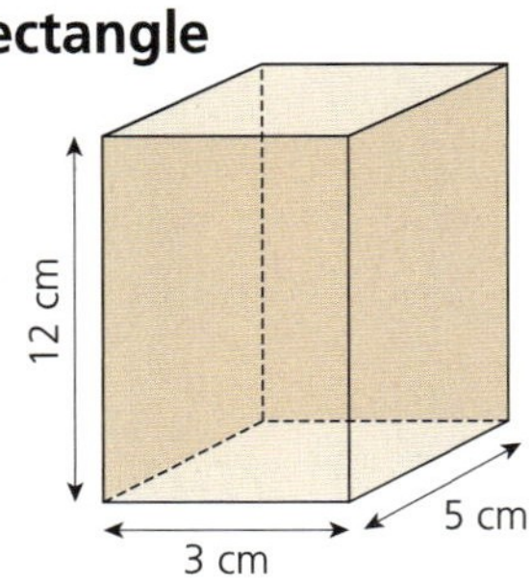

4 Prisme droit

Utiliser la méthode décrite dans Apprendre comment faire.

Calculer le volume du prisme droit suivant :

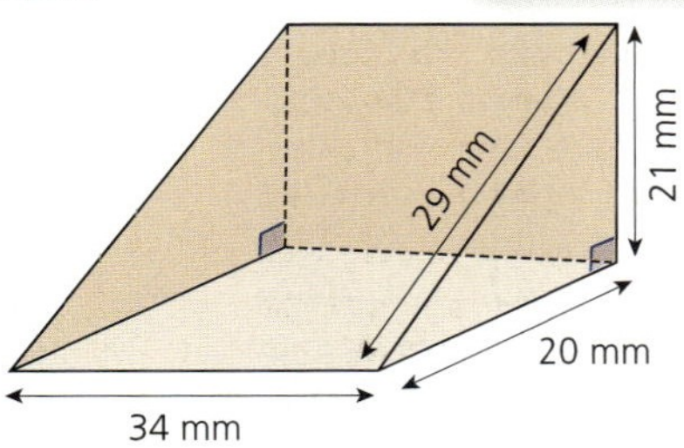

5 Cylindre de révolution

Utiliser la méthode décrite dans Apprendre comment faire.

On considère un cylindre de révolution de rayon r et de hauteur 9 cm.

a. Compléter le tableau suivant en écrivant les valeurs de l'aire de la base et du volume du cylindre sous la forme de multiples de π.

Rayon r	2 cm	....	....	x cm
Aire de la base	....	25 π cm^2	....	....
Volume du cylindre	....	....	324π cm^3	....

b. Observer les résultats obtenus. Existe-t-il une situation de proportionnalité ? Si oui, préciser les grandeurs proportionnelles.

6 Proportionnels ?

On considère un prisme droit de hauteur h et dont les bases sont des polygones d'aire égale à 11 cm^2.

a. Compléter le tableau suivant :

Hauteur h	1 cm	....	13 cm	x cm
Volume du prisme	....	231 cm^3		....

b. Le volume d'un prisme est-il proportionnel à sa hauteur ? Justifier.

7 Argumenter

Peut-on verser 33 mL d'un liquide dans un récipient cubique de côté 3 cm ? Dans un récipient cylindrique de rayon 3 cm et de hauteur 3 cm. Justifier.

8 Raisonner

La figure ci-contre est constituée d'un prisme droit IJKLMNOP de hauteur 20 cm et dont la base est un parallélogramme de côtés 6 cm et 7 cm.

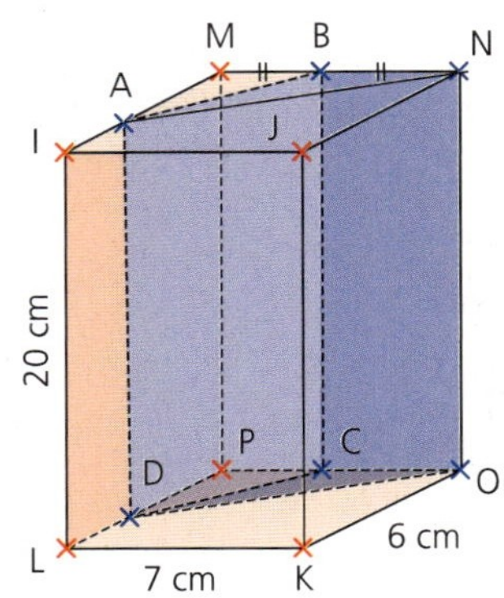

On découpe un prisme droit ABNDCO tel que :
les triangles ABN et DCO constituent les bases ;
A soit un point du segment [IM] ;
B est le milieu du segment [MN].
D soit un point du segment [LP] ;
C est le milieu du segment [PO].
Préciser la position du point A pour que le volume du prisme droit ABNDCO soit 5 fois plus petit que celui du prisme droit IJKLMNOP.

Livret des corrigés p. 18

1 Les débuts de l'islam

Comprendre et retenir

Définitions

L'islam (avec un « i » minuscule) : ensemble des croyances et des pratiques de la religion musulmane.

Hégire : départ de Mohammed de La Mecque pour Yathrib (Médine) ; début de l'ère musulmane.

Coran : « récitation » en arabe. Texte sacré considéré comme la parole divine transmise à Mohammed.

Hadiths : ensemble des paroles et des actes attribués à Mohammed.

Sirâ : ensemble des récits sur la vie de Mohammed.

Calife : chef politique et religieux des musulmans.

Islam (avec un « I » majuscule) : ensemble des musulmans et de la civilisation musulmane.

Une nouvelle religion

- Au VIe siècle, le désert d'Arabie est peuplé d'éleveurs nomades polythéistes, dont **La Mecque** est le lieu saint.
- Selon la tradition religieuse musulmane, l'**ange Gabriel** révèle en 610 à Mohammed (570-632) qu'**Allah** l'a choisi pour prophète. Mohammed prêche alors à La Mecque une **nouvelle religion monothéiste : l'islam.**
- **En 622**, rejeté, il part pour Yathrib (Médine) : **c'est l'Hégire**. Devenu **chef politique et religieux de la communauté musulmane**, il revient à La Mecque (630). À sa mort, en 632, la majorité des Arabes sont convertis à l'islam.
- Coran, Hadiths, et Sirâ **prescrivent les pratiques** à observer par les fidèles : profession de foi en un dieu unique, prière cinq fois par jour, jeûne du Ramadan, aumône, pèlerinage à La Mecque, et des règles de vie quotidienne.

Une conquête fulgurante

- **De 632 à 750**, les successeurs de Mohammed (califes) **conquièrent de vastes territoires** dont **la majorité des habitants adoptent l'islam**. Juifs et chrétiens peuvent conserver leur religion à condition de payer un impôt.
- Le calife est d'abord issu de la **dynastie omeyyade** (capitale : Damas), puis, après 750, de la **dynastie abbasside** (capitale : Bagdad). Au Xe siècle naissent deux califats rivaux : Le Caire et Cordoue.

Une civilisation brillante

- L'Islam est une civilisation de villes, organisées autour de palais et de mosquées. Située au **carrefour entre l'Afrique, l'Asie et l'Europe**, la civilisation musulmane fait commerce de précieuses marchandises.
- Les **échanges culturels** permettent aux savants de progresser en médecine, mathématiques, géographie, astronomie.

Apprendre comment faire

Compléter un fond de carte

Les conquêtes arabo-musulmanes (VIIe-VIIIe siècles)

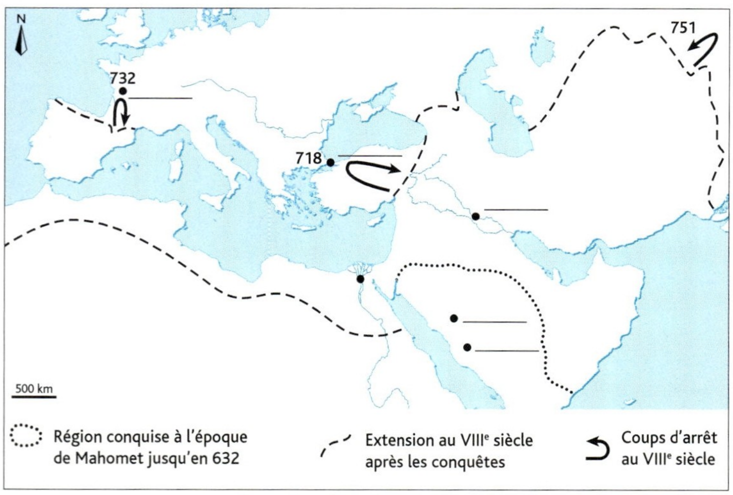

Méthode

1 Prendre connaissance du fond de carte.
Identifier le territoire représenté et la période étudiée. Prendre connaissance de la légende.

2 Mobiliser ses connaissances.
Mobiliser ses connaissances pour localiser les principaux repères : océans, mers, villes, territoires conquis.

3 Placer les principaux repères.
Inscrire en bleu, en capitales, les océans ; en lettres d'imprimerie les mers. Inscrire en noir, en capitales, les territoires conquis ; en lettres d'imprimerie les villes. Rappeler les noms et dates de trois batailles marquant la fin des conquêtes.

4 Compléter la légende et colorier le fond de carte.
Adopter un code couleur pour la légende et colorier le fond de carte.

S'entraîner

1 Vrai ou Faux ?

	V	F
a. Islam et islam désignent la même chose.	☐	☒
b. L'islam est une religion monothéiste.	☒	☐
c. Les califes sont les successeurs de Mohammed.	☒	☒
d. L'Hégire est le début de l'ère chrétienne.	☐	☒
e. Bagdad (Irak) est la capitale de la dynastie omeyyade.	☐	☒

2 Étudier un texte

En Irak, le nombril de la terre, je mentionnerais en premier lieu Bagdad, parce qu'elle est le cœur du pays, la ville la plus considérable qui n'a d'équivalent ni en Orient, ni en Occident, en étendue, en importance, en prospérité, comme en abondance d'eau. Tous les peuples du monde y possèdent un quartier et y font du commerce. Elle s'étale sur les rives du Tigre, et voit affluer des produits commerciaux et des vivres par terre ou par eau. Les marchandises y sont apportées de l'Inde, de la Chine, du Tibet, du pays des Turcs, de toute part. On pourrait croire que tous les biens de la Terre y sont dirigés. En outre, elle est la capitale des califes abbassides, le foyer de leur empire et le siège de leur souveraineté.

D'après le géographe arabe Al-Yacoubi, *Les pays*, IXᵉ siècle.

a. Dans quel pays et sur quel fleuve se situe Bagdad ?
le fleuve du Tigre

b. Quelle dynastie de califes y a fondé sa capitale ?
les peuples du monde entier

c. Quelles raisons valent à l'Irak le surnom de « nombril de la Terre » ?
le pays principal, c'est le cœur du pays, la ville la plus considérable [...]

d. Trouvez un titre à ce texte.
Bagdad, le nombril de la terre

3 Étudier l'organisation d'une mosquée

Situez les éléments suivants sur les schémas à l'aide de leur numéro :

1. **Le minaret** (tour depuis laquelle un religieux, appelé *muezzin*, appelle les croyants à la prière).
2. **La cour à portiques.**
3. **Le bassin aux ablutions** (où les fidèles se lavent les mains et le visage avant de prier).
4. **La salle de prière.**
5. **Le mihrab** (cavité symbolisant la présence de Mohammed et indiquant la direction de La Mecque dans laquelle les musulmans doivent se tourner pour prier).
6. **Le mur de la Qibla**, orienté vers La Mecque, dans lequel se trouve le mihrab.

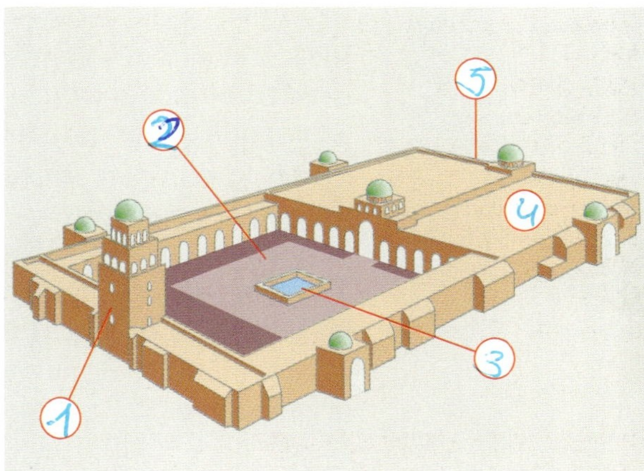

Plan de la mosquée de Kaiouan (Tunisie).

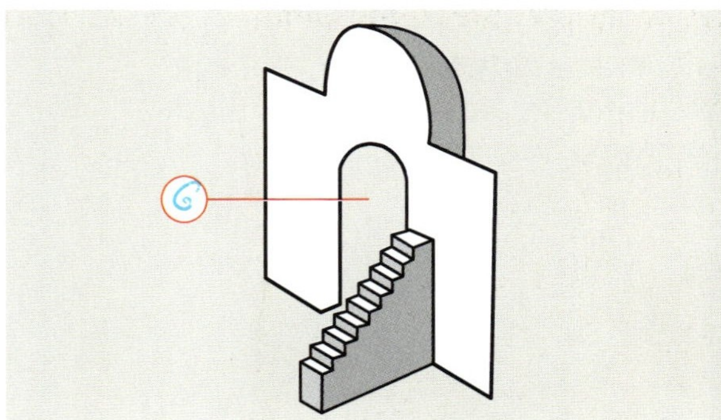

Histoire - Géo
Éducation civique

Livret des corrigés p. 18

2 Paysans et seigneurs du royaume de France

Comprendre et retenir

Définitions

Corvées : travaux obligatoires effectués gratuitement par les paysans sur le domaine du seigneur.

Cens : somme d'argent versée par le paysan en échange de sa tenure.

Banalités : impôts payés par les paysans pour l'utilisation du four, du moulin et du pressoir du seigneur.

Seigneurie territoriale : territoire et population rurale dominés par un seigneur.

Vilain : paysan libre vivant sur un domaine seigneurial, parfois propriétaire de terres.

Serf : paysan qui ne peut quitter librement la seigneurie.

Amour courtois : attitude fidèle et dévouée du chevalier envers sa dame.

Le système seigneurial

- **À partir des Xe et XIe siècles**, les **communautés paysannes** sont regroupées dans des villages, installés sur des domaines plus ou moins vastes et **appartenant à un seigneur laïc** (châtelain) **ou religieux** (abbé).
- **Les paysans cultivent les terres du seigneur** (corvées), **paient des impôts** pour des terres qu'ils louent (les tenures) ou possèdent (le cens). Ils **versent une taxe** pour utiliser les fours et moulins seigneuriaux (les banalités). En contrepartie, **le seigneur assure leur sécurité**.
- **Le château fortifié** est à la fois un **moyen de contrôle** des communautés paysannes, un **lieu de vie** pour le seigneur et un **espace de défense et de protection** pour tous.

Vivre dans une seigneurie

- La seigneurie territoriale comprend les villageois, le seigneur et ses proches (famille, chevaliers, hommes d'armes).
- **La communauté villageoise est hiérarchisée** entre vilains, paysans pauvres, serfs et artisans. Elle s'organise autour de l'assemblée villageoise, de l'église et des fêtes.
- Les travaux des champs sont pénibles et les outils rudimentaires. Les **rendements agricoles** sont parfois **insuffisants**. **Disettes** ou **famines** frappent alors les populations.
- **Le seigneur tire de son domaine les ressources** qui lui permettent de remplir ses **obligations féodales** (commander, juger, défendre) et de vivre noblement en organisant des fêtes (banquets) et des tournois.
- Le seigneur est aussi un **chevalier** et s'entraîne au combat. Il doit respecter les **règles de la chevalerie** : code d'honneur, amour courtois.
- **Le système seigneurial s'impose en Occident** créant une nouvelle organisation économique et sociale.

Apprendre comment faire

Étudier une enluminure

Calendrier-martyrologe de l'abbaye de Saint-Germain-des-Prés, XIIIe siècle

Enluminure, BNF, Département des Manuscrits, Latin 12834, fol. 69V.

Méthode

1 Présenter le document.
Identifier la nature, la source et la date du document.

2 Décrire le document.
Identifier les deux personnages représentés.
Décrire leur tenue et leur activité.
Quels outils utilisent-ils ?
À quel épisode du calendrier agricole correspond cette scène ?

3 Interpréter le document à l'aide de ses connaissances.
Rappeler la place des travaux agricoles dans la vie des paysans au Moyen Âge.
Rappeler leurs conditions de travail et leur statut au sein du système seigneurial.

S'entraîner

❶ Vrai ou Faux ?

	V	F
a. Le système seigneurial apparaît à partir du Xe siècle.	☒	☐
b. La seigneurie est limitée au château fortifié.	☐	☒
c. Le vilain est un paysan libre.	☒	☒
d. La tenure est un impôt payé au seigneur en location d'une terre.	☒	☒
e. Le seigneur doit rendre la justice sur son domaine.	☒	☒
f. Au Xe siècle, les travaux agricoles sont facilités par de bons outils.	☐	☒
g. Le chevalier ne respecte aucun règlement.	☐	☒

❷ Étudier un sceau

Utiliser la **méthode** décrite dans **Apprendre comment faire**.

Sceau du seigneur Eudes de Bourgogne, 1187. La légende en latin : « *Sigillum odonis filii ducis burgundie* », « Sceau d'Eudes, fils du duc de Bourgogne ».

a. Quelle est la nature de ce document ? c'est une photo

b. Rappeler ce qu'est un « sceau ». ……

c. Quels sont les différents éléments qui composent sa tenue ? ……

d. Quelle fonction incarne ce personnage ? ……

e. À quelle catégorie sociale appartient-il ? ……

❸ Étudier un texte

À la Saint-Jean[1], les paysans doivent faucher les prés du seigneur. Après, ils doivent curer[2] les fossés.

En août, moisson du blé qu'ils doivent porter à la grange. Eux-mêmes ne peuvent rentrer leurs gerbes qu'après que le seigneur a prélevé sa part. […] À la Saint-Denis[3], ils paient le cens.

Au début de l'hiver, corvée sur la terre seigneuriale, pour la préparer, semer, herser[4]. […]

Si le vilain vend sa terre, le treizième du prix de vente revient au seigneur. Le meunier du seigneur, pour moudre le grain du vilain, prélève un boisseau[5] de grain et de la farine ; au four, il faut payer aussi.

Wace, poète normand, « Complainte des Vilains de Verson » (Normandie), XIIe siècle.

1. 24 juin.
2. Nettoyer les fossés des chemins ou les douves du château.
3. 9 octobre.
4. Passer la herse pour préparer les semences.
5. Récipient destiné à mesurer les grains, farines…

a. Quelle est la nature de ce document ? texte

b. Quelles corvées les paysans doivent-ils accomplir ? ……

c. Quelles sont les banalités décrites ? ……

d. Comment les taxes sont-elles payées ? ……

e. À quel personnage les paysans doivent ils ces corvées ? Pour quelles raisons ? ……

f. Qu'est-ce qu'un vilain ? ……

g. Possède-t-il des terres ? ……

h. De quel calendrier se sert-on pour exprimer les dates ? ……

Livret des corrigés p. 18

3 Féodaux, souverains et premiers États

Définitions

Hommage : cérémonie au cours de laquelle un vassal s'engage à servir un autre seigneur, le suzerain.

Suzerain : seigneur ayant des vassaux.

Vassal : seigneur qui a prêté hommage à un suzerain.

Fief : terre ou revenu donné par un suzerain à son vassal en échange de sa fidélité et de son aide.

Sacre : cérémonie du couronnement par laquelle l'Église fait du roi un lieutenant de Dieu sur terre.

Monarchie féodale : organisation politique dans laquelle le roi s'appuie sur les seigneurs pour régner.

Comprendre et retenir

Le système féodal

- Au IXe siècle, l'**autorité royale très affaiblie** ne parvient plus à s'imposer. Des **seigneurs** s'attribuent les pouvoirs du souverain.
- Ces pouvoirs sont inégalement répartis entre les seigneurs, qui établissent des **liens d'« homme à homme »** lors de « l'hommage » afin d'accroître leur puissance et de se protéger mutuellement.
- Dans un contexte d'insécurité, **ce contrat entre suzerain et vassal** se généralise. En échange de la fidélité et des services du vassal, le suzerain l'entretient en lui remettant un fief. C'est le **système féodal**.

L'affirmation de l'État royal

- En 987, **Hugues Capet** devient roi de France. Il règne sur un domaine royal restreint.
- À partir du XIIe siècle, les **rois de France** s'imposent **à la tête de la hiérarchie féodale**, affirment la **dynastie capétienne** et étendent le domaine royal. **L'autorité royale s'appuie sur l'Église,** par la cérémonie du « sacre », et sur de grands seigneurs. Philippe Auguste instaure une monarchie féodale.
- Les rois organisent **un État monarchique** par des lois, des représentants dans les provinces (baillis), des moyens financiers et militaires.
- Au XVe siècle, à l'issue de la guerre de Cent Ans, le **royaume** est **uni autour du roi** qui renforce les pouvoirs de la monarchie. Cela favorise l'émergence d'un **sentiment national**.

Apprendre comment faire

Connaître les insignes du pouvoir royal

L'épée, la couronne, le sceptre, la main de justice

L'épée

La couronne

Le sceptre

Le main de justice

Méthode

1. **Présenter les objets.** Identifier les quatre objets présentés.
2. **Les resituer dans leur contexte.** Rappeler lors de quelle cérémonie ces insignes sont remis au roi.
3. **Décrire et expliquer la fonction de ces objets.** Décrire ces objets avec précision ainsi que les matériaux utilisés. Rechercher la fonction symbolique de chacun de ces objets par rapport aux pouvoirs du roi.

S'entraîner

1 Vrai ou Faux ?

	V	F
a. Au IXe siècle, le roi de France est très puissant.	☐	☐
b. L'hommage est un contrat d'homme à homme.	☐	☐
c. Le vassal doit donner un fief à son suzerain.	☐	☐
d. En 987, Hugues Capet devient roi de France.	☐	☐
e. Le roi de France est au sommet de la hiérarchie féodale.	☐	☐
f. Le sacre est une cérémonie laïque.	☐	☐
g. Les Capétiens unifient le royaume et fondent un État monarchique.	☐	☐

2 Étudier un texte

Il importe que le vassal fournisse fidèlement à son seigneur le conseil et l'aide s'il veut paraître digne du fief et respecter la foi qu'il a jurée. [...] En toutes choses, le seigneur doit rendre la pareille à son vassal. Il doit s'interdire de lui porter préjudice, il doit le secourir par ses armes, par ses avis et même, s'il le faut, par ses deniers.

D'après une lettre de Fulbert de Chartres (évêque) au duc d'Aquitaine, 1020.

a. Quelle est la nature de ce document ?

....

....

b. Quelle est sa source ?

....

....

c. Quels sont les personnages cités ?

....

....

d. Quelles sont leurs obligations l'un envers l'autre ?

....

....

e. Pour quelle raison ces obligations existent-elles ?

....

....

....

3 Étudier une carte

La formation du Royaume de France du xe au xve siècle

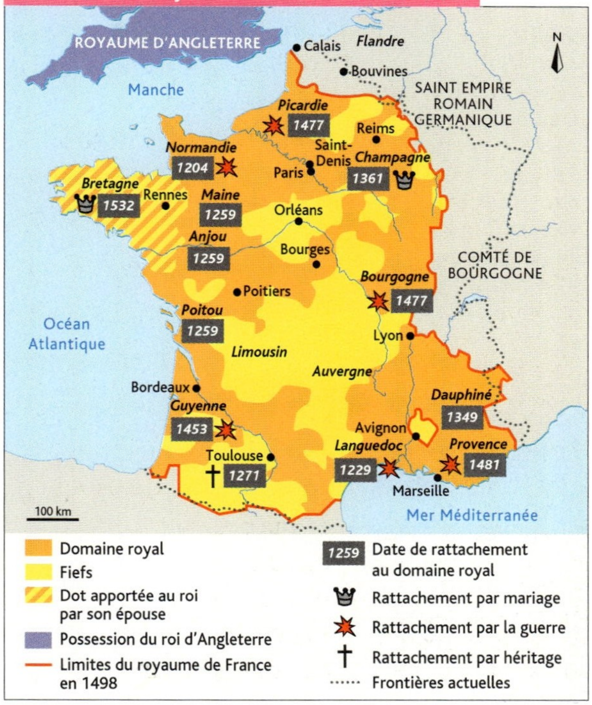

a. À quoi correspondent les zones coloriées en orange sur la carte ?

....

....

b. À quoi correspondent celles coloriées en jaune ?

....

....

c. De quelles manières le domaine royal s'agrandit-il du xe au xve siècle ?

....

....

d. Sur les 13 extensions représentées, à quels siècles y en a-t-il eu le plus ?

....

....

e. Que peut-on dire du Royaume de France à la fin du xve siècle ?

....

....

....

....

Livret des corrigés p. 19

4 La place de l'Église (XIe-XVe siècles)

Comprendre et retenir

Définitions

Salut : vie éternelle au paradis.

Église (avec un « é » minuscule) : lieu de culte des chrétiens.

Reliques : ossements ou objets ayant appartenu à un saint.

Église (avec un « E » majuscule) : ensemble des chrétiens et organisation religieuse hiérarchisée.

Laïc : personne qui n'appartient pas au clergé.

Abbaye : monastère dirigé par un abbé ou une abbesse.

Université : ensemble des maîtres et des étudiants.

Hérésie : idées religieuses jugées contraires au dogme par l'Église.

Être chrétien au Moyen-Âge : des croyances et des pratiques

- Au Moyen Âge, presque tous les habitants de l'Occident sont des **chrétiens catholiques**. Ils croient en un dieu unique dont le message a été porté par Jésus Christ et pensent que l'âme survit au corps et, après le **Jugement Dernier**, accèdera au paradis ou ira souffrir en enfer.
- **Pour obtenir leur Salut**, ils vont à l'église prier et recevoir les **sacrements** (baptême, communion, mariage, extrême onction…), pratiquent la charité, se recueillent sur des reliques, partent en pèlerinage.

L'Église, puissante institution

- **Le pape est le chef de l'Église d'Occident**. Les personnes consacrant leur vie à la religion composent le **clergé**. Curés et prêtres dans les paroisses, évêques à la tête des diocèses, vivent parmi les laïcs : ils forment le **clergé séculier**. Moines et religieuses, vivant en communauté dans des couvents ou abbayes selon une règle monastique, appartiennent au **clergé régulier**. L'**ordre cistercien, fondé par Bernard de Clairvaux** au XIe siècle, veut revenir à la règle de Saint Benoît (VIe siècle) : pauvreté, prière, travail ; les **ordres mendiants** (franciscains, dominicains, clarisses) prêchent dans les villes.
- **L'Église occupe une place essentielle dans la société**. Riche, elle possède des terres, prélève la dîme, reçoit des dons. Elle assure l'enseignement, domine l'Université, assiste les pauvres et les malades, impose la **paix de Dieu**. Son tribunal, **l'Inquisition**, réprime ceux qui ne se conforment pas au dogme proclamé par le pape, accusés d'hérésie.

Apprendre comment faire

Comparer église romane et église gothique

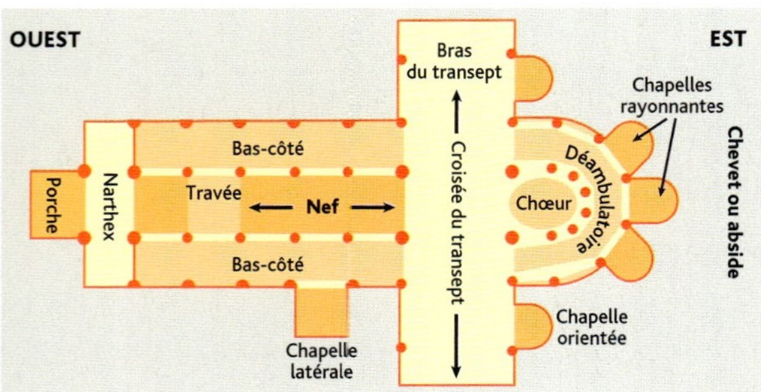

Plan d'une église romane

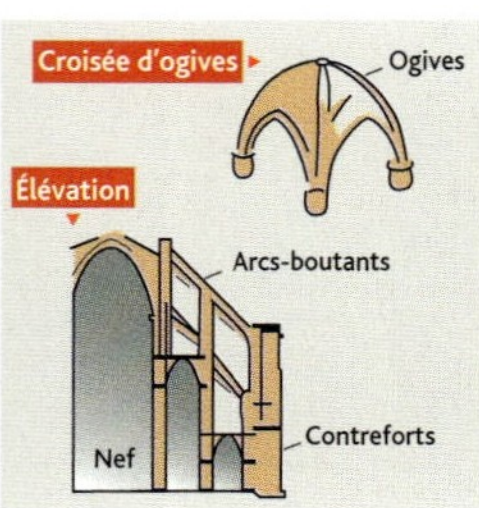

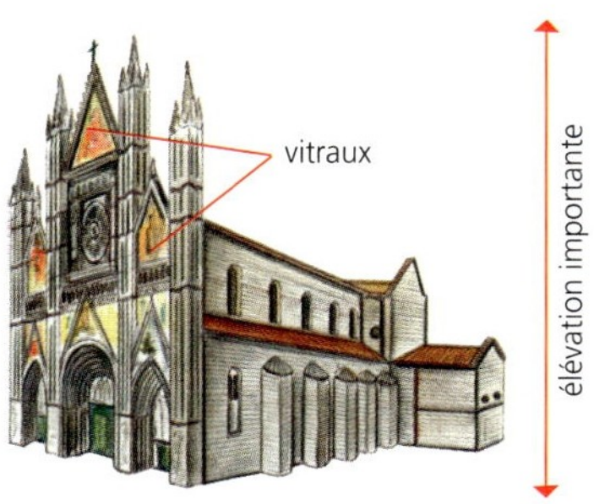

La cathédrale gothique d'Orvieto (Italie).

Méthode

1 Présenter les documents.
Identifier les deux types d'église présentés et la nature des documents proposés.

2 Compléter un tableau comparatif.
Recopier et compléter le tableau suivant à l'aide des documents.

	ÉGLISE ROMANE	ÉGLISE GOTHIQUE
Dates	X^{e}-XIIe siècle	XIIe-XIVe siècle
Localisation	Souvent rurale	Urbaine
Plan	Croix latine	Croix latine
Voûte	Voûte en berceau Contreforts	Croisée ……. ; Arcs …….
Élévation	…………..	…………..
Murs	Épais, petites ouvertures	Percées d'ouvertures laissant passer la lumière
Décors	Tympan, chapiteaux	……….., sculptures

S'entraîner

1 Vrai ou Faux ?

	V	F
a. Au Moyen Âge, absolument tous les chrétiens sont catholiques.	☐	☐
b. Les chrétiens sont monothéistes.	☐	☐
c. Pour les chrétiens du Moyen Âge, il y a deux sacrements.	☐	☐
d. La dîme est un impôt prélevé par l'Église.	☐	☐
e. Les moines appartiennent au clergé régulier.	☐	☐
f. Le pape est le chef de l'Église d'Occident.	☐	☐

2 Étudier un texte

L'Église et la Paix de Dieu

1. Je n'envahirai pas les églises.

2. Je n'assaillirai pas les clercs et les moines ne portant pas d'armes ; je ne m'emparerai pas de leurs biens.

3. Je ne m'emparerai pas du paysan, de la paysanne, des serviteurs et des marchands.

4. Je n'incendierai ni ne détruirai les maisons, à moins que je n'y trouve à l'intérieur un cavalier qui soit mon ennemi et en armes. Celui qui ne respectera pas cette paix à partir d'aujourd'hui, qu'il soit excommunié[1], qu'il n'entre plus dans l'église avec des chrétiens jusqu'à ce qu'il jure cette paix.

D'après l'*Accord de paix de Verdun-sur-le-Doubs*, vers 1020.

1. Exclu de l'Église chrétienne (décision prise par le pape).

a Par qui ce serment doit-il être prononcé ? Pourquoi ? ....

....

....

b. Qui l'Église veut-elle protéger en faisant prêter ce serment ? ....

....

c. Que risque celui qui ne le respectera pas ?

....

....

....

3 Étudier un tympan HDA

Le tympan de l'église Sainte-Foy-de-Conques (Aveyron), XIIe siècle.

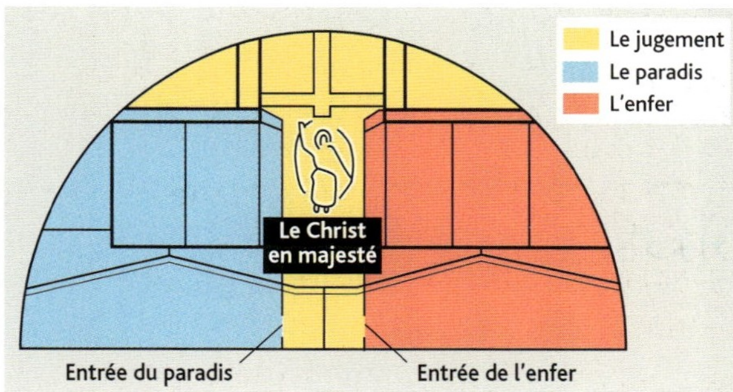

a. Qu'est-ce qu'un tympan ?

....

....

b. Quel tympan est représenté ici ?

....

c. À quel style architectural (roman, gothique) peut-on rattacher ce tympan ?

....

Justifiez votre réponse.

....

....

d. Que représente cette scène ?

....

....

....

e. Qui figure au centre du tympan ?

....

Histoire

Livret des corrigés p. 19

5 L'expansion de l'Occident

Comprendre et retenir

Définitions

Foire : grand marché qui se tient sur une longue durée et attire des marchands venus de loin.

Hanse : association de grands marchands des villes d'Europe du Nord.

Franchise (ou charte) : acte officiel signé entre un seigneur et ses sujets.

Évangéliser : convertir à la religion chrétienne.

Croisade : expédition militaire en Orient entreprise par des chrétiens au nom de la religion catholique.

***Reconquista* :** reconquête de l'Espagne musulmane par les chrétiens.

L'expansion économique et l'essor urbain de l'Occident

- **À partir du XIe siècle, les échanges commerciaux s'intensifient** grâce à l'essor des productions agricoles, à l'ouverture de nouvelles routes maritimes vers l'Orient, à la recherche de produits de luxe et aux foires.
- **Le commerce maritime se développe** en Méditerranée autour de villes (Gênes, Venise), puis dans la mer Baltique et du Nord avec la Hanse (Hambourg) mettant en relation des régions à forte activité artisanale textile (Italie du Nord, Flandres).
- **Les villes connaissent une forte croissance** (superficie et population) et s'organisent autour d'une élite bourgeoise (banquier, commerçant) formant des communes pourvues de franchises.

L'expansion religieuse de l'Occident

- **À partir du XIe siècle, l'Église veut** évangéliser **l'Europe** et orienter la chevalerie vers la quête du Salut par le pèlerinage militaire.
- **En 1095, le pape Urbain II appelle à la première** croisade pour délivrer la ville sainte de Jérusalem ; les croisés s'emparent de la ville en 1099. **Sept croisades se succèdent** de 1147 à 1270 pour conserver sans succès les États latins d'Orient fondés lors de la première croisade.
- **La christianisation de l'Europe s'inscrit durablement,** au Sud avec la *Reconquista* de l'Espagne et de la Sicile, puis à l'Est, où des chevaliers et missionnaires venus du Saint-Empire germanique conquièrent certaines régions slaves et baltes.

Apprendre comment faire

Étudier une charte

La Charte de Châteaudun en 1197

« Moi, Louis, comte de Blois, fais savoir :

1. Que tous les hommes demeurant dans mon domaine, qui me doivent la taille, sont par moi reconnus exempts de la taille et des aides exceptionnelles.

2. Il sera permis aux bourgeois d'élire douze d'entre eux dont l'avis sera l'avis de la ville.

3. Je délivre entièrement du joug de ma servitude tous les serfs de mon domaine.

4. Si un habitant veut vendre ce qu'il possède, qu'il le vende. S'il veut s'éloigner de la ville, qu'il se retire libre. Quiconque sera venu dans mon domaine avec l'intention d'y demeurer, pourra y prendre domicile.

5. Nul dans mon domaine ne fera pour moi la corvée.

6. Les habitants seront tenus envers moi au service militaire. »

Charte de Chateaudun, 1197.

Méthode

1 Présenter le document.
Identifier la nature, la source et la date du document.
Rappeler ce qu'est une charte.

2 Analyser le document.
Identifier l'auteur de cette charte.
À quelle catégorie sociale appartient-il ?
Expliquer les mots « taille », « corvée ».
À qui l'auteur s'adresse-t-il dans ce texte ?
Que leur accorde-t-il ?

3 Expliquer le document à l'aide de ses connaissances.
Expliquer ce que nous apprend ce texte sur le rôle des élites bourgeoises dans les villes au XIIe siècle.

S'entraîner

1 Vrai ou Faux ?

	V	F
a. Les échanges commerciaux de l'Occident s'intensifient au XIIe siècle.	☐	☐
b. Le grand commerce commence avec la Hanse.	☐	☐
c. Les échanges commerciaux reposent essentiellement sur le textile.	☐	☐
d. Les bourgeois jouent un rôle majeur dans l'essor urbain.	☐	☐
e. Le Pape Urbain II appelle à la croisade pour délivrer Jérusalem.	☐	☐
f. Les États latins d'Orient sont fondés lors de la 4e croisade.	☐	☐

2 Connaître le vocabulaire

Associez chaque mot-clé à sa définition. Vous pouvez vous aider d'un dictionnaire.

◯ **a.** Bourgeois

◯ **b.** Commune

◯ **c.** Templier

◯ **d.** Foire

◯ **e.** Franc

◯ **f.** Faubourg

◯ **g.** États latins d'Orient

Définitions

1. Développement de quartiers en dehors des murs d'enceinte d'une ville.
2. Grand marché se déroulant sur plusieurs jours, à date fixe, et attirant les foules.
3. Habitant du bourg, de la ville, ne dépendant pas d'un seigneur.
4. États formés au Proche-Orient lors de la première croisade.
5. Association d'habitants d'une ville possédant des droits et libertés.
6. Moine-soldat qui combat pour la religion chrétienne.
7. Nom donné par les musulmans aux croisés d'Occident, quelle que soit leur origine.

3 Lire une carte

Observez la carte et répondez aux questions.

Routes et foyers commerciaux des étoffes (XIIe-XVe siècle)

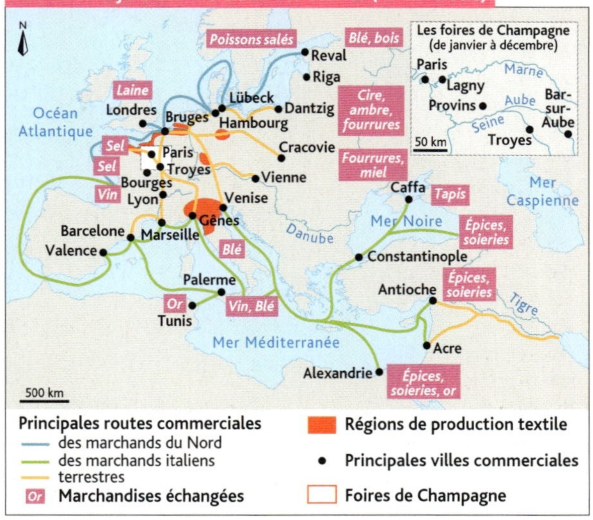

a. Quelles sont les principales régions de production textile d'Europe entre le XIIe et le XVe siècle ?

....

....

b. Quels produits sont fournis par l'Occident et échangés?

....

....

c. Quels sont les différents modes de circulation empruntés par les marchands ?

....

....

d. Quelles sont les principales villes commerciales européennes ?

....

....

....

e. Rédigez un petit paragraphe présentant la vie d'un marchand d'étoffes.

....

....

....

....

....

Livret des corrigés p. 19

Histoire

6 L'Afrique subsaharienne (VIIIe–XVIe siècles)

Comprendre et retenir

Les grandes civilisations africaines au Moyen Âge

- En Afrique, entre le VIIIe et le XVIe siècle, des **empires puissants** apparaissent.
- À l'Ouest (le Soudan) : **l'empire du Ghana** (VIIIe-XIIe siècle) ; l'immense **empire du Mali** (XIIIe-XIVe siècle) ; l'**empire du Songhaï** (XIIe-XVIe siècle). En Afrique australe, l'**empire guerrier du Monomotapa** (XVe-XVIIe siècle).
- Ces empires, à la **civilisation brillante** de tradition orale, se développent grâce au **commerce avec le monde arabo-musulman** (or, esclaves, céréales) et à l'influence de souverains puissants (le *mansa* Moussa au Mali).
- Les populations sont de **religion animiste ou converties à l'islam**, surtout à partir du XIIIe siècle.

Les traites en Afrique

- Dès le VIIe siècle, le **commerce des esclaves noirs** se développe. Les négriers sont des Arabes, des Berbères ou des Noirs islamisés qui approvisionnent les royaumes africains, le monde arabo-musulman, l'Inde et même la Chine.
- La traite négrière s'organise en **réseaux à grande échelle**, relayés par des villes (Tombouctou, Gao, Le Caire) : la **traite transsaharienne** vers le Maghreb et la **traite orientale** vers l'Arabie et l'océan Indien.
- Les **captifs noirs** (prisonniers de guerre, enlevés) très nombreux sur cette période (plus de 10 millions) jouent un rôle économique important.

Définitions

Mansa **:** nom du roi au Mali. Le roi du Ghana est appelé *Ghana*, celui du Songhaï *Askia*.

Animisme : religion ou croyance qui attribue aux animaux, aux phénomènes naturels et aux objets une âme.

Négrier : personne se livrant à la traite des Noirs.

Traite négrière : commerce et transport des esclaves noirs africains.

Apprendre comment faire

Lire une frise chronologique

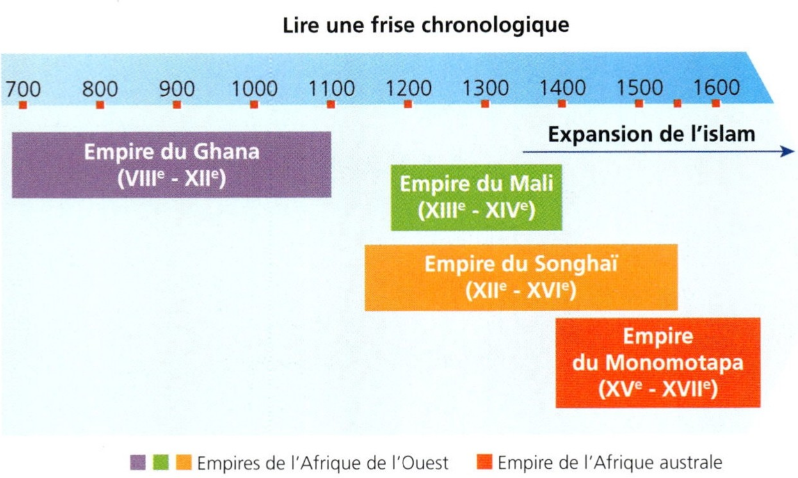

Méthode

1 Présenter le document. Identifier la période couverte par la frise chronologique et le thème de cette frise.

2 Lire le document. Repérer les dates et la durée des quatre empires africains. Lesquels sont situés à l'ouest ? Lequel est situé en Afrique australe ? À partir de quand la religion musulmane se répand-elle en Afrique ? D'après vos connaissances, quelle était auparavant la « religion » dominante ?

S'entraîner

1 Vrai ou Faux ?

	V	F
a. L'Afrique a abrité de grands empires à partir du VIIIe siècle.	☐	☐
b. Les civilisations africaines reposaient sur des traditions orales.	☐	☐
c. Le développement de ces empires s'est fait notamment grâce au commerce de l'or.	☐	☐
d. La seule religion de ces empires est l'islam.	☐	☐
e. L'esclavage est une pratique ancienne en Afrique.	☐	☐
f. Les Africains et les Arabes étaient les principaux négriers.	☐	☐

2 Analyser un texte

On m'a demandé à propos d'esclaves acceptant les règles de la loi musulmane : est-il légal de les acheter et de les vendre ? [...] S'il est prouvé que l'esclave était à l'origine un incroyant, son propriétaire peut le vendre et sans restriction. Car l'esclavage est une humiliation et une servitude due à l'incroyance, que cette incroyance soit passée ou présente.

D'après Ahmad al-Wancharisi, spécialiste de la loi coranique au XVe siècle.

a. Quel est l'auteur de ce document ? Quand a-t-il écrit ? ....

....

....

b. Quelle est la situation religieuse de l'esclave ?

....

....

c. Un musulman peut-il être réduit au statut d'esclave ? ....

....

d. Un esclave noir qui se convertit à l'islam reste-t-il un esclave ? ....

e. Comment est considéré l'esclavage ?

....

....

....

3 Lire une carte

Observez la carte et répondez aux questions.

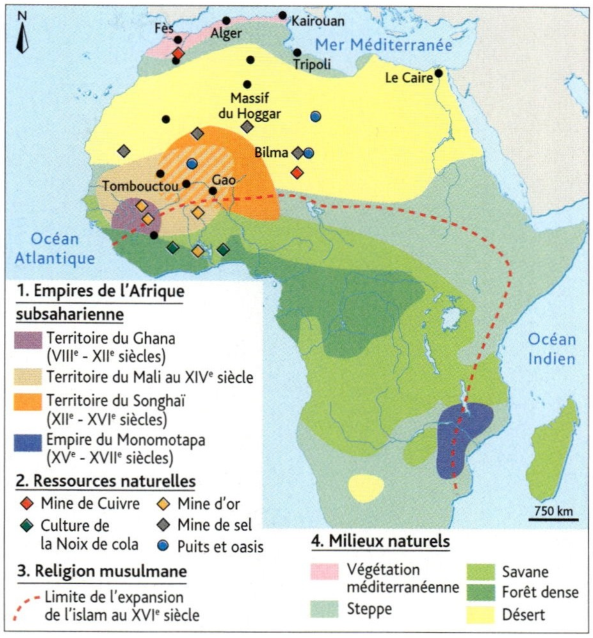

a. Quels sont les empires africains représentés ?

....

....

b. Lequel est le plus vaste ?

....

c. De quelle manière s'agrandit l'empire du Mali ?

....

....

....

d. Quelles sont les principales ressources naturelles des empires d'Afrique de l'Ouest ?

....

....

....

e. Quels espaces séparent ces empires du monde arabo-musulman ?

....

....

....

f. Donnez un titre à cette carte.

....

....

Livret des corrigés p. 19

7 Les grandes découvertes

Comprendre et retenir

Définitions

Portulan : carte marine indiquant le tracé des côtes, les courants et localisant les ports.

Caravelle : bateau à voile inventé par les Portugais au xvᵉ siècle, pour les voyages océaniques.

***Conquistador* :** en espagnol, conquérant de l'Amérique centrale et du Sud.

Comptoir : installations commerciales d'un État dans un pays étranger. Le comptoir est souvent un port.

Colon : personne s'installant sur une terre nouvelle pour l'exploiter.

Les voyages et les grandes découvertes

- Au milieu du xvᵉ, **Portugais et Espagnols lancent des expéditions maritimes** pour ouvrir de **nouvelles voies commerciales vers l'Asie** en évitant Constantinople, capitale de l'empire Ottoman (1453). Leurs motivations sont aussi la curiosité scientifique et la volonté de diffuser la foi chrétienne.
- **Les progrès techniques de navigation** (boussole, portulans) permettent aux caravelles de s'aventurer en haute mer.
- **Trois grandes expéditions** bouleversent la représentation européenne du monde : **Christophe Colomb** atteint les Bahamas (1492) ; **Vasco de Gama** parvient en Inde en contournant l'Afrique (1498) ; **Magellan** fait le tour du monde (1521) confirmant que le Terre est ronde.

Conquêtes et création des premiers empires coloniaux

- Par le traité de Tordesillas (1494) **l'Espagne et le Portugal** se partagent les terres découvertes et à découvrir.
- Les *conquistadores* (Cortès, Pizarro) fondent d'immenses empires coloniaux espagnols en Amérique ; les Portugais ouvrent des comptoirs commerciaux (Brésil, Mozambique, Inde).
- **Les colonisations sont brutales** : guerres, christianisation forcée, asservissement des Amérindiens condamnés au travail dans les mines et les exploitations agricoles. Victimes de mauvais traitements et de maladies, ils meurent par millions. Pour remplacer cette main-d'œuvre, les colons commencent la **traite des Africains**.
- **Les richesses affluent vers les ports atlantiques** et dynamisent les échanges. Le champ des connaissances s'élargit.

Apprendre comment faire

Comparer deux points de vue

Le sort des Amérindiens

Soulignons l'énormité des crimes commis par ces Indiens, notamment l'idolâtrie [...] : ce sont des barbares voués par nature à la servitude, donc tenus de servir les peuples plus évolués, les Espagnols [...] ; les injustices qu'ils commettent les uns envers les autres, sacrifices humains et cannibalisme.

Résumé de l'intervention de Sepúlveda, *Débats de Valladolid*, 1550.

En quarante ans, par suite de tyrannie et des actions infernales des Espagnols, douze millions d'âmes [...] sont mortes [...]. Ceux qui se disent chrétiens ont eu deux manières de rayer de la surface de la Terre ces malheureuses nations. L'une en leur faisant des guerres injustes, cruelles, sanglantes. L'autre, en les opprimant dans la plus horrible et la plus brutale servitude.

Résumé du Père Bartolomeo de Las Casas, *Brève relation de la destruction des Incas*, 1543.

Méthode

1 Présenter le document.
Présenter les auteurs de ces deux documents et la date. Quel est le sujet évoqué ?

2 Faire un tableau comparatif.
Créer un tableau sur ce modèle pour comparer les points de vue.

	Les Indiens	Les Espagnols
Sepúlveda	Crimes ; idolâtrie ; barbares ; sacrifices, cannibalisme ; voués à servir.	Un peuple évolué
Las Casas	Malheureuses nations ; douze millions de morts ; servitude brutale.	Tyrannie ; actions infernales ; guerres injustes, sanglantes.

3 Reformuler les points de vue.
Les opinions s'opposent quant au sort réservé aux Amérindiens durant la conquête menée par les *conquistadores* au xvᵉ siècle. Sepúlveda considère que les Indiens sont des barbares et que leur asservissement est inévitable. Las Casas accuse les Espagnols d'être de mauvais chrétiens, coupables du massacre de millions d'Indiens.

S'entraîner

1 Vrai ou Faux ?

	V	F
a. Les Portugais et les Français lancent des expéditions maritimes au XVᵉ siècle.	☐	☐
b. Les inventions et la technologie rendent possible la navigation océanique.	☐	☐
c. Vasco de Gama fait le tour du monde en 1521.	☐	☐
d. Christophe Colomb cherche une route pour atteindre les Indes.	☐	☐
e. Les *conquistadores* sont des marchands espagnols.	☐	☐
f. Les Amérindiens sont asservis par la force et massacrés.	☐	☐

2 Connaître les repères

Complétez le fond de carte suivant.

a. Localisez les éléments suivants : océan Pacifique, océan Atlantique, océan Indien, Europe, Afrique, Asie, Antilles, Brésil, Nouvelle Espagne, Nouvelle Castille.

b. Complétez la légende, en vous reportant éventuellement à votre manuel.

c. Donnez un titre à cette carte.

....

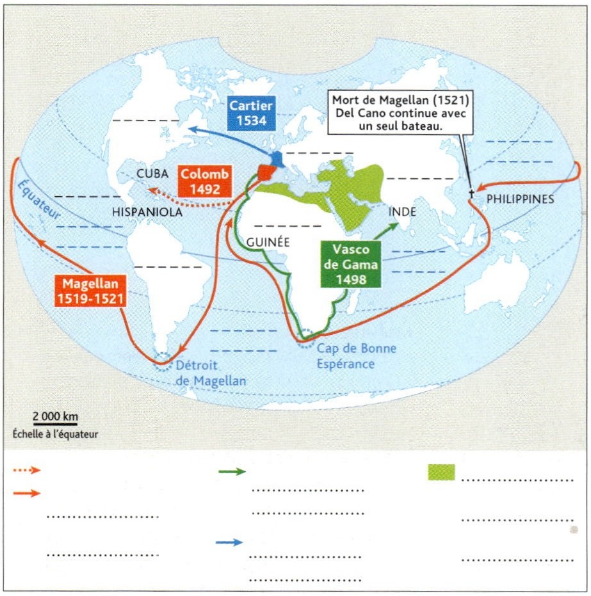

3 Étudier un document

Le cabinet du navigateur

Peinture anonyme, sans date, musée de la Marine, Lisbonne.

a. Quelle est la nature du document et sa date de réalisation ?

....

....

....

b. Quels sont les instruments représentés ?

....

....

c. À quoi servent-ils ?

....

....

....

d. Qui peuvent être les personnages ?

....

....

e. Que semblent-ils préparer ?

....

....

....

....

Livret des corrigés p. 19

Histoire-Géographie Éducation civique

8 La Renaissance

Comprendre et retenir

Définitions

Renaissance : mouvement artistique, né en Italie, qui s'étend de la fin du Moyen Âge à la fin du XVIe siècle. Il s'inspire de l'Antiquité pour créer un art nouveau.

Mécène : personne qui soutient les artistes en leur commandant des œuvres ou en les finançant.

Peinture à l'huile : peinture constituée d'un mélange de matière colorante et d'huile végétale (huile de lin) ou minérale.

Perspective : technique permettant de créer l'illusion de la profondeur sur la surface plane d'un tableau.

Un renouvellement de la production artistique

- L'art de la Renaissance s'épanouit dans un **contexte d'essor économique**, grâce à l'**enrichissement des cités commerçantes d'Italie et de Flandre.**
- **Princes, marchands, banquiers et papes se font mécènes** et procurent aux artistes les moyens d'accomplir leur œuvre.
- **L'artiste change de statut** : il se différencie des artisans et s'affirme comme un intellectuel dont l'œuvre traduit une conception du monde.
- Prenant **modèle sur l'Antiquité**, les peintres et sculpteurs représentent des scènes de la Bible et de la mythologie gréco-romaine, mais aussi des sujets profanes : paysages, portraits. Ils cherchent à **reproduire avec exactitude** les formes et les proportions du corps humain. Ils peignent **sur de la toile** (et plus seulement sur des murs ou sur du bois), utilisent la peinture à l'huile et inventent les **règles de la perspective.**

Du *Quattrocento* italien à la Renaissance européenne

- **Née au XVe siècle** (*Quattrocento*) **dans de grandes villes d'Italie** : **Florence, Rome, Venise,** la Renaissance gagne le reste de l'Europe au XVIe siècle grâce aux voyages, aux échanges commerciaux, et par le biais des guerres.
- Les artistes flamands et allemands, influencés par le *Quattrocento,* ont cependant leur propre style et s'inspirent davantage de la vie quotidienne.
- **Le roi François Ier**, admirateur de l'art italien, invite en France des artistes comme **Léonard de Vinci**. C'est surtout dans l'architecture des **châteaux** d'Île-de-France ou du Val-de-Loire que brille la **Renaissance française.**

Apprendre comment faire

Réaliser la biographie d'un artiste

Léonard de Vinci (1452-1519)

Voici quelques dates sur la vie de Léonard de Vinci :

- **1452** Naissance à Vinci, près de Florence (Italie).
- **1468** Devient apprenti dans un grand atelier de peinture et de sculpture à Florence ; s'intéresse aussi aux mathématiques, à la musique, à la poésie.
- **1481** Entre au service du duc de Milan, Ludovic Sforza. Il y peint l'un de ses tableaux les plus importants, *La Cène*, entre 1495 et 1498.
- **1499** Employé comme ingénieur militaire à Venise.
- **1500-1515** Séjours à Rome, au service du pape et des Médicis, à Florence (où il peint *La Joconde*) et à Milan. Travaille en géométrie, anatomie, mécanique, hydraulique, architecture, urbanisme.
- **1516** Entre au service du roi de France François Ier, au château d'Amboise.
- **1519** Mort à Amboise (France).

Méthode

1 Relever les informations.
Identifier la nationalité de Léonard de Vinci ainsi que ses dates de naissance et de mort. Relever les différents domaines dans lesquels il a travaillé. Relever le nom de grands personnages pour lesquels il a travaillé. Citer deux de ses œuvres célèbres.

2 Rédiger la biographie.
Léonard de Vinci (1452-1519), d'origine italienne, est un grand peintre de la Renaissance. Génie aux talents multiples (dessin, peinture, sculpture, architecture, urbanisme…), le père de *La Cène* et de *La Joconde* est également à l'origine de plusieurs inventions comme l'avion, le parachute ou le sous-marin. Il a fréquenté les plus grands mécènes de son temps et a eu une très grande influence sur l'histoire de l'art et les sciences.

S'entraîner

❶ Vrai ou Faux ?

	V	F
a. La Renaissance est née en Italie.	☐	☐
b. Le *Quattrocento* signifie, en italien, le XIVe siècle.	☐	☐
c. Léonard de Vinci a vécu ses dernières années en France.	☐	☐
d. Un mécène aide les artistes.	☐	☐
e. C'est à la Renaissance que naît la perspective.	☐	☐

❷ Analyser un texte

Un mécène : Laurent de Médicis (1449-1492)

Il avait rempli ses jardins de belles sculptures antiques, les allées du parc et toutes les pièces étaient garnies d'admirables statues anciennes, de peintures et d'objets, dus à la main des meilleurs maîtres qui n'aient jamais vécu en Italie et à l'étranger. C'était comme une école pour les jeunes peintres et les apprentis sculpteurs. Laurent favorisa toujours les beaux génies. À ceux qui, trop pauvres, n'auraient pu se consacrer à l'étude du dessin, il assurait les moyens de vivre et de se vêtir. Il accordait d'immenses récompenses à ceux qui réalisaient les meilleurs travaux. Un jour, il demanda à Domenico Ghirlandaio s'il avait dans son atelier des jeunes gens qui fussent aptes à ce qu'il voulait. Domenico lui envoya entre autres Michel Ange. Voyant la simplicité et l'ingéniosité de ce dernier, Laurent désira l'avoir auprès de lui.

D'après Giorgio Vasari, *Vies des plus excellents peintres, sculpteurs et architectes italiens*, vers 1550.

a. Où et quand Laurent de Médicis a-t-il vécu ?

....

b. Distinguez trois façons pour Laurent de Médicis de favoriser le développement des arts.

....

....

....

c. Trouvez, dans le texte, au moins trois preuves de la richesse de Laurent de Médicis.

d. Comment appelle-t-on une personne riche qui, à la façon de Laurent de Médicis, soutient l'activité des artistes ? ....

❸ Comparer deux tableaux HDA

Observez les deux œuvres ci-dessous, puis recopiez et complétez le tableau comparatif.

1. **Cimabue** (1240-1302), *La Vierge et l'Enfant en majesté entourés de six anges*, vers 1280, musée du Louvre, Paris.

2. **Raphaël** (1483-1520), *La Vierge et l'Enfant et le petit Saint Jean-Baptiste*, 1507-1508, musée du Louvre, Paris.

	Œuvre 1	Œuvre 2
Titre de l'œuvre		
Peintre		
Date et lieu de conservation		
Technique utilisée		
Dimensions		
Attitude des personnages		
Arrière-plan, profondeur		

Livret des corrigés p. 19

9 La révolution de la pensée scientifique (XVIIe-XVIIIe siècles)

Comprendre et retenir

Définitions

Humanisme : courant intellectuel des XVe et XVIe siècles, qui place l'homme au centre de la réflexion, valorise la connaissance et s'inspire de l'Antiquité.

Académie : assemblée de savants, de gens de lettres ou d'artistes.

Héliocentrisme : conception selon laquelle les planètes tournent autour du Soleil.

Censure : contrôle des publications par une autorité politique ou religieuse.

L'humanisme, une nouvelle vision de l'homme et du monde

- Alors que les grands voyages de découverte remettent en cause les conceptions de l'Antiquité et de l'Église médiévale, les humanistes, associant curiosité et esprit critique, cherchent à **mieux comprendre le monde**. Ils traduisent des ouvrages de l'Antiquité grecque et romaine et de l'arabe.
- Leurs idées se diffusent grâce à l'**imprimerie**, perfectionnée par **Gutenberg** au XVe siècle, et aux échanges entre érudits des différents pays d'Europe. Les princes créent des académies et soutiennent les humanistes.

La naissance de la science moderne ?

- **Les mathématiques et la géométrie progressent. Vésale** publie un livre d'anatomie élaboré à partir de dissections. **Léonard de Vinci** imagine des « machines » dont le principe est toujours en usage. À partir de l'observation et en suivant des règles mathématiques, **Copernic** au XVIe siècle et **Galilée** au XVIIe siècle expliquent l'organisation de l'Univers par l'héliocentrisme. **Kepler** fonde l'astrophysique et, en 1687, **Newton** énonce la loi de la gravitation universelle. On peut, dès lors, **expliquer des phénomènes incompris** (comme le passage de la comète de Halley) par les mathématiques et non par la volonté divine.
- Les savants adoptent une **méthode scientifique** : pour résoudre un problème, on réalise une expérience, dont on déduit une loi (**Descartes**, *Le Discours de la méthode*, 1637).
- **Mais l'Église censure et menace les savants.** Les livres de Copernic et de Galilée sont interdits ; ce dernier doit abjurer devant l'Inquisition.

Apprendre comment faire

Comprendre la « révolution copernicienne »

Le système de Ptolémée, Ier siècle

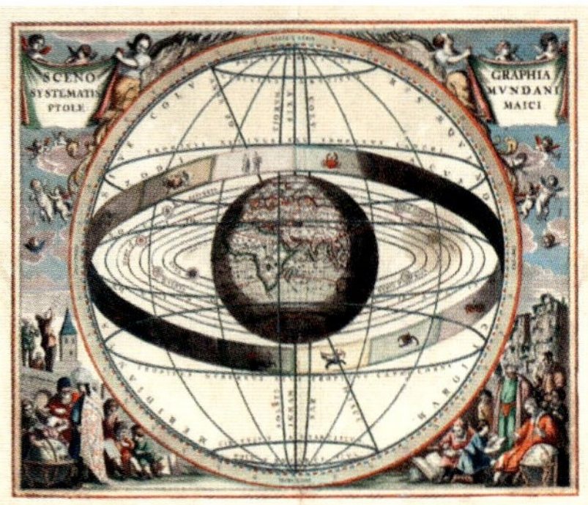

Le système de Copernic, XVIe siècle

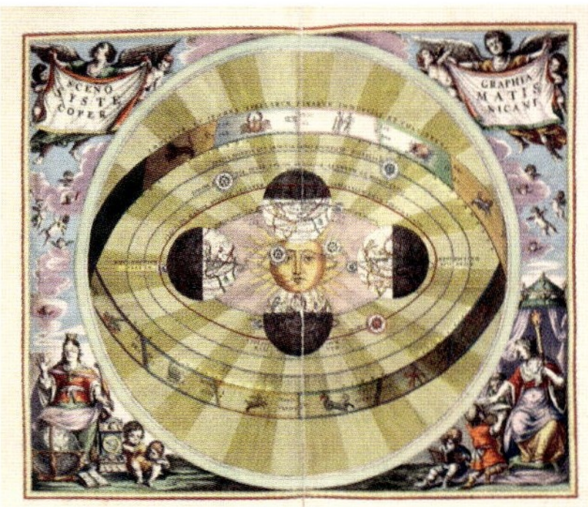

Extrait de l'*Atlas céleste* d'Andreas Cellarius, XVIIe siècle, BNF, Paris.

Méthode

1 Présenter les documents.
Identifier la nature et la source des deux documents.
Que représentent-ils ?

2 Décrire et croiser les documents.
Présenter la théorie héritée de l'Antiquité concernant l'organisation de l'univers.
Présenter la théorie de Copernic : qu'est-ce qui change par rapport à celle de Ptolémée ?

3 Comprendre la portée du document.
Montrer en quoi la théorie de Copernic « révolutionne » la pensée scientifique.

S'entraîner

1 Vrai ou Faux ?

	V	F
a. Vésale était un médecin anatomiste.	☐	☐
b. Gutenberg a inventé l'imprimerie.	☐	☐
c. Galilée a été condamné à mort par l'Inquisition.	☐	☐
d. La Terre tourne autour du Soleil.	☐	☐
e. Newton a énoncé la loi de la gravitation universelle.	☐	☐

2 Dresser une chronologie

À l'aide des indications biographiques ci-dessous, construisez un tableau dans lequel vous ferez correspondre une date, un savant et une découverte. Inscrivez :
- en bleu, les découvertes en astronomie ;
- en rouge, les découvertes en anatomie ;
- en noir, les découvertes en optique ;
- en vert, les découvertes en physique ;
- en violet, les découvertes en mathématiques.

- **Copernic** (1573-1643) : astronome polonais, montre en 1543 que la Terre tourne autour du Soleil.
- **Vésale** (1514-1564) : médecin flamand, publie en 1543 *De corporis fabrica*, livre d'anatomie issu de sa pratique des dissections.
- **Jansen** (1588-1631) : opticien hollandais, invente le premier microscope vers 1595.
- **Galilée** (1564-1642) : astronome italien, met au point la première lunette astronomique en 1609.
- **Newton** (1642-1727) : invente le premier télescope en 1672. Il énonce le principe de la gravitation universelle en 1687.
- **Torricelli** (1608-1647) : physicien italien, mesure la pression atmosphérique en 1643.
- **Boyle** (1627-1691) : physicien et chimiste irlandais, découvre la dilatation des gaz en 1661.
- **Harvey** (1578-1657) : anatomiste et médecin anglais, démontre les mécanismes de la circulation sanguine en 1628.
- **Pascal** (1623-1662) : considéré comme le père de la physique moderne, il invente, en 1641, la première machine à calculer.
- **Huyghens** (1629-1695) : mathématicien néerlandais, écrit le premier livre sur les probabilités en 1657.

3 Croiser deux textes

Les enjeux du débat entre Galilée et l'Église catholique

Texte 1

Il me semble que dans les disputes relatives aux problèmes de la nature, on devrait commencer par invoquer non pas l'autorité des Écritures[1], mais bien les expériences sensibles et les démonstrations nécessaires. [...] Je crois qu'il serait très prudent de ne permettre à personne de s'arroger le droit de faire donner aux Écritures des conclusions sur la nature qui pourraient s'opposer à l'expérience et aux démonstrations. Qui voudra imposer des limites à la pensée humaine ? Qui voudra affirmer que tout a été vu et su de ce qui est sensible et connaissable dans le monde ?

Galilée, *Lettre à Christine de Lorraine*, 1615.

1. La Bible.

Texte 2

Moi, Galileo, âgé de soixante-dix ans, ici traduit pour y être jugé, agenouillé devant les très éminents et révérés cardinaux inquisiteurs contre toute hérésie dans la chrétienté, touchant de ma main les Saintes Évangiles, jure que j'ai toujours tenu pour vrai, et tiens encore pour vrai, et avec l'aide de Dieu tiendrai pour vrai dans le futur, tout ce que la Sainte Église apostolique affirme, présente et enseigne. [Je réfute] que le Soleil est le centre du monde, et est sans mouvement, et que la Terre n'est pas le centre, et se meut.

Galilée, 22 juin 1633, couvent dominicain de Santa Maria, Italie.

a. Présentez les deux documents (auteur, source, date).

b. Présentez Galilée.

c. Quelle méthode revendique Galilée en 1615 ?

d. Quelle autorité remet-il ainsi en question ?

e. À quoi Galilée est-il contraint en 1633 ?

f. Face à qui ? Pourquoi ?

g. Rappelez le sens des termes « inquisiteurs » et « hérésie ».

Livret des corrigés p. 20

10 La crise religieuse du XVIe siècle

Comprendre et retenir

Définitions

Indulgence : pardon des péchés accordé par l'Église catholique en échange d'une somme s'argent.

Réforme protestante : au XVIe siècle, création de nouvelles Églises chrétiennes (luthérienne, calviniste, anglicane) en rupture avec l'Église catholique sur des questions de doctrine et de culte.

Temple : lieu de culte des protestants.

Pasteur : ministre du culte protestant.

Contre-Réforme : appelée aussi Réforme catholique. Mesures prises par l'Église catholique contre l'influence de la Réforme protestante.

Jésuites : membres de la Compagnie de Jésus, créée en 1537 par Ignace de Loyola pour défendre et diffuser la religion catholique.

Trois réformes en rupture avec l'Église catholique

- **Depuis la fin du Moyen Âge, l'Église catholique est critiquée** pour son excès de richesse, pour l'ignorance de ses prêtres, et parce qu'elle répond mal aux inquiétudes des fidèles. Au début du XVIe siècle, le pape Léon X fait vendre des indulgences pour financer la construction de la basilique Saint-Pierre de Rome. La Réforme protestante rassemble plusieurs courants.
- **En 1517**, le moine allemand **Luther** dénonce les abus de l'Église catholique. Excommunié, il **fonde une nouvelle Église chrétienne.**
- **En 1541**, à Genève, le Français **Calvin crée une autre église réformée.**
- En Angleterre, le roi **Henri VIII** rompt avec le pape et se proclame **chef de l'Église anglicane**.

Dogme, culte, organisation : protestants contre catholiques

- **Pour les protestants, seule la foi permet d'obtenir le Salut.** Leur pratique religieuse est fondée sur la lecture individuelle de la **Bible**, traduite dans la langue des fidèles. Les cérémonies religieuses, très simples, se déroulent dans un temple. Ils ne reconnaissent pour sacrements que le baptême et la communion. Les ministres du culte sont des pasteurs.
- **L'Église catholique réagit** par la Contre-Réforme : les Jésuites travaillent à étendre son influence. **Le Concile de Trente** (1545-1563) réaffirme l'autorité du pape, le dogme et les pratiques catholiques, tandis que l'**art baroque** cherche à impressionner les fidèles.

L'Europe en proie aux guerres de religion

- Au XVIe siècle, **catholiques et protestants s'affrontent** en France (8 guerres de 1562 à 1598) et aux Pays-Bas ; **la guerre de Trente Ans** (1618-1648) oppose les États protestants et catholiques du Saint Empire.

Apprendre comment faire

Croiser des textes

« La foi suffit à un chrétien pour assurer son Salut. Il n'a besoin d'aucune œuvre. »

D'après Luther, *De la liberté du chrétien*, 1520.

« Nous appelons prédestination la volonté éternelle de Dieu par laquelle il a déterminé ce qu'il voulait faire de chaque homme. Car il ordonne les uns à la vie éternelle, les autres à l'éternelle damnation. »

D'après Calvin, *Institution de la vie chrétienne*, 1536.

« - Que personne, se fiant à son propre jugement, n'ait l'audace d'interpréter lui même l'Écriture contrairement au sens qu'a donné la Sainte Mère l'Église.
- Le Concile condamne ceux qui prétendent que les indulgences sont inutiles, ou qui nient que l'Église a le pouvoir de les accorder. »

D'après les *Actes du Concile de Trente*, 1545-1563.

Méthode

1 Présenter les documents.
Identifier les auteurs et les sources de ces trois textes.
Rappeler qui sont Luther, Calvin et ce qu'est le Concile de Trente.

2 Analyser les documents.
D'après Luther, comment le chrétien obtient-il le Salut ?
Qu'est-ce que la *prédestination* selon Calvin ?
Qui condamne le Concile ? Pourquoi ?

3 Croiser et interpréter les documents.
Qu'ont en commun Luther et Calvin ?
Que pense le Concile de Trente de Luther et Calvin ? Pourquoi ?

S'entraîner

1 Vrai ou Faux ?

	V	F
a. Les protestants ne sont pas chrétiens.	☐	☐
b. Luther a traduit la Bible en allemand.	☐	☐
c. Les protestants pratiquent leur religion à la mosquée.	☐	☐
d. Ignace de Loyola a fondé l'ordre des Jésuites.	☐	☐
e. Le Concile de Trente réaffirme le dogme et les pratiques catholiques.	☐	☐
f. Luther a été excommunié par l'Empereur.	☐	☐

2 Analyser une gravure

La Balance, gravure hollandaise par Van Der Hoye, 1591.

a. De quel côté se trouvent les catholiques ? Comment les reconnaît-on ?

....

b. De quel côté se trouvent les protestants ? Comment les reconnaît-on ?

....

c. Que mettent les catholiques dans la balance ? Et les protestants ?

....

d. De quel côté la balance penche-t-elle ?

....

e. Pourquoi, d'après vous ?

....

f. L'auteur de la gravure est-il partisan des catholiques ou des protestants ?

....

3 Faire un tableau de synthèse

Les différences entre catholiques et protestants

	Catholiques	Protestants
On obtient le Salut		
La Bible		
La Vierge et les saints		
Nombre de sacrements		
Lieu de culte		
Cérémonies		
Images et ornements		
Chef de l'Église		
Clergé		

Complétez le tableau avec les éléments suivants :

- Le Pape.
- Pas de culte.
- En latin, interprétée par le Pape et les évêques, lue par les prêtres.
- 7 : baptême, communion, confirmation, mariage, pénitence, extrême-onction, ordination.
- Par la foi seule.
- Temple.
- Prêtres célibataires, moines.
- Traduite pour que les fidèles puissent la lire eux-mêmes.
- Culte encouragé.
- 2 : baptême, communion.
- Simples, dans la langue des fidèles.
- Par la foi et les œuvres.
- Pas de chef.
- Église.
- Sculpture et peintures représentant le Christ, la Vierge et les saints.
- Pasteurs autorisés à se marier, pas d'ordres religieux.
- Luxueuses, en latin.
- Seule la croix est autorisée dans le temple.

Livret des corrigés p. 20

11 L'émergence du « roi absolu »

Comprendre et retenir

L'affirmation du pouvoir royal à l'époque moderne

- Les **guerres de religion** (1562-1598) et l'**assassinat du roi Henri III** (1589), sans enfant, ont fragilisé le pouvoir royal en France.
- Contesté en raison de son appartenance à la religion protestante, son héritier, Henri de Navarre, doit se convertir au catholicisme pour monter sur le trône. Devenu roi, **Henri IV signe l'Édit de Nantes** accordant aux protestants le droit de pratiquer leur religion. Mais il est assassiné en 1610.
- **Richelieu**, ministre du roi Louis XIII, **travaille à renforcer l'autorité royale**. En guerre contre l'Espagne, la monarchie renforce les impôts et envoie des intendants dans les provinces.
- À la mort de Louis XIII, son fils, **Louis XIV**, n'a que 5 ans. La régence, exercée par sa mère Anne d'Autriche et marquée par la Fronde, affaiblit à nouveau le pouvoir royal.

Louis XIV, monarque absolu de droit divin

- C'est sous le règne personnel de Louis XIV, de 1661 à 1715, que la monarchie absolue de droit divin connaît son apogée. **Louis XIV gouverne seul**, prenant conseil auprès de ministres choisis pour leur compétence : Colbert, Louvois, Vauban. De nombreuses guerres permettent d'agrandir le royaume. Le roi crée des manufactures royales et encourage les exportations.
- La vie de la Cour, au château de Versailles, est conçue pour mettre en scène son pouvoir et déposséder la noblesse de tout rôle politique. La centralisation est renforcée et **Louis XIV révoque l'Édit de Nantes en 1685**. De nombreux protestants quittent le royaume et des révoltes se produisent.

Définitions

Régence : période durant laquelle une personne gouverne le royaume en attendant la majorité du roi.

Monarchie absolue de droit divin : monarchie dans laquelle le roi, considéré comme investi par Dieu, exerce seul tous les pouvoirs.

Cour : ensemble des personnes vivant auprès du roi (les « courtisans »).

Centralisation : toutes les décisions sont prises par le gouvernement dans un même lieu avant d'être appliquées dans les provinces.

Apprendre comment faire

Étudier un organigramme

L'organisation du gouvernement de Louis XIV

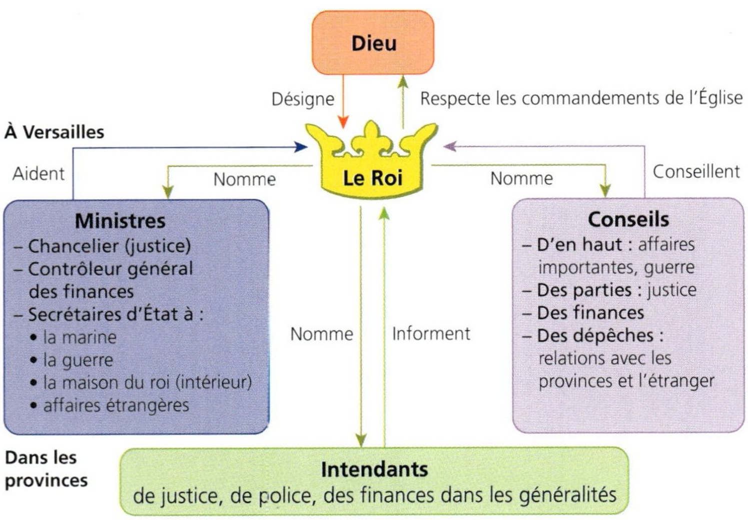

Méthode

1 Présenter le document.
Rappeler ce qu'est un organigramme.
Que représente l'organigramme proposé ?

2 Analyser le document.
Qui gouverne et prend les décisions ?
Depuis quel lieu gouverne-t-il ?
De qui le roi est-il le « représentant » ?
De quoi est formé le gouvernement ?
Par qui est-il nommé ?
Qui sont les « ministres » ?
Citer les 4 conseils : dans quels domaines sont-ils spécialisés ?
Expliquer le rôle des intendants.

3 Interpréter le document.
Expliquer ce qui montre, dans cet organigramme, qu'on est dans :
- une monarchie ;
- absolue ;
- de droit divin.

S'entraîner

1 Vrai ou Faux ?

	V	F
a. Henri IV a succédé à Henri III.	☐	☐
b. Louis XIII a été assassiné.	☐	☐
c. Le règne de Louis XIV a duré 72 ans.	☐	☐
d. Louis XIV est un monarque absolu de droit divin.	☐	☐
e. Henri IV a révoqué l'Édit de Nantes.	☐	☐
f. La révocation de l'Édit de Nantes a eu de graves conséquences.	☐	☐

2 Analyser un texte

Le pouvoir royal selon Louis XIV

Toute puissance, toute autorité résident dans la main du Roi. Tout ce qui se trouve dans l'étendue de nos États nous appartient. Les rois sont seigneurs absolus. Celui qui a donné des rois aux hommes a voulu qu'on les respectât comme ses lieutenants, se réservant à lui seul le droit d'examiner leur conduite. La volonté de Dieu est que quiconque est né sujet obéisse totalement au Roi. Quelque mauvais que puisse être un prince, la révolte de ses sujets est toujours infiniment criminelle.

Louis XIV, *Mémoires pour servir à l'instruction du Dauphin*, 1665.

a. Qui est l'auteur du texte ?

b. À qui ce texte est-il destiné ?

c. Qui désigne le « nous » employé dans le texte ?

d. Proposez une autre formulation pour la première phrase.

e. Qui est « celui qui a donné des rois aux hommes » ?

f. Quels termes montrent que Louis XIV revendique un pouvoir absolu ?

3 Étudier une gravure

La conversion forcée des protestants

« Moyens sûrs et honnêtes pour ramener les hérétiques à la foi catholique ». Gravure satirique, 1679, BNF, Paris.

(1) La condamnation aux galères. (2) Le supplice de la roue.

a. Présentez le document.

b. Expliquez, dans la légende, le mot « hérétique ».

c. Qui est l'homme agenouillé, à gauche ?

d. Combien la gravure indique-t-elle de moyens de conversion ?

e. Quels sont ces moyens ?

f. À votre avis, quelle est la religion de l'auteur de cette gravure ? Justifiez votre réponse.

Histoire

Livret des corrigés p. 20

12 Les enjeux du développement durable

Comprendre et retenir

Le développement humain

- À partir du XIXe siècle, le modèle occidental de développement, fondé sur l'**industrialisation**, se répand à travers le monde. Il s'appuie sur l'exploitation et la transformation des ressources naturelles, un **mode de vie urbain**, et des **échanges planétaires**.
- Ce mode de développement conduit à l'**enrichissement des populations**, surtout des **pays du Nord**. Mais, la **pression sur l'environnement** est forte et une partie de la population n'en profite pas.

Le développement durable et ses trois piliers

- Dès la fin du XIXe siècle, des critiques apparaissent et cherchent à défendre l'environnement. **L'idée de développement durable apparaît à la fin des années 1980.** Il s'agit alors de mettre en place un **nouveau mode de développement**, qui répond à la fois aux besoins essentiels des habitants de la planète et aux besoins des habitants futurs. Ce projet essaie d'établir un **équilibre entre la croissance économique, le développement humain et la préservation de l'environnement**, qui sont les **trois piliers** du développement durable.
- **Les acteurs du développement durable sont nombreux** et agissent à **toutes les échelles** : citoyens, hommes politiques, entreprises, États, organisations internationales, ONG…
- À l'ONU, les **Objectifs du Millénaire** ont établi huit buts à atteindre d'ici 2015, tels que la réduction de la pauvreté, l'accès à l'éducation pour tous, l'égalité des sexes… Mais la communauté internationale peine à prendre des décisions communes.

Définitions

Développement : processus contribuant à l'amélioration des conditions de vie d'une population.

Environnement : milieu dans lequel vivent les sociétés humaines et avec lequel elles entretiennent des relations étroites.

ONG : organisations non gouvernementales, associations qui œuvrent souvent pour la protection de l'environnement ou la protection sociale.

Apprendre comment faire

Identifier des enjeux d'aménagement

L'Île de Nantes

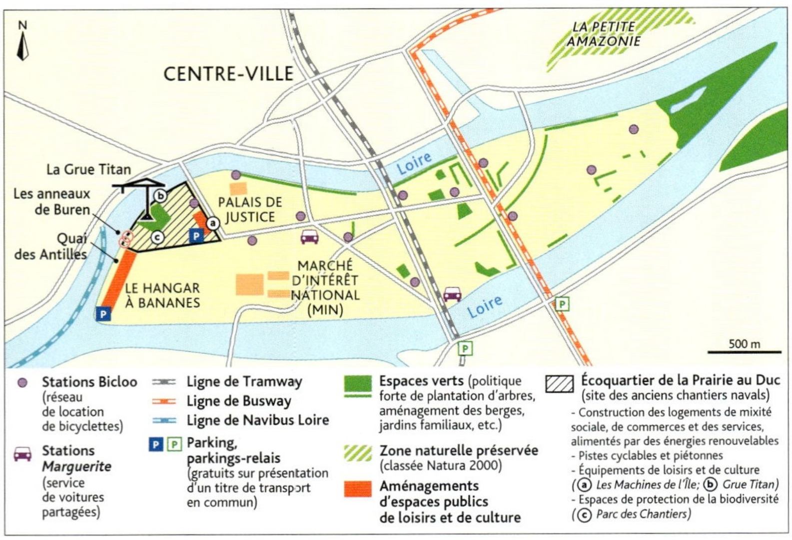

Méthode

1 Présenter le document. Préciser la nature du document et indiquer l'espace représenté.

2 Décrire les aménagements. Identifier l'ensemble des aménagements réalisés dans le but de protéger l'environnement. Rechercher ce qu'est un « éco-quartier ». Comment les conditions de vie des habitants sont-elles prises en compte ?

3 Interpréter le document. Montrer en quoi ce choix d'aménagements prend en compte les trois piliers du développement durable.

S'entraîner

1 Vrai ou Faux ?

	V	F
a. La notion de développement durable est apparue à la fin du XIXe siècle.	☐	☐
b. Le développement durable cherche à remplacer le mode de développement occidental, fondé sur l'exploitation et la transformation des ressources.	☐	☐
c. Seuls les États cherchent à mettre en place le développement durable.	☐	☐
d. Le développement durable cherche à répondre uniquement aux préoccupations actuelles.	☐	☐
e. Le développement durable repose sur trois piliers : l'économie, le social, l'environnement.	☐	☐

2 Étudier un texte

Les principes d'un éco-quartier

« En décembre 1993, le conseil municipal de Fribourg décide de profiter du site d'une ancienne caserne militaire française de près de 37 hectares pour y créer un nouveau quartier pouvant accueillir près de cinq mille habitants, planifié dans le respect de l'environnement. Le quartier Vauban sert de laboratoire du développement durable. Près de 65 % de l'énergie utilisée provient de panneaux solaires installés sur les toits et de la petite centrale de cogénération[1]. D'autres concepts écologiques sont mis en pratique : les toilettes de l'école fonctionnent à l'eau de pluie ; les constructions consomment peu d'énergie (isolation) ; la place de l'automobile est réduite au profit des transports doux. »

D'après le mémoire de C. Lehr, Le quartier de Fribourg-en-Brisgau, Allemagne : un quartier manifeste ? École d'Architecture de Strasbourg, 2005.

1. Utilise la chaleur issue de la production électrique comme moyen de chauffage.

a. Où se trouve ce quartier ?

b. Depuis quand existe-t-il ?

c. Relevez les éléments qui montrent que ce quartier essaie de défendre l'environnement.

d. Quelle définition pourriez-vous donner de l'éco-quartier ?

3 Analyser un aménagement

Utiliser la **méthode** décrite dans **Apprendre comment faire**.

L'aménagement du quartier Vauban à Fribourg-en-Brisgau, en Allemagne

Ce nouveau quartier est situé à 3 kilomètres du centre-ville, la place de la voiture est très limitée mais il est bien desservi par les transports en commun. Des zones d'activités et des commerces ont été construits dans le quartier.

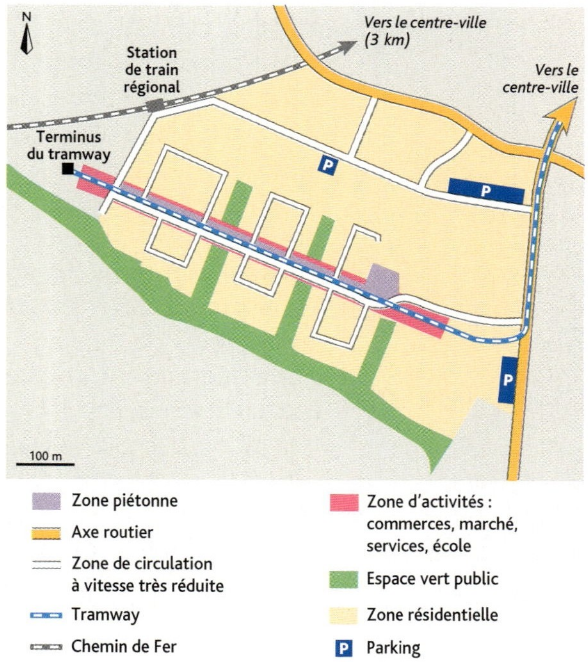

a. Présentez ce document.

....

....

b. Quels sont les choix de transports réalisés ?

....

....

c. Pourquoi la municipalité a-t-elle voulu réduire l'utilisation de la voiture ?

....

....

d. Quels sont les trois types d'espace de ce quartier ? ....

....

e. Pourquoi peut-on dire que ce quartier est un éco-quartier ? ....

....

Géographie

Livret des corrigés p. 21

13 Dynamiques de la population et développement durable

Comprendre et retenir

Définitions

Croissance démographique : augmentation de la population.

Transition démographique : passage d'un régime démographique ancien (forte natalité et forte mortalité) à un régime démographique moderne (faible natalité et faible mortalité).

Révolution verte : politique de transformation de l'agriculture fondée sur l'utilisation de variétés à haut rendement, d'engrais et de l'irrigation.

Front pionnier : mise en valeur d'un territoire jusque-là inoccupé.

Croissance démographique et développement

- La population mondiale a fortement augmenté au XXe siècle, puisqu'il y a **plus de 7 milliards d'hommes en 2013**. Si la croissance démographique ralentit, elle reste encore très inégale suivant les pays :
  – elle est **très forte dans les pays les plus pauvres**, car ils sont au début de leur transition démographique : la natalité est encore très élevée et la mortalité diminue ;
  – elle est **moins forte dans les pays en développement**, car leur transition démographique s'achève : la natalité se rapproche de la mortalité ;
  – elle est **faible dans les pays développés** car leur transition démographique est achevée.
- Avec l'augmentation de la population, le monde est confronté à l'**augmentation des besoins**. Les États cherchent ainsi à **augmenter leur niveau de développement**, comme par exemple l'Inde avec la **Révolution verte**. Mais les **inégalités restent très fortes** : un homme sur cinq dans le monde vit avec moins de 2 dollars par jour. D'autre part, l'essor économique entraîne une **augmentation de la pollution** et l'**épuisement des ressources** non-renouvelables.

Fronts pionniers et développement

- Face à la pression démographique, les populations cherchent à s'installer dans de **nouveaux espaces non exploités** : les fronts pionniers. En défrichant la forêt, elles étendent les terres cultivées et les cultures commerciales. Les **principales zones pionnières** sont situées **en zone tropicale** : Amazonie et régions forestières de l'Indonésie ou d'Afrique centrale.
- **Mais cette déforestation met en danger l'environnement** car elle réduit la biodiversité et contribue à l'érosion des sols.

Apprendre comment faire

Étudier un graphique

L'accroissement naturel de la Chine

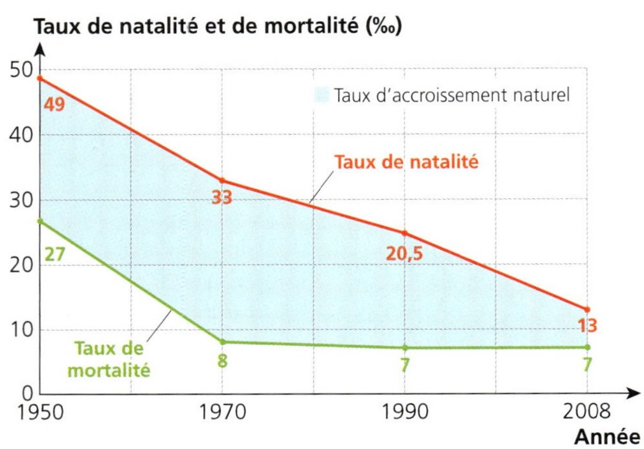

Méthode

1 Présenter le document.
Préciser la nature du document et indiquer son thème. Donner la définition d'« accroissement naturel ».

2 Observer et comparer les deux courbes.
Préciser à quoi correspond la courbe rouge, puis la courbe verte. Comment évolue le taux de natalité en Chine entre 1950 et 2008 ? Et le taux de mortalité ?

3 Dégager les périodes d'évolution.
Identifier les deux périodes qui se distinguent dans l'évolution du taux de mortalité.

4 Interpréter le document.
D'après vos connaissances, quels facteurs peuvent expliquer la baisse de la natalité marquée à partir des années 1970 ?

S'entraîner

1 Vrai ou Faux ?

	V	F
a. La croissance démographique ne cesse d'augmenter.	☐	☐
b. Dans les pays pauvres, la croissance démographique ralentit.	☐	☐
c. Les inégalités démographiques et économiques restent importantes dans le monde.	☐	☐
d. L'augmentation de la population mondiale entraîne une augmentation des besoins.	☐	☐
e. Les fronts pionniers sont un atout pour l'environnement.	☐	☐

2 Étudier une carte

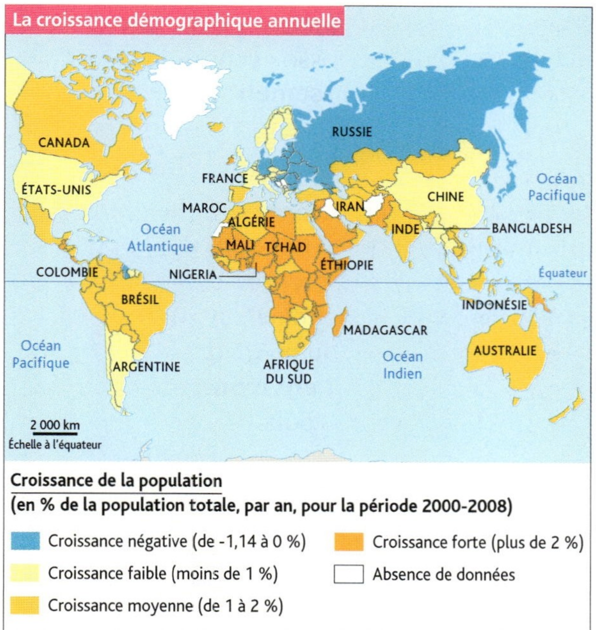

a. Quels sont les pays qui se caractérisent par une forte croissance de leur population ?

b. À quel type de pays appartiennent-ils ?

c. À quel stade de la transition démographique sont-ils ?

d. Quels sont les pays qui ont une croissance faible ou négative de leur population ?

e. Quels sont les pays qui ont une croissance moyenne de leur population ?

3 Réaliser un croquis paysager

Un front pionnier au Vietnam pour la culture du Manioc.

a. Dans quel pays a été a été prise la photographie ? ....

b. Pourquoi la forêt est-elle défrichée ?

....

c. Qu'est-ce qu'un front pionnier ?

....

d. Compléter le croquis simplifié, faire la légende et donner un titre.

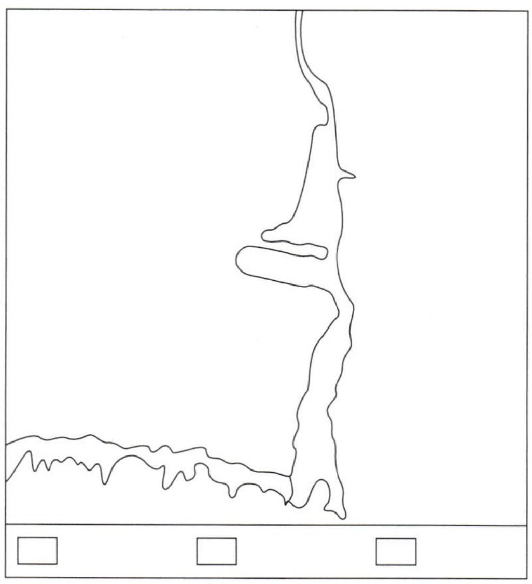

....

Livret des corrigés p. 21

14 Les inégalités devant la santé

Comprendre et retenir

Définitions

Espérance de vie : durée moyenne de vie d'une personne qui vient de naître.

Mortalité infantile : nombre d'enfants qui meurent avant l'âge de 1 an pour 1 000 naissances.

Sanitaire : qui concerne la santé.

Pandémie : épidémie qui s'étend à plusieurs continents.

SIDA (syndrome d'immuno-déficience acquise) : maladie causée par le VIH, virus transmis par voie sanguine ou sexuelle.

Bidonville : quartier dont les maisons ont été construites avec des matériaux de récupération.

Un lien entre santé et niveau de développement

- L'espérance de vie **a fortement augmenté dans le monde depuis les années 1950** et la santé des personnes s'est améliorée, mais les **inégalités dans ce domaine restent considérables.**
- Dans tous les pays, **l'accès à l'eau potable et les réseaux d'assainissement** sont des **conditions vitales de la santé** : or, plus d'un milliard d'hommes n'en disposent pas. Les pays riches affectent beaucoup d'argent aux équipements médicaux, à la mise en place d'un réseau dense de personnels de santé et à la création de nouveaux médicaments. Dans les pays pauvres, pour beaucoup, la santé reste un luxe.

De fortes inégalités à toutes les échelles

- **L'écart d'espérance de vie entre les pays les plus riches et les plus pauvres est de 40 ans.** Cela est dû en particulier à une mortalité infantile qui reste forte dans les pays du Sud, faute d'infrastructures sanitaires. Certains États, trop pauvres, n'ont pas les moyens de fournir les soins nécessaires à leurs populations, ni de mettre en place des politiques de prévention. Les **campagnes** sont **souvent délaissées**. Mais au sein même des pays riches, l'espérance de vie varie en fonction des catégories sociales.

Les nouveaux défis de la santé

- La mobilité accrue des hommes avec la mondialisation a augmenté les **risques de développement planétaire des** pandémies, notamment le Sida. **Dans les pays du Sud**, la croissance énorme des villes, avec des populations nombreuses vivant dans des bidonvilles accroît la **précarité de la santé**. Dans les **pays riches**, le **vieillissement** accentué de la population crée de nouveaux besoins.

Apprendre comment faire

Lire une carte par anamorphose

La diffusion planétaire du Sida

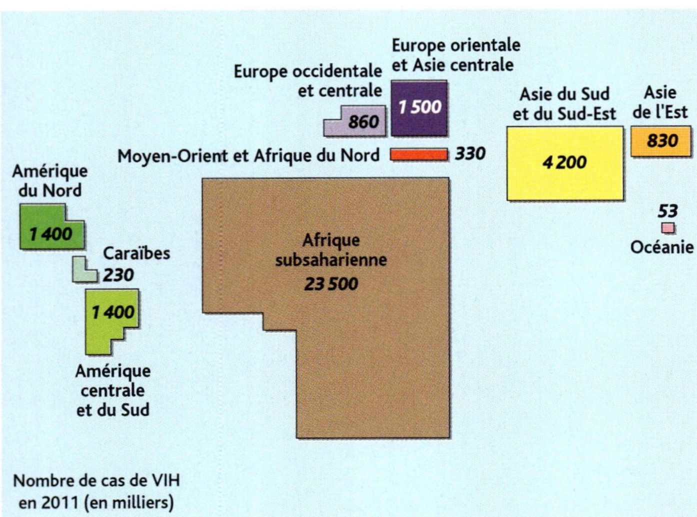

Méthode

1 Présenter le document. Préciser la nature du document et indiquer son thème. Quels sont les espaces représentés ?

2 Décrire ce type de carte. Comment les régions du monde sont-elles représentées ? Pourquoi certaines régions sont-elles dans les mêmes gammes de couleurs ? Ont-elles toutes la même forme ? Comment expliquer ces différences ? Observer la taille de chaque bloc coloré : est-elle la même pour chaque région du monde ? En fonction de quoi varie-t-elle ?

3 Interpréter la carte. Citer la région du monde la plus touchée par le Sida. Garder à l'esprit que les chiffres fournis sont communiqués par les États et que certains sous-estiment le nombre de malades.

1 Vrai ou Faux ?

	V	F
a. La santé ne connaît pas d'amélioration au niveau mondial.	☐	☐
b. La santé dépend notamment de l'accès à l'eau potable.	☐	☐
c. La différence d'espérance de vie entre les pays les plus riches et les pays les plus pauvres est de 20 ans.	☐	☐
d. Dans les pays du Sud, les habitants des campagnes ont une meilleure santé que dans les villes.	☐	☐
e. Le SIDA est aujourd'hui la pandémie la plus préoccupante.	☐	☐
f. Dans les pays du Nord, le vieillissement de la population crée de nouveaux problèmes de santé.	☐	☐

2 Étudier une affiche

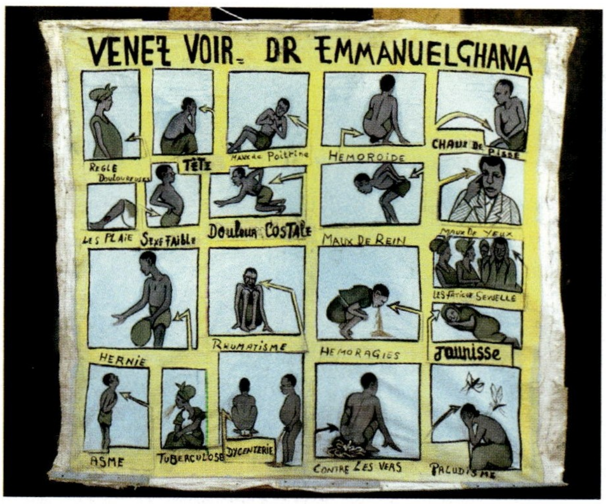

Affiche de promotion d'un guérisseur au Mali.

a. Comment s'appelle ici le « guérisseur » ?

b. Quelle est la différence entre un guérisseur et un médecin ?

c. Quelles techniques emploie un guérisseur ?

d. Pourquoi ce type de pratique est-il fréquent en Afrique subsaharienne ?

e. Relevez quelques maladies que le guérisseur se propose de soigner.

f. Quels peuvent être, selon vous, les résultats de ces pratiques traditionnelles ?

3 Analyser un texte

L'espérance de vie des Africains s'allonge

La population africaine est vieillissante, tout comme celle du reste du monde. Le pourcentage des personnes âgées de plus de 65 ans en Afrique est passé de 3,3 % en 2000 à 3,6 % en 2010. En Afrique, l'espérance de vie à la naissance était de 52,7 ans en 1990, mais a atteint 56 ans en 2010.

Dans une grande partie de l'Afrique, les gouvernements dépensent beaucoup moins d'argent pour les soins de santé que dans la plupart des pays développés. En 2005, 48 des 54 pays africains ont consacré en moyenne moins de 26 dollars par habitant aux soins de santé. De nombreuses personnes, parmi les plus démunies, ont dû emprunter ou vendre des biens pour payer des soins de santé.

La détérioration des modes traditionnels de soutien familial en Afrique complique encore plus la situation, en raison de l'urbanisation croissante et – dans certains pays africains – des effets du VIH-Sida. En Afrique, beaucoup de personnes âgées sont accablées par le fardeau de la garde des enfants, dont les parents ont été emportés par le VIH-Sida.

Rapport de la Banque africaine de développement, novembre 2011.

a. Quel est le pourcentage de personnes âgées de plus de 65 ans en Afrique ? ....

b. Quelle est l'espérance de vie moyenne en Afrique en 2010 et comment évolue-t-elle ? ....
....
....
....

c. Quelle est la somme moyenne consacrée par la plupart des pays africains à la santé ? Quelles en sont les raisons ? ....
....
....
....

d. En quoi la situation des personnes âgées est-elle particulièrement difficile dans les pays très touchés par le Sida ? ....
....
....
....

Livret des corrigés p. 21

15 Les inégalités devant l'éducation

Définitions

Analphabète : personne ne sachant ni lire ni écrire.

Illettrisme : situation d'une personne qui a été scolarisée mais qui a oublié les mécanismes de la lecture et de l'écriture.

Scolarisation : fréquentation d'une école ou d'un établissement d'enseignement.

UNESCO : Organisation des Nations unies pour l'éducation, la science et la culture.

Comprendre et retenir

Des inégalités à l'échelle mondiale

- **La scolarisation dans le monde a beaucoup progressé** au cours des dernières décennies mais on compte **encore près de 800 millions d'adultes analphabètes** et plus de 100 millions d'enfants qui ne vont pas à l'école. L'éducation est pourtant un droit reconnu dans la Déclaration universelle des doits de l'homme de 1948.
- Les **inégalités d'accès à l'éducation** sont liées au développement économique. C'est dans les **pays en développement** que l'on trouve le plus grand nombre d'analphabètes même si l'illettrisme touche aussi une petite partie des populations des pays riches.

L'enjeu de l'éducation des femmes

- **Dans les pays du Sud, les taux de scolarisation sont généralement plus faibles** dans les campagnes que dans les villes, les enfants étant plus facilement accaparés par l'aide qu'ils doivent apporter aux travaux agricoles ou domestiques.
- Mais dans beaucoup de pays, en Asie ou en Afrique, demeure une **inégalité persistante entre les garçons,** qui poursuivent leur scolarité, **et les filles** qui abandonnent l'école à un âge plus précoce. La **scolarisation** des filles est pourtant un **enjeu fondamental** en termes de santé, de réduction de la fécondité et d'emploi.

L'éducation au cœur du développement

- **La pauvreté est le principal frein à la scolarisation et à l'alphabétisation.** L'UNESCO et de nombreuses ONG essaient de favoriser l'éducation dans les pays du Sud mais les enseignants qualifiés manquent, les bâtiments scolaires et les équipements éducatifs restent rudimentaires. L'analphabétisme recule mais reste un obstacle au développement.

Apprendre comment faire

Comprendre une affiche

La lutte contre le travail des enfants au Mali

Méthode

1. **Présenter le document.** Préciser la nature du document et son thème. Où ce document est-il exposé ? Quels organismes ont financé cette campagne ? Recherchez des informations sur eux.
2. **Analyser le document.** Identifier le message de l'affiche. Dans quelle langue est-il écrit ? Pourquoi ? Décrire les éléments visuels de l'affiche (personnages, type de paysage). Sur quelles oppositions est construite l'affiche ? Des personnes ne sachant pas lire peuvent-elles comprendre cette affiche ?
3. **Interpréter le document.** Expliquer à qui cette affiche est destinée. Quel est son objectif ? Pourquoi ce message est-il important ?

S'entraîner

1 Vrai ou Faux ?

	V	F
a. 100 millions d'adultes sont encore analphabètes.	☐	☐
b. L'éducation est un droit reconnu dans la Déclaration des droits de l'homme et du citoyen de 1948.	☐	☐
c. L'illettrisme touche autant les pays du Nord que du Sud.	☐	☐
d. Dans les pays en développement, la scolarisation est la même à la ville et à la campagne.	☐	☐
e. Dans beaucoup de pays, la scolarisation des filles est moins longue que celle des garçons.	☐	☐
f. L'UNESCO est un organisme qui essaie de développer l'éducation.	☐	☐

2 Commenter un tableau

Revenu, alphabétisation et démographie

	Maroc	Tunisie
Revenu annuel / habitant en dollars (2008)	4050	7140
% femmes sachant lire et écrire :		
• Femmes nées vers 1960	30	60
• Femmes nées vers 1980	55	88
Taux de mortalité infantile	40	23
Indice de fécondité (2006)	2,4	2,1

a. Où sont situés le Maroc et la Tunisie ? Quelle différence de revenu y a-t-il entre les deux pays ?

b. Quelles différences y a-t-il dans l'alphabétisation des femmes dans les deux pays ?

c. Comment a évolué cette situation en une vingtaine d'années, pour les femmes nées vers 1960 et celles nées vers 1980 ? Quel est le pays qui semble en retard ?

d. Quel lien peut-on établir entre la fécondité, la santé des nourrissons (mortalité infantile) et le niveau d'éducation des femmes ?

3 Analyser un texte

L'éducation des filles en Afghanistan

L'éducation des femmes a fait face à des obstacles importants en Afghanistan, mais il y a eu d'énormes améliorations depuis 2001. Sous les Talibans[1], la plupart des écoles de filles ont été fermées et le taux de scolarisation a chuté de 32 % à 6,4 %. Pendant les premières années qui ont suivi la chute des Talibans, l'éducation a été une priorité absolue pour le gouvernement afghan et les donateurs. La campagne intitulée *Back to school* (« Retour à l'école »), lancée en 2002, a considérablement augmenté les inscriptions qui ont quasiment septuplé, passant ainsi d'un chiffre avoisinant les 900 000 en 2000 à celui de 6 700 000 en 2009. Pour les filles, l'augmentation a été encore plus spectaculaire : les chiffres officiels concernant les inscriptions des filles sont passés d'un nombre estimé à 5 000 sous le régime Taliban, à 2,4 millions aujourd'hui. Mais les progrès réalisés concernant l'éducation des filles sont menacés par le désinvestissement du gouvernement afghan et des pays donateurs.

Rapport de l'ONG OXFAM, 24 février 2011.

1. Musulmans extrémistes et hostiles à toutes sortes de libertés et de valeurs démocratiques.

a. Où est située l'Afghanistan ? ....

....

b. Quelle était la situation de l'éducation des filles en Afghanistan à la chute du régime des Talibans ? ....

....

c. Quelle a été la politique éducative du nouveau régime afghan, avec l'aide d'organisations internationales ? ....

....

d. Quels ont été les résultats de cette politique éducative pour l'ensemble des enfants, et pour les filles en particulier ? ....

....

e. Quel est le constat de l'ONG OXFAM sur la situation à la fin des années 2000 ? Que peut-on en penser ? ....

....

Livret des corrigés p. 21

16 Les inégalités devant les risques

Comprendre et retenir

Définitions

Aléa : phénomène naturel qui est à l'origine d'un risque.

Risque : danger potentiel qui pourrait toucher un espace occupé par les activités humaines.

Catastrophe : réalisation du risque.

Vulnérabilité : conséquences et dégâts potentiels que pourrait provoquer une catastrophe.

Des risques naturels en augmentation

- Les sociétés sont plus ou moins exposées à des **aléas d'origine naturelle : climatiques, sismiques, volcaniques**. Ces aléas peuvent représenter un risque lorsqu'ils constituent un **danger pour les hommes**. Ils peuvent toucher tous les espaces de la planète, mais la **zone tropicale** est particulièrement touchée à cause de la **fréquence des risques climatiques** (cyclones, tornades, inondations).
- Lorsque le risque se produit, il devient une catastrophe. Ces catastrophes touchent de plus en plus de monde, car les hommes se concentrent dans les **zones à risques** : près des littoraux, dans les vallées fluviales…

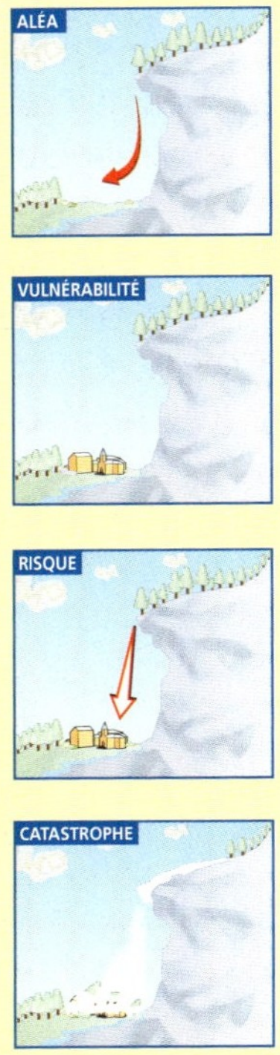

Les pays pauvres plus vulnérables

- **Les pays pauvres sont plus vulnérables** face aux risques que les pays développés : le nombre de victimes est plus élevé, les destructions plus importantes. Ceci est lié à plusieurs facteurs et en particulier aux **différences de richesse et de développement**.
- **Les pays riches réalisent des aménagements** pour se protéger des risques et mettent en place des **moyens de prévention** pour limiter l'ampleur de la catastrophe (surveillance satellite, normes parasismiques, préparation des populations…). De plus, des assurances permettent de couvrir les dommages.
- **Les pays pauvres manquent d'argent, de matériel et de techniciens** pour aider les victimes. Ils doivent souvent compter sur l'aide internationale (ONU, ONG, États riches) qui est souvent insuffisante.

Apprendre comment faire

Analyser un texte

Les risques en Indonésie

L'archipel indonésien compte près de 20 000 îles. 2 000 pourraient disparaître d'ici à 2030, selon les experts, du fait des dommages environnementaux et de l'exploitation humaine. Une des raisons majeures de cette catastrophe annoncée se trouve dans la déforestation à outrance que connaît l'Indonésie. Sur l'île de Sumatra, de grandes entreprises obtiennent le droit de déboiser contre la promesse de donner du travail à la population. La déforestation provoque des inondations meurtrières et des glissements de terrain au cœur de Sumatra et de Java[1].

La Croix, 10 décembre 2007.

1. Sumatra et Java sont les principales îles de l'Indonésie.

Méthode

1 Présenter le document.
Préciser la nature du document, sa source et sa date de parution.
Indiquer le sujet du texte.

2 Analyser méthodiquement le texte.
Identifier la thèse du texte (le point de vue des experts). Lister la principale raison qui explique ce phénomène et ce qui en résulte.

3 Interpréter le texte à l'aide de ses connaissances.
Où se situe l'Indonésie ? Est-ce une région exposée aux risques ? Rappeler les raisons de la déforestation. Expliquer en quoi ce phénomène est contraire au développement durable.

S'entraîner

1 Vrai ou Faux ?

	V	F
a. Les sociétés sont de plus en plus exposées aux risques naturels.	☐	☐
b. Les risques naturels sont de différentes sortes.	☐	☐
c. Les pays pauvres sont plus touchés par les risques que les pays riches.	☐	☐
d. Les pays riches arrivent à limiter les catastrophes avec les actions de prévention et de surveillance.	☐	☐
e. Lorsque le risque se produit dans un pays pauvre, les dégâts humains et matériels sont souvent très importants.	☐	☐

2 Étudier un texte

Utiliser la **méthode** décrite dans **Apprendre comment faire**.

Le système de prévention des risques au Japon

Le Japon dispose de détecteurs de séismes et de tsunamis, qui seront plongés en mer à un ou deux kilomètres de profondeur au large de l'archipel. Ce système d'alerte anticipée japonais permet, en théorie, de détecter un séisme quelques secondes avant qu'il ne soit ressenti à la surface de la Terre. Cela permet, dans certains cas, de prévenir en temps réel les populations *via* des boîtiers d'avertissement spéciaux, ou en utilisant les médias et leurs infrastructures comme relais. Même si ce laps de temps est très limité, il pourrait permettre de réduire fortement les dommages matériels et le nombre de victimes, à condition que les personnes sachent comment bien réagir à ces alarmes (ouvrir une porte pour se ménager une sortie de secours, couper le gaz, s'abriter sous une table ...).

D'après « Le Japon renforce son système d'alerte précoce des séismes et tsunamis », www.rtlinfo.be, 3 juillet 2009

a. Présentez le document. ....

....

b. D'après la carte de l'exercice 3, pourquoi le Japon doit-il mettre en place des systèmes d'alertes ?

....

c. Contre quels risques le Japon se protège-t-il ?

....

d. Quels sont les moyens mis en place ? ....

....

e. Quelle est l'utilité d'un système d'alerte ? ....

....

3 Étudier une carte

Observez la carte ci-contre et répondez aux questions.

a. Quelles sont les grandes régions du monde soumises aux cyclones ? ....

....

b. Quels sont les autres risques naturels majeurs dans le monde ?

....

....

c. Quels sont les principaux espaces exposés aux risques naturels ?

....

....

d. Quelle est la particularité du Japon ? ....

....

Les risques naturels dans le monde

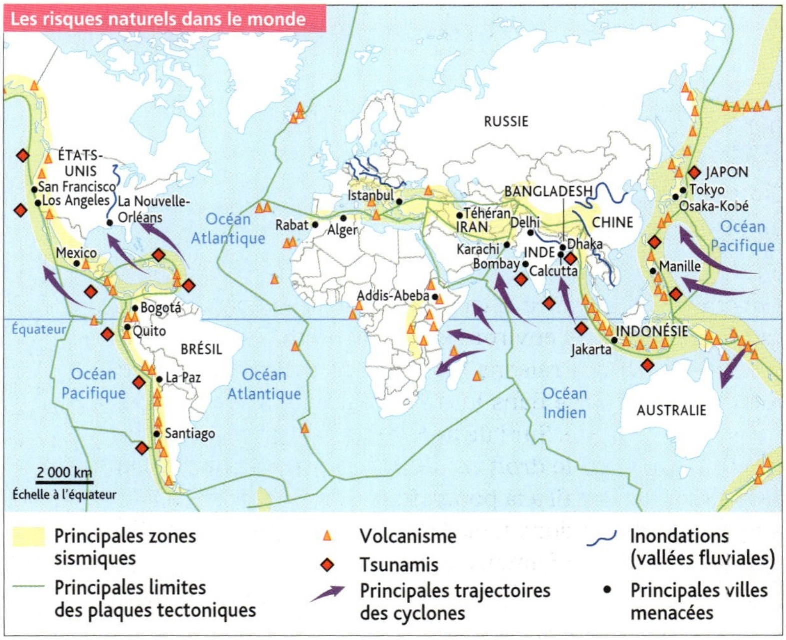

Livret des corrigés p. 21

17 La pauvreté dans le monde

Comprendre et retenir

Définitions

Indice de développement humain (IDH) : il prend en compte l'espérance de vie, l'alphabétisation et la richesse du pays ; 1 est la valeur la plus forte, 0 la plus faible.

Exode rural : départ des populations des campagnes vers les villes.

Bidonville : quartier dont les maisons sont construites avec des matériaux précaires ou de récupération.

L'extrême pauvreté

- **Près de 1,5 milliard d'hommes dans le monde vivent sous le seuil d'extrême pauvreté**, c'est-à-dire avec moins de 1,25 dollar par jour. Cette pauvreté extrême s'accompagne de **nombreux manques** : alimentation insuffisante, absence de logement décent, difficultés d'accès à l'eau potable, à l'éducation et aux soins médicaux.
- Pour **mesurer le niveau de développement** d'un pays, l'ONU utilise des instruments comme l'IDH, mais cet indice peut cacher d'**importantes inégalités**, entre les villes et les campagnes, ou à l'intérieur des villes elles-mêmes. Il y a aussi des pauvres dans les pays riches qui vivent dans l'exclusion.

De grandes inégalités spatiales

- C'est dans l'**Asie surpeuplée** que **les pauvres sont les plus nombreux**, mais c'est aussi sur ce continent que la diminution en pourcentage des populations pauvres est la plus nette. La pauvreté diminue également en Amérique latine.
- Mais c'est l'**Afrique subsaharienne** qui est la région du monde touchée par la plus **extrême pauvreté**, avec un individu sur deux touché.

Pauvreté et développement durable

- Pour survivre, les populations pauvres des pays en développement sont tentées d'**accroître les superficies cultivées** et mettent en péril l'**environnement local** : les forêts tropicales sont défrichées, ce qui accroît l'érosion des sols et les inondations ; les milieux secs, surexploités par les troupeaux, sont affectés par la désertification.
- Cette **pauvreté des campagnes** alimente l'exode rural qui vient gonfler les bidonvilles des agglomérations urbaines, surtout les capitales.

Apprendre comment faire

Analyser une photographie

Le bidonville de Kibera à Nairobi (Kenya)

Méthode

1 Localiser la photographie.
Identifier où a été prise cette photographie (continent, pays, ville). Rappeler ce qu'est un bidonville.

2 Décrire la photographie
Décrire l'habitat (matériaux) et les conditions de vie des habitants (équipements, niveau de propreté).

3 Interpréter le document.
Expliquer les conséquences de ces conditions de vie sur les habitants. Rappeler la situation du continent africain en matière de développement et de pauvreté. Montrer en quoi cette photographie illustre cette situation.

S'entraîner

1 Vrai ou Faux ?

	V	F
a. Le seuil de pauvreté extrême dans les pays en développement est estimé à 2 dollars par jour.	☐	☐
b. L'IDH mesure le niveau de développement d'un pays.	☐	☐
c. C'est en Afrique que les pauvres sont les plus nombreux.	☐	☐
d. La pauvreté augmente en Asie, en nombre et en pourcentage.	☐	☐
e. La pauvreté augmente en Amérique latine.	☐	☐
f. Les bidonvilles sont des villages pauvres à la campagne.	☐	☐

2 Étudier un texte

La pauvreté à Buenos Aires

Ramona Leiva habite dans un bâtiment abandonné de quatorze appartements. Je l'appelle «la morgue» dit-elle. À l'intérieur, il fait froid, beaucoup plus froid et plus humide que ce matin d'hiver à Buenos Aires. Le sous-sol est inondé et jonché d'ordures: c'est un nid gigantesque de rats de plus de trente centimètres avec lesquels les 500 habitants du bidonville doivent partager leurs jours.

Ramona Leiva a 70 ans et cela fait cinquante ans qu'elle habite dans la villa 15, l'un des quatorze bidonvilles que l'on compte à Buenos Aires, et même 878 si l'on y ajoute ceux de la périphérie de la ville. Ces bidonvilles ont une population qui s'est accrue de 52 % entre 2001 et 2010, qui survit sans aucun service de base et qui n'apparaît pas dans les registres officiels.

Les statistiques officielles maquillent la réalité. Sur un pays de 40 millions d'habitants, le relevé officiel compte 2600000 pauvres, soit 6,5 % de la population, mais des consultants et des universitaires de l'université catholique d'Argentine en comptent 8700000, soit près de 22 %. Cette différence d'au moins 6 millions rend beaucoup de personnes invisibles, comme Ramona Leiva. Comme elle le dit sans détours, «nous n'existons pas»

D'après Silvia Heguy, *"Argentina oculta"*, *El Semanal*, 15/07/2012.

a. Où se trouve Buenos Aires ? ....

....

b. Combien de bidonvilles compte cette capitale ?

....

c. Les autorités officielles de la ville semblent-elles s'occuper de cette population ? ....

....

d. Pourquoi les autorités argentines cherchent-elles à minimiser la pauvreté ? ....

....

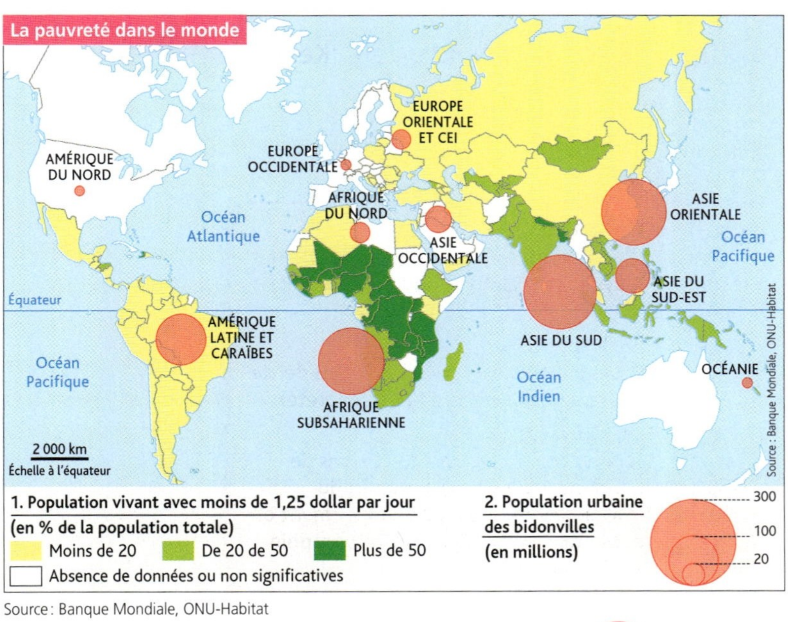

Source : Banque Mondiale, ONU-Habitat

3 Étudier une carte

a. Dans quelle région du monde la pauvreté extrême touche-t-elle le pourcentage le plus élevé de la population ? ....

....

....

b. Dans quelles régions du monde trouve-t-on le plus d'habitants vivant dans des bidonvilles ? ....

....

c. L'Europe est-elle épargnée par cette pauvreté extrême ? ....

....

....

Livret des corrigés p. 22

18 La question des ressources alimentaires

Comprendre et retenir

Une situation alimentaire mondiale toujours critique

- Le pourcentage des hommes mal nourris dans le monde a beaucoup diminué dans les quarante dernières années mais, comme la population augmente rapidement, près de **900 millions de personnes souffrent encore d'insuffisances alimentaires**.
- Les crises agricoles, qui s'accompagnent d'une envolée des prix des aliments de base, se traduisent par une **augmentation de la sous-alimentation** ou de la malnutrition. Les guerres civiles peuvent entraîner des famines.

Accroître la production vivrière

- Au cours des dernières décennies, la production agricole a augmenté plus vite que la population mondiale grâce à l'**augmentation des rendements** et à la **mise en culture de nouvelles terres**.
- Mais **l'essor de la production ne répond pas forcément aux besoins** vitaux des populations en céréales (blé, maïs, riz) ou en tubercules (manioc, igname). Une partie croissante de la production sert à nourrir le bétail ou est détournée vers la fabrication d'agro-carburants. Les cultures d'exportation sont souvent privilégiées par rapport aux cultures vivrières.

Développer une agriculture durable et nourrir tous les hommes

- Chaque pays doit rechercher la sécurité alimentaire mais celle-ci est **dépendante du recul de la pauvreté**. Des pays, qui sont de grands exportateurs agricoles comme le Brésil, n'y parviennent pas. La poursuite de l'augmentation de la production agricole est nécessaire, mais ne doit pas s'accompagner de la dégradation des sols, d'une déforestation sauvage ou d'une augmentation de la consommation d'eau dans les régions sèches.

Définitions

Sous-alimentation : alimentation insuffisante en quantité.

Malnutrition : alimentation déséquilibrée, responsable de carences.

Famine : absence presque totale et prolongée d'alimentation, entraînant la mort.

Cultures vivrières : cultures destinées à l'alimentation du paysans et de sa famille.

Sécurité alimentaire : situation dans laquelle l'ensemble d'une population est durablement nourrie, en quantité et qualité suffisantes.

Apprendre comment faire

Analyser un diagramme circulaire

La sous-alimentation par région du monde en 2010 (en millions)

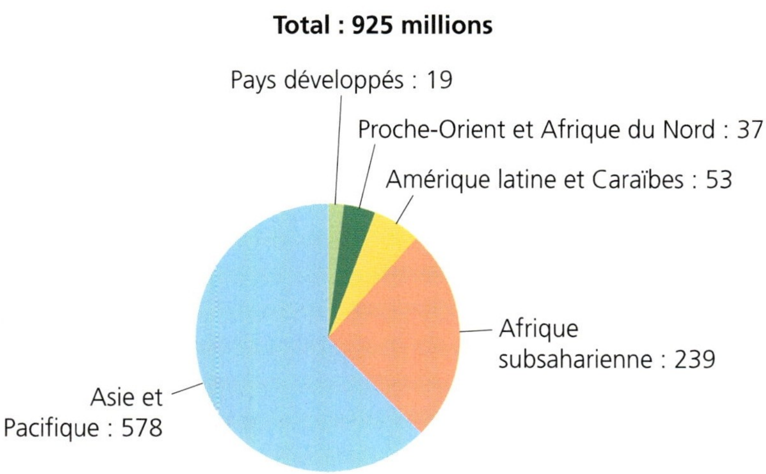

Méthode

1 Présenter et comprendre le document.
Préciser la nature de ce graphique.
Indiquer à quoi correspondent :
– les différentes portions colorées ;
– les nombres.

2 Lire précisément le document.
Identifier les deux grands ensembles mondiaux inégaux que distingue ce document. Citer les deux « régions » du monde qui souffrent le plus de sous-alimentation.

3 Interpréter le document.
D'après vos connaissances, expliquez pourquoi les régions que vous avez citées sont plus touchées par la malnutrition.

S'entraîner

1 Vrai ou Faux ?

	V	F
a. Le pourcentage de personnes mal nourries ne cesse de baisser dans le monde.	☐	☐
b. La famine est la consommation d'une alimentation déséquilibrée.	☐	☐
c. La production agricole augmente moins vite que la population mondiale.	☐	☐
d. Les pays qui exportent beaucoup de produits agricoles assurent aussi la sécurité alimentaire de leur population.	☐	☐
e. Il est possible d'augmenter encore la production agricole mondiale.	☐	☐

L'évolution de la population et de la production agricole

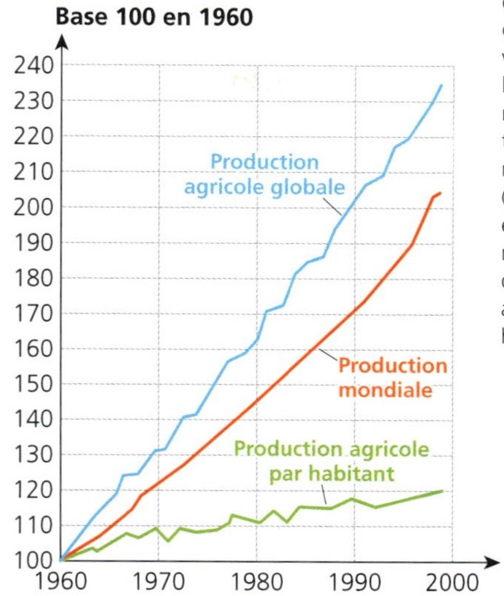

Production agricole, population et disponibilités alimentaires

Remarque: l'indice (ici 100 en 1960) est un moyen commode et très visuel d'évaluer les évolutions respectives des trois paramètres représentés ici (production agricole et population mondiale, disponibilités alimentaires par habitant).

2 Commenter un graphique

a. Sur combien d'années le graphique ci-contre examine-t-il la situation alimentaire mondiale ?

....

b. Comment a évolué la production agricole mondiale par rapport à la population ?

....

....

c. La situation alimentaire mondiale s'est-elle globalement améliorée ? Comment peut-on le montrer ici ?

....

....

d. Quelle vision critique peut-on avoir sur ce document ?..

....

3 Étudier une carte

a. Quelles sont les deux grandes régions du monde où la proportion de populations sous-alimentées est la plus élevée ?

b. Les grands pays émergents tels que la Chine – 2e puissance économique du monde – l'Inde ou le Brésil parviennent-ils à nourrir correctement l'ensemble de leur population ?

c. Quelle est la situation de l'Amérique latine et des Caraïbes ?

d. La situation alimentaire est-elle conforme au découpage du monde entre pays riches et pauvres ? Y a-t-il des exceptions ?

e. L'échelle de la carte permet-elle d'étudier toutes les situations de sous-alimentation ?

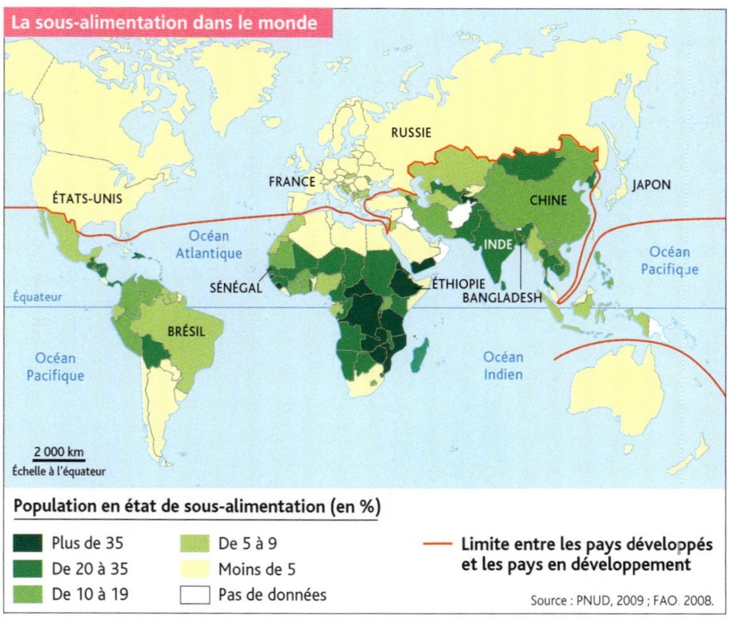

Livret des corrigés p. 22

19 La question de l'accès à l'eau

Définitions

Pénurie : manque d'eau en quantité suffisante pour assurer les besoins agricoles et domestiques.

Irrigation : technique d'apport d'eau, en plus des précipitations, sur une terre cultivée.

Nappe fossile : ressource d'eau profonde, liée à d'anciens climats et qui n'est pas renouvelable.

Conflits d'usage : concurrence entre différents utilisateurs pour l'exploitation d'une même ressource.

Comprendre et retenir

Une ressource inégalement répartie

- L'eau douce est une **ressource abondante et renouvelable** à la surface du globe mais sa disponibilité dépend surtout des précipitations annuelles et de leur rythme saisonnier. **Les ressources en eau ne correspondent pas à la répartition de la population** : 9 pays se partagent 60 % des ressources en eau douce, tandis que d'autres sont en situation de pénurie. Or, l'eau est indispensable pour les besoins domestiques, mais aussi pour l'irrigation nécessaire à l'agriculture, qui en absorbe 70 %, l'industrie, l'énergie et les loisirs.

Des aménagements coûteux face à une demande croissante

- Avec l'urbanisation croissante, la hausse du niveau de vie et le développement d'une agriculture intensive, **la consommation d'eau ne cesse d'augmenter.**
- Des solutions existent mais elles exigent des **investissements coûteux** : pompage de nappes fossiles (non renouvelables), usines de dessalement de l'eau de mer, construction de barrages et de canaux d'alimentation, usines de traitement des eaux usées. Un milliard d'êtres humains n'a pas accès à l'eau potable, ce qui provoque de nombreuses maladies.

Un enjeu stratégique, objet de conflits

- **Les conflits d'usage sont nombreux**. Là où l'eau est rare, les **besoins d'eau** de l'agriculture entrent **en concurrence** avec les besoins des villes, de l'industrie et des activités touristiques.
- Ces conflits peuvent être locaux, régionaux avec des **oppositions aux transferts d'eau** d'une partie d'un pays à une autre, internationaux lorsque de grands fleuves traversent plusieurs pays et que ceux situés en amont prélèvent des quantités d'eau jugées excessives par les pays en aval.

Apprendre comment faire

Analyser un graphique en courbes

La consommation mondiale d'eau douce depuis 1900

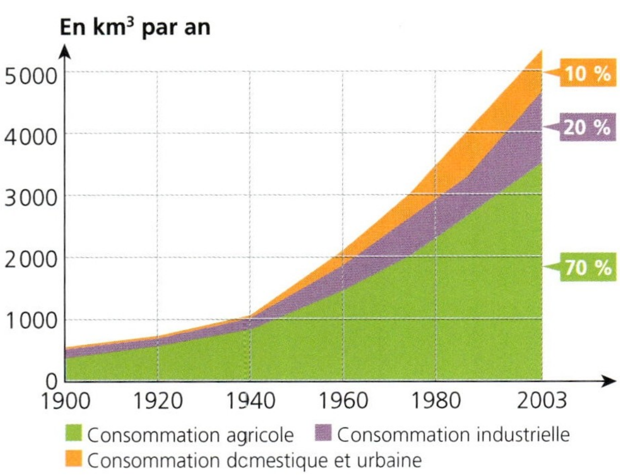

Méthode

1 Présenter le document.
Préciser la nature de ce graphique et son thème. Indiquer à quoi correspondent les différentes courbes colorées.

2 Comprendre le document.
Indiquer les données représentées sur l'axe horizontal et sur l'axe vertical. Indiquer à quoi correspondent les différentes courbes colorées. Quelle période couvre le document ?

3 Lire le document.
Préciser comment évolue la consommation globale d'eau entre 1900 et 1940, puis entre 1940 et 2003. Comment évolue la part de la consommation urbaine dans la consommation globale à partir de 1940 ? Quelle activité consomme le plus d'eau ?

4 Interpréter le document.
D'après vos connaissances, expliquez les facteurs qui peuvent expliquer les évolutions que vous venez de constater.

S'entraîner

1 Vrai ou Faux ?

	V	F
a. L'eau douce est une ressource rare à la surface du Globe.	☐	☐
b. Certains pays peuvent faire face simultanément à des pénuries et à des inondations.	☐	☐
c. Ce sont les besoins domestiques qui nécessitent les plus grosses quantités d'eau.	☐	☐
d. La consommation d'eau ne cesse d'augmenter.	☐	☐
e. Les nappes d'eau profondes sont une solution d'avenir pour faire face aux besoins.	☐	☐
f. L'eau est une ressource stratégique, enjeu de conflits.	☐	☐

2 Étudier un texte

a. Pourquoi l'auteur estime-t-il que l'eau devient un bien rare ?

b. Quels travaux sont menés pour trouver l'eau et l'utiliser au mieux ?

c. Pourquoi faut-il lutter aussi contre l'eau ?

Des luttes pour l'eau

On parle de plus en plus de batailles de l'eau. Dans un très grand nombre de pays, l'eau est de plus en plus considérée comme un bien rare. Parce que la population des villes du tiers-monde augmente considérablement, et parce que dans les villes, la consommation en eau par habitant s'accroît beaucoup, les hommes doivent faire de très grands efforts afin de trouver et de conserver l'eau [...] se battre contre la nature pour capter l'eau dans les profondeurs du sol, pour construire des barrages au travers des vallées afin de la stocker, pour creuser des canaux et détourner l'eau vers les villes, de façon à éviter qu'une eau de plus en plus précieuse aille se perde inutilement dans la mer.

Mais il s'agit aussi de luttes entre les États qui cherchent à étendre leur territoire pour atteindre le cours d'un grand fleuve et le détourner à leur profit.

Il y a donc des batailles pour avoir de l'eau mais il y a aussi des batailles contre l'eau. Dans certains pays, à certaines saisons, l'eau devient un très grand danger ; sous l'effet de la mousson, les fleuves ont des crues terribles qui balaient tout sur leur passage.

«L'eau, des enjeux géopolitiques», conférence d'Yves Lacoste, 4 mars 2003.

3 Étudier une carte

a. À quelles régions climatiques correspondent la plupart des pays connaissant des pénuries d'eau ou un stress hydrique ? Le cas de l'Inde est-il comparable à celui de l'Arabie Saoudite ?

b. Pourquoi la Russie, où les précipitations sont beaucoup plus faibles qu'en Inde, ne souffre-t-elle pas de pénurie d'eau ?

c. Citez des pays d'Europe qui connaissent un stress hydrique. Comment expliquer cette situation ?

d. Quels cas particuliers représentent les États-Unis et l'Australie ? Ces exemples peuvent-ils être transposés à d'autres pays ?

e. Quels sont les principaux fleuves qui font l'objet de conflits internationaux ?

La disponibilité en eau douce et les conflits liés au partage de l'eau

1. Les ressources en eau douce (en m³/hab./an)
- Moins de 1 000 : *pénurie*
- De 1 000 à 1 700 : *stress hydrique*
- De 1 700 à 2 500
- Plus de 2 500

2. Les enjeux
- Grands fleuves
- Principaux conflits frontaliers liés au partage de l'eau

Livret des corrigés p. 22

20 Gérer les océans et leurs ressources

Comprendre et retenir

Définitions

Ressources halieutiques : les ressources vivantes de la mer (en lien avec la pêche) : poissons, crustacés, mollusques…

***Off-shore* :** activité se déroulant en mer, mais ne relevant pas de la pêche et du transport maritime.

Zone économique exclusive (ZEE) : zone maritime de 200 miles marins (370 km) à partir de la côte dont dispose chaque État.

Quotas de pêche : limitation du nombre de captures de poissons par année et par État.

La diversité des ressources océaniques

- **Les océans couvrent 70 % de la surface de la Terre.** Les ressources halieutiques fournissent des protéines animales essentielles à l'homme, la pêche procure du travail et des revenus à de nombreux habitants, en particulier dans les pays pauvres : **450 millions de personnes vivent de la pêche**, dont la moitié dans des pays en développement.
- **Le sous-sol des océans est également riche en hydrocarbures** (pétrole et gaz), qui sont de plus en plus exploités à partir de plateformes *off-shore*.

La gestion et le partage des ressources océaniques

- Depuis 1982, chaque État côtier exploite librement les ressources de sa Zone économique exclusive (ZEE). Il peut aussi exploiter les hydrocarbures au-delà du plateau continental. **La haute mer est à disposition de tous.**
- Cependant, **ces ressources très convoitées suscitent des rivalités entre les États.** Certains se disputent l'exploitation de zones de pêches ou d'hydrocarbures hors de leurs frontières maritimes.
- Par ailleurs se pose la question de la **préservation des ressources.** L'exploitation des ressources halieutiques a beaucoup augmenté depuis 50 ans à cause de la croissance de la consommation et du développement de la pêche industrielle. 25 % des espèces de poissons sont déjà **surexploitées ou en voie de disparition.** Certaines espèces sont en danger et, pour éviter l'épuisement des stocks de poisson, certains États réglementent la pêche en instaurant des quotas par espèce, en limitant la taille des filets… Les ressources halieutiques sont aussi menacées par les **pollutions** (déchets, fuite de pétrole, pesticides, fertilisants…).

Apprendre comment faire

Analyser un planisphère

Les ressources océaniques

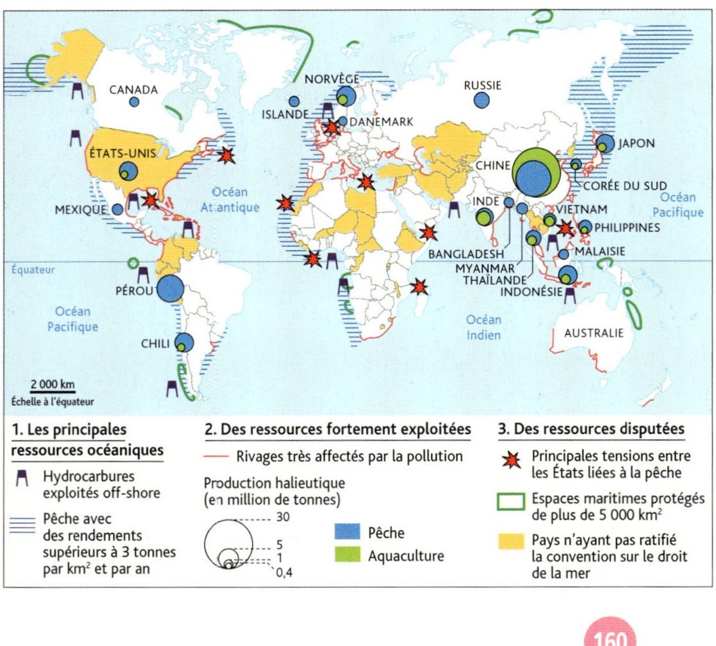

Méthode

1 Présenter le document.
Préciser la nature de la carte, son orientation et son thème. Rappeler ce qu'il faut entendre par « ressources océaniques ».

2 Étudier la carte et sa légende.
Identifier les trois parties de la légende et leur sujet. Quels sont les deux grands types de ressources océaniques ? Que représentent les cercles bleus et les cercles rouges ? Pourquoi peut-on dire que ces ressources sont « disputées » ?

3 Croiser la carte et ses connaissances.
Expliquer pourquoi la gestion des ressources océaniques constitue un enjeu stratégique.

S'entraîner

1 Vrai ou Faux ?

	V	F
a. La pêche est une ressource vitale pour de nombreux habitants de la Planète.	☐	☐
b. Les ressources des océans sont nombreuses.	☐	☐
c. Depuis 1982, les États côtiers exercent leur souveraineté sur leur ZEE.	☐	☐
d. Les stocks de poissons diminuent essentiellement à cause de la pollution.	☐	☐
e. Malgré les limites de la ZEE, les ressources océaniques sont sources de conflits.	☐	☐
f. L'eau est une ressource stratégique, enjeu de conflits.	☐	☐

2 Étudier un texte

Bientôt l'interdiction de la pêche du thon rouge ?

La France s'est prononcée, le 3 février 2010, pour l'interdiction du commerce international du thon rouge, au grand mécontentement des pêcheurs. Menacé par la surpêche, le thon rouge pourrait être inscrit à l'annexe I de la Convention de l'ONU sur le trafic des espèces menacées, synonyme d'interdiction du commerce international pour tous. Le ralliement de Paris au projet d'interdiction du commerce international du thon rouge est d'autant plus mal vécu par les pêcheurs français que leur secteur, en butte à des problèmes de quotas, de mévente et de hausse des charges, est en crise depuis plusieurs années. La France réalise 20 % des prises, principalement en Méditerranée.

D'après www.lemonde.fr. 3 février 2010.

a. Pourquoi la communauté internationale veut-elle interdire le commerce du thon rouge ?

b. À votre avis, quelle est l'évolution des prises du thon rouge ?

c. Quels sont les principaux consommateurs ?

d. Quelle est la position de la France ?

e. Quelle est la réaction des pêcheurs ?

3 Croiser deux documents

1

L'association Greenpeace a dressé la liste des poissons en voie d'épuisement et qu'il est préférable de ne pas consommer pour que le stock se renouvelle.

2 Évolution des captures de la morue en Atlantique Nord

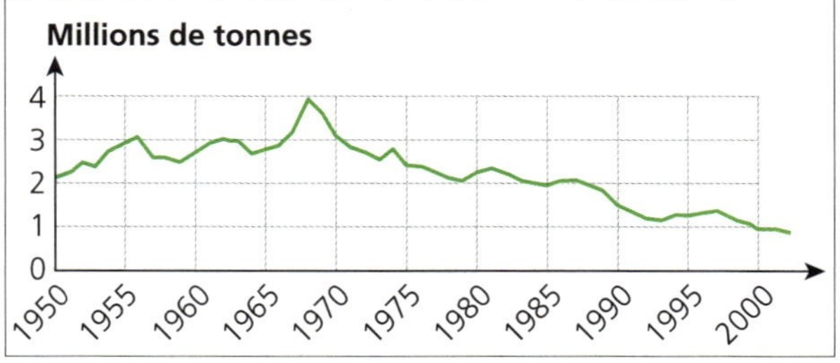

a. Doc. 2 Quelle est l'évolution des prises de morue dans l'Atlantique Nord de 1950 à 1960 ?

b. Doc. 2. Que se passe-t-il après 1968 ? Pourquoi ?

c. Doc. 1 Décrire l'image. Quel est le message adressé aux consommateurs ?

d. Quel lien peut-on établir entre l'évolution des captures de poissons, la surexploitation et la consommation ?

Livret des corrigés p. 22

21 Ménager l'atmosphère

Comprendre et retenir

Définitions

Énergies fossiles : énergies non renouvelables (pétrole, gaz naturel et charbon).

Biomasse : matière organique (bois, paille, déjections animales), brûlée pour produire de la chaleur.

CFC (chlorofluorocarbures) : gaz utilisés dans la chaîne du froid (réfrigérateurs, climatiseurs) avant d'être interdits en 1987.

Gaz à effet de serre (GES) : gaz qui empêchent les rayons solaires réfléchis sur la surface de la Terre d'être renvoyés dans l'atmosphère, contribuant au réchauffement climatique.

L'impact des activités humaines sur la qualité de l'air

- **L'air est contaminé par les activités humaines** et principalement par le transport, l'industrie et le chauffage, qui utilisent des sources d'énergies fossiles **polluantes** comme le charbon, le pétrole et le gaz. Les pays pauvres contribuent aussi à la pollution avec la production de biomasse, dont les émanations sont dangereuses.
- **Ces polluants nuisent à la santé et à l'environnement** et le CO_2 contribue au **réchauffement climatique**. Il serait alors responsable de l'élévation du niveau des océans avec la fonte des glaces et la dilatation des eaux. Il expliquerait aussi le changement de régime des pluies et la multiplication des accidents climatiques.
- Dans ce contexte, de **nouveaux espaces**, comme l'Arctique, deviennent source de **nouveaux enjeux politiques**.

Améliorer la qualité de l'air

- Les hommes se soucient de plus en plus de la **qualité de l'air** : ils mettent en place des **stations de surveillance de l'air**, réduisent la circulation automobile… Certains États essaient aussi de remplacer les énergies fossiles, polluantes, par des **énergies renouvelables**, non polluantes (énergie solaire, éoliennes…).
- Cependant, la protection de l'air reste un problème mondial : en 1987, le **protocole de Montréal** a interdit les gaz CFC qui détruisaient la couche d'ozone. Celle-ci se reforme petit à petit. En 1997, le **protocole de Kyoto** a engagé les pays développés à réduire leur production de CO_2 et de gaz à effet de serre. Mais, en 2012, les États n'ont pas réussi à s'entendre sur un nouvel accord.

Apprendre comment faire

Analyser un graphique en barres

La qualité de l'air dans les plus grandes villes françaises

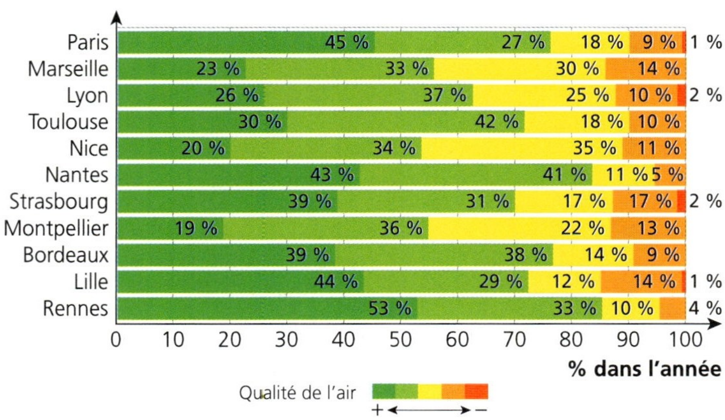

L'indice ATMO. L'indice ATMO est un indicateur de la qualité de l'air qui repose sur les concentrations de 4 polluants. Il ne prend pas en compte la pollution industrielle.

Méthode

1 Présenter le document. Préciser la nature du document et son thème. Expliquer ce qu'est l'indice ATMO et ce qu'il mesure.

2 Lire le document. Indiquer à quoi correspond le code couleur : que représente le vert ? le orange ? le rouge ? Lister les villes concernées par le graphique. Sur quelle durée de référence est calculée la qualité de l'air ? À quoi correspondent les chiffres indiqués en % ?

3 Interpréter le document. De manière globale, qualifier la qualité de l'air des villes françaises. Citer 4 villes dont la qualité de l'air est plutôt mauvaise. À l'aide de vos connaissances, citer quelques raisons qui peuvent expliquer ce constat.

S'entraîner

1 Vrai ou Faux ?

	V	F
a. L'air est pollué par les activités humaines des pays du Nord et des pays du Sud.	☐	☐
b. Le CO_2 est responsable du réchauffement climatique.	☐	☐
c. Tous les États ont signé le protocole de Kyoto.	☐	☐
d. Les énergies renouvelables permettent de remplacer des énergies fossiles.	☐	☐
e. Le protocole de Kyoto vise à réduire la production des gaz à effet de serre.	☐	☐

2 Étudier un texte

Le protocole de Kyoto

Le protocole de Kyoto est un traité international ratifié par 172 pays à l'exception des États-Unis. Il propose un calendrier jusqu'en 2012 de réduction de l'émission des gaz à effet de serre, considérés comme une cause principale du réchauffement climatique des quarante dernières années. Il s'agit surtout du $C0_2$ qui provient de la combustion des énergies fossiles et de la déforestation. 38 pays industrialisés s'engagent à réduire leurs émissions de gaz à effet de serre au cours de la période 2008-2012 de 5,2 % par rapport au niveau de 1990. Les pays en développement n'ont pas d'engagement quantifié de réduction de leurs émissions de gaz polluants. Ces pays craignent que tout effort dans ce sens ne freine leur développement économique.

Protocole de Kyoto, 1997.
D'après www.lemonde.fr. 3 février 2010.

a. Présenter le document. ....

....

b. Que propose le protocole de Kyoto ? ....

....

c. D'où provient le CO_2 ? ....

....

d. Quels sont les pays signataires de cet accord ?

....

....

e. Pourquoi les pays pauvres ne sont-ils pas signataires ? ....

....

....

f. Quel principal pays pollueur a refusé de signer le protocole ? ....

Les changements climatiques et leurs possibles effets

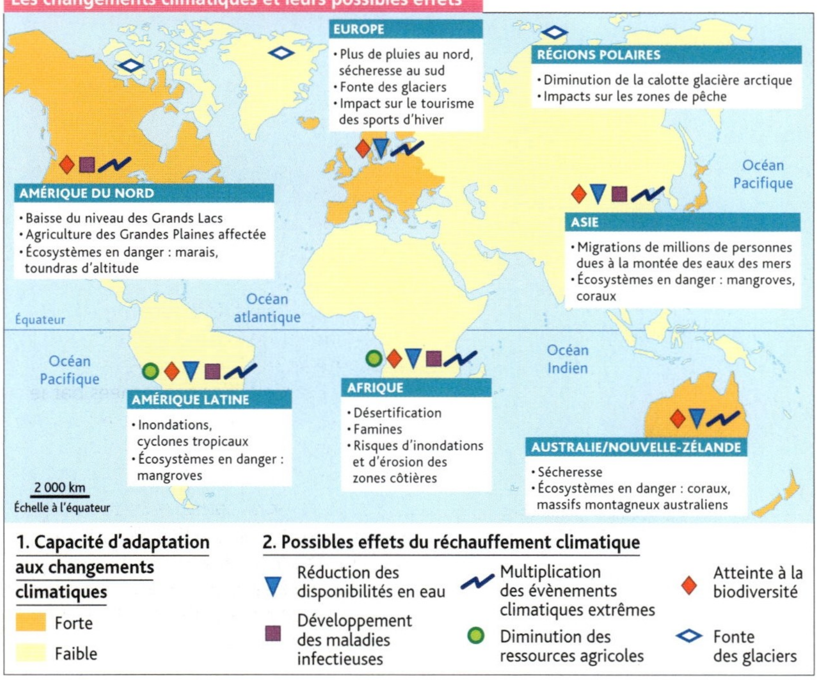

3 Étudier une carte

a. Que représente la carte ci-contre ?

b. Quels écosystèmes seraient menacés en Asie ? Quelle conséquence aurait la montée des eaux en Asie pour la population ?

c. Quelles seraient les conséquences du changement climatique pour les populations d'Afrique ?

d. Quelles seraient les activités touchées par le réchauffement climatique en Europe ? En Amérique du Nord ?

e. Quelles régions arriveraient à s'adapter ? Pourquoi ?

Livret des corrigés p. 22

22 La question de l'énergie

Comprendre et retenir

Définitions

Énergies fossiles : voir fiche 21, p. 162.

Gaz et pétrole de schiste : gaz et pétrole contenus dans des roches. Il est nécessaire de fracturer la roche pour les récupérer.

Hydroélectricité : énergie électrique obtenue à partir de l'eau des fleuves et des cours d'eau.

Énergies renouvelables : énergies produites à partir de sources inépuisables (eau, vent, soleil, chaleur interne de la Terre) mais actuellement coûteuses.

Éolienne : énergie produite à partir de la force du vent.

Biomasse : voir fiche 21, page 162.

Une consommation croissante d'énergies non renouvelables

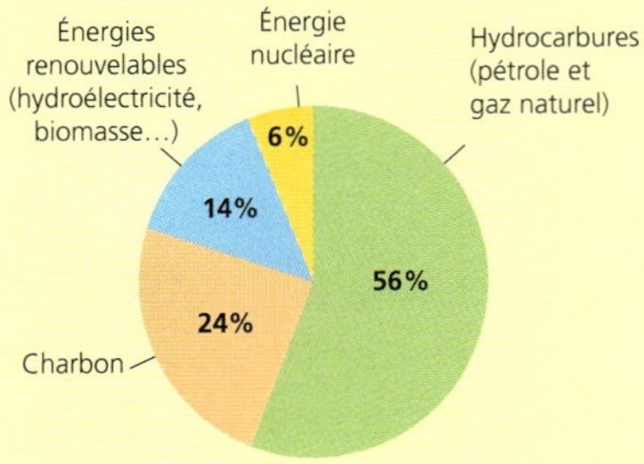

- **La consommation d'énergie ne cesse d'augmenter** avec le développement des anciens pays industriels mais aussi **avec l'essor rapide des pays émergents.**
- L'essentiel de l'énergie utilisée provient d'énergies fossiles, non renouvelables : le charbon et surtout les hydrocarbures, le pétrole et le gaz naturel ; elles émettent des **gaz à effet de serre**. **L'énergie nucléaire**, discutée et dangereuse, ne joue qu'un rôle modeste.

Des énergies disputées

- Les grands pays consommateurs n'ont pas les ressources énergétiques nécessaires ou les ont épuisées. Plus de la moitié des **réserves d'hydrocarbures** se trouvent **au Moyen-Orient**, espace de tensions permanentes.
- Les **recherches de nouveaux gisements** s'orientent vers des lieux où les coûts d'extraction sont beaucoup plus élevés (profondeurs océaniques ou régions arctiques) ou se tournent vers de nouvelles techniques contestées (gaz et pétrole de schiste). **Les transports** (oléoducs et gazoducs) deviennent des **enjeux conflictuels.**

Des alternatives : les énergies renouvelables

- L'hydroélectricité se développe. De nouvelles énergies renouvelables sont massivement utilisées depuis le début du XXIe siècle : **énergies solaire et éolienne**, **géothermie** et biomasse Mais toutes sont coûteuses.

Apprendre comment faire

Comprendre la légende d'une carte

Production, circulation et consommation des énergies fossiles dans le monde

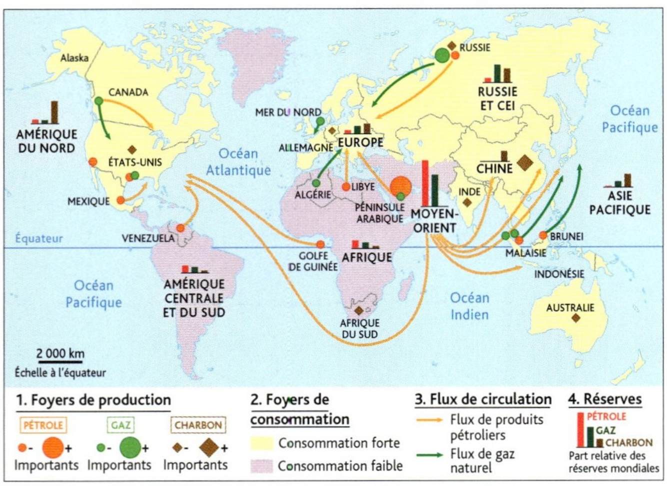

Méthode

1 Présenter le document.
Préciser la nature de la carte et son thème. Rappeler ce que sont les énergies fossiles.

2 Observer et comprendre la légende.
Identifier les 4 rubriques qui composent la légende. Définir les expressions « foyers de production », « foyers de consommation » et « réserves ». Distinguer les types de flux représentés. D'après vos connaissances comment ces ressources sont-elles transportées ?

3 Analyser le document.
Citer le principal foyer de consommation d'hydrocarbures. D'où importe-t-il ses hydrocarbures ? De quelles régions du monde l'Europe est-elle très dépendante ? Les pays émergents (Chine et Inde) sont-ils autonomes pour leurs ressources en énergies fossiles ?

S'entraîner

1 Vrai ou Faux ?

	V	F
a. La consommation d'énergie augmente surtout dans les vieux pays industriels.	☐	☐
b. Le charbon est une ressource renouvelable.	☐	☐
c. L'énergie nucléaire est une énergie remise en question.	☐	☐
d. Les recherches permettent d'exploiter de nouveaux gisements d'hydrocarbures.	☐	☐
e. L'hydroélectricité est une énergie fournie par le vent.	☐	☐

2 Étudier une carte

Un espace de tensions : Le Proche et le Moyen-Orient

a. Quels sont les pays qui dépendent, pour plus de la moitié de leur produit intérieur brut (PIB), des exportations d'hydrocarbures ?

b. Comment sont acheminés le pétrole et le gaz naturel extraits dans cette région vers les consommateurs plus ou moins lointains ?

c. Quels sont les deux types de dangers qui menacent les moyens de transport d'hydrocarbures de cette région vitale pour les grands consommateurs ? En quoi certains passages des routes maritimes sont-ils « stratégiques » ?

d. Pourquoi les pays de la Péninsule arabique et Israël craignent-ils l'Iran ?

e. De quel pays proviennent surtout les pirates ? Comment opèrent-ils ? Comment peut-on lutter contre la piraterie ?

f. À quoi voit-on que des puissances étrangères à la région sont présentes sur place ?

3 Compléter un organigramme

Complétez l'organigramme ci-dessous à l'aide de vos connaissances et des éléments suivants : *pays émergents – développement de l'industrie – hausse de la consommation d'énergie – développement de l'agriculture – vieux pays industriels – hausse du niveau de vie – croissance économique – développement des transports.*

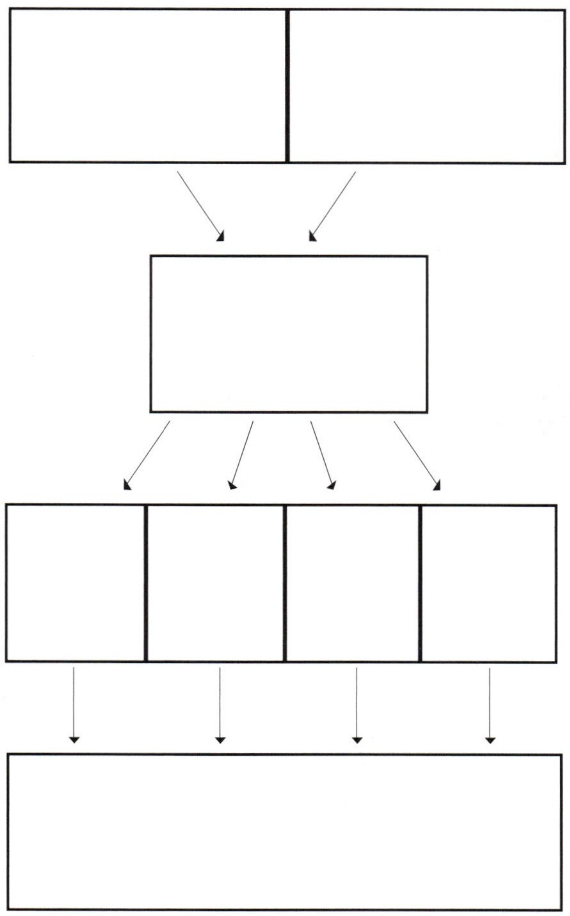

Livret des corrigés p. 23

23 Égalité des droits et discriminations

Définitions

Discrimination : fait d'isoler et rejeter certaines catégories de personnes.

Préjugé : opinion ou idée à laquelle on adhère sans y avoir réfléchi.

Comprendre et retenir

Différents mais égaux

- Taille, couleurs de peau, des yeux, des cheveux, langues, religions, histoire familiale, goûts, aptitudes, handicaps : **dans leur infinie diversité, les individus composent une seule humanité.**
- Les catégories utilisées pour les distinguer reflètent des situations historiques mais n'ont pas de fondement scientifique : ainsi, on a longtemps divisé les humains en « **races** », mais on sait aujourd'hui que **cette notion ne correspond à aucune réalité**. La Déclaration des Droits de l'Homme et du Citoyen de 1789, puis la Déclaration Universelle des Droits Humains de 1948 ont proclamé l'**égalité de tous et toutes en dignité et en droits**.

Les discriminations

- Réserver un traitement moins avantageux à des individus ou à des groupes humains en raison de leur **couleur de peau**, de leur **religion**, de leur **sexe**, de leur **handicap** constitue une discrimination.
- L'histoire de l'humanité fournit bien des **exemples de discrimination** : traites et esclavage, génocides, persécutions religieuses, inégalités de droits. **Les discriminations** racistes, antisémites, sexistes, à l'encontre des personnes handicapées, sont aujourd'hui **interdites par la loi** mais persistent, même dans les pays démocratiques.

La lutte contre les discriminations

- La loi permet aux victimes de discriminations de **demander réparation**. Des institutions comme le **défenseur des droits**, des **associations** (SOS Racisme ou la LICRA) peuvent les y aider. Mais il est souvent difficile d'en faire la preuve devant la justice. Une meilleure connaissance de l'histoire de l'humanité peut contribuer à briser les préjugés responsables des comportements discriminatoires.

Apprendre comment faire

Analyser une affiche

La lutte contre les discriminations

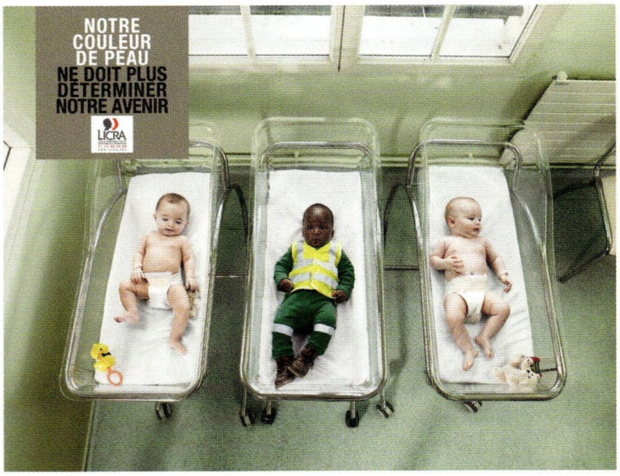

« Notre couleur de peau ne doit plus déterminer notre avenir ».

Campagne de communication 2010 de la Licra (Ligue Internationale Contre le Racisme et l'Antisémitisme), réalisée par l'agence Publicis Conseil.

Méthode

1 **Présenter le document.** Indiquer la source et le thème du document. Préciser ce que signifie le sigle LICRA.

2 **Décrire le document.** Décrire précisément l'affiche et les trois enfants. Relever le slogan.

3 **Interpréter le document.** Expliquer et commenter le message de cette affiche. Que veut-elle dénoncer ?

S'entraîner

1 Vrai ou Faux ?

	V	F
a. La xénophobie est la haine des étrangers.	☐	☐
b. Une ethnie est un groupe humain partageant certains traits : langue, religion, histoire…	☐	☐
c. L'homophobie n'est pas une discrimination.	☐	☐
d. L'antisémitisme est la haine des juifs.	☐	☐
e. Il n'existe aucune loi pour permettre aux victimes de discriminations de demander réparation.	☐	☐

2 Analyser une enquête

L'Observatoire des discriminations a réalisé un test sur la discrimination à l'embauche. Il a répondu à 258 offres d'emploi à des postes commerciaux en envoyant, pour chaque offre, 7 *curriculum vitae*. Voici les réponses obtenues :

Caractéristiques du candidat	Nombre de réponses positives
1. Homme blanc, nom français, réside à Paris (CV de référence).	75
2. Femme blanche, nom français, réside en région parisienne.	69
3. Homme blanc, nom français, réside au Val-Fourré à Mantes-la-Jolie.	45
4. Homme blanc, nom français, réside à Paris, visage disgracieux.	33
5. Homme blanc, nom français, réside à Paris, 50 ans	20
6. Homme, nom maghrébin (Maroc), réside à Paris	14
7. Homme blanc, nom français, réside en région parisienne, handicapé	5

a. Soulignez, dans chacun des CV, l'élément qui a pu valoir une réponse négative au candidat ou à la candidate.

b. Pour chacun de ces éléments, caractérisez la discrimination à l'œuvre.

3 Analyser des textes de référence

« ***Art. 1*** **:** Tous les êtres humains naissent libres et égaux en dignité et en droits. Ils sont doués de raison et de conscience et doivent agir les uns envers les autres dans un esprit de fraternité.

Art. 2 **:** Chacun peut se prévaloir de tous les droits et de toutes les libertés proclamés dans la présente Déclaration, sans distinction aucune, notamment de race, de couleur, de sexe, de langue, de religion, d'opinion politique ou de toute autre opinion, d'origine nationale ou sociale, de fortune, de naissance ou de toute autre situation. »

Déclaration universelle des droits de l'homme, 1948.

a. Quels sont les deux droits proclamés à l'article 1 de la Déclaration universelle des droits de l'homme ? De quand date ce texte ?

b. Soulignez en rouge, dans la Déclaration Universelle des Droits de l'Homme, les termes qui montrent que ces droits concernent tous les humains.

« ***Art. 225-1*** **:** Constitue une discrimination toute distinction opérée entre les personnes en raison de leur origine, de leur sexe, de leur situation de famille, de leur grossesse, de leur apparence physique, de leur patronyme, de leur état de santé, de leur handicap, de leurs caractéristiques génétiques, de leurs mœurs, de leur orientation sexuelle, de leur âge, de leurs opinions politiques, de leurs activités syndicales, de leur appartenance ou de leur non appartenance, vraie ou supposée, à une ethnie, une nation, une race ou une religion déterminée.

Art. 225-2 **:** Une discrimination est punie de trois ans d'emprisonnement et de 45 000 euros d'amende. »

Code pénal.

c. Faites la liste des différences entre humains évoquées dans l'ensemble des documents.

d. Que prévoit le Code pénal pour ceux qui commettent des discriminations ?

Livret des corrigés p. 23

24 Les identités multiples de la personne

Comprendre et retenir

Définitions

État civil : service légal municipal chargé de donner une identité légale à chaque personne et de noter les changements importants de sa vie (naissance, mariage, divorce, décès).

Livret de famille : document officiel remis à la personne lors de son mariage par la mairie et sur lequel figure les actes enregistrés par les services de l'État civil (mariage, naissance des enfants, divorce).

L'identité légale

- **Chaque personne est unique** et possède **sa propre identité**. Dès sa naissance, la loi reconnaît la personne et lui fournit son **identité légale**. L'identité légale de chacun repose avant tout sur un nom, un prénom et sur l'appartenance à une famille. La date de naissance et la nationalité sont deux autres éléments de l'identité légale. Elle est inscrite sur les registres de l'état civil dans les mairies. L'État garantit à chacun le **droit** et le **respect de son identité**. Nul n'a le droit d'utiliser ou de nous retirer notre identité.
- Tout au long de sa vie, chaque personne dispose de **papiers officiels** qui attestent de son identité légale : **carte d'identité**, **passeport**, livret de famille.

L'identité personnelle

- L'identité de chaque personne se définit aussi par d'**autres critères**. C'est l'**identité personnelle**. L'identité personnelle se construit tout au long de la vie par des choix. **La personne forge son histoire.**
- Ainsi, chaque individu se définit par sa **culture**, ses **origines**, sa **famille**, ses **habitudes de vie**, son **système de valeurs**, ses **expériences**. Son identité se définit également par le **monde professionnel** auquel il appartient.

Apprendre comment faire

Étudier un texte de loi

Extraits du Code civil

« ***Article 57.*** L'acte de naissance énoncera le jour, l'heure et le lieu de la naissance, le sexe de l'enfant, les prénoms qui lui seront donnés, le nom de famille ainsi que les prénoms, noms, âges, professions et domiciles des père et mère […]

Les prénoms de l'enfant sont choisis par ses père et mère. […] à défaut ou lorsque les parents ne sont pas connus, l'officier de l'état civil choisit trois prénoms. […]

Article 60. Toute personne qui justifie d'un intérêt légitime peut demander à changer de prénom. La demande est portée devant le juge aux affaires familiales. »

D'après le Code civil français.

Méthode

1 Présenter le document.
Indiquer la source et la nature de ces textes. Rappeler ce qu'est le Code civil. Relever les éléments qui montrent qu'il s'agit de textes de loi.

2 Analyser le document.
Citer le document officiel qui reconnaît l'identité légale d'une personne. Par qui ce document est-il rédigé ? Peut-on changer des éléments de son identité légale ? Expliquer qui doit valider ces changements.

1 Vrai ou Faux ?

	V	F
a. Une personne est unique.	☐	☐
b. L'identité légale ne peut en aucun cas être modifiée.	☐	☐
c. Le passeport n'est pas un document officiel.	☐	☐
d. Je dois présenter un document officiel lorsque je vais passer le brevet.	☐	☐
e. L'État garantit le respect de l'identité de la personne.	☐	☐

2 Analyser un témoignage

« Je suis venue en France où j'ai eu la chance de tomber sur des gens qui m'ont accueillie à bras ouverts, qui ont toujours été très curieux, très intéressés. Mes meilleurs amis maintenant sont en France. Donc la France, c'est mon pays, je suis concernée par tout ce qui s'y passe. Je suis (officiellement) iranienne.

Mais il y a des choses qu'on ne change pas, ma couleur de peau. [...] Il y a des choses en Iran que je n'aurais jamais en France. Je suis vraiment entre les deux. »

D'après Marjane Satrapi, *www.bdselection.com*

a. Quel est le parcours de Marjane Satrapi ?

b. En quoi ses choix ont-ils forgé son identité personnelle ?

c. Les identités personnelle et officielle de l'auteur correspondent-elles ? Justifiez votre réponse.

3 Analyser les résultats d'un sondage

Question posée : *Selon vous, quels critères définissent le plus votre identité personnelle ?*

Pourcentage de personnes ayant choisi ce thème

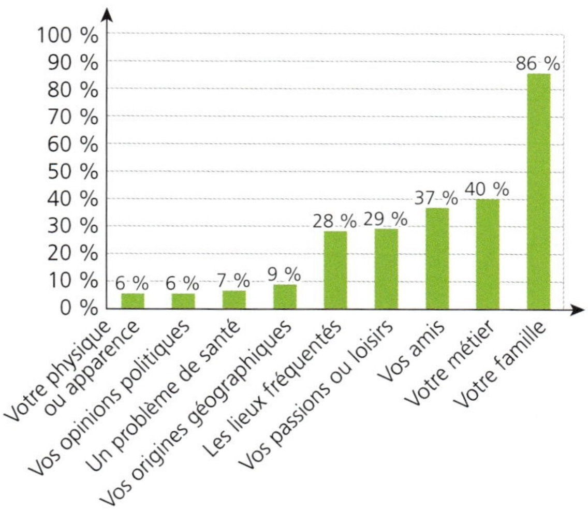

Source INSEE, 2012.

a. Quelles sont la nature et la source de ce document ?

b. Quelle question a été posée par l'institut de sondage ?

c. Quels sont les thèmes les plus cités pour définir l'identité personnelle ?

d. Que répondriez-vous si l'on vous posait cette question ?

Livret des corrigés p. 23

25 L'égalité, une valeur en construction

Comprendre et retenir

Définitions

Constitution : texte fondamental d'un État qui organise les pouvoirs et définit les droits des individus.

Loi : c'est la règle qui doit être respectée par tous les citoyens d'un pays.

Impôt : contribution payée par chaque ménage en fonction de ses revenus.

Cotisations : versements permettant de bénéficier de certaines protections et assurances.

Exclusion : rejet des personnes hors de la société.

L'égalité, un principe fondateur de la République

- **L'égalité est un principe fondateur de la République française**, inscrit dans la Constitution et dans la **devise nationale** « Liberté, égalité, fraternité ». Chaque homme dispose des mêmes droits et l'égalité est garantie par la loi.
- Mais l'égalité, dans les faits, n'est entrée en vigueur que par des **conquêtes progressives**. C'est la **Révolution française de 1789** qui a créé le principe de l'égalité et de la reconnaissance d'un certain nombre de droits politiques comme le droit d'expression ou de religion. Le **suffrage universel masculin**, c'est-à-dire le droit de vote pour tous les hommes date de **1848** mais les **femmes** n'ont acquis ce droit qu'en **1944**. **Le droit à l'enseignement** primaire **gratuit et obligatoire** pour tous date de **1882**.

Des inégalités persistantes

- Mais les **inégalités sociales** demeurent. La **pauvreté** touche plus de 8,5 millions de Français.
- Les relations entre **les hommes et les femmes** restent marquées par de **nombreuses inégalités** et les **femmes** sont souvent **victimes de discriminations** dans la vie professionnelle et dans la répartition des tâches familiales.

La lutte contre les inégalités

- Les impôts réduisent les inégalités en assurant et finançant les services publics. La protection des individus par la **Sécurité sociale**, créée en **1945**, les pensions de retraite et diverses allocations, sont assurées par des prélèvements spécifiques (les cotisations).
- La lutte contre l'exclusion passe aussi par des **initiatives individuelles ou associatives** faisant vivre la **solidarité**, qui est une des formes de la « **fraternité** » de notre devise républicaine.

Apprendre comment faire

Analyser une frise chronologique

Les acquis sociaux en France depuis la fin du XIXe siècle

1882
Lois Ferry : école primaire gratuite, publique, laïque et obligatoire pour les garçons et les filles de 6 à 13 ans

1958
Création des allocations chômage

2005
Loi pour l'égalité des droits et des chances, la participation et la citoyenneté des personnes handicapées

2009
Création du RSA (revenu de solidarité active)

XIXe siècle — 1900 — XXe siècle — 1950 — 2000 — XXIe siècle

1936
Congés payés pour tous

1945
Création de la Sécurité sociale
l'Assurance Maladie

1988
Création du RMI (revenu minimum d'insertion)

1999
Création de la CMU (couverture maladie universelle)

2007
Loi sur le droit au logement opposable
DROIT AU LOGEMENT OPPOSABLE

Méthode

1 Présenter le document.
Indiquer la nature et le thème de ce document. Préciser la période abordée.

2 Lire le document.
Expliquer ce que sont les lois Ferry et les congés payés : en quoi ces deux mesures constituent-elles un pas important vers l'égalité ? Quel siècle a connu des avancées majeures dans les acquis sociaux ? Quand a été créée la Sécurité sociale ? Que signifient les sigles RSA et CMU ?

3 Interpréter le document.
Expliquer le lien qu'on peut établir entre les mesures prises depuis 1998 et la situation économique.

S'entraîner

1 Vrai ou Faux ?

	V	F
a. Le suffrage universel, qui est le droit de vote des hommes et des femmes, date de 1848.	☐	☐
b. Les inégalités sociales ont totalement disparu.	☐	☐
c. Certaines personnes connaissent l'exclusion.	☐	☐
d. Seul l'État prend en charge l'exclusion.	☐	☐
e. L'égalité des citoyens est un principe français, voté en 1789.	☐	☐

2 Analyser un graphique

La pauvreté en France

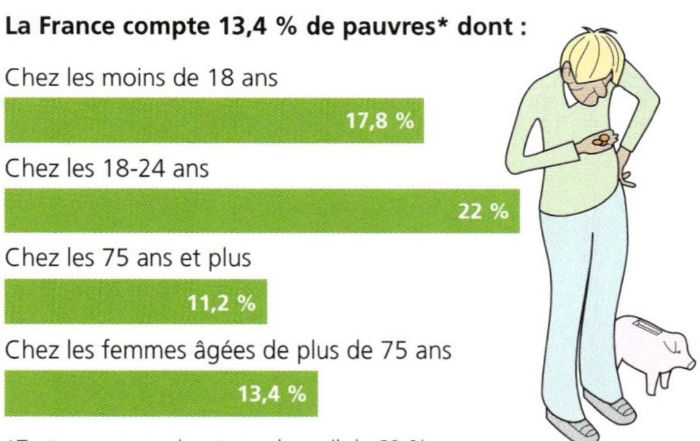

*Toute personne vivant sous le seuil de 60 % du niveau de vie moyen de la population

Source : INSEE.

a. Comment est définie la pauvreté en France ?

....

b. Quel est le taux moyen de pauvreté toutes catégories confondues ? ....

....

c. Quelle est la tranche d'âge la plus touchée par la pauvreté et pourquoi ? ....

....

d. Quelles différences observez-vous entre les catégories « chez les 75 ans et plus » et « chez les femmes âgées de plus de 75 ans ? Quelle hypothèse peut expliquer cette différence ?

....

....

....

3 Analyser un texte

Qu'est-ce que le sexisme ?

L'adjectif « sexiste » et le nom « sexisme » ont été traduits de l'anglo-américain et ont fait leur apparition en France vers 1965. Ces termes ont été créés par les féministes américaines pour montrer que le sexe constitue pour les femmes – exactement comme la couleur pour les Noirs américains – un facteur de discrimination, de subordination et de dévalorisation. [...] Le sexisme est donc un problème de rapports sociaux de sexe, qui affirment et légitiment la supériorité et le pouvoir des hommes sur les femmes, des garçons sur les filles.

Cette supériorité s'affirme à travers ce que l'on appelle des stéréotypes. Les stéréotypes en général reflètent les rapports sociaux, valorisant les groupes dominants, dévalorisant les groupes dominés. Il en est ainsi des stéréotypes masculin et féminin : l'homme est dit actif, créatif, la femme passive, réceptive ; [...] l'homme embrasse l'abstraction, la théorie et les grandes idées, la femme s'attache au concret, au trivial et à la pratique ; l'homme réfléchit, il est rationnel, la femme est intuitive et sentimentale [...]. On voit que dans ces couples de qualités opposées, les femmes sont toujours dotées des propriétés les moins valorisantes. Ces stéréotypes sont dits « sexistes » parce qu'ils déprécient les femmes et les excluent [...] sur la base de leur sexe.

Amnesty International France,
« Qu'est-ce que le sexisme ? ».

a. Quelles sont, pour les féministes américaines, les trois conséquences concrètes du sexisme ?

....

....

b. Comment la prétendue supériorité masculine apparaît-elle insidieusement dans la société ?

....

....

c. Quels sont les stéréotypes masculins ?

....

d. Quels sont les stéréotypes féminins ?

....

e. Quel en est le résultat ?

....

Livret des corrigés p. 23

26 La sécurité et les risques majeurs

Comprendre et retenir

Définitions

Aléa : voir p. 152.
Risque : voir p. 152.
Enjeu : ensemble des personnes et des biens susceptibles d'être affectés par l'aléa.
Vulnérabilité : fait d'être exposé à un aléa, de présenter une certaine fragilité face à une catastrophe qui pourrait survenir.

Les risques majeurs

- Les sociétés sont plus ou moins exposées à des aléas **d'origine naturelle** (séisme, inondation…) ou **humaine** (barrage, usine chimique, …).
- **Ces aléas peuvent représenter un risque** qui dépend de l'importance des enjeux qu'ils menacent : un tremblement de terre en plein désert n'a aucune importance puisqu'il ne touche aucun enjeu, c'est-à-dire, aucune personne. Au contraire, un séisme à San Francisco est un risque car il toucherait de nombreuses personnes. Lorsqu'il se produit, il devient une **catastrophe** car les dégâts sont importants.

La protection contre les risques majeurs et la sécurité sur le territoire

- **L'État et les collectivités territoriales** sont responsables de la prévention des risques : les populations n'ont pas toujours conscience des risques et cela contribue à augmenter leur vulnérabilité. Ils sont donc chargés d'informer les habitants de la nature et de la gravité des risques auxquels ils sont exposés. Des **plans de prévention des risques (PPR)** sont créés pour connaître les risques qui existent sur une commune.

Les règles essentielles de sécurité au collège

- Chaque collège a élaboré un **plan particulier de mise en sûreté (PPMS)**, qui permet d'appliquer les directives des autorités et d'assurer la sécurité des personnes présentes dans le collège en cas d'accident lié à un risque, jusqu'à l'arrivée des secours.
- Le collégien a aussi un rôle à tenir dans la connaissance et la gestion des risques : il doit connaître les consignes à suivre, participer à des exercices de simulation, se mettre à disposition des secours.

Apprendre comment faire

Comprendre une notion à partir d'un schéma

Aléa et enjeu : l'exemple du risque d'inondation

Situation en 1950	Situation en 2010	Risque encouru
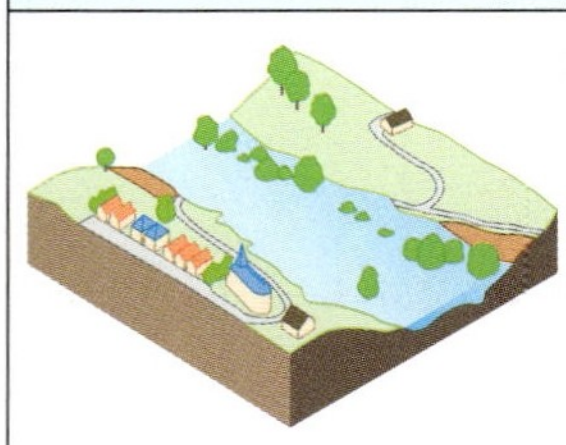		
La crue du cours d'eau représente l'**aléa**. Les habitations sont à l'abri, sauf crue exceptionnelle. Il n'y a pas de risque majeur.	De nouvelles habitations, des installations agricoles, industrielles ou commerciales ont été construites. Elles constituent l'**enjeu**.	L'aléa menace la population, les biens et l'environnement. Les dégâts que provoquerait une crue sont très importants. On parle ici de **risque majeur**.

Méthode

1 Présenter le document. Indiquer la nature et le thème de ce document.

1 Lire le document. Indiquer à quoi correspondent les trois dessins.
Décrire la situation en 1950 : quel est l'aléa ? Y a-t-il un risque majeur ? Pourquoi ?
Décrire la situation en 2010 : qu'est-ce qui a changé ? Pourquoi peut-on parler d'« enjeu » ? Dans la 3e vignette, expliquer pourquoi on peut parler de risque majeur »

S'entraîner

1 Vrai ou Faux ?

	V	F
a. Le risque existe lorsqu'il existe un enjeu à proximité (souvent des populations).	☐	☐
b. L'aléa peut exister sans la présence d'un enjeu.	☐	☐
c. Lorsqu'un risque se réalise, il se transforme en catastrophe.	☐	☐
d. L'État est responsable de la prévention et de la gestion des risques majeurs.	☐	☐
e. Le plan de prévention des risques est un document rédigé par le collège.	☐	☐

2 Analyser une photographie

Crue de la Vilaine à Redon (Bretagne), le 7 janvier 2001.

a. Présenter le document (nature, lieu représenté, date). ....

....

....

b. Quel est l'aléa ?

....

....

c. Quel est l'enjeu ?

....

....

d. De quel risque majeur s'agit-il ?

....

....

3 Étudier un Plan de prévention des risques (PPR)

Le PPR inondation de la commune de Gif-sur-Yvette

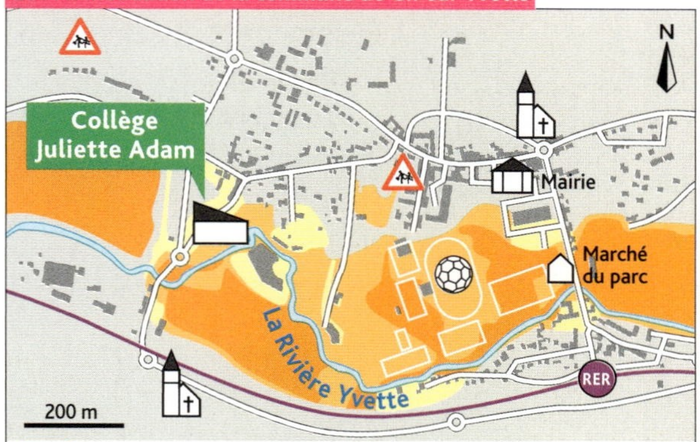

- Zone très exposée à la crue (inconstructible)
- Zone moyennement exposée à la crue (constructible sous conditions)
- Zone construite, moyennement à fortement exposée
- Risque faible ou nul (sans contraintes de construction)

a. Quelles informations apporte le document 1 ? Quel est le risque présenté ici ?

....

....

....

b. De quelle information traite le site internet (doc. 2) ?

....

....

c. Quelles règles le PPR impose-t-il ? Où se situe le collège ? Quel problème cela peut-il poser ?

....

....

....

d. Quels sont les autres espaces situés en zone inondable ?

....

....

e. Quels espaces sont situés en zone où le risque d'inondation est faible ?

....

....

f. Toutes les communes disposent-elles d'un PPR ?

....

....

Livret des corrigés p. 24

1 Be et Have

Comprendre et retenir

Be

Be signifie « être », c'est un verbe que l'on conjugue. ▸ *I am not sick.* ▸ *He is Peter.* ▸ *Where are you from?*
C'est aussi l'auxiliaire « être ». ▸ *Are you watching TV?* ▸ *She is working late.* ▸ *I am not cooking dinner tonight.*

Forme affirmative (et contractée)	Forme négative (et contractée)	Forme interrogative
I am (I'm)	*I am not (I'm not)*	*Am I?*
You are (You're)	*You are not (You aren't)*	*Are you?*
He / She / It is (He's / She's / It's)	*He / She / It is not (He / She / It isn't – He / She / It's not)*	*Is he / she / it?*
We / You / They are (We're / You're / They're)	*We / You / They are not (We / You / They aren't)*	*Are we / you / they?*

Have

Have signifie « avoir » et peut être un verbe. ▸ *I have a cat.* ▸ *I don't have a cat.* ▸ *Do you have a cat?*
Ou un auxiliaire. ▸ *Have you got brothers and sisters?* ▸ *She has got blue eyes.* ▸ *He's got two brothers, hasn't he?*

▪ **Conjugaison** : 3ᵉ pers. du singulier : *He has / She has / It has.*
Toutes les autres personnes : *I have / You have / They have / We have.*
– Certaines expressions de la vie courante sont construites avec *have* : *have a rest* se reposer, *have a holiday* prendre des vacances, *have a nice time* s'amuser, *have tea* boire le thé, *have a dream* faire un rêve, *have diner* dîner.
– En Grande-Bretagne, on utilise plus souvent *have got* qui a le sens de « posséder » ou qui sert à décrire physiquement.
▸ *I have got blue eyes.* ▸ *They haven't got a dog any more, have they?*

Be ou have?

Pour parler d'une personne, contrairement au français, lorsque le verbe est suivi d'un adjectif qualificatif seul, on emploie *be*. ▸ *She is tall.* ▸ *I am 13.* ▸ *They are cold.* ▸ *He is hungry.* ▸ *She is blue-eyed.* ▸ *I am lucky.* ▸ *I am right / wrong.* J'ai raison / tort. ▸ *I am scared / afraid.* J'ai peur.

Rappel
Apprends par cœur pour avoir des repères :
I am in a good mood.
I have a lot of friends.
I have got a mobile phone (je le possède).

Rappel
🇺🇸 *You **have** a big car, don't you?*
🇬🇧 *She**'s got** a guitar, hasn't she?*

À savoir
Pour dire « il y a », on utilise *there is* ou *there are*, et *be* est accordé avec le premier sujet qui le suit.
***There is** a toy and sweets in this bag.*
***There are** sweets and a toy.*

Apprendre comment faire

Savoir se présenter

1 Je prépare à l'avance ce que j'ai envie de dire : mon nom, mon âge, mon physique…

2 Je cherche le verbe qui convient : soit *be* + un adjectif, soit *have got* + description des yeux et des cheveux.

3 Je conjugue le verbe (*I have – I am*).
Attention à l'expression de l'âge, de la faim et la soif, de l'humeur, des qualités, etc. qu'on ne traduit pas directement.

4 Je me relis pour vérifier que je n'ai rien oublié.

Dear penfriend,
I am a boy. My name is Jonathan.
I am small for my age and my hair is brown. I have two sisters and a dog.
I have my own room at home. I am in Year 7.
My school is not a boarding school.
I've got three best friends. Here is a picture of me. I am good at maths and chess. What about you?

S'entraîner

1 QCM

a. *Be* signifie…
☐ « avoir ». ☒ « être ». ☐ « aller ». ☐ « posséder ».

b. *Have* est …
☒ un verbe. ☐ un auxiliaire.
☐ un verbe et un auxiliaire. ☐ un adverbe.

c. Trouvez l'erreur :
☒ *I am hungry.* ☐ *I am fine, thank you.*
☐ *I have two sisters.* ☐ *I have 13 years old.*

d. Pour demander à quelqu'un s'il a un frère, on ne peut jamais dire…
☒ *Do you have a brother?*
☒ *Have you a brother, do you?*
☐ *Have you got a brother?*
☐ *You have a brother, don't you?*

2 Compléter les phrases suivantes en utilisant *be* conjugué : *am – is – are*.

a. Where ...are... your parents?
b. There ...is... a rat in my room! Help!
c. I ...am... not in a very good mood today.
d. ...Is she... she working with you on this project?
e. It ...is... raining again today!

3 Choisir *have, has, have got* ou *has got*.

a. Does she ...has... a lot of friends in her new school?
b. He ...has... blue eyes and brown hair.
c. My cousins always ...have... a nice time at my house.
d. The twins don't ...have... the same friends but they ...have... the same looks.
e. Children ...have... got funny ideas about adults.

4 *Be* ou *have* ? Compléter avec *am – are – is – have – has*.

a. Our dog ...is... always hungry.
b. I ...am... not in a hurry, calm down.
c. I ...have... a fan club. There ...are... a lot of people in my fan club. I ...am... famous!
d. My sister ...has... a new pet. She ...is... very excited.

5 Poser la question sur l'élément souligné.

a. I am Anita. ...What's your name?...
b. They are 10 years old. ...How old are you?...
c. My grandpa has got seven brothers.
...How much brothers have you grandpa? has...
d. I am wearing shorts.
...What are you wearing?...
e. Our President has got three dogs.
...How much dogs have our President?...

6 Écrire une légende pour chaque dessin. Parler de soi.

a. ....
b. ....
c. ...He is thirsty...
d. ....

7 Présentez-vous.

Utiliser la **méthode** décrite dans **Apprendre comment faire**.

a. I ...'m 13... years old.
b. I ...'m Salomé... (name).
c. I .... tall and thin.
d. I ...have 2 brotherns... brothers and sisters
e. I ...'m dont... an only child.

Livret des corrigés p. 24

2 Les questions

Comprendre et retenir

Il existe deux types de questions : les ***Wh-questions*** et les ***Yes / No questions***.

> **Astuce**
> Mémorise des questions faciles.
> *Do you speak English?*
> *Do you understand?*
> *Are you happy?*
> *What colour is it?*
> *How old are you?*

Ordre des mots dans les questions et les réponses

- **Auxiliaire – Sujet – Verbe ?** ou ***Wh*** **– Auxiliaire – Sujet – Verbe ?**
L'auxiliaire est : *do / does* au présent simple, *am / is / are* au présent en *be* + *V-ing*, *did* au prétérit et *have / has* pour *have got* (posséder).
- Quand on répond, on reprend l'auxiliaire pour fabriquer la phrase de la réponse. ▸ *Does your girlfriend like football? Yes, she* ***does****. I* ***don't****.*

Wh-questions : recherche d'informations (qui, quand, où…)

Who	▸ **personne** : Qui ?	*How*	▸ **manière, moyen** : Comment ?
Whose + N	▸ **possesseur** : À qui ?	*How old*	▸ **âge** : Quel âge ? / À quel âge ?
What	▸ **situation, objet** : Que ? Quoi ?	*How often*	▸ **fréquence** : Tous les combien … ?
What time	▸ **heure** : Quelle heure… ? / À quelle heure… ?	*How tall*	▸ **taille** : Quelle taille ? À quelle hauteur ?
Where	▸ **lieu** : Où ?	*How long*	▸ **durée** : Depuis quand ? / Combien de temps ?
When	▸ **moment, date** : Quand ?	*How much*	▸ **quantité de…** : Combien ?
Why	▸ **raison, cause** : Pourquoi ?	*How many*	▸ **nombre de…** : Combien ?
What … for	▸ **but :** Pour … quoi ?	*How far*	▸ **distance** : À quelle distance ?

> **Rappel**
> Quand on cherche le but, la réponse commence toujours par *To…*

Yes / No questions et questions indirectes

- **Auxiliaire – Sujet – Verbe ?** = *Yes / No.* ▸ *Can you swim? **Yes, I** can.*
- **Questions indirectes, utilisation du *question tag*** : demande de confirmation.
Phrase affirmative, + auxiliaire-négation + sujet ? ▸ *You like spinach, **don't you**?*
Phrase négative, + auxiliaire + sujet ? ▸ *You're not coming to the ball, Cinderella, **are you**?*

Apprendre comment faire

Poser des questions

1 Je repère le type d'information que je demande. J'en déduis le type de question ouverte (*Wh-question*) ou fermée (*Yes / No question*) que je dois utiliser.

2 Je choisis quel mot interrogatif utiliser s'il en faut un en début de phrase.

3 Je choisis l'auxiliaire en fonction du temps du verbe. Je trouve le sujet.
Je mets le verbe à la base verbale.

Attention, dans un dialogue, quand la réponse est *I*, c'est qu'on a posé la question avec *you*.

4 Je me relis pour vérifier que la question a du sens.

S'entraîner

1 QCM

a. L'ordre des mots de toute question est…
- ☐ sans importance.
- ☒ toujours différent.
- ☐ Auxiliaire – Sujet – Verbe ?
- ☐ *Wh-* – auxiliaire – sujet – verbe ?

b. Un mot interrogatif anglais est…
- ☒ appelé un mot en *Wh-*.
- ☐ parfois au milieu de la phrase.
- ☐ placé après l'auxiliaire.
- ☐ un verbe.

c. Les *Yes / No questions*
- ☐ sont des questions ouvertes.
- ☐ commencent par un mot interrogatif en *Wh-*.
- ☐ commencent toutes par *Do you…* .
- ☒ commencent toujours par un auxiliaire.

2 Trouver le type de question qui vient d'être posé. Écrire *Wh-* si on cherche une information particulière, et *Yes / No* pour une question fermée.

a. I live in Edinburgh. Wh
b. No, I hate fast food. Yes
c. It's 5. Wh
d. Yes, I do. Yes
e. I'm 10. Wh

3 Choisir le mot interrogatif qui correspond au segment souligné puis formuler la question. qui comment
Utilsier : *why – when – where – who – how.*

a. She is Sheila. She is new in our school. ……
Who is Sheila

b. I'm fine, thank you. What about you? ……
How are you?

c. She told you last night that she was not going to be back home until 9 o'clock. when came she back to home until 9 o'clock.

d. I always call you because I never remember the homework we must do. I don't write it down.
why call you me?

e. Mum and Dad keep their money in this box.
Where keep Mum and Dad their money?

4 Compléter les questions avec le mot qui convient.

a. …… do you live? In Paris?
☐ What ☐ Where ☒ When ☐ Why

b. …… I borrow your notebook? I don't know where I put mine.
☒ Can ☐ Have ☐ Are ☐ Does

c. …… do you need her number ……? To call her?
☒ Why … ∅ ☒ What … for
☐ When … ∅ ☐ Where … ∅

d. …… is your sister? She has grown up so much this year. She has changed a lot.
☐ How long ☐ How tall ☐ How high ☐ How far

e. …… you have time for another match on Wii?
☐ Has ☐ When ☒ Do ☐ What

f. …… you have breakfast this morning? You look terrible. Breakfast is an important meal.
☒ Do ☐ Does ☐ Did ☐ Has

5 Poser une question dont la réponse commencera par *Yes* ou par *No*.

Utiliser la **méthode** décrite dans **Apprendre comment faire**.

a. you – like – football – Do? Yes I like.
2 3 4 1

b. have – she – a boyfriend – Does? ……
3 2 4 1

c. swim – your five-year-old brother – can – ?
2 3 1

d. your grandparents – live – in London – Do?
2 1 3

e. yesterday – Mum – arrive late – Did? ……
4 3 2 1

6 Trouver les questions portant sur les parties soulignées.

a. When go you to bed?
I always go to bed around 9 o'clock.

b. How old are she?
My twin sisters are 10 years old.

c. Do you look like your mum or your dad?
No, I look like my mum, not like my dad.

d. Where live you?
I live at 1214, Pine Street, Los Angeles in California.

Livret des corrigés p. 24

3 Le présent simple - Adverbes de fréquence

Comprendre et retenir

Prononciation

On entend [ɪz] dans : *he carries, he watches, she washes, she misses you, it taxes, it freezes.*

À savoir

Verbes terminés par ***-ch, -sh, -o, -s, -z, -x*** = ***-es*** à la 3e pers. du sing.
He watches. She goes.
Verbes terminés par : consonne + ***-y*** = ***-ies*** à la 3e pers. du sing.
This plane flies very high!

Construction

- On utilise la base verbale (BV) du verbe à toutes les personnes **sauf** à la 3e personne du singulier, car on ajoute alors un ***-s*** à la base verbale.
▸ *I / You / We / They understand English. She understands English.*
Le ***-s*** est prononcé soit [s], soit [z], soit [ɪz].
- À la forme négative et interrogative, on utilise l'auxiliaire ***do*** à toutes les personnes sauf à la 3e personne du singulier : ***does***.

Forme affirmative	Forme négative	Forme interrogative
I / You work.	*I / You do not (don't) work.*	*Do I / you work?*
He / She / It works.	*He / She / it does not (doesn't) work.*	*Does he / she / it work?*
We / You / They work.	*We / You / They do not (don't) work.*	*Do we / you / they work?*

Emploi

- **On utilise le présent simple pour parler :**
– d'actions répétées (habitudes) et avec des adverbes de fréquence.
▸ *I always wake up at 7 every morning.*
– de généralités. ▸ *Days last longer in the summer.*
– de vérités générales. ▸ *Some trees lose their leaves* (feuilles) *in the fall.*
– des goûts, des opinions, des sentiments. ▸ *She loves chocolate.*
- On l'emploie avec les verbes d'état et de perception. ▸ *He loves you.*

Les adverbes de fréquence

Le présent simple est aussi employé pour exprimer une action répétitive. On le rencontre donc souvent avec des adverbes de fréquence :
▸ *always* toujours ; ▸ *usually* habituellement ; ▸ *often* souvent ; ▸ *every evening / morning / day* tous les soirs / matins / jours ; ▸ *on Saturdays* le samedi (chaque samedi) ; ▸ *sometimes* parfois ; ▸ *rarely* rarement ; ▸ *never* jamais.

Apprendre comment faire

Décrire une journée

1 Je fais la liste de mes idées et je mobilise mon vocabulaire : *wake up, get up, wash, have breakfast, go to the bathroom, go to school, take the bus, arrive late, work, write, go home, watch TV, go to bed…*

2 Je conjugue le verbe à la bonne personne en pensant aux particularités du présent simple, notamment le *-s* de la 3e personne du singulier (*he / she*) ou le *-ies* des verbes finis par *-y*. Je fais attention aux modifications orthographiques des verbes finissant par *-y* et par *-ch*, *-sh*, *-x* ou le son *-s*.

3 J'ajoute un adverbe de fréquence ou une heure si nécessaire : *I never…, you always…, they sometimes…, he washes at 6.30…, he usually wakes up at 7, he often gets up at 7.10, he sometimes arrives late, he never watches TV…*

4 Je me relis pour voir si mon vocabulaire est varié, mon langage clair et les règles bien respectées.

Every day at 8, Mr Green goes to the garage, opens the door and starts the car.

S'entraîner

1 QCM

a. L'auxiliaire du présent simple est :

☐ *do / does.* ☐ *did.* ☐ *be.* ☐ *have.*

b. Au présent simple, pour fabriquer une question et faire une phrase négative, on utilise :

☐ l'auxiliaire *do.* ☐ *not.*

☐ l'auxiliaire *did.* ☐ *do you.*

c. Laquelle de ces phrases n'est pas au présent simple ?

☐ *I don't open the door to strangers.*

☐ *We never arrive late with Mum.*

☐ *She didn't make reservations for tonight, did she?*

☐ *I hate it when my cat sleeps on my pillow.*

d. On n'utilise jamais le présent simple pour :

☐ parler de soi et de ses goûts.

☐ dire ce que l'on fait dans la journée.

☐ décrire ce que l'on est en train de faire exceptionnellement.

☐ expliquer une propriété chimique ou biologique.

2 Compléter les phrases en conjuguant le verbe au présent simple.

a. Dad never .... (drive) too fast.

b. My mother and my grandmother often .... (eat) sandwiches for lunch.

c. The Prime Minister regularly .... (arrive) late.

d. Your little sister .... (sleep) every afternoon!

e. Dad worries when I .... (be) late but he never .... (come) to pick me up.

f. The shopkeeper .... (carry) very heavy boxes every day.

3 Transformer ces phrases affirmatives à la forme négative. Attention à *do* et *does*.

a. You take the bus at 7:45.

....

b. Caroline leaves her house at 8.

....

c. The secret agent does very dangerous things.

....

d. Our headmaster and the History teacher drive to school in the same car every morning.

....

....

e. James's grandparents live in a very big house in the country. ....

....

4 Rédiger les questions aux réponses données.

Utiliser les éléments entre parenthèses.

a. (you / like sleeping / afternoon?) ....

....

Yes, I love taking a nap after lunch.

b. (you / want a cat) ....

We already have two dogs. I don't think I can take it.

c. (your sister / help around the house) ....

....

Are you kidding? My sister never does anything at home!

d. (what job / he / do). ....

.... He is a screenwriter: he writes every morning. He works for the cinema.

5 Jack raconte sa routine matinale et celle de ses parents. Rédiger des phrases à l'aide des dessins et du vocabulaire proposé.

Utiliser la **méthode** décrite dans **Apprendre comment faire**.

a 

wake up

b 

brush hair, shave

c 

brush teeth

d 

have a cup of tea, eat cereal

e 

tidy up and clean up my room

f 

make bed, fold the pyjamas

Livret des corrigés p. 24

4 Le comparatif de supériorité

Comprendre et retenir

Comparer, c'est dire que quelque chose est d'une qualité supérieure ou inférieure à autre chose. On utilise un adjectif qui peut être court ▸ *short* ou long ▸ *intelligent*.

Construction

Pour construire le comparatif de supériorité, on observe si l'adjectif est court ou long, puis on le fait suivre de *than* (que).

S'il est court, on le rallonge avec *-er*.

▸ *My hat is cheaper than your bag.*

S'il est long, il est précédé de **more**.

▸ *Buying a CD is **more** expensive than downloading a song.*

adjectif court
adjectif *-er* + *than*
adjectif long
more + adjectif + *than*

Particularités

- **Adjectif court**

– Un adjectif court est un adjectif d'une syllabe ▸ *long, tall, fast*... ou de deux syllabes se terminant par **-y**: ▸ *silly, funny, crazy, trendy, spicy*...
Le **-y** devient alors *-ier*: *funnier, crazier*...
– Un adjectif court terminé par une consonne + une voyelle + une consonne *p – n – t – g – d* (une des consonnes) double sa consonne finale: *bigger than, thinner than, sadder than*...
– Si un adjectif court se termine par un *e*, on ne rajoute que le *r* :
▸ *simple + r = simpler than* ▸ *gentler than* ▸ *nicer than*

- **Adjectif long**

Les adjectifs de deux syllabes ou plus sont longs : ▸ *patient, polite, expensive*...

- **Comparatifs irréguliers**

Il existe quelques comparatifs de supériorité irréguliers :
good ▸ ***better*** *bad* ▸ ***worse*** *far* ▸ ***further / farther***

Astuce
Si l'adjectif est déjà long, on ne le rallonge pas ! On utilise *more ... than*.

À savoir
Quelques expressions et proverbes : *the sooner the better:* le plus tôt sera le mieux ; *the more the merrier:* plus on est de fous, plus on rit ; *for better and for worse:* pour le meilleur et pour le pire.

Apprendre comment faire

Comparer deux sports

1 Je choisis ce que je veux comparer : *swimming and tennis*, puis je fais une liste des adjectifs qui illustrent le mieux mes idées : *tiring, physical, cheap, fast, interesting, annoying*...

2 Je mets mes idées au clair pour formuler des phrases simples : je choisis le sujet et l'objet de la comparaison, par exemple en faisant deux colonnes.
Tennis: tiring, expensive, difficult, interesting.
Swimming: easy, cheap, physical, fast, boring.

3 Je repère les adjectifs courts et les adjectifs longs puis **je construis mon comparatif** en les distinguant bien. Je fais attention aux adjectifs de deux syllabes terminés par *-y*.

4 Je me relis en pensant aux exceptions.

Swimming is cheaper than playing golf.
Golf is more boring than swimming.

S'entraîner

❶ QCM

a. Un adjectif court, c'est :
☐ 1 syllabe. ☐ 2 syllabes.
☐ 2 syllabes finies par *-y*.
☐ 2 syllabes finies par *-ly*.

b. Pour construire un comparatif, on n'utilise jamais : ☐ *than*. ☐ *-er*. ☐ *-est*. ☐ *more*.

c. Un de ces mots n'est pas un comparatif :
☐ *further*. ☐ *father*. ☐ *farther*. ☐ *funnier*.

d. *More* signifie…
☐ moins. ☐ mauvais.
☐ plus (davantage). ☐ pas plus.

❷ Indiquer si l'adjectif est court ou long puis trouver son équivalent français.

adjectif	court	long	équivalent
a. empty	☑	☐	**1.** *utile*
b. expensive	☐	☐	**2.** *lent*
c. slow	☐	☐	**3.** *cher*
d. beautiful	☐	☐	**4.** *vide*
e. big	☐	☐	**5.** *beau*
f. useful	☐	☐	**6.** *fou*
g. serious	☐	☐	**7.** *grand*
h. smart	☐	☐	**8.** *gros*
i. nice	☐	☐	**9.** *intelligent*
j. fat	☐	☐	**10.** *gentil*
k. crazy	☐	☐	**11.** *sérieux*

a 4 **b**… **c**… **d**… **e**… **f**… **g**… **h**… **i**… **j**… **k**…

❸ Associer les comparatifs anglais et leurs équivalents français.

a. funnier than
b. more intelligent than
c. thinner than
d. worse than
e. more direct than
f. more famous than
g. better than
h. taller than

1. *plus grand que*
2. *plus drôle que*
3. *mieux que*
4. *plus mince que*
5. *plus célèbre que*
6. *plus direct que*
7. *pire que*
8. *plus intelligent que*

a… **b**… **c**… **d**… **e**… **f**… **g**… **h**…

❹ Utiliser les comparatifs de l'exercice 3 pour compléter les phrases.

a. Princess Kate looks …………………………… Lady Gaga, she is a petite.

b. Queen Elisabeth is …………………………… J. K. Rowling: she is so discreet!

c. Barack Obama is …………………………… president Hollande who is plump.

d. *Happiness Therapy* is …………………………… *Hunger Games* because it is a comedy.

❺ Mettre les adjectifs suivants au comparatif de supériorité.

a. good ……………………………
b. crazy ……………………………
c. complicated ……………………………
d. bad ……………………………
e. happy ……………………………
f. sweet ……………………………
g. far ……………………………
h. strong ……………………………

❻ Comparer plusieurs sports en utilisant certains des adjectifs ci-dessous.

Utiliser la méthode décrite dans **Apprendre comment faire**.

difficult – athletic – calm – beautiful – interesting – tiring – exhausting – fast – physical – spectacular – big – hard...

a. Swimming is ……………………………
b. Playing tennis looks ……………………………
c. Rugby seems ……………………………
d. Running is ……………………………
e. Jumping looks ……………………………
f. Diving is ……………………………
g. Playing rugby seems ……………………………
h. Tennis is ……………………………

Livret des corrigés p. 24

5 Le présent en *be + V-ing*

Comprendre et retenir

Construction

Pour faire avancer une voiture, il faut de l'essence et des clefs de contact. Pour conjuguer le présent en *be + V-ing*, il faut l'auxiliaire **be** conjugué (*am – is – are*), le verbe d'action (la voiture) avec ***-ing*** (de l'essence).
Pour poser une question sur ce qui est en train de se dérouler, on procède comme pour toute question, on inverse l'auxiliaire et le sujet. ▸ *Is she crying?*

Forme affirmative	Forme négative	Forme interrogative
I am (I'm) working.	I am not (I'm not) working.	Am I working?
He / She / It is (He's) working.	He / She / It is (He isn't) working.	Is he / she / it working?
We / You / They are (We're) working.	We / You / They are not (We aren't) working.	Are we / you / they working?

Emploi

- On utilise le présent en *be + V-ing* pour décrire une action qui est en train de se dérouler. ▸ *They are laughing.* L'action est ponctuelle, elle ne se répète pas. Cette action peut être associée à des repères de temps. ▸ *today* ▸ *this week* ▸ *this year* ▸ *Look!* ▸ *Listen!...*
- Parfois, l'action qui se déroule n'est pas terminée. ▸ *I'm learning Chinese.*
- On peut aussi employer le présent en *be + V-ing* pour parler d'une action que l'on projette de faire dans un futur proche. ▸ *Tomorrow, we are taking the bus at 7.*

Attention !
La terminaison *-ing* entraîne certains changements orthographiques : *make* ▸ *making* (on supprime le « e ») ; *run* ▸ *ru**nn**ing* (consonne doublée pour les verbes d'une syllabe terminés par consonne + voyelle + consonne).

Astuce
-ing correspond à « en train de… ».

À savoir
Certains verbes ne se conjuguent pas en *be + V-ing* : *want, know, prefer…*

Apprendre comment faire

Décrire une action qui se déroule sous nos yeux

1 Je choisis le verbe qui décrit le mieux l'action qui se déroule.

2 Je vérifie que cette action est bien en train de se dérouler. Par exemple, on ne peut pas être en train de vouloir ou de préférer.

3 Je choisis le sujet et j'accorde *be* :
I ▸ *am, he / she / it* ▸ *is, they / we / you* ▸ *are.*

4 Je rajoute *-ing* à la base verbale du verbe : *They are singing songs.* Je vérifie si je dois apporter une modification orthographique.

At the park, the baby is crying and his nanny is listening to music while the other children are swinging and making sandcastles.

S'entraîner

1 QCM

a. Qu'exprime *be* + *V-ing* ?

☐ être en train de faire quelque chose.
☐ faire quelque chose tous les jours.
☐ être parti / écrit / etc.

b. Lesquelles de ces phrases sont au présent en *be* + *V-ing* ?

☐ *I do working.* ☐ *I working.*
☐ *I am working.* ☐ *I am work.*

c. Dans quelles phrases, *is* est-il le verbe « être » ?

☐ *Is Sarah sick tonight?*
☐ *He is not speaking to me!*
☐ *It is not barking.*
☐ *She is having a private conversation.*

d. Pour la / lesquelle(s) de ces propositions peut-on utiliser le présent en *be* + *V-ing* ?

☐ Une action régulière qui se répète.
☐ Une action qui se déroule au moment où l'on parle.
☐ Une action qui se déroule dans un futur proche.
☐ une action en cours inachevée.

2 Associer le début et la fin des phrases.

a. The mechanic is	**1.** listening to their patients.
b. The doctors are	**2.** designing a skyscraper.
c. Look! In the picture Superman is	**3.** repairing the car.
d. Wait! I am an architect, I am	**4.** cooking in the kitchen.
e. It smells good, Grandpa is	**5.** flying to save a baby.

a... b... c... d... e...

3 Conjuguer l'auxiliaire *be* dans les phrases suivantes.

a. They .... not talking to each other.

b. Our parents .... coming back from Venice tonight.

c. The police .... investigating a crime.

d. His sister.................. surfing at the beach.

e. One of my teeth .... hurting: I want to see a doctor.

f. I .... shopping with Mum today.

4 Compléter les situations suivantes avec le verbe conjugué correctement.

a. Where are his keys? He .... (look for) them everywhere.

b. Dad? Where are you? .... you .... (leave) the office now or later?

c. Dad and Eddie .... (not – practise) baseball in the backyard.

d. "Is your present for Alan ready? We must go to his party now!" "No, I .... (paint) it right now.

e. Look! The house .... (burn).

5 Décrire ce que font ces animaux en conjuguant les verbes au présent en *be* + *V-ing*.

Utiliser la **méthode** décrite dans **Apprendre comment faire**.

Utiliser *parrot – dog – fish – cat – tortoise – snail – mouse* et les verbes *race – play – sleep – phone*.

a. ....
....

b. ....
....

c. ....
....

d. ....
....

Livret des corrigés p. 24

6 Le superlatif de supériorité

Comprendre et retenir

Astuce
Le complément d'un superlatif est introduit par ***in*** quand c'est un complément de lieu : *she makes the best cappuccino* ***in town***.

Rappel
Les autres compléments sont introduits soit par ***of*** soit par ***in*** : *the most intelligent* ***of*** *the school* ou *the most intelligent* ***in*** *the school*.

À savoir
her eldest son: l'aîné de ses fils (qui sont plus de deux)
the latest news: les dernières nouvelles

Définition

On utilise le superlatif de supériorité pour indiquer qu'une qualité est inégalée dans une catégorie. ▸ *This skyscraper is* ***the highest building*** *in the world.* Ce gratte-ciel est l'immeuble le plus haut du monde. ▸ *He turned out to be* ***the most successful*** *actor of the year...* l'acteur le plus brillant de l'année

Construction

adjectif court
the + adjectif *-est*
adjectif long
the most + adjectif

Pour construire le superlatif de supériorité, on observe si l'adjectif est court ou long.
S'il est court, on le fait précéder de ***the*** et on le rallonge avec ***-est***. ▸ *My hat is the* ***cheapest*** *in this whole wedding chapel.*
S'il est long, l'adjectif est précédé de ***the most*** (le plus). ▸ *Buying shoes is* ***the most stressful*** *thing ever!*

▪ **Adjectif court**

Un adjectif court est un adjectif d'une syllabe ▸ *tall, short, fast...* ou de deux syllabes se terminant par **-y** : ▸ *silly, funny, crazy*. Le **-y** devient alors ***-iest***.
▸ *the sill****iest****, the funn****iest****, the craz****iest***.

▪ **Adjectif long**

Les autres adjectifs de deux syllabes ou plus sont longs : *famous, patient, expensive* ▸ ***the most*** *famous,* ***the most*** *patient,* ***the most*** *expensive*.

▪ **Superlatifs irréguliers**

Il existe quelques superlatifs de supériorité irréguliers :
good + well ▸ *the* ***best*** ▸ *It's our best price, sir!*
bad ▸ *the* ***worst*** ▸ *We had the worst meal in the worst restaurant in Praga.*
far ▸ *the* ***furthest*** */ the* ***farthest***. ▸ *She took us to the farthest pub.*
On emploie *the latest* pour dire « le plus récent » :
▸ *the latest news* ▸ *the latest development* ▸ *the latest rumour.*

Apprendre comment faire

Exprimer des records personnels

1 J'établis une liste des adjectifs qualificatifs qui expriment ce en quoi je suis remarquable. J'obtiens une liste d'adjectifs en rapport avec mes records.

2 Je rédige des phrases en faisant attention aux adjectifs courts, longs, irréguliers.

3 Je construis les superlatifs. Je choisis ou non la préposition qui convient pour introduire le complément (*in* ou *of*, *cf.* **Astuce**).

4 Je relis pour corriger mes erreurs : phrases trop longues, superlatifs incorrects, préposition...

The highest jumps, the fastest sportsmen, the most decorated athletes, the quickest runners: come and enjoy the Olympics!

S'entraîner

1 Vrai ou Faux ?

	V	F
a. Un superlatif sert à dire ce qui est inégalé : un record.	☐	☐
b. Quand on utilise le superlatif, on compare deux choses.	☐	☐
c. Le superlatif de supériorité se construit en ajoutant *-est*, *-iest* ou *the most* aux adjectifs.	☐	☐
d. *In* et *of* introduisent un élément de comparaison qui indique par rapport à quoi le record est établi.	☐	☐

2 Associer les superlatifs contraires / antonymes.

a. the best	**1.** the farthest
b. the smallest	**2.** the most expensive
c. the shortest	**3.** the tallest
d. the cheapest	**4.** the biggest
e. the nearest	**5.** the worst
f. the most stupid	**6.** the tidiest
g. the darkest	**7.** the saddest
h. the most formal	**8.** the most casual
i. the happiest	**9.** the most colourful
j. the messiest	**10.** the smartest

a... **b**... **c**... **d**... **e**... **f**... **g**... **h**... **i**... **j**...

3 Mettre au superlatif l'adjectif entre parenthèses.

a. Suzanna is my (good) .... friend.

b. It's the (cheap) .... CD I have found on ebay.

c. My dad is buying the (old) .... castle in England.

d. Your mom is the (popular) .... teacher in the school.

e. *Titanic* is one of the (expensive) .... productions.

f. He says my sister is the (beautiful) .... girl he has ever met.

4 Rédiger la phrase de nomination pour les récompenses suivantes obtenues aux Oscars 2013.

Ex. : *good actor: Daniel Day Lewis* ▸ *The best actor in 2013 was Daniel Day Lewis.*

a. interesting story: *Argo* ....

b. nice song: *Skyfall* ....

c. amazing set: *Lincoln* ....

d. beautiful actress: Jennifer Lauwrence ....

5 Compléter ces vrais défis du *Guinness book of records*.

a. .... (large) pizza is going to be created in Rome.

b. Sultan Kosen is .... (tall) man in the world and he lives in Turkey.

c. Perry Watkins made .... (small) car.

d. .... (heavy) limousine can accommodate forty passengers.

e. .... (high) reverse bungee jump is 54.25m.

6 Expliquer en quoi vous êtes ou avez été remarquable : cuisine, sport, taille, école, activité, créativité, lecture, animaux…

Utiliser la **méthode** décrite dans **Apprendre comment faire**.

Ex.: *I like playing tennis but I am not the most competitive player.*

a. I cook ....and .... (pancakes, bacon and eggs, apple crumble…)

b. I like (sport) .... (strong, competitive, athletic)

c. I am .... (tall, short in the class)

d. I can make .... (beautiful)

e. My grandma says I am .... (funny, impatient, nice, tidy, messy)

Livret des corrigés p. 24

7 La possession

Comprendre et retenir

Le génitif ou cas possessif

Il est utilisé pour dire qu'une personne ou un animal possède quelque chose. ▸ *This is Jane's book.* Voici le livre de Jane.

Il se forme selon le modèle : Possesseur + *'s* + Possession ▸ *Laura's passport.*

▪ **Particularités**

– Quand il y a deux possesseurs ou plus, *'s* s'accroche à la fin du groupe nominal. ▸ *Peter and David's passports.*

– Pour les noms au pluriel, on laisse le **-s** et on ne garde que l'apostrophe. ▸ *My three sisters' party.* La fête de mes trois sœurs.

– En anglais, pour dire « la maison des Forest », on ajoute le **-s** du pluriel au nom de famille et on n'ajoute que l'apostrophe. ▸ *the Forests' house*

Whose

Pour poser la question sur l'appartenance, c'est-à-dire demander à qui appartient une chose, on utilise *Whose* + objet + auxiliaire + sujet ?

▸ *Whose car is this?* À qui est cette voiture ?

Les adjectifs possessifs

Ils s'utilisent aussi pour exprimer la possession. ▸ *This is my book.* mon livre

my, your, his, her, its, our, your, their.

Pour choisir entre *his* et *her*, il faut se poser la question « qui est le possesseur ? » car en anglais, l'adjectif possessif s'accorde avec le possesseur.

▸ *her book:* son livre à elle. ▸ *his cat:* son chat à lui.

Les pronoms possessifs

Ils remplacent un nom précédé d'un adjectif possessif ou du cas possessif.

▸ *It is my car. It's mine.* C'est la mienne. ▸ *He loved my cake but I didn't like his.*

Le pronom possessif s'accorde avec le possesseur :

▸ *mine, yours, his, hers, its, ours, yours, theirs*

Rappel

Dans *Philip's money*, *'s* signifie « de », et l'expression se lit à l'envers : l'argent de Philippe.

Prononciation

Charles's et *the Forests'* se prononcent [/tʃɑːlzɪz] et [/fɒrɪstsɪz].

My sisters se prononce avec un [z]. *My sisters'* se prononce [sistaziz].

C'est la prononciation qui signale la possession et le pluriel.

À savoir

Le génitif *'s* ne peut se trouver qu'après un nom de personne ou d'animal.

the dog's tail

John and Mary's parents

Vicky's umbrella

Apprendre comment faire

Dire ce que chacun possède

1 Je détermine à qui appartiennent les objets.

2 J'utilise le génitif quand c'est la première fois que j'attribue un objet à une personne. Pour éviter de répéter le nom du possesseur, j'utilise le pronom possessif.

3 Je choisis l'adjectif possessif ou le pronom possessif en fonction du possesseur : *my…, your…, his…, her…, mine, yours, his, hers…*

4 Je me relis : je ne fais pas de longues énumérations, je rédige plusieurs phrases distinctes. J'évite les répétitions car j'ai trois moyens d'exprimer la possession. Je raccourcis mes phrases pour être bien clair.

Rocket is the girl's favourite horse.There is the horse's accessories: the horse's lunge, his brush and its rug and blanket too.

S'entraîner

1 **QCM**

a. Une de ces phrases n'exprime pas la possession :
☐ *John and Paula's keys.* ☐ *the Welles' keys.*
☐ *beautiful keys.* ☐ *my car keys.*

b. Pour dire que la famille Carter possède une voiture, on dit :
☐ *The Carter's car.* ☐ *The Carters' car.*
☐ *The Carters's car.* ☐ *Carter's car.*

c. Pour dire « Voici le cousin de Cathy, Pete et Jimmy », on dit :
☐ *Here is Cathy's, Pete's and Jimmy's cousin.*
☐ *Here is Cathy, Pete and Jimmy's cousin.*
☐ *Here is Cathy, Pete and Jimmys' cousin.*
☐ *Here is Cathy's cousin, Pete's cousin and Jimmy's cousin.*

d. Une de ces expressions n'est pas correcte :
☐ *my sister's school.*
☐ *the table's cloth.*
☐ *Jimmy's middle name.*
☐ *The Prime Minister's opinion.*

2 **Mettre 's ou ' pour construire les génitifs suivants.**

a. We are late for Josh .... party.

b. My scooter is in the Bakers .... garage.

c. Patricia and Linda .... sister never answered my invitation.

d. I threw away the children .... soup because they didn't like it.

e. "Eddie has two brothers. They are twins. It's their birthday. Are you coming?" Anna asked. "Coming to Eddie .... brothers .... birthday? Of course!" Terry answered.

3 **Reformuler les expressions suivantes en utilisant le génitif.**

a. a bag for a child ....

b. nicknames for the girls ....

c. friends for Jonathan ....

d. a magazine for a man ....

e. a boat for the Johnsons ....

f. mp3 players for my sisters ....

g. a CD for Charles ....

4 **Remplacer les segments soulignés par un adjectif possessif.**
Utiliser : *my, your, her, his, its, our, their.*

a. My sister's got <u>Grandma's</u> stamp collection.
....

b. I can't find <u>the children's</u> pyjamas.
....

c. <u>Mr Smith's</u> present will be delivered tomorrow.
....

d. I'm Philip, I'm a taxi driver. <u>Philip's</u> bad temper is legendary. ....
....

e. Michelle is visiting <u>Michelle and me</u> future flat.
....

f. <u>Alicia Keys's</u> last song was not a hit.
....

g. <u>The first attendant's</u> tray fell on my dad's lap.
....

5 **Les cadeaux ont été mélangés. Aidez-vous des couleurs pour dire à qui appartiennent les objets dans les boîtes.**

Utiliser la **méthode** décrite dans **Apprendre comment faire**.

a. In the red box, there is ....
....
....

b. In Boris ....
....
....

c. In Patrick's box ....
....

Livret des corrigés p. 25

8 *Can - Can't*

Comprendre et retenir

Emploi

Can est un auxiliaire de modalité.

- Il sert à :

– dire qu'on est capable physiquement. ▸ *I can dive.*

– dire ce qu'on sait faire. ▸ *She can swim.*

– exprimer la possibilité. ▸ *We can help you clean up.*

– exprimer l'autorisation. ▸ *The children can stay up late.*

– demander une permission. On construit une question en respectant l'ordre des mots de la question : Auxiliaire – Sujet – Verbe ? ▸ *Can I stay with you?*

- La forme négative de **can** est ***can't*** ou ***cannot***.

On utilise *can't/cannot* pour exprimer une impossibilité ou une interdiction.

▸ *You can't have a Facebook profile at age 10.*

Remarques

– *Can* est invariable et ne se conjugue pas. ▸ *She can cook Thai food.*

– Il est suivi d'une base verbale.

– *Can* étant déjà un auxiliaire modal, il ne peut pas être employé avec un deuxième auxiliaire modal dans le même groupe verbal. ▸ *You can't have to pay 100 $.*

– Au prétérit, *could* est le prétérit de *can* (pouvait, pourrait). *Can* ne peut pas être conjugué au futur. On peut aussi utiliser un synonyme équivalent : ***be able to*** (être capable de) et ***be allowed to*** (être autorisé à). ▸ *She was able to hold her breath for five minutes.*

À savoir

La question qui porte sur le degré de compétence est : *How well can you…?*

Rappel

Pour compléter l'énoncé de ses compétences, on peut utiliser : *extremely well, very well, quite well, not very well, not at all.*

Apprendre comment faire

Dire ce qu'on sait faire

1 Je choisis le verbe qui correspond à l'action que je sais faire : *swim, drive, dance, ride, cook…*

2 Je construis les verbes à la forme qui convient : affirmative (*can*) ou négative (*can't*).

3 J'étoffe mon propos en ajoutant les degrés de compétence pour préciser mon niveau : *very well, not very well.*

4 Je me relis pour vérifier que mes phrases sont courtes. Chaque verbe doit avoir son sujet. Je ne procède pas à de longues énumérations. En anglais, chaque idée est contenue dans une phrase. Je rédige une nouvelle phrase pour exprimer une nouvelle idée.

S'entraîner

1 QCM

a. Une de ces affirmations est incorrecte :

☐ On peut mettre *can* à la 3e personne du singulier en ajoutant un *-s*.
☐ *Can* est invariable à toutes les personnes.
☐ *Can* est un auxiliaire qui s'inverse avec le sujet pour poser la question.
☐ *Can* et *can't* sont des opposés (affirmatif et négatif).

b. On ne peut pas utiliser *can* pour dire :

☐ Je sais nager. ☐ Puis-je sortir ?
☐ Je suis capable de sauter en parachute.
☐ Je dois réfléchir.

c. *Can* est …

☐ synonyme de savoir et de connaissance.
☐ souvent à côté de *must*.
☐ une façon de dire « pouvoir » ou « savoir ».
☐ mis au futur avec *will*.

d. Cherchez l'intrus :

☐ *We can't wait.* ☐ *She does can buy shoes.*
☐ *He can travel alone.* ☐ *They cannot sleep.*

2 Compléter les phrases suivantes en utilisant *can* ou *can't*.

a. No, we .... answer you now.

b. .... your daughter stop screaming, please?

c. .... you tell the truth for once? You're always lying!

d. I .... paint at all, I'm sorry.

e. This actor .... sing. He .... dance, but he .... juggle, he isn't a clown.

3 Reformuler en utilisant *can* ou *can't* et le verbe.

Ex. : *Impossible for me to skate: I can't skate well.*

a. I'm not very good at cutting hair. ....
....

b. It's OK for you to park your car here. ....
....

c. I'm not good at doing my maths homework alone. ....

d. Is it possible to book five tickets, please?
....

4 Comment diriez-vous que…

a. Jane sait piloter un hélicoptère.
....
....

b. Les James peuvent conduire la voiture de leur voisin. ....
....

c. Mes enfants n'ont pas le droit de jouer aux jeux vidéo. ....
....

d. Tu ne sais pas monter à cheval.
....
....

e. Marcus peint assez bien. ....
....

f. Un suspect peut être un témoin, n'est-ce pas ?
....
....

5 Expliquer ce que vous savez faire et à quel niveau.

Utiliser la **méthode** décrite dans **Apprendre comment faire**.

Utiliser : *not… at all, a little, not… very well, quite well, very well.*

a

drive

b

play tennis

c

ski

d

sing

e

cook

f

dance

Livret des corrigés p. 25

9 *Must – Mustn't – Don't have to*

> **À savoir**
> *I have to…*: Il faut que…
> *I must…*: Je dois (obligatoirement)…

> **Astuce**
> Regarde pour mémoriser !
>
> 
>
> *You must stop!*
>
> 
> *You mustn't have a telephone in class.*
>
> 
> *You don't have to wear a uniform.*

> **À savoir**
> obligé ▸ *must*
> interdit ▸ *mustn't*
> pas obligé ▸ *don't have to*
> permis, pas permis ▸ *can, can't*

Comprendre et retenir

Emploi

- On utilise ***must*** pour indiquer qu'on doit faire une action par obéissance à un règlement ou par obligation. ▸ *You **must** be on time*
- On utilise ***mustn't***, forme contractée de *must not* pour interdire quelque chose. ▸ *Your students **mustn't** run in the museum.*
- On utilise ***don't / doesn't have to*** pour dire qu'on n'est pas obligé de… Donc *don't have to* est le contraire de *must*. ▸ *Must I wear a uniform in this new school? No, you **don't have to**.*
- **Rappel**: Pour dire le contraire de l'interdiction, c'est-à-dire la permission, on utilise *can*. (*cf.* p. 188) ▸ *You mustn't use your cell phone during the (theatre) play but you can take pictures.*
- Pour poser une question sur l'obligation, on respecte la construction de toute question : Auxiliaire – Sujet – Verbe ? ▸ *What must I do to get the job?*
- Attention aux réponses courtes : ▸ *Must I bring my headphones for the listening test at the multimedia lab? Yes, you **must**. / No, you **don't have to**.*

Remarques

Must est un auxiliaire de modalité.

- Il est invariable et ne se conjugue pas. ▸ *She must wear a uniform.*
- Il est suivi de la base verbale (BV) du verbe.
- Il fait partie du groupe verbal et porte la négation.
- Il ne peut pas être employé avec un deuxième auxiliaire modal.
- Il ne peut pas se conjuguer à tous les temps ; pour dire qu'on **était obligé de…** ou qu'il **sera interdit de…**, on utilise un équivalent : ***have to.***

▸ *I will **have to** leave early.* ▸ *She **didn't have to** wear a uniform at school in 1982.*

Apprendre comment faire

Exprimer l'obligation et l'interdiction

1 Je fais la liste des choses obligatoires et interdites sur deux colonnes.

2 Je choisis la structure qui convient par rapport à la situation donnée : interdiction (*mustn't*), obligation (*must*) ou absence d'obligation (*don't / doesn't have to*).

3 Je complète mes phrases en ajoutant le sujet qui convient et **je cherche les verbes les plus précis possibles**. Chaque phrase ne doit exprimer qu'une seule idée. J'évite les énumérations.

4 Je relis pour bien vérifier que *must* et *mustn't* sont suivis d'une base verbale. Quand j'ai un doute, je me réfère aux phrases repères que je peux trouver dans les exemples (*cf.* **Comprendre et retenir**).

S'entraîner

1 QCM

a. *Mustn't* n'est pas :
☐ un auxiliaire modal.
☐ la traduction de « ne doit pas ».
☐ invariable.
☐ le contraire de *must*, obligation.

b. *Must* signifie :
☐ être obligé de, devoir… ☐ faire son travail.
☐ le meilleur. ☐ être nécessaire de…

c. « Ne pas être obligé de… » se dit :
☐ *mustn't.* ☐ *don't be obliged to.*
☐ *not necessary.* ☐ *don't / doesn't have to.*

d. *Must* et *mustn't* sont suivis de :
☐ *to be.* ☐ *to have.*
☐ verbe sans *to* (= BV). ☐ *to* + BV.

2 Compléter avec *must* ou *mustn't*.

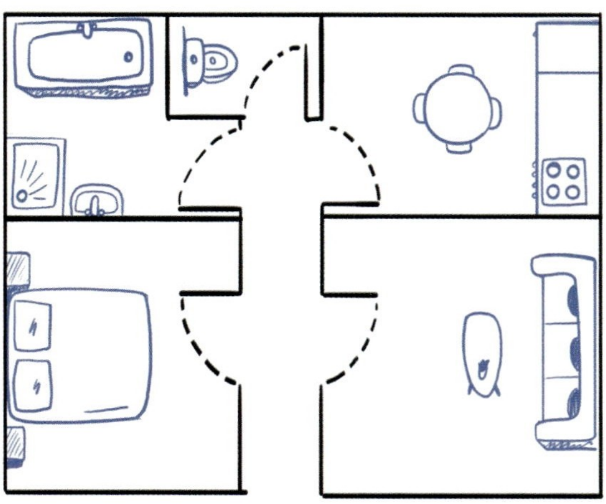

a. To go to the kitchen, you .... turn right.

b. If Daddy has to go to the bathroom, he .... turn left.

c. From the entrance door, I .... turn left in the corridor to wash my hands after my Mum and Dad's room.

d. When you are in the bathroom, you .... turn right twice to go to Mum and Dad's room.

e. I .... sleep in the living-room and I .... forget to make my bed: the flat is so small!

3 Compléter les phrases suivantes avec *must* – *mustn't* ou *don't have to.*

a. She .... be rude to Grandma.

b. They .... have a shower every day.

c. You .... peel the potatoes. Potatoes are good with the peel on too.

d. You .... feed zoo animals; it's dangerous.

e. They .... send the document tonight; it's not urgent.

f. We .... be careful with Facebook. We .... know who people are before we accept them as friends.

4 À partir des images suivantes qui résument les grandes lignes du règlement d'une école, rédiger des phrases en utilisant *must, mustn't* et *don't have to.*

Utiliser la **méthode** décrite dans **Apprendre comment faire**.

no chewing gum, no uniform, not necessary to wear a blazer, no sports shoes, be on time, do your homework, take part in lessons

a. The students ....
....

b. Our students ....
....

c. Our students ....
....

d. Everyone ....
....

e. You ....
....

f. All students ....
....

g. Students ....
....

Livret des corrigés p. 25

10 Le prétérit simple - *The simple past*

Comprendre et retenir

Construction

▪ **Forme affirmative** : on ajoute ***-ed*** à la base verbale de tous les verbes réguliers pour chaque personne. ▸ *visit-ed, walk-ed*
Les verbes les plus courants sont irréguliers et on doit les connaître par cœur. ▸ *drive: drove, buy: bought*, etc.

▪ **Formes négative** ▸ *I didn't call you.* **et interrogative** ▸ *Did you hear me?* : l'auxiliaire du prétérit est ***did*** à toutes les personnes. Il est accompagné de la base verbale (BV) du verbe.

Conjugaison de *be* et *have*

Les verbes « être » et « avoir » sont irréguliers.

	Forme affirmative	Forme négative	Forme interrogative
be	*I / he / she / it was*	*I / he / she / it was not (wasn't)*	*Was I / he / she / it?*
	you / we / they were	*you / we / they were not (weren't)*	*Were you / we / they?*
have	*I / you / she / he / it / we / they had*	*I / you / she / he / it / we / they did not (didn't) have / hadn't*	*Did I / you / she / he / it / we / they have?*

Emploi

▪ On utilise le prétérit simple lorsque l'action du verbe est **passée et terminée**, ponctuelle, habituelle ou successive, qu'elle se rapporte à un **moment précis** déterminé par une date ou dont la date est connue (Noël par exemple). ▸ *I visited Grandpa yesterday and we walked all day.*

▪ En français, le prétérit simple peut être traduit par le passé simple, l'imparfait ou le passé composé.

▪ Un marqueur de temps peut accompagner l'action pour en préciser la date. ▸ *yesterday, last week, last year, ago* (il y a).

À savoir
Les verbes finis par *-y* s'écrivent ***-ied*** : *they **varied***, sauf s'ils sont précédés d'une voyelle : *we enjoyed, I played*. Les verbes terminés par *-e* prennent ***-d*** : (*to live*) *You lived.*

Astuce
La marque *-ed* de la terminaison du prétérit est le signe de *did* : *They lived in New York = They did live in NY. Where did they live?*

Apprendre comment faire

Raconter un événement passé

1 Je fais la liste de mes idées mais si j'en manque, **je consulte la liste des verbes irréguliers** pour avoir des idées d'actions et d'événements. J'en sélectionne quelques-uns, cela me donne des idées d'autres verbes réguliers.

2 Je me représente chaque événement par une image.

3 Je décris chaque image avec des phrases représentant les événements successifs.
Attention, chaque phrase porte une seule idée.

4 Je conjugue les verbes au prétérit. Je fais attention à *be*, à *have*, et je vérifie si le verbe est régulier ou irrégulier. Je respecte l'ordre simple des mots : Sujet – (adverbe si besoin) – verbe au prétérit – complément.

5 Je cherche à relier les phrases avec des mots de liaison. Je peux en placer certains en début de phrase pour ordonner les actions : *first, and, then, later, after that, finally*…

When I was 10, I had a great surprise for my birthday. My Dad invited my best friend to our house. Then, my mother baked a wonderful cake and ... they gave me some goldfish!

S'entraîner

1 QCM

a. Quel est l'auxiliaire du passé ?
☐ *do.* ☐ *does.* ☐ *did.* ☐ *have.*

b. Quelles sont les trois marques du prétérit ?
☐ *-ed.* ☐ *did.* ☐ *-ing.* ☐ *didn't.*

c. Quelles sont les deux formes du verbe « être » au prétérit ? ☐ *was – has.* ☐ *was – where.* ☐ *has – had.* ☐ *was – were.*

2 Associer les bases verbales à leur forme au prétérit.

a. be	**1.** came
b. put	**2.** took
c. buy	**3.** got
d. drive	**4.** put
e. forget	**5.** bought
f. get	**6.** forgot
g. take	**7.** understood
h. come	**8.** was / were
i. go	**9.** drove
j. understand	**10.** went

a... b... c... d... e... f... g... h... i... j...

3 Souligner les repères de temps dans les phrases suivantes.

a. I watched a cartoon last night.

b. She arrived at 7 o'clock.

c. The workman repaired our roof last year.

d. This morning, the maths teacher screamed because she saw a spider.

e. The last time we took the metro was a year ago.

4 Compléter les phrases suivantes au prétérit.

a. She .... (wrap) our presents at the very last minute.

b. The headmaster .... (expell) our son. He .... (refuse) to explain why.

c. The postman .... (deliver) the package long after Christmas last year.

d. The firemen .... (put out) the fire very quickly last night.

e. The door .... (be) locked. We never .... (get) in.

5 Choisir la forme du verbe qui convient.

a. The power .... (be) off. Sophie .... (not – iron) her shirt.

b. We are late. What time .... (she – say) the party .... (start)?

c. Last night, Dad .... (tell) me to take my keys but I .... (forget) them this morning, so I .... (be) stuck outside until you .... (arrive).

d. The newspaper .... (not – publish) her article because the journalist .... (be) absent and he could not correct her mistakes.

6 Raconter votre meilleur souvenir d'anniversaire. Utiliser les amorces suivantes.

Utiliser la méthode décrite dans **Apprendre comment faire**.

a. When my friends (arrive) ....

b. The cake ....

c. My parents ....

d. The party ....

e. My favorite ....

Livret des corrigés p. 25

11 L'expression du futur

Comprendre et retenir

En anglais, il existe différentes manières pour parler de l'avenir : on utilise ***will*** ou ***be going to***. *Will* est l'auxiliaire du futur et *be going to* exprime l'intention de faire quelque chose dans un futur proche.

Will + base verbale

▪ ***Will* est un auxiliaire modal.** Il définit le futur du verbe. Il ne peut pas y avoir deux auxiliaires modaux dans la même phrase.

Forme affirmative : *will* est invariable, il a la même forme à toutes les personnes. ▸ *The weather will be warm tomorrow.*

Forme négative : *will* porte la marque de la négation : *will not* peut être contracté, il devient *won't*. ▸ *I won't have fun if you aren't coming.*

Forme interrogative : on respecte l'ordre des mots : Auxiliaire – Sujet – BV ? ▸ *Will you come with me to the cinema?*

▪ **On emploie *will***

– quand on décide d'agir ou non spontanément. ▸ *The dog is hungry, I'll feed it.*
– pour proposer, accepter ou refuser. ▸ *I will buy dessert if you like.*
– pour s'engager à agir. ▸ *The teacher will explain the lesson again tomorrow.*
– parler des prédictions météo. ▸ *The weather will be showery tomorrow.*

Be going to + base verbale

▪ **On conjugue *be* au présent.**

Forme affirmative : ▸ *I am going to help you with your maths.*

Forme interrogative : on inverse l'auxiliaire et le sujet : ▸ *Is she going to paint the wall blue?*

Forme négative : ▸ *I am not going to tell you because it is a surprise.*

▪ **On emploie *be going to*** quand on a l'intention ou le projet de faire ou non quelque chose. ▸ *OK, Mum, I am going to make my bed after breakfast.* ▸ *Are you going to drive me to the swimming pool?*

Rappel
Pour conjuguer au futur, pas de terminaison à apprendre, on utilise *will* devant le verbe : *I will survive!*

Attention !
My will signifie : mes dernières volontés, mon testament.

À savoir
Will est aussi un nom qui veut dire « volonté ».

Apprendre comment faire

Expliquer ce qui va arriver dans l'avenir

1 **Je dresse la liste** des actions prévisibles et prévues.

2 **Je distingue les projets planifiés** (*be going to*) **des activités spontanées** (*will*).

3 **Je fais attention à la construction des verbes** selon l'expression du futur que j'emploie. Je fais des phrases courtes mais complètes.

4 **Je relis**, j'étoffe et je corrige mes phrases pour ne pas me répéter. Je vérifie que chaque phrase n'exprime qu'une seule idée. J'utilise des mots de liaison : *and, or, but, then, next, later*.

S'entraîner

1 Vrai ou Faux ?

	V	F
a. *Will* est un auxiliaire modal.	☐	☐
b. *Will* ne peut pas être directement suivi de *can*.	☐	☐
c. *Will not = won't*	☐	☐
d. *I am going to ski* est au futur.	☐	☐
e. *Are you going home?* se traduit par un futur.	☐	☐

2 Utiliser *be going to* pour compléter les projets suivants.

a. Is the car clean? No, I .... (wash) it tomorrow afternoon.

b. Is your homework finished? No, I .... (work) on the project after dinner.

c. Have you repaired the car? Dad .... (take care) of it this afternoon.

d. Are those emails urgent? No, we .... (send) them after lunch.

e. Can you show me her future house? Yes, go with them, they .... (visit) it with the children in the afternoon.

3 Compléter les actions spontanées suivantes avec *will*.

a. It's late! I .... (drive) everyone home.

b. I can't use my phone in class. I .... (have to) wait to call Mum. I .... (not – get) detention for that.

c. I .... (not – go) running outside because it's raining , so I .... (do) some shopping with Denise at the mall.

d. Jenny feels sick. I .... (go) to the swimming pool if she isn't coming too.

e. There .... (be) no tennis lesson today. The children .... (run and play) in the park instead.

4 Choisir le groupe verbal approprié.

a. I ☐ *am going to go* ☐ *won't go to* Sue's party. I'm so excited.

b. Doctor Stevens ☐ *will take care* ☐ *isn't going to take care* of the patients at Saint Mary's Hospital next year.

c. I ☐ *am not going to smile* ☐ *will smile* at her: she is such a hypocrit!

d. All my family ☐ *is not going to sort* ☐ *will sort* our rubbish: we are environment-friendly.

5 Compléter d'abord les prédictions suivantes, puis réordonner les phrases afin de raconter en un paragraphe ce qui va arriver à Ben.

Utiliser la méthode décrite dans **Apprendre comment faire**.

Ben never gets up when his alarm clock rings.

a. The headmaster .... (tell) him off.

b. He .... (have to wait) at the door until the headmaster arrives.

c. He .... (be) in trouble.

d. He .... (arrive) late at school.

e. She .... (warn) him that next time, he .... (be expelled) if he does it again.

....

....

....

....

....

....

....

Livret des corrigés p. 25

1 La respiration des êtres vivants

Remarque
O_2 est la formule chimique du dioxygène. CO_2 est celle du dioxyde de carbone.

Remarque
Les gaz O_2 et CO_2 présents en milieu aquatique sont **dissous** dans l'eau. Ne pas confondre ces gaz dissous avec les bulles présentes dans une eau pétillante : ces bulles sont constituées de gaz qui ne sont plus dissous. Tant qu'ils sont dissous, les gaz sont invisibles.

Comprendre et retenir

Les gaz impliqués dans la respiration

Respirer, c'est absorber du dioxygène et rejeter du dioxyde de carbone.

- Le dioxygène (noté O_2) est un gaz composé de deux oxygènes.
- Le dioxyde de carbone (noté CO_2) est un gaz composé d'un carbone et de deux oxygènes.
- On peut tester la quantité de dioxygène présent dans un milieu grâce à un appareil de mesure appelé « **oxymètre** ».
- Pour détecter la présence de dioxyde de carbone, on peut utiliser un liquide, l'**eau de chaux** : habituellement limpide (transparente), elle se trouble en présence de dioxyde de carbone.

Les êtres vivants et la respiration

- Que l'on effectue des tests chez un animal, un végétal ou un champignon, on constate que la respiration consiste toujours en une absorption de dioxygène et un rejet de dioxyde de carbone, quel que soit le milieu.
- Les gaz O_2 et CO_2 sont présents en milieu aérien (dans l'air), mais aussi en milieu aquatique (dans l'eau) sous forme dissoute. Certains êtres vivants sont ainsi capables de **respirer dans l'air**, tandis que d'autres sont capables de **respirer dans l'eau**.

Apprendre comment faire

Concevoir un protocole expérimental

Léa et Max discutent. Léa dit que tous les êtres vivants respirent. Max répond qu'une carotte ne peut pas respirer car elle n'a pas de poumon pour absorber le dioxygène de l'air.
Problème : une carotte absorbe-t-elle du dioxygène ?
On recherche un protocole expérimental qui permet de tester l'hypothèse suivante : « La carotte absorbe du dioxygène. »

1 Liste de matériel proposé : carotte, champignon, récipients hermétiques, oxymètre, équerre.
On sélectionne la carotte, les récipients hermétiques, l'oxymètre.

2 On réalise deux séries de mesures, une avec carotte et l'autre sans carotte. On mesure la quantité de O_2 pendant 10 minutes.

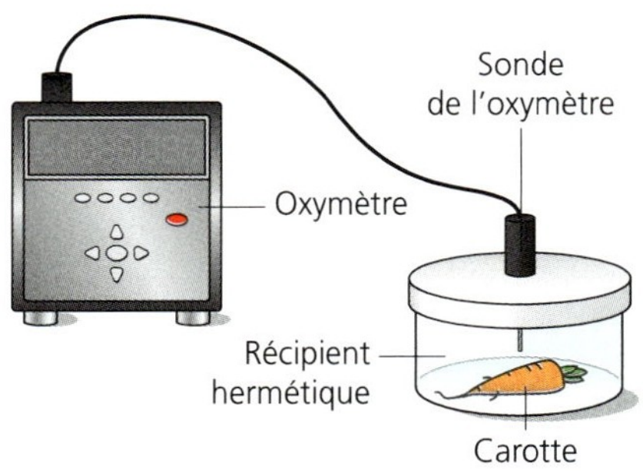

Montage expérimental 1

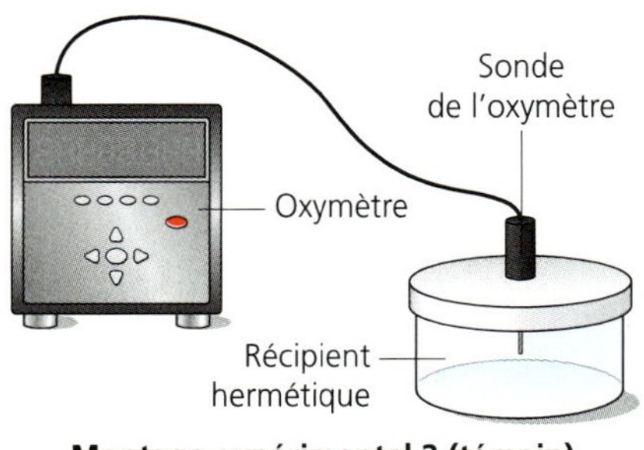

Montage expérimental 2 (témoin)

Méthode

1 Sélectionner le matériel utile et nécessaire pour tester l'hypothèse. Si une liste de matériel est proposée, il faut garder un esprit critique en écartant le matériel éventuellement inutile.

2 Indiquer les différentes étapes à suivre lors des manipulations. Imaginer plusieurs manipulations (au moins 2) afin d'obtenir plusieurs résultats que l'on pourra **comparer**. Ici, penser à prévoir une manipulation sans être vivant (on l'appelle un **témoin**).

S'entraîner

1 Vrai ou Faux ?

	V	F
a. Les animaux respirent, mais pas les végétaux.	☐	☒
b. Respirer, c'est inspirer de l'air.	☐	☒
c. Quand on respire, on absorbe du dioxygène et on rejette du dioxyde de carbone.	☒	☐
d. La formule chimique du dioxyde de carbone est O_2.	☐	☒
e. Pour détecter la présence de CO_2, on utilise de l'eau chaude.	☐	☒

2 Respirer dans l'eau

La quantité de dioxygène dissous dans l'eau diminue en présence d'un poisson. De l'eau provenant du récipient contenant le poisson et dans laquelle on ajoute de l'eau de chaux se trouble.

L'eau d'un autre récipient, ne contenant aucun être vivant, est analysée. La quantité de dioxygène dissous ne varie pas. De l'eau provenant de ce récipient, dans laquelle on ajoute de l'eau de chaux, reste limpide.

a. Quel est le rôle de l'eau de chaux ?
elle se trouble en présence de CO2

b. Dans quel milieu le poisson respire-t-il ?
dans l'eau

c. Expliquer quels sont les échanges gazeux lorsque le poisson respire.
O2 → CO2

3 Le rejet de CO_2 chez l'Homme

Utiliser la **méthode** décrite dans **Apprendre comment faire**.

Proposer un protocole expérimental qui permet de savoir si l'être humain rejette du dioxyde de carbone.
Sélectionner le matériel utile parmi le matériel proposé ci-dessous et ci-contre.

Être humain — Paille — Boussole

Tubes à essai — Eau de chaux — Eau chaude

4 La respiration chez plusieurs êtres vivants

Êtres vivants	Quantité de dioxygène dans l'air (en %)		Quantité de dioxyde de carbone dans l'air (en %)	
	t = 0 min	t = 10 min	t = 0 min	t = 10 min
Escargot	20,9	19,1	0,04	1,84
Être humain	20,9	15,0	0,04	5,94
Endive	20,9	20,7	0,04	0,24
Carotte	20,9	20,7	0,04	0,24
Chat	20,9	16,9	0,04	4,04
Ver de terre	20,9	19,9	0,04	1,04
Aucun être vivant	20,9	20,9	0,04	0,04

a. Comment évolue la quantité de dioxygène dans l'air en présence de l'escargot ?

b. Comment évolue la quantité de dioxyde de carbone dans l'air en présence de l'escargot ?

c. Comment évolue la quantité de ces deux gaz en présence des autres êtres vivants ?

d. Comment évolue la quantité de ces deux gaz en l'absence d'être vivant ?

e. Que peut-on en conclure sur la respiration de ces êtres vivants ?

Les légumes respirent-ils ?

Livret des corrigés p. 25

2 Les organes et les comportements respiratoires

Comprendre et retenir

Vocabulaire
L'**organisme**, c'est l'ensemble des organes d'un être vivant. Le mot « corps » est un synonyme d'« organisme ».

Respirer dans l'eau

Les branchies sont des organes respiratoires qui permettent d'échanger du O_2 et du CO_2 **entre l'eau et l'organisme**. De nombreux groupes d'êtres vivants possèdent des branchies : poissons, crustacés, larves d'amphibiens, certains mollusques.

Respirer dans l'air

Les poumons et les trachées sont des organes respiratoires qui permettent d'échanger du O_2 et du CO_2 **entre l'air et l'organisme**. De nombreux groupes d'êtres vivants possèdent un ou plusieurs poumons : mammifères, oiseaux, reptiles, amphibiens adultes, arachnides, certains mollusques. En revanche, un seul groupe d'êtres vivants possède des trachées : les insectes.

Vocabulaire
En biologie, le **milieu** est l'environnement dans lequel vivent un ou plusieurs êtres vivants. On distingue le milieu aquatique (l'eau) et le milieu aérien (l'air).

Vivre dans un milieu, respirer dans un autre

- Certains animaux vivent dans l'eau mais respirent dans l'air grâce à leurs poumons ou leurs trachées (baleine, larve de moustique…).
- D'autres animaux respirent dans l'eau grâce à leurs branchies, mais peuvent se déplacer en milieu aérien (crabe…).

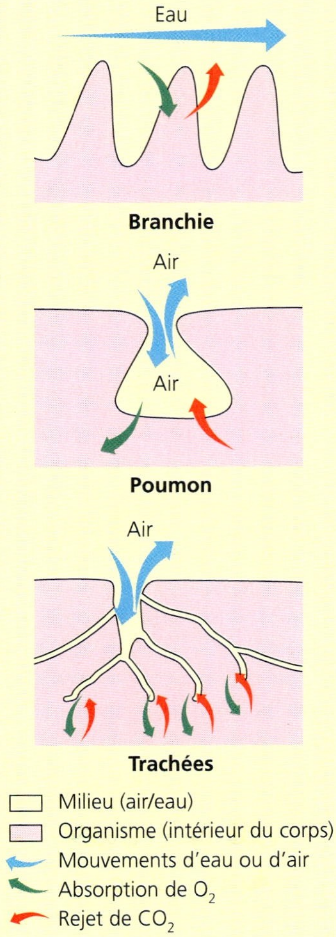

Apprendre comment faire

Utiliser une loupe binoculaire

3 Exemple : si les oculaires assurent un grossissement × 10 et l'objectif un grossissement × 2, le grossissement total est donc × 20.

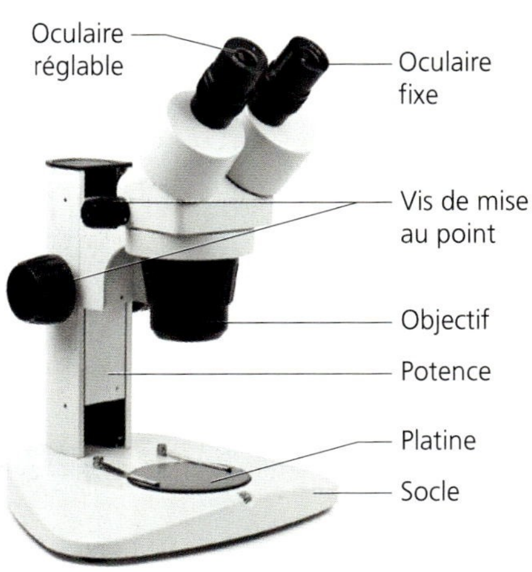

Loupe binoculaire

Méthode

1 Placer l'objet. On place l'objet sur la platine.

2 Effectuer les réglages. On ajuste l'écartement des deux oculaires pour qu'il soit conforme à celui de ses yeux. On choisit l'éclairage : venant du dessus ou du dessous. On fait la mise au point : on règle la netteté en tournant la vis de réglage.

3 Calculer le grossissement. Deux structures grossissent dans une loupe binoculaire : l'oculaire et l'objectif.
Le grossissement total est le produit des deux.

S'entraîner

1 Vrai ou Faux ?

	V	F
a. Les animaux respirent, mais pas les végétaux.	☐	☒
b. Respirer, c'est inspirer de l'air.	☐	☒
c. Quand on respire, on absorbe du dioxygène et on rejette du dioxyde de carbone.	☒	☐
d. La formule chimique du dioxyde de carbone est O_2.	☐	☒
e. Pour détecter la présence de CO_2, on utilise de l'eau chaude.	☐	☒

2 Respirer dans l'eau

La quantité de dioxygène dissous dans l'eau diminue en présence d'un poisson. De l'eau provenant du récipient contenant le poisson et dans laquelle on ajoute de l'eau de chaux se trouble.

L'eau d'un autre récipient, ne contenant aucun être vivant, est analysée. La quantité de dioxygène dissous ne varie pas. De l'eau provenant de ce récipient, dans laquelle on ajoute de l'eau de chaux, reste limpide.

a. Quel est le rôle de l'eau de chaux ?
elle se trouble en présence de CO2

b. Dans quel milieu le poisson respire-t-il ?
dans l'eau

c. Expliquer quels sont les échanges gazeux lorsque le poisson respire.
O2 → CO2

3 Le rejet de CO_2 chez l'Homme

Utiliser la **méthode** décrite dans **Apprendre comment faire**.

Proposer un protocole expérimental qui permet de savoir si l'être humain rejette du dioxyde de carbone.
Sélectionner le matériel utile parmi le matériel proposé ci-dessous et ci-contre.

4 La respiration chez plusieurs êtres vivants

Êtres vivants	Quantité de dioxygène dans l'air (en %)		Quantité de dioxyde de carbone dans l'air (en %)	
	t = 0 min	t = 10 min	t = 0 min	t = 10 min
Escargot	20,9	19,1	0,04	1,84
Être humain	20,9	15,0	0,04	5,94
Endive	20,9	20,7	0,04	0,24
Carotte	20,9	20,7	0,04	0,24
Chat	20,9	16,9	0,04	4,04
Ver de terre	20,9	19,9	0,04	1,04
Aucun être vivant	20,9	20,9	0,04	0,04

a. Comment évolue la quantité de dioxygène dans l'air en présence de l'escargot ?

b. Comment évolue la quantité de dioxyde de carbone dans l'air en présence de l'escargot ?

c. Comment évolue la quantité de ces deux gaz en présence des autres êtres vivants ?

d. Comment évolue la quantité de ces deux gaz en l'absence d'être vivant ?

e. Que peut-on en conclure sur la respiration de ces êtres vivants ?

Les légumes respirent-ils ?

Livret des corrigés p. 25

2 Les organes et les comportements respiratoires

Comprendre et retenir

Respirer dans l'eau

Les branchies sont des organes respiratoires qui permettent d'échanger du O_2 et du CO_2 **entre l'eau et l'organisme**. De nombreux groupes d'êtres vivants possèdent des branchies : poissons, crustacés, larves d'amphibiens, certains mollusques.

> *Vocabulaire*
> L'**organisme**, c'est l'ensemble des organes d'un être vivant. Le mot « corps » est un synonyme d'« organisme ».

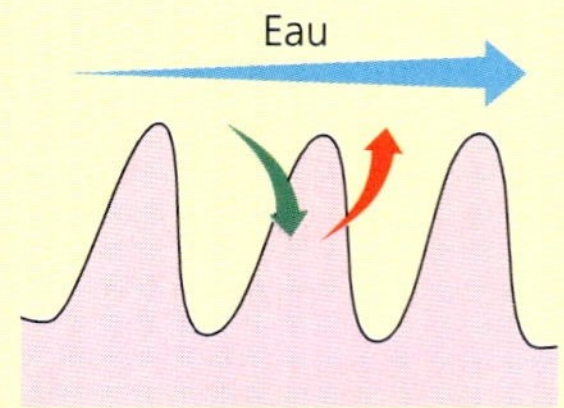

Branchie

Respirer dans l'air

Les poumons et les trachées sont des organes respiratoires qui permettent d'échanger du O_2 et du CO_2 **entre l'air et l'organisme**. De nombreux groupes d'êtres vivants possèdent un ou plusieurs poumons : mammifères, oiseaux, reptiles, amphibiens adultes, arachnides, certains mollusques. En revanche, un seul groupe d'êtres vivants possède des trachées : les insectes.

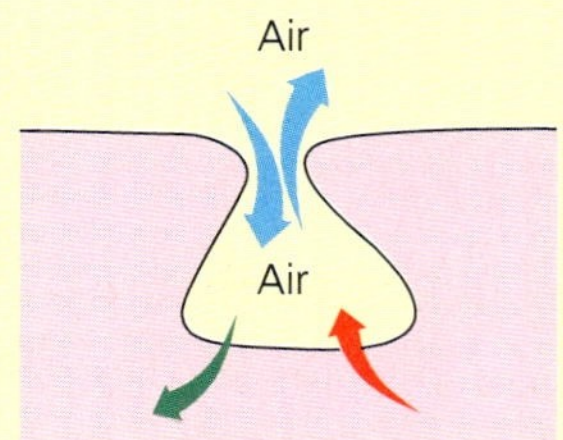

Poumon

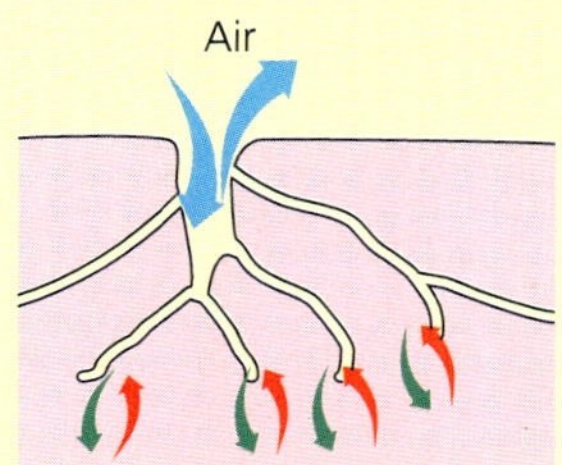

Trachées

Milieu (air/eau)
Organisme (intérieur du corps)
Mouvements d'eau ou d'air
Absorption de O_2
Rejet de CO_2

Vivre dans un milieu, respirer dans un autre

- Certains animaux vivent dans l'eau mais respirent dans l'air grâce à leurs poumons ou leurs trachées (baleine, larve de moustique...).
- D'autres animaux respirent dans l'eau grâce à leurs branchies, mais peuvent se déplacer en milieu aérien (crabe...).

> *Vocabulaire*
> En biologie, le **milieu** est l'environnement dans lequel vivent un ou plusieurs êtres vivants. On distingue le milieu aquatique (l'eau) et le milieu aérien (l'air).

SVT

Apprendre comment faire

Utiliser une loupe binoculaire

3 Exemple : si les oculaires assurent un grossissement × 10 et l'objectif un grossissement × 2, le grossissement total est donc × 20.

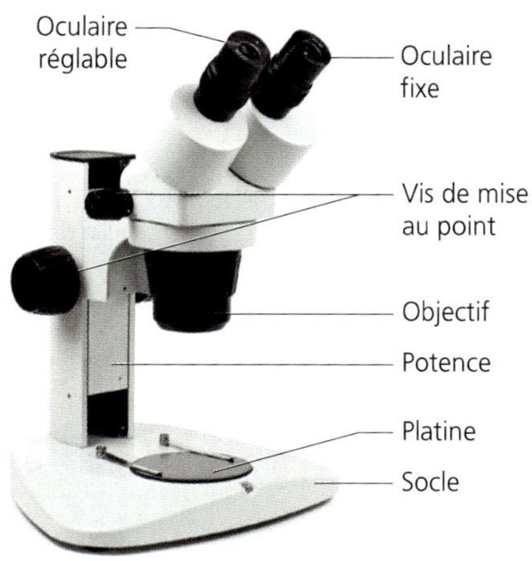

Loupe binoculaire

Méthode

1 Placer l'objet. On place l'objet sur la platine.

2 Effectuer les réglages. On ajuste l'écartement des deux oculaires pour qu'il soit conforme à celui de ses yeux. On choisit l'éclairage : venant du dessus ou du dessous. On fait la mise au point : on règle la netteté en tournant la vis de réglage.

3 Calculer le grossissement. Deux structures grossissent dans une loupe binoculaire : l'oculaire et l'objectif.
Le grossissement total est le produit des deux.

S'entraîner

1 Vrai ou Faux ?

	V	F
a. Les branchies permettent de respirer dans l'eau.	☐	☐
b. Les poumons permettent de respirer dans l'eau.	☐	☐
c. Les trachées permettent de respirer dans l'eau et dans l'air.	☐	☐
d. Les trachées sont les organes respiratoires des insectes.	☐	☐
e. Certains êtres vivants vivent dans l'eau mais respirent avec des poumons.	☐	☐

2 Milieu de vie et respiration

Voici sept êtres vivants : truite, mésange, chimpanzé, crevette, orque, mouche, calmar.

Construire un tableau dans lequel est indiqué, pour chaque être vivant :
- son milieu de vie ;
- le milieu dans lequel il respire ;
- son ou ses organe(s) respiratoire(s).

3 La respiration des insectes

Voici les organes respiratoires d'un criquet (insecte), observés à la loupe binoculaire après dissection de l'abdomen de l'insecte.

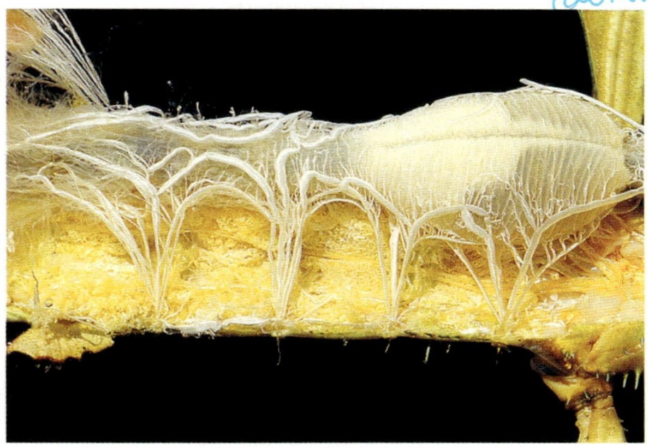

Organes respiratoires d'un insecte

a. Comment s'appellent ces organes respiratoires ?

b. Dans quel milieu permettent-ils de respirer ?

c. Calculer le grossissement obtenu avec la loupe binoculaire, sachant que l'on peut voir les inscriptions suivantes : × 5 sur les oculaires, × 2 sur l'objectif.

> Utiliser la **méthode** décrite dans **Apprendre comment faire**.

d. On cherche à savoir avec quelle partie de son corps le criquet respire. On enduit une partie de son corps avec une résine imperméable aux gaz. Les résultats sont notés dans le tableau ci-dessous.

Partie du corps recouverte de résine	Résultat après 1 heure
tête	le criquet est vivant
thorax	le criquet est vivant
abdomen	le criquet est mort

Que peut-on en conclure ?

SVT

Livret des corrigés p. 25

3 Respiration et répartition des êtres vivants

Comprendre et retenir

Le milieu de vie et son oxygénation

- **Dans l'eau, la répartition des organismes vivants dépend notamment de la teneur en dioxygène.** Certains milieux pauvres en O_2 ne sont pas favorables au développement des êtres vivants.
- **L'agitation, la température de l'eau et la présence de végétaux influent sur l'oxygénation du milieu.** Quand l'eau est agitée, les échanges gazeux avec l'air augmentent : elle est donc plus riche en O_2. Quand la température de l'eau augmente, la quantité de gaz dissous diminue : il y a moins de O_2. À la lumière, les végétaux rejettent du O_2, contribuant à améliorer l'oxygénation de l'eau.

L'influence de l'Homme sur l'oxygénation du milieu

- L'Homme, par son action sur le milieu, peut **modifier la teneur en dioxygène de l'eau** et donc la **répartition des organismes vivants**. Il agit sur la **biodiversité** de façon positive ou négative.
- Par exemple, le bulleur d'un aquarium ou des rochers disposés après un barrage permettent d'augmenter l'agitation de l'eau et donc son oxygénation. La pollution chimique ou thermique peut entraîner une diminution de la teneur de l'eau en O_2 et donc une diminution de la biodiversité.

Vocabulaire

La **biodiversité**, c'est la diversité des êtres vivants. On peut, par exemple, l'évaluer en comptant le nombre d'espèces à un endroit donné.

Lieu 1	Lieu 2	Lieu 3
– Dioxygène (minimum) : 8,5 mg/L – Eau très agitée	– Dioxygène (minimum) : 7,8 mg/L – Eau agitée	– Dioxygène (minimum) : 7,5 mg/L – Eau assez calme

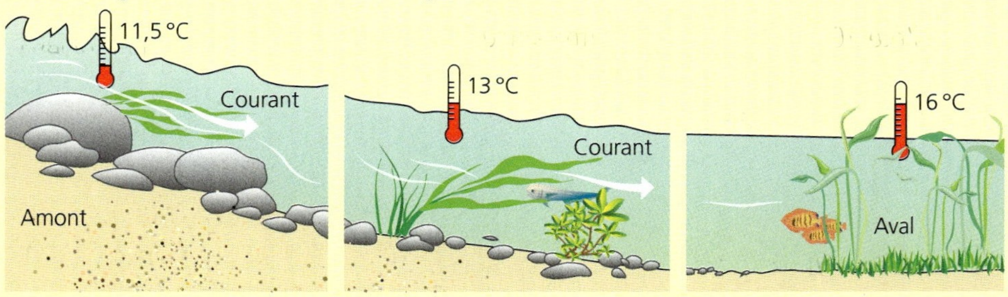

Caractéristiques physiques d'un cours d'eau à trois endroits différents

Apprendre comment faire

Poser une hypothèse

Alexandre ne comprend pas. Habitué à pêcher depuis des années dans la rivière située en face de chez lui, il ne voit plus aucun poisson depuis qu'une nouvelle usine s'est installée en amont. Comment se fait-il que les poissons aient disparu de la rivière ? Poser une hypothèse pour répondre à ce problème.

1 Le problème est : « Comment se fait-il que les poissons aient disparu de la rivière ? »

2 Une hypothèse : « Les poissons ont disparu de la rivière car elle est polluée. »

Méthode

1 **Repérer le problème.** Lire le problème scientifique ou le document qui amène à s'interroger.
Un problème est une question qui n'a pas de réponse simple (oui/non, valeur numérique…) et qui demande donc une recherche.

2 **Proposer une hypothèse.** Une hypothèse est une réponse possible à un problème scientifique. On la rédige sous la forme affirmative.

S'entraîner

1 Vrai ou Faux ?

	V	F
a. Moins il y a de O_2 dans un milieu, moins il y a d'êtres vivants.	☐	☐
b. L'agitation de l'eau empêche les êtres vivants d'y habiter.	☐	☐
c. Plus la température de l'eau augmente, plus il y a de O_2.	☐	☐
d. Dans un aquarium, le bulleur sert à donner des bulles d'air aux poissons.	☐	☐
e. Quand la température de l'eau augmente et que les poissons meurent, c'est parce qu'ils ont trop chaud.	☐	☐

2 Les organes respiratoires

Relier les organes suivants au milieu de vie dans lequel ils permettent de respirer.

Branchie •	• Milieu aérien
Poumon •	
Trachées •	• Milieu aquatique

3 La canicule de 2003

Lors de l'été 2003, la plus importante canicule depuis 1976 a sévi en France : des records de température ont été battus. De nombreux poissons ont été retrouvés morts dans les cours d'eau, les lacs et les étangs. Comment expliquer leur mort en si grand nombre ?
Proposer une hypothèse.

4 Respirer dans un aquarium

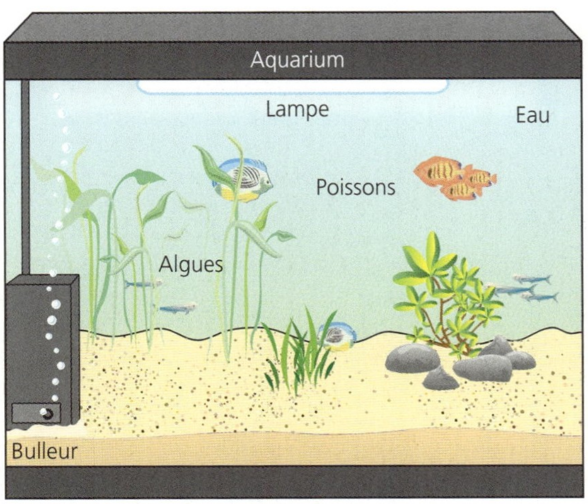

a. Quel est le milieu de vie des poissons ?

b. Quel est le rôle du bulleur ?

c. Pourquoi ne faut-il pas mettre l'aquarium près d'un radiateur ou dans un endroit directement exposé aux rayons du soleil ?

d. Quel est le rôle de la lumière et des végétaux ?

5 La biodiversité dans un cours d'eau

Voici des mesures réalisées à quatre endroits différents du même cours d'eau.

	1. Torrent	2. Lac	3. Rivière	4. Estuaire
Biodiversité	élevée	moyenne	faible	moyenne
Oxygénation de l'eau (en mg/L)	8,5	7	4	6,5
Température (en °C)	10	13	20	16
Agitation	élevée	faible	moyenne	moyenne
Constructions humaines	–	barrage	centrale nucléaire	–

a. Proposer une hypothèse correspondant au problème suivant : « Comment expliquer que la biodiversité soit plus faible dans ce lac et dans cette rivière ? »

Utiliser la méthode décrite dans **Apprendre comment faire**.

b. En se basant sur les mesures réalisées, expliquer l'origine des variations de la biodiversité tout au long de ce cours d'eau.

c. Poser une ou plusieurs hypothèse(s) sur ce que l'on pourrait faire afin de préserver la biodiversité dans ce cours d'eau.

Un estuaire est l'embouchure d'un fleuve sur une mer ouverte

Livret des corrigés p. 26

4 Les organes et leurs besoins en énergie

Comprendre et retenir

Les modifications de l'organisme lors d'un effort

Lors d'un effort, l'activité des organes augmente, ce qui entraîne des **modifications au niveau de l'organisme** : augmentation de la température, du rythme cardiaque (le pouls) et du rythme respiratoire.

Attention !
Un effort peut être un effort physique (effort pour les muscles), mais pas seulement. Par exemple, la digestion est un effort pour les organes de l'appareil digestif, une activité intellectuelle est un effort pour le cerveau.

Les échanges entre les organes et le sang

Les organes effectuent en permanence des échanges avec le sang : **ils absorbent des nutriments et du O_2 ; ils rejettent des déchets (dont le CO_2) et de la chaleur**. Ces échanges augmentent lorsque l'organe passe du repos à l'effort.

L'énergie au niveau des organes

- Pour fonctionner, nos organes utilisent de l'énergie. Il existe **plusieurs formes d'énergie** : thermique (chaleur), chimique (nutriments…), motrice (mouvements du corps).
- **On ne fabrique pas l'énergie, mais on la convertit, on la transforme.** Les organes **convertissent** l'énergie chimique des nutriments et du O_2 en énergie utilisable (par exemple, l'énergie motrice au niveau des muscles) et en énergie thermique et libèrent des déchets (CO_2, urée, eau…).

Remarque
L'énergie est ce qui permet à l'organisme de vivre.
Elle est mesurée en kiloJoule (kJ) ou en kilocalories (kcal).

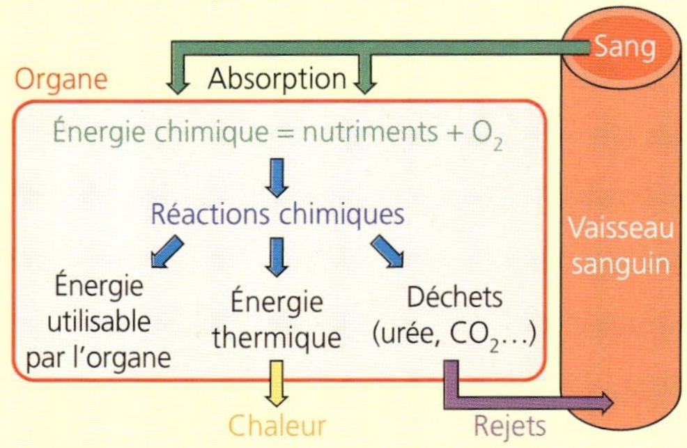

L'énergie et le fonctionnement des organes

SVT

Apprendre comment faire

Lire un graphique

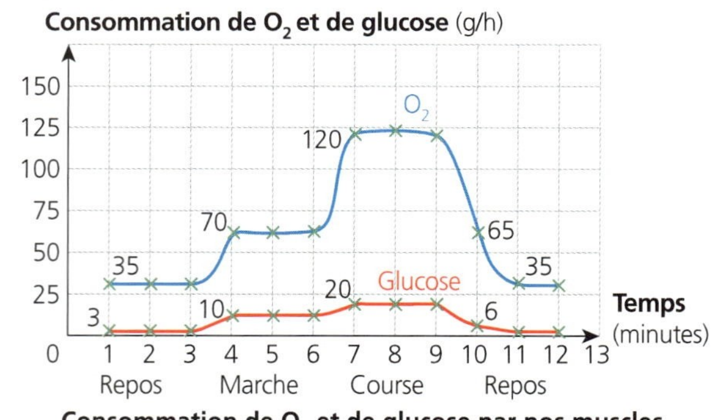

Consommation de O_2 et de glucose par nos muscles

1. Ce graphique représente l'évolution de la consommation de O_2 et de glucose par nos muscles au cours de différentes activités.
2. La consommation de O_2 et de glucose par nos muscles a été mesurée à différents moments (repos, marche, course).
3. Au repos, nos muscles consomment peu de O_2 (35 g/h) et de glucose (3 g/h). Lors de la marche et surtout de la course, nos muscles consomment plus de O_2 (120 g/h) et de glucose (20 g/h). Après l'effort, la consommation de O_2 et de glucose revient peu à peu au niveau de départ.

Méthode

1. **Lire le titre du graphique.** Il donne souvent des informations essentielles sur le document.
2. **Lire les informations indiquées sur les axes.** On lit les **grandeurs mesurées.** La grandeur indiquée sur l'axe des ordonnées (axe vertical) est souvent la grandeur « principale » que l'on mesure. L'autre grandeur est indiquée sur l'axe des abscisses (axe horizontal), c'est souvent le temps. Ne pas oublier les unités.
3. **Lire le ou les tracé(s).** Attention : on ne s'intéresse pas au tracé mais à la grandeur qu'il représente (éviter d'écrire « la courbe monte, la courbe descend »).

S'entraîner

1 Vrai ou Faux ?

	V	F
a. Nos organes absorbent tous du O_2 et rejettent tous du CO_2.	☐	☐
b. Au repos, nos organes ont besoin de nutriments et de dioxygène.	☐	☐
c. Lors de la digestion, les échanges entre l'estomac et le sang augmentent.	☐	☐
d. Nos organes utilisent l'énergie électrique pour fonctionner.	☐	☐
e. Nos muscles fabriquent de l'énergie.	☐	☐

2 Les formes d'énergie dans notre corps

Relier les mots suivants à la forme d'énergie à laquelle ils appartiennent.

Aliments •	• Énergie chimique
Contraction musculaire •	
Chaleur corporelle •	• Énergie motrice
Dioxygène •	
Nutriments •	• Énergie thermique

3 Le dioxygène dans les muscles

Utiliser la **méthode** décrite dans **Apprendre comment faire**.

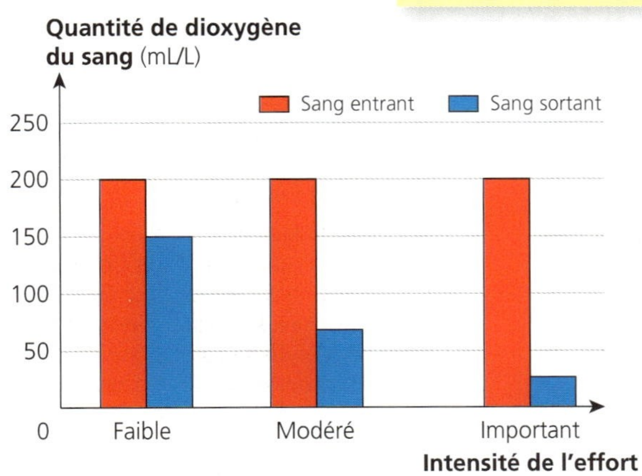

Quantité de O_2 dans le sang au niveau d'un muscle

Quelles informations peut-on tirer de ce graphique ?

4 La température du corps

Utiliser la **méthode** décrite dans **Apprendre comment faire**.

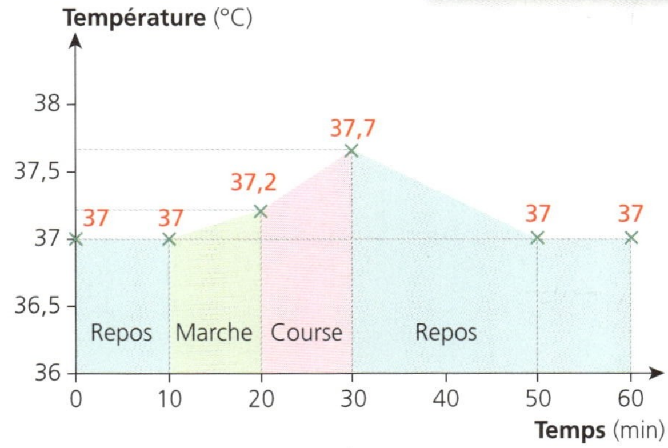

Évolution de la température corporelle d'un adolescent

a. Quelles informations peut-on tirer de ce graphique ?

b. Quel aspect du fonctionnement de nos organes est mis en évidence ici ?

c. Quels sont les autres échanges effectués par nos organes ?

d. Quelle est la durée de récupération nécessaire ?

Boire de l'eau est important pour la récupération physique

Livret des corrigés p. 26

5 Le fonctionnement de l'appareil respiratoire

Comprendre et retenir

Remarque

L'air est un mélange de gaz. Il contient **21 % de O_2 et seulement 0,04 % de CO_2**, mais le gaz majoritaire est le diazote N_2, présent à hauteur de 78 %. Les autres gaz sont minoritaires : moins de 1 % au total.

Vocabulaire

Le **tabagisme**, c'est la consommation de tabac et ses conséquences négatives sur la santé. On distingue le tabagisme actif (pour le fumeur) du tabagisme passif (pour l'entourage du fumeur).

L'approvisionnement en dioxygène

- Le dioxygène, utilisé en permanence par les organes, provient de l'air. L'air pénètre dans le corps humain par le nez ou la bouche ; il est conduit jusqu'aux alvéoles pulmonaires par la trachée, les bronches, puis les bronchioles.
Nous remplissons et vidons nos poumons d'air en actionnant la cage thoracique grâce aux muscles respiratoires : diaphragme, intercostaux…

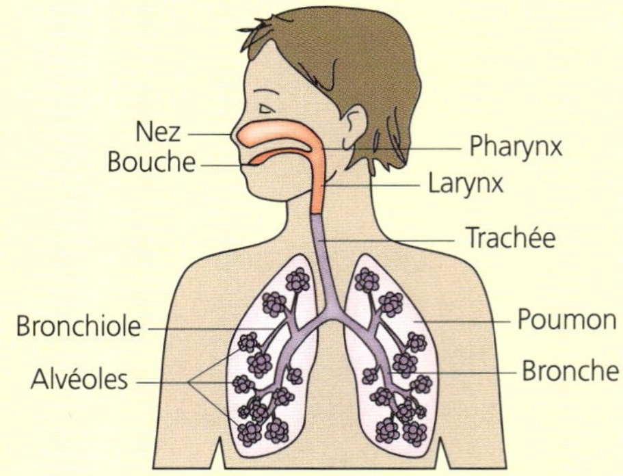

L'appareil respiratoire

- **Au niveau des alvéoles pulmonaires, du dioxygène passe de l'air vers le sang.** L'absorption du O_2 a lieu quand celui-ci traverse la fine couche de cellules des alvéoles séparant l'air des poumons du sang contenu dans les vaisseaux sanguins.

Les perturbations de l'appareil respiratoire

Des substances nocives présentes dans l'environnement peuvent perturber le fonctionnement de l'appareil respiratoire. **Elles proviennent le plus souvent du tabagisme ou de la pollution** et favorisent l'apparition de certaines maladies : asthme, allergies, bronchites, cancer…

Apprendre comment faire

Réaliser un schéma fonctionnel

Représenter l'absorption de O_2 au niveau d'une alvéole pulmonaire.

1. On s'intéresse davantage aux relations entre l'alvéole et le vaisseau sanguin (c'est-à-dire les échanges de O_2) qu'à leur structure : on choisit donc le schéma fonctionnel comme mode de représentation.
2. On représente l'alvéole par un « rond », le vaisseau sanguin par un « tuyau », les mouvements d'air et de sang ainsi que les échanges de O_2 par des flèches épaisses de différentes couleurs.
3. On utilise des légendes fléchées et en couleurs pour les mouvements et les échanges.
4. Le titre est : « L'absorption de dioxygène au niveau de l'alvéole pulmonaire ».

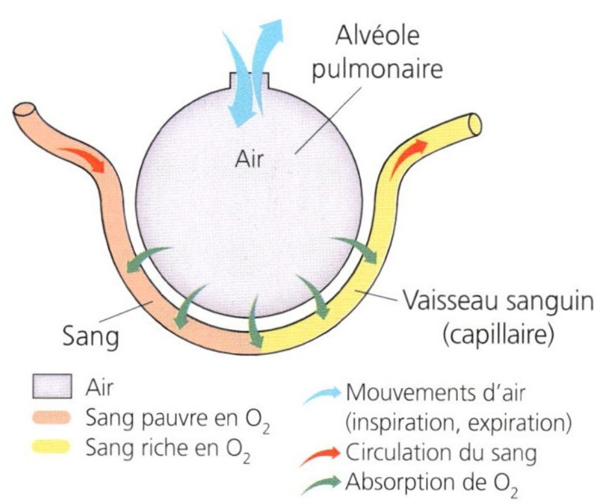

L'absorption de dioxygène au niveau de l'alvéole pulmonaire

Méthode

1. **Déterminer le type de schéma à construire.** Un **schéma fonctionnel** représente et explique un mécanisme biologique ou géologique, tandis qu'un un **dessin d'observation** représente des structures telles qu'on les observe dans la réalité.
2. **Tracer le schéma.** Contrairement au dessin d'observation, on ne respecte pas forcément l'apparence des structures. On utilise des **formes simples** afin de rendre le schéma le plus clair possible. Chaque forme peut représenter une structure (cellule, organe…), une relation, une réaction, une étape, etc.
3. **Légender le schéma.** On peut indiquer les légendes de plusieurs façons : légendes fléchées, de couleurs ou de formes différentes, etc.
4. **Écrire un titre.** On indique le nom du phénomène représenté.

S'entraîner

1 Vrai ou Faux ?

	V	F
a. Notre appareil respiratoire permet d'extraire le O_2 de l'air pour l'amener jusqu'à notre sang.	☐	☐
b. Le dioxygène passe du sang vers l'air.	☐	☐
c. C'est l'individu qui contrôle l'entrée et la sortie d'air dans nos poumons.	☐	☐
d. L'absorption de O_2 a lieu au niveau du nez et de la bouche.	☐	☐
e. La pollution n'a aucun effet négatif sur l'appareil respiratoire.	☐	☐

2 L'asthme

L'asthme est une maladie qui se manifeste par une gêne respiratoire sous la forme de plusieurs symptômes : sensation d'étouffement, respiration sifflante, mucus produit de façon excessive dans les bronches. La pollution de l'air et les allergènes (poussières, pollen…) favorisent les crises d'asthme, tout comme le tabagisme, qu'il soit actif ou passif.

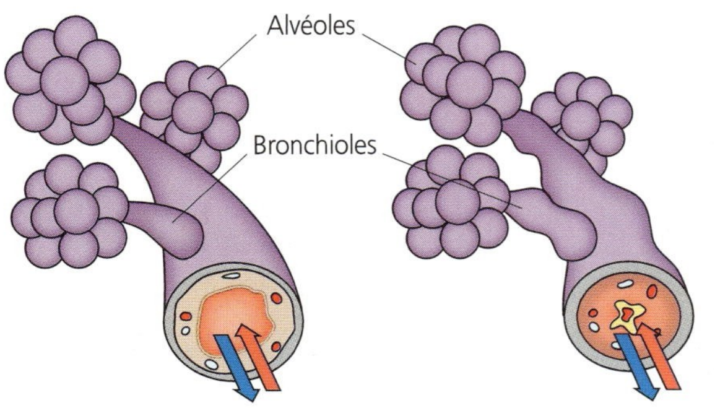

Asthme et état des bronches

a. À partir du schéma, expliquer comment l'asthme gêne la respiration du malade.

b. Voici un des avertissements inscrits sur les paquets de cigarettes en France : « Fumer nuit gravement à votre santé et à celle de votre entourage. »
Quels commentaires peut-on faire sur ce slogan en le mettant en relation avec les problèmes d'asthme ?

3 Radiographies des poumons

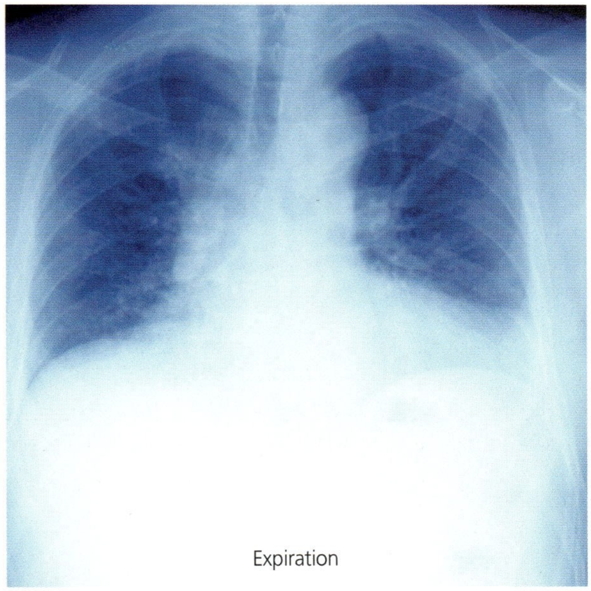

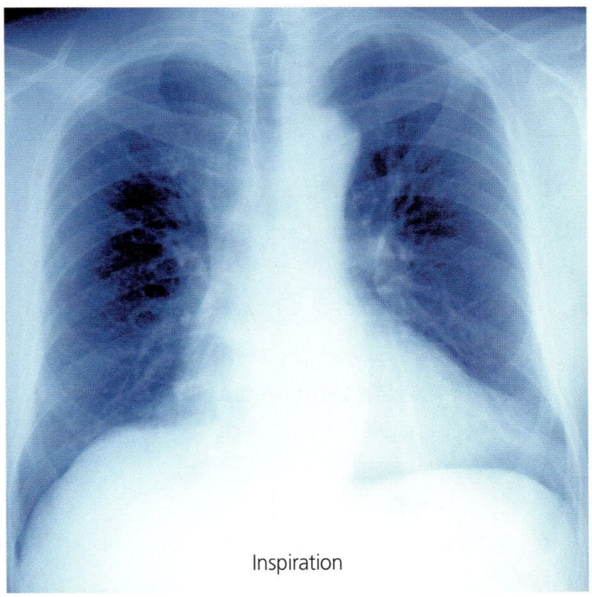

Radiographies de la cage thoracique à la fin d'une expiration et à la fin d'une inspiration.

a. Comment varie le volume des poumons entre l'inspiration et l'expiration ?

b. Quel rôle jouent les muscles respiratoires tels que le diaphragme et les intercostaux ?

c. Quel est le trajet de l'air lors d'une inspiration ?

d. Réaliser un schéma fonctionnel de l'appareil respiratoire et des mouvements d'air.

> Utiliser la **méthode** décrite dans **Apprendre comment faire**.

Livret des corrigés p. 26

6 La digestion des aliments et le devenir des nutriments

Comprendre et retenir

Remarque
Une **enzyme** est capable de « couper » les aliments (gros éléments) en nutriments (petits éléments) utilisables par notre organisme.

La transformation des aliments en nutriments

- La transformation de la plupart des aliments en nutriments s'effectue dans le tube digestif sous l'action d'**enzymes digestives**. Ces **transformations chimiques** complètent l'**action mécanique** (mastication et mouvement des intestins).
- Les enzymes digestives sont contenues dans les **sucs digestifs** fabriqués par différents organes et déversés dans le tube digestif : la salive (bouche), le suc gastrique (estomac), la bile (foie), le suc pancréatique (pancréas) et le suc intestinal (intestin grêle).
- Certains petits éléments présents dans nos aliments n'ont pas besoin d'être digérés : eau, vitamines et sels minéraux.

Attention !
Comme les solides, les liquides de notre alimentation sont digérés et absorbés au niveau de l'intestin grêle. Une partie des liquides et des solides (fibres des végétaux…) n'est pas absorbée et participe à la composition des selles.

Le devenir des nutriments

- **L'absorption des nutriments dans le sang a lieu au niveau de l'intestin grêle, dont la grande surface favorise l'absorption.** Les organes utilisent les nutriments (comme le glucose).
- **Pour être en bonne santé, il est nécessaire que les apports énergétiques (liés à l'alimentation) et les dépenses (liées à l'activité physique) soient équilibrés.** Des apports énergétiques supérieurs ou inférieurs aux besoins de l'organisme favorisent certaines maladies : obésité, diabète, maladies cardio-vasculaires…

SVT

Apprendre comment faire

Exploiter des résultats expérimentaux

Un élève teste l'hypothèse selon laquelle des enzymes contenues dans le suc intestinal permettent la digestion du camembert. Il réalise ses manipulations à 37 °C.

Exploiter ces résultats expérimentaux afin d'aboutir à une conclusion.

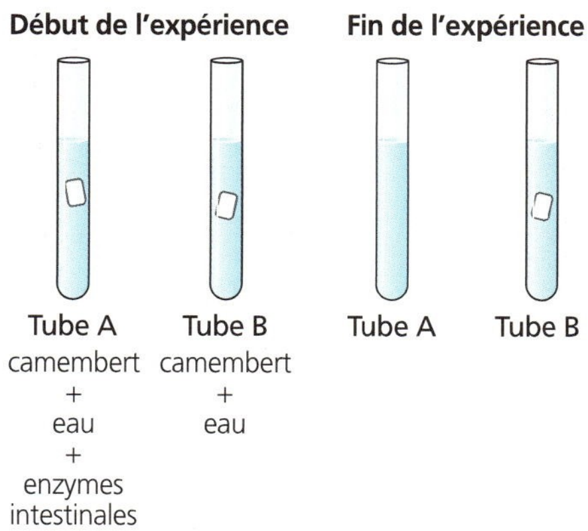

Expérience de digestion du camembert

1 On observe que le camembert n'est plus visible dans le tube A et qu'il est encore présent dans le tube B (c'est le tube témoin car il ne contient pas d'enzymes intestinales).

2 Le camembert a « disparu » en présence d'enzymes, mais pas en leur absence. Il a donc « disparu » à cause des enzymes présentes dans le tube A.

3 Les enzymes présentes dans le suc intestinal sont donc bien responsables de la digestion du camembert. On valide l'hypothèse de départ.

Méthode

1 **Observer.** On lit les résultats et on les note sous la forme d'un texte ou d'un tableau.

2 **Déduire en comparant les résultats afin de les exploiter.** On compare les résultats entre eux, leurs différences et leurs points communs, par rapport au témoin notamment. On en déduit l'origine des variations.

3 **Conclure en validant ou non l'hypothèse (si possible).** On reprend la ou les hypothèses de départ : on valide l'hypothèse si elle correspond à la bonne réponse, sinon on la rejette.

S'entraîner

1 Vrai ou Faux ?

	V	F
a. Notre appareil digestif permet de « découper » les aliments en nutriments.	☐	☐
b. Tous les éléments de nos aliments sont digérés.	☐	☐
c. Pour être en bonne santé, il faut manger plus que ce dont on a besoin.	☐	☐
d. Les nutriments passent dans notre sang au niveau de l'intestin grêle.	☐	☐
e. Ce sont les dents qui jouent le rôle principal dans la digestion.	☐	☐

2 L'appareil digestif

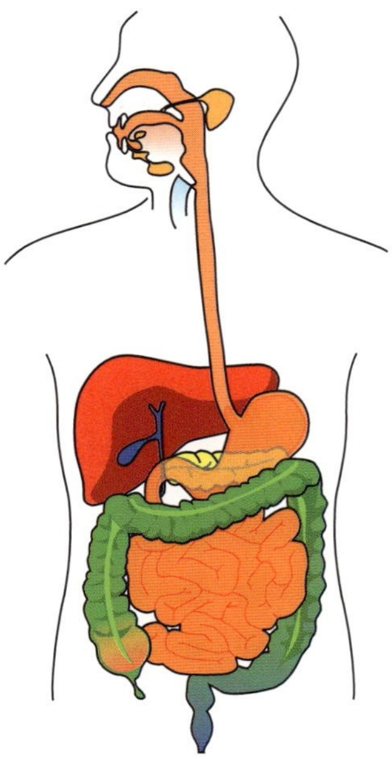

a. Décalquer le schéma de l'appareil digestif.

b. Indiquer, en légendes, le nom des organes appartenant à l'appareil digestif.

c. Pour chacun de ces organes, indiquer s'ils fabriquent un suc digestif (si oui, lequel ?).

d. Indiquer l'organe où l'absorption des nutriments a lieu.

3 Obésité et diabète

Voici les résultats de statistiques réalisées auprès de la population des États-Unis d'Amérique.

	Obésité (en % de la population)	Diabète (en millions d'habitants)
1995	25	8
2000	29	12
2005	33	17
2010	36	21

a. Comment l'obésité évolue-t-elle aux États-Unis ?

b. Comment le diabète évolue-t-il aux États-Unis ?

c. Peut-on rejeter l'hypothèse suivante : « L'obésité favorise l'apparition du diabète » ?

d. À l'aide de la partie « Comprendre et retenir » et de vos connaissances, proposer quelques mesures qui permettraient de lutter contre l'obésité.

4 Le poisson bien digéré ?

Utiliser la **méthode** décrite dans **Apprendre comment faire**.

Un élève teste l'hypothèse selon laquelle des enzymes contenues dans nos sucs digestifs permettent la digestion du poisson. Il réalise les manipulations suivantes à 37 °C.

Début de l'expérience

Fin de l'expérience

a. Quel est le tube témoin dans cette expérience ?

b. Exploiter ces résultats expérimentaux afin d'aboutir à une conclusion.

Livret des corrigés p. 27

7 L'élimination des déchets

Comprendre et retenir

> **Remarque**
> Dans nos poumons, l'air s'appauvrit en O_2 et s'enrichit en CO_2, mais on n'absorbe pas tout le O_2. L'air expiré contient encore suffisamment de O_2 (16,5 %) et assez peu de CO_2 (4,5 %) pour faire du « bouche à bouche » à une personne en arrêt respiratoire.

L'origine des déchets

- **Les cellules qui composent nos organes, au cours de leur fonctionnement, fabriquent et rejettent dans le sang des déchets** : le CO_2, l'urée, l'acide urique…
- Un déchet est, pour notre organisme, le résultat de son fonctionnement. C'est une substance inutilisable, voire toxique, qui doit être rejetée.

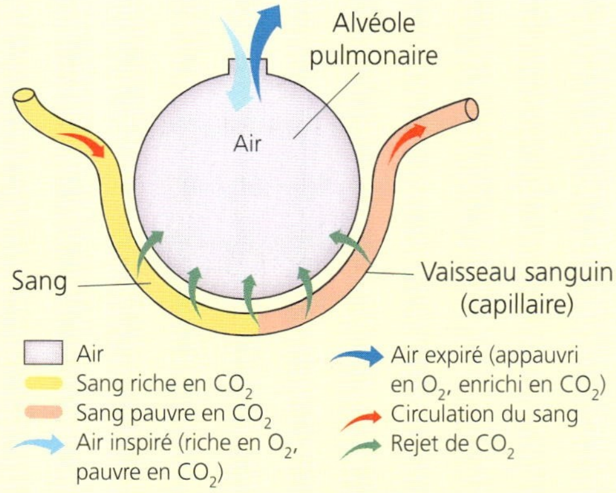

Le rejet de CO_2 au niveau de l'alvéole pulmonaire

Le rejet du dioxyde de carbone

- **Le CO_2 est rejeté par notre organisme au niveau de nos poumons.** Le CO_2 passe ainsi du sang vers l'air.

> **Attention !**
> L'urine ne vient pas directement de ce que l'on boit ! Quand on boit, de l'eau est absorbée par notre sang au niveau de l'intestin grêle. Les reins compensent cette arrivée d'eau dans le sang en fabriquant davantage d'urine.

Le rejet des autres déchets

- **Les reins filtrent le sang** pour en éliminer les **déchets (urée et acide urique)** dans l'**urine** (eau + déchets).
- L'urine est ensuite transportée jusqu'à la vessie où elle est stockée en attendant d'être évacuée.

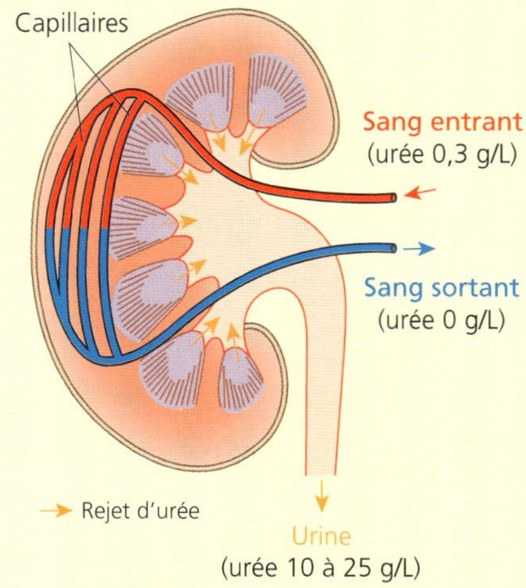

Le rejet de déchets au niveau du rein

SVT

Apprendre comment faire

Réaliser un dessin d'observation

Le dessin a été réalisé à l'aide d'un microscope optique dont l'oculaire grossit 10 fois et l'objectif grossit 40 fois. Le grossissement est donc : × 400.

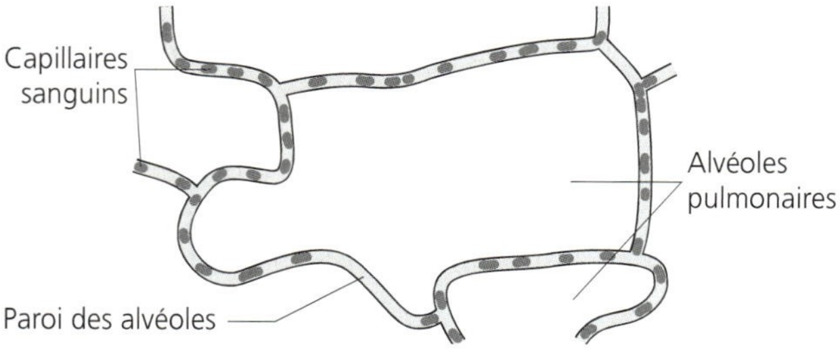

Poumon observé au microscope optique (× 400)

Méthode

1. **Déterminer le type de schéma à construire.** Un **dessin d'observation** représente des structures telles qu'on les observe dans la réalité, tandis qu'un **schéma fonctionnel** représente et explique un mécanisme.
2. **Tracer le dessin.** On dessine la zone choisie sans représenter les détails inutiles. On trace des traits fins et continus. On respecte les formes et les proportions.
3. **Légender le dessin.** On note les légendes sur le côté, sans article. On trace à la règle des flèches horizontales (le plus souvent possible).
4. **Écrire un titre.** On indique le nom de l'objet dessiné et le mode d'observation (à l'œil nu, au microscope, à la loupe).
5. **Indiquer le grossissement.** Pour une observation à l'œil nu, on divise la taille de son dessin par la taille de l'objet réel. Pour une observation au microscope (ou à la loupe) : rdv fiche 2.

S'entraîner

1 Vrai ou Faux ?

	V	F
a. Nos cellules fabriquent constamment des déchets.	☐	☐
b. Tous nos déchets sont éliminés par les reins.	☐	☐
c. L'urine, fabriquée par les reins, est directement évacuée hors du corps.	☐	☐
d. Notre sang est filtré.	☐	☐
e. Nos alvéoles servent à la fois à nous approvisionner en O_2 et à rejeter du CO_2.	☐	☐

2 Le rejet des déchets

Compléter le schéma en indiquant les légendes suivantes : air, dioxyde de carbone, organisme, poumons, reins, urée, urine.

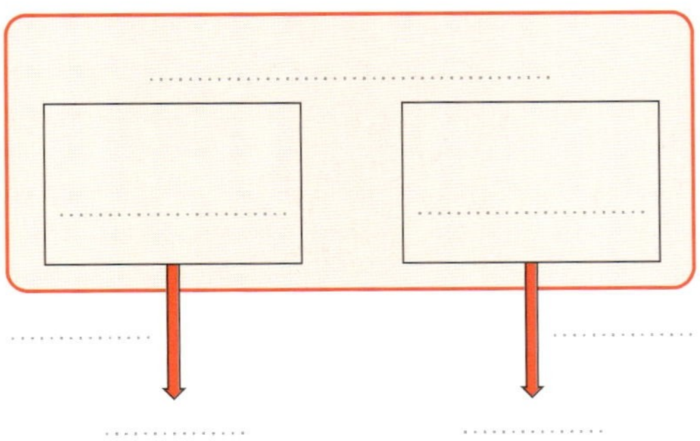

3 Analyses de sang

Inès a fait des analyses de sang et d'urine. En voici les résultats :

Composition (en g/L) \ Liquides	Plasma (partie liquide du sang)	Urine
Eau	900	950
Glucose (sucre)	1	0
Lipides (graisses)	5	0
Protides (protéines)	75	0
Urée	0,3	20
Acide urique	0,03	0,3

a. Quel organe permet de fabriquer l'urine à partir du sang ?

b. Quelles substances ne passent pas dans le sang ?

c. Quelles substances passent dans le sang ?

4 Un calcul rénal

Utiliser la **méthode** décrite dans **Apprendre comment faire**.

Un calcul rénal est une masse dure qui se forme dans les reins. Il peut migrer ou rester bloqué dans les reins, les uretères (tuyaux transportant l'urine des reins vers la vessie) ou la vessie, empêchant l'urine de s'écouler et provoquant de très fortes douleurs (coliques néphrétiques).

a. À l'aide de la radiographie ci-après, réaliser un dessin d'observation de l'appareil urinaire. Indiquer, en légendes, les trois principales parties de l'appareil urinaire : les reins, les uretères et la vessie.

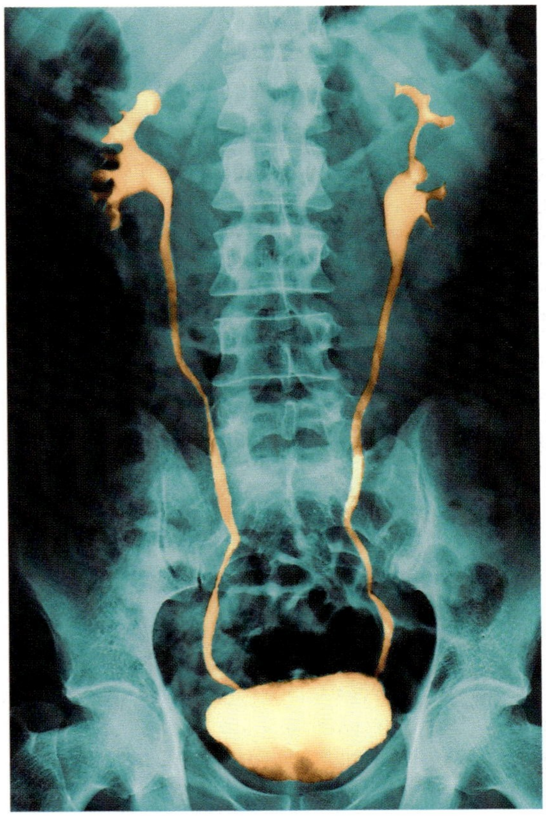

Radiographie de l'appareil urinaire (fausses couleurs)

b. Expliquer comment les calculs rénaux modifient l'écoulement de l'urine et le fonctionnement de l'appareil urinaire.

c. Proposer une hypothèse sur les éventuelles conséquences des calculs rénaux sur la santé du malade.

d. Proposer une hypothèse correspondant au problème suivant : « Que faire en cas de calculs rénaux ? »

Livret des corrigés p. 27

8 La circulation sanguine

Comprendre et retenir

Vocabulaire

- **Artères** : vaisseaux sanguins transportant le sang du cœur vers les organes.
- **Capillaires** : vaisseaux sanguins extrêmement fins, présents en grand nombre au niveau des organes.
- **Veines** : vaisseaux sanguins par lesquels le sang repart des organes vers le cœur.

La circulation du sang dans l'organisme

- Le sang circule **à sens unique** dans des vaisseaux (artères, capillaires, veines) qui forment un système clos (fermé). Le sang est mis en mouvement par le **cœur**. Le cœur est un muscle creux, cloisonné, qui se contracte selon un rythme : c'est la **fréquence cardiaque**. Il propulse ainsi le sang dans les artères en direction de nos organes.
- Le sang arrive aux organes par les **artères** et en repart par les **veines**. **Les échanges entre les organes et le sang s'effectuent au niveau de nombreux petits vaisseaux : les capillaires.** La circulation sanguine permet ainsi d'assurer l'ensemble des échanges entre les différents organes.

Remarque

Pour un système cardio-vasculaire en bonne santé, il faut manger raisonnablement et de façon variée, éviter de grignoter et avoir une activité physique régulière.

Les problèmes de santé liés à la circulation sanguine

- À cause du dépôt de graisses ou de la formation de caillots, **le système circulatoire peut s'obstruer** (se boucher) et provoquer un arrêt de la circulation sanguine dans un ou plusieurs organes. Ils peuvent s'arrêter de fonctionner et être endommagés. L'organisme est alors en danger.
- Le bon fonctionnement du système cardio-vasculaire (cœur et vaisseaux sanguins) est **favorisé par l'activité physique**. Au contraire, **une alimentation trop riche, le tabac et l'excès de stress sont à l'origine de maladies cardio-vasculaires.**

SVT

Apprendre comment faire

Étudier des documents

Étudier ce document afin de tester l'hypothèse suivante : « Le sport est bon pour la santé. »

Risque d'accident cardio-vasculaire avant 40 ans en fonction de l'activité physique et du sexe de l'individu

Activité physique	Moins d'1 heure/semaine	Plus de 3 heures/semaine
Hommes	10 %	3 %
Femmes	3 %	< 1 %

1 Ce document est un tableau qui représente le risque d'accident cardio-vasculaire (AVC) avant 40 ans en fonction du sexe et de l'activité physique. On observe que le risque d'AVC est maximal pour les hommes avec peu d'activité physique et minimal pour les femmes avec beaucoup d'activité physique.

2 Les hommes ont plus de risque d'avoir un AVC avant 40 ans que les femmes. On en déduit également que plus on fait d'activité physique, moins on a de risque d'avoir un AVC avant 40 ans.

3 Quel que soit le sexe de l'individu, pratiquer davantage d'activité physique régulière permet de diminuer le risque d'AVC avant 40 ans. On valide donc l'hypothèse.

Méthode

1 Observer. On lit les titres qui contiennent des informations importantes. On présente et commente chaque document (nature du document et sujet abordé).

2 Déduire. Relier les informations afin de les exploiter. On compare les informations entre elles, notamment par rapport à la situation initiale (problème, hypothèse, question…).

3 Conclure en validant ou non l'hypothèse (si possible). On fait une synthèse de l'ensemble des documents. On reprend la ou les hypothèse(s) de départ : on les valide ou on les rejette.

S'entraîner

1 Vrai ou Faux ?

	V	F
a. Les vaisseaux sanguins sont aussi appelés « veines ».	☐	☐
b. Notre sang ne peut pas circuler dans les deux sens à l'intérieur de nos vaisseaux sanguins.	☐	☐
c. Les échanges entre les organes et le sang ont lieu au niveau des veines.	☐	☐
d. C'est le cœur qui joue le rôle de « pompe » pour propulser le sang.	☐	☐
e. La santé de notre système cardio-vasculaire dépend de notre environnement et de notre mode de vie.	☐	☐

2 Le trajet du sang

« Je suis un muscle qui rejette deux sortes de déchets : du CO_2 et de l'urée. Par où ces déchets vont-ils passer avant d'être éliminés ? »
Pour reconstituer le trajet des déchets dans la circulation sanguine, remettre les mots suivants dans l'ordre : artères, capillaires, cœur, muscle, poumons, reins, veines.

3 Risques d'infarctus

Utiliser la **méthode** décrite dans **Apprendre comment faire**.

L'infarctus est la mort d'une partie des cellules d'un organe à cause de l'obstruction d'une artère (elle est bouchée) par un caillot sanguin.

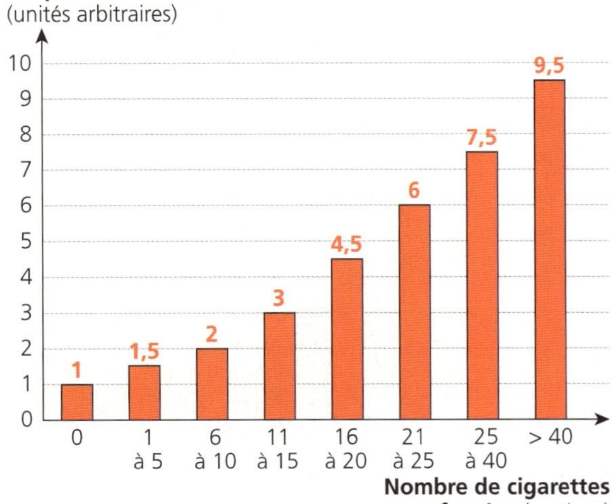

Tabagisme et risque d'infarctus

Étudier ce document afin de tester l'hypothèse suivante : « Le tabagisme est mauvais pour notre système cardio-vasculaire. »

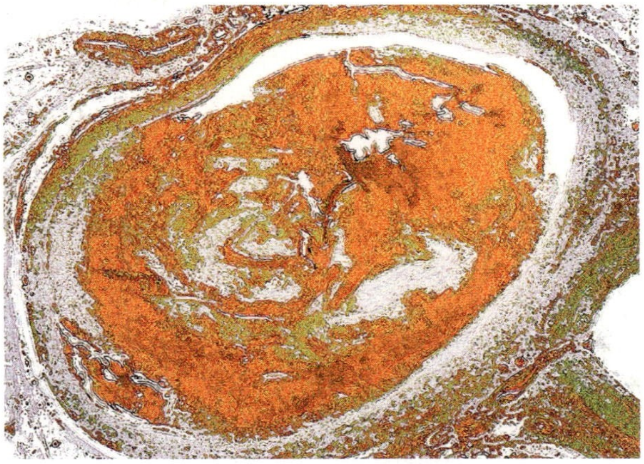

Coupe transversale d'une artère obstruée par un caillot sanguin, observée au microscope

4 L'obésité

Utiliser la **méthode** décrite dans **Apprendre comment faire**.

Étudier les documents ci-dessous afin de tester l'hypothèse suivante : « L'obésité touche aussi la France. »

Le taux d'obésité dans quelques pays en 2008

Pays	Taux d'obésité
Allemagne	20 %
Belgique	15 %
Canada	25 %
France	10 %
Italie	15 %
Japon	10 %
États-Unis	25 %

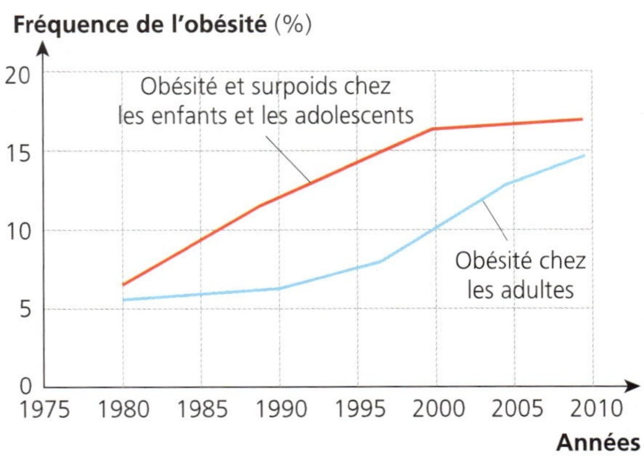

Évolution de l'obésité en France de 1980 à 2008

Livret des corrigés p. 27

9 L'érosion des roches

Rappel
- **Sol** : partie superficielle, visible en surface, formée de terre issue de la rencontre entre les roches du sous-sol, l'atmosphère et les êtres vivants.
- **Sous-sol** : partie située sous le sol, formée de roches.

Vocabulaire
- **Modelé d'un paysage** : aspect que prennent, dans le détail, les formes du relief.
- **Affleurement** : lieu où les roches du sous-sol sont visibles en surface (au niveau d'une falaise par exemple).

Comprendre et retenir

Les agents d'érosion

- Les roches, constituant le sous-sol, subissent, à la surface de la Terre, une érosion. **L'érosion, c'est l'altération (la dégradation) des roches.** Plusieurs facteurs environnementaux sont à l'origine de l'érosion : **l'eau (qui est le principal agent d'érosion sur Terre), le vent...**

La diversité des modelés de paysage

- **Les roches résistent plus ou moins bien à l'action de l'eau.** Certaines roches sont **friables** et sont rapidement (de quelques heures à quelques années) entraînées par l'eau (exemple de l'argile). D'autres roches sont plus **cohérentes** : l'eau doit agir plus longtemps pour les éroder (exemple du granite).
- Le **modelé** actuel d'un paysage est donc le résultat de l'érosion sur les roches.

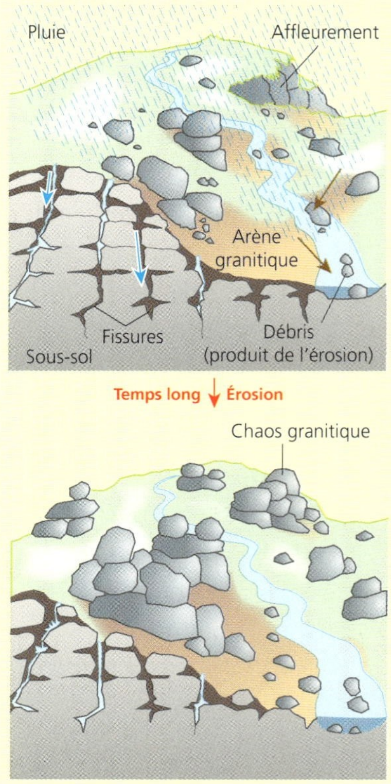

L'érosion des roches sous l'action de l'eau

Apprendre comment faire

Construire un tableau de comparaison

Comparer ces deux vallées en indiquant leur localisation, leur forme et l'agent d'érosion.

Caractéristiques \ Vallées	Torrent	Glacier
Localisation	Alpes, France	Athabasca, Canada
Forme	en V	en U
Agent d'érosion	eau, à l'état liquide (torrent)	eau, à l'état solide (glacier)

Méthode

1. **Mettre les éléments à comparer en titre de colonne.** Chaque élément à comparer occupe une colonne du tableau.
2. **Mettre les caractéristiques en titre de ligne.** Chaque caractéristique occupe une ligne du tableau.
3. **Effectuer la comparaison.** Compléter les cases du tableau. Comparer, c'est noter les différences mais aussi les points communs.

SVT

S'entraîner

1 Vrai ou Faux ?

	V	F
a. L'érosion, c'est la formation des roches.	☐	☐
b. Un affleurement, c'est quand on frôle la roche.	☐	☐
c. Les roches situées à l'affleurement subissent toutes une érosion.	☐	☐
d. Les roches situées à l'affleurement subissent toutes la même érosion.	☐	☐
e. L'observation du modelé des paysages permet de connaître le type d'érosion.	☐	☐

2 Comparer deux paysages

Utiliser la **méthode** décrite dans **Apprendre comment faire**.

Comparer ces deux structures en indiquant le type de lieu où elles se trouvent, leur forme et l'agent d'érosion.

3 L'érosion du granite

Utiliser la **méthode** décrite dans **Apprendre comment faire**.

Le granite est une roche très fréquente au niveau des continents, par exemple en France, dans le Massif central. Lorsque le granite est situé en profondeur, il est **sain** et il est composé de minéraux tels que le quartz, le feldspath orthose, les plagioclases et les micas. Lorsque le granite se trouve à l'affleurement, il subit l'action de l'eau de pluie et devient du **granite altéré** (abîmé), formé de « boules » de granite et de sable (appelé arène granitique). On y trouve toujours du quartz, mais le feldspath, les plagioclases et les micas sont altérés. De nouveaux minéraux apparaissent : des minéraux argileux. Dans certaines zones, le granite est encore plus altéré et on ne retrouve plus que de l'**arène granitique** (sable grossier mêlé à de l'argile) : si le quartz est toujours présent, les minéraux argileux ont remplacé tous les autres minéraux.

Un « chaos granitique »

a. À l'aide du texte, comparer les trois stades d'évolution du granite en indiquant les minéraux qui les composent ainsi que le degré d'altération.

b. Indiquer l'agent d'érosion responsable de l'altération du granite.

c. Quels minéraux résistent à l'érosion ?

d. Quels minéraux résistent moins bien à l'érosion ?

Livret des corrigés p. 28

10 Le transport et le dépôt des sédiments

Comprendre et retenir

Le transport des éléments issus de l'érosion

- Les éléments, obtenus suite à l'altération des roches, peuvent :
  - **rester sur place** et participer à la formation du sol ;
  - **être transportés** plus ou moins loin.
- Le transport peut se faire **grâce au vent** (si les éléments sont légers) **ou grâce à l'eau** (sous forme de particules ou sous forme dissoute).

La sédimentation

Quand la vitesse du courant (d'eau ou d'air) diminue, les éléments transportés se déposent : c'est la **sédimentation**. Les **sédiments** correspondent essentiellement au dépôt de particules issues de l'érosion. La grande majorité des sédiments se dépose au fond de l'eau.

La formation des roches sédimentaires

- Les sédiments s'accumulent en **couches superposées** les unes sur les autres. Sous le poids des couches supérieures, les sédiments sont compactés, déshydratés et cimentés : ils sont **transformés en roches sédimentaires**.
- **Le modelé actuel du paysage résulte donc de l'altération des roches, du transport des éléments issus de l'altération et de leur dépôt.**

Remarque
La très grande majorité des sédiments se dépose dans le domaine marin, une petite partie en eau douce (lacs et rivières).

Attention !
Les sédiments s'accumulent lors de leur dépôt. Dans les roches sédimentaires, les strates (ou couches) inférieures sont donc les plus anciennes ; les strates supérieures sont les plus récentes.

Apprendre comment faire

Construire un graphique

On a mesuré la vitesse minimale du courant pour que les particules en suspension dans un courant d'eau soient transportées (et ne se déposent pas) en fonction de la taille de ces particules.

Diamètre des particules (mm)	1	10	25	50	100	150	200
Vitesse du courant (cm/s)	7	70	135	175	200	200	200

Construire un graphique représentant les résultats mesurés.

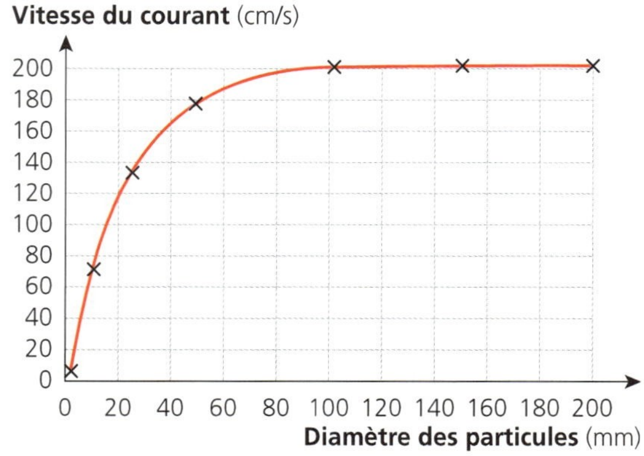

Évolution de la vitesse du courant nécessaire au transport des particules en fonction de leur taille

Méthode

1 Tracer les axes. Tracer deux axes perpendiculaires. On indique la grandeur que l'on fait varier sur l'axe des abscisses (axe horizontal) et la grandeur étudiée sur l'axe des ordonnées (axe vertical). On indique les unités. On gradue les axes en respectant les valeurs minimales et maximales.

2 Tracer la courbe. On place les points : on les représente avec une croix. Chaque point se trouve au croisement de deux droites représentant leur valeur sur les deux axes. On relie les points entre eux, soit à la main, soit à la règle.

3 Écrire un titre. Le titre indique l'évolution de la grandeur étudiée en fonction de la grandeur que l'on fait varier.

S'entraîner

1 Vrai ou Faux ?

	V	F
a. Les morceaux de roche issus de l'érosion peuvent entrer dans la composition de la terre.	☐	☐
b. Les morceaux de roche issus de l'érosion peuvent être transportés sur de longues distances.	☐	☐
c. Le vent peut transporter des morceaux de roche.	☐	☐
d. Les particules qui se déposent au fond de l'eau sont des sédiments.	☐	☐
e. L'entassement des sédiments permet de les transformer en roche.	☐	☐

2 Le vent et les roches

Concevoir un protocole expérimental permettant de tester l'hypothèse suivante : « Le vent permet de transporter des morceaux de roches ».

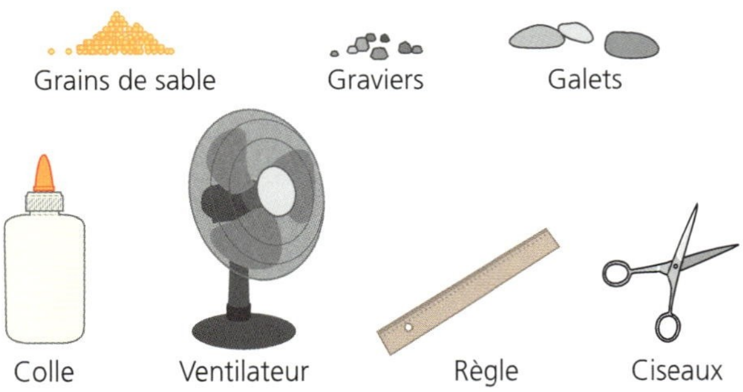

Matériel proposé

3 La falaise d'Étretat

La falaise d'Étretat est mondialement connue, notamment grâce aux peintures impressionnistes la représentant.

a. À quel agent d'érosion la roche de cette falaise est-elle soumise ?

b. Au niveau de cette falaise, on observe des traits horizontaux.
Émettre une hypothèse quant à leur origine.

c. Quelle partie de la falaise s'est formée le plus récemment ?

4 L'érosion dans un torrent

Utiliser la méthode décrite dans **Apprendre comment faire**.

On a mesuré la quantité de particules transportées dans l'eau d'un torrent situé dans les Alpes.

Un torrent dans les montagnes

Temps (mois)	Quantité de particules (tonne/min)
Janvier	1
Février	1
Mars	1
Avril	3
Mai	10
Juin	3
Juillet	1
Août	2
Septembre	2
Octobre	1
Novembre	1
Décembre	1

a. Construire un graphique représentant les résultats mesurés.

b. À quel moment de l'année l'érosion est-elle maximale ?

c. Proposer une hypothèse permettant d'expliquer l'origine de cette érosion particulièrement importante.

Livret des corrigés p. 28

11 La reconstitution des paysages anciens

Comprendre et retenir

Remarque
Comme pour les êtres vivants actuels, les scientifiques peuvent déterminer le groupe auquel appartient un fossile et le disposer dans la classification des êtres vivants.

Les fossiles

- Les roches sédimentaires peuvent contenir des **fossiles**. Lorsqu'un organisme se dépose dans les sédiments, il peut parfois être conservé au cours de la transformation des sédiments en roche sédimentaire. **Les fossiles sont des traces (empreintes) ou des restes d'organismes (comme un squelette) conservés dans la roche sédimentaire.**

Observer le présent pour comprendre le passé

- Les scientifiques observent le monde actuel (êtres vivants, milieux de vie, paysages) en observant les traces des milieux passés (dans les roches sédimentaires) ; ils en déduisent les conditions du passé et reconstituent les paysages anciens. **Les roches sédimentaires sont donc des « archives » des paysages anciens.**
- Pour cela, les scientifiques utilisent les **strates** (les couches) des roches sédimentaires, les traces de sédimentation et les fossiles :
  - l'empilement des strates permet de connaître leur âge relatif, l'étendue des strates permet de connaître l'importance géographique du milieu passé ;
  - les traces de sédiments permettent de connaître le milieu de vie et le climat passés ;
  - les fossiles permettent de connaître les êtres vivants et de donner des indices à propos du milieu de vie et du climat.

Remarque
Les roches sédimentaires sont des « archives » car elles constituent des « enregistrements » des conditions biologiques et géologiques du passé.

SVT

Apprendre comment faire

Utiliser une clé de détermination

Déterminer à quel groupe appartient l'organisme fossile ci-contre.

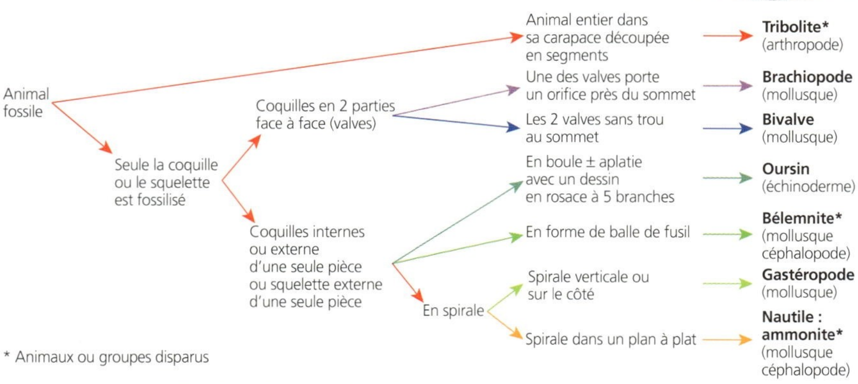

Clé de détermination de quelques groupes d'animaux

On observe une coquille, sans motif répété, en une seule pièce (partie), en forme de balle de fusil : le fossile est donc un rostre de bélemnite, animal disparu appartenant aux groupes des mollusques céphalopodes.

Méthode

1 Choisir la clé de détermination. Une clé de détermination est un outil qui permet d'identifier un être vivant (ou un fossile) et le groupe auquel il appartient. Il existe de nombreuses clés de détermination. Il faut en choisir une appropriée (pour les fossiles, pour les animaux, pour les végétaux…).

2 Observer. On observe les choix proposés par la clé de détermination, sur quelles caractéristiques ils portent, puis on observe les caractéristiques de l'organisme.

3 Déterminer. On fait le choix qui correspond aux caractéristiques de l'organisme, et ainsi de suite jusqu'à l'identification de l'être vivant.

S'entraîner

1 Vrai ou Faux ?

	V	F
a. Un fossile est soit un morceau soit une empreinte d'un être qui était vivant.	☐	☐
b. On peut trouver des fossiles dans tous les types de roches.	☐	☐
c. Les fossiles appartiennent à des groupes aujourd'hui disparus.	☐	☐
d. On peut estimer l'âge relatif d'une roche sédimentaire grâce à l'empilement des strates les unes sur les autres.	☐	☐
e. Les traces des sédiments visibles dans les roches sédimentaires indiquent le milieu de formation de la roche.	☐	☐

2 Utiliser une clé de détermination

Déterminer à quel groupe appartiennent les organismes fossiles présentés (utiliser la clé de détermination de la page de gauche).

Utiliser la **méthode** décrite dans **Apprendre comment faire**.

a.

b.

c.

3 Reconstituer un paysage ancien

Fontainebleau est connu pour son château, sa forêt, ses rochers, mais également pour son sable. Pourtant, la ville n'est pas du tout située en bord de mer : elle est en Seine-et-Marne, à 60 km au sud de Paris.

a. Déterminer à quel groupe appartient l'organisme fossile retrouvé dans le sable de Fontainebleau (utiliser la clé de détermination de la page de gauche).

Utiliser la **méthode** décrite dans **Apprendre comment faire**.

Un fossile de bittium

b. Sachant que le sable de Fontainebleau est formé de grains de taille très homogène, indiquer son origine.

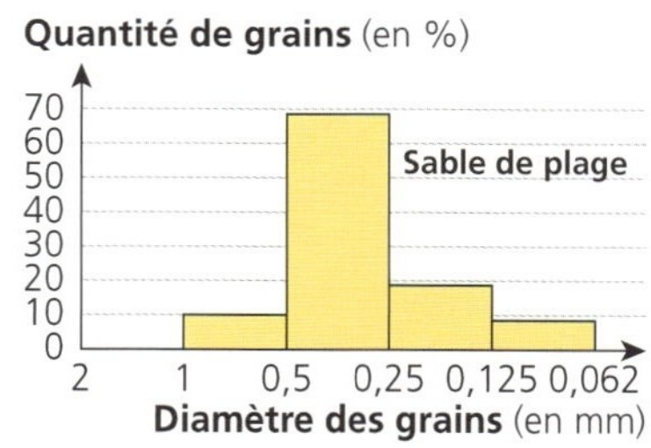

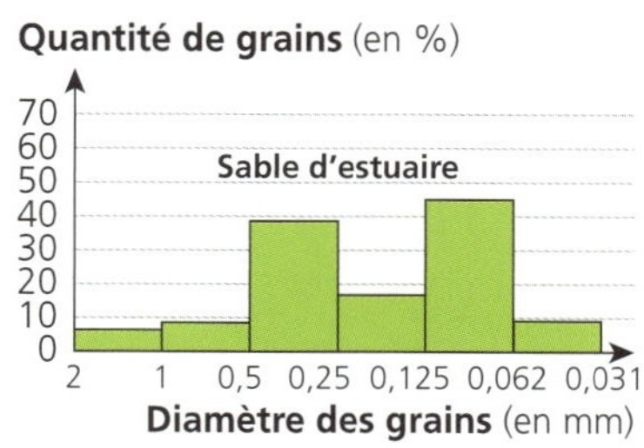

Taille des grains de sable selon leur origine

c. Le sable de Fontainebleau se trouve au-dessus d'une strate de marnes âgée de 34 Ma (millions d'années) et en dessous d'une strate de calcaire âgée de 23 Ma. À quelle époque le sable de Fontainebleau s'est-il déposé ?

d. En synthèse, reconstituer le paysage ancien dans lequel s'est déposé le sable de Fontainebleau à partir des observations faites précédemment.

Livret des corrigés p. 28

12 L'action de l'Homme sur l'évolution des paysages

Comprendre et retenir

Vocabulaire

- Les **granulats** sont des morceaux de roches de petite taille, sous la forme de sable ou de graviers.
- Une **mine** est une exploitation de matériaux précieux (or, uranium, diamants, aluminium…) tandis qu'une carrière est une exploitation de matériaux non précieux (granulats ou autre roches).

Les besoins humains en matériaux géologiques

- **L'Homme prélève dans son environnement géologique les matériaux qui lui sont nécessaires**: roches (calcaire, granite, granulats), minerais (métaux, uranium), hydrocarbures (charbon, gaz, pétrole), eau (énergie hydraulique).
- Il existe plusieurs sortes d'exploitations: des mines, des carrières, des barrages…

Les conséquences d'une exploitation non maîtrisée

L'action de l'Homme, dans son environnement géologique, influe sur l'évolution des paysages. **Si l'Homme ne maîtrise pas son action, ses exploitations ont des conséquences négatives** sur les paysages: pollutions, inondations, glissements de terrain…

La prévention de certaines catastrophes naturelles

L'Homme peut prendre en compte les conséquences de son action sur le paysage et prévenir les risques. Il peut prévenir certaines catastrophes naturelles (inondations, glissements de terrain) en limitant l'érosion, limiter les risques de pollution, faire des réaménagements après l'exploitation…

Apprendre comment faire

Faire une recherche documentaire sur Internet

Suite à la mise en place de barrages le long de la Loire, les populations de saumons diminuent car les saumons ont du mal à remonter le courant pour atteindre les zones de reproduction.

Que pourrait-on faire pour améliorer cette situation ?

Faire une recherche documentaire sur Internet pour proposer une solution permettant d'améliorer la situation des saumons le long de la Loire.

1 Avec Google, on tape les mots-clés suivants: saumons, Loire, barrage. On trouve des informations dans de nombreux sites scientifiques et gouvernementaux: www.centre.developpement-durable.gouv.fr, www.logrami.fr, www.saumon-sauvage.org, www.migrateurs-loire.fr, www.rivernet.org, www.wwf.fr, etc.

2 On dispose d'une grande quantité d'informations sur l'évolution des populations, les risques, les pollutions… On sélectionne les informations sur les barrages et les seuils.

3 On insère des documents: photographies de saumon, photographies comparatives d'un barrage (avant et après travaux d'aménagement), carte des aménagements sur la Loire, graphiques d'évolution des populations… On commente tous ces documents dans le but d'expliquer comment l'Homme cherche à restaurer les populations de saumons dans la Loire.

Méthode

1 **Chercher les informations.** On choisit un moteur de recherche (Google, Yahoo…). On lit attentivement le sujet et on repère les **mots-clés** afin de les utiliser avec le moteur de recherche. Parmi la liste de sites proposés, on choisit en priorité les sites scientifiques.

2 **Trier les informations.** On lit les informations apportées sans se contenter d'un simple copier-coller. On sélectionne les informations qui permettent de répondre au sujet et on supprime les autres. On n'hésite pas à utiliser plusieurs sources d'informations qui se complètent.

3 **Rédiger le compte rendu.** On rédige un texte en faisant attention à sa qualité (orthographe, grammaire). Dès que possible, on ajoute des documents (photographies, graphiques, tableaux, schémas) que l'on commente. On garde en tête qu'il s'agit de répondre au sujet.

S'entraîner

1 Vrai ou Faux ?

	V	F
a. L'Homme exploite son environnement géologique pour y prélever des matières précieuses.	☐	☐
b. L'Homme exploite son environnement géologique pour y prélever des matières non précieuses.	☐	☐
c. L'Homme exploite son environnement géologique pour ses besoins en énergie.	☐	☐
d. Les exploitations de l'environnement géologique ont des conséquences négatives.	☐	☐
e. Les conséquences négatives de l'exploitation de l'environnement géologique sont irrémédiables (sans solution).	☐	☐

2 Les granulats

Utiliser la **méthode** décrite dans **Apprendre comment faire**.

Les granulats représentent une ressource géologique non précieuse mais néanmoins importante.

Rechercher sur Internet comment l'Homme exploite les granulats, les éventuelles conséquences pour l'environnement et comment on peut prévenir ces risques.

3 L'or bleu

Utiliser la **méthode** décrite dans **Apprendre comment faire**.

L'eau est, en France, une ressource importante, d'un point de vue biologique (irrigation, boisson, hygiène…) comme d'un point de vue géologique.

Faire une recherche documentaire sur Internet qui permet d'expliquer comment l'Homme utilise l'eau en tant que ressource géologique, en répondant aux questions suivantes :

a. Dans quels buts utilise-t-on l'eau en tant que ressource géologique ?

b. De quelles façons l'exploite-t-on ?

c. Quelles en sont les conséquences négatives sur l'environnement ?

d. Que peut-on faire pour y remédier (résoudre les problèmes) ?

4 L'or noir

Le pétrole, le gaz et le charbon sont des hydrocarbures. On dit que ce sont des énergies fossiles : ils proviennent de la transformation et de la conservation, pendant plusieurs millions d'années, de matière organique « emprisonnée » dans la roche. On estime que les réserves actuelles de pétrole sont d'environ 230 milliards de tonnes.

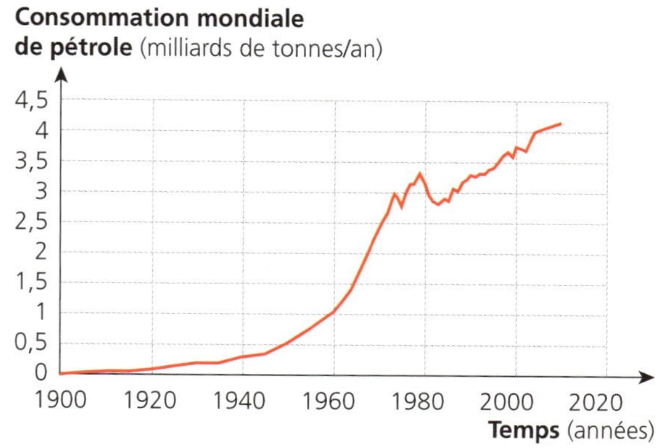

Consommation mondiale de pétrole entre 1900 et 2010

a. À partir du graphique, expliquer comment évolue la consommation de pétrole.

b. Au rythme actuel, combien de temps faudra-t-il pour épuiser cette ressource ?

c. Quels sont les intérêts des énergies éoliennes et solaires ?

Une exploitation pétrolière

Livret des corrigés p. 29

1 L'eau qui nous entoure

Comprendre et retenir

L'eau est omniprésente dans notre environnement

- Sur Terre : dans les océans, les mers, les fleuves, les rivières, les lacs, la neige, les glaciers, l'air, etc.
- Dans toutes les boissons : eau douce, jus de pomme, etc.
- Dans tous les organismes vivants (végétaux, animaux).

Le test de reconnaissance de l'eau

- Pour vérifier la présence d'eau, on utilise le **sulfate de cuivre anhydre**.
- Le sulfate de cuivre **anhydre** est une poudre blanche.

En présence d'eau, elle devient bleue.

Vocabulaire

Anhydre signifie « sans eau ».

Apprendre comment faire

Suivre un protocole expérimental et connaître les consignes de sécurité

Pour tester la présence d'eau dans un liquide, il faut suivre le protocole suivant :
« Déposer à l'aide d'une spatule une petite quantité de sulfate de cuivre anhydre dans une coupelle. Prélever un peu du liquide à tester avec un compte-goutte bien sec. Verser ensuite quelques gouttes de ce liquide sur la poudre blanche. Observer. »

1 Étape 1 : « Déposer à l'aide d'une spatule une petite quantité de sulfate de cuivre anhydre dans une coupelle. »
Étape 2 : « Prélever un peu du liquide à tester avec un compte-goutte bien sec. »
Étape 3 : « Verser ensuite quelques gouttes de ce liquide sur la poudre blanche. »
Étape 4 : « Observer. »

2 Produits : du sulfate de cuivre anhydre et le liquide à étudier.

3 Matériel : une spatule, une coupelle et un compte-goutte.

4 Consignes de sécurité :
- Je reste toujours debout lorsque je manipule afin d'avoir la plus grande liberté de mouvement possible.
- Je dégage ma table pour ne pas abîmer mes affaires.
- Mon cartable ne doit pas être au niveau de mes pieds pour ne pas me prendre les pieds dedans.
- Je mets correctement ma blouse pour protéger ma peau et mes vêtements.
- J'attache mes cheveux si j'ai les cheveux longs afin qu'ils ne trempent pas dans les solutions.
- Je porte des lunettes de sécurité car je sais qu'elles sont indispensables lorsque j'utilise le sulfate de cuivre anhydre.

Méthode

1 Relire le protocole et visualiser les différentes étapes.
2 Retrouver dans le texte le ou les produits chimiques qu'il faut utiliser.
3 Préparer le matériel à utiliser.
4 Appliquer les consignes de sécurité à suivre lors d'une expérience.

Produits

Sulfate de cuivre anhydre

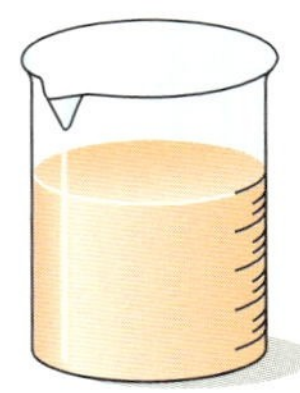

Liquide à étudier

Matériel

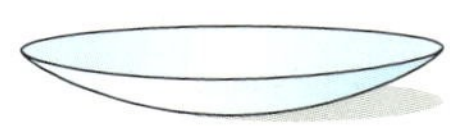

Coupelle

Spatule

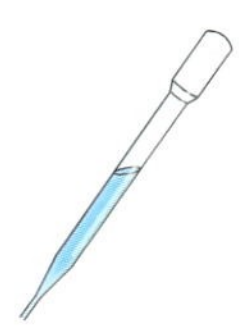

Compte-goutte

S'entraîner

1 Vrai ou Faux ?

	V	F
a. Sur Terre, l'eau est en petite quantité.	☐	☒
b. Il y a de l'eau dans un nuage.	☐	☒
c. Tous les liquides contiennent de l'eau.	☐	☒
d. Certains organismes vivants ne contiennent pas d'eau.	☒	☐
e. Le sulfate de cuivre anhydre est blanc.	☒	☐

2 Valider ou non une hypothèse

Emma réalise le test de reconnaissance de l'eau sur une huile d'olive et sur une limonade. Elle obtient les résultats ci-dessous.

a. Quelle(s) hypothèse(s) est (sont) validée(s) par cette expérience ? ....

b. Quelle(s) hypothèse(s) est (sont) invalidée(s) par cette expérience ? ....

3 Écrire un protocole

Utiliser la **méthode** décrite dans **Apprendre comment faire**.

Le professeur a demandé à Hanna de décrire l'expérience de reconnaissance de l'eau qu'elle avait faite la semaine dernière. Voici sa réponse :

1. Je prélève avec une pipette ou un compte-goutte un peu de liquide à tester.
2. Je me mets debout.
3. Je verse quelques gouttes de ce liquide sur la poudre.
4. Je dégage ma table, je mets correctement ma blouse et attache mes cheveux car j'ai les cheveux longs.
5. Je dépose une petite quantité de sulfate de cuivre anhydre dans une coupelle bien sèche.
6. Je conclus.
7. Je mets mes lunettes de sécurité.
8. J'observe.

a. Aider Hanna à remettre dans l'ordre les étapes du test de reconnaissance de l'eau.

b. Pourquoi Hanna a-t-elle fait l'expérience debout ?

c. Pourquoi Hanna a-t-elle dégagé sa table avant de faire l'expérience ?

d. Pourquoi Hanna a-t-elle attaché ses cheveux ?

e. Pourquoi Hanna a-t-elle mis une blouse et des lunettes de sécurité ?

f. Pourquoi Hanna a-t-elle précisé que la coupelle devait être bien sèche ?

4 L'eau dans les liquides qui nous entourent

Léo affirme à Amza qu'il y a de l'eau dans tous les liquides. Amza lui répond que l'eau est présente dans toutes les boissons, mais pas dans tous les liquides.
Pour se départager, ils réalisent le test de reconnaissance de l'eau sur du lait, du jus de citron, de l'huile de tournesol, de l'alcool ménager, du white-spirit.
Ils obtiennent les résultats suivants :

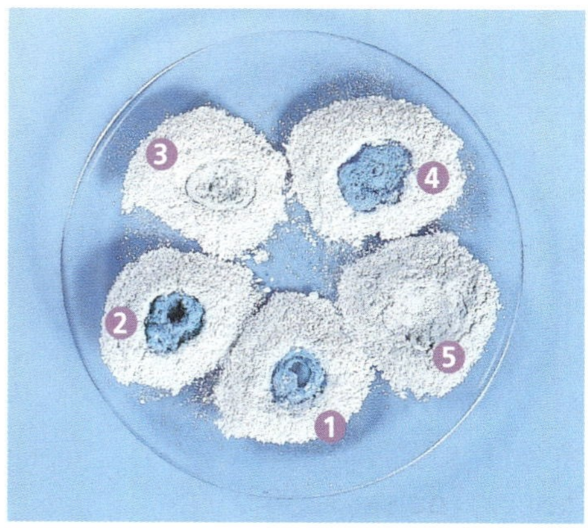

Résultats du test de reconnaissance de l'eau pour différents liquides. 1 : lait ; 2 : jus de citron ; 3 : huile de tournesol ; 4 : alcool ménager ; 5 : white-spirit.

a. Quel est le nom de la poudre utilisée lors de ces tests ? ....

b. Comment réagit cette poudre en présence d'eau ? ....

c. D'après le document, quels liquides contiennent de l'eau ? ....

d. Qui de Léo ou Amza a raison ? Justifier. ....

Physique Chimie

Livret des corrigés p. 29

2 Les mélanges aqueux

Comprendre et retenir

Vocabulaire

Le préfixe « homo » d'origine grecque, signifie « semblable ».
Le préfixe « hétéro » d'origine grecque, signifie « autre ». Il indique souvent une différence.

Distinguer un mélange homogène d'un mélange hétérogène

- Un **mélange homogène** est un mélange dont on ne peut pas distinguer les différents constituants à l'œil nu.
- Un **mélange hétérogène** est au contraire un mélange dont on peut distinguer plusieurs constituants à l'œil nu.

Séparer les constituants d'un mélange hétérogène

On sépare les constituants d'un mélange hétérogène par décantation ou par filtration.

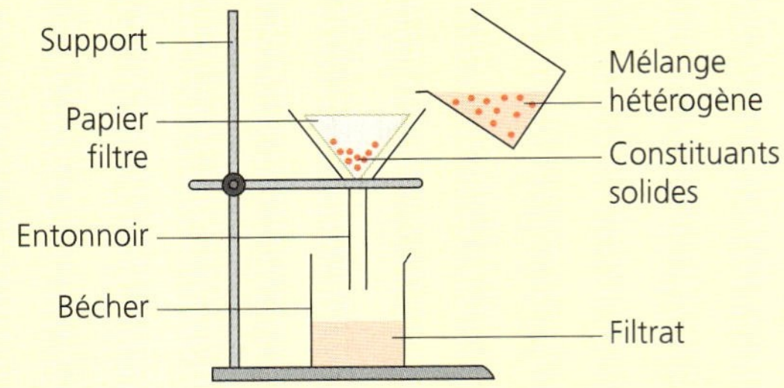

Montage de filtration

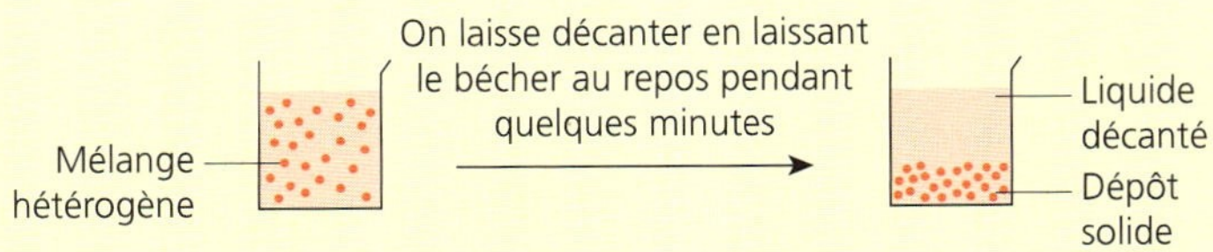

Décantation

Remarque

Pour libérer les gaz dissous dans l'eau, il faut agiter la solution. Des bulles de gaz se forment et remontent à la surface.

Des gaz dans l'eau

- L'eau peut contenir des **gaz dissous**, par exemple une eau pétillante contient du dioxyde de carbone. Ces gaz forment avec l'eau un mélange homogène.
- Le gaz **dioxyde de carbone** peut être identifié grâce au **test à l'eau de chaux**. Ce test est positif lorsque l'eau de chaux se trouble.

Apprendre comment faire

Interpréter et conclure à partir d'observations expérimentales

Louison souffle, à l'aide d'une paille, dans un tube à essai contenant de l'eau de chaux.
Elle observe que l'eau de chaux se trouble.
Interpréter cette expérience et conclure.

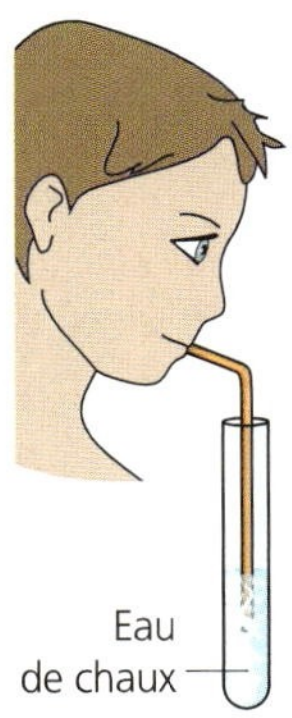

SOLUTION

1 Interpréter signifie traduire, expliquer.
Conclure signifie en déduire quelque chose, résoudre ou encore achever.

2 Louison a expiré un gaz. Elle utilise l'eau de chaux pour caractériser ce gaz. Le test de l'eau de chaux est le test d'identification du dioxyde de carbone. Il est positif lorsque l'eau de chaux se trouble. Le test est ici positif.

3 Le gaz expiré par Louison est donc du dioxyde de carbone.

Méthode

1 Définir les verbes « interpréter » et « conclure ». S'aider d'un dictionnaire.

2 Il faut maintenant interpréter c'est-à-dire expliquer l'expérience. Chercher la question à laquelle l'expérience tente de répondre. Faire le lien entre les observations et les connaissances du cours.

3 Conclure en utilisant le mot « donc ».

S'entraîner

1 Vrai ou Faux ?

	V	F
a. Une eau boueuse est un mélange homogène.	☐	☐
b. Une menthe à l'eau est un mélange homogène.	☐	☐
c. La filtration permet de séparer les constituant solides des constituants liquides.	☐	☐
d. La décantation permet de séparer les constituants d'un mélange hétérogène.	☐	☐
e. Le test d'identification du dioxygène est le test à l'eau de chaux.	☐	☐

2 Observer un mélange

a. En observant son verre de jus d'ananas, Théo distingue à l'œil nu un peu de solide orange. Comment pourrait-il qualifier ce jus ?

....

b. Inès se prépare un thé. Elle verse de l'eau chaude sur un filtre dans lequel il y a des feuilles de thé. Quel est le rôle du filtre ?
Comment pourrait-on qualifier le mélange qui est dans la tasse d'Inès ?

....

....

c. Observer les deux boissons suivantes et distinguer le mélange homogène du mélange hétérogène.

3 Démarche d'investigation

Nathan et ses amis scouts campent non loin d'une rivière dans laquelle ils ont l'habitude de se laver. Après une nuit d'orage, l'eau est devenue marron. Ils ne pourront donc pas se laver… à moins de la rendre plus « propre ». Ils se réunissent et font la liste de tout le matériel qui pourrait leur être utile : des couverts, des assiettes, des gobelets, 2 bassines, un grand drap usagé, un tamis de chercheur d'or. Comment les aider à rendre cette eau plus « propre » ?

4 Dégazage

Axel réalise le montage ci-dessous. Il agite la bouteille et observe qu'un gaz monte dans le tube à essai sous forme de petites bulles et remplace l'eau du tube à essai qui est chassée vers le bas.

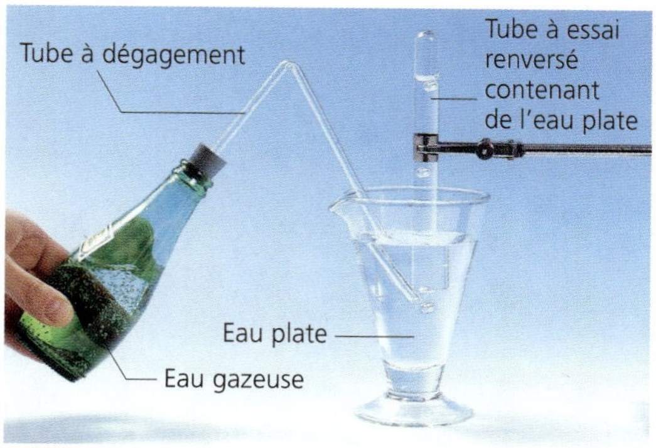

a. La boisson pétillante qui contient du gaz dissous forme-t-elle un mélange homogène ou hétérogène ?

b. D'où viennent les petites bulles de gaz apparues dans le tube à essai ? Décrire le chemin qu'elles ont parcouru.

c. Qu'a-t-on récupéré dans le tube à essai ?

d. Pourquoi appelle-t-on cette technique « récupération d'un gaz par déplacement d'eau » ?

5 Identification du gaz dissous dans une boisson pétillante

Utiliser la **Méthode** décrite dans **Apprendre comment faire**.

Axel veut maintenant identifier le gaz qu'il a recueilli lors de l'expérience de l'exercice 4. Il utilise pour cela de l'eau de chaux.
Axel décrit comme limpide l'eau de chaux contenue dans le flacon du laboratoire. Après avoir fait l'expérience d'identification du gaz, il décrit l'eau de chaux utilisée comme trouble.

a. Schématiser l'expérience faite par Axel et mettre une légende.

b. Que signifie limpide ?

c. Quelle interprétation peut-on faire du trouble de l'eau de chaux ?

d. Donner une conclusion à cette expérience.

Livret des corrigés p. 29

3 Mélanges homogènes et corps purs

Comprendre et retenir

Distinguer mélange homogène et corps pur

- L'eau du robinet ou l'eau minérale est homogène car on ne peut pas distinguer à l'œil nu plusieurs constituants. Ces eaux contiennent des sels minéraux, elles ne sont donc pas pures.
- Un **mélange homogène** contient plusieurs constituants.
- Un **corps pur** contient un seul constituant.

Évaporation et distillation d'une eau minérale

- Après évaporation d'une eau minérale contenue dans un verre, on observe au fond de celui-ci un dépôt de sels minéraux.
- La distillation d'une eau minérale permet de récupérer de l'eau pure c'est-à-dire sans sels minéraux.

Vocabulaire

L'**évaporation** est le passage de l'état liquide à l'état gazeux. Elle se produit à la surface libre du liquide et à toutes températures.

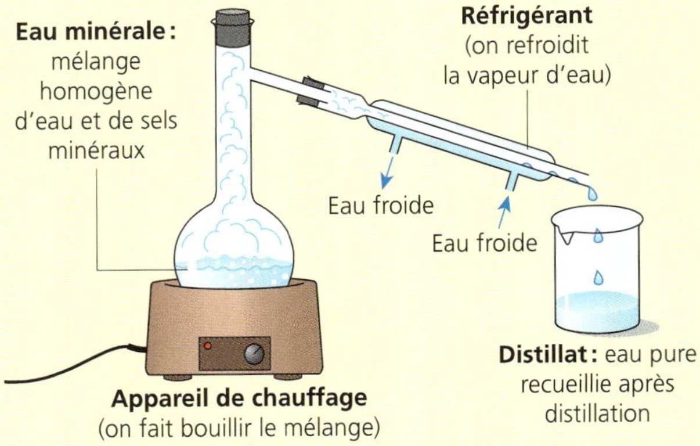

Distillation d'une eau minérale

Apprendre comment faire

Interpréter un chromatogramme simple

On réalise la chromatographie d'une encre verte selon le montage ci-contre.
L'éluant monte le long du papier filtre et entraîne avec lui le dépôt d'encre.
Interpréter le chromatogramme obtenu ci-contre. Que peut-on en déduire quant à la composition de l'encre verte ?

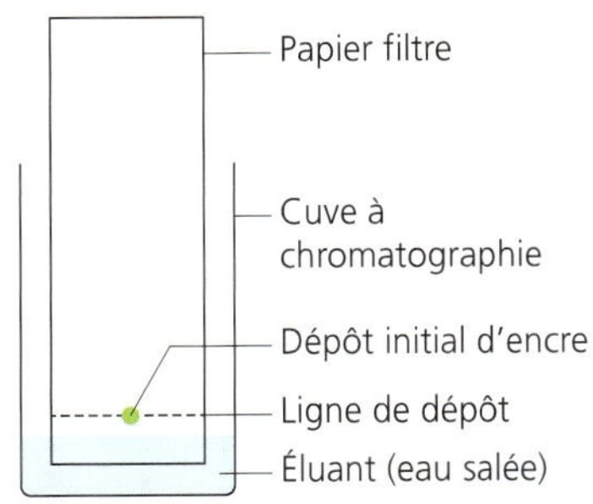

Chromatographie d'une encre verte

Chromatogramme

SOLUTION

1 On observe deux taches sur le chromatogramme : une tache jaune et une tache bleue sur une même ligne verticale.

2 L'encre verte s'est séparée en ses deux constituants : une encre jaune et une encre bleue.

3 L'encre verte est donc un mélange homogène d'encres jaune et bleue.

Méthode

1 **Compter et décrire les taches observées sur le chromatogramme.**
2 **En déduire le nombre de composants de l'encre.**
3 **Conclure sur la nature de corps pur ou de mélange de l'encre.**

S'entraîner

1 Vrai ou Faux ?

	V	F
a. Un mélange homogène contient un seul constituant.	☐	☐
b. La chromatographie permet de séparer les constituants d'une eau boueuse.	☐	☐
c. L'évaporation d'une eau potable est une technique de laboratoire permettant de récupérer de l'eau pure.	☐	☐
d. Le réfrigérateur permet de refroidir les vapeurs dans un montage de distillation.	☐	☐
e. Le distillat est le liquide obtenu après distillation.	☐	☐
f. L'eau distillée est pure.	☐	☐

2 Analyser une eau minérale

Voici l'étiquette d'une eau minérale :

Minéralisation en mg/litre			
Calcium	76	Bicarbonates	355
Magnésium	26	Sulfates	9
Sodium	4	Chlorures	5
Potassium	1	Nitrates	3,9
Silice : 14			
Résidu sec à 180 °C : 305 mg. pH = 7,3.			

a. Cette eau est-elle pure ? Justifier.

....

b. Si non, est-ce un mélange homogène ou hétérogène ? Justifier.

....

c. Qu'est-ce que le résidu sec ?

....

3 Dépôt dans une bouilloire électrique

Une bouilloire électrique est munie d'une résistance qui chauffe l'eau par transfert thermique. Après plusieurs utilisations, on observe un dépôt solide blanc sur la résistance.

a. Comment nomme-t-on communément ce solide blanc ?

....

b. D'où provient-il ?

....

4 Hydrodistillation de la lavande

L'huile essentielle de lavande est extraite par une technique très ancienne : l'hydrodistillation. Il suffit de chauffer un mélange de fleurs de lavande séchées et d'eau dans un montage de distillation. La vapeur d'eau entraîne avec elle l'huile essentielle. Le distillat obtenu est composé d'huile essentielle de lavande et d'eau.

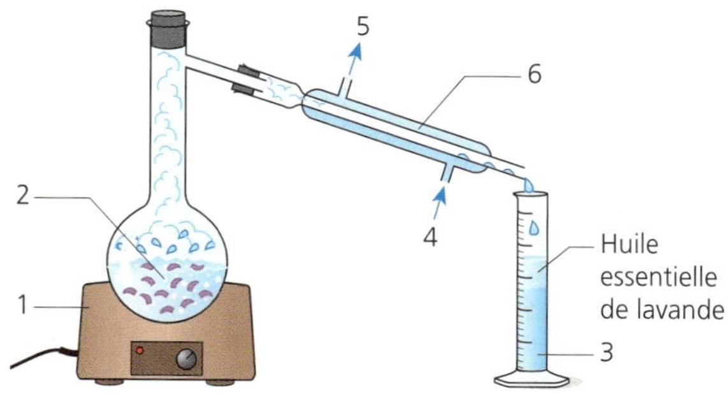

a. Sur le schéma ci-dessus, associer les numéros 1 à 5 aux légendes suivantes : sortie d'eau ; eau et fleurs de lavande ; eau ; entrée d'eau froide ; système de chauffage.

b. Retrouver la légende du numéro 6.

....

c. À quoi sert le dispositif 6 ?

....

d. Le distillat est-il un mélange homogène ? Justifier.

....

5 Comparer deux encres par chromatographie

Utiliser la **méthode** décrite dans **Apprendre comment faire**.

On réalise la chromatographie de deux encres différentes. On obtient le chromatogramme ci-contre :

a. Décrire le mode opératoire en s'aidant d'un schéma.

b. Quel est l'intérêt de faire ici une chromatographie ?

....

c. Interpréter ce chromatogramme et conclure sur la composition de ces deux encres.

....

Livret des corrigés p. 29

4 Les trois états physiques de l'eau

Comprendre et retenir

Vocabulaire
La **surface libre** d'un liquide est la surface du liquide en contact avec l'air.

Attention !
Ne pas confondre vapeur d'eau (eau à l'état gazeux) et eau gazeuse (eau contenant des gaz comme le dioxyde de carbone par exemple).

Remarque
Le brouillard et la brume ne sont pas constitués de vapeur d'eau mais de fines gouttelettes d'eau liquide.

L'eau existe sous trois états

- L'eau **solide**, appelée glace, possède une forme propre, on peut la prendre dans la main.
- L'eau **liquide** n'a pas de forme propre, elle prend la forme du récipient qui la contient. La surface libre de l'eau liquide est toujours plane et horizontale.
- L'eau à l'état de **gaz**, appelée vapeur d'eau, occupe tout le volume qui lui est offert. On dit qu'elle est **expansible**. Il est également possible de diminuer son volume en la comprimant : on dit qu'elle est **compressible**.

Le cycle de l'eau

Sur Terre l'eau existe sous ses trois états et passe d'un état à un autre suivant le cycle ci-contre.

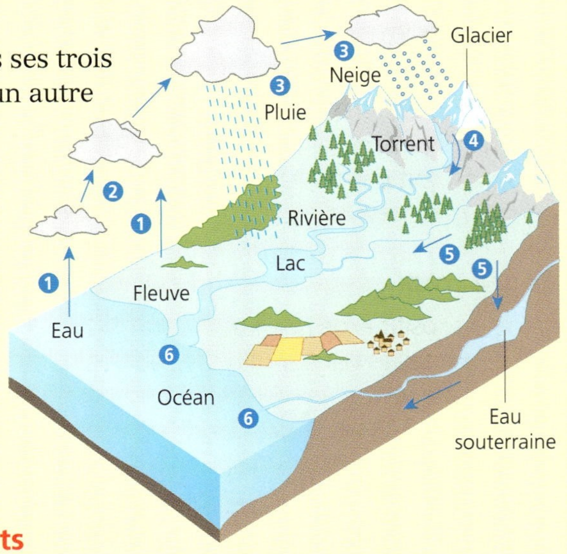

→ Cycle de l'eau
1 Évaporation
2 Formation de nuages
3 Précipitation
4 Fonte des glaciers
5 Ruissellement et infiltration
6 Retour aux océans

Le cycle de l'eau

Les changements d'états

État solide (glace) — **Fusion** → État liquide — **Vaporisation** → État gazeux (vapeur d'eau)

État gazeux (vapeur d'eau) — **Liquéfaction** → État liquide — **Solidification** → État solide (glace)

Lors d'un changement d'état, la masse se conserve et le volume varie.

Physique Chimie

Apprendre comment faire

Mesurer une masse

Comment mesurer la masse d'un solide dans un récipient à l'aide d'une balance électronique ?

SOLUTION

1 Appuyer sur le bouton ON. La balance affiche la valeur 0,0 g.

2 Poser le récipient vide (une coupelle par exemple) sur le plateau de la balance et faire le zéro en appuyant sur la touche TARE. La balance affiche de nouveau la valeur 0,0 g et non plus la masse du récipient.

3 Placer le solide à peser dans le récipient. Lire la valeur de la masse du solide affichée par la balance avec son unité. Il s'agit bien de la masse du solide seul et non celle du solide et du récipient.

Méthode

1 Mettre la balance en marche.
2 Tarer la balance avec le récipient.
3 Placer le solide dans le récipient et lire la masse affichée.

S'entraîner

1 Vrai ou Faux ?

	V	F
a. L'eau liquide possède une forme propre.	☐	☐
b. La vapeur d'eau est compressible et expansible.	☐	☐
c. L'eau liquide dans un verre prend la forme du verre.	☐	☐
d. Au cours de son cycle, l'eau disparaît et apparaît.	☐	☐
e. Le passage de l'état solide à l'état liquide s'appelle la liquéfaction.	☐	☐
f. Le passage de l'eau liquide à l'état de vapeur d'eau s'appelle l'évaporation qui peut se faire soit par vaporisation soit par ébullition.	☐	☐

2 Un gaz roux

On réalise le dispositif expérimental suivant en plaçant deux bouteilles l'une sur l'autre séparées par une plaque de verre :

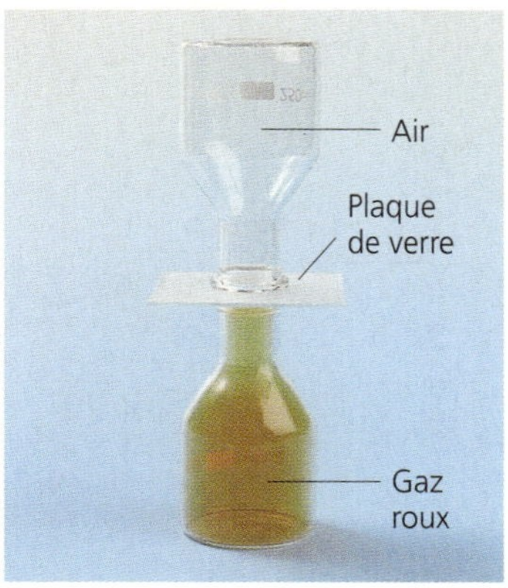

Que va-t-il se passer si la plaque de verre est retirée tout en gardant les deux bouteilles l'une sur l'autre ? Expliquer.

....

3 Le cycle de l'eau

a. Identifier les trois états physiques de l'eau au cours de son cycle. Donner un exemple pour chaque état.

....

b. Décrire quatre changements d'état qui ont lieu lors du cycle de l'eau.

....

4 Changements d'état de l'eau

Indiquer le nom du changement d'état de l'eau qui se déroule dans les cas suivants :

a. du linge séchant au vent et au soleil ;

b. la buée apparue sur un miroir après avoir pris une douche bien chaude ;

c. un glaçon dans un verre de cola ;

d. la récupération du sel de l'eau de mer dans les marais salants ;

e. le brouillard observé au niveau de la soupape d'un autocuiseur ;

f. la pluie verglaçante les jours d'hiver.

5 Surface libre

Représenter sur les schémas suivants la surface libre du liquide. Le niveau de remplissage est indiqué par une flèche rouge.

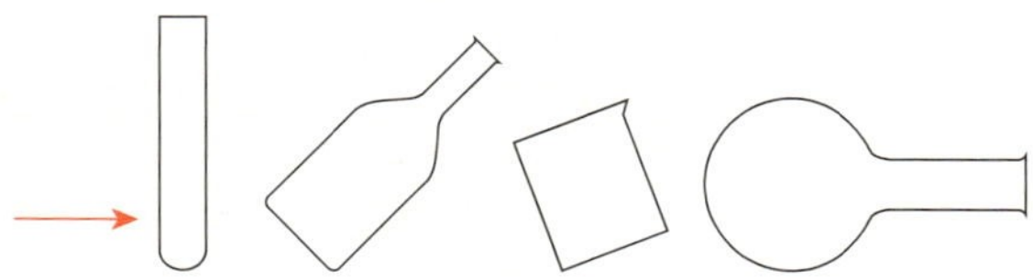

6 Eau congelée

Lise remplit entièrement une bouteille d'eau et la met au congélateur. Le lendemain elle la retrouve brisée. Expliquer pourquoi.

....

....

7 Protocole de pesage

Émy aimerait connaître la masse de cola contenu dans la canette qu'elle s'apprête à boire. La seule indication imprimée sur la canette est une indication de volume. Elle va devoir peser le cola elle-même.

> Utiliser la **méthode** décrite dans **Apprendre comment faire**.

a. De quel matériel aura-t-elle besoin ?

....

b. Rédiger le protocole expérimental.

....

....

....

Livret des corrigés p. 30

5 Les changements d'état de l'eau

Comprendre et retenir

Fusion et solidification

- Dans le cycle de l'eau, il y a **fusion** lorsque la neige fond et devient liquide ; il y a **solidification** lorsque la pluie devient grêle.
- En chauffant un glaçon (eau solide), on lui apporte de l'énergie. Sa température augmente jusqu'à un palier de température à 0 °C, c'est la **température de fusion** de l'eau (sous la pression normale de 1013 hPa).
- La solidification est le changement d'état inverse de la fusion. On retire de l'énergie à l'eau. La température de l'eau diminue jusqu'à un palier de température correspondant à la **température de solidification** de l'eau qui est de 0 °C sous pression normale.

Vocabulaire

Un **palier de température** est la période pendant laquelle la température est stable, elle n'évolue plus.

Vaporisation et liquéfaction

- Dans le cycle de l'eau, il y a **vaporisation** lorsque l'eau d'un lac s'évapore ; il y a **liquéfaction** lorsque la vapeur d'eau de l'atmosphère devient gouttes d'eau en suspension dans les nuages.
- En chauffant de l'eau liquide, sa température augmente jusqu'à un palier de température de 100 °C, c'est la **température de vaporisation** de l'eau (sous la pression normale).
- La liquéfaction est le changement d'état inverse de la vaporisation. La **température de liquéfaction** de l'eau est de 100 °C sous pression normale.

Remarque

La vaporisation de l'eau peut se faire :
- par **ébullition**, à la température de 100 °C sous pression normale ;
- par **évaporation**, à toutes températures.

Apprendre comment faire

Construire et exploiter un graphique

On veut suivre l'évolution de la température de l'eau contenue dans un bécher en fonction du temps quand on refroidit l'eau. On relève la température toutes les minutes que l'on note dans le tableau suivant :

Temps en minutes	0	1	2	3	4	5	6	7	8	9	10
Température en °C	16	11	6	3	0	0	0	0	0	−2	−5

Construire un graphique représentant l'évolution de la température en fonction du temps puis décrire ce graphique.

SOLUTION

1 Le graphique représente la température en fonction du temps. Donc la température est portée par l'axe des ordonnées et le temps est porté par l'axe des abscisses.

2 Graphique ci-contre.

3 La courbe décroît jusqu'à un palier de température à 0 °C puis décroît de nouveau. Le palier de température correspond au changement d'état de l'eau, sa solidification. La température de solidification de l'eau est de 0 °C.

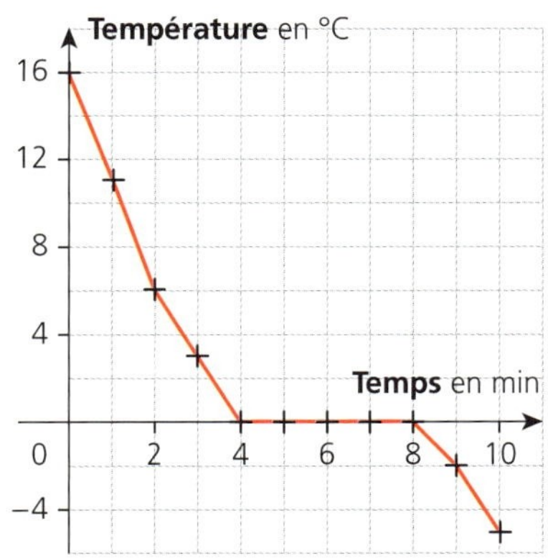

Évolution de la température de l'eau pure en fonction du temps

Méthode

1 Donner la grandeur à porter sur l'axe des abscisses et celle à porter sur l'axe des ordonnées. Retenir que l'ordonnée (axe vertical) est fonction de l'abscisse (axe horizontal).

2 Choisir une échelle. Tracer les axes, les graduer, les nommer et noter les unités associées. Placer les points en lisant leurs coordonnées dans le tableau de données (dessiner une croix). Les relier. Titrer le graphique.

3 Décrire l'évolution de la courbe.

Physique Chimie

S'entraîner

1 Vrai ou Faux ?

	V	F
a. Sous l'action du Soleil, un cornet de glace fond. C'est une vaporisation.	☐	☐
b. Le brouillard est de l'eau à l'état liquide.	☐	☐
c. La buée est de la vapeur d'eau.	☐	☐
d. Lorsque le linge sèche au soleil, il y a ébullition.	☐	☐
e. La température de fusion de l'eau est de 0 °C sous une pression de 1 013 hPa.	☐	☐

2 Transfert d'énergie

Pour chaque changement d'état d'un corps pur, dire s'il est nécessaire d'apporter de l'énergie ou au contraire d'en retirer.

a. La vaporisation : ....

b. La solidification : ....

c. La liquéfaction : ....

d. La fusion : ....

3 Exploiter un graphique

Utiliser la méthode décrite dans Apprendre comment faire.

Dans un laboratoire, des chimistes ont congelé un échantillon de mercure. Ils désirent étudier l'évolution de sa température en fonction du temps lors du réchauffement de celui-ci. Pour cela, ils mettent l'échantillon de mercure solide dans un bécher qui repose sur une plaque chauffante. La température de l'échantillon est relevée toutes les minutes.

Ils obtiennent la courbe suivante :

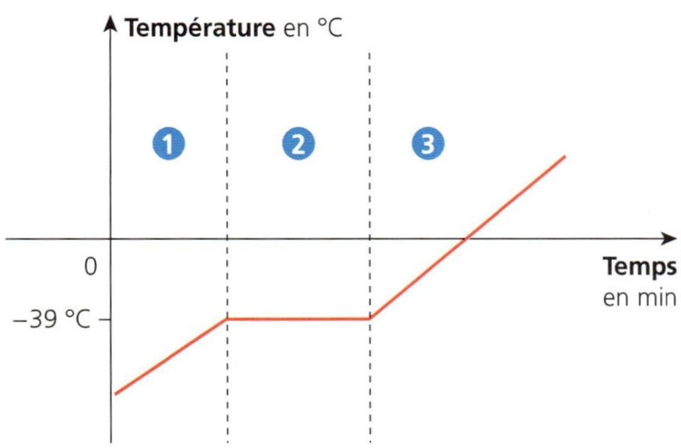

a. Que représente cette courbe ?

....

b. Quel est l'état physique du mercure dans la région 1.

....

c. Que se passe-t-il dans la région 2 ? Quel est ou quels sont les états physiques du mercure dans cette région ?

....

d. Comment se nomme le changement d'état réalisé dans la région 2 ? Quelle est la température de ce changement d'état ?

....

e. Quel est l'état physique du mercure dans la région 3 ?

....

4 Construire et exploiter un graphique

Utiliser la méthode décrite dans Apprendre comment faire.

Paul chauffe de l'eau pure et suit l'évolution de la température de l'eau en fonction du temps.

Il note les résultats dans le tableau ci-dessous :

Temps en minutes	0	1	2	3	4	5
Température en °C	25	38	50	61	71	81

Temps en minutes	6	7	8	9	10	11
Température en °C	89	95	100	100	100	100

a. Tracer la courbe caractéristique de la température en fonction du temps.
Utiliser l'échelle : 1 cm pour 10 °C et 1 cm pour 1 minute.

b. Quel est l'état physique de l'eau au début de l'expérience ?

....

c. Quel est l'état physique de l'eau à la fin de l'expérience ?

....

d. Qu'observe-t-on à 100 °C ? Qu'est-ce que cela prouve ? Comment nomme-t-on cette température ?

....

Livret des corrigés p. 30

6 Les grandeurs physiques : masse, volume et température

Comprendre et retenir

Mesurer une masse

- Pour mesurer une masse on utilise une balance électronique.
La touche TARE de la balance annule la masse du récipient qui contient la substance dont on veut connaître la masse.
- L'unité SI de la masse est le kilogramme, de symbole kg.
En chimie, on utilise souvent le gramme (g) ou le milligramme (mg).
Conversions : 1 kg = 1 000 g ; 1 mg = 0,001 g.

Rappel
Unité SI : unité du Système international.

Mesurer un volume

- Pour mesurer un volume, on utilise une éprouvette graduée.
Lors de la prise de mesure celle-ci doit être posée sur une surface plane et les yeux de l'observateur en face de la graduation lue.
- L'unité SI du volume est le mètre cube, de symbole m^3.
En chimie on utilise généralement le litre (L), le millilitre (mL) ou le centimètre cube (cm^3).
Conversions : 1 dm^3 = 1 L ; 1 m^3 = 1000 L ; 1 mL = 1 cm^3 = 0,001 L ; 1 cL = 0,01 L.

Vocabulaire
Éthanol : alcool que l'on retrouve dans les boissons alcoolisées.

Correspondance masse volume

Un volume de 1 L d'eau pure a une masse de 1 kg.
Cette correspondance n'est vraie que pour l'eau pure. Par exemple un litre d'éthanol a une masse de 0,790 kg.

Remarque
L'unité SI de la température est le kelvin (K), du nom de lord Kelvin (physicien britannique du XIXe). La température de 0 K est appelée zéro absolu. Elle correspond à –273 °C.

Mesurer une température

- Pour mesurer une température on utilise un thermomètre.
Lors de la prise de mesure, celui-ci ne doit pas être penché et les yeux de l'observateur doivent être en face de la graduation lue.
- L'unité usuelle de température en France est le degré Celsius (°C).
Dans les pays anglo-saxons, on utilise le degré Fahrenheit (°F).

Apprendre comment faire

Mesurer un volume

Mesurer le volume d'un liquide avec une éprouvette graduée.

SOLUTION

1 L'unité de volume est le mL, cette éprouvette mesure un volume maximum de 100 mL.

2 Une division correspond à 1 mL.

3 On lit un volume de 64 mL.

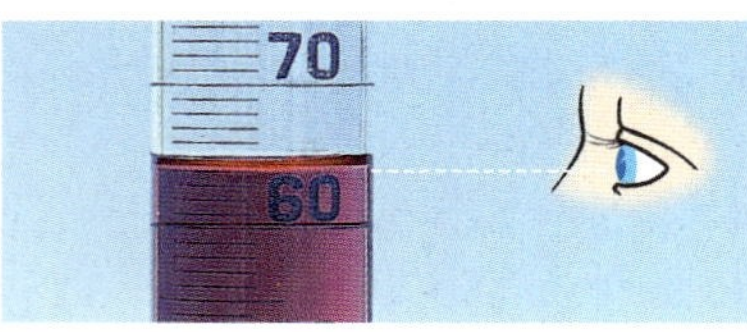

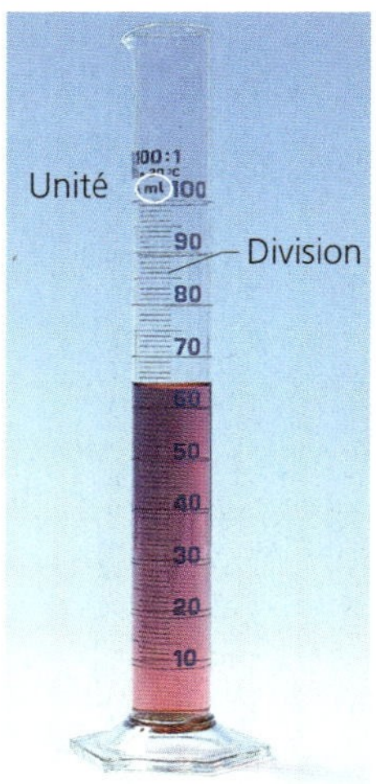

Méthode

1 **Lire l'unité de volume inscrite sur l'éprouvette graduée.**

2 **Déterminer le volume qui correspond à une division** (une graduation).

3 **Placer les yeux en face du bas du ménisque et lire le volume.** Le ménisque est le creux formé à la surface d'un liquide quand il se trouve dans un récipient étroit.

Physique Chimie

1 Vrai ou Faux ?

	V	F
a. L'unité SI de la masse est le kg.	☐	☐
b. L'unité SI du volume est le m^2.	☐	☐
c. La masse d'un litre d'eau liquide est de 1 000 g.	☐	☐
d. 1 000 L = 1 m^3.	☐	☐
e. 1 kg = 1 L.	☐	☐
f. L'unité usuelle de la température est le degré.	☐	☐

2 Où placer son œil ?

Utiliser la **méthode** décrite dans **Apprendre comment faire**.

Où doit-on placer l'œil pour lire correctement la valeur de la température ? du volume ? Dessiner la position correcte de l'œil dans chaque cas. Puis donner les valeurs lues de température et de volume.

a.

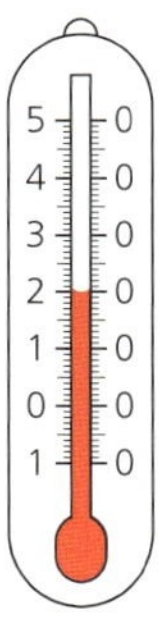

b.

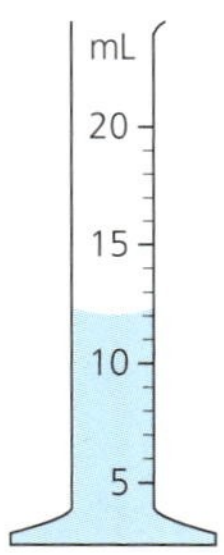

3 Lire un volume

Utiliser la **méthode** décrite dans **Apprendre comment faire**.

Lire le volume de liquide contenu dans chaque éprouvette.

a.

b.

4 Conversions

a. 1,5 kg = ... g.

b. 750 mg = ... g.

c. 43,78 g = ... mg.

d. 0,001 5 g = ... mg.

e. 375 mL = ... L.

f. 20 mL = ... cm^3.

g. 1,5 L = ... dm^3.

h. 88 m^3 = ... L.

i. 5 678 L = ... m^3.

Rappel *Utiliser un tableau de conversion comme celui-ci :*

m^3			dm^3			cm^3		
					L	dL	cL	mL

5 Mesurer la masse d'un volume donné

Utiliser la **méthode** décrite dans **Apprendre comment faire**.

Mathieu désire mesurer la masse d'un certain volume d'eau. Il utilise le dispositif expérimental ci-contre. Il tare d'abord la balance avec le récipient utilisé. Il y verse de l'eau jusqu'au volume désiré puis lit la masse affichée sur la balance.

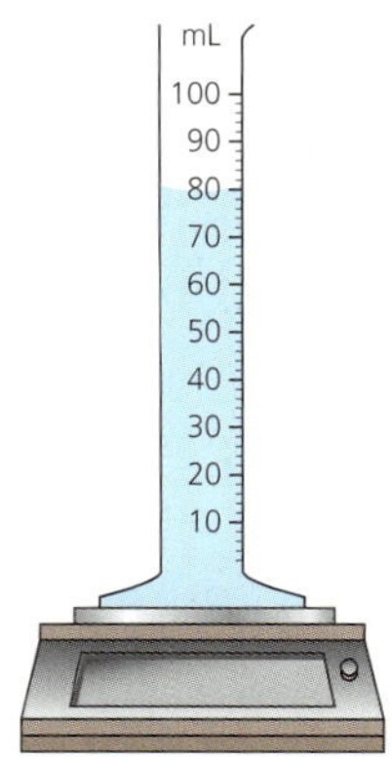

a. Nommer le matériel utilisé.

b. Comment nomme-t-on la partie incurvée de la surface de l'eau ?

c. Mathieu commence d'abord par mesurer un volume, où doit-il placer son œil afin de faire une mesure exacte.

d. Quel volume Mathieu a-t-il mesuré ?

e. D'après vos connaissances, quelle est la masse d'un litre d'eau ?

f. Mathieu lit une masse de 80 g, est-ce en accord avec la question précédente. Justifier par un calcul de proportionnalité.

g. Si Mathieu pèse 80 mL d'huile de cuisine, trouvera-t-il une masse de 80 g ? Pourquoi ?

Livret des corrigés p. 30

7 L'eau est un solvant

Comprendre et retenir

L'eau est le solvant le plus utilisé. Il peut dissoudre les composés ioniques (comme le sel de cuisine). Il est non toxique et présent en grande quantité.

Mélange d'un solide dans de l'eau

- Un solide peut se dissoudre totalement dans l'eau : c'est une **dissolution**. On obtient une solution aqueuse homogène. On dit que ce solide est **soluble** dans l'eau. On appelle **soluté**, le solide dissous, et **solvant**, l'eau.
- La masse totale se conserve au cours d'une dissolution.
- La solution est dite **saturée** lorsque le solide ne se dissout plus.

Mélange d'un liquide dans de l'eau

- Si le mélange d'un liquide avec de l'eau est homogène, alors l'eau et le liquide sont **miscibles**.
- Si le mélange d'un liquide avec de l'eau est hétérogène, alors l'eau et le liquide sont **non miscibles**.
- On peut séparer deux liquides non miscibles à l'aide d'une ampoule à décanter. On récupère d'abord le liquide qui est en bas de l'ampoule à l'aide d'un robinet puis le liquide qui est en haut.

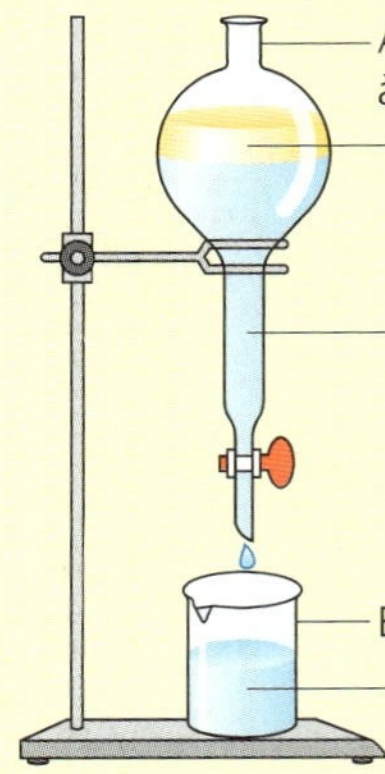

Décantation d'un mélange eau-huile

Mélange d'un gaz dans l'eau

L'eau peut également dissoudre certains gaz pour former un mélange homogène.

Vocabulaire

Décanter signifie laisser reposer le mélange pour que les deux liquides se séparent.

Apprendre comment faire

Distinguer fusion et dissolution

Observer les deux expériences suivantes et dire pour chacune d'elle s'il s'agit d'une fusion ou d'une dissolution.

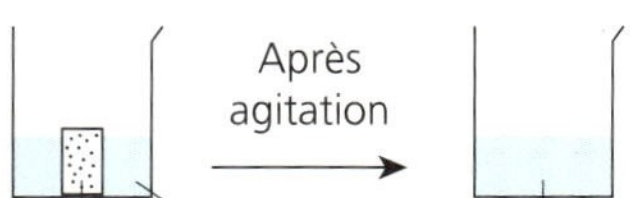

Expérience A

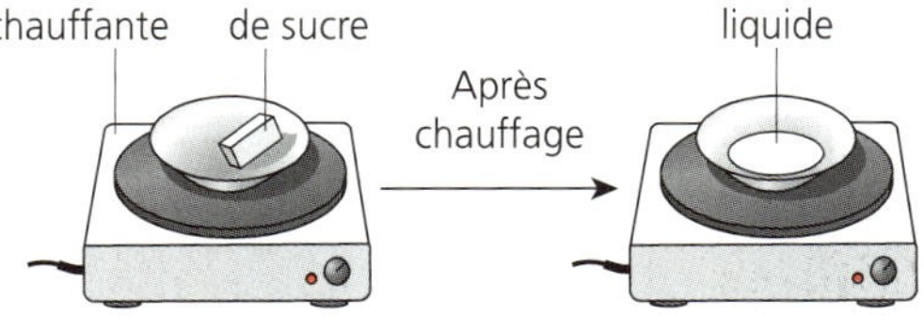

Expérience B

SOLUTION

1 La fusion est le changement d'état qui correspond au passage de l'état solide à l'état liquide. La dissolution correspond à la mise en solution d'un soluté dans un liquide appelé solvant.

2 Dans l'expérience A, on utilise de l'eau qui est un solvant. Dans l'expérience B, le sucre est chauffé sur une plaque, il n'y a pas de solvant.

3 On observe en A un mélange homogène d'eau et de sucre et en B du sucre liquide. Ainsi, l'expérience A correspond à une dissolution (l'eau étant le solvant et le sucre, le soluté) et l'expérience B correspond à une fusion (le sucre passe de l'état solide à l'état liquide : il fond).

Méthode

1 Donner les définitions de la fusion et de la dissolution.

2 Chercher dans chaque expérience l'existence d'un solvant ou d'un objet pouvant réchauffer une substance.

3 Décrire les observations puis conclure en utilisant les verbes fondre et dissoudre.

S'entraîner

1 **Vrai ou Faux ?**

	V	F
a. Dans l'eau de mer, l'eau est le solvant et le sel est le soluté.	☐	☐
b. Un solide peut être miscible dans l'eau.	☐	☐
c. Au cours d'une dissolution, la masse totale est constante.	☐	☐
d. Pour séparer deux liquides non miscibles, on utilise une fiole à décantation.	☐	☐
e. L'huile et l'eau sont non miscibles.	☐	☐

2 **Utiliser le vocabulaire approprié**

On prépare trois mélanges dans des tubes à essais :
- tube à essais 1 : mélange eau + sel ;
- tube à essais 2 : mélange huile + sel ;
- tube à essais 3 : mélange eau + huile.

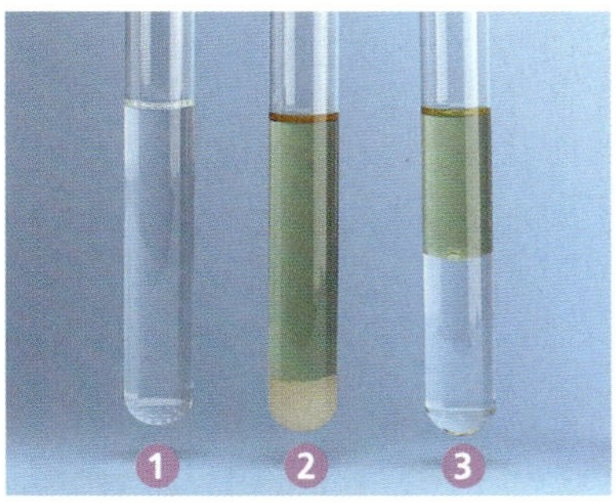

a. Après avoir observé les tubes à essais ci-dessus, compléter les phrases suivantes avec les mots : miscible – non miscible – soluble – insoluble.
Le sel est .... dans l'eau.
Le sel est .... dans l'huile.
L'huile et l'eau sont ....

b. Mélanger dans un tube à essais de l'huile, de l'eau et du sel. Laisser reposer.
Comment se répartissent le sel, l'eau et l'huile ? Faire un schéma.

c. Quel matériel pourrait-on utiliser pour récupérer l'huile ? Expliquer.

3 **Disparition du sel**

Utiliser la *méthode* décrite dans **Apprendre comment faire**.

Benoît désire préparer une solution salée. Il commence par peser l'ensemble du matériel et des ingrédients utilisés (voir figure **1** ci-après).

Il verse ensuite le sel dans l'eau et agite le mélange. Le sel semble avoir disparu (fig. **2**).

Figure 1 **Figure 2**

a. Quelle masse la balance de la figure **2** doit-elle afficher ?

....

....

b. Le sel a-t-il réellement disparu ? Peut-on dire que le sel a fondu ? Justifier.

....

....

c. Quel est le solvant ? Le soluté ?

....

....

d. Quelle expérience Benoît pourrait-il faire pour montrer qu'en effet le sel n'a pas disparu.

....

....

4 **Café brûlant**

Utiliser la *méthode* décrite dans **Apprendre comment faire**.

Sa grand-mère sert à Théo un petit bol de café brûlant. Le café est trop chaud et trop amer. Aussi Théo ajoute un glaçon et 6 morceaux de sucre dans son café. Il mélange l'ensemble avec sa cuillère et observe que le glaçon et une grande partie des morceaux de sucre semblent avoir disparus.

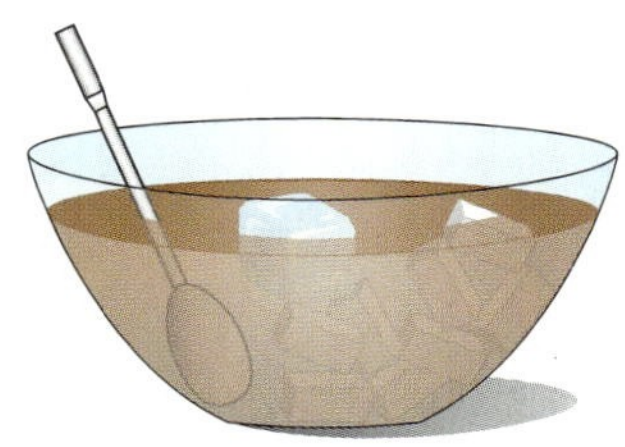

Décrire ce que Théo observe dans sa tasse à l'aide des mots suivants :
fond (fondre) – soluble – liquide – fusion – saturé(e) – changement d'état – solide – dissout (dissoudre).

Aide *Le sucre subit-il une fusion ou une dissolution ? Même question pour le glaçon.*

Livret des corrigés p. 31

8 Le circuit électrique

Remarque
Un interrupteur fermé peut être identifié à un fil de connexion.

Vocabulaire
Thermique : qui a rapport à la chaleur.
Mécanique : qui a rapport au mouvement.

Vocabulaire
Électrisation : passage d'un courant électrique à travers le corps.
Électrocution : mort due au passage d'un fort courant électrique dans le corps humain.

Comprendre et retenir

Le circuit électrique simple

Un circuit électrique simple est constitué d'un générateur et de récepteurs reliés entre eux par des fils de connexion. Il doit être fermé pour qu'il y ait transfert d'énergie. Il y a alors circulation du courant électrique.

Conversions d'énergies dans un circuit électrique simple

- On appelle **générateur** un dipôle qui transfère de l'énergie électrique à un récepteur. Une **photopile** est un générateur particulier qui convertit l'énergie lumineuse qu'elle a reçue en énergie électrique.
- On appelle **récepteur** un dipôle qui reçoit de l'énergie électrique et qui la convertit en une autre forme d'énergie. Une lampe est un récepteur qui convertit de l'énergie électrique en énergies lumineuse et thermique. Un moteur est un récepteur qui convertit de l'énergie électrique en énergie mécanique.

Les dangers du court-circuit

- Un générateur est court-circuité lorsque ses deux bornes sont reliées par un fil de connexion.
Le courant électrique devient très intense. Les fils s'échauffent. Il y a risque d'incendie.
- Il peut se passer la même chose avec une prise de courant en touchant les deux bornes en même temps ou une borne et le sol. Il y a risque d'électrisation, voire d'électrocution.

Apprendre comment faire

Réaliser un montage simple permettant d'allumer une lampe

À l'aide du matériel ci-contre, réaliser le circuit permettant d'allumer une lampe. Puis donner les consignes de sécurité à suivre lors de la manipulation.

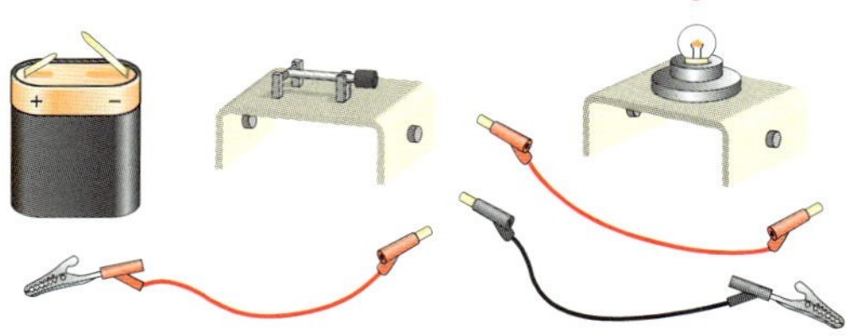

SOLUTION

1 On dispose d'une pile plate qui est un générateur, d'une lampe qui est un récepteur et d'un **interrupteur qui sert à ouvrir et fermer le circuit**.

2

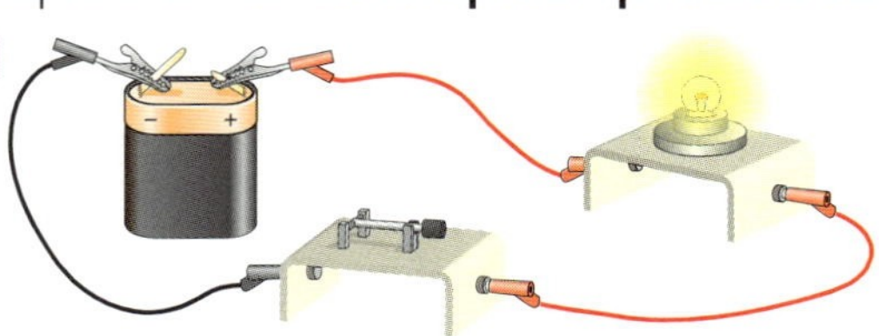

3 Pour que la lampe s'allume, il faut que le circuit soit fermé. Pour cela l'interrupteur doit être fermé et les dipôles reliés en une boucle par des conducteurs.

4 Avant de réaliser un montage, vérifier que le générateur est éteint. Attention ! Si on court-circuite le générateur, il y a risque d'incendie.

Méthode

1 **Retrouver le nom de chaque dipôle à disposition et donner la fonction de chacun.**

2 **Réaliser une boucle en partant de la borne positive du générateur** et en reliant chaque dipôle, les uns à la suite des autres, par des fils de connexion.

3 **Donner la condition sur le circuit pour que la lampe s'allume.**

4 **Donner les consignes de sécurité à respecter.**

S'entraîner

1 Vrai ou Faux ?

	V	F
a. Un générateur transfère de l'énergie thermique à un récepteur.	☐	☐
b. Une photopile convertit l'énergie électrique en énergie lumineuse.	☐	☐
c. Un générateur est court-circuité lorsqu'il est branché à un moteur.	☐	☐
d. Lorsqu'un homme touche les deux bornes d'une prise de courant il s'électrise, voire s'électrocute.	☐	☐
e. Le courant circule dans un circuit électrique simple fermé.	☐	☐

2 Récepteur ou générateur ?

Parmi les objets suivants quels sont les récepteurs ? les générateurs ?
Un sèche-cheveux ; un radiateur électrique ; la dynamo d'un vélo ; une télévision ; une cellule solaire.

3 Danger !

Carole et Mélanie ont par mégarde relié, avec un fil de connexion, les deux bornes d'un générateur allumé.

a. Le circuit ainsi constitué est-il fermé ou ouvert ? Un courant circule-t-il ?

b. Que va-t-il se passer ?

4 Conversions d'énergies

Compléter les phrases suivantes :

a. Une photopile convertit de l'énergie .... en énergie ....

b. Une pile convertit de l'énergie .... en énergie ....

c. Une éolienne convertit l'énergie .... en énergie ....

d. Un moteur convertit de l'énergie .... en énergie ....

5 Court-circuit !

Utiliser la **méthode** décrite dans **Apprendre comment faire**.

Lors d'un TP, Oscar dispose du matériel suivant : une pile, une lampe, un interrupteur ouvert, des fils. Son objectif : allumer l'ampoule. Oscar réalise le circuit électrique suivant et observe que la lampe s'allume du premier coup !

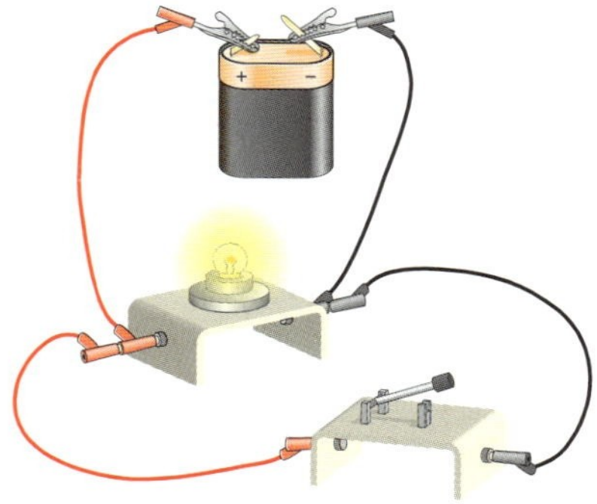

a. Compter le nombre de boucles qui contiennent la pile.

b. Le courant circule-t-il dans la boucle formée par la pile et la lampe ? Est-ce en accord avec l'observation d'Oscar ?

c. Le courant circule-t-il dans la boucle formée par la pile et l'interrupteur ? Justifier.

d. Quel risque encourt Oscar s'il ferme l'interrupteur ? Expliquer.

6 Un jeu facile à fabriquer

Utiliser la **méthode** décrite dans **Apprendre comment faire**.

Oumaya a commencé à fabriquer un jeu dans lequel une lampe s'allume quand les couples sont exacts, par exemple (Chine ; Pays).
Elle dispose d'une pile, d'une lampe, de trois fils de connexions, de petits fils électriques dénudés aux extrémités, d'une plaquette presque entièrement préparée : il manque les connexions derrière la plaquette.

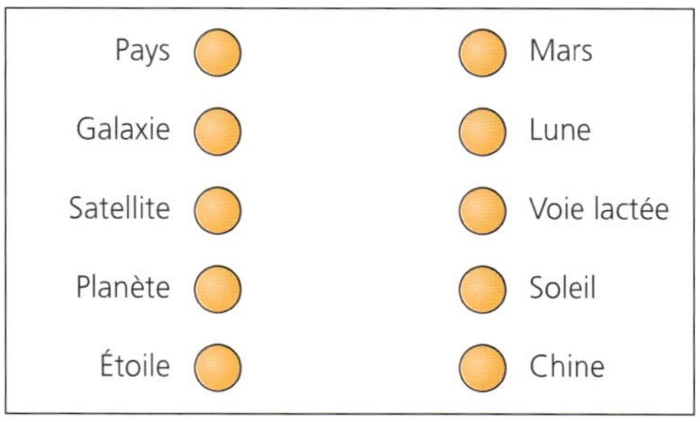

a. Relier avec les petits fils électriques les éléments de chaque couple et compléter, avec le matériel disponible, le dessin du montage électrique en choisissant un couple pour lequel la lampe s'allume.

b. À quoi sert le fil électrique reliant les éléments du couple (Chine ; Pays) ?

c. Si la réponse au jeu est fausse, la lampe s'allume-t-elle ? Le circuit est-il ouvert ou fermé ?

Livret des corrigés p. 31

9 Le circuit électrique en série

Comprendre et retenir

> *Vocabulaire*
> Le **sens conventionnel** du courant est le sens choisi suite à un accord entre scientifiques.

Sens du courant électrique

Le courant électrique a un sens de circulation. Dans un circuit électrique, le sens conventionnel du courant est un courant circulant, à l'extérieur du générateur, **de la borne positive à la borne négative** du générateur.

Le circuit en série

- Les dipôles constituant le circuit en série ne forment qu'**une seule boucle**, ils sont branchés les uns après les autres.
- L'ordre des dipôles n'a pas d'influence sur leur fonctionnement.

Conducteurs et isolants

- Un **conducteur** laisse passer le courant. Un interrupteur fermé se comporte comme un conducteur. Le corps humain est conducteur.
- Un **isolant** ne laisse pas passer le courant. Un interrupteur ouvert se comporte comme un isolant.

Symboles normalisés

Pour schématiser un circuit, on utilise un symbole normalisé pour chaque dipôle :

Dipôle	Générateur	Pile	Lampe	Diode	Diode électro-luminescente (DEL)
Symbole	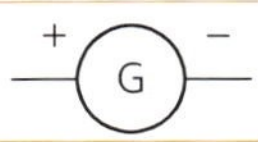	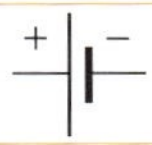		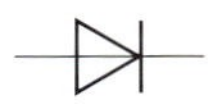	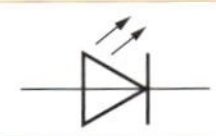

Apprendre comment faire

Faire le schéma normalisé d'un montage en série en respectant les conventions

Observer le circuit ci-contre. Pourquoi s'agit-il d'un circuit en série ? Dessiner son schéma normalisé en indiquant le sens du courant.

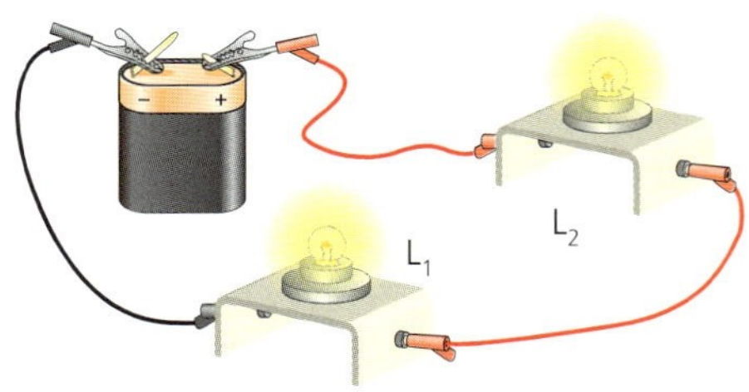

SOLUTION

1 On dispose d'une pile (générateur) de symbole , de deux lampes de symbole 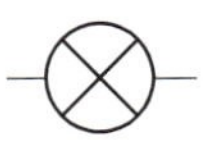 et de fils de connexion représentés par de simple traits.

2 On observe une seule boucle, par conséquent c'est un circuit en série.

3

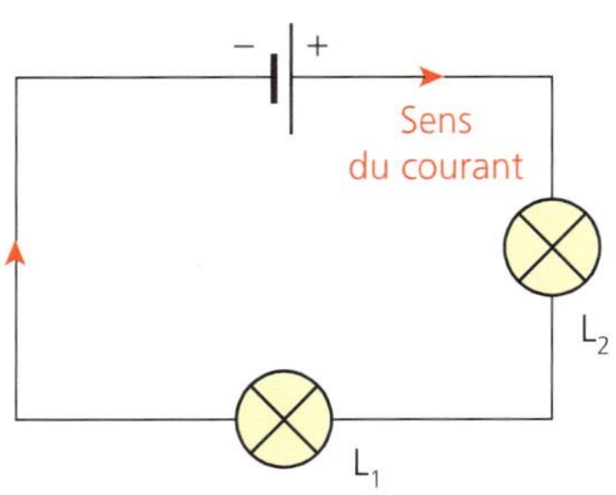

Le courant sort toujours de la borne positive du générateur et rentre toujours par sa borne négative, à l'extérieur.

> *Méthode*
> **1 Identifier chaque dipôle et retrouver son symbole.**
> **2 Compter le nombre de boucles observées.** En déduire si le circuit est un circuit en série.
> **3 Dessiner le schéma en commençant par le symbole du générateur** et en partant toujours de la borne positive du générateur. Indiquer le sens du courant.

S'entraîner

1 Vrai ou Faux ?

	V	F
a. Le sens conventionnel du courant va de la borne négative à la borne positive du générateur à l'extérieur du générateur.	☐	☐
b. Il y a plusieurs boucles dans un circuit en série.	☐	☐
c. Si on intervertit les dipôles d'un circuit en série, les dipôles fonctionnent aussi bien.	☐	☐
d. Le corps humain est un isolant.	☐	☐
e. Un interrupteur fermé se comporte comme un isolant.	☐	☐

2 Symboles normalisés

Dessiner le symbole normalisé correspondant à chaque photo.

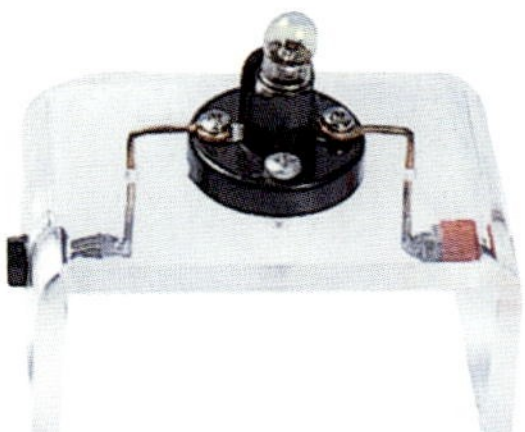
Lampe

Générateur

DEL

Pile

3 Comportement des matériaux

a. Un seul des matériaux suivants ne laisse pas passer le courant électrique. Lequel ?

- une fourchette en inox ;
- une bouteille en plastique ;
- un jeune homme ;
- une pièce de 5 centimes.

b. Comment nomme-t-on un tel matériau ?

....

c. Comment nomme-t-on les autres matériaux ?

....

4 Le sens du courant

Dylan dessine le schéma suivant et indique par des flèches rouges le sens conventionnel du courant.

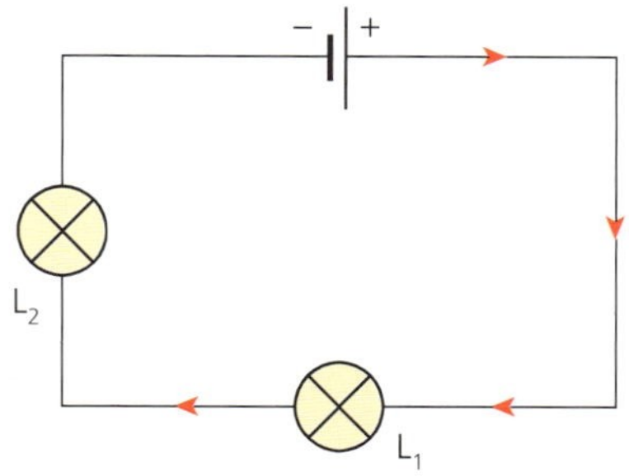

a. Dylan a-t-il correctement indiqué le sens du courant ? Pourquoi ?

....

b. Si Dylan inverse le sens de branchement de la pile, qu'en sera-t-il du sens du courant ? Justifier.

....

5 Schéma normalisé d'un circuit

Utiliser la **méthode** décrite dans **Apprendre comment faire**.

Carla réalise le circuit suivant :

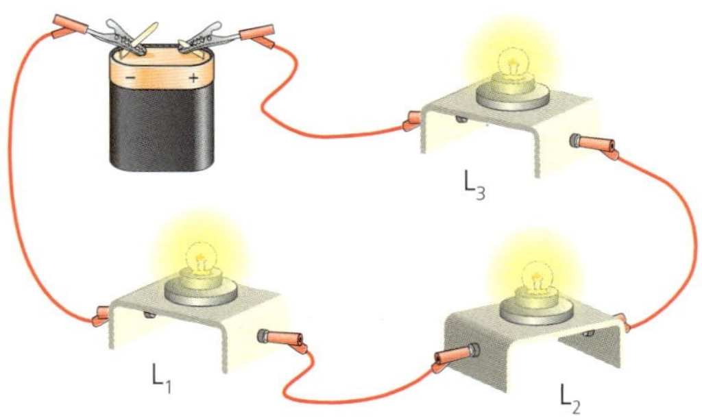

a. Ce circuit est-il en série ? Justifier la réponse.

....

b. Dessiner le schéma normalisé de ce circuit.

c. Que se passe-t-il si on place la lampe L_3 entre les lampes L_1 et L_2 ?

....

d. Si la lampe L_1 grille, que va-t-il se passer ?

....

Rappel *Une lampe grillée correspond à un circuit ouvert.*

e. Indiquer le sens du courant par au moins quatre flèches rouges.

Livret des corrigés p. 31

10 Le circuit électrique comportant une dérivation

Comprendre et retenir

Circuit avec une dérivation

- On appelle circuit avec dérivation un circuit électrique comportant deux boucles contenant chacune le générateur.
- Chaque boucle est indépendante. Elle continue à fonctionner si l'autre boucle est ouverte. Cela signifie, dans le cas du circuit ci-contre, que si l'on débranche la lampe L_2, la lampe L_1 continue de briller, et inversement.

Installation électrique domestique

Une installation domestique classique est constituée d'appareils en dérivation : ils fonctionnent donc indépendamment les uns des autres.

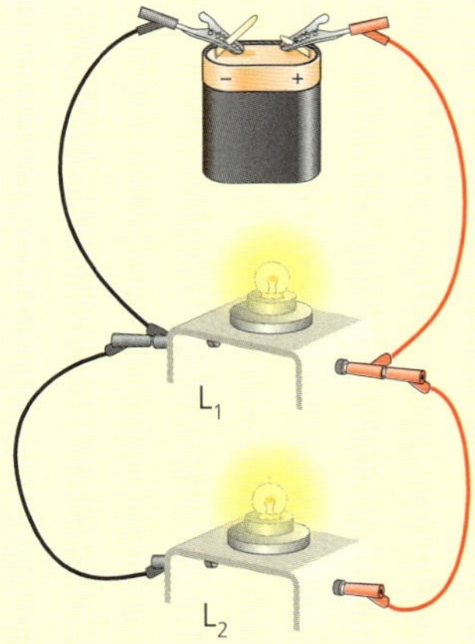

Remarque
Il peut exister, dans un circuit, plus de deux boucles et donc plus d'une dérivation.

Vocabulaire
Domestique : tout ce qui concerne la maison.

Apprendre comment faire

Dessiner le schéma normalisé d'un montage avec une dérivation

Observer le circuit suivant. Pourquoi s'agit-il d'un circuit avec dérivation ? Dessiner son schéma normalisé.

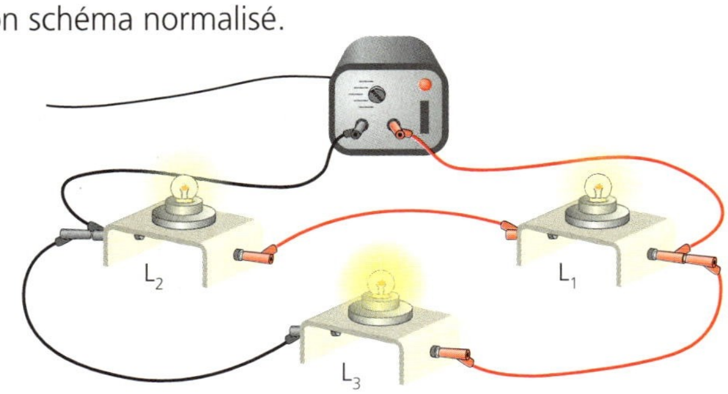

SOLUTION

1 Le circuit comprend un générateur de symbole 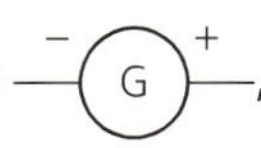

, trois lampes de symbole  et cinq fils représentés par des traits.

2 Sur le générateur, le fil rouge est à droite, la borne positive est donc à droite.

3 On observe deux boucles contenant le générateur. Par conséquent le circuit comporte une dérivation.

4

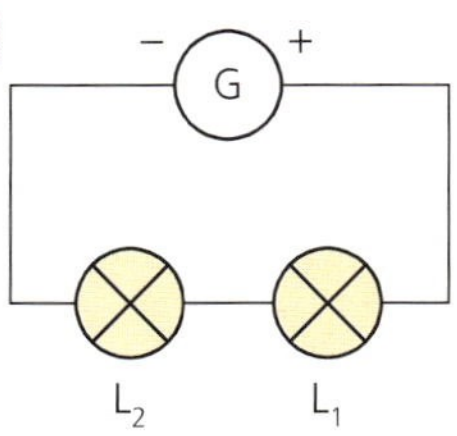

5

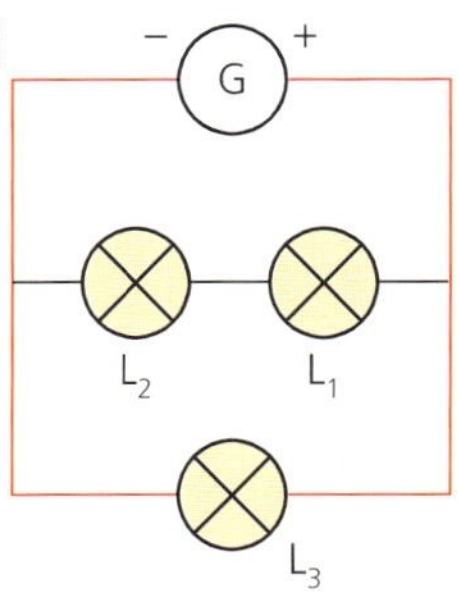

Méthode

1 **Identifier chaque dipôle et retrouver son symbole.**

2 **Repérer où se trouve la borne positive du générateur** en observant la couleur des fils.

3 **Compter le nombre de boucle contenant le générateur.** Que peut-on en déduire ?

4 **Dessiner en noir le schéma normalisé d'une boucle contenant le générateur,** en partant toujours de la borne positive du générateur.

5 **Dessiner en rouge sur le même schéma l'autre boucle contenant le générateur,** en partant toujours de la borne positive du générateur.

Physique Chimie

S'entraîner

1 Vrai ou Faux ?

	V	F
a. Un circuit avec une dérivation comporte deux boucles.	☐	☐
b. Dans un circuit comportant deux lampes en dérivation, si on en enlève une, l'autre ne brille plus.	☐	☐
c. Deux lampes en dérivation sont branchées l'une à côté de l'autre.	☐	☐
d. Dans un circuit, il peut y avoir plusieurs dérivations.	☐	☐
e. Une installation domestique classique est constituée d'appareils en série.	☐	☐
f. Dans une installation domestique classique, un appareil de la cuisine peut fonctionner même si les autres sont en panne.	☐	☐

2 Série ou dérivation ?

Parmi les montages suivants, quels sont ceux qui sont en série ? Quels sont ceux qui comportent une dérivation ?

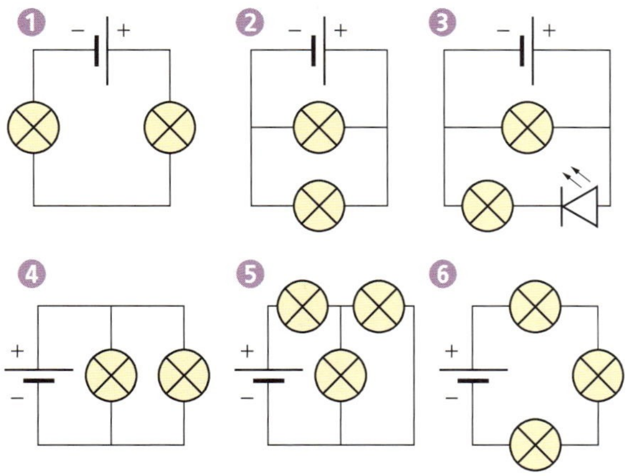

3 Éclairer une maison de poupée

Utiliser la **méthode** décrite dans **Apprendre comment faire**.

Martine s'est construit une petite maison de poupée comportant une cuisine et une chambre. Elle désire maintenant éclairer ces deux pièces, mais de manière indépendante, grâce à deux interrupteurs, deux lampes, une pile et des fils de connexion. C'est-à-dire qu'elle veut par exemple allumer la lampe de la chambre sans pour autant allumer celle de la cuisine.

a. Quel type de circuit permet de faire fonctionner deux lampes de manière indépendante ?

....

b. Est-ce en accord avec les branchements d'une installation domestique classique ?

....

c. Proposer un circuit répondant aux attentes de Martine.

4 Lire le schéma normalisé d'un montage

Utiliser la **méthode** décrite dans **Apprendre comment faire**.

Rayane a dessiné le schéma normalisé suivant du circuit qu'il vient de réaliser. Ce schéma est vérifié et validé par son professeur.

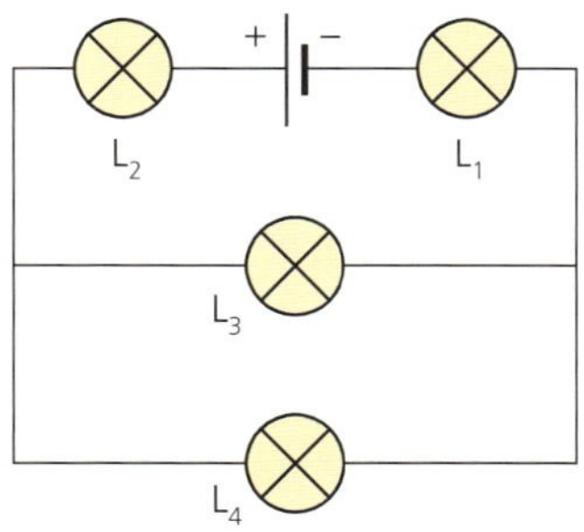

Ses camarades de travaux pratiques, Léna, Aminata, Ganesh, et Mehdi ont dessiné chacun leur schéma de ce circuit. Mais aucun ne se ressemble ou ressemble à celui de Rayane. Rayane pense être le seul à avoir réussi son schéma. Cependant deux autres de ses camarades ont réussi. Lesquels ?

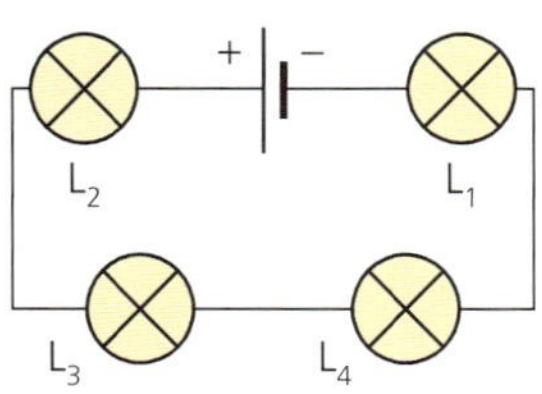

Montage de Léna

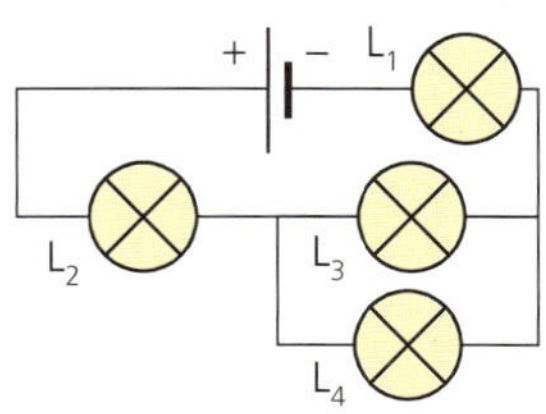

Montage d'Aminata

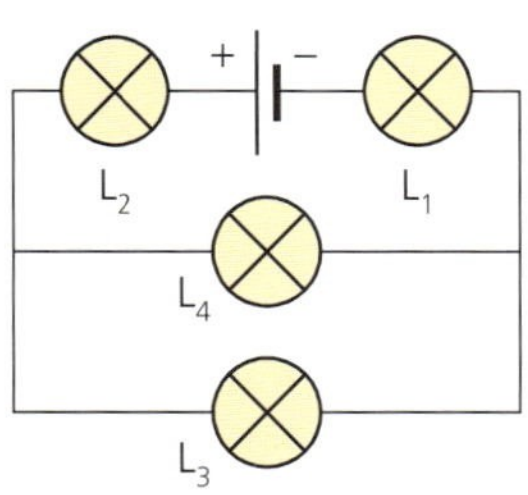

Montage de Ganesh

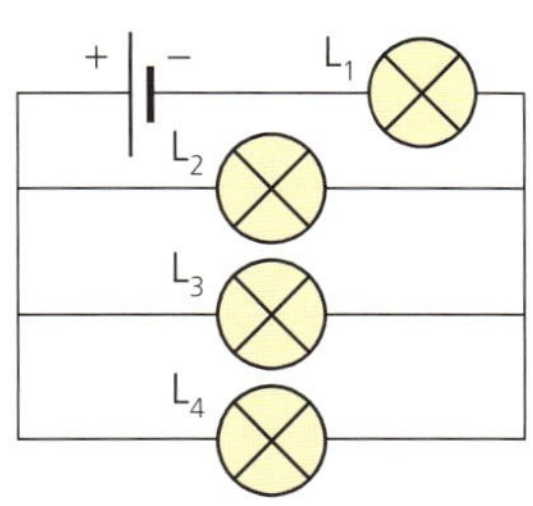

Montage de Mehdi

Livret des corrigés p. 31

11 Les sources de lumières – Comment se propage la lumière

Comprendre et retenir

Il existe deux types de sources de lumière

- Les **sources de lumière primaires** produisent leur propre lumière : le Soleil, les étoiles, les lampes…
- Les **objets diffusants** ne produisent pas de lumière mais renvoient une partie de la lumière qu'ils reçoivent : la Lune, les planètes, les objets éclairés…

Conditions d'observation

- Pour voir une source de lumière primaire, il faut que l'œil reçoive la lumière de cette source.
- Pour voir un objet, il faut que cet objet soit éclairé par une source et que l'œil reçoive la lumière diffusé par cet objet.
- Un objet transparent laisse passer la lumière. Un objet opaque ne laisse pas passer la lumière.

Le laser

Le laser est une source primaire de lumière qui émet un faisceau très fin et puissant. C'est pour cela qu'il présente un danger pour l'œil.

La propagation de la lumière

- La lumière se propage de façon rectiligne dans un milieu homogène et transparent.
- Le trajet rectiligne de la lumière est modélisé par le rayon lumineux : une droite munie d'une flèche indiquant le sens de propagation de la lumière.

Vocabulaire
Laser est l'acronyme de l'expression anglaise ***light amplification by stimulated emission of radiation***.
Acronyme désigne un sigle prononcé comme un mot ordinaire.

Vocabulaire
Un **milieu homogène** est un milieu qui est le même en tout point.

Apprendre comment faire

Représenter un rayon lumineux

Le soir, Nora lit un roman d'aventure grâce à une lampe qui éclaire le livre.
Tracer sur un schéma des rayons lumineux qui illustrent cette situation.

SOLUTION

1 Un rayon lumineux est représenté par une droite munie d'une flèche indiquant le sens de propagation de la lumière.

2 Le sens de propagation de la lumière se fait toujours de la source de lumière (primaire ou objet diffusant) vers l'œil et d'une source de lumière primaire vers un objet diffusant.

3 La source de lumière primaire est la lampe. L'objet diffusant est le livre.

4

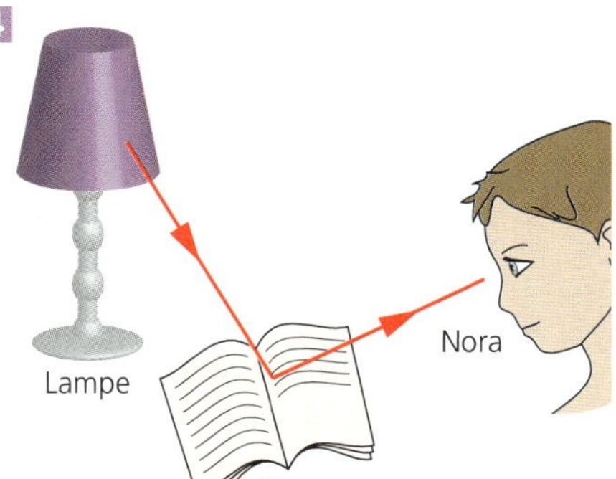

Méthode

1 **Donner la représentation d'un rayon lumineux.**
2 **Donner le sens de propagation de la lumière.**
3 **Identifier la ou les sources de lumière** en distinguant les sources primaires des objets diffusants.
4 **Tracer le ou les rayons lumineux.**

S'entraîner

1 Vrai ou Faux ?

	V	F
a. L'étoile Polaire est une source de lumière primaire.	☐	☐
b. Mars est une source de lumière primaire.	☐	☐
c. Un objet diffusant renvoie la lumière qu'il produit.	☐	☐
d. L'œil doit recevoir la lumière d'un objet pour pouvoir le voir.	☐	☐
e. L'utilisation d'un laser présente un danger pour les yeux.	☐	☐
f. Un rayon lumineux est modélisé par une simple droite.	☐	☐

2 Classer des sources de lumière

Ranger les sources de lumière suivantes en deux groupes à préciser : Proxima du Centaure, le Soleil, la Lune, l'écran d'un téléphone portable allumé, un feu de cheminée, Saturne, un poisson rouge, un livre, l'étoile du Berger.

....

....

3 Le laser

a. Que signifie « laser » en français ? S'aider d'un dictionnaire.

....

b. Cite des domaines d'utilisations des lasers.

....

c. Que risque-t-on quand on utilise un laser ? Quelles précautions faut-il prendre ?

....

4 Expériences

Utiliser la **méthode** décrite dans **Apprendre comment faire**.

Observer les expériences suivantes et répondre aux questions.

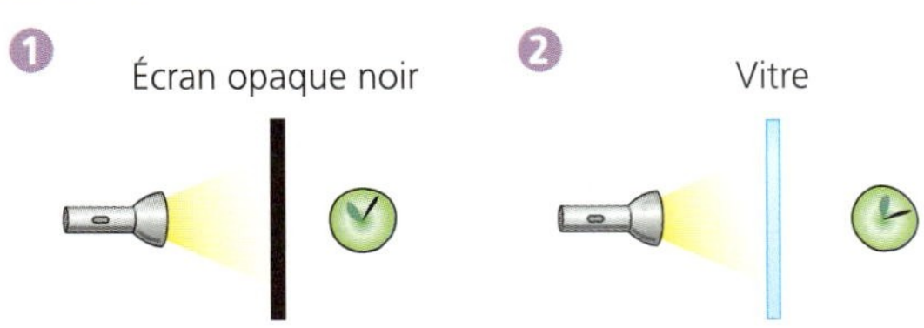

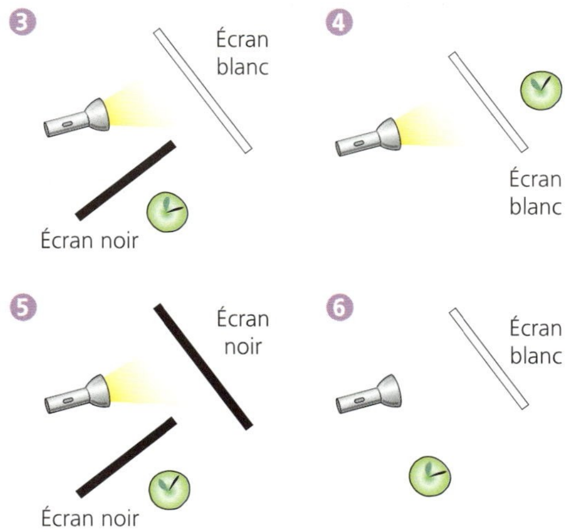

a. À quel type de source de lumière appartient la lampe ?

....

b. À quel type de source de lumière appartient l'écran blanc ?

....

c. Quelles couleurs sont à privilégier si l'on veut un bon écran diffusant ? Quelles sont celles à proscrire ?

....

d. Dans quels cas la pomme est-elle éclairée ? Justifier en dessinant dans chaque cas le trajet parcouru par la lumière.

5 Le rayon lumineux

Utiliser la **méthode** décrite dans **Apprendre comment faire**.

Un trésor éclairé est placé derrière un panneau percé d'un trou. Un autre panneau parallèle au premier est percé de plusieurs trous. Par quelle ouverture Anatole peut-il observer le trésor ? Justifier la réponse en traçant le rayon lumineux issu du trésor.

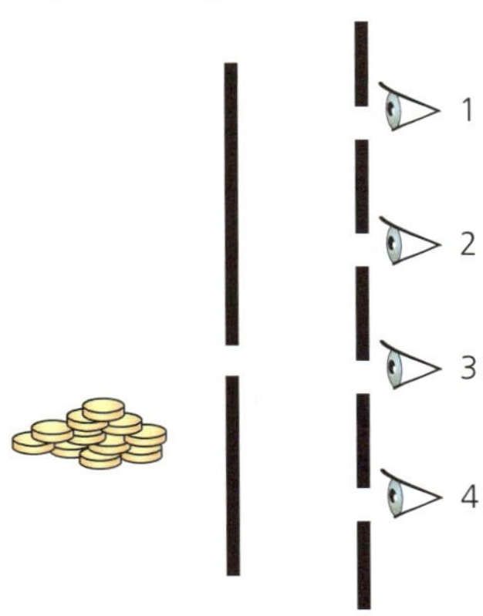

Livret des corrigés p. 31

12 Les ombres et le système Soleil – Terre – Lune

Comprendre et retenir

Ombre propre, ombre portée et cône d'ombre

- Lorsqu'une source lumineuse éclaire un objet placé devant un écran, on observe des zones qui ne reçoivent pas de lumière (les ombres) et des zones éclairées.
- Un observateur ne peut pas voir la source de lumière lorsqu'il se trouve dans le cône d'ombre.

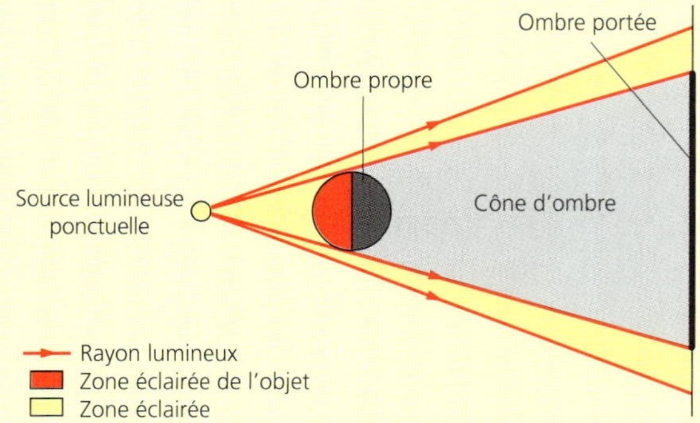

Les éclipses

Lors des éclipses, le Soleil, la Terre et la Lune sont alignés :
- lors d'une éclipse de Lune, la Lune est dans le cône d'ombre de la Terre ;
- lors d'une éclipse de Soleil, la Lune cache le Soleil aux habitants de la Terre qui sont situés dans le cône d'ombre de la Lune.

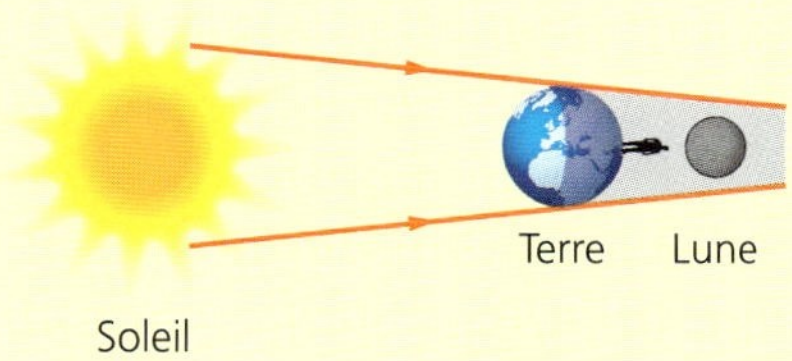

Éclipse de Lune

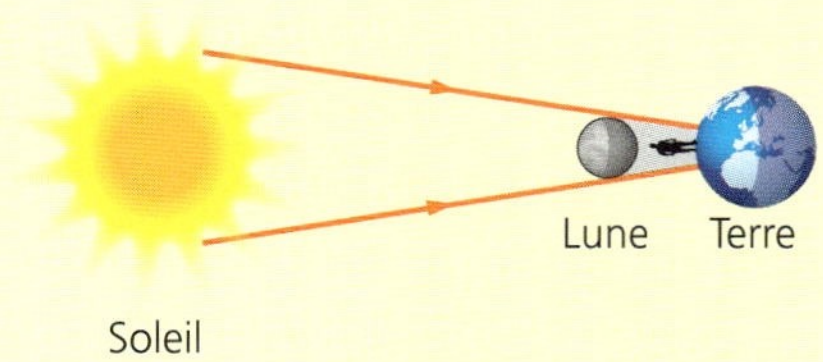

Éclipse de Soleil

Remarque
La Lune tourne sur elle-même et autour de la Terre en un mois environ.

Apprendre comment faire

Interpréter les phases de la Lune

Afin de comprendre l'origine des phases de la Lune, on veut représenter l'aspect de la Lune vue de la Terre pour 4 positions clés de la Lune par rapport au Soleil.

1 Le schéma suivant représente 4 positions différentes de la Lune et l'éclairement de la Lune à ces positions.

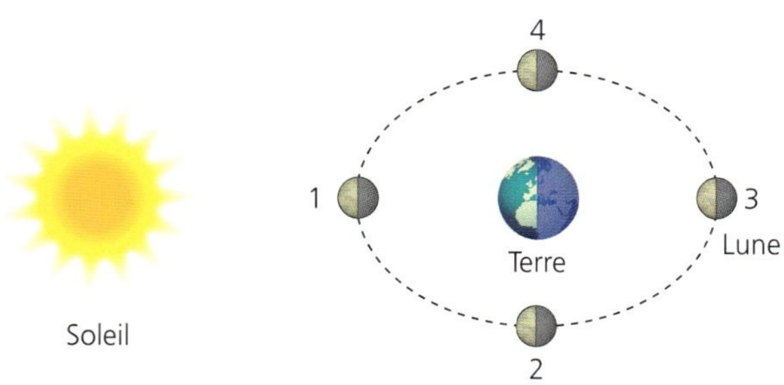

2

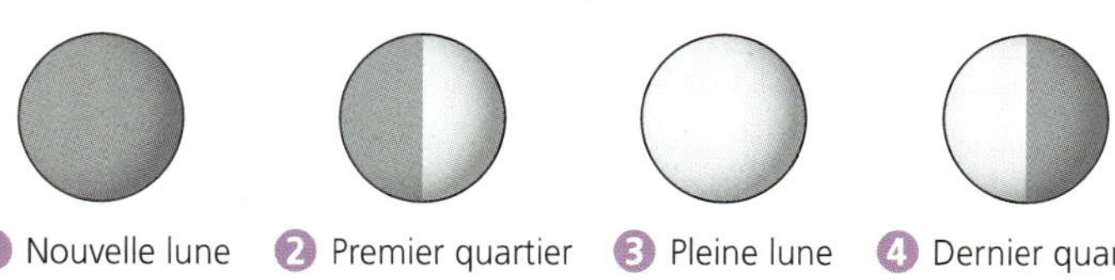

Méthode

1 Faire un schéma. Colorier en jaune les parties éclairées de la Terre et de la Lune à chaque position. Colorier en noir l'ombre propre de la Terre et celle de la Lune à chaque position.

2 Dessiner la Lune vue de la Terre pour chaque position de la Lune.

Physique Chimie

S'entraîner

1 Vrai ou Faux ?

	V	F
a. Une ombre est une zone non éclairée.	☐	☐
b. Un observateur qui se trouve dans le cône d'ombre peut voir la source lumineuse.	☐	☐
c. Le Soleil tourne autour de la Terre.	☐	☐
d. La Terre tourne sur elle-même en 24 heures.	☐	☐
e. Lors d'une éclipse de Soleil, il faut que le Soleil, la Terre et la Lune soient alignés.	☐	☐

2 Ombre propre ou ombre portée ?

1

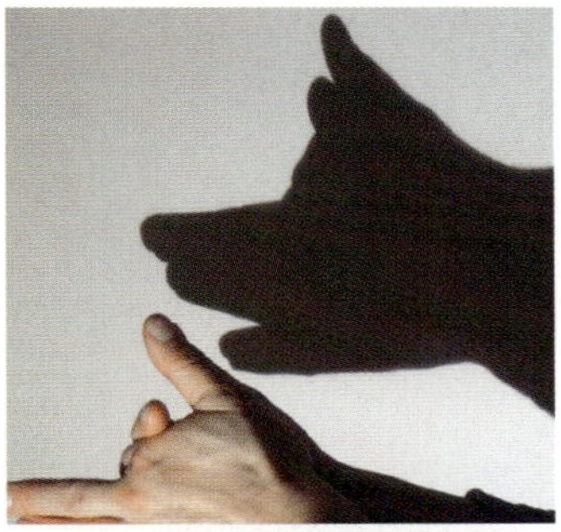

2

Quel type d'ombre voit-on facilement sur chaque photo ?

3 Faire un schéma

La balle de tennis photographiée ci-dessous est placée à gauche d'un écran et est éclairée par une source ponctuelle de lumière à sa gauche.

a. Schématiser cette expérience en symbolisant par la lettre S la source lumineuse, par un rond la balle de tennis et par un trait vertical l'écran.

b. Tracer en rouge les rayons lumineux délimitant le cône d'ombre.

c. Colorier sur ce schéma en jaune les zones éclairées et en gris les zones d'ombres.

d. Indiquer sur ce schéma où se trouvent le cône d'ombre, l'ombre propre et l'ombre portée.

4 Une éclipse

Le Soleil, la Terre et la Lune sont parfaitement alignés comme sur le schéma ci-dessous.

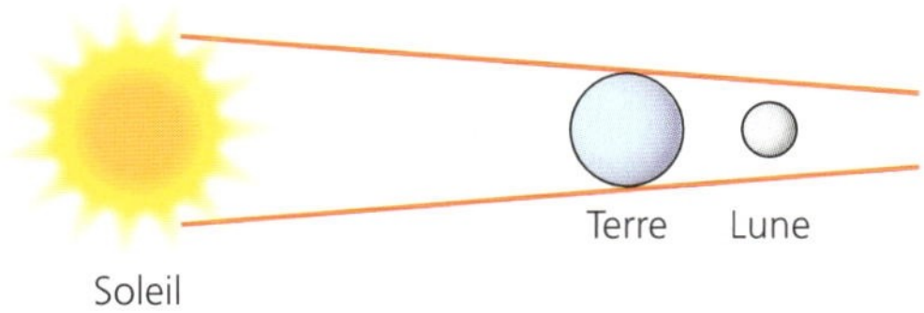

a. Colorier en jaune, sur le schéma, la zone éclairée sur la Terre.

b. Colorier en noir l'ombre propre de la Terre.

c. Colorier en gris le cône d'ombre de la Terre.

d. Dans quelle zone se trouve la Lune ? Que peut-on en déduire ? Comment se nomme cette éclipse ?

5 La Terre depuis la Lune

Utiliser la méthode décrite dans **Apprendre comment faire**.

Cette photo fut prise le 24 décembre 1968 lors de la mission Apollo 8.

a. Que voit-on ?

b. D'où a été prise cette photo ? Pour répondre à cette question, trouver des renseignements sur la mission Apollo 8.

c. En utilisant ses propres connaissances sur les phases de la Lune, expliquer cette observation à l'aide d'un schéma.

Livret des corrigés p. 32

BILAN Français

Indiquer dans chaque cas, la (les) réponse(s) exacte(s) parmi les trois réponses proposées.

Grammaire		A	B	C
1	En français il y a :	cinq natures grammaticales	dix natures grammaticales	deux natures grammaticales
2	Dans la phrase « Isabelle a monté des blancs en neige », le mot « blanc » a pour nature grammaticale :	adjectif qualificatif	complément d'objet direct	nom commun
3	Un pronom peut :	remplacer un nom	déterminer un nom	modifier le sens d'un nom
4	« Qui, que, quoi dont, où et les composés de quel » sont des :	pronoms personnels compléments	pronoms relatifs	pronoms démonstratifs
5	« mais, ou, et, donc, or, ni, car » sont des :	prépositions	conjonctions de subordination	conjonctions de coordination
6	Une préposition peut introduire un :	complément du nom	complément d'objet direct	complément circonstanciel
7	Les expansions du nom sont constituées de :	l'épithète, le sujet, le complément du nom ou la proposition subordonnée relative.	l'épithète, l'apposition, l'attribut du sujet, le complément du nom.	l'épithète, l'apposition, le complément du nom, le complément de l'antécédent.
8	Dans la phrase « Mon père, ce héros au sourire si doux », « ce héros au sourire si doux » est :	épithète détachée	complément du nom	mis en apposition
9	Dans la phrase « À l'embouchure de la rivière se trouvaient quelques pêcheurs », le GN « quelques pêcheurs » est :	complément d'objet direct	attribut du sujet	sujet inversé
10	Le verbe *être* est suivi de la fonction :	attribut	complément d'objet direct	complément circonstanciel
11	Un verbe est à la voix passive quand il :	accomplit l'action.	subit l'action.	accomplit et subit l'action.
12	Un verbe à la voix passive est suivi :	d'un complément d'agent	d'un complément d'objet direct	de son sujet
13	Pour transposer une phrase à la voix passive, la phrase active doit comporter un :	complément d'objet direct	complément d'objet indirect	complément circonstanciel
14	Un complément d'agent est précédé des :	prépositions *à* / *dans*	prépositions *par* / *de*	prépositions *en* / *pour*
15	Un complément circonstanciel est un :	complément du verbe	complément du nom	un complément de phrase
16	Une phrase complexe contient plusieurs :	compléments du verbe	verbes conjugués	compléments de phrase
17	Une phrase sans verbe :	est une phrase simple.	est une phrase nominale.	n'est pas une phrase.
18	Les propositions indépendantes sont :	juxtaposées et coordonnées	relatives et coordonnées	principales et subordonnées
19	Une proposition coordonnée est introduite par :	une préposition	une conjonction de coordination	une conjonction de coordination ou un adverbe de liaison
20	Dans la phrase « Je crois que je vais arrêter », « que » est :	pronom relatif	pronom interrogatif	conjonction de subordination
21	Dans la phrase « Je me demande où il est », « où il est » est :	proposition subordonnée relative	proposition subordonnée conjonctive	proposition interrogative indirecte
22	Laquelle de ces phrases est correcte :	Je me demande à qui ces clés appartiennent-elles.	Je me demande à qui ces clés elles appartiennent.	Je me demande à qui ces clés appartiennent.

Orthographe

		A	B	C
23	Le participe passé employé avec l'auxiliaire *avoir* :	s'accorde avec le sujet s'il est placé avant le verbe.	s'accorde avec le COD s'il est placé avant le verbe.	ne s'accorde jamais.
24	Parmi ces groupes nominaux, lequel est correctement accordé :	des sapins vert foncé	des sapins verts foncés	des sapins verts foncés
25	Certains adjectifs de couleur restent invariables s'ils sont tirés d'un nom, sauf :	rose et orange	rose et mauve	rose et prune
26	Des homophones sont des mots qui :	ont la même prononciation et la même classe grammaticale mais pas la même orthographe.	ont la même prononciation sans avoir la même orthographe ni la même classe grammaticale.	n'ont pas la même prononciation ni la même classe grammaticale mais la même orthographe.
27	Reconnaître la différence entre *a* et *à* :	*a* est un verbe et *à* un adverbe.	*a* est un verbe et *à* une préposition.	*a* est un verbe et *à* un pronom.
28	On forme généralement un adverbe en *-ment* à partir :	de l'adjectif qualificatif au féminin.	du participe présent du verbe.	d'un nom.
29	L'adverbe correspondant à *prudent* est :	prudement	prudemment	prudamment

Conjugaison

		A	B	C
30	Les verbes du 2e groupe :	sont en *-ir* et forment leur participe présent en *-issant.*	sont en *-ir.*	sont en *–ir* et *-oir.*
31	En français il y a :	trois modes personnels : indicatif, conditionnel et subjonctif.	quatre modes personnels : indicatif, impératif, subjonctif et conditionnel.	quatre modes personnels : indicatif, gérondif, subjonctif et conditionnel.
32	Pour former un temps composé, on conjugue :	l'auxiliaire *être* au présent + participe passé du verbe.	l'auxiliaire *être* ou *avoir* au temps simple correspondant + participe passé du verbe.	l'auxiliaire *avoir* au présent + participe passé du verbe.
33	Les formes verbales en *-i* et en *-u* peuvent être la terminaison du :	présent de l'indicatif de certains verbes du 1er groupe.	présent ou passé simple de l'indicatif des verbes du 2e groupe et certains verbes du 3e groupe.	présent ou passé simple de l'indicatif des verbes du 3e groupe.
34	Parmi les modes personnels du français :	le conditionnel exprime un ordre.	le subjonctif exprime le conseil.	le conditionnel exprime l'hypothèse.

Lexique

		A	B	C
35	L'étymologie est :	l'origine des mots.	un mot ancien.	un mot inventé.
36	Un préfixe modifie :	le sens d'un mot.	la nature grammaticale d'un mot.	la fonction d'un mot.

Expression écrite

		A	B	C
37	Un roman courtois est un roman :	écrit dans un niveau de langue soutenu.	d'amour.	d'amour et de chevalerie.
38	Le style direct :	conserve l'expressivité de la communication.	nivelle les paroles sur le temps du récit.	correspond à un dialogue.
39	Le style indirect :	donne un caractère vivant au récit.	nivelle les paroles sur le temps du récit.	correspond à un dialogue.
40	Un alexandrin est un vers de :	huit pieds	dix pieds	douze pieds
41	Des rimes embrassées ont la composition suivante :	ABBA	ABAB	AABB
42	Les didascalies sont :	des paroles prononcées par un acteur seul sur scène.	des indications de mise en scène.	un type de pièce du Moyen Âge.

Livret des corrigés p. 32

BILAN Mathématiques

Indiquer dans chaque cas, la (les) réponse(s) exacte(s) parmi les trois réponses proposées.

	Nombres et Calculs	A	B	C
1	La forme irréductible de $\frac{150}{300}$ est…	$\frac{15}{30}$	0,5	$\frac{1}{2}$
2	$3 \div 0,25$ est égal à…	$300 \div 0,2500$	$300 \div 25$	12
3	$\frac{2}{3} + \frac{2}{6}$ est égal à…	1	$\frac{6}{12}$	$\frac{4}{9}$
4	$5 \times \frac{3}{4}$ est égal à…	$\frac{15}{20}$	$\frac{15}{4}$	$\frac{3}{20}$
5	Les points A(5) et B(−5) ont des distances à zéro…	égales	opposées	contraires
6	Le point A(3 ; 0)…	appartient à l'axe des abscisses	appartient à l'axe des ordonnées	est le symétrique du point A'(−3 ; 0) par rapport à l'axe des ordonnées
7	$(-3) + (-4) - 9 + (+13) - (-2)$ se simplifie en…	$-3 - 4 - 9 + 13 + 2$	$-3 + 4 - 9 + 13 + 2$	$-3 - 4 - 9 + 13 - 2$
8	$(-3) + (-4) - 9 + (+13) - (-2)$ est égal à…	−7	−1	−5
9	$3 + 7 - (10 + 8) - 5$ est égal à…	3	10	−13
10	$2 \times 15 \times 0,5$ est égal à…	1,5	15	30,5
11	$5 - 2 \times 10 + 20$ est égal à…	50	5	−55
12	$2a + 3b + a - 16b$ est égal à…	$3a - 13b$	$-10ab$	$2a^2 - 13b$
13	$y + y \times y + 2y$ est égal à…	$4y^2$	$2y^2 + 2y$	$y^2 + 3y$
14	L'expression factorisée de $3x - 4x^2$ est…	$x(3 - 4^2)$	$x(3 - 4x)$	$3x(0 - 1x)$
15	Pour $e = 3$, l'expression $E = 2e + 5$ est égale à l'expression…	$A = 41 - 10e$	$B = 5e + 2$	$C = 7e$
16	Le périmètre d'un disque de rayon 2 est égal à…	$4 \times 3,14$	4π	12,56
17	1,05 heures correspond à…	1 heure et 05 minutes	3 900 secondes	65 minutes

	Organisation et gestion de données, fonctions	A	B	C
18	Lequel de ces trois tableaux est un tableau de proportionnalité ?	<table><tr><td>3</td><td>6</td><td>12</td></tr><tr><td>6</td><td>3</td><td>6</td></tr></table>	<table><tr><td>7</td><td>35</td></tr><tr><td>2</td><td>10</td></tr></table>	<table><tr><td>1</td><td>5</td></tr><tr><td>5</td><td>10</td></tr></table>
19	<table><tr><td>x</td><td>2</td><td>16</td></tr><tr><td>12</td><td>8</td><td>y</td></tr></table> étant un tableau de proportionnalité :	Le coefficient de proportionnalité vaut 6	$x = 6$	$y = 64$
20	L'échelle qui fait correspondre 5 cm sur le plan à 2,5 cm dans la réalité…	traduit un agrandissement	est égale à 2	est égale à $\frac{2,5}{5}$
21	Sur un plan à l'échelle $\frac{1}{100}$, 10 cm sur le plan représentent…	1 000 cm dans la réalité	10 m dans la réalité	1 km dans la réalité
22	Une fréquence…	peut être exprimée en pourcentage	peut être exprimée par un nombre en écriture fractionnaire	est comprise entre 0 et 1
23	Dans le tableau suivant : <table><tr><td>Tailles</td><td>$0 \leqslant t < 3$</td><td>$3 \leqslant t < 6$</td><td>$6 \leqslant t < 9$</td></tr><tr><td>Effectifs</td><td>4</td><td>12</td><td>8</td></tr></table>	Les classes sont d'amplitude constantes	L'effectif total vaut 24	Il y a entre 4 et 12 objets sui mesurent 3 cm
24	Dans un diagramme semi-circulaire, un secteur de 90° représente…	45 %	90 %	50 %

Géométrie

		A	B	C
25	Les points M′ et N′ sont les symétriques des points M et N par rapport au point O, alors…	O est le milieu du segment [MN]	(MN) // (M′N′)	MM′ = NN′
26	Dans quel(s) cas le triangle ABC est-il constructible ?	AB = CB = 3 cm AC = 8 cm	CA = 4,2 cm ; AB = 4,3 cm ; BC = 4,4 cm	BC = 4 cm ; AC = 9 cm ; BA = 6 cm
27	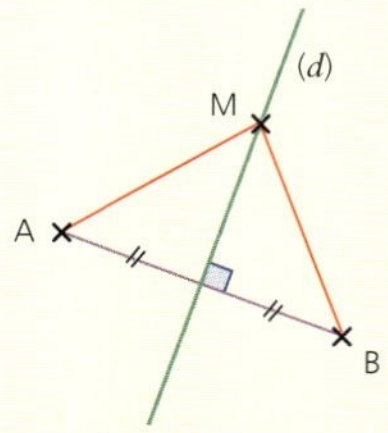 Le point M est…	équidistant des extrémités A et B du segment	un centre de symétrie de cette figure	est un point de la médiatrice du segment [AB]
28	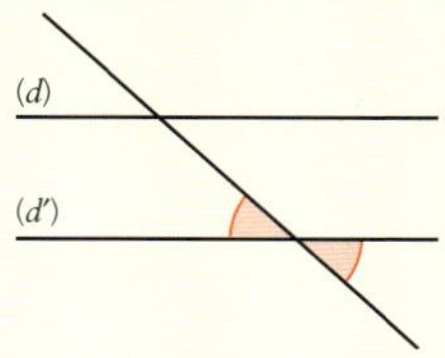 Les angles roses sont…	de même mesure si les droites (*d*) et (*d′*) sont parallèles	de même mesure	opposés par le sommet
29	Les droites sont parallèles dans le cas…	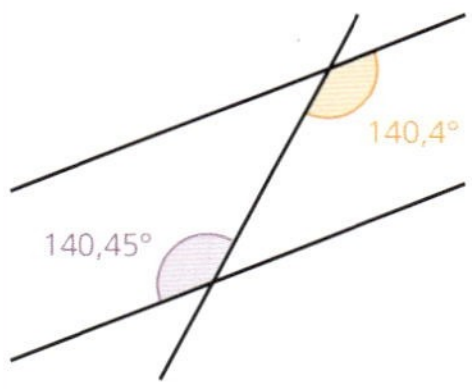	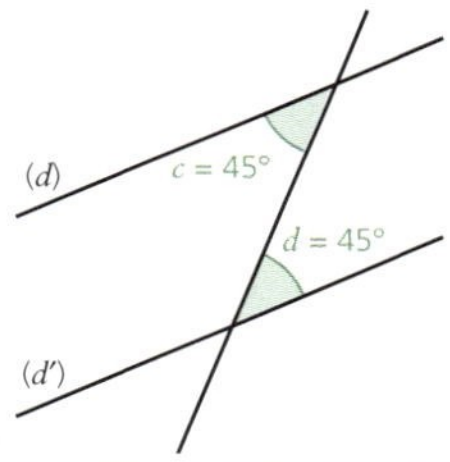	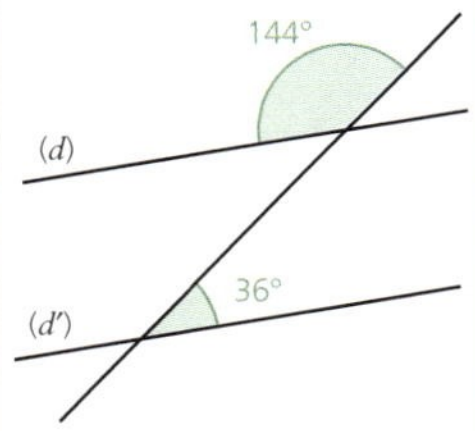
30	ABC est un triangle rectangle en B, alors…	les angles $\widehat{A}$ et $\widehat{C}$ sont complémentaires	les angles $\widehat{A}$ et $\widehat{C}$ ont la même mesure	les angles $\widehat{A}$ et $\widehat{C}$ mesurent 60° et 30°
31	ABCD est un parallélogramme, alors…	$\widehat{ABC} = \widehat{ADC}$	AB = BC	(AC) // (DC)
32	RECT est un rectangle, alors…	ses diagonales sont perpendiculaires	ses côtés consécutifs sont perpendiculaires	ses diagonales ont la même longueur
33	LOSA est un losange, alors…	il admet 1 seul axe de symétrie	il admet un seul centre de symétrie	ses angles opposés sont supplémentaires
34	KJLM est un carré, alors ses diagonales…	sont perpendiculaires	sont parallèles	ont la même longueur
35	D'après la figure suivante : 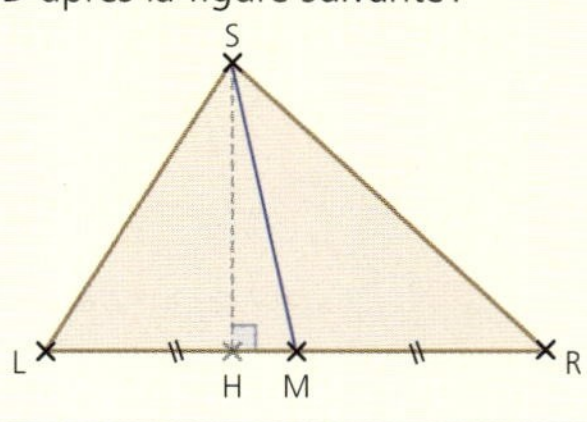	L'aire du triangle SLR est le double de l'aire du triangle SLM	L'aire du triangle SMR est égale à l'aire du triangle SLM	L'aire du triangle SHR est égale à l'aire du triangle SHL
36	L'aire d'un parallélogramme dont un côté mesure 5 cm et dont la hauteur relative à ce côté mesure 5 cm est égale à…	10 cm²	20 cm²	25 cm²
37	Deux prismes droits de même hauteur…	ont des volumes égaux	ont des volumes proportionnels	ont la même surface latérale
38	Un cylindre de révolution est…	obtenu en faisant tourner un rectangle autour d'un de ses côtés	un prisme à base circulaire	obtenu en faisant tourner un triangle rectangle autour d'un de ses côtés
39	Deux cylindres de révolution de même rayon…	ont le même volume	ont des bases de même aire	ont des bases d'aires proportionnelles

Livret des corrigés p. 32

BILAN Histoire-Géographie-Éducation civique

Indiquer dans chaque cas, la (les) réponse(s) exacte(s) parmi les trois réponses proposées.

	Histoire	A	B	C
1	Le texte sacré des musulmans est :	la Bible.	le Coran	la Torah.
2	En 987 :	Hugues Capet devient roi de France.	Urbain II devient pape.	Magellan fait le tour du monde.
3	Au Moyen Âge, les taxes payées par les paysans pour l'utilisation du four, du moulin et du pressoir s'appelle :	le cens.	la gabelle.	les banalités.
4	1096-1099 correspond :	à l'Hégire.	à la première croisade.	à la mort de Louis XIV.
5	Les seigneurs établissent les liens « d'homme à homme » par la cérémonie :	de l'hommage.	du sacre.	de l'amour courtois.
6	Le chef de l'Église d'Occident est :	l'évêque	l'abbé.	le pape.
7	La Hanse est :	une association de grands marchands des villes d'Europe du Nord.	un groupe qui veut évangéliser l'Europe.	un groupe de chevaliers venus du Saint-Empire germanique.
8	L'Empire du Mali connaît son apogée :	aux VIIIe-IXe siècles.	aux XIIIe-XIVe siècles.	aux XVIe-XVIIe siècles.
9	1492 correspond :	au premier voyage de Christophe Colomb.	à l'Édit de Nantes.	au Congrès de Vienne.
10	Les cartes marines utilisées pour les grandes découvertes sont :	des portulans.	des caravelles.	des boussoles.
11	Les artistes de la Renaissance s'inspirent de :	de l'Antiquité.	du Moyen Âge.	du XIXe siècle.
12	1598 correspond :	à la Paix romaine.	à la première croisade.	à l'Édit de Nantes.
13	L'imprimerie s'est perfectionnée grâce à :	Copernic.	Gutenberg.	Galilée.
14	Luther et Calvin sont des :	catholiques.	protestants.	jésuites.
15	1661-1715 correspond :	au règne de Louis XIV.	au règne de Louis XV.	au règne de Louis XVI.
16	Le régime mis en place par Louis XIV est :	une république.	une monarchie constitutionnelle.	une monarchie absolue de droit divin.

	Géographie	A	B	C
17	Les trois piliers du développement durable sont :	l'économique, le social, l'environnement.	la ville, l'atmosphère et la santé.	l'économie, le commerce équitable, les ONG.
18	En 2013, la population mondiale s'élève à environ :	5 milliards d'individus.	7 milliards d'individus.	10 milliards d'individus.
19	Les inégalités devant la santé concernent :	les pays riches.	les pays pauvres.	les pays riches et les pays pauvres.
20	L'écart d'espérance de vie entre les pays les plus riches et les pays les plus pauvres est de :	10 ans.	20 ans.	40 ans.
21	Les inégalités devant l'éducation sont liées :	au climat.	à la campagne.	au développement économique.

	Géographie	A	B	C
22	Dans beaucoup de pays africains et asiatiques, l'analphanétisme touche d'abord :	les garçons.	les filles.	autant les filles que les garçons.
23	Les risques naturels touchent :	les pays riches.	les pays pauvres.	les deux.
24	Les principales zones à risques sont :	les littoraux.	les déserts.	les montagnes.
25	L'IDH est :	l'indice de dépendance humaine.	l'indice de développement humanitaire.	l'indice de développement humain
26	Dans le monde, le nombre de personnes souffrant d'insuffisances alimentaires s'élève à :	300 millions.	900 millions.	2 milliards.
27	Les ressources en eau douce :	correspondent à la répartition de la population.	ne correspondent pas à la répartition de la population.	sont abondantes et renouvelables.
28	La consommation d'eau dans le monde s'accroît d'abord à cause de :	l'intensification et l'irrigation des cultures.	l'augmentation de la population.	l'essor des activités touristiques.
29	Le partage des ressources océaniques est :	une source de rivalités entre les États.	une source de rapprochement entre les États.	inutile.
30	La ZEE permet :	d'élever des poissons dans la zone maritime qui appartient à chaque État.	de circuler librement sur la zone maritime qui appartient à chaque État.	d'exploiter librement la zone maritime qui appartient à chaque État.
31	La pollution de l'atmosphère est :	due aux activités humaines des pays du Nord.	due aux activités humaines des pays du Sud.	due aux activités humaines des pays du Nord et du Sud.
32	Le réchauffement climatique concerne :	les pays du Nord.	les pays du Sud.	toute la planète.
33	Le protocole de Kyoto a défini :	la limitation du nombre de voitures dans les villes développées.	la limitation des gaz à effet de serre.	l'arrêt de la déforestation.
34	La consommation d'énergie mondiale repose sur :	des énergies fossiles.	des énergies renouvelables.	les deux énergies.
35	Une énergie renouvelable est :	une énergie que l'on peut recycler.	une énergie dont la production est sans cesse renouvelée.	une énergie produite par l'homme.

	Éducation civique	A	B	C
36	La Déclaration des Droits de l'Homme et du Citoyen a été proclamée :	en 1689.	en 1789.	en 1948.
37	La Déclaration Universelle des Droits Humains a été proclamée :	en 1948.	en 1958.	en 1968.
38	Une discrimination consiste à :	avantager une personne.	désavantager une personne.	ne pas prêter attention à une personne.
39	L'identité légale d'une personne se définit par :	sa taille.	son sexe.	son état civil.
40	Les femmes ont obtenu le droit de vote en :	1789.	1848.	1944.
41	La prévention des risques est assurée :	par l'État.	par les collectivités territoriales.	par l'État et les collectivités territoriales.
42	PPR signifie :	plan de protection des riverains.	plan de prévention des risques.	programme de prévention et de récupération.

Livret des corrigés p. 32

BILAN Anglais

Indiquer dans chaque cas, la (les) réponse(s) exacte(s) parmi les trois réponses proposées.

	Be et *Have*	A	B	C
1	How old ... you?	am	are	has
2	The neighbours already ... two cats.	have	has	is
3	What time ... it?	are	have	is
4	I... not 11: I ... 12 now.	am – am	have – have	is – are
5	There ... 17 boys and 13 girls in our class.	is	are	have
6	Mandy ... got funny glasses.	is	have	has

	Les questions	A	B	C
7	... is your umbrella? Green or red?	How old	What colour	Whose colour
8	... did you see my keys? In the kitchen?	How	Where	Who
9	... can you come: is Monday OK?	How much	Why	When
10	... jacket have we got here? Jackson's!	What	Whose	Where
11	... must we clean the classroom? Every Friday?	How much	How many	How often
12	Have you got everything? Yes, ...	I am	I have	I haven't
13	Can she explain the lesson? No, ...	we can't	she won't	she can't
14	Will you be in charge?	Yes, I will.	No, she doesn't.	I'll be.
15	... do you get up?	How long	What colour	What time
16	Whose driver's licence is it?	Mine.	Paul.	Jess and Nate.
17	Are you going to book the tickets tonight? Yes, ...	we do	we are	we will

	Le présent simple – Adverbes de fréquence	A	B	C
18	I ... have a good memory: I remember things well most of the time.	never	usually	often
19	You can ... take your time but not today.	usually	never	often
20	On Tuesday, I am ... late to the dance class which starts at 5 because my sister leaves school at 5.	always	never	sometimes
21	How ... do you make your bed?	usually	often	sometimes
22	I ... make my bed: I have a cleaning lady.	sometimes	never	often
23	I can't answer: We ... receive your emails in the spam box.	always	usually	sometimes

	Le comparatif et le superlatif de supériorité	A	B	C
24	My cousins are amazing: the twins are ... at table tennis than their ... brother.	good – older	better – eldest	better – older
25	Their sister is ... in the department. Sheldon is ... than Cameron but Cameron is ... than Sheldon.	the fastest – the tallest – the strongest	the fastest – taller – the strongest	the fastest – taller – stronger

26	… in the family is Cecily: she is … 8-year-old girl their coach has ever seen.	The strongest – more athletic	Stronger – more athletic	The strongest – the most athletic
27	She is … in the team, though. She can lift … bars than the other weightlifters who are her age.	younger – heavier	the youngest – heavier	the youngest – the heaviest

Le présent en *be* + V-*ing*

		A	B	C
28	Look! They … moving out!	is	am	are
29	What? Are they …	kid?	kidding?	to kid?
30	What … you … tomorrow afternoon?	is – doing	are – doing	are – going
31	Listen, I … attending a concert!	is	am	are
32	The boat … sailing up north.	is	are	am

La possession

		A	B	C
33	We visited Mr and Mrs … mansion house yesterday.	Crescent's	Crescents'	Crescent
34	… got his … eyes.	Daniel – Mum	Daniel's – Mum's	Daniels' – Mums
35	He's in trouble with the … son who … got a dog.	neighbour's – have	neighbour – have	neighbour's – has
36	These are not ... brushes.	Tim's	Tim	Tim is
37	We're meeting our ... best friends.	cousin	cousins'	cousin's

Can - Can't

		A	B	C
38	What ... you do? I can swim.	can	can't	don't
39	... you help me?	Don't	Can	Have
40	Speak up! We ... hear you!	doesn't	can't	can
41	The President ... sleep: he's worried.	hasn't	can't	don't
42	... I go to the swimming pool? No, you ...	Can't – can	Can – can't	Can't – can't

Must – Mustn't – Don't have to

		A	B	C
43	Children ... walk on grass.	must	mustn't	don't have to
44	You … wear a tie at school.	must	mustn't	don't have to
45	People … bring their invitations to the party: don't forget it!	must	mustn't	don't have to
46	In this shop, you ... use a credit card only.	must	mustn't	don't have to
47	At the opera house, you ... film the show or you're out.	must	mustn't	don't have to

Le prétérit simple

		A	B	C
48	... you sleep well?	Did	Have	Had
49	Yesterday, we ... for two hours.	walked	walking	did
50	Where ... you ... my luggage?	have – put	didn't – put	did – put
51	There ... no flowers in our old garden.	did	was	were
52	We ... know you were here.	did	didn't	was

L'expression du futur

		A	B	C
53	... you ... be there tomorrow?	Is – going to	Are – going to	Will – go
54	What time ... she arrive at the airport?	will	is	doesn't
55	Where ... she ... on holiday?	is – going	are – going	is – coming
56	How many books ... be delivered?	is going to	are going to	is going
57	How often will you ... the doctor?	seeing	to see	see

Livret des corrigés p. 32

BILAN SVT

Indiquer dans chaque cas, la (les) réponse(s) exacte(s) parmi les trois réponses proposées.

	Respiration et occupation des milieux de vie	A	B	C
1	Respirer, c'est…	absorber du O_2	absorber du N_2	rejeter du CO_2
2	Le signe O_2 signifie…	oxygène.	dioxygène.	ozone.
3	Le signe CO_2 signifie…	monoxyde de carbone.	dioxygène de carbone.	dioxyde de carbone.
4	On détecte la présence de O_2 grâce à…	un oxymètre.	une boussole.	un microscope.
5	On détecte la présence de CO_2 grâce à de…	l'eau chaude.	l'eau de chaux.	un microscope.
6	Les êtres vivants respirent dans…	l'air.	l'eau.	la terre.
7	Les poissons respirent avec des…	branchies.	poumons.	trachées.
8	Les insectes respirent avec des…	branchies.	poumons.	trachées.
9	Les mammifères respirent avec des…	branchies.	poumons.	trachées.
10	Les reptiles respirent avec des…	branchies.	poumons.	trachées.
11	Les oiseaux respirent avec des…	branchies.	poumons.	trachées.
12	Les crustacés respirent avec des…	branchies.	poumons.	trachées.
13	Les arachnides respirent avec des…	branchies.	poumons.	trachées.
14	Les mammifères marins (baleine, dauphin, phoque…) respirent avec des…	branchies.	poumons.	trachées.
15	Dans l'eau, le O_2 est…	inexistant.	dissous.	sous la forme de bulles.
16	Quand la température de l'eau augmente, la quantité de O_2…	diminue.	reste constante.	augmente.

	Fonctionnement de l'organisme et besoins en énergie	A	B	C
17	Lors d'un effort, …	la fréquence cardiaque augmente.	le rythme respiratoire augmente.	la température corporelle augmente.
18	Les organes absorbent…	des aliments.	du dioxygène.	des nutriments.
19	Les organes rejettent…	du dioxyde de carbone.	des déchets.	de la chaleur.
20	Lors d'un effort, les échanges entre les organes et le sang…	diminuent.	restent constants.	augmentent.
21	Dans un organe, l'énergie est sous forme…	chimique.	motrice.	thermique.
22	Les organes…	fabriquent l'énergie.	consomment l'énergie.	transforment l'énergie.
23	L'absorption de dioxygène a lieu au niveau…	des alvéoles.	du pharynx.	des poumons.
24	Dans l'appareil respiratoire, l'air est mis en mouvement par…	le diaphragme.	les intercostaux.	le vent.
25	Quand on fume, c'est…	le tabac.	le tabagisme actif.	le tabagisme passif.
26	Quand on respire à côté d'un fumeur, c'est…	le tabagisme actif.	le tabagisme passif.	sans danger.
27	Le tabagisme et la pollution favorisent…	l'asthme.	les bronchites.	certains cancers.
28	La digestion, c'est la transformation des aliments en…	nutriments.	selles.	urine.
29	La digestion permet la transformation des…	fibres.	glucides, lipides et protides.	vitamines, sels minéraux et de l'eau.
30	La digestion a lieu grâce…	aux dents.	aux enzymes digestives.	aux sucs digestifs.

	Fonctionnement de l'organisme et besoins en énergie	A	B	C
31	L'absorption des nutriments a lieu au niveau…	de l'estomac.	du pharynx.	des intestins.
32	Les selles correspondent…	aux aliments digérés.	aux aliments non digérés.	aux aliments solides avalés.
33	L'urine correspond…	aux boissons bues.	aux déchets filtrés à partir du sang.	au résultat du fonctionnement des reins.
34	Pour être en bonne santé, il faut que les apports énergétiques soient…	inférieurs aux besoins.	équivalents aux besoins.	supérieurs aux besoins.
35	Une mauvaise alimentation peut entraîner…	du diabète.	des maladies cardio-vasculaires.	l'obésité.
36	Les organes rejettent les déchets dans…	l'air.	les selles.	l'urine.
37	Le dioxyde de carbone est rejeté au niveau…	de l'anus.	des poumons.	des reins.
38	L'urée et l'acide urique sont rejetés au niveau…	de l'anus.	des poumons.	des reins.
39	Le sang circule dans les vaisseaux sanguins…	à sens unique.	à double sens.	à triple sens.
40	Dans les organes, le sang circule dans des…	artères.	capillaires.	veines.
41	Le cœur envoie le sang vers les organes grâce aux…	artères.	capillaires.	veines.
42	Le sang revient des organes vers le cœur grâce aux…	artères.	capillaires.	veines.
43	Une maladie cardio-vasculaire est localisée au niveau…	du cœur.	des poumons.	des vaisseaux sanguins.

	Géologie externe : évolution des paysages	A	B	C
44	L'érosion, c'est…	la formation des roches.	le maintien des roches.	l'usure des roches.
45	L'érosion s'effectue principalement à cause de…	l'eau.	le feu.	le vent.
46	Les éléments obtenus par l'altération des roches peuvent…	disparaître.	être transportés.	rester sur place.
47	La sédimentation, c'est…	le transport de morceaux de roches.	le dépôt de morceaux de roches.	la formation de nouvelles roches.
48	Les sédiments sont transportés par :	l'eau.	l'Homme.	le vent.
49	Dans une roche sédimentaire, …	les strates inférieurs sont les plus anciennes.	les strates ont toutes le même âge.	les strates supérieures sont les plus anciennes.
50	Les fossiles sont…	des cadavres d'êtres vivants.	des empreintes d'êtres vivants dans la roche.	des restes d'êtres vivants dans la roche.
51	En observant les roches sédimentaires, les géologues sont capables de retrouver…	leur âge.	le climat passé.	le milieu dans lequel elles se sont formées.
52	Dans son environnement géologique, l'Homme exploite des sources…	d'énergie.	de matériaux précieux.	de matériaux non-précieux.
53	Les conséquences de l'activité humaine sur son environnement géologique…	sont inexistantes.	sont négatives.	peuvent être limitées grâce à des mesures de prévention.

Livret des corrigés p. 32

6 BILAN Physique-Chimie

Indiquer dans chaque cas, la (les) réponse(s) exacte(s) parmi les trois réponses proposées.

	L'eau dans notre environnement – Mélanges et corps purs	A	B	C
1	L'eau est présente dans…	tous les liquides.	tous les aliments.	toutes les boissons.
2	Pour vérifier la présence d'eau, on utilise…	l'eau de chaux.	le sulfate de cuivre anhydre.	le dioxyde de carbone.
3	Lors d'une séance de travaux pratiques de chimie, il faut…	être assis.	être debout.	porter une blouse.
4	Lorsqu'on peut distinguer les différents constituants d'un mélange à l'œil nu, on dit que le mélange est…	un corps pur.	homogène.	hétérogène.
5	Pour séparer les constituants d'un mélange hétérogène, on peut utiliser un montage de…	décantation.	distillation.	filtration.
6	Le test à l'eau de chaux permet d'identifier…	la vapeur d'eau.	le dioxygène.	le dioxyde de carbone.
7	L'eau minérale est…	pure.	homogène.	hétérogène.
8	Sur le chromatogramme d'un corps pur on observe…	3 taches.	2 taches.	1 tache.
9	La brume est constituée d'eau à l'état…	gazeux.	liquide.	solide.
10	Le passage de la vapeur d'eau à l'état liquide se nomme…	vaporisation.	liquéfaction.	fusion.
11	Un gaz…	possède une forme propre.	occupe tout le volume qui lui est offert.	peut voir son volume diminuer.
12	Au cours de son cycle, l'eau…	apparaît.	passe d'un état à un autre.	disparaît.
13	Lors d'un changement d'état…	le volume et la masse se conservent.	le volume se conserve et la masse varie.	le volume varie et la masse se conserve.
14	La solidification de l'eau sous pression normale se fait à…	−10 °C.	0 °C.	100 °C.
15	La liquéfaction de la vapeur d'eau sous pression normale se fait à…	20 °C.	100 °C.	0 °C.
16	Pour construire un graphique représentant l'évolution de la température de l'eau liquide en fonction du temps lors de son réchauffement, on place…	la température sur l'axe des abscisses et le temps sur l'axe des ordonnées.	la température sur l'axe vertical et le temps sur l'axe horizontal.	la température sur l'axe des y et le temps sur l'axe des x.
17	Un palier de température est la période pendant laquelle la température…	est stable.	augmente.	est constante.
18	L'unité SI du volume est le…	litre.	mètre cube.	kilogramme.
19	L'unité SI de la masse a pour symbole :	g	kg	L
20	3 kg = …	3 000 mg	3 L	3 000 g

	Les circuits électriques en courant continu – Étude qualitative	A	B	C
21	Le courant dans un circuit électrique est dû à…	un récepteur.	un générateur.	un moteur.
22	Le dipôle qui reçoit de l'énergie électrique pour la transformer en énergie lumineuse est…	la photopile.	la lampe.	la cellule solaire.
23	Un radiateur électrique convertit de l'énergie électrique en énergie…	thermique.	lumineuse.	mécanique.
24	Le court-circuit d'un générateur peut provoquer…	une électrisation.	une électrocution.	un incendie.
25	Le sens conventionnel du courant…	sort de la borne positive et rentre par la borne négative du générateur par l'extérieur.	sort de la borne positive et rentre par la borne négative du générateur par l'intérieur.	sort de la borne négative et rentre par la borne positive du générateur par l'extérieur.

Les circuits électriques en courant continu – Étude qualitative		A	B	C
26	Un matériau qui laisse passer le courant est…	un condensateur.	un isolant.	un conducteur.
27	Une pile est symbolisée par :	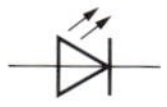		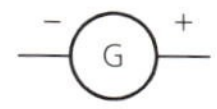
28	Une lampe est symbolisée par :	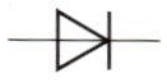	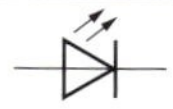	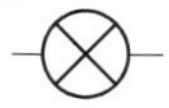
29	Une lampe grillée équivaut à…	un interrupteur fermé.	un circuit ouvert.	un circuit fermé.
30	Un circuit série est représenté par le(s) montage(s) :	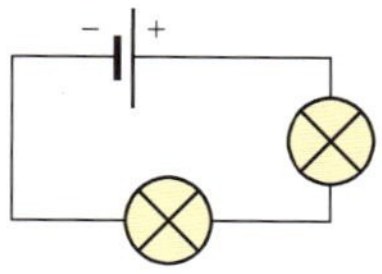	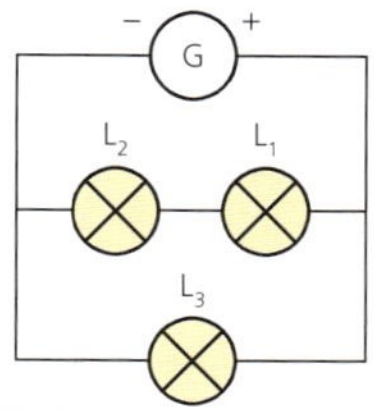	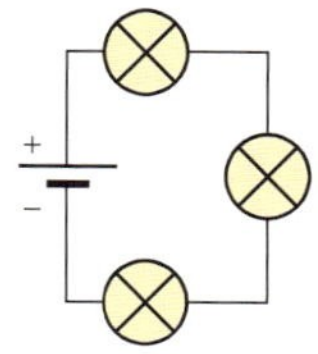
31	Un circuit avec une dérivation est un circuit comportant…	une boucle contenant le générateur.	deux boucles contenant le générateur.	trois boucles contenant le générateur.
32	Une installation domestique est constituée d'appareils électriques…	en série.	en dérivation.	branchés les uns à la suite des autres.
33	Le schéma normalisé ci-dessous est identique à : 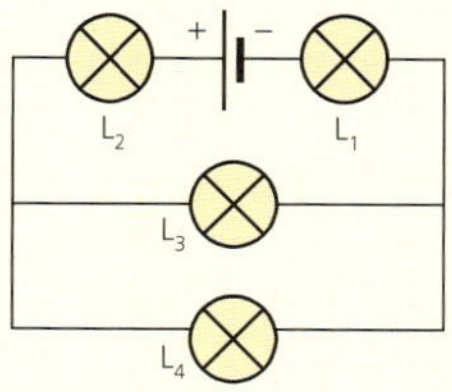	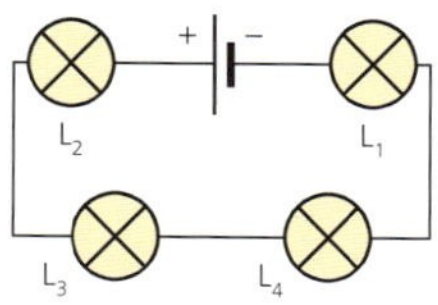	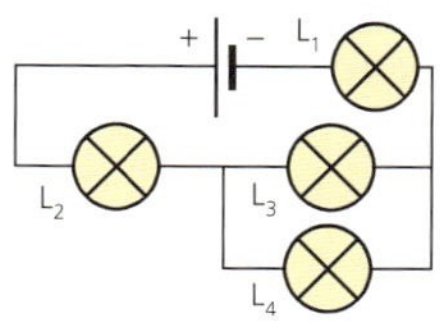	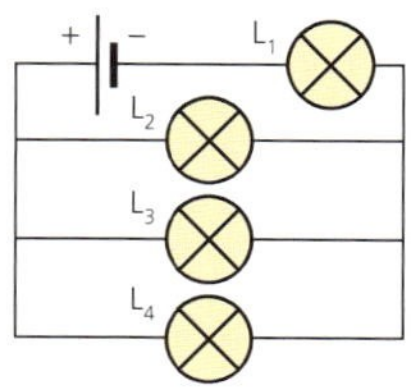

La lumière : sources et propagation rectiligne		A	B	C
34	Une source lumineuse produisant sa propre lumière est appelée…	objet diffusant.	source secondaire.	source primaire.
35	Un objet diffusant peut être…	Mars.	un laser.	une fraise.
36	Le rayon lumineux est représenté par :			
37	Pour voir un objet, il faut que…	l'œil envoie de la lumière sur l'objet.	l'objet soit éclairé et que la lumière diffusée rentre dans l'œil.	l'œil soit éclairé.
38	Une ombre est une zone qui…	reçoit très peu de lumière.	reçoit de la lumière.	ne reçoit pas de lumière.
39	Le cône d'ombre est…	la zone derrière un objet éclairé.	une zone dans laquelle on ne voit pas la source lumineuse.	la zone non éclairée d'un objet qui reçoit de la lumière.
40	La Terre tourne…	sur elle-même en 24 heures.	autour du Soleil en un mois.	autour du Soleil en une année.
41	La Lune tourne…	sur elle-même en un mois.	sur elle-même en 24 heures.	autour de la Terre en un mois.
42	La nouvelle lune est représentée par :			
43	Une éclipse de Lune est représentée par le schéma :	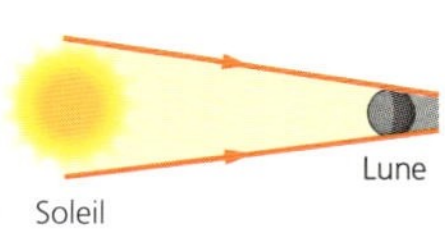	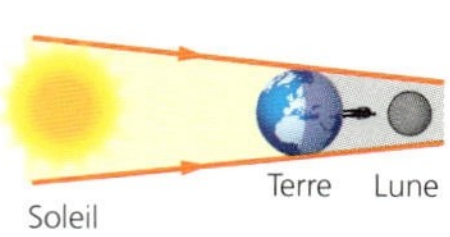	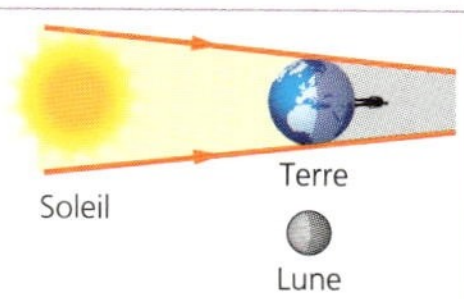

Livret des corrigés p. 32

Dictées

▸ L'orthographe des mots en *italiques* peut être donnée.

Aide
Pour réviser les emplois et les temps de l'indicatif, revoir la leçon 17, p. 38. Repérer le seul verbe employé au présent du conditionnel.

1 Une vie de labeur

Elle connut les gros travaux du ménage, les odieuses besognes de la cuisine. Elle lava la vaisselle, usant ses ongles roses sur les poteries grasses et le fond des casseroles. Elle savonna le linge sale, les chemises et les torchons, qu'elle faisait sécher sur une corde; elle descendit à la rue, chaque matin, les ordures, et monta l'eau, s'arrêtant à chaque étage pour souffler. Et, vêtue comme une femme du peuple, elle alla chez le fruitier, chez l'épicier, chez le boucher, le panier au bras, marchandant, injuriée, défendant sou à sou son misérable argent.
Il fallait chaque mois payer des billets, en renouveler d'autres, obtenir du temps.
Le mari travaillait, le soir, à mettre au net les comptes d'un commerçant, et la nuit, souvent, il faisait de la copie à cinq sous la page.
Et cette vie dura dix ans.

Guy de Maupassant, *La Parure*, 1884.

Conseil
Attention aux accords des adjectifs et des participes passés, (leçons 13 et 14, p. 30 et 32).

2 Après l'incendie

Robinson regardait autour de lui d'un air hébété, et machinalement il se mit à ramasser les objets que la grotte avait vomis avant de se refermer. Il y avait des hardes déchirées, un mousquet au canon tordu, des fragments de poterie, des sacs troués, des couffins crevés. Il examinait chacune des ces épaves et allait la placer délicatement au pied du cèdre géant. [...] Ils allèrent ensemble se laver dans la mer, puis ils dînèrent d'un ananas sauvage – et Robinson se souvint que c'était la première nourriture qu'il eût prise dans l'île le lendemain de son naufrage. Ne sachant pas où dormir, ils s'étendirent tous deux sous le grand cèdre, parmi leurs reliques. Le ciel était clair, mais une forte brise nord-ouest tourmentait la cime des arbres. Pourtant les lourdes branches du cèdre ne participaient pas au *palabre* de la forêt, et Robinson, étendu sur le dos, voyait leur silhouette immobile et dentelée se découper à l'encre de Chine au milieu des étoiles.

D'après Michel Tournier, *Vendredi ou les limbes du Pacifique*, © Éditions Gallimard, 1967.

Aide
Le narrateur est une femme, penser aux accords.

3 Premiers souvenirs

De mes premières années, je ne retrouve guère qu'une impression confuse: quelque chose de rouge, et de noir, et de chaud. L'appartement était rouge, rouges la moquette, la salle à manger Henri II, la soie gaufrée qui masquait les portes vitrées, et dans le cabinet de papa les rideaux de velours; les meubles de cet antre sacré étaient en poirier noirci; je me blottissais dans la niche creusée sous le bureau, je m'enroulais dans les ténèbres; il faisait sombre, il faisait chaud et le rouge de la moquette criait dans mes yeux. Ainsi se passa ma toute petite enfance. Je regardais, je palpais, j'apprenais le monde, à l'abri.

Simone de Beauvoir, *Mémoires d'une jeune fille rangée*, © Éditions Gallimard, 1958.

Astuce
Faire particulièrement attention aux finales en -é: s'agit-il d'un adjectif, d'un participe passé ou d'un infinitif?

4 Scène familiale

Une porte de cette salle à manger était grande ouverte. On entendait dans la pièce attenante jouer du piano. *Meaulnes* avança curieusement la tête. C'était une sorte de petit salon-parloir; une femme ou une jeune fille, un grand manteau marron jeté sur ses épaules, tournait le dos, jouant très doucement des airs de rondes ou de chansonnettes. Sur le divan, tout à côté, six ou sept petits garçons et petites filles rangés comme sur une image, sages comme le sont les enfants lorsqu'il se fait tard, écoutaient. De temps en temps seulement, l'un d'eux, *arc-bouté* sur les poignets, se soulevait, glissait à terre et passait dans la salle à manger: un de ceux qui avaient fini de regarder les images venait prendre sa place.

Alain-Fournier, *Le Grand Meaulnes*, 1913.

Aide
Revoir la conjugaison du présent de l'indicatif, (leçon 17, p. 38.)

Conseil
Identifier un adverbe en *-ment*. Quelle est sa construction ? Revoir la Méthode p. 36.

5 La bergère flamande

La bergère flamande, qui fume comme un bain de pieds, a retrouvé sa dignité de louve apprivoisée, son sérieux faux et courtois. D'une oreille, elle écoute le chuchotement de la neige au long des volets clos, de l'autre elle guette le tintement des cuillères dans l'office. Son nez effilé palpite, et ses yeux couleur de cuivre, ouverts droit sur le feu, bougent incessamment, de droite à gauche, de gauche à droite, comme si elle lisait... J'étudie, un peu défiante, cette nouvelle venue, cette chienne féminine et compliquée qui garde bien, rit rarement, se conduit en personne de sens et reçoit les ordres, les réprimandes sans mot dire, avec un regard impénétrable et plein d'arrière-pensées... Elle sait mentir, voler – mais elle crie, surprise, comme une jeune fille effarouchée et se trouve presque mal d'émotion. Où prit-elle, cette petite louve au rein bas, cette fille des champs *wallons*, sa haine des gens mal mis et sa réserve aristocratique ? Je lui offre sa place à mon feu et dans ma vie, et peut-être m'aimera-t-elle, elle qui sait déjà me défendre...

Colette, *Les Vrilles de la vigne*, © Éditions Hachette-Livre, 1908.

Conseil
Pour réviser les homophones grammaticaux, revoir la leçon 15, p. 34.

6 Un empereur philosophe

Comme tout le monde, je n'ai à mon service que trois moyens d'évaluer l'existence humaine : l'étude de soi, la plus difficile et la plus dangereuse, mais aussi la plus féconde des méthodes ; l'observation des hommes, qui s'arrangent le plus souvent pour nous cacher leurs secrets ou pour nous faire croire qu'ils en ont ; les livres, avec les erreurs particulières de perspective qui naissent entre leurs lignes. J'ai lu à peu près tout ce que nos historiens, nos poètes, et même nos conteurs ont écrit, bien que ces derniers soient réputés frivoles, et je leur dois peut-être plus d'informations que je n'en ai recueilli dans les situations assez variées de ma propre vie. La lettre écrite m'a enseigné à écouter la voix humaine, tout comme les grandes attitudes immobiles des statues m'ont appris à apprécier les gestes. Par contre, et dans la suite, la vie m'a éclairci les livres.
Mais ceux-ci mentent, et même les plus sincères.

Marguerite Yourcenar, *Mémoires d'Hadrien*, © Éditions Gallimard, 1951.

Astuce
Seul un verbe est conjugué au subjonctif imparfait. Ne pas le confondre pas avec le passé simple de l'indicatif ! Bien distinguer aussi le futur de l'indicatif et le présent du conditionnel. Revoir la Méthode p. 44.

7 L'hospitalité grecque

À l'époque où je la parcourus ainsi à pied ou à mulet, dans ces provinces du sud et de l'ouest, peu d'étrangers s'aventuraient dans ces régions arides, totalement dépourvues de la moindre infrastructure touristique, comme on dit aujourd'hui. La seule infrastructure qui existait alors, en matière de logement et nourriture, c'était au hasard des rencontres et des villages, l'hospitalité de la *Crète* elle-même. Mais bien qu'elle fût toujours spontanée, il fallait aussi, d'une certaine façon, la provoquer, ou en tout cas la justifier. Car être reçu dans une maison est une chose, devenir pour un soir un hôte véritable et un ami en est une autre. Il est difficile de définir avec précision les frontières séparant ce que j'appellerai l'hospitalité rituelle – celle que l'on reçoit par principe dès que l'on se trouve dans un village grec ou crétois dépourvu d'hôtel – de l'hospitalité réelle, celle que l'on vous propose parce que l'on tient à vous avoir, à vous garder. Passer de l'une à l'autre, devenir hôte recherché après n'avoir été qu'hôte recueilli, ne dépend plus que de vous-même.

Jacques Lacarrière, *L'Été grec*, © Éditions Plon-Perrin, 1976.

Conseil
Réviser la formation des adverbes en *-ment* (leçon 16, p. 36) et revoir les homophones grammaticaux (leçon 15, p. 34).

8 La richesse des détails

En ce temps de vacances, le monde est plein de gens qui courent d'un spectacle à l'autre, évidemment avec le désir de voir beaucoup de choses en peu de temps. Si c'est pour en parler, rien de mieux ; car il vaut mieux avoir plusieurs noms de lieux à citer ; cela remplit le temps. Mais si c'est pour eux, et pour réellement voir, je ne les comprends pas bien. Quand on voit les choses en courant, elles se ressemblent beaucoup. Un torrent, c'est toujours un torrent. Ainsi celui qui parcourt le monde à toute vitesse n'est guère plus riche de souvenirs à la fin qu'au commencement. La vraie richesse des spectacles est dans le détail. Voir, c'est parcourir les détails, s'arrêter un peu à chacun, et, de nouveau, saisir l'ensemble d'un coup d'œil.

Alain, *Propos sur le bonheur*, © Éditions Gallimard, 1925.

> **Aide**
> Quel mode suit une proposition circonstancielle d'hypothèse à l'imparfait ? Revoir leçon 20, p. 44.

9 Moments de plénitude

Et si tu passais en juin, entre les prairies fauchées, à l'heure où la lune ruisselle sur les meules rondes qui sont les dunes de mon pays, tu sentirais, à leur parfum, s'ouvrir ton cœur. Tu fermerais les yeux, avec cette fierté grave dont tu voiles ta volupté, et tu laisserais tomber la tête, avec un muet soupir... Et si tu arrivais, un jour d'été, dans mon pays, au fond d'un jardin que je connais, un jardin noir de verdure et sans fleurs, – si tu regardais bleuir, au lointain, une montagne ronde où les cailloux, les papillons et les chardons se teignent du même azur mauve et poussiéreux, tu m'oublierais, et tu t'assoirais là, pour n'en plus bouger jusqu'au terme de ta vie !

Colette, *Les Vrilles de la vigne*, © Éditions Hachette-Livre, 1908.

> **Conseil**
> Revoir les accords des participes passés et des finales en -é dans la leçon 14, p. 32.

10 Une absence de vocation

Dans ma jeunesse, je n'ai jamais, jamais désiré écrire. Non, je ne me suis pas levée la nuit en cachette pour écrire des vers au crayon sur le couvercle d'une boîte à chaussures ! Non, je n'ai pas jeté au vent d'ouest et au clair de lune des paroles inspirées ! Non, je n'ai pas eu 19 ou 20 pour un devoir de style, entre douze et quinze ans ! Car je sentais, chaque jour mieux, je sentais que j'étais justement faite pour ne pas écrire. Je n'ai jamais envoyé, à un écrivain connu, des essais qui promettaient un joli talent d'amateur ; pourtant, aujourd'hui, tout le monde le fait, puisque je ne cesse de recevoir des manuscrits. J'étais donc bien la seule de mon espèce, la seule mise au monde pour ne pas écrire. Quelle douceur j'ai pu goûter à une telle absence de vocation littéraire ! Mon enfance, ma libre et solitaire adolescence, toutes deux préservées du souci de m'exprimer, furent toutes deux occupées uniquement de diriger leurs subtiles antennes vers ce qui se contemple, s'écoute, se palpe et se respire.

Colette, *Journal à rebours*, 1941, © Éditions Fayard,1974.

> **Conseil**
> Pour réviser les homophones grammaticaux revoir la leçon 15, p. 34.

11 L'œuvre du temps

C'était la vraie beauté, – la beauté insolente, joyeuse, impériale, *juanesque** enfin ; le mot dit tout et dispense de la description ; et – avait-il fait un pacte avec le diable ? – il l'avait toujours... Seulement, Dieu retrouvait son compte ; les griffes de tigre de la vie commençaient à lui rayer ce front divin, couronné des roses de tant de lèvres, et sur ses larges tempes impies apparaissaient les premiers cheveux blancs qui annoncent l'invasion prochaine des Barbares et la fin de l'Empire... Il les portait, du reste, avec l'impassibilité de l'orgueil surexcité par la puissance ; mais les femmes qui l'avaient aimé les regardaient parfois avec mélancolie. Qui sait ? elles regardaient peut-être l'heure qu'il était pour elles à ce front ? Hélas, pour elles comme pour lui, c'était l'heure du terrible souper avec le froid Commandeur de marbre blanc, après lequel il n'y a plus que l'enfer, – l'enfer de la vieillesse, en attendant l'autre !

Jules Barbey d'Aurevilly, *Les Diaboliques*, 1874.

* Juanesque : digne d'un Dom Juan, un séducteur.

> **Astuce**
> Relever un verbe à l'impératif et un verbe au subjonctif présent.

> **Conseil**
> Revoir la conjugaison du subjonctif dans la leçon 21, p. 46.

12 Une déclaration d'amour

Que veux-tu que je t'écrive ? Que veux-tu que je te dise ? Je suis plein de toi. Depuis plus de onze ans, n'as-tu pas mon souffle, mon sang, ma vie ? Que puis-je t'apprendre que tu ne saches ? N'es-tu pas au commencement et à la fin de toutes mes pensées ? Ô ma bien-aimée, il me semble que tu es devenue moi-même, et que quand je te parle, je parle à mon âme. – Lis donc ce qui est en moi et vois comme je t'aime. Tu as été longtemps ma joie ; maintenant tu es ma consolation. Ton regard est si charmant, ton sourire est si ineffable et si doux, tu répands autour de toi un tel rayonnement de grâce, de dévouement et d'amour que j'oublie mon deuil et que je sors de ma nuit en te regardant ! Tout frappé et tout brisé que je suis, il me semble, quand je suis près de toi, qu'il peut encore entrer un peu de lumière dans mes yeux et un peu de bonheur dans mon âme ! – Je t'aime, mon pauvre ange ! Tu as tous les trésors qu'une femme peut avoir dans le cœur et dans l'esprit.

Lettre de Victor Hugo à Juliette Drouet, automne 1835.

Conseil
Pour réviser les conjugaisons de l'indicatif présent et du conditionnel présent, revoir les leçons 17 et 20, p. 38 et 44.

13 Le paradis d'enfance

J'appartiens à un pays que j'ai quitté. Tu ne peux empêcher qu'à cette heure s'y épanouisse au soleil toute une chevelure embaumée de forêts.
Rien ne peut empêcher qu'à cette heure l'herbe profonde y noie le pied des arbres, d'un vert délicieux et apaisant dont mon âme a soif... Viens, toi qui l'ignores, viens que je te dise tout bas : le parfum des bois de mon pays égale la fraise et la rose ! Tu jugerais, quand les taillis de ronces y sont en fleurs, qu'un fruit mûrit on ne sait où – là-bas, ici, tout près – un fruit insaisissable qu'on aspire en ouvrant les narines. Tu jugerais, quand l'automne pénètre et meurtrit les feuillages tombés, qu'une pomme trop mûre vient de choir, et tu la cherches, et tu la flaires, ici, là-bas, tout près...

Colette, *Les Vrilles de la vigne*, © Éditions Hachette-Livre, 1908.

Conseil
Pour préparer la dictée : chercher les mots *philtre*, *nef*, *félon*, *vil*, *vassal* dans le dictionnaire. Réviser l'imparfait de l'indicatif et les finales en -é.

14 Le philtre d'amour

La nef cinglait vers *Tintagel*. Il semblait à *Tristan* qu'une ronce vivace, aux épines aiguës, aux fleurs odorantes, poussait ses racines dans le sang de son cœur et par de forts liens enlaçait au beau corps d'*Iseut* son corps et toute sa pensée, et tout son désir. Il songeait : « Félons qui m'accusiez de convoiter la terre du roi Marc, ah ! je suis plus vil encore, et ce n'est pas sa terre que je convoite ! Bel oncle, qui m'avez aimé orphelin avant même de reconnaître le sang de votre sœur *Blanchefleur*, vous qui me pleuriez tendrement tandis que vos bras me portaient jusqu'à la barque sans rames ni voile, bel oncle, que n'avez-vous, dès le premier jour, chassé l'enfant errant venu vous trahir ? Ah ! qu'ai-je pensé ? Iseut est votre femme, et moi votre vassal. Iseut est votre femme, et moi votre fils. Iseut est votre femme, et ne peut pas m'aimer.

Le Roman de Tristan et Iseut, adaptation de Joseph Bédier, coll. « Œuvres et thèmes », © Éditions Hatier, 2004.

Astuce
Pour éviter les erreurs d'accord sujet / verbe, posez-vous les bonnes questions : qui est le sujet ? qui fait quoi ?

15 Une dangereuse rêverie

Je pouvais m'y abandonner à la contemplation des eaux glissantes et silencieuses dont le mouvement me fascinait... Je perdis la notion du temps, du lieu et de moi-même, et je ne savais plus qui s'en allait, de ma barque ou de la rivière. Fuyait-elle, ou était-ce moi qui merveilleusement, sans rames, la remontais ? Dieu sait comment je m'étais détaché du rivage, et déjà je voyais s'éloigner les quatre pilotis de la cabane... Ils s'éloignaient... S'éloignaient-ils ?... Brusquement je revins à moi. Où étais-je ? Entre la barque et la cabane, la corde était tombée. Pris dans un courant invisible je partais à la dérive. J'essayai de saisir, au passage, une branche ; mais elle m'échappa. Sans secousse, insensiblement, je m'éloignais du bord. Le froid de la peur me glaçait. Car l'eau, d'abord paisible, entrait dans le courant à mesure que j'avançais, et je voyais, sur moi, venir l'immense nappe de la rivière avec rapidité. Elle était tout entière en marche, et sa masse profonde m'entraînait vers ce récif dressé à la pointe de file où les flots se brisaient en bouillonnant.

Henri Bosco, *L'Enfant et la Rivière*, © Éditions Gallimard, 1945.

Conseil
Attention aux accords des adjectifs. Chercher les mots : *taciturne*, *fiacre*, *essieux*, *physionomie* dans le dictionnaire.

16 Un trajet oppressant

Ils montaient, cahotés dans un fiacre, la rue de *Vaugirard*. Mme *Chantelouve* s'était *rencoignée* et ne soufflait mot. *Durtal* la regardait lorsque, passant devant un réverbère, une courte lueur courait puis s'éteignait sur sa voilette. Elle lui semblait agitée et nerveuse sous des dehors muets. Il lui prit la main qu'elle ne retira pas, mais il la sentait glacée sous son gant et ses cheveux blonds lui parurent, ce soir-là, en révolte et moins fins que d'habitude et secs. Nous approchons, ma chère amie ? — Mais, d'une voix angoissée et basse, elle lui dit : — Non, ne parlez pas. — Et, très ennuyé de ce tête-à-tête taciturne, presque hostile, il se remit à examiner la route par les carreaux de la voiture.
La rue s'étendait, interminable, déjà déserte, si mal pavée que les essieux du fiacre criaient, à chaque pas ; elle était à peine éclairée par des becs de gaz qui se distançaient de plus en plus, à mesure qu'elle s'allongeait vers les remparts. Quelle singulière équipée ! se disait-il, inquiété par la physionomie froide, rentrée de cette femme.
Enfin, le véhicule tourna brusquement dans une rue noire, fit un coude et s'arrêta.

Huysmans, *Là-bas*, 1891.

Index de Français

Index de Mathématiques

Index d'Histoire-Géographie-Éducation civique

Index d'Anglais

Index de SVT

Index de Physique-Chimie

Crédits iconographiques

Couverture iStockphoto / Thinkstock. **Français** **31** Musée d'Orsay, Paris / Giraudon / The Bridgeman Art Library; **61** © QA International, 2003. Tous droits réservés. **Histoire** **124** BNF, Paris; **125** Archives Nationales; **126a** Peter Willi / Réunion des musées nationaux; **126b** Luisa Ricciarini / Leemage; **126cd** Photo Josse / Leemage; **128c** iStockphoto / Thinkstock; **129a** J.D. Dallet / Age Fotostock; **135b** Dagli Orti / Musée de la Marine, Lisbonne / Gianni Dagli Orti; **136** iStockphoto / Thinkstock; 137a Photo Josse / Leemage; **137b** Musée du Louvre, Paris / Giraudon / The Bridgeman Art Library ; **138a** National Library of Australia; **138b** The British Library / Robana / Leemage; **141** Collection Jonas / Kharbine-Tapabor; **143** BNF, Paris; **147b** Alberto Cesar Araújo / Greenpeace; **149** Bernard Foubert / Photononstop; **150** © Sylvie Brunel; **154** Environmental Images / Universal Images Group / Age Fotostock; **161** Greenpeace; **166** Licra (photo Yann Robert, direction artistique Pascale Gayraud, direction créative Olivier Altmann); **168** Giraudon / The Bridgeman Art Library; **170a** Delius / Leemage; **170b** Gusman / Leemage; **170c** Assurance Maladie; **170d** Droit au logement opposable; **173a** © J.L. Martin-Dreal / Pays de la Loire. **SVT** **197** Elena Aliaga / Thinkstock; **198** Pavlo Tyschuk / Thinkstock; **199a** Reto Kunz / Thinkstock; **199b** Mats Bergström / Thinkstock; **199c** Anup Shah / Thinkstock; **199d** Kerstin Klaassen / Thinkstock; **199e** Tatiana Ivkovich / Thinkstock; **199f** Yin Chern Ng / Thinkstock; **199g** Brent Riegsecker / Thinkstock; **199h** J.-P. Saussez / Jacana / Gamma-Rapho; **201** Marcel Mayer / Thinkstock; **203** Thinkstock LLC; 205ab Michel Brauner / ISM; 209 Sovereign / ISM; 211 Athénaïs / ISM; 212a Elena Petrova / Thinkstock; **212b** Hsing-Wen Hsu / Thinkstock; **213a** AlbertoLoyo / Thinkstock; **213b** Vladimir Melnik / Thinkstock; **213c** Hervé Conge / ISM; **215a** Pere Sanz / Thinkstock; **215b** Livio Landi / Thinkstock; **216** Jean-Claude Révy / ISM; **217abc** Hervé Conge / ISM; **217d** Jean-Claude Révy / ISM; **219** Georgiy Shpade / Thinkstock. **Physique-Chimie** **211ab** Christophe Michel / Paxal image / Belin; **223a** J.-M. Cheminée; **223b** Christophe Michel / Paxal image / Belin; **224**, **225** J.-M. Cheminée; **227**, **230ab**, **231ab** Christophe Michel / Paxal image / Belin; **233** J.-M. Cheminée; **237abcd** Christophe Michel / Paxal image / Belin; **243a** Mélanie Joubel; **243b** Christophe Michel / Paxal image / Belin; **243c** J.-M. Cheminée; **243d** Nasa. **Fiche Mémo 10 recto** **a** Susana Guzmān Martinez / Thinkstock; **b** Dorling Kindersley / Thinkstock; **c** BNF, Paris, Manuscrits occidentaux, Fr. 6465, Folio 174; **10 verso** **a** Gallerie des Offices, Florence / Giraudon / The Bridgeman Art Library ; **bc** Photos.com / Thinkstock.

DR : malgré nos recherches, nous n'avons pas réussi à joindre certains photographes, auteurs, éditeurs ou leurs ayants droit pour solliciter leur autorisation de reproduction. Nous avons donc réservé en comptabilité des droits usuels.

Infographies : STDI (sauf 123ab, 128ab et 129b Édigraphie ; 152abcd et fiche Mémo 10 Hugo Map)

Cartographie : Édigraphie

Illustrations : Laetitia Ayné (pages 174 à 195 et 256)

Imprimé en Italie
N° d'édition : 006516-01 - Dépôt légal : juin 2013

1 Fiche Français — Les classes grammaticales

Type	Classe grammaticale	Exemples	Définition
Variable	Nom	*garçon, fille, oiseau, nature, table,… France, Seine, Pyrénées, Marie…*	Un nom peut être commun ou propre : il désigne un être, une chose, une idée.
	Déterminant	*un, une, des, le, la, les, ce, cet, ces, mon, ma, ton, sa, ses, nos, leurs…*	Un déterminant introduit un nom et forme avec lui un groupe nominal.
	Adjectif qualificatif	*gentil, méchant, riche, pauvre, grand, petit, beau, laid…*	Un adjectif qualificatif donne des détails sur le nom auquel il se rapporte.
	Pronom	*je, tu, il, elle, nous, vous, ils, elles, on, le, qui, que, le mien…*	Un pronom remplace un nom ou un groupe nominal.
	Verbe	*chanter, voler, finir, courir, manger, dormir, boire…*	Un verbe est le mot noyau d'une phrase qui indique une action ou un état.
Invariable	Adverbe	*alors, demain, avant, après, gentiment, doucement, derrière…*	Un adverbe sert à compléter un verbe, un adjectif, un autre adverbe ou une proposition.
	Préposition	*à, de, par, pour, sur, dans, avec, chez, en, à côté de, près de…*	Une préposition introduit ou relie un complément.
	Conjonction de coordination	*mais, ou, et, donc, or, ni, car*	Une conjonction de coordination relie deux mots, groupes de mots ou propositions de même fonction dans une phrase.
	Conjonction de subordination	*que, parce que, puisque, si, quand, dès que, comme…*	Une conjonction de subordination relie une proposition subordonnée à une proposition principale.

3 Fiche Français — Lexique

Antécédent : mot placé avant un pronom relatif dans une proposition subordonnée relative.

Antonyme : mot de sens opposé (*beau / laid*).

Auxiliaire : partie d'un verbe conjugué à un temps composé (*être* ou *avoir*).

Césure : coupe rythmique au milieu d'un alexandrin, le séparant en deux hémistiches. *Et le combat cessa /, faute de combattants* (Corneille).

Champ lexical : dans un texte, ensemble de mots se rapportant à un même thème.

Chanson de geste : texte du Moyen Âge à dimension épique, dit à voix haute par un troubadour et dans lequel sont relatés les exploits d'un héros aux qualités exceptionnelles. *Exemple : La Chanson de Roland.*

Comédie : pièce destinée à faire rire le spectateur. Elle met en scène des bourgeois et se termine bien.

Dénouement : scène finale d'une pièce de théâtre.

Énonciation : fait d'émettre un message, écrit ou oral, communication.

Épopée : long poème narratif évoquant les exploits d'un héros aux qualités exceptionnelles (*L'Iliade, l'Odyssée,* etc.).

Étymologie : origine des mots.

Fable : poème narratif à visée morale.

Fabliau : texte narratif médiéval à visée satirique mettant en scène des personnages populaires.

Fonction : rôle d'un mot dans la phrase. À ne pas confondre avec la nature d'un mot qui ne varie jamais.

Hémistiche : en poésie, moitié d'alexandrin (voir Césure).

Homonymes : mots de formes identiques mais de sens différents. On distingue les homophones (ils s'entendent de la même façon : *ver, vers, vair*) et les homographes (ils s'écrivent, mais ne s'entendent pas nécessairement de la même façon : *le président, ils président*).

Incipit : début d'un récit.

Indices d'énonciation : marques de communication (pronoms personnels, adverbes de temps, marqueurs d'expressivité, etc.).

6 Fiche Maths — Calculatrices

	CASIO fx-92 Collège 2D+	TI Collège Solaire +
Résultat Afficher le résultat d'une opération	Saisir l'opération [EXE]	Saisir l'opération [entrer]
Fraction Saisir une fraction $\frac{a}{b}$	Saisir le nombre a [illegible] Saisir le nombre b [▼]	Saisir le nombre a [$\frac{n}{d}$] Saisir le nombre b [▼]
Transformation d'affichage Passer d'une écriture fractionnaire à une écriture décimale, et inversement	[S⇔D]	[◄►]
Division euclidienne Déterminer le quotient Q et le reste R de deux entiers a et b	Saisir l'entier a [⌐] Saisir l'entier b [EXE]	Saisir l'entier a [2nde] [÷] Saisir l'entier b [entrer]
Carré Calculer le carré d'un nombre a	Saisir le nombre a [x^2] [EXE]	Saisir le nombre a [x^2] [entrer]

8 Fiche Maths — Aires et volumes

Dans le plan

Rectangle

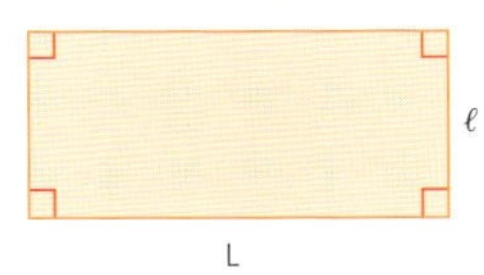

Périmètre $\mathcal{P} = 2L + 2\ell$

Aire $\mathcal{A} = L \times \ell$

Carré

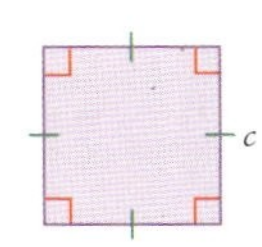

Périmètre $\mathcal{P} = 4c$

Aire $\mathcal{A} = c^2$

Triangle

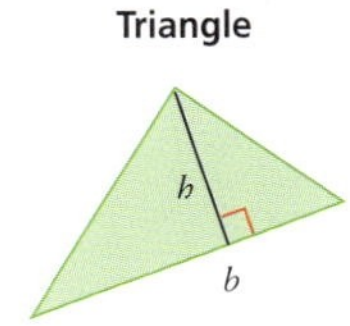

Périmètre $\mathcal{P} = a + b + c$

Aire $\mathcal{A} = \dfrac{b \times h}{2}$

Disque

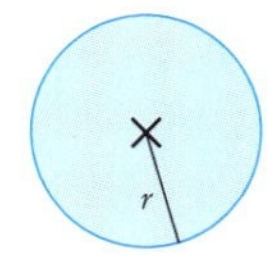

Périmètre $\mathcal{P} = 2\pi r$

Aire $\mathcal{A} = \pi r^2$

Parallélogramme

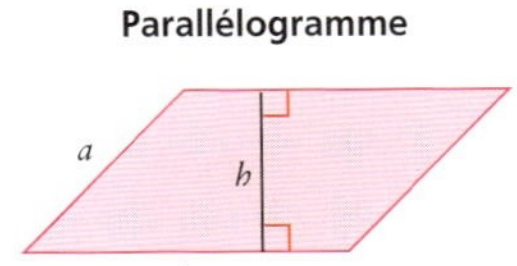

Périmètre $\mathcal{P} = 2(a + b)$

Aire $\mathcal{A} = b \times h$

Losange

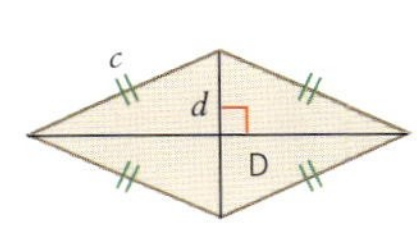

Périmètre $\mathcal{P} = 4c$

Aire $\mathcal{A} = \dfrac{D \times d}{2}$

Mode : en conjugaison, moyen d'envisager les faits. On distingue les modes personnels (indicatif, conditionnel, subjonctif et impératif) et les modes non personnels (infinitif, gérondif et participe).

Narrateur : être d'encre et de papier qui raconte l'histoire.

Nature : catégorie grammaticale d'un mot, elle ne varie jamais (voir Fonction).

Noyau : mot pivot qui va donner sa nature au groupe constitué autour de lui. « La reine blanche comme lys » est un groupe nominal car son noyau est le nom « reine ».

Préfixe : partie du mot placée devant le radical qui en modifie le sens. Exemple : in-tolérable.

Présent de narration : dans un récit au passé, il surprend le lecteur, là où l'on attend un passé simple. Exemple : Nous regardions la télévision lorsque tout à coup, une coupure de courant survient.

Proposition : dans une phrase, plus petit ensemble cohérent autour d'un verbe conjugué.

Prose : texte non versifié.

Radical : racine du mot, à laquelle on peut ajouter des préfixes ou des suffixes. C'est le radical qui donne son sens au mot.

Réplique : paroles que s'échangent les personnages de théâtre.

Roman courtois : roman médiéval d'amour et de chevalerie.

Satire : critique par le rire.

Scène d'exposition : première scène au théâtre. Elle se rapproche de l'incipit dans un récit.

Sonnet : poème de deux quatrains et de deux tercets apparu à la Renaissance. Les rimes sont identiques dans les quatrains (forme et disposition).

Suffixe : partie d'un mot placée à la fin qui modifie la nature du mot.

Synonymes : mots de sens très proches. Exemple : voiture, automobile, bagnole, tacot…

Tragédie : pièce destinée à émouvoir le spectateur. Elle met en scène des personnages nobles ou mythologiques luttant contre des forces qui les dépassent. Elle se termine mal.

2 Fiche Français — Les principales fonctions

	Fonctions	Exemples	Définitions
Dans la phrase	Sujet	***Le chien** mange.*	Le sujet désigne l'être ou la chose qui fait l'action exprimée par le verbe à la voix active.
	Attribut du sujet	*Le chien est **maigre**.*	L'attribut du sujet caractérise le sujet ; il est introduit par un verbe d'état (*être*, *sembler*…) ou *s'appeler*, *se nommer*…
	Complément d'agent	*L'os est rongé **par le chien**.*	Le complément d'agent désigne l'être ou la chose qui fait l'action exprimée par le verbe à la voix passive, il est introduit par *par*.
	Complément d'objet direct	*Le chien aime **son maître**.*	Le COD complète le verbe directement, sans préposition.
	Complément d'objet indirect	*Le chien joue **à la balle**.*	Le COI complète le verbe indirectement à l'aide d'une préposition.
	Complément circonstanciel	*Le maître et son chien se promènent **dans la forêt**.*	Le CC précise les circonstances de l'action (temps, lieu, manière…).
Dans le groupe nominal	Épithète	*Un chien **méchant**.*	Une épithète est une fonction de l'adjectif. Il se rapporte au nom.
	Complément du nom	*Un chien **de race**.*	Le complément du nom précise le sens d'un autre nom à l'aide d'une préposition.
	Apposition	*Milou, **le chien**, s'endort.* *Milou, **qui est le chien de Tintin**, s'endort.* *Milou, **très gentil**, s'endort.*	Une apposition est une fonction du nom, du GN, du pronom ou d'une proposition subordonnée relative. Elle correspond à une fonction d'attribut.

Dans l'espace

Parallélépipède rectangle

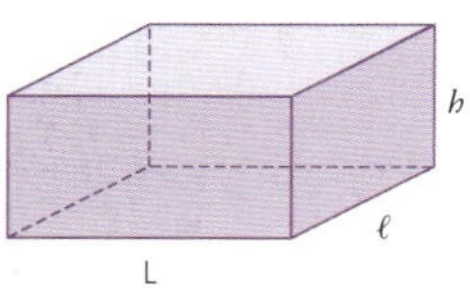

Volume $\mathcal{V} = L \times \ell \times h$

Cube

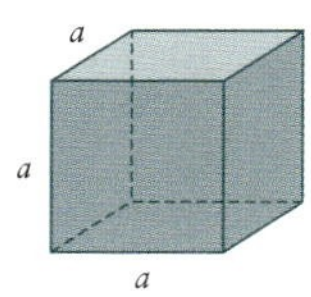

Volume $\mathcal{V} = a \times a \times a = a^3$

Prisme droit

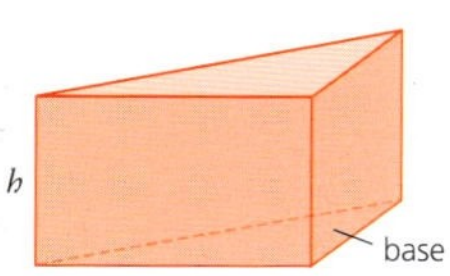

Aire latérale $\mathcal{A} = \mathcal{P}_{base} \times h$

Volume $\mathcal{V} = \mathcal{A}_{base} \times h$

Cylindre de révolution

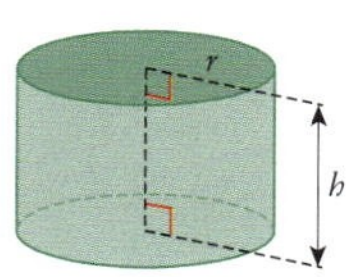

Aire latérale $\mathcal{A} = 2\pi r h$

Volume $\mathcal{V} = \pi r^2 h$

7 Fiche Maths — Nombres et Calculs

■ Fractions

Addition

1. Réduire les fractions au même dénominateur.
2. Additionner les numérateurs.
3. Garder le dénominateur commun.

$$\frac{a}{c} + \frac{b}{c} = \frac{a+b}{c} \quad (c \neq 0)$$

Soustraction

1. Réduire les fractions au même dénominateur.
2. Soustraire les numérateurs.
3. Garder le dénominateur commun.

$$\frac{a}{c} - \frac{b}{c} = \frac{a-b}{c} \quad (c \neq 0)$$

Multiplication

1. Multiplier les numérateurs entre eux.
2. Multiplier les dénominateurs entre eux.

$$\frac{a}{c} \times \frac{b}{d} = \frac{a \times b}{c \times d} \quad (c \neq 0 \text{ et } d \neq 0)$$

■ Développement

Pour tous nombres relatifs a, b, c, d et k :

$k(a + b) = ka + kb$

$k(a - b) = ka - kb$

4 Fiche Français — Conjuguer l'auxiliaire *être*

INDICATIF

présent	imparfait	futur	passé simple
je suis	j'étais	je serai	je fus
tu es	tu étais	tu seras	tu fus
il est	il était	il sera	il fut
nous sommes	nous étions	nous serons	nous fûmes
vous êtes	vous étiez	vous serez	vous fûtes
ils sont	ils étaient	ils seront	ils furent

passé composé	passé antérieur	plus-que-parfait	futur antérieur
j'ai été	j'eus été	j'avais été	j'aurai été
tu as été	tu eus été	tu avais été	tu auras été
il a été	il eut été	il avait été	il aura été
nous avons été	nous eûmes été	nous avions été	nous aurons été
vous avez été	vous eûtes été	vous aviez été	vous aurez été
ils ont été	ils eurent été	ils avaient été	ils auront été

CONDITIONNEL		SUBJONCTIF	
présent	**passé**	**présent**	**passé**
je serais	j'aurais été	que je sois	que j'aie été
tu serais	tu aurais été	que tu sois	que tu aies été
il serait	il aurait été	qu'il soit	qu'il ait été
nous serions	nous aurions été	que nous soyons	que nous ayons été
vous seriez	vous auriez été	que vous soyez	que vous ayez été
ils seraient	ils auraient été	qu'ils soient	qu'ils aient été

SUBJONCTIF		IMPÉRATIF	PARTICIPE
imparfait	**plus-que-parfait**	**présent**	**présent**
que je fusse	que j'eusse été	sois	étant
que tu fusses	que tu eusses été	soyons	
qu'il fût	qu'il eût été	soyez	
que nous fussions	que nous eussions été	**passé**	**passé**
que vous fussiez	que vous eussiez été	aie été	ayant été
qu'ils fussent	qu'ils eussent été	ayons été	
		ayez été	

10 Fiche Histoire — Repères chronologiques

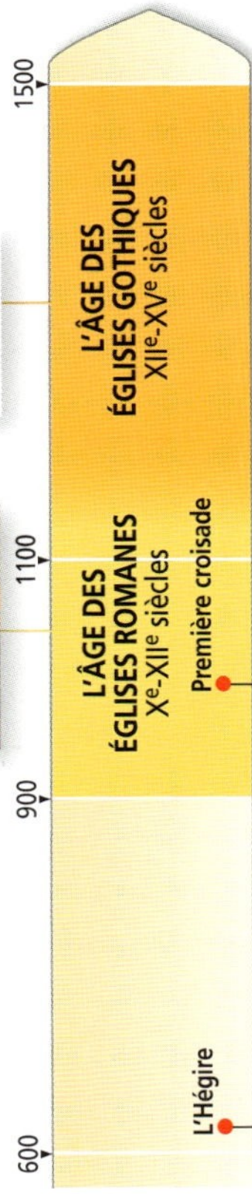

En 622 Mohammed, fondateur de l'islam en Arabie, doit fuir La Mecque où l'on refuse la nouvelle religion monothéiste.

1096-1099 Cette expédition militaire est lancée par le pape Urbain II dans le but de reprendre Jérusalem aux musulmans.

Il est lié au grand essor de la construction d'églises dans l'Occident chrétien.

Il est lié à l'essor et à l'enrichissement des villes qui construisent de grandes cathédrales.

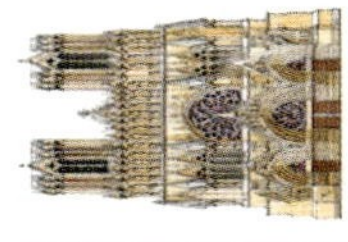

9 Fiche Maths — Géométrie

Symétries

Centrale, de centre O

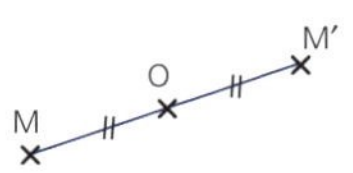

Axiale, d'axe (d)

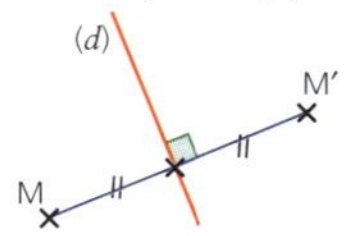

Droites remarquables

Médianes et centre de gravité

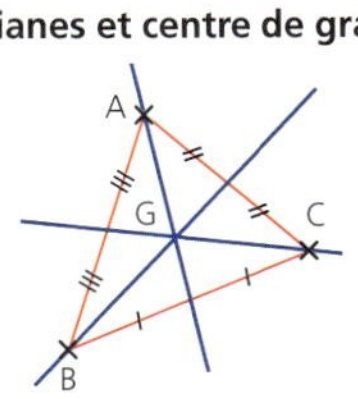

Les trois médianes d'un triangle sont concourantes en un point G appelé le centre de gravité du triangle.

Hauteurs et orthocentre

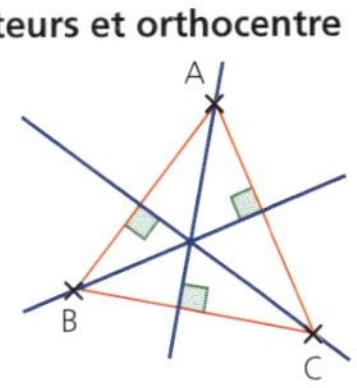

Les trois hauteurs d'un triangle sont concourantes en un point H appelé l'orthocentre du triangle.

Médiatrice et centre du cercle circonscrit

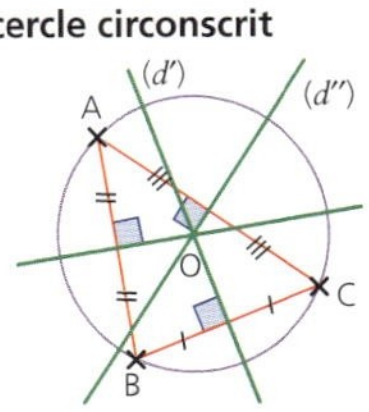

Les trois médiatrices d'un triangle sont concourantes en un point O appelé le centre du cercle circonscrit au triangle.

11 Fiche Géographie — Grands repères terrestres

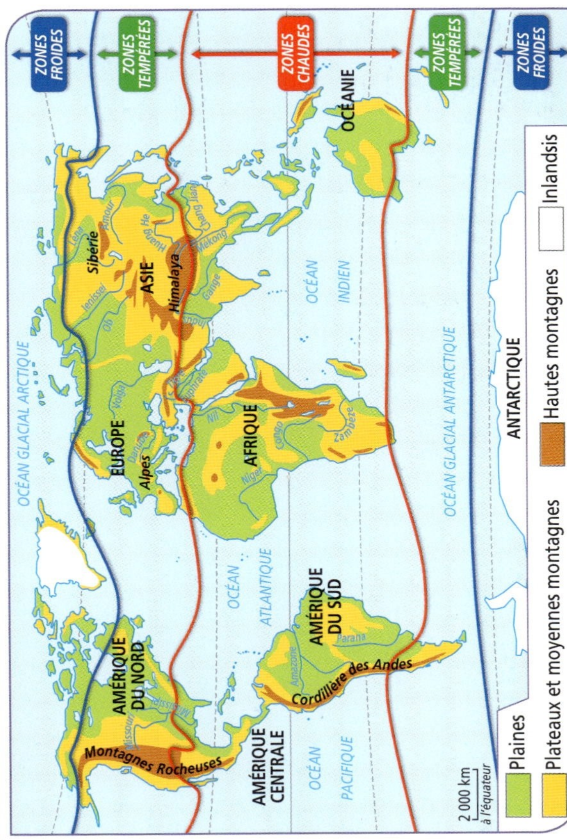

LA RENAISSANCE XVe-XVIe siècles

1500 — 1600 — 1700

Né en Italie, ce mouvement artistique s'inspire de l'Antiquité pour créer un art en rupture avec celui du Moyen Âge qui impose la perspective et les proportions du corps humain et la recherche du beau.

Premier voyage de Christophe Colomb

1492 Pensant atteindre l'Asie en traversant l'océan Atlantique, Christophe Colomb découvre un nouveau continent : l'Amérique.

L'Édit de Nantes

1598 Promulgué par le roi Henri IV, il met fin aux guerres de religions qui opposent catholiques et protestants depuis plus de 35 ans.

Le règne personnel de Louis XIV

1661-1715 Cette période incarne le triomphe de la monarchie absolue que dirige Louis XIV depuis Versailles.

5 Fiche Français — Conjuguer l'auxiliaire *avoir*

INDICATIF			
présent j'ai tu as il a nous avons vous avez ils ont	**imparfait** j'avais tu avais il avait nous avions vous aviez ils avaient	**futur** j'aurai tu auras il aura nous aurons vous aurez ils auront	**passé simple** j'eus tu eus il eut nous eûmes vous eûtes ils eurent
passé composé j'aurai eu tu auras eu il aura eu nous aurons eu vous aurez eu ils auront eu	**passé antérieur** j'eus eu tu eus eu il eut eu nous eûmes eu vous eûtes eu ils eurent eu	**plus-que-parfait** j'avais eu tu avais eu il avait eu nous avions eu vous aviez eu ils avaient eu	**futur antérieur** j'aurai eu tu auras eu il aura eu nous aurons eu vous aurez eu ils auront eu
CONDITIONNEL		**SUBJONCTIF**	
présent j'aurais tu aurais il aurait nous aurions vous auriez ils auraient	**passé** j'aurais eu tu aurais eu il aurait eu nous aurions eu vous auriez eu ils auraient eu	**présent** que j'aie que tu aies qu'il ait que nous ayons que vous ayez qu'ils aient	**passé** que j'aie eu que tu aies eu qu'il ait eu que nous ayons eu que vous ayez eu qu'ils aient eu
SUBJONCTIF		**IMPÉRATIF**	**PARTICIPE**
imparfait que j'eusse que tu eusses qu'il eût que nous eussions que vous eussiez qu'ils eussent	**plus-que-parfait** que j'eusse eu que tu eusses eu qu'il eût eu que nous eussions eu que vous eussiez eu qu'ils eussent eu	**présent** aie ayons ayez **passé** aie eu ayons eu ayez eu	**présent** ayant **passé** ayant eu

12 Fiche Géographie — L'IDH (2011)

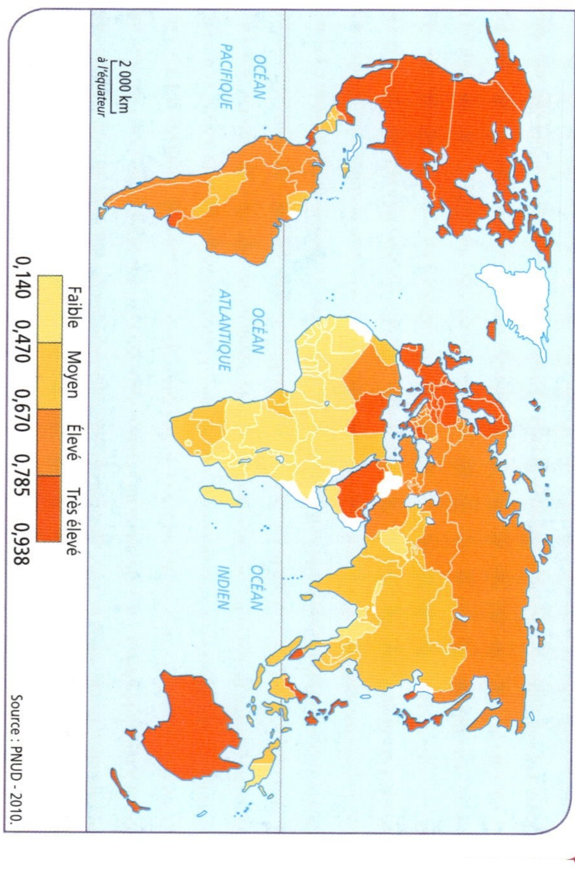

Source : PNUD - 2010.

Angles

Opposés par le sommet

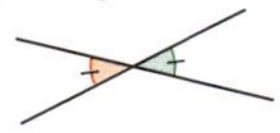

Des angles opposés par le sommet ont toujours même mesure.

Alternes-internes

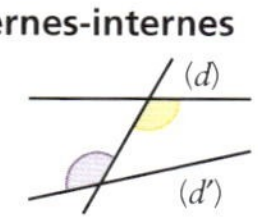

Lorsque les droites (*d*) et (*d′*) sont parallèles, les angles alternes-internes sont de même mesure.

Correspondants

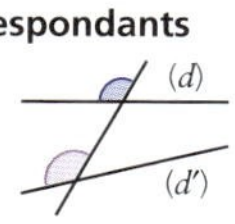

Lorsque les droites (*d*) et (*d′*) sont parallèles, les angles correspondants ont toujours même mesure.

Somme des mesures

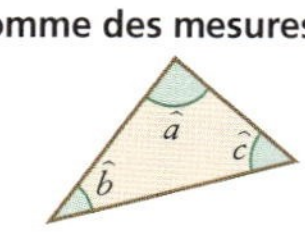

Dans tout triangle, la somme des mesures des angles est égale à 180°.

Parallélogrammes

Parallélogramme quelconque — Parallélogrammes particuliers

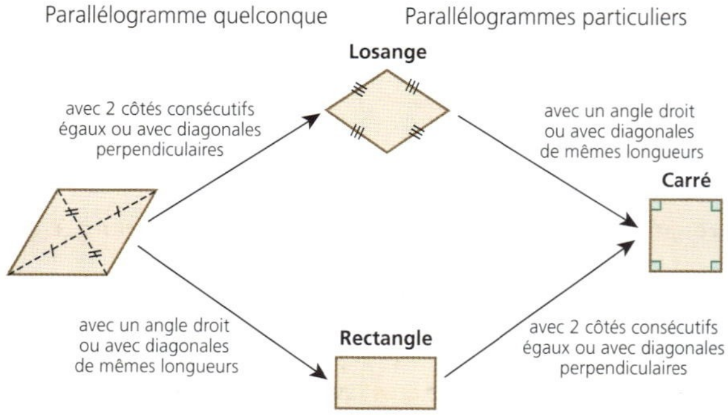

18 Fiche SVT — L'appareil digestif

Digestion

=

action mécanique + **transformation chimique**

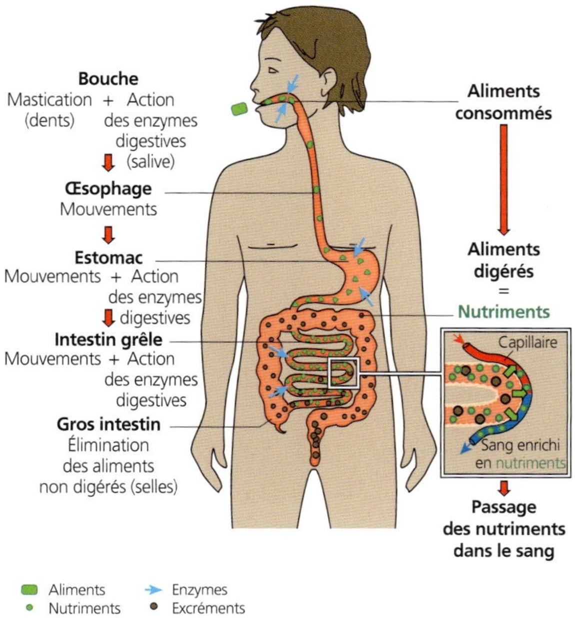

20 Fiche SVT — Lexique

Affleurement : zone où les roches du sous-sol sont visibles (falaise par exemple).

Air : ensemble de plusieurs gaz (78 % de N_2, 21 % de O_2, 0,05 % de CO_2…).

Aliment : élément ingéré par la bouche puis le tube digestif.

Artère : vaisseau sanguin transportant le sang du cœur vers les organes.

Biodiversité : diversité des êtres vivants. On peut l'évaluer en comptant par exemple le nombre d'espèces présentes à un endroit donné.

Branchie : organe respiratoire permettant de respirer dans l'eau.

Capillaire : vaisseau sanguin extrêmement fin et au niveau duquel ont lieu les échanges entre le sang et les organes.

Cardio-respiratoire : ce qui concerne les appareils cardio-vasculaire et respiratoire (appareil cardio-respiratoire, maladie cardio-respiratoire).

Carrière : zone d'exploitation de matériaux non précieux (granulats, granite).

Déchet : élément toxique issu du fonctionnement des organes. Les déchets sont rejetés soit dans l'air (CO_2), soit dans l'urine (urée, acide urique).

Digestion : transformation des aliments en nutriments grâce à l'action chimique des sucs digestifs.

Dioxyde de carbone : gaz présent dans l'air (ou dans l'eau) composé d'1 carbone et de 2 oxygènes. Déchet résultant du fonctionnement des organes et rejeté lors de la respiration.

Dioxygène : gaz présent dans l'air (ou dans l'eau) composé de 2 oxygènes, absorbé lors de la respiration et source d'énergie chimique pour les organes.

Dissous : se dit d'un gaz mélangé à un liquide (l'eau par exemple). Ce n'est pas le cas des bulles d'air.

Eau de chaux : liquide habituellement transparent dont on se sert pour détecter la présence de CO_2 car il se trouble en sa présence.

Énergie : c'est ce qui permet à l'organisme de vivre. Plus généralement, l'énergie existe sous plusieurs formes : chimique, motrice, thermique, électrique…

Enzyme : élément présent dans les sucs digestifs qui permet de découper les aliments en nutriments au cours de la digestion.

21 Fiche Physique-Chimie — Convertir une unité de mesure

Longueur

L'unité SI d'une longueur est le **mètre (m)**.

kilomètre **km**	hectomètre **hm**	décamètre **dam**	mètre **m**	décimètre **dm**	centimètre **cm**	millimètre **mm**
		5	3,	0	0	0
			0,	3	5	
4,	5	0	0			
	0,	0	0,	5		

Exemples : 53 000 mm = 53,000 m

35 cm = 0,35 m

4,5 km = 4 500 m

0,005 hm = 0,5 m

Volumes

L'unité SI du volume est le **mètre cube (m^3)**. Cependant on utilise couramment le litre (L) ou le millilitre (mL). **1 L = 1 dm^3 = 0,001 m^3**.

m^3			dm^3			cm^3			mm^3		
					L	**dL**	**cL**	**mL**			
		1	0	0	0						
					0,	0	0	1			
					0,	0	1				
		0,	0	0	3,	5					
		0,	0	0	0,	0	0	8,	4		

Exemples : 1 m^3 = 1 000 L

1 mL = 1 cm^3 = 0,001 L

1 cL = 0,01 L

3,5 L = 0,0035 m^3

8,4 mL = 8,4 cm^3 = 0,0084 L = 0,0000084 m^3

23 Fiche Physique-Chimie — Lexique

Changement d'état : passage d'un corps d'un état physique à un autre.

Chromatographie : technique permettant de séparer les constituants d'un mélange homogène basée sur la différence de vitesse d'entraînement des différents constituants du mélange par l'éluant le long du papier à chromatographie.

Circuit en série : circuit électrique dans lequel les dipôles sont branchés les uns après les autres et ne forment qu'une seule boucle.

Compressible : dont on peut diminuer le volume.

Conducteur : matériau ou substance qui laisse passer le courant électrique.

Cône d'ombre : zone non-éclairée située derrière un objet éclairé par une source lumineuse ponctuelle.

Corps pur : un corps pur contient un seul constituant, lui-même.

Court-circuit : liaison entre deux bornes d'un dipôle par un fil conducteur.

Décanter : laisser reposer un mélange hétérogène afin d'en séparer les constituants.

Dérivation : un circuit électrique comportant une dérivation est un circuit électrique possédant deux boucles contenant le générateur.

Dissolution : mise en solution dans un liquide d'un solide, d'un liquide ou d'un gaz pour former un mélange homogène.

Distillation : technique de séparation des constituants d'un mélange homogène par vaporisation puis liquéfaction de certains de ses constituants.

Eau de chaux : solution incolore utilisée pour caractériser le dioxyde de carbone. Le test est positif si l'eau de chaux se trouble.

Ébullition : passage d'un corps de l'état liquide à l'état gazeux avec formation de bulles de vapeur qui viennent crever à la surface.

Éclipse : disparition momentané d'un astre masqué par un autre astre pour un observateur sur Terre.

Éluant : liquide utilisé en chromatographie qui entraîne avec lui des substances à des vitesses différentes.

Évaporation : passage d'un corps de l'état liquide à l'état gazeux qui se produit à la surface libre du liquide et à toutes températures.

Expansible : dont on peut augmenter le volume.

Filtration : passage d'un mélange hétérogène à travers un filtre afin d'en séparer les constituants.

Érosion : dégradation de la roche. L'eau est le principal agent d'érosion sur Terre.

Fossile : reste ou empreinte d'être vivant dans la roche sédimentaire.

Granulats : morceau de roche de petite taille (de quelques millimètres à quelques centimètres) utilisé par l'Homme, surtout dans le domaine de la construction.

Milieu de vie : endroit où vivent des êtres vivants. Il est soit aérien (l'air), soit aquatique (l'eau).

Mine : zone d'exploitation de matériaux précieux (or, diamants…).

Modelé du paysage : aspect du paysage et notamment la forme des reliefs.

Nutriment : élément issu de la digestion des aliments et dont nos organes ont besoin pour fonctionner.

Organisme : ensemble des organes constituant un être vivant.

Oxymètre : appareil permettant de mesurer la quantité de dioxygène.

Poumon : organe respiratoire, sous forme d'une « poche », permettant de respirer dans l'air.

Respiration : absorption de dioxygène et rejet de dioxyde de carbone (effectués par les êtres vivants).

Roche sédimentaire : roche formée à partir de la transformation des sédiments. Elle peut parfois contenir des fossiles.

Sédimentation : dépôt des sédiments, c'est-à-dire d'éléments issus de l'érosion des roches où d'êtres vivants, au fond de l'eau principalement.

Sol : partie visible en surface et qui est formée de sédiments ou de roches.

Sous-sol : partie située sous le sol et formée de roches.

Strate : couche de roche sédimentaire issue du dépôt des sédiments.

Tabagisme : consommation régulière de tabac et ses conséquences. On distingue le tabagisme actif (qui touche le fumeur) et le tabagisme passif (qui touche l'entourage du fumeur).

Trachée : organe respiratoire des insectes, sous forme de tuyaux, permettant de respirer dans l'air.

Urine : liquide fabriqué par les reins à partir de la filtration du sang. Elle permet d'éliminer certains déchets (urée, acide urique).

Veine : vaisseau sanguin transportant le sang des organes vers le cœur.

19 Fiche SVT — L'appareil circulatoire

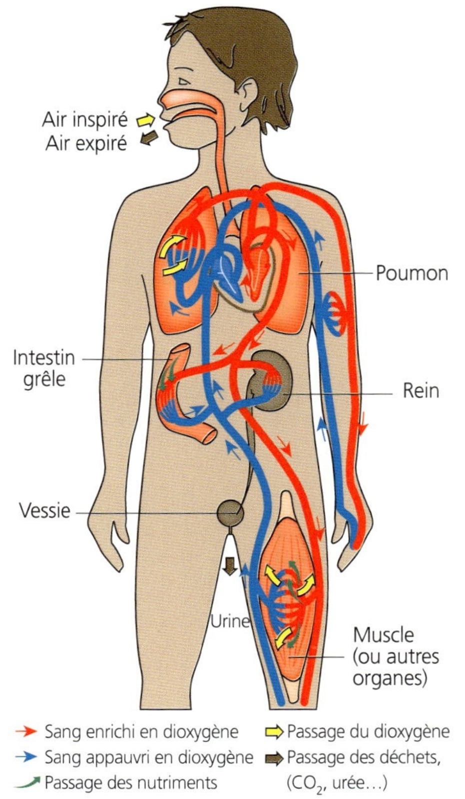

Fusion : passage d'un corps de l'état solide à l'état liquide.

Générateur : appareil électrique qui transfère de l'énergie électrique au circuit et qui est à l'origine de la circulation du courant électrique.

Isolant : matériau ou substance qui ne laisse pas passer le courant électrique.

Liquéfaction : passage d'un corps de l'état gazeux à l'état liquide.

Lunaison : intervalle de temps qui sépare deux nouvelles lunes consécutives.

Mélange hétérogène : mélange dont on peut distinguer plusieurs constituants à l'œil nu.

Mélange homogène : mélange dont on ne peut pas distinguer les différents constituants à l'œil nu.

Miscibles : se dit de liquides pouvant se mélanger pour former un mélange homogène.

Objet diffusant : objet ne produisant pas de lumière mais renvoyant une partie de la lumière qu'il reçoit.

Ombre portée : zone non éclairée d'un écran produite par un objet placé entre une source lumineuse ponctuelle et l'écran.

Ombre propre : zone non éclairée d'un objet recevant la lumière d'une source lumineuse ponctuelle.

Photopile : générateur particulier qui convertit l'énergie lumineuse qu'il a reçue en énergie électrique.

Rayon lumineux : droite munie d'une flèche indiquant le sens de propagation de la lumière.

Récepteur : dipôle qui reçoit de l'énergie électrique et qui la convertit en une autre forme d'énergie.

Solidification : passage d'un corps de l'état liquide à l'état solide.

Soluble : qui peut se dissoudre dans un liquide pour former un mélange homogène.

Soluté : substance dissoute dans un solvant.

Solution saturée : solution dans laquelle on ne peut plus dissoudre de soluté.

Solvant : liquide qui peut dissoudre une substance.

Source primaire de lumière : source produisant sa propre lumière.

Sulfate de cuivre anhydre : solide blanc utilisé lors du test de reconnaissance de l'eau. En présence d'eau, il devient bleu.

Vaporisation : passage d'un corps de l'état liquide à l'état gazeux.

22 Fiche Physique-Chimie — Construire un graphique

Tracer la courbe représentant l'évolution de la température de l'eau salée en fonction du temps lors de son réchauffement.

On utilise les données du tableau suivant :

Temps (min)	0	2	4	6	8	10	12	14
Température (°C)	15	30	65	90	98	101	105	108

- Étape 1 : tracer deux axes perpendiculaires, les orienter et indiquer la grandeur portée sur l'axe des abscisses (ici le temps) et celle portée sur l'axe des ordonnées (ici la température).

L'ordonnée (axe vertical) est fonction de l'abscisse (axe horizontal).

- Étape 2 : lire les unités de chaque grandeur mesurée, choisir l'échelle et graduer les axes. Ici, le temps est en minutes et la température en degrés Celsius. Exemple d'échelle : 1 cm pour 2 min et 1 cm pour 10 °C.
- Étape 3 : placer les points correspondant aux valeurs du tableau en dessinant une croix. Exemple : le point de coordonnées (8 ; 98).
- Étape 4 : tracer la courbe en utilisant une règle si les points semblent alignés, sinon à main levée en passant au plus près de chaque point.
- Étape 5 : écrire le titre de la courbe et le souligner.

Courbe d'ébullition de l'eau salée

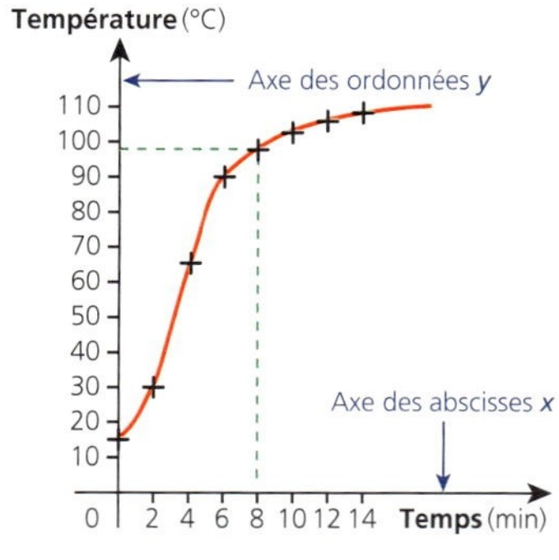

Cercle polaire arctique
Détroit de Béring
Alaska (É.-U.)
CANADA
Baie d'Hudson
Mer du Labrador
Groenland (Danemark)
ISLANDE
NORVÈGE
Mer du Nord
DANEMARK
ROYAUME-UNI
IRLANDE
PAYS-BAS
ALLEMAGNE
BELGIQUE
LUX.
R. TCHÈQ
FRANCE
AUTRICHE
SUISSE
ITALIE
ESPAGNE
PORTUGAL
St-Pierre-et-Miquelon (Fr.)
ÉTATS-UNIS
Açores (Port.)
Détroit de Gibraltar
Bermudes (R.-U.)
Madère (Port.)
TUNISIE
MAROC
ALGÉRIE
Canaries (Esp.)
Tropique du Cancer
Golfe du Mexique
BAHAMAS
MEXIQUE
CUBA
RÉPUBLIQUE DOMINICAINE
JAMAÏQUE
Porto Rico (É-U.)
BELIZE
HAÏTI
HONDURAS
Guadeloupe (Fr.)
Martinique (Fr.)
Mer des Antilles
GUATEMALA
SALVADOR
NICARAGUA
COSTA RICA
PANAMA
TRINIDAD-ET-TOBAGO
VENEZUELA
GUYANA
SURINAM
Guyane (Fr.)
COLOMBIE
MAURITANIE
MALI
NIGER
CAP-VERT
SÉNÉGAL
GAMBIE
GUINÉE BISSAU
GUINÉE
BURKINA FASO
BÉNIN
NIGERIA
SIERRA LEONE
CÔTE D'IVOIRE
TOGO
LIBERIA
GHANA
GUINÉE ÉQUAT.
SÃO TOMÉ ET PRÍNCIPE
GABON
Équateur
Galápagos (Équ.)
ÉQUATEUR
Golfe de Guinée
OCÉAN PACIFIQUE
BRÉSIL
PÉROU
OCÉAN ATLANTIQUE
BOLIVIE
Tropique du Capricorne
PARAGUAY
URUGUAY
CHILI
ARGENTINE
Cap de Bonne Espérance
Détroit de Magellan
Falkland (R-U.)
Cap Horn
Cercle polaire antarctique
0
2 000 km
à l'équateur

15 Fiche Anglais — Lexique français - anglais

amusant : fun
animal en peluche : stuffed animal
aspirer, passer l'aspirateur : hoover (to)
avoir des problèmes : be in trouble (to)
boîte : box
bougie : candle
cartes de Noël : Christmas cards
cher, coûteux : expensive
cuisiner : cook (to)
coincé : stuck
conduire : drive (to)
courir : run (to)
déposer (en voiture) : pick up (to)
dessin animé : a cartoon
directeur, directrice : headmaster
discuter : chat (to)
dormir : sleep (to)
doux, sucré : sweet
emballer : wrap (to)
enquêter : investigate (to)
épuisant : exhausting
éteindre : put off (to)
être insolent : be fresh (to)
faire du ski : ski (to)
faire la course : race (to)
fermé : closed
furieux, furieuse : furious
goûteux : tasty
grondé : grounded
jouer aux jeux vidéo : play video games (to)
lancer : throw (to)
lettre de remerciement : thankyou letter
lever (se) : get up (to)
livre : book
livrer : deliver (to)
loger : accomodate (to)
mécanicien : mechanic
mince : thin
monter à cheval : ride (to)
ours en peluche : teddy bear
paquet : package
par terre : on the floor
peau (du légume) : the peel
peindre : paint (to)
piloter : pilot (to)
plaisanter : kidding (to be)
plier : fold (to)
plonger : dive (to)
poupée : doll
ramasser : pick up (to)
renvoyer : expell (to)
repasser (avec un fer) : iron (to)
réveiller (se) : wake up (to)
réveil matin : alarm clock
robe : dress
sac à dos : backpack, rucksack
sale : dirty
saut à l'élastique : bungee jump
scénariste : screenwriter
sévère : strict
sieste : nap
sportif : athletic
suspect : suspect
téléphoner : phone (to)
témoin : witness
toit : roof
utile : useful
vélo : bike

Croissance démographique : augmentation de la population.
Cultures vivrières : cultures destinées à l'alimentation du paysans et de sa famille.
Développement : processus contribuant à l'amélioration des conditions de vie d'une population.
Énergies fossiles : énergies non renouvelables (pétrole, gaz naturel et charbon).
Énergies renouvelables : énergies produites à partir de sources inépuisables (eau, vent, soleil, chaleur interne de la Terre) mais actuellement coûteuses.
Espérance de vie : durée moyenne de vie d'une personne qui vient de naître.
Exode rural : départ des populations des campagnes vers les villes.
Gaz à effet de serre (GES) : gaz qui empêchent les rayons solaires réfléchis sur la surface de la Terre d'être renvoyés dans l'atmosphère, contribuant au réchauffement climatique.
Indice de développement humain (IDH) : indicateur qui prend en compte l'espérance de vie, l'alphabétisation et la richesse du pays ; 1 est la valeur la plus forte, 0 la plus faible.
Irrigation : technique d'apport d'eau, en plus des précipitations, sur une terre cultivée.
Révolution verte : politique de transformation de l'agriculture fondée sur l'utilisation de variétés à haut rendement, d'engrais et de l'irrigation.
Risque : danger potentiel qui pourrait toucher un espace occupé par les activités humaines.
Zone Économique Exclusive (ZEE) : zone maritime de 200 miles marins (370 km) à partir de la côte dont dispose chaque État.
Transition démographique : passage d'un régime démographique ancien (forte natalité et forte mortalité) à un régime démographique moderne (faible natalité et faible mortalité).

Éducation civique

Discrimination : fait d'isoler et rejeter certaines catégories de personnes.
État civil : service légal municipal chargé de donner une identité légale à chaque personne et de noter les changements importants de sa vie (naissance, mariage, divorce, décès).
Constitution : texte fondamental d'un État qui organise les pouvoirs et définit les droits des individus.
Loi : règle qui doit être respectée par tous les citoyens d'un pays.
Impôt : contribution payée par chaque ménage en fonction de ses revenus.
Vulnérabilité : fait d'être exposé à un aléa, de présenter une certaine fragilité face à une catastrophe qui pourrait survenir.

Base verbale	Prétérit	Participe passé	Traduction
hurt	*hurt*	*hurt*	blesser
keep	*kept*	*kept*	garder
know	*knew*	*known*	savoir, connaître
learn	*learnt*	*learnt*	apprendre
lose	*lost*	*lost*	perdre
make	*made*	*made*	faire, fabriquer
meet	*met*	*met*	rencontrer
pay	*paid*	*paid*	payer
put	*put*	*put*	mettre
read	*read*	*read*	lire
ring	*rang*	*rung*	sonner, téléphoner
run	*ran*	*run*	courir
say	*said*	*said*	dire
see	*saw*	*seen*	voir
sell	*sold*	*sold*	vendre
send	*sent*	*sent*	envoyer
show	*showed*	*shown*	montrer
sing	*sang*	*sung*	chanter
sit	*sat*	*sat*	s'asseoir
sleep	*slept*	*slept*	dormir
smell	*smelt*	*smelt*	sentir
speak	*spoke*	*spoken*	parler
swim	*swam*	*swum*	nager
take	*took*	*taken*	prendre
teach	*taught*	*taught*	enseigner
tell	*told*	*told*	dire, raconter
think	*thought*	*thought*	penser
understand	*understood*	*understood*	comprendre
wear	*wore*	*worn*	porter (un vêtement)
win	*won*	*won*	gagner
write	*wrote*	*written*	écrire

Le comparatif et le superlatif de supériorité

	Adjectif court	Adjectif long
comparatif	adjectif ***-er*** + ***than***	***more*** + adjectif + ***than***
superlatif	***the*** + adjectif ***-est***	***the most*** + adjectif

Les comparatifs et superlatifs irréguliers

Adjectif	Comparatif	Superlatif
good	*better*	*the best*
bad	*worse*	*the worst*
far	*further / farther*	*the furthest / the farthest*

Le prétérit simple de *be* et *have*

	Forme affirmative	Forme négative	Forme interrogative
be	*I / he / she / it* ***was***	*I / he / she / it* ***was not (wasn't)***	***Was*** *I / he / she / it?*
	you / we / they ***were***	*you / we / they* ***were not (weren't)***	***Were*** *you / we / they?*
have	*I / you / she / he / it / we / they* ***had***	*I / you / she / he / it / we / they* ***did not (didn't)*** *have*	***Did*** *I / you / she / he / it / we / they have?*

Le prétérit simple

	Forme affirmative	Forme négative	Forme interrogative
Verbes réguliers	*I / you / he, etc. play****ed***	*I / you / he, etc.* ***did not (didn't)*** *play*	***Did*** *I / you / he, etc. play?*
Verbes irréguliers	*I / you / he, etc.* ***went***	*I / you / he, etc.* ***did not (didn't)*** *go*	***Did*** *I / you / he, etc. go?*

13 Fiche Histoire-Géographie Éducation civique — Lexique

Histoire

Contre-Réforme : appelée aussi Réforme catholique. Mesures prises par l'Église catholique contre l'influence de la Réforme protestante.

Croisade : expédition militaire en Orient entreprise par des chrétiens au nom de la religion catholique.

Église (avec un « é » minuscule) : lieu de culte des chrétiens.

Église (avec un « E » majuscule) : ensemble des chrétiens et organisation religieuse hiérarchisée..

Évangéliser : convertir à la religion chrétienne.

Humanisme : courant intellectuel des XVe et XVIe siècles, qui place l'homme au centre de la réflexion, valorise la connaissance et s'inspire de l'Antiquité.

Islam : **avec un « I » majuscule**, ensemble des musulmans et de la civilisation musulmane ; **avec un « i » minuscule**, ensemble des croyances et des pratiques de la religion musulmane.

Monarchie absolue de droit divin : monarchie dans laquelle le roi, considéré comme investi par Dieu, exerce seul tous les pouvoirs.

Monarchie féodale : organisation politique dans laquelle le roi s'appuie sur les seigneurs pour régner.

Réforme protestante : au XVIe siècle, création de nouvelles Églises chrétiennes (luthérienne, calviniste, anglicane) en rupture avec l'Église catholique sur des questions de doctrine et de culte.

Renaissance : mouvement artistique, né en Italie, qui s'étend de la fin du Moyen Âge à la fin du XVIe siècle. Il s'inspire de l'Antiquité pour créer un art nouveau.

Seigneurie territoriale : territoire et population rurale dominés par un seigneur.

Serf : paysan qui ne peut quitter librement la seigneurie.

Suzerain : seigneur ayant des vassaux.

Vassal : seigneur qui a prêté hommage à un suzerain.

Traite négrière : commerce et transport des esclaves noirs africains.

Vilain : paysan libre vivant sur un domaine seigneurial, parfois propriétaire de terres.

Géographie

Aléa : phénomène naturel qui est à l'origine d'un risque.

Catastrophe : réalisation du risque.

14 Fiche Anglais — Lexique anglais - français

accomodate (to): loger
alarm clock: réveil matin
athletic: sportif
backpack, rucksack: sac à dos
be fresh (to): être insolent
be in trouble (to): avoir des problèmes
bike: vélo
book: livre
box: boîte
bungee jump: saut à l'élastique
candle: bougie
cartoon: un dessin animé
chat (to): discuter
Christmas cards: cartes de Noël
closed: fermé
cook (to): cuisiner
deliver (to): livrer
dirty: sale
dive (to): plonger
doll: poupée
dress: robe
drive (to): conduire
exhausting: épuisant
expell (to): renvoyer
expensive: cher, coûteux
fold (to): plier
fun: amusant
furious: furieux, furieuse
get up (to): lever (se)
grounded: grondé
headmaster: directeur, directrice
hoover (to): aspirer, passer l'aspirateur
investigate (to): enquêter
iron (to): repasser (avec un fer)
kidding (to be): plaisanter
mechanic: mécanicien
nap: la sieste
on the floor: par terre
package: paquet
paint (to): peindre
peel (the): la peau (du légume)
phone (to): téléphoner
pick up (to): déposer (en voiture)
pick up (to): ramasser (des affaires)
pilot (to): piloter
play video games (to): jouer aux jeux vidéo
put off (to): éteindre
race (to): faire la course
ride (to): monter à cheval
roof: toit
run (to): courir
screenwriter: scénariste
ski (to): faire du ski
sleep (to): dormir
strict: sévère
stuck: coincé
stuffed animal: animal en peluche
suspect: suspect
sweet: doux, sucré
tasty: goûteux
teddy bear: ours en peluche
thankyou letter: lettre de remerciement
thin: mince
throw (to): lancer
useful: utile
wake up (to): réveiller (se)
witness: témoin
wrap (to): emballer

16 Fiche Anglais — Tableaux récapitulatifs

Les questions

Who	▸ **personne** : Qui ?	*How*	▸ **manière, moyen** : Comment ?
Whose + N	▸ **possesseur** : À qui ?	*How old*	▸ **âge** : Quel âge ? / À quel âge ?
What	▸ **situation, objet** : Que ? Quoi ?	*How often*	▸ **fréquence** : Tous les combien… ?
What time	▸ **heure** : Quelle heure… ? / À quelle heure… ?	*How tall*	▸ **taille** (en hauteur) : Quelle taille ? / À quelle hauteur ?
Where	▸ **lieu** : Où ?	*How long*	▸ **durée** : Depuis quand ? / Combien de temps ?
When	▸ **moment, date** : Quand ?	*How much*	▸ **quantité de**… : Combien ?
Why	▸ **raison, cause** : Pourquoi ?	*How many*	▸ **nombre de**… : Combien ?
What … for	▸ **but** : Pour … quoi ?	*How far*	▸ **distance** : À quelle distance ?

Le présent simple

Forme affirmative	Forme négative	Forme interrogative
I / You work.	*I / You **do not (don't)** work.*	***Do** I / you work?*
*He / She / It work**s**.*	*He / She / It **does not (doesn't)** work.*	***Does** he / she / it work?*
We / You / They work.	*We / You / They **do not (don't)** work.*	***Do** we / you / they work?*

Le présent en *be* + *V-ing*

Forme affirmative	Forme négative	Forme interrogative
*I **am** (I'm) work**ing**.*	*I **am not** (I'**m not**) work**ing**.*	***Am** I work**ing**?*
*He / She / It **is** (He's) work**ing**.*	*He / She / It **is not** (He **isn't**) work**ing**.*	***Is** he / she / it work**ing**?*
*We / You / They **are** (We're) work**ing**.*	*We / You / They They **are not** (We **aren't**) work**ing**.*	***Are** we / you / they work**ing**?*

17 Fiche Anglais — Verbes irréguliers

Base verbale	Prétérit	Participe passé	Traduction
be	*was, were*	*been*	être
begin	*began*	*begun*	commencer
bet	*bet*	*bet*	parier
break	*broke*	*broken*	casser
bring	*brought*	*brought*	apporter
build	*built*	*built*	construire
burn	*burnt*	*burnt*	brûler
buy	*bought*	*bought*	acheter
catch	*caught*	*caught*	attraper
choose	*chose*	*chosen*	choisir
come	*came*	*come*	venir
cost	*cost*	*cost*	coûter
cut	*cut*	*cut*	couper
do	*did*	*done*	faire
draw	*drew*	*drawn*	dessiner
dream	*dreamt*	*dreamt*	rêver
drink	*drank*	*drunk*	boire
drive	*drove*	*driven*	conduire
eat	*ate*	*eaten*	manger
fall	*fell*	*fallen*	tomber
feel	*felt*	*felt*	(se) sentir, ressentir
find	*found*	*found*	trouver
fly	*flew*	*flown*	voler
get	*got*	*got*	obtenir
give	*gave*	*given*	donner
go	*went*	*gone*	aller
grow	*grew*	*grown*	grandir, pousser
have	*had*	*had*	avoir
hear	*heard*	*heard*	entendre

Français

FICHE 1, p. 6 Les mots variables

❶ **a.** **Faux** ; **b.** **Faux** ; **c.** **Vrai** ; **d.** **Vrai** ; **e.** **Faux** ; **f.** **Faux**.
❷ rivage ; je ; glissait ; premiers ; une ; qui ; bleu ; tels.
❸ **a.** Cette ; **b.** barque ; **c.** s'infiltrait ; **d.** vastes ; **e.** elle/elle.
❹

Variables	Invariables
grand (adjectif qualificatif) leur (déterminant possessif) celui (pronom démonstratif) leur (pronom personnel) méprise (verbe) labourées (participe passé pris comme adjectif) a (verbe)	Poil de Carotte (nom propre) de (préposition) mais (conjonction de coordination) souvent (adverbe de temps) ne (adverbe)

❺ **la** = déterminant, article défini ; **je** = pronom personnel sujet ; **qui** = pronom relatif ; **ma** = adjectif/déterminant possessif ; **remontais** = verbe, imparfait, 1er groupe ; **pilotis** = nom commun ; **moi** = pronom personnel complément ; **invisible** = adjectif qualificatif ; **rapidité** = nom commun ; **sa** = déterminant/adjectif possessif.

FICHE 2, p. 8 Les pronoms

❶ **a.** **Vrai** ; **b.** **Faux** ; **c.** **Faux** ; **d.** **Vrai** ; **e.** **Faux** ;
❷ **a.** Ceci : démonstratif ; moi : personnel complément ; cela : démonstratif ; vous : personnel complément. **b.** le mien : personnel complément. **c.** celles : démonstratif ; qui : relatif. **d.** Il : personnel sujet ; il : personnel sujet ; t' : personnel complément ; une : numéral cardinal. **e.** quelqu'un : indéfini ; le : personnel complément. **f.** qui : interrogatif ; que : relatif.
❸ **a.** Je l'ignore. **b.** Voulez-vous le leur expliquer ? **c.** Veux-tu m'épouser ? Oui je le veux ! **d.** Les auteurs en parleront. **e.** Présentez-vous à eux. **f.** Maxime et sa mère y renonceront-ils ?
❹ **a.** Si chacun s'occupait de ses affaires, tous vivraient en paix. **b.** Certains ont apprécié la tarte de ta grand-mère, mais tous ne l'ont pas aimée. **c.** As-tu pensé à prendre [quelques] affaires chaudes pour tous ? **d.** [Tous] les chemins ne sont pas bons à prendre mais tous ne le savent pas.
❺ **a.** que : pronom interrogatif. **b.** dont : pronom relatif ; **c.** lequel : pronom interrogatif. **d.** qui : pronom relatif. **e.** lequel : pronom interrogatif. à qui : pronom interrogatif.
❻ **a.** que : pronom interrogatif. **b.** qui : pronom relatif. **c.** que : pronom relatif. **d.** que : conjonction de subordination. **e.** qu'est-ce qui : pronom interrogatif. **f.** qui : pronom relatif. **g.** que : pronom relatif. **h.** que : adverbe exclamatif. **i.** qui : pronom relatif.

FICHE 3, p.10 Les conjonctions de coordination et les prépositions

❶ **a.** **Vrai** ; **b.** **Vrai** ; **c.** **Vrai** ; **d.** **Vrai** ; **e.** **Faux** ;
❷ **a.** Ce sont des prépositions sauf « **car** » (conj. de coordination). **b.** Ce sont des prépositions sauf « **comme** » (conj. de subordination. **c.** Ce sont des adverbes, sauf « **près de** » (locution prépositionnelle).
❸ **a.** ni, ni ; **b.** ou ; **c.** mais ; **d.** et ; **e.** donc.
❹ **a.** très = adverbe. sous = nom. **b.** car = conj. de coordination. **c.** sûr = adjectif qualificatif. maintenant = adverbe de temps. **d.** sous = préposition. pour = préposition. **e.** sans = préposition. donc = conj. de coordination.
❺ **a.** à ; **b.** chez ; **c.** en ; pour ; **d.** d' ;
❻ **a.** au-dessus de = sur ; **b.** au milieu de = dans ; **c.** à côté de = près ; **d.** afin de = pour.
❼ **a.** « de » introduit un groupe infinitif. « à » introduit un GN ; **b.** « depuis » introduit un CC de temps. **c.** « après » introduit un groupe verbal. **d.** « en dépit de » introduit un groupe nominal « d' » introduit un groupe infinitif. **e.** « sans » introduit un groupe nominal, « de » introduit un nom, « à » introduit un groupe nominal, « de » introduit un groupe nominal. **f.** « sans mes lunettes » groupe nominal introduit par la préposition « sans ». **g.** « par précaution » groupe nominal introduit par la préposition « par », « à ta grande sœur » groupe nominal introduit par la préposition « à ».

FICHE 4, p. 12 Les expansions du nom

❶ **a.** **Faux** ; **b.** **Faux** ; **c.** **Vrai** ; **d.** **Vrai** ; **e.** **Faux** ; (elle peut être occupée par un nom ou un groupe nominal).
❷ **a.** errant ; **b.** qui avait éclos ; **c.** du temple ; **d.** instrument des poètes ; **e.** enchanteresse.
❸ « qui avait deux filles » proposition subordonnée relative, complément de l'antécédent « veuve ». « une fort mauvaise fille » mise en apposition de « l'aînée ». « désagréables et orgueilleuses », épithète détachée de « toutes deux ». « vrai » épithète liée de « portrait ». « de son père » complément du nom « portrait ». « belles » épithète liée de « filles ».
❹ **buffet** : large (adj. qual., épithète liée), sculpté (adj qual., épithète liée). **air** : si bon (groupe adjectival, épithète liée), des vieilles gens (GN complément du nom). **flot** : de vin vieux (GN complément du nom). **fichus** : de grand'mère (GN complément du nom), où sont peints des griffons (proposition subordonnée relative, complément de l'antécédent). **fleurs** : sèches (adj. qual., épithète liée), dont le parfum se mêle à des parfums de fruits (proposition subordonnée relative, complément de l'antécédent).
❺ d'équipage (complément du nom « hommes »). vastes oiseaux des mers, (GN mis en apposition au nom « albatros »). Qui suivent (proposition subordonnée relative, complément de l'antécédent « albatros »), indolents compagnons de voyage, (GN mis en apposition au nom « albatros » ou « oiseaux »). glissant (épithète liée au nom « navire »). de l'azur (complément du nom « rois »), maladroits et honteux, (épithète détachée au nom « rois »). grandes (épithète liée au nom « ailes »), blanches (épithète liée au nom « ailes »).
❻ **a.** pour lui = complément circonstanciel. à son rendez-vous = complément circonstanciel de lieu. **b.** dans les champs = complément circonstanciel de lieu. **c.** de l'arbre = complément du nom « pied » ; de grands massifs floraux = sujet inversé de « poussent ». **d.** en plein soleil = complément circonstanciel de lieu.

FICHE 5, p. 14 Les compléments d'objet et l'attribut

❶ **a.** **Faux** ; **b.** **Faux** ; **c.** **Vrai** ; **d.** **Vrai** ; **e.** **Faux** ; **f.** **Vrai**.
❷ **a.** Jouer aux jeux vidéos (groupe verbal ou groupe infinitif, sujet du verbe « est ») est mon loisir préféré (groupe nominal attribut du sujet « est »). **b.** Qui (pronom interrogatif, sujet de « trouvera ») trouvera la bonne réponse (groupe nominal COD de « trouvera ») ? **c.** Tous les convives (groupe nominal sujet de « ont été ») ont été de bonnes connaissances (groupe nominal attribut du sujet « tous les convives »). **d.** J' (pronom personnel, sujet de « ai pris soin de ») ai pris soin de cette hirondelle qui (pronom relatif, sujet de « semblait ») semblait blessée (participe passé, attribut du sujet « qui »). **e.** Qu'elle ne soit toujours pas arrivée (proposition subordonnée conjonctive, sujet de « paraît ») me paraît inquiétant (adjectif qualificatif, attribut du sujet « Qu'elle ne soit toujours pas arrivée »).
❸ **a.** du jour de leur première rencontre = COD de se « souvient ». **b.** le plus valeureux des chevaliers de la table ronde = attribut du sujet « Gauvain ». **c.** à son héritage = COI du verbe « renoncer ». **d.** immobile = attribut du sujet

« l'inconnu » ; prématurément vieilli = attribut du sujet « son visage ». **e.** ses torts = COD de « reconnu ». **f.** un cadeau = COD de « donne » ; à sa petite sœur = COS de « donne ».

4 **a.** un bouquet de roses = groupe nominal COD de « ont offert » ; « à leur grand mère » : COS de « ont offert » ; **b.** joueur de tennis professionnel = groupe nominal attribut du sujet « il ». **c.** trois brigands = sujet inversé de « apparurent » ; **d.** Que = pronom interrogatif, COD de « feras ». **e.** qu'elle ne pourra pas venir = proposition subordonnée conjonctive, COD de « pense ». **f.** un timbre de collection = groupe nominal COD de « a collé ».

5 « Le Don » = nom propre, sujet inversé du verbe « arrose ». « la plus grande partie des montagnes pittoresques et des riches vallées qui se trouvent entre Sheffield et la gracieuse ville de Doncaster » = groupe nominal COD de « couvrait ». « visibles » = adjectif qualificatif, attribut du sujet « Les restes de ces bois immenses ».
« le dragon fabuleux de Wantley » = groupe nominal sujet inversé de « revenait ».
« plusieurs des batailles désespérées qui ensanglantèrent les guerres civiles des Deux-Roses » = groupe nominal sujet grammatical de « furent livrées » verbe à la voix passive.

6 **a.** « Charles Baudelaire, Arthur Rimbaud et Paul Verlaine » : GN, sujet du verbe « furent » ; « des poètes » : COD du verbe ; « du XIXe siècle » : complément du nom « poètes ». **b.** « Charles Baudelaire » : nom propre, sujet du verbe « écrivit » « *Les Fleurs du Mal* » : GN, COD du verbe. **c.** « Marcel Proust » : nom propre, sujet du verbe ; « est considéré » « comme le plus grand écrivain » : CC de manière du verbe. **d.** « Mon rêve » « de marcher » : COD du verbe ; « sur la lune » : CC de lieu du COD. **e.** « À l'impossible » : COI du verbe ; « nul » : pronom indéfini, sujet du verbe.

FICHE 6, p. 16 Le complément d'agent

1 **a. Vrai** ; **b. Faux** ; **c. Faux** ; **d. Faux** ; **e. Vrai** ;

2 **a.** plus-que-parfait, voix passive. **b.** imparfait, voix active. **c.** passé simple, voix passive. **d.** passé composé, voix active. **e.** futur antérieur, voix active.

3 **a.** par Érostrate : Érostrate a incendié le temple d'Artémis. **b.** de vieilles dentelles : Les vieilles dentelles remplissent ce large buffet. **c.** par qui : Qui a écrit ce drame ? **d.** par les animateurs : Les animateurs distribuèrent des œufs de Pâques à tous les enfants. **e.** par les séminaristes : Les séminaristes ont occupé l'hôtel toute la semaine.

4 **a.** par l'issue de secours : CC de lieu. **b.** par magie : CC de manière. **c.** de tous ses élèves : C d'agent du verbe redouter à l'imparfait passif. **d.** par un aubergiste : complément d'agent du verbe « apercevoir » au conditionnel passé. **e.** de tous côtés : CC de lieu.

5 **a.** « à qui » COI de confier. **b.** « de l'école » COI du verbe « exclure » ; « pour faute grave » CC de cause ; **c.** « par une équipe de physiciens » complément d'agent de « a été découverte ». **d.** « de la cheminée » COI de « sortir » ; « du paquebot » complément du nom cheminée. **e.** « à cause de ton étourderie » CC de cause. **Faux**. « par les Vikings » complément d'agent de « aurait été explorée ». **g.** « par la police » complément d'agent de « a été arrêté » ; « du supermarché » complément essentiel de lieu « sortir ». **h.** « de son enfance » COI de « parler ».

FICHE 7, p. 18 Les compléments circonstanciels

1 **a. Faux** ; **b. Vrai** ; **c. Vrai** ; **d. Vrai** ; **e. Faux** ;

2 Proposition subordonnée CC de temps. Adverbe CC de manière. Groupe verbal avec préposition CC de manière. Proposition subordonnée CC de condition.

3 **a.** Complément essentiel lieu, CC but. **b.** CC temps. **c.** CC temps, CC manière. **d.** CC temps.

4 le 10 août au matin (groupe nominal CC temps). Occupé à débiter du bois (groupe participial, CC de manière) pour allumer le feu (groupe infinitif, CC de but). […] dans sa poche (groupe nominal CC de lieu). […] à double tour (groupe nominal CC manière). Dans la confusion qui a suivi la découverte du corps de Rogers (groupe nominal CC temps), je me suis faufilé dans la chambre de Lombard (groupe nominal CC lieu).

5 **a.** La mère caresse l'enfant de ses doigts (CC de manière) et il se met à dormir (COI de « se mettre ») à poings fermés (CC de manière). **b.** À la nuit tombée (CC de temps) retrouvons-nous au Café (CC de lieu) de Flore (complément du nom « café »). **c.** De la tribune (CC de lieu), l'empereur contemple l'arène de l'amphithéâtre (complément du nom « arène »). **d.** Le chevalier au lion (complément du nom « chevalier ») retourne à Carduel (CC lieu).

6 **a.** On est venu le chercher pour l'interroger = but. **b.** On a fini par l'identifier grâce à son empreinte digitale = moyen. **c.** Il va chercher du bois afin d'alimenter le foyer de la cheminée = but. **d.** Il a mangé du gâteau à en avoir mal au ventre = conséquence. **e.** J'ai trop attendu pour renoncer maintenant = conséquence. **f.** Je ne l'inviterai plus parce qu'à chaque fois Louis fait des histoires = cause.

FICHE 8, p. 20 Phrase simple et phrase complexe

1 **a. Vrai** ; **b. Vrai** ; **c. Faux** ; **d. Vrai** ;

2 Seule la 4e phrase est complexe, elle contient trois propositions : Quand il la bien joué / il lui fait la grâce de sa vie, / et il va rêver ailleurs, l'innocent, assis dans la boucle de sa queue, la tête bien fermée comme un poing.

3 **a.** principale et subordonnée relative introduite par « qui ». **b.** propositions indépendantes coordonnées par « et ». **c.** phrase simple : une proposition indépendante. **d.** propositions indépendantes coordonnées. **e.** proposition principale et deux propositions subordonnées introduites par « que » et « parce que ». **f.** phrase simple = proposition indépendante. **g.** proposition principale : « Celui-ci répondit » + 3 propositions subordonnées : « qu'il lui faudrait d'abord donner ses chaussettes au blanchisseur » et « s'il voulait devenir aussi petit qu'un homme », dont une coordonnée par « puis » : « puis aller se tremper les pieds dans la mer en invoquant la vierge Marie » ; **h.** deux propositions indépendantes coordonnées par « et ».

4 **a.** Chaque jour, le soleil ne se couche jamais tout à fait à la même heure. **b.** Quelle belle et douce soirée ! **c.** Mange donc un peu de cette délicieuse galette préparée par mes soins ! **d.** Louis, le grand frère de Thomas, lit un roman de plus de 3 000 pages : *À la Recherche du temps perdu* de Marcel Proust, peut-être le plus grand écrivain français de tous les temps. **e.** Malgré nos efforts pour la suivre des yeux jusqu'au bout, la belle goélette disparaît inexorablement dans la ligne brouillé de l'horizon.

5 **a.** Mon petit frère n'aime pas les films qui font peur. **b.** Le chat se glissa lentement vers la souris qui se faufila derrière une commode. **c.** J'adore écouter le conteur qui fait vivre son texte avec un incroyable talent. **d.** Perceval se baissa pour prendre son heaume et le combat reprit.

6 Phrases simples en bleu. Propositions des phrases complexes séparées par /.
C'était un grand jeune homme de vingt-six ans, d'une physionomie belle et régulière, mais manquant d'expression. Sa taille et ses formes athlétiques justifiaient bien la réputation d'infatigable joueur de paume / qu'on lui faisait dans le pays. Il était ce soir-là habillé avec élégance, exactement d'après la gravure du dernier numéro du Journal des modes. Mais il me semblait gêné dans ses vêtements / ; il était raide comme un piquet dans son col de velours /,

et ne se tournait que tout d'une pièce. Ses mains grosses et halées, ses ongles courts, contrastaient singulièrement avec son costume. C'étaient des mains de laboureur sortant des manches d'un dandy.

FICHE 9, p. 22 La phrase complexe : propositions indépendantes, coordonnées et juxtaposées

❶ a. **Vrai** ; b. **Faux** ; c. **Vrai** ; d. **Faux** ; e. **Vrai**.
❷ a. Le chat est entré dans la maison **car/en effet** Mathilde avait laissé la porte ouverte. b. Tu es habillé de manière très extravagante **et** ne t'étonne pas si l'on fait des plaisanteries à ce sujet ce soir. c. Je ne pratique aucune collection **ainsi** je ne collectionne pas les timbres **en revanche** je préfère envoyer des lettres avec. d. Oscar a charrié dix brouettes de gravats, **alors** harassé, il s'est étendu à l'ombre d'un grand chêne **et/puis** s'est endormi.
❸ a. indépendantes. b. « et vous font rêver » subordonnée coordonnées (c'est une relative coordonnée, le pronom « qui » est sous-entendu = « et qui vous font rêver »). c. indépendantes. d. « et pleure à la fois » est coordonnées à la proposition précédente et elle est la principale de la subordonnée qui suit.
❹ a. « Le nouveau, prenant alors une résolution extrême, ouvrit une bouche démesurée » (proposition indépendante coordonnée à la suivante) ; « et lança à pleins poumons, comme pour appeler quelqu'un, ce mot : Charbovari » (proposition indépendante coordonnée).
b. « Ce fut un vacarme » (proposition principale) ; « qui s'élança d'un bond » (proposition subordonnée relative) ; « monta en crescendo, avec des éclats de voix aigus » (proposition indépendante juxtaposée à la précédente) ; « on hurlait » (proposition indépendante juxtaposée) ; « on aboyait » (proposition indépendante juxtaposée) ; « on trépignait » (proposition indépendante juxtaposée) ; « on répétait : Charbovari ! Charbovari ! » (proposition indépendante juxtaposée) ; « puis qui roula en notes isolées se calmant à grand-peine » (proposition subordonnée relative « qui » et coordonnée par « puis ») ; « et parfois qui reprenait tout à coup sur la ligne d'un banc » (proposition subordonnée relative « qui » et coordonnée par « et parfois ») ; « où saillissait encore çà et là, comme un pétard mal éteint, quelque rire étouffé » (proposition subordonnée relative).
❺ a. Charlotte peint des aquarelles **qu'elle vendra à la fête du collège**. b. Un cyclone s'approche dangereusement **; le Préfet a fait évacuer le village**. c. Ce chercheur travaille sur des manuscrits enluminés **que l'on vient de retrouver lors des fouilles de l'abbaye**. d. Un choc assourdissant retentit, **toute la vallée semble trembler et les touristes impuissants voient l'avalanche s'abattre sur les pistes**.

FICHE 10, p. 24 Les subordonnées relatives et conjonctives introduites par « que »

❶ a. **Vrai** ; b. **Vrai** ; c. **Faux** ; d. **Faux** ; e. **Vrai**.
❷ a. Peux-tu me donner un exemple de recette [que] <u>je pourrais réaliser seule</u> ? = PR. b. Il me semble [que] <u>le quatre-quarts est à la portée de tout le monde</u>. = PC. c. Celui [qui] <u>m'a dérobé mon livre de cuisine</u> va en entendre parler ! = PR. d. Il ne sait pas [que] <u>c'est un cadeau de ma grand-mère</u> [auquel] <u>je tiens beaucoup</u>. = PC. et PR. e. Mathilde croit encore [que] <u>le Soleil tourne autour de la Terre !</u> = PC.
❸ a. PR ; b. PC ; c. PC ; d. PC ; e. PC ;
❹ a. qui = sujet de « recouvrait ». b. qu' = COD de « fredonnait ». c. où = complément circonstanciel de temps. d. sur = lesquels complément circonstanciel de lieu. e. dont = COI du verbe « parler ».
❺ a. PSC circonstancielle de cause. b. PSR complément de l'antécédent « le peintre ». c. PSC complétive, COD de « pense ». d. PSC complétive, COD de « crois ». e. PSR sujet de « verra ». f. PSC circonstancielle de temps. g. PSR complément de l'antécédent « métal ».

FICHE 11, p. 26 La proposition subordonnée interrogative indirecte

❶ a. **Faux** ; b. **Vrai** ; c. **Vrai** ; d. **Vrai** ; e. **Faux**.
❷ a. « <u>pourquoi Jeanne s'emporte</u> » = proposition subordonnée interrogative indirecte, COD de « dire » ; « <u>à chaque fois qu'on lui parle de ses cheveux</u> » = proposition subordonnée conjonctive circonstancielle de temps. b. « <u>que c'est devenu une habitude chez elle</u> » = proposition subordonnée conjonctive COD de « je pense » ; « alors elle s'emporte » = proposition subordonnée complétive circonstancielle de conséquence. c. « <u>si je viendrai avec vous à la plage</u> » = proposition subordonnée interrogative indirecte COD de « je ne sais pas » ; « <u>que je vais plutôt rester à la maison pour lire à l'ombre</u> » = proposition subordonnée conjonctive COD de « penser ». d. « <u>comment Joshua a pu nager jusqu'au rocher en aussi peu de temps</u> » = proposition subordonnée interrogative indirecte, COD de « nous nous demandons ». e. « <u>qui aimerait jouer aux dames avec moi</u> » = proposition subordonnée interrogative indirecte, COD de « dites-moi ».
❸ a. Je me demande si Delacroix est un peintre romantique. b. J'ignore pourquoi il a peint l'Afrique du Nord. c. Je me demande si je ne me suis pas quelque peu emporté hier soir. d. Je me demande si vous aimeriez visiter la cathédrale. e. J'ignore ce que nous allons faire avec ces pelles et cette brouette.
❹ a. Je me demande si Paul Gauguin **n'est pas** le plus grand peintre des îles et de l'exotisme. b. Il est bien malade et je ne sais pas **ce qu'il faut** faire (/**quoi** faire) pour l'aider. c. J'avoue ne pas vraiment savoir comment **je dois** m'y prendre avec cet ustensile. d. Croyez-vous, comme on l'entend un peu partout, que le sel **soit** si mauvais pour la santé ? e. Franchement, je ne vois pas **ce que** tu as à te reprocher.

FICHE 12, p. 28 L'accord du verbe avec le sujet

❶ a. **Vrai** ; b. **Faux** ; c. **Vrai** ; d. **Vrai**.
❷ a. Préparons vite le dessert avant que les invités **n'arrivent**. b. On **hésite** souvent à cuisiner sucré salé parce que tout le monde n'**aime** pas ce type d'alimentation. c. À cause du fiasco du dernier dîner, Marie et toi **avez hésité** à venir ce soir. d. Tu **dois** te demander ce qu'on t'a préparé ce soir.
❸ a. faisons. b. irons. c. savent. d. parlez – pourrez.
❺ a. 1. Les bois dans lesquels vous jouez seront bientôt abattus. 2. Le tronc d'arbre dans lequel ils jouent sera bientôt abattu. b. 1. Les exercices que je note contiennent plusieurs parties. 2. Le problème que tu notes contient plusieurs parties. 3. Les rédactions que les élèves notent contiennent plusieurs parties. c. 1. Je trouvais que le niveau de l'eau diminuait notablement. 2. Le capitaine trouvait que la visibilité diminuait notablement. d. 1. La poêle à frire que vous avez achetée est déjà hors d'usage. 2. Les ordinateurs qu'ils ont achetés sont déjà hors d'usage.
❻ regardèrent ; éprouvèrent ; dut ; partaient ; figurait ; voyait ; avaient ; se déplaçaient.

FICHE 13, p. 30 L'accord de l'adjectif qualificatif

❶ a. **Vrai** ; b. **Faux** ; c. **Vrai** ; d. **Faux** ; e. **Vrai**.
❷ a. gran**d** ; b. larg**es** – solid**es** – lour**ds** ; c. parei**l** – imposant**e** ; d. bann**i**.
❸ a. aigu**ës** ; b. naï**ves** ; c. mauv**es** ; d. genti**ls**/genti**lles** ; e. vermei**lle**.

❹ **a.** bleu**s**; **b.** bleu ciel; **c.** jaun**e**, ver**t** et bleu; **d.** roug**e** et jaune; **e.** marron.
❺ couver**te**; droi**ts**; inclin**és**; ver**tes**; couver**t**; dr**ue**; saccag**ée**; parsem**ée**; pourrissan**tes**; dense; sabr**ée**; gri**s**; miroitan**te**; blan**che**; profon**d**; irréguli**ère**; calme; ble**ues** vari**ées**; mêl**ées**; ombreu**x**.

FICHE 14, p. 32 L'accord du participe passé en « é »

❶ **a. Faux**; **b. Vrai**; **c. Vrai**; **d. Faux**; **e. Vrai**; **f. Faux**; **g. Vrai**.
❷ peuplés, réfléchis, versé, noyée.
❸ **a.** créée; **b.** puisé; **c.** appris; **d.** tombés; **e.** prévu; **f.** observés, moqués.
❹ **a.** « les » reprend « des gâteaux », placé avant le verbe. **b.** « l' » reprend « ta sœur », placé avant le verbe. **c.** « l' » reprend « l'histoire d'Anne Frank » placé avant le verbe. **d.** « les » reprend « ces malades », placé avant le verbe. **e.** « les » reprend « les mouettes », placé avant le verbe.
❺ **a.** ferm**ée** = accord avec le sujet « la porte » (aux. être). **b.** peupl**ées** = accord avec le sujet « ces îles » ; saccag**é** pas d'accord car aux. avoir et pas de COD avant. **c.** achet**és** = accord avec le COD « qu' » qui reprend « les tissus » placé avant l'aux. avoir; fabriqu**és** = accord avec le sujet « tissus » car aux. être. **d.** v**ue** = accord avec le COD « que » qui reprend « maison » car placé avant l'auxiliaire avoir. **e.** fâch**és** = participe utilisé comme adjectif, s'accorde avec « deux frères » ; souten**u** = pas d'accord car aux. avoir et pas de COD avant le verbe.
❻ **a.** Les fleurs qu'a arrosées le jardinier. **b.** Les mers que nous avons traversées. **c.** Les côtes que les marins ont cherchées. **d.** Les chansons de son pays qu'elle a chantées. **e.** Ses voyages qu'il nous a racontés.

FICHE 15, p. 34 Les homophones grammaticaux

❶ **a. Faux**; **b. Vrai**; **c. Faux**; **d. Vrai**; **e. Faux**; **f. Vrai**.
❷ **a.** n'y; **b.** Ni, ni; **c.** Ni, ni; **d.** N'y.
❸ **a.** L'enfant a fini par se confier à sa tante. **b.** Marie a un joli grain de beauté à la joue droite. **c.** Pierre n'a pas rendu son devoir à la date prévue.
❹ **a.** Pourquoi Pierre n'a t-il pas parlé à Jacques ? **b.** Son teint a encore de beaux traits malgré son âge avancé. **c.** On ne l'a pas encore aperçu à la gare. Peut-être son train a-t-il du retard ? **d.** Arthur s'est mis à nager à toute vitesse. Il a beaucoup de mal à rattraper les autres concurrents. **e.** Il l'a croisée dans la rue près de chez toi.
❺ **a.** Les nageurs ont démarré si vite qu'on ne parvient pas à les suivre des yeux. **b.** Il voudrait bien s'en aller sur l'île mais il ne sait pas nager. **c.** Il a repris du gâteau sans se faire prier. **d.** Tes voisins ont été incommodés par les odeurs peinture. **e.** On circule bien mieux sur ce boulevard depuis que les services de la ville l'ont reconfiguré. **f.** Il a oublié son portefeuille et s'en rend compte sans tarder. **g.** Ont-ils consolidé leur anglais lors de leur séjour à Brighton ? **h.** On pense toujours qu'ils ont raison, alors qu'ils ont souvent tort.
❻ **a.** Qu'est-ce qu'ils ont à tant parler ? On ne s'entend plus ! **b.** Est-ce qu'on peut savoir si ce château est bien Renaissance ? D'après ce que j'ai appris en classe, on dirait bien. **c.** On n'aurait pas pu dire ce qu'on a mangé. On aurait cru avaler du piment frais. **d.** On les a entendus bien avant qu'on ne les voie. **e.** On n'était jamais venus ici mais on y reviendra, c'est certain !
❼ **a.** Pierre a (auxiliaire) appelé à (préposition) plusieurs reprises et a (auxiliaire) fortement insisté pour que tu le rappelles à (préposition) ton retour. **b.** La (article) fille du directeur porte toujours un serre-tête à paillettes, tu la (pronom personnel ct) reconnaîtras facilement. **c.** Il a (auxiliaire) décidé de ne plus aller faire les soldes. Il y a (auxiliaire) trop de monde. **d.** Il a (auxiliaire) ouvert la (article) fenêtre et l'a (pronom élidé + auxiliaire) refermée aussitôt.

FICHE 16, p. 36 Les adverbes

❶ **a. Vrai**; **b. Vrai**; **c. Faux**; **d. Vrai**; **e. Faux**;
❷ **a.** Il est devenu <u>très</u> beau. **b.** Je <u>n'</u>ai <u>pas</u> fini de réviser. **c.** <u>Hier</u>, nous avons déjeuné avec ton père. **d.** Écris <u>lisiblement</u> ! Ton professeur <u>ne</u> te relira <u>jamais</u> ! **e.** <u>Pourquoi</u> prends-tu cette mine déconfite ? **f.** Je travaille <u>beaucoup</u> avec elle en ce moment. **g.** Il a sonné <u>puis</u> il est entré.
❸

Adjectif	Adjectif au féminin ou cas particulier	Adverbe de manière
réel	réelle	réellement
joli	adj. se termine par une voyelle	joliment
fou	folle	follement
fréquent	adj. en *-ent*	fréquemment
bruyant	adj. en *-ant*	bruyamment
goulu	se termine par un *-u*	goulûment
gentil	exception	gentiment

❹ **a.** innocemment; **b.** confusément; **c.** nullement; **d.** récemment; **e.** poliment; **f.** gentiment; **g.** inversement.
❺ **a.** clair= adj. absolument= adv. **b.** Hier= adv.; petit= adj.; chaudement= adv. **c.** isolement= nom; jamais= adv.; fébrile= adj. **d.** juste= adv. **e.** juste= adj.; mieux= adv.
❻ Distinctement – tranquillement – juste – pitoyablement – instamment – précisément.

FICHE 17, p. 38 Le mode indicatif

❶ **a. Faux**; **b. Vrai**; **c. Vrai**; **d. Vrai**; **e. Faux**.
❷ **a.** imparfait/venir; **b.** futur simple/venir; **c.** futur simple/courir; **d.** conditionnel présent/courir; **e.** présent de l'indicatif/balayer; **f.** futur simple/balayer; **g.** futur simple/savoir; **h.** futur simple/être.
❸ **a.** je bois, nous buvons. **b.** tu vois, vous voyez. **c.** je meurs, nous mourons. **d.** il naît, elles naissent. **e.** tu t'émeus, ils s'émeuvent.
❹ **a.** je prends; **b.** tu plains; **c.** nous résolvons; **d.** je peins; **e.** il/elle/on rejoint; **f.** tu bondis.
❺ **a.** rejoindra; **b.** prétend/descends; **c.** résous; **d.** entends; **e.** feignent.
❻ j'irai; sentirai; laisserai; parlerai; penserai; montera; j'irai.

FICHE 18, p. 40 Le passé simple et l'imparfait

❶ **a. Vrai**; **b. Vrai**; **c. Faux**; **d. Vrai**; **e. Vrai**.
❷ **a.** je glaç**ais**; éloign**ais**; m'appuy**ais**; **b.** tu vidange**ais** – renvoy**ais** – amorç**ais**; **c.** nous peign**ions** – habill**ions** – tanc**ions** – balay**ions**; **d.** ils jou**aient** – déplaç**aient** – navigu**aient**.
❸ **a.** je demand**ai** – v**ins** – m'exerç**ai** – m'endorm**is** **b.** il atterr**it** – élanç**a** – alourd**it** – conv**int**; **c.** nous craign**îmes** – t**înmes** – sembl**âmes** – chois**îmes**; **d.** ils cri**èrent** – rev**irent** – s'élev**èrent** – par**urent**.
❹ naqu**it** – racont**ait** – utilis**aient** – serv**it** – évoqu**ait**; cherch**aient**; appel**a**/appel**ait**; fut/ét**ait**.
❺ se mit, retint, fut, fut, put = passé simple de premier plan. avait, vivait = imparfait d'habitude.
❻ arriv**èrent** – ven**aient** – conten**ait** – sav**ait** – fil**a** – employ**a** – s'allonge**a** – **fit** – pren**ait**.

FICHE 19, p. 42 Les formes verbales en *-i* et *-u*

❶ a. **Vrai** ; b. **Vrai** ; c. **Faux** ; d. **Vrai** ; e. **Vrai**.
❷ voulu – pris – closes – serrés – pu – éclaté – envolées – allées – suivi – paru – enflammée – embaumée.
❸ a. finis ; b. finit ; c. vernit ; d. vernie, ébahis ; e. parcourue, fallut ; f. parcourut ; g. disparu ; h. disparue.
❹ a. suivi ; b. cru ; c. émue, admis/se ; d. écrit ; e. surprise ;
❺ relue ; trouvée ; postée ; relu ; vu ; pensé.
❻ a. prise ; b. disparus ; c. ébahies ; d. dites ; e. lu, changé.

FICHE 20, p. 44 Le conditionnel

❶ a. **Vrai** ; b. **Vrai** ; c. **Faux** ; d. **Vrai** ; e. **Vrai**.
❷ a. ferai, ferais ; b. sauras, saurais ; c. parlera, parlerait ; d. mourrons, mourrions ; e. viendrez, viendriez ; f. viendront, viendraient ; g. tendrai, tendrais ; h. voudras, voudrais ; i. boira, boirait.
❸ a. Pourrais-tu ; b. reprendrai ; c. pourront, auront ; d. auraient ; e. reverra ; f. reverrais ; g. irais.
❹ a. Tu savais bien que tu pourrais toujours compter sur moi ! b. Il croyait que tu grandirais vite. c. Ma tante croyait toujours qu'on viendrait en retard ! d. Jules espérait que je serais là. e. À chaque fois qu'il avait une maladie, Virgile croyait qu'il mourrait dans les 24 heures !
❺ a. je partirais en vacances. b. je changerais des lois. c. je m'habillerais légèrement. d. ce serait celui du carnaval de Rio. e. je comprendrais mieux ma petite sœur !

FICHE 21, p. 46 Le subjonctif

❶ a. **Vrai** ; b. **Faux** ; c. **Vrai** ; d. **Vrai** ; e. **Vrai**.
❷ aie, aies, ait, ayons, ayez, aient – sache, saches, sache, sachions, sachiez, sachent – veuille, veuilles, veuille, veuillions/voulions, veuilliez/vouliez, veuillent – croie, croies, croie, croyions, croyiez, croient.
❸ a. viennent ; b. fasse ; c. ait ; d. vienne. soit ; e. vaille.
❹ a. revoie ; b. revois ; c. finisses ; d. finis ; e. ai ; f. aie ; g. suis ; h. soit.
❺ a. subjonctif présent. b. imparfait de l'indicatif. c. subjonctif présent. d. imparfait de l'indicatif. e. imparfait de l'indicatif.
❻ a. j'ai (indicatif) – j'aie (subjonctif) ; b. ranges (subjonctif) – viennent (subjonctif) ; c. prennes (subjonctif) – arrive (indicatif) ; d. prennes (subjonctif) ; e. fassions (subjonctif) ; f. ouvre (subjonctif).

FICHE 22, p. 48 La voix active et la voix passive

❶ a. **Vrai** ; b. **Vrai** ; c. **Faux** ; d. **Faux**.
❷ a. plus que parfait, actif ; b. subjonctif présent, passif ; c. infinitif passé, passif ; d. infinitif présent, passif ; e. conditionnel passé, passif ; f. infinitif présent, passif.
❸ a. plus-que-parfait, passif ; b. plus-que-parfait, actif ; c. futur antérieur, actif ; d. passé simple, passif ; e. passé composé, actif ; f. futur antérieur, passif.
❹ a. Le guide est attendu impatiemment par les touristes. b. Un spectacle de marionnettes a été réalisé par les enfants. c. Bientôt cet arbre calciné sera abattu. d. Un mets avait été apporté par chacun des convives. e. Une vieille malle vermoulue fut découverte dans le grenier du manoir par les cousins.
❺ a. Qui retrouvera le chemin du retour le plus rapidement ? b. Une magnifique tapisserie de deux mètres a été terminée par Charlotte en moins de deux semaines ! c. Un foie gras dont elle seule a le secret aura été préparé par ma tante ! d. Le champion de natation avait reçu des présents de toutes sortes. e. Quatre kilomètres auraient été parcourus par les nageurs remontant le fleuve. f. Mathilde a été surprise la main dans le sac. g. Pierre aura été retenu par son travail.

FICHE 23, p. 50 Les mots du français

❶ a. **Vrai** ; b. **Faux** ; c. **Vrai** ; d. **Vrai** ; e. **Faux** ; f. **Faux**.
❷ abasourdir = assommer ; charme = ensorcèlement ; coquin : mendiant, gueux ; étrennes = cadeaux donnés en janvier en l'honneur de la déesse de la santé, Strena ; fulgurant = *fulgur* (foudre), foudroyant ; merveilleux : qui étonne, qui dépasse les limites ordinaires ; navré = blessé ; poète = créateur (*poiein* = faire, créer) ; ravissant = de ravir, capturer (*rapere*, latin).
❸ agenda (de *ago* = faire) = carnet dans lequel on inscrit ce que l'on a à faire ; accessit (de *accedo*) = approcher, prix donné à ceux qui ont le plus approché la 1re place d'un concours ; curriculum vitae = déroulement de la vie ; extra = en dehors ; interim = pendant ce temps-là ; post scriptum = écrit après ; a posteriori (de *a posteriori ratione*) = par une raison qui vient après.
❹ théâtre, théâtral ; cinéma, cinématographe, cinématographique, cinéaste ; crypte, crypté, cryptogramme ; dynamique, aérodynamique, dynamisme ; cycle, cyclisme, bicyclette, cycliste.
❺ occire = tuer ; félon = traître ; olifant = cor / instrument de musique à vent ; gonfanon = bannière / drapeau ; ouïr = entendre ; couard = peureux ; destrier = cheval d'assaut ; oncques = jamais ; vilénie = méchanceté ; s'esbaudir = se réjouir.
❻ *Auscultare* / écouter / ausculter ; *caput* / chef / capitaine ; *dotare* / douer / doter ; *singularis* / sanglier / singulier ; *hospitalem* / hôtel / hôpital ; *eradicare* / arracher / éradiquer ; *fragilis* / frêle / fragile ; *rigidus* / raide / rigide ; *ministerium* / métier / ministère ; *regalis* / royal / régalien ; *aqua* / évier / aquarium.
❼ parking = parc de stationnement ; skate-board = planche à roulettes ; week-end = fin de semaine ; p-c = ordinateur ; milk shake = mélange lacté ; free lance = auto-entrepreneur ; light = léger ; cool = frais ; ok = d'accord.

FICHE 24, p. 52 Les mots dérivés et composés

❶ a. **Vrai** ; b. **Faux** ; c. **Vrai** ; d. **Vrai** ;
❷ a. **trans**former ; b. **ir**rationnel ; c. **in**changé ; d. **ré**essayer ; e. **dé**ranger ; f. **dys**fonctionnement ; g. **para**tonnerre.
❸ a. instinct ; b. univers ; c. tracas ; d. fusil ; e. bond ; f. coût ; g. embarras ; h. marchand ; i. respect ; j. galop.
❹ a. irrationnel ; b. imprévu ; c. invariable ; d. surexploité ;e. déranger ; f. immodéré ; g. illisible ; h. inconnu.
❺ a. **il**légal ; b. **in**compréhens**ible** ; c. **trans**former ; d. **a**normale**ment** ; e. ris**ible** ; f. **in**change**able** ou **im**mu**able**.
❻ a. irrécupérable : ***ir-*** préfixe négatif, ***récupér-*** radical, ***-able*** suffixe permettant de former l'adjectif. Sens : que l'on ne peut pas récupérer. b. insoluble : ***in-*** préfixe négatif, sol- radical, ***-uble*** suffixe permettant de former l'adjectif. Sens : que l'on ne peut pas résoudre. c. irrésistiblement : ***ir-*** préfixe négatif, ***résist-*** radical, ***-ible*** forme l'adjectif, ***-ment*** 2e suffixe permettant de former l'adverbe de manière. Sens : un bruit qui attire sans que l'on puisse y résister. d. inconstant : ***in-*** préfixe négatif. Sens : qui manque de constance, qui change, qui est versatile. e. discontinues : ***dis-*** préfixe négatif. Sens : qui manquent de continuité.
❼ a. Gros : grosseur, grossièreté (noms) ; grossir (verbe) ; grossièrement (adverbe). b. Large : largeur, élargissement (noms) ; élargir (verbe) ; largement (adverbe). c. Pauvre : pauvreté (nom) ; appauvrir (verbe) ; pauvrement (adverbe). d. Solide : solidité (nom) ; consolider (verbe) ; solidement (adverbe).

FICHE 25, p. 54 Les principaux genres littéraires narratifs

1 **a. Vrai**; **b. Faux**; **c. Faux**; **d. Vrai**; **e. Vrai**.
2 **c. a. b. e. d.**
3 **a.** Fabliau: « La vieille qui graissa la patte au chevalier », *Fabliaux du Moyen Âge*, adapté par Pol Gaillard et Françoise Rachmuhl, © Éditions Hatier, 1911. **b.** Roman d'aventures: Jules Verne, *Un capitaine de quinze ans*, 1878. **c.** Roman courtois: Chrétien de Troyes, *Lancelot ou le chevalier à la charrette*, traduit par J.-C. Aubailly, © Éditions Flammarion, 2003. **d.** Épopée: Virgile, *Énéide*, livre VIII, traduction de Maurice Rat, © Éditions Garnier frères, 1932.

FICHE 26, p. 56 Les paroles rapportées

1 **a. Faux**; **b. Vrai**; **c. Vrai**; **d. Faux**.
2 Style direct: **c. e.**; style indirect: **a. b. d.**
3 **a.** demande. **b.** serait. **c.** déclarent-ils. **d.** trouverai.
4 **a.** L'inspecteur demanda à l'accusé ce qu'il faisait la nuit passée. **b.** Le quadragénaire aux moustaches tombantes bafouilla qu'il dormait chez lui comme toutes les nuits. **c.** L'homme au complet bleu marine lui rétorqua que des témoins l'avaient pourtant aperçu, rôdant près du domicile du colonel. **d.** L'accusé bredouilla qu'il était chez lui et qu'on pouvait le croire. **e.** Le fin limier montra l'arme du crime et menaça son interlocuteur de le regarder dans les yeux et de lui dire qu'il n'avait pas tué le colonel cette nuit-là. **f.** L'homme baissa les yeux et avoua dans un étranglement que c'était bien lui qui avait assommé le colonel Moutarde.
5 **a.** Le contrôleur nous demanda: « Avez-vous quelque chose à déclarer ? ». **b.** Tous les badauds demandent aux forces de l'ordre: « Qui a causé l'accident ? ». **c.** Pierre s'exclama: « Super ! Je vais passer les prochaines vacances au Canada ! ». **d.** Marie demanda: « Le directeur est-il déjà parti ? Il a oublié sa serviette ! ». **e.** Ma mère m'ordonna: « Quand tu auras fini ton puzzle, tu iras acheter des œufs chez l'épicier. ». **f.** Nos voisins nous demandèrent: « Est-ce vraiment si beau qu'on le dit, le Canada ? ».

FICHE 27, p. 58 La poésie

1 **a. Vrai**; **b. Faux**; **c. Faux**; **d. Vrai**; **e. Vrai**.
2 Quatrain = strophe de 4 vers. Sonnet = poème de forme fixe en 2 quatrains et 3 tercets. Tercet = strophe de 3 vers. Alexandrin = vers de 12 pieds. Octosyllabe = vers de 8 pieds.
3 Elle représenta l'énormité du cas,
Son fils, sans un bâton ne pouvait faire un pas:
Nulle peine n'était pour ce crime assez grande:
Le dommage devait être aussi réparé.
Quand on eut bien considéré
L'intérêt du public, celui de la partie
Le résultat enfin de la cour suprême cour
Fut de condamner la Folie
À servir de guide à l'Amour.
4 **a.** alexandrin; **b.** décasyllabe; **c.** octosyllabe; **d.** octosyllabe; **e.** alexandrin diérèse de « anci/en ».
5 Deux premiers quatrains: rimes « voyage/âge » (féminines) et « toison/raison » (masculines) embrassées et suffisantes.
Rimes « village/davantage » (féminines et suffisantes) et « saison/maison » (masculines et riches) embrassées.
Tercets: « aïeux/audacieux » (rimes masculines) rimes suivies ou plates et riches, renforcées par la diérèse à « audaci/eux ». « Fine/angevine » (féminines): rimes suffisantes et embrassées avec « latin/palatin » rimes riches (quatre sons communs).
Il s'agit d'un sonnet: deux quatrains et deux tercets. Rimes embrassées et identiques dans les deux quatrains.

FICHE 28, p. 60 Le théâtre

1 **a. Faux**; **b. Faux**; **c. Vrai**; **d. Vrai**; **e. Faux**.
2 Didascalies = indications de mise en scène à destination des acteurs et du metteur en scène. Scène = division d'un acte marquée par les entrées et sorties des personnages. Réplique = échange des acteurs sur scène. Monologue = longue réplique prononcée par un acteur seul sur scène. Acte = grande division d'une pièce de théâtre. Farce = pièce courte à sujet comique. Tirade = longue réplique. Aparté = parole prononcée sur scène à destination du public que les autres personnages présents sur scène n'entendent pas.
3 **a. Vrai**; **b. Faux**, ils sont rangés dans la salle de dépôt des décors. **c. Vrai**; **d. Faux**; ils doivent monter un escalier ou emprunter un ascenseur. **e. Faux**, la régie est le lieu d'où l'on commande les jeux de lumières ou les réglages sonores. Les spectateurs peuvent se retrouver au foyer. **f. Vrai**.
4 **a.** Il s'agit d'un monologue. Le personnage est seul sur scène. **b.** Il s'agit d'une tirade. **c.** Les didascalies sont en italiques: « *Il met le nez sur le pot* », « *il ôte le papier* », « *il met la tête dans le pot* ». Elles montrent une progression dans la tentation. Guignol finit dans un pot qu'il devait mener à bon port. Il apparaît victime de son propre corps, malgré ses invectives: « Allons, allons, emportons-les ». **d.** C'est le comique de caractère qui domine: Guignol représente la péché de gourmandise. Le comique de mots est également présent à travers les répétitions, le niveau de langue familier « bon bah », « je veux ben », les incorrections grammaticales « qu'elles sentent bonnes », au lieu de « qu'elles sentent bon », le patois: « des quinquets », « si je le lichais ».

Mathématiques

FICHE 1, p. 62 Généralités sur les fractions

1 **a. Faux**, valeur approchée au centième près. **b. Faux.** **c. Vrai.** **d. Faux.** **e. Faux**, $\frac{6}{9}$ est le quotient de 6 par 9. **f. Vrai.**
2 **a.** $\frac{1}{4}$. **b.** $\frac{1}{16}$. **c.** $\frac{1}{8}$ du rectangle ABCD.
3 **a. b. c.** et **d.**

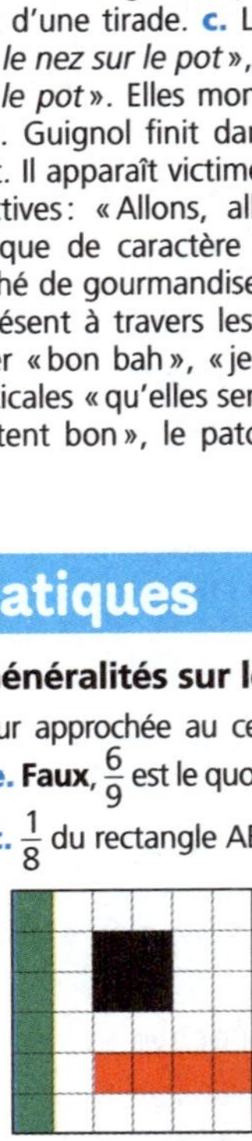

e. Les parties colorées en noir et en rouge représentent la même proportion du carré initial ($\frac{1}{9} = \frac{4}{36}$).
4 $\frac{2}{14} = \frac{1}{7}$; $\frac{3}{24} = \frac{1}{8}$; $\frac{1}{5} = \frac{5}{25} = \frac{10}{50}$; $\frac{8}{9} = \frac{64}{72}$; $\frac{48}{36} = \frac{16}{12}$; $\frac{5}{2} = \frac{50}{20}$.
5 **a.** Un entier est divisible par 2 s'il se termine par 0, 2, 4, 6, ou 8. Un entier est divisible par 3 si la somme des chiffres qui le composent est un multiple de 3. Un entier est divisible par 4 si ses deux derniers chiffres forment un multiple de 4. Un entier est divisible par 5 s'il se termine par 0 ou 5. Un entier est divisible par 9 si la somme des chiffres qui le composent est un multiple de 9. Un entier est divisible par 10 s'il se termine par 0.
b.

		Diviseur					
		2	3	4	5	9	10
Nombre	30	*	*		*		*
	126	*	*			*	
	415				*		
	1836	*	*	*		*	
	0	*	*	*	*	*	*

❻ • $\frac{3}{4} < 1$ et $\frac{27}{24} > 1$. • $\frac{3}{4} = \frac{18}{24} \neq \frac{27}{24}$.

❼ $\frac{12}{18} = \frac{2}{3}$; $\frac{72}{27} = \frac{8}{3}$; $\frac{50}{12} = \frac{25}{6}$;
$\frac{90}{420} = \frac{9}{42} = \frac{3}{14}$; $\frac{120}{85} = \frac{24}{17}$; $\frac{624}{312} = 2$.

❽ **a.** $A = \frac{3794}{1400}$. $B = \frac{576888}{516000}$. $C = \frac{110}{13}$.
b. A = 3,794 ÷ 1,4 = 2,71. B = 5,76888 ÷ 5,16 = 1,118.
C : Impossible, la division de 110 par 13 ne se termine jamais.

❾ **a.**

6 192	12
19	516
72	
0	

6 192 ÷ 12 = 516.

b. A = 5,16 ; B = 5 160 ; C = 516.

FICHE 2, p. 64 Opérations sur les fractions

❶ **a. Vrai. b. Vrai. c. Faux.**
d. Faux, $\frac{1}{2} + \frac{3}{6} = 1$. **e. Vrai. f. Faux**, $\frac{3}{8} \times \frac{3}{8} = \frac{9}{64}$.

❷ $A = \frac{7}{3}$; $B = \frac{4}{4} = 1$; $C = \frac{16}{18} = \frac{8}{9}$; $D = \frac{9}{35}$.

❸ $A = \frac{3}{5}$; $B = \frac{5}{45} = \frac{1}{9}$; $C = \frac{9}{9} = 1$; $D = \frac{16}{52} = \frac{4}{13}$.

❹ $A = \frac{5}{21}$; $B = \frac{17}{16}$; $C = \frac{24}{24} = 1$; $D = \frac{26}{35}$.

❺ $A = \frac{9}{15} = \frac{3}{5}$; $B = \frac{38}{81}$; $C = \frac{28}{100} = \frac{7}{25}$; $D = \frac{9}{18} = \frac{1}{2}$.

❻ $A = \frac{15}{50} = \frac{3}{10}$; $B = \frac{12}{49}$; $C = \frac{2}{30} = \frac{1}{15}$; $D = \frac{20}{10} = 2$; $E = \frac{1}{32}$.

❼ **a.** $\frac{10}{32} + \frac{3}{16} = \frac{16}{32} = \frac{1}{2}$.
b. $\frac{32}{36} - \frac{7}{18} = = \frac{9}{18} = \frac{1}{2}$. **c.** $\frac{6}{42} \times \frac{7}{2} = \frac{1}{2}$.

❽ **a.** $A = 1 + \frac{1}{3} = \frac{4}{3}$. **b.** $B = 2 - \frac{1}{3} = \frac{5}{3}$. **c.** $C = 5 \times \frac{1}{3} = \frac{5}{3}$.

❾ **a.** $\frac{2}{9} = \frac{4}{18}$ et $\frac{5}{6} = \frac{15}{18}$. **b.** $\frac{2}{9} + \frac{5}{6} = \frac{19}{18}$.

❿ **a.** $\frac{12}{12} - \frac{7}{12} = \frac{5}{12}$. $\frac{5}{12}$ du gâteau au citron ont été mangés.
b. $\frac{4}{6} = \frac{8}{12}$ et $\frac{1}{3} = \frac{4}{12}$. $\frac{8}{12} > \frac{5}{12} > \frac{4}{12}$.
C'est donc le gâteau au chocolat qui a été le plus consommé, et celui à la poire a été le moins consommé.
c. $\frac{8}{12} + \frac{5}{12} + \frac{4}{12} = \frac{17}{12}$. Les 3 gâteaux représentent $\frac{36}{12}$, dont la moitié vaut $\frac{18}{12}$.
Ils n'ont donc pas mangé plus de la moitié des gâteaux.

FICHE 3, p. 66 Généralités sur les nombres relatifs

❶ **a. Faux. b. Faux**, tout nombre admet un nombre opposé. **c. Faux**, tout nombre négatif admet pour opposé un nombre positif. **d. Vrai. e. Faux**, $-27 > -32$.

❷ **a.** A(−3), B(−0,5), C(2), D(−2,5), E(1,2) et F(−2)
b. 3 ; 0,5 ; 2 ; 2,5 ; 1,2 ; 2.

❸ **a.**

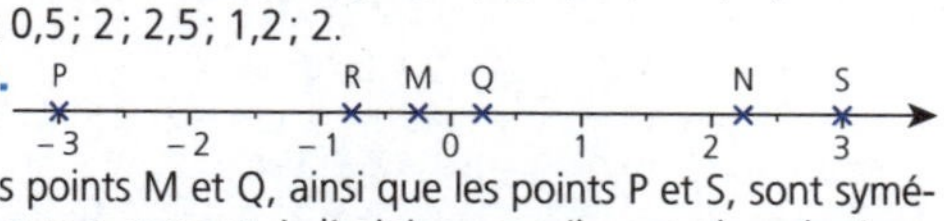

b. Les points M et Q, ainsi que les points P et S, sont symétriques par rapport à l'origine, car ils ont des abscisses opposées.

❹ −12,5 ; −7,2 ; −3,4 ; −2,75 ; 0 ; 0,25, 11,2 ; 12,5.

❺ Dans l'ordre, les opposés des nombres cités dans l'énoncé sont 2,3 ; −8 ; −π ; −21,7 ; 0 ; $\frac{5}{4}$.

❻ **a.** Dans l'ordre, l'opposé de l'opposé des nombres cités dans l'énoncé sont −9 ; 743 ; 1,29 ; −1,1 ; 37 ; 62,4 ; −200 ; 0.
b. On remarque que l'opposé de l'opposé d'un nombre est lui-même.

❼ **a.** −9 ; 743 ; 37 ; −200 ; 0. **b.** 743 ; 1,29 ; 37 ; 62,4 ; 0. **c.** −9 ; −1,1 ; −200 ; 0. **d.** 1,29 ; 62,4 ; 0. **e.** −9 ; −200 ; 0. **f.** Tous ces nombres sont des nombres relatifs.

❽ Je suis le nombre −12 : entier, pair et opposé de 12.

❾ $-21{,}5 > -25{,}1$. $-0{,}5 < 0{,}5$. $-25{,}1 = -25{,}10$.
$14 > -41$. $-13{,}5 < 2{,}5$. $112 < 121{,}5$.

❿ **a.** $-12{,}5 < -7{,}2 < -3{,}4 < -2{,}75 < 0 < 0{,}25 < 11{,}2 < 12{,}5$.
b. $14{,}7 > 14{,}07 > 4 > -1{,}375 > -4 > -14{,}7 > -21{,}5 > -37$.

FICHE 4, p. 68 Nombres relatifs et repère orthogonal

❶ **a. Vrai. b. Faux**, l'abscisse du point I est −2, l'abscisse du point F est 4. **c. Faux**, l'abscisse du point A est 0. **d. Vrai. e. Faux**, les coordonnées du point I sont (−2 ; 4). **f. Vrai.**

❷ A(0 ; 5) ; B(2,5 ; 0) ; C(−3 ; 2,5) ; D(1 ; −3) ; E(−3,5 ; −1,5) ; F(4 ; 4) ; G(1,5 ; 3) ; H(4 ; −2).

❸

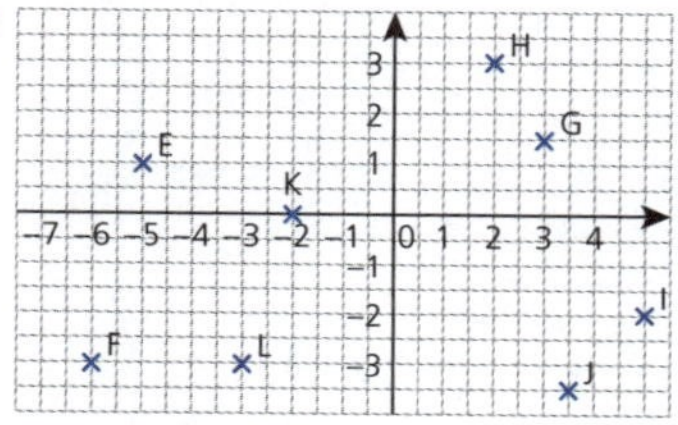

❹ Je suis le point L.

❺ **a.** On peut conjecturer que les points V et P sont symétriques par rapport à l'axe des ordonnées et que les points S et T sont symétrique par rapport à l'axe des abscisses.

b.

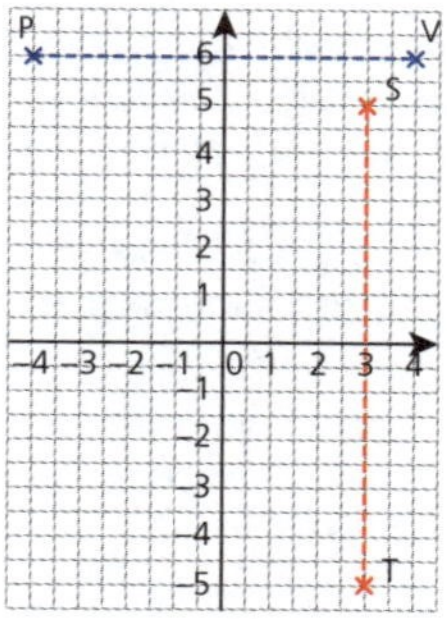

❻ **a.**

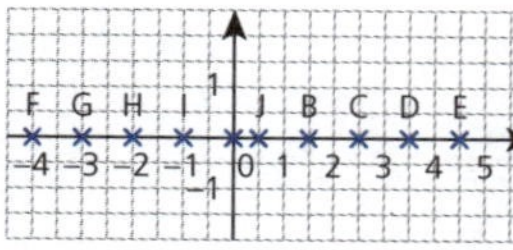

b. O(0 ; 0) B(1,5 ; 0) C(2,5 ; 0) D(3,5 ; 0) E(4,5 ; 0) F(−4 ; 0) G(−3 ; 0) H(−2 ; 0) I(−1 ; 0) J(0,5 ; 0).
c. L'axe des abscisses est formé par les points d'ordonnée nulle. **d.** L'axe des ordonnées est formé par les points d'abscisses nulle.

❼ **a.** Tous les points ont la même abscisse égale à 3.
c. Tous les points sont situés sur la droite (KG), parallèle à l'axe des ordonnées. **d.** Une droite parallèle à l'axe des ordonnées est formée de points ayant la même abscisse.

❽ **a. c.**

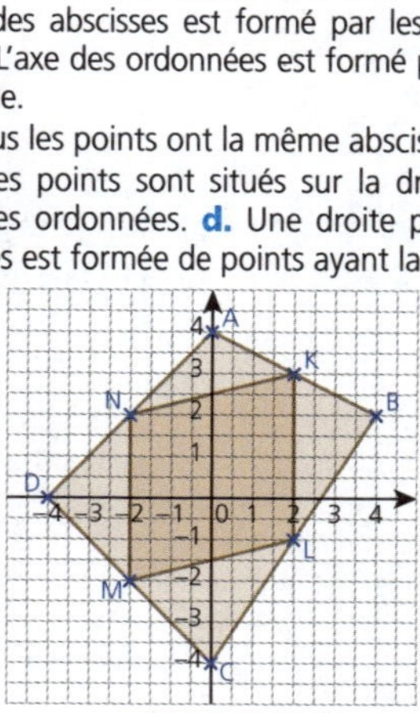

b. Le quadrilatère ABCD est quelconque. **d.** K(2 ; 3), L(2 ; –1), M(–2 ; –2) et N(–2 ; 2). L'abscisse du milieu est la moyenne des abscisses. L'ordonnée du milieu est la moyenne des ordonnées. Le calcul est en fait un calcul de moyenne de deux nombres relatifs. Exemple pour l'ordonnée de K: $\frac{2+4}{2} = 3$. **e.** Le quadrilatère KLMN semble avoir ses côtés opposés parallèles deux à deux : c'est un parallélogramme.

FICHE 5, p. 70 Opérations sur les nombres relatifs et simplifications d'écritures

1 a. Vrai. b. Faux. Le résultat est égal à 26.
c. Faux. Le résultat est égal à –26. **d. Faux**, la différence de (–2) et de (+3) est –2 – 3. **e. Faux**, AB = 9 – (– 1) = 10.
2 a. 9. **b.** –17. **c.** 2. **d.** –7. **e.** –20. **f.** 0.
3 a. (+5) – (+7) = (+5) + (–7) = –2.
b. (+5) – (–3) = (+5) + (+3) = 8.
c. – 10) – (–20) = (– 10) + (+20) = 10.
d. (–31) – (+21) = (–31) + (–21) = –52.
4 a. 3. **b.** 40. **c.** 1. **d.** –12. **e.** –42. **f.** 26. **g.** 50. **h.** 11.
5 a. A(–3), B(–1,5), C(0,5) et D(3).
b. AB = –1,5 – (–3) = 1,5, BC = 0,5 – (–1,5) = 2,
DB = 3 – (–1,5) = 4,5, CD = 3 – 0,5 = 2,5, AD = 3 – (–3) = 6.
c. On recompte sur la droite graduée les nombres de graduation trouvés à la question précédente.
6 a. 10. **b.** 4 + 5. **c.** 12 – 18.
7 a. A = 3 + (+7) = 3 + 7 = 10.
b. B = 20 – (– 12) = 20 + (+12) = 20 + 12 = 32.
c. C = 49 – (+15) = 49 – 15 = 34.
d. D = 49 + (–15) = 49 – (+15) = 49 – 15 = 34.
8 a. A = 21 + 4 – 3 + 9 + 12. **b.** B = –13 + 13 + 17 – 7 – 10.
c. C = 100 – 50 + 50 – 25 – 25 + 100.
9 a. A = 20. **b.** B = 20. **c.** C = 33. **d.** D = –20.

FICHE 6, p. 72 Priorités opératoires : addition et soustraction

1 a. Faux, la somme de 17 et 3 est égale à 20. **b. Vrai.**
c. Faux, on ne peut pas changer l'ordre des termes d'une soustraction. **d. Vrai. e. Faux** 8 – 5 + 3 est égal à 6.
2 a. A = 31 + 69 + 123 + 7 = 100 + 130 = 230.
b. B = 6 + 4 + 2 + 18 = 10 + 20 = 30.
c. C = 15 + 35 + 4 + 26 + 7 + 8 = 50 + 30 + 15 = 95.
3 a. A = 74. **b.** B = 106. **c.** C = 150. **d.** D = 11.
4 a. A = 50. **b.** B = –4. **c.** C = 50. **d.** D = –5.
5 a. A = 36. **b.** B = 455. **c.** C = 13.
6 a. $A = \frac{2}{7} + \frac{5}{7} + \frac{1}{4} + \frac{3}{4} = \frac{7}{7} + \frac{4}{4} = 1 + 1 = 2$.
b. $B = \frac{40}{6} + \frac{8}{6} + 42 = \frac{48}{6} + 42 = 8 + 42 = 50$.
c. $C = \frac{1}{3} + \frac{5}{3} + \frac{10}{9} + \frac{8}{9} + \frac{34}{6} + \frac{2}{6} = \frac{6}{3} + \frac{18}{9} + \frac{36}{6} = 2 + 2 + 6 = 10$.
7

	$a = 2$, $b = 3$, $c = 4$	$a = -1$, $b = 1$, $c = 5$	$a = 9$, $b = 12$, $c = 7$
$a + b + c$	9	5	28
$a - (b - c)$	3	3	4
$a - b + c$	3	3	4
$a - c + b$	1	–5	14

8 a. M = 54 – (–2) = 54 + 2 = 56.
N = 220 – (–60) = 220 + 60 = 280.
b. M + N = 56 + 280 = 336. **c.** M – N = 56 – 280 = –224.
9 a. $E = \frac{27}{28} - \frac{6}{7} = \frac{27}{28} - \frac{24}{28} = \frac{3}{28}$.
b. $F = (\frac{8}{4} - \frac{1}{4}) + (\frac{8}{4} + \frac{1}{4}) = \frac{7}{4} + \frac{9}{4} = \frac{16}{4} = 4$.
c. $G = 15 - [\frac{4}{10} + \frac{20}{10} + \frac{16}{10}] = 15 - \frac{40}{10} = 15 - 4 = 11$.
10 a. 16 – (14 + 4) = –2. **b.** 12 + 7 – 5 – (6 + 14) = –6.
c. 94 – (1 – 2) + 3 = 98.

FICHE 7, p. 74 Priorités opératoires : multiplication, division et enchaînements quelconques

1 a. Faux, 1 × 2 × 3 × 4 × 5 × 0 = 0.
b. Faux, 3 × 5 + 2 = 15 + 2 = 17 et 3 × (5 + 2) = 3 × 7 = 21.
c. Vrai. d. Faux, 9 × (1 + 5) = 9 × 6 = 54. **e. Vrai. f. Vrai.**
2 a. A = 72 ÷ 2 = 36. **b.** B = 2 × 2 = 4. **c.** C = 15 ÷ 3 = 5.
d. D = 45. **e.** E = 5. **f.** F = 1.
3 a. 50 × 4 × 125 = 25 000. **b.** 0,8 × 5 × 3 × 9 = 108.
c. $\frac{2}{7} \times 7 \times 1\,321 = 2\,642$. **d.** 1,2 × 5 × 11 = 66.
4 a. 24 + 42 = 66. **b.** 7 – 27 = –20.
c. 81 + 1 – 54 = 28. **d.** 3,2 – 22,2 = –19. **e.** 0,3. **f.** 0.
5 a. (8 + 3) × (8 – 4) = 44. **b.** 15 – (2 + 7) + (24 ÷ 6) = 10.
c. 2 × (1,3 + 2,1) + (–0,4 + 94) = 100.
d. [2 + (16 – 12)] ÷ 6 + 7 = 8.
6 a. 3 × 2 ÷ 2 = 3. **b.** 25 – 5 × 3 = 25 – 15 = 10.
c. 27 + 2 × 20 = 67. **d.** 6 ÷ 4 = 1,5.
7 A-g - B-e - C-f - D-h.
8 A = 0. B = 2. $C = \frac{13}{35}$.
9 a. $A = \frac{8+12}{1+3} = \frac{20}{4} = 5$.
b. $\frac{8+3\times4}{1+2\times1{,}5} = (8+3\times4) \div (1+2\times1{,}5) = 5$.
Si on ne tape pas les parenthèses sur la calculatrice, « 3 × 4 ÷ 1 » devient prioritaire, ce qui n'est pas du tout pareil.
10 a. A = 36. **b.** B = 15. **c.** C = 31. **d.** D = 62.

FICHE 8, p. 76 Calcul littéral : exprimer, calculer et simplifier

1 a. Vrai. b. Faux, $x + x$ est égal à $2x$ alors que $x \times x$ est égal à x^2. **c. Faux.** $7c + c - 3c = 7c + 1\,c - 3c = 8c - 3c = 5c$.
d. Faux, 5(1 + 3) est une expression numérique.
e. Vrai. f. Faux : $8x + 4y$ ne peut pas se réduire.
2 a. $P = 4c$ et $A = c^2$. **b.** $P = 3x$.
3 a. $9a$. **b.** ab. **c.** $10x$. **d.** 114. **e.** $15ab$.
f. $3a + 5b$. **g.** $(a + b)(8a - b)$. **h.** $3x \times 11 = 33x$.
4 a. A = 6 × 2 + 3 × 4 + 1 ; A = 12 + 12 + 1, donc A = 25.
5 a. $22x$. **b.** $4a$. **c.** $6 + 2a$. **d.** $9 + 3b$.
6 a. p^2. **b.** $2 \times 2p = 4p$. **c.** $p^2 + 3p$.
d. $m^3 + 3$. **e.** $3m$. **f.** $m + m^2$.
7 a. $f + 5$. **b.** $f - 10$. **c.** $4f$. **d.** $\frac{2}{f}$.
e. $f + f = 2f$. **f.** $f + f + f = 3f$. **g.** f^2 et f^3.
8 a. $A = 15a + 15$. **b.** $B = 21a + 13b$. **c.** $C = 13 + x$. **d.** D = 0.
9 a. $3a$. **b.** $6f$. **c.** $3a + 6f$. **d.** $50 - (3a + 6f)$.
10 a. 5 × 4 = 20 ; 20 + 2 = 22 ; 22 × 10 = 220.
b. 5 × 7 = 35 ; 35 + 2 = 37 ; 37 × 10 = 370. **c.** $10(5x + 2)$.

FICHE 9, p. 78 Calcul littéral : distributivité et égalités

1 a. Faux, $6(a + 5) = 6a + 30$. **b. Vrai.**
c. Faux, $15x + 10 = 3x \times 5 + 2 \times 5 = (3x + 2) \times 5$. **d. Vrai.**
e. Faux, $A = 3 + 3^2 = 3 + 9 = 12$. **f. Vrai.**
2 a. $A = 5 + 5a$. **b.** $B = 21 + 7b$. **c.** $C = 80 - 16x$.
d. $D = 10m + 10m^2$. **e.** $E = 10m - 2m^2$. **f.** $F = 4a - 6ax$.
3 a. $A = 2(a + b)$. **b.** $B = a \times (7 + 3) = 10a$.
c. $C = 4(u + 2)$. **d.** $D = y\,(9 + a)$. **e.** $E = x(2 + 5) = 7x$.
f. $F = a(9 + 8) = 17a$. **g.** $G = m(a + b)$. **h.** $H = x(13 + a)$.
4 a. $A = 95(a - c)$. **b.** $B = 3(18 - m)$.

c. $C = 4 \times p - p \times 2 = (4 - 2) \times p = 2 \times p = 2p$. d. $D = x(3 - 5a)$. e. $E = 18(b - a)$. f. $F = x(7 - 10) = -3x$. g. $G = m(p - n)$.
❺ a. $A = 2(x + 1)$. b. $B = m(5 - m)$.
c. $C = xy(1 + 1) = 2xy$. d. $D = 9 \times 11a + 11b = 11(9a + b)$.
e. $E = 1 \times 3x^2 + 3x \times 3x^2 = 3x^2(1 + 3x)$. f. $F = 6(4 - ac)$.
❻ a. $A = 12x + 6$. b. $B = 3m + m^2$. c. $C = a^2 + 2ab + b^2$.
d. $D = 10x - 21$.
❼ a. Non, car $3 \times 10 - 8 = 30 - 8 = 22 \neq 10$.
b. Non, car $3 \times 0 - 8 = -8 \neq 10$.
c. Oui, car $3 \times 6 - 8 = 18 - 8 = 10$.
❽ a. $3 \times 22 - 7 = 66 - 7 = 59$. b. $2 \times 22 + 15 = 44 + 15 = 59$.
c. 22 est solution de cette équation car pour $x = 22$, le membre de gauche a la même valeur que le membre de droite.
❾ a. Non, car $5 \times 2 + 9 \times 3 = 37$ et $12 \times 2 + 3 = 27$.
b. Non, car $5 \times 7 + 9 \times 8 = 107$ et $12 \times 7 + 8 = 84 + 8 = 92$.
c. Oui, car $5 \times 8 + 9 \times 7 = 103$ et $12 \times 8 + 7 = 103$.
❿ a. $9x + 4 = 85$ revient à $9x = 81$ revient à $x = 9$. 9 est la solution de l'équation : $9x + 4 = 85$. b. Sarah : $x = 9$ sec. Mathias : $4x = 36$ sec. Médéric : $4x + 4 = 40$ sec.

FICHE 10, p. 80 Longueurs, masses et durées

❶ a. **Faux**, le symbole π désigne un nombre à virgule dont la partie décimale est infinie. b. **Faux**, le périmètre mesure le contour d'une figure. c. **Vrai.** d. **Faux**, 2,5 heures correspond à 2 heures et 30 minutes.
❷ $Pc = 4 \times c = 5{,}2 \times 4 = 20{,}8$ cm.
$Pr = L \times 2 + l \times 2 = 6{,}9 \times 2 + 3{,}5 \times 2 = 13{,}8 + 7 = 20{,}8$ cm.
$Pt = 3{,}1 + 8{,}7 + 9 = 20{,}8$ cm.
❸ a. Périmètre d'un disque de diamètre $d = 6{,}8$ cm :
$P \approx 3{,}14 \times 6{,}8 = 21{,}352$ dm. b. $r \approx (45 \div 3{,}14) \div 2 = 7{,}2$ m.
❹ Figure ABCDEF : $P = 1{,}4 \times 4 + 2 \times 2 = 5{,}6 + 4 = 9{,}6$ cm.
Figure GHIJ : $P = 2{,}2 \times 2 + 4 \times 2 = 4{,}4 + 8 = 12{,}4$ cm.
Figure PMLONKQ :
$P = 2{,}8 \times 6 + (2 \times \pi \times 2{,}8) \div 4 \approx 16{,}8 + 17{,}58 = 34{,}38$ cm.
❺ a. $P = x + y + z$. b. $P = a + a + a = 3\,a$.
c. $P = 4\,c$. d. $P = 2L + 2l$.
❻ a. $5 \times 60 + 16 = 316$: 5 h 16 minutes correspondent à 316 minutes. b. $2 \times 3600 + 21 \times 60 + 1 = 8461$: 2 heures 21 minutes et 1 seconde correspondent à 8 461 secondes.
c. $2640 \div 60 = 44$: 2 640 secondes correspondent à 44 minutes.
d. $47964 \div 3600 = 13$ heures et il reste 1 164 secondes.
$1164 \div 60 = 19$ minutes et il reste 24 secondes. 47 967 secondes correspondent à 13 heures, 19 minutes et 24 secondes.
❼ a. 2 h 07 minutes + 1 h 15 = 3 h 22 minutes.
b. 1 h 57 minutes + 1 h 41 minutes = 2 h 98 minutes = 3 h 38 minutes.
❽ a. 21 h 47 – 19 h 39 = 2 h 08 min.
b. 12 h 18 – 8 h 31 = 11 h 78 – 8 h 31 = 3 h 47 min.
c. 24 h 00 – 22 h 06 = 23 h 60 – 22 h 06 = 1 h 54 min.
06 h 24 – 00 h 00 = 6 h 24. Il reste à ajouter les durées : 1 h 54 + 6 h 24 = 7 h 78 = 8 h 18 min.
❾ a. 9,75 heures = 9 heures + 0,75 h.
Conversion de 0,75 heure en minutes :

Heures	1	0,75
minutes	60	x

$x = 0{,}75 \times 60 = 45$ minutes.
Donc 9,75 heures correspond à 9 h 45 minutes.
b. 3,89 heures = 3 heures + 0,89 h. $0{,}89 \text{ h} = 0{,}89 \times 60 = 53{,}4$ minutes. 53,4 minutes = 53 minutes + 0,4 minute.
$0{,}4 \text{ min} = 0{,}4 \times 60 = 24$ secondes.
Donc 3,89 heures correspond à 3 h 53 min 24 sec.

FICHE 11, p. 82 Proportionnalité

❶ a. **Vrai.** b. **Faux.** c. **Faux**, $\frac{1}{5} = \frac{20}{100}$ correspond à 20 %.
d. **Vrai.** e. **Faux**, cela signifie que l'on passe des valeurs d'une grandeur à celles de l'autre en multipliant ou divisant par 4.
❷ a. Les tailles des individus ne s'obtiennent pas en multipliant leurs poids par un même nombre. b. En travaillant deux fois plus, on n'obtient pas nécessairement une note deux fois plus élevée. c. Si la rémunération est effectuée à l'heure. d. Si la vitesse du véhicule est constante.
❸ Ce tableau n'est pas un tableau de proportionnalité, car $\frac{42}{6} = \frac{63}{9} = \frac{77}{11} = \frac{140}{20}$ 7, mais $\frac{92}{13} \neq 7$.
❹

13	39
3	9

5	25
1	5

0,08	14
0,8	140

$\frac{21}{4}$	3
7	4

❺ a. Pour fabriquer 5 molécules d'eau, il faut 5 atomes d'oxygène et 10 atomes d'hydrogène. b. Pour fabriquer 15 molécules d'eau, il faut 15 atomes d'oxygène et 30 atomes d'hydrogène. c. Pour fabriquer 20 molécules d'eau, il faut 20 atomes d'oxygène et 40 atomes d'hydrogène.
❻ Calculer un pourcentage revient à déterminer une quatrième proportionnelle.

Montant de la remise (en €)	20	x
Prix en euros	100	32

(÷5)

$100 \div 5 = 20$, donc $x = 32 \div 5 = 6{,}40$. La remise est de 6,40 euros. Le nouveau prix est $32 - 6{,}4 = 25{,}6$ euros.
❼ a. $x = 780\,534 - 393\,052 = 387\,482$.
b. $y = 320\,697 + 338\,839 = 659\,536$. c. Calculer un pourcentage traduit une situation de proportionnalité :

Nombre de garçons présents	393 052	100
Nombre de garçons admis	320 697	g

$g = 320\,697 \times \frac{100}{393052} \approx 81{,}6$. Le taux de réussite au DNB 2012 est d'environ 81,6 % chez les garçons.
De même, $f = 338\,839 \times \frac{100}{387\,482} \approx 87{,}4$. Le taux de réussite au DNB 2012 est d'environ 87,4 % chez les filles.
De même, $e = 659\,539 \times \frac{100}{780534} \approx 84{,}5$. Le taux de réussite au DNB 2012 est d'environ 84,5 %.
❽ a. Sa vitesse est supposée constante, donc la situation est une situation de proportionnalité.

Distance parcourue en m	8	3 000
Temps en seconde	1	x

On passe des valeurs de la deuxième ligne à celles de la première ligne en divisant par 8. Pour parcourir 3 000 mètres, elle volera pendant $x = \frac{3000}{8} = 375$ secondes. b. Elle aura donc effectué $200 \times 375 = 75\,000$ battements d'ailes.

FICHE 12, p. 84 Agrandissement, réduction et échelles

❶ a. **Faux**, une échelle de $\frac{1}{2}$ signifie que les longueurs réelles sont deux fois plus grandes que les longueurs du plan.
b. **Faux**, sur un plan à l'échelle $\frac{1}{100}$, une longueur de 5 m représente une longueur réelle de 500 m. c. **Vrai.** d. **Faux**, une longueur réelle de 3 cm représentée par une longueur d'1 cm sur une photo est prise à l'échelle $\frac{1}{3}$.
❷ a. 2 mm = 0,2 cm. $e = \frac{4}{0{,}2} = 20$. L'échelle est 20.
b. 2 cm = 20 mm. $e = \frac{4}{20} = 0{,}2$. L'échelle est 0,2.
c. La première échelle traduit bien un agrandissement. La deuxième échelle traduit bien une réduction.

3 $x = 24700 \div 9500 = 2{,}6$. Sur le plan, la longueur du pont sera de 2,6 cm.

4

Longueur sur le plan en cm	Longueur réelle en cm	Longueur réelle en km
1	15 000	0,15
30	450 000	4,5
0,2	3 000	0,03
15	225 000	2,25

5 **a.** Les dimensions réelles du préau sont donc de 7,7 m sur 15,4 m. **b.** $P = 4 \times c$. $6 = 4 \times c$. $c = 6 \div 4 = 1{,}5$. Un carré de périmètre 6 cm a un côté de 1,5 cm sur le plan. $1{,}5 \times 220 = 330$. 1,5 cm sur le plan représentent 330 cm dans la réalité. Le local est carré de côté 3,30 m.

6 **a.** 1 mm sur la carte représente 100 000 000 mm dans la réalité, soit 100 km. On en déduit que 3 mm sur la carte représente 300 km dans la réalité. Chacun des cercles de cette carte sont donc distants d'approximativement 300 km. **b.** En supposant que le premier cercle est un cercle de 100 km de rayon, on a : $100 + 9 \times 300 = 2\,800$ km. Sur cette carte, on peut donc dire que la vague a parcouru approximativement 2 800 km.

FICHE 13, p. 86 Gestion de données statistiques

1 **a. Faux**, une fréquence peut aussi s'exprimer sous la forme d'un nombre décimal ou d'une fraction. **b. Faux**, $793 - 398 = 395 \neq 400$ garçons. **c. Vrai. d. Vrai**.

2 **a.**

	Plus de 4 h	De 2 à 4 h	Moins de 2 h	Total
Effectif	56	168	120	344
Fréquence	$\frac{7}{43}$	$\frac{21}{43}$	$\frac{15}{43}$	1

	16 – 24 ans	25 – 39 ans	40 – 59 ans	60 ans et plus	Total
Effectif	82	85	84	93	344
Fréquence	$\frac{41}{172}$	$\frac{85}{344}$	$\frac{21}{86}$	$\frac{93}{344}$	1

b. Le premier tableau donne la répartition en fonction du temps passé à regarder la TV. Le deuxième tableau donne la répartition en fonction de l'âge des personnes interrogées.

c. $\frac{21}{43} + \frac{7}{43} = \frac{28}{43}$. Le pourcentage de personnes qui regardent plus de 2 heures par jour la TV est environ égal à 65,1 %.

3 **a.** 13 est l'effectif de la classe « 16 – 24 » pour plus de 4 h. **b.** La différence 24 – 16 donne son amplitude. **c.** Les tableaux de l'exercice 2 sont appelés tableaux des effectifs et tableaux des fréquences. **d.** La somme de tous les effectifs est égal à l'effectif total.

4 **a.** Les températures relevées sont : 6 ; 7 ; 8 ; 10 ; 11 ; 13 ; 14 ; 15 ; 17 ; 18.

b.

Température	6	7	8	10	11	13	14	15	17	18
Effectifs	2	2	3	2	1	1	2	2	2	3

L'effectif total est de 20 températures. (4 trimestres × 5 ans).

c.

Température	6	7	8	10	11	13	14	15	17	18
Fréquence en %	10	10	15	10	5	5	10	10	10	15

d. Il fait entre 8 et 13 degrés $15 + 10 + 5 + 5 = 35$ % de l'année. **e.** On peut dire qu'il fait plus de 10 degrés la moitié de l'année car $5 + 5 + 10 + 10 + 10 + 15 = 55$ % de l'année.

5 **a. b.**

Température	6-9 exclu	9-12 exclu	12-15 exclu	15-18 exclu	18-21 exclu
Effectifs	7	3	3	4	3
Fréquence en %	35	15	15	20	15

c. La fréquence d'une classe est égale à la somme des fréquences des valeurs qui la composent.

FICHE 14, p. 88 Diagrammes statistiques

1 **a. Faux**, ce diagramme est un diagramme semi-circulaire. **b. Faux**, la moitié du budget est consacré aux vêtements. **c. Vrai. d. Faux**, on ne peut pas le savoir puisqu'on ne dispose pas du montant de leur budget.

2 **a.** Il s'agit d'un diagramme en bâtons. **b.** Axe des ordonnées : effectifs. **c.** Six couleurs ont été citées : Noir, vert, rouge, bleu, rose et blanc. **d.** 3 élèves ont répondu : rouge. 7 élèves ont répondu : bleu / 2 élèves ont répondu : Rose.

3 **a. b.**

Couleurs	Noir	Vert	Rouge	Bleu	Rose	Blanc
Effectifs	10	1	3	7	2	4
Fréquence	0,37	0,037	0,111	0,259	0,074	0,148

c. La somme des fréquences n'est pas égale à 1 car celles-ci ont été arrondies au millième près. On obtient 0,999.

4 **a.** Charbon : 14,4° ; énergies renouvelables : 21,6° ; gaz : 54° ; pétrole : 111,6° ; électricité : 158,4°.

b.

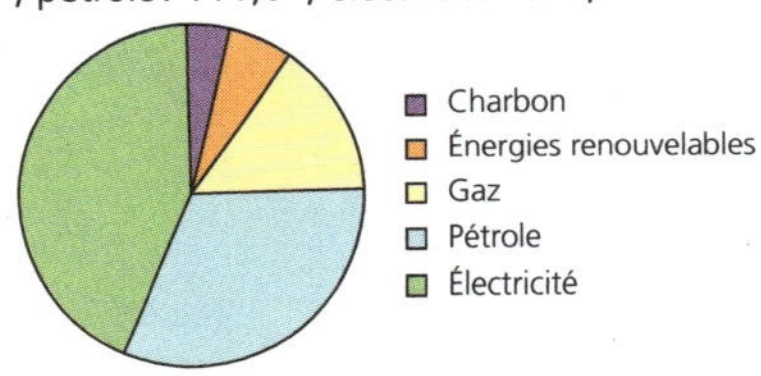

c. On constate que le charbon + Énergies renouvelables + gaz occupent ¼ de la consommation en France. Le pétrole et l'électricité quant à eux représentent les ¾ de la consommation.

5 **a.** 14 garçons. **b.** $17 + 24 + 10 + 7 = 58$. **c.** $10 + 12 = 22$ personnes. **d.** L'effectif total est de $12 + 14 + 17 + 14 + 24 + 27 + 10 + 12 + 7 + 8 = 145$. **e.** 31 ; 51 ; 22 ; 15.

f.

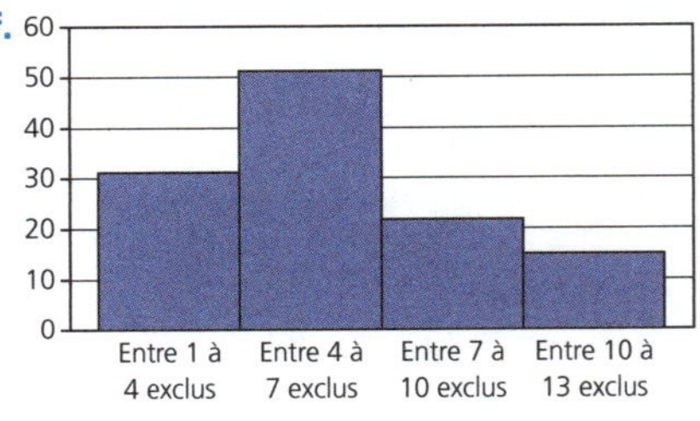

FICHE 15, p. 90 Les symétries : définitions et propriétés

1 **a. Faux**, dire que le point M est le milieu du segment [AB] revient à dire que A est le symétrique du point B par rapport au point M. **b. Vrai. c. Faux**, deux figures symétriques ont le même périmètre et la même aire. **d. Vrai. e. Vrai.**

2 **a.** Non et Non. **b.** Non et Oui.

3 **a.** Fig. 1 : Les dimensions sont pas conservées. Fig. 2 : Par une symétrie axiale, le symétrique d'une droite parallèle à l'axe de symétrie est une droite parallèle à l'axe de symétrie. **b.** Fig. 1 : Le symétrique d'un segment par rapport à un point est un segment qui lui est parallèle. Fig. 2 : La symétrie centrale conserve les formes. Le symétrique d'un cercle est donc un cercle.

❹ **a.** Le centre est le milieu du segment. **b.** Le centre du carré est le point d'intersection des diagonales. **c.** Le centre du rectangle est le point d'intersection des diagonales. **d.** Le centre est le centre du cercle. **e.** Le triangle isocèle n'admet pas de centre de symétrie. **f.** Le centre du losange est le point d'intersection de ses diagonales.

❺ **a.** BC = (14 – 2 × 5) ÷ 2 = 4 ÷ 2 = 2.

b.

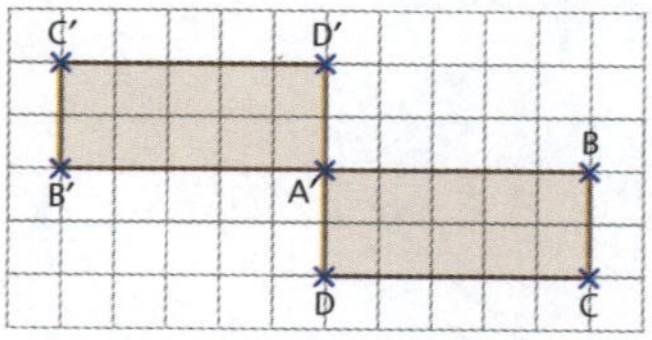

c. Le quadrilatère A'B'C'D' est un rectangle car la symétrie conserve les formes. **d.** Le périmètre du rectangle A'B'C'D' vaut 14 cm car la symétrie conserve les périmètres. **e.** $A_{(A'B'C'D')} = A'B' \times B'C' = 5 \times 2 = 10$ cm^2.

FICHE 16, p. 92 Constructions de symétriques

❶ **a. Faux**, pour construire le symétrique d'un segment, il est nécessaire de construire le symétrique des deux extrémités. **b. Vrai. c. Faux**, la règle graduée peut suffire puisqu'il n'est pas question d'angles droits dans la symétrie centrale. **d. Faux**.

❷ **a.** C. [CF]. [GJ) (Les points G, J et I étant alignés, la demi-droite [GJ) peut aussi être nommée [GI)). JKD. **b.** G.

❸ **a.** (AC). **b.** (IH). **c.** (GD). **d.** (AD).

❹

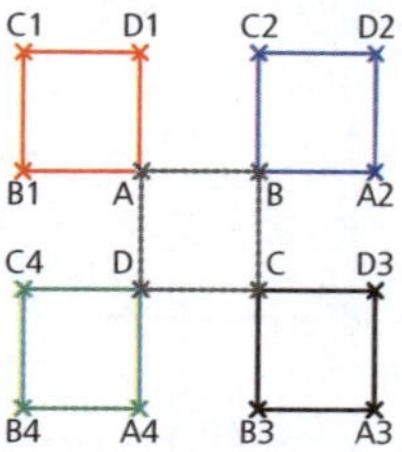

❺ **a.** E est un point situé :

sur le cercle (𝒞)

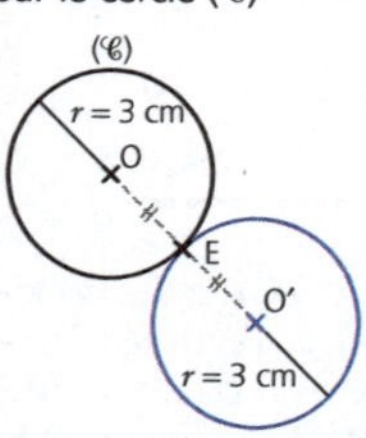

à l'intérieur du cercle (𝒞)

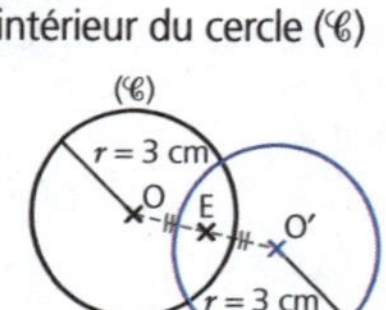

à l'extérieur du cercle (𝒞)

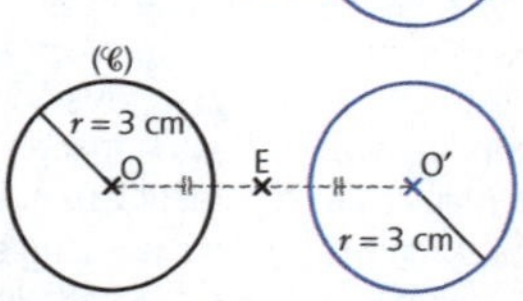

b. Dans le 1er cas, les deux cercles ont un seul point d'intersection : le point E lui-même.
Dans le 2e cas, les eux cercles ont deux points d'intersection.
Dans le 3e cas, les deux cercles n'ont aucun point d'intersection.

❻ **a.** • Le triangle HIJ est isocèle en J. • Le point M est le milieu du segment [HI]. • Le point J' est le symétrique du point J par rapport à M. **b.** Je sais que : • H est le symétrique du point I par rapport au point M. • J' est le symétrique du point J par rapport au point M. J'en déduis que : [HJ'] est le symétrique du segment [IJ] par rapport au point M. Je sais que : [HJ'] est le symétrique du segment [IJ] par rapport au point M. Propriété : La symétrie centrale conserve les longueurs. J'en déduis que : IJ = HJ' = 5 cm. De même, je sais que : • I est le symétrique du point H par rapport au point M. • J' est le symétrique du point J par rapport au point M. J'en déduis que : [IJ'] est le symétrique du segment [HJ] par rapport au point M. Je sais que : [IJ'] est le symétrique du segment [HJ] par rapport au point M. Propriété : La symétrie centrale conserve les longueurs. J'en déduis que : HJ = IJ' = 5 cm. **c.** HJ = JI = IJ' = J'H. Donc HJIJ' est un losange.

FICHE 17, p. 94 Triangles, inégalité triangulaire et triangles particuliers

❶ **a. Faux**, CE = CM + ME signifie que le point M appartient au segment [EC]. **b. Vrai. c. Vrai. d. Faux** ; si DF = DE, alors le triangle EDF est isocèle en D.

❷ **a.** Aucun codage ne permet de préciser la nature de ce triangle, il est donc quelconque. **b.** Triangle équilatéral.
c. Triangle rectangle. **d.** Triangle rectangle isocèle.

❸ **a.** MN < KM + KN. **b.** NO + OM > MN.
c. MK + KO > OM. **d.** NL = NO + OL. **e.** NL < NK + KL

❹ **a.** 8 < 5 + 5, donc le triangle est constructible. Il est isocèle.
b. 12 > 7 + 4, donc il n'existe pas de triangle de longueurs 12, 7 et 4 cm. **c.** 10,9 = 3,4 + 7,5 cm, donc les points sont alignés et le triangle est plat. **d.** 3 < 3 + 3, donc le triangle est constructible. Il est équilatéral. **e.** 11,7 < 5,5 + 9,2, donc le triangle est constructible. Il est quelconque.

❺ ML = 9,3. Si ML était égal à 3,9, alors le triangle ne serait pas constructible (9,3 > 3,9 + 3,9).

❻ • Les points E, C et D sont alignés car 6 = 2,4 + 3,6.
• Les points E, C et D ne sont pas alignés car 60 ≠ 20 + 50.
• 85 dm = 850 cm et 2,5 m = 250 cm. Les points E, C et D sont alignés, car 850 = 600 + 250.

• x = 10 cm, a = 8 cm et b = 6 cm.
10 < 8 + 6, donc le triangle est constructible. Il en existe 2, un de part et d'autre du segment [AB].

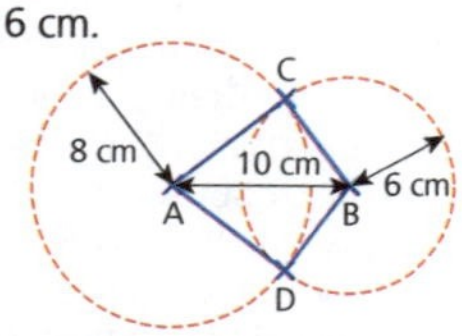

• x = 8,5 cm, a = 4 cm et b = 3 cm.
8,5 > 4 + 3, donc le triangle n'est pas constructible. Il n'existe pas de triangle de longueurs 8,5, 4 et 3 cm.
• x = 9 cm, a = 5,5 cm et b = 3,5 cm. 9 = 3,5 + 5,5. Les points sont donc alignés et le seul triangle constructible est plat.

❽ AB et AC sont des rayons du même cercle de centre A, donc AB = AC. Le codage indique que AB = BP et que AC = CN. On en déduit que AP = AN et donc le triangle APN est isocèle en A. De plus, les droites (AN) et (AP) sont perpendiculaires. L'angle $\widehat{NAP}$ est donc un angle droit. On en conclut que le triangle NAP est rectangle isocèle en A.

❾ Dans le triangle ESP, on a : SP < ES + EP. E est un point de la médiatrice (d), donc RE = ES. E est un point du segment [RP], donc RE + EP = RP. En remplaçant RE par ES, l'inégalité SP < ES + EP devient SP < RE + EP. En remplaçant RE + EP par RP, l'inégalité SP < RE + EP devient SP < RP.

FICHE 18, p. 96 Constructions de triangles

❶ **a. Faux**, pour pouvoir le construire à la règle et au compas seuls, il manque la longueur du côté [BC] ou l'angle $\widehat{BAC}$.
b. Vrai. c. Faux, il est constructible à la règle graduée et au compas. **d. Vrai.**

2

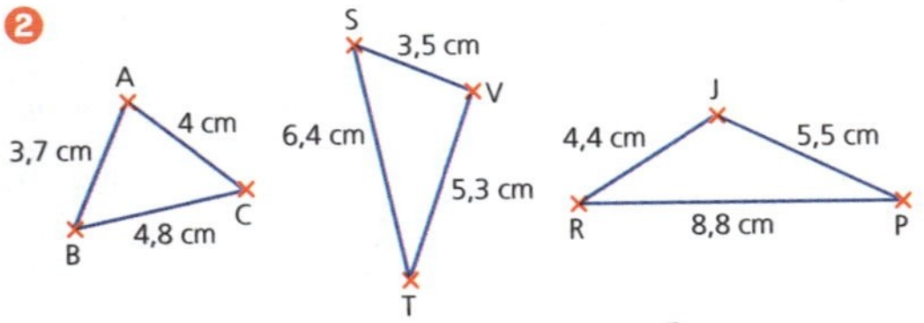

3

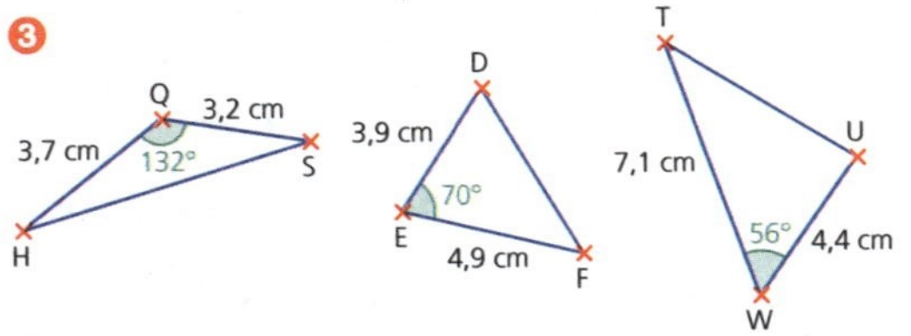

4

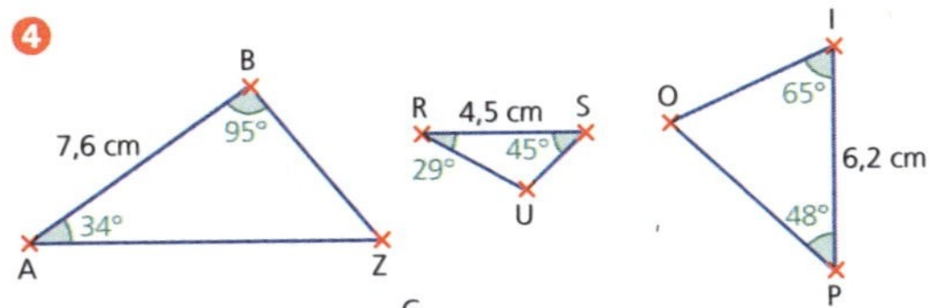

5

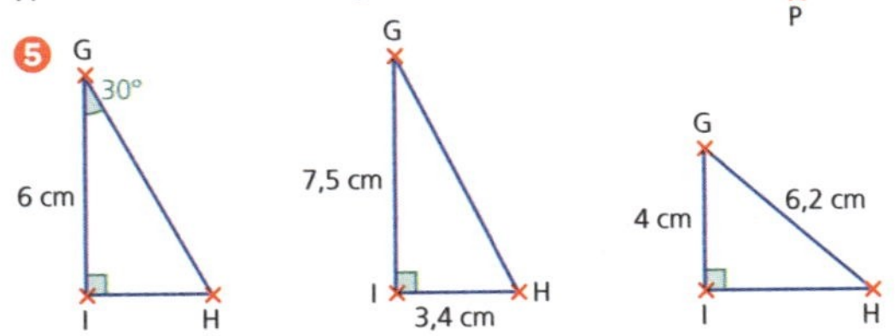

6

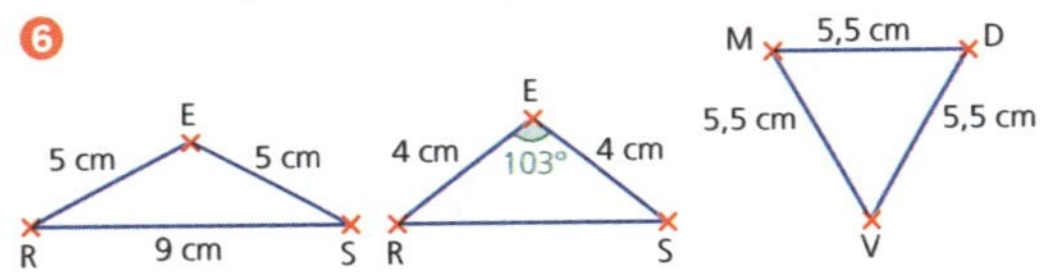

7 **a.** Si un côté mesure 4 cm, on peut choisir de construire tout triangle dont la somme des longueurs des deux autres côtés est égale à 12 cm. **b.** Si un côté mesure 7 cm, on peut choisir de construire tout triangle dont la somme des longueurs des deux autres côtés est égale à 9 cm. **c.** Si un côté mesure 8 cm, alors la somme des longueurs des deux autres côtés est égale à 8 cm. Le triangle est donc plat et les points sont alignés. **d.** Si un côté mesure 10 cm, alors la somme des longueurs des deux autres côtés est égale à 6 cm. Donc le triangle n'est pas constructible.

8 **a.** Pour L = 1,5 cm : AN = 1,5, NO = 0,5, AO = 2,5. Or, AN + NO = 1,5 + 0,5 = 2 < AO. Donc le triangle n'est pas constructible. **b.** Pour L = 2 cm : AN = 2, NO = 1, AO = 3. Or, AN + NO = 2 + 1 = 3 = AO Donc le triangle est plat et les points A, N et O sont alignés.

c. Lorsque L = 6 cm, AN = 6, NO = 5, AO = 7.

d. Lorsque L = 4 cm, AN = 4, NO = 3, AO = 5.

Le triangle NOA semble être rectangle en N.

e. Pour que le triangle NOA soit constructible, il faut et il suffit que AN + NO > AO,

ce qui revient à écrire que L + L – 1 > L + 1

ce qui revient à écrire que 2L – 1 > L + 1

ce qui revient à écrire que L – 1 > 1

ce qui revient à écrire que L > 2.

FICHE 19, p. 98 Médianes et hauteurs

1 **a. Faux**, dans le triangle BVM, la hauteur issue du sommet B est perpendiculaire à la droite (VM). **b. Faux**, la plupart du temps, la médiane issue d'un sommet n'est pas perpendiculaire au côté opposé. **c. Faux**, le point de concours des médianes est toujours situé à l'intérieur du triangle. **d. Vrai.**

2 **a.** Ni hauteur, ni médiane. **b.** Hauteur issue du sommet A. **c.** Médiane issue du sommet A. **d.** Médiane issue du sommet A.

3

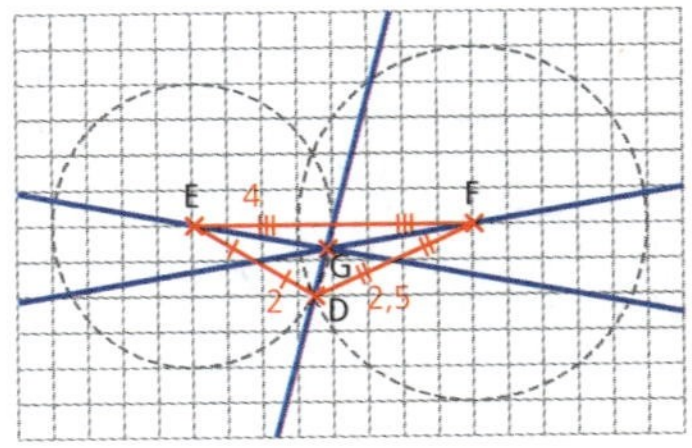

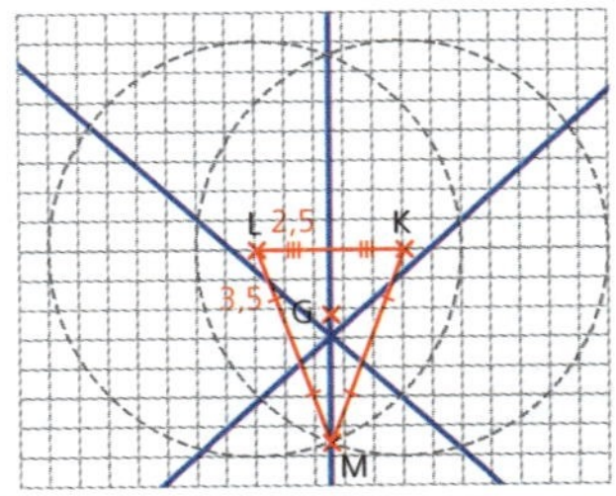

4 **a.** La droite (AH) est la médiane issue du sommet A dans les triangles AGC, ABI. **b.** La droite (AH) est la hauteur issue du sommet A dans les triangles ABG, AHC, AGC, AHG, ABC, AHB, AHI, AGI, ACI, ABI.

5

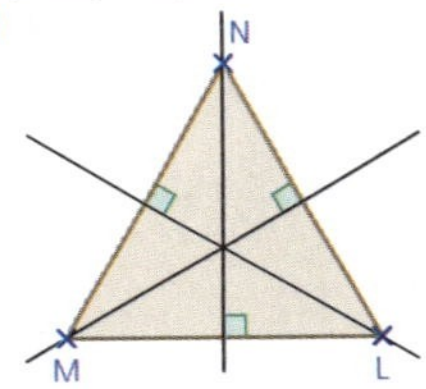

Le point de concours des hauteurs du triangle équilatéral MLN est à l'intérieur du triangle.

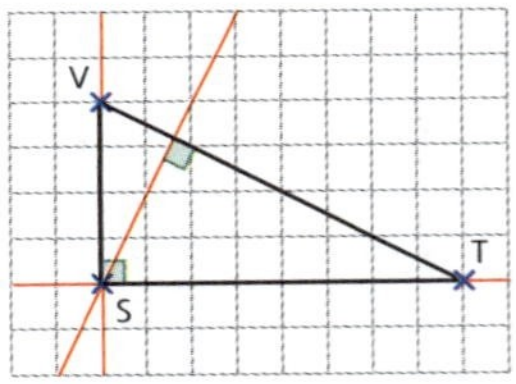

• Le point de concours des hauteurs du triangle rectangle STV est confondu avec le sommet S. Les hauteurs issues des sommets T et V sont confondues avec les côtés [ST] et [VS] du triangle rectangle.

• Le point de concours O des hauteurs du triangle GJK est à l'extérieur du triangle.

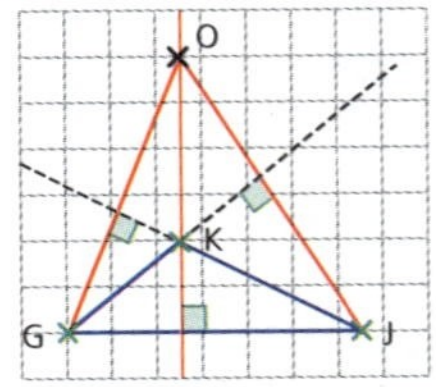

6 **a.** La médiane issue du sommet E est (EG) car les diagonales d'un carré se coupent en leur milieu. **b.** La hauteur issue du sommet E est (EG) car les diagonales d'un carré sont perpendiculaires. **c.** Dans le triangle EFH rectangle et isocèle en E, la médiane et la hauteur issues du sommet E sont confondues.

7 Je sais que : dans le triangle ABC, • (BG) est la médiane issue de B. • (CG) est la médiane issue de C.

Propriété : Les trois médianes d'un triangle sont concourantes.

J'en déduis que : (AG) est la troisième médiane du triangle, celle issue du sommet A.

8 **a.** La droite (AA') représente la hauteur issue du sommet A dans le triangle ABC. La droite (BB') représente la hauteur issue du sommet B dans le triangle ABC.

b. Je sais que : Dans le triangle ABC, • (AO) est la hauteur issue du sommet A ; • (BO) est la hauteur issue du sommet B.

Propriété : Les trois hauteurs d'un triangle sont concourantes.

J'en déduis que : (CO) est la hauteur du triangle ABC issue du sommet Cet (CO) est perpendiculaire à la droite (AB).

point est un segment qui lui est parallèle. Fig. 2 : La symétrie centrale conserve les formes. Le symétrique d'un cercle est donc un cercle.

❹ **a.** Le centre est le milieu du segment. **b.** Le centre du carré est le point d'intersection des diagonales. **c.** Le centre du rectangle est le point d'intersection des diagonales. **d.** Le centre est le centre du cercle. **e.** Le triangle isocèle n'admet pas de centre de symétrie. **f.** Le centre du losange est le point d'intersection de ses diagonales.

❺ **a.** BC = (14 – 2 × 5) ÷ 2 = 4 ÷ 2 = 2.

b.

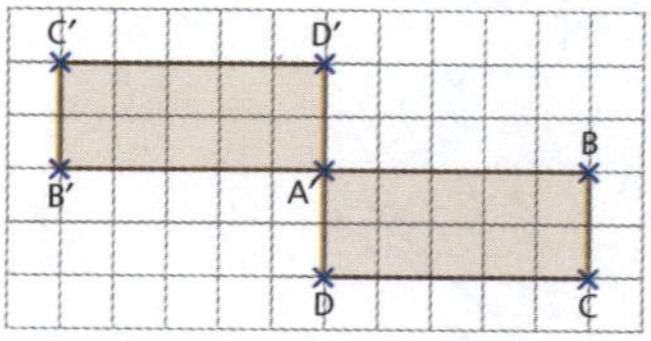

c. Le quadrilatère A'B'C'D' est un rectangle car la symétrie conserve les formes. **d.** Le périmètre du rectangle A'B'C'D' vaut 14 cm car la symétrie conserve les périmètres. **e.** $A_{(A'B'C'D')}$ = A'B' × B'C' = 5 × 2 = 10 cm².

FICHE 16, p. 92 Constructions de symétriques

❶ **a. Faux**, pour construire le symétrique d'un segment, il est nécessaire de construire le symétrique des deux extrémités. **b. Vrai.** **c. Faux**, la règle graduée peut suffire puisqu'il n'est pas question d'angles droits dans la symétrie centrale. **d. Faux**.

❷ **a.** C. [CF]. [GJ) (Les points G, J et I étant alignés, la demi-droite [GJ) peut aussi être nommée [GI)). JKD. **b.** G.

❸ **a.** (AC). **b.** (IH). **c.** (GD). **d.** (AD).

❹

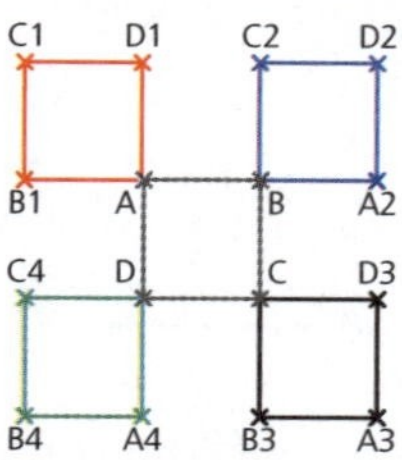

❺ **a.** E est un point situé :

sur le cercle (𝒞)

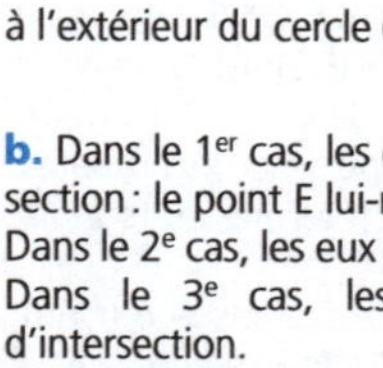

à l'intérieur du cercle (𝒞)

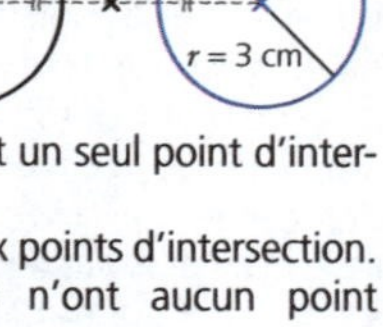

à l'extérieur du cercle (𝒞)

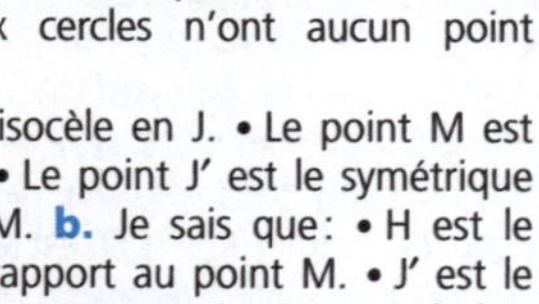

b. Dans le 1er cas, les deux cercles ont un seul point d'intersection : le point E lui-même.
Dans le 2e cas, les eux cercles ont deux points d'intersection.
Dans le 3e cas, les deux cercles n'ont aucun point d'intersection.

❻ **a.** • Le triangle HIJ est isocèle en J. • Le point M est le milieu du segment [HI]. • Le point J' est le symétrique du point J par rapport à M. **b.** Je sais que : • H est le symétrique du point I par rapport au point M. • J' est le symétrique du point J par rapport au point M. J'en déduis que : [HJ'] est le symétrique du segment [IJ] par rapport au point M. Je sais que : [HJ'] est le symétrique du segment [IJ] par rapport au point M. Propriété : La symétrie centrale conserve les longueurs. J'en déduis que : IJ = HJ' = 5 cm. De même, je sais que : • I est le symétrique du point H par rapport au point M. • J' est le symétrique du point J par rapport au point M. J'en déduis que : [IJ'] est le symétrique du segment [HJ] par rapport au point M. Je sais que : [IJ'] est le symétrique du segment [HJ] par rapport au point M. Propriété : La symétrie centrale conserve les longueurs. J'en déduis que : HJ = IJ' = 5 cm. **c.** HJ = JI = IJ' = J'H. Donc HJIJ' est un losange.

FICHE 17, p. 94 Triangles, inégalité triangulaire et triangles particuliers

❶ **a. Faux**, CE = CM + ME signifie que le point M appartient au segment [EC]. **b. Vrai.** **c. Vrai.** **d. Faux** ; si DF = DE, alors le triangle EDF est isocèle en D.

❷ **a.** Aucun codage ne permet de préciser la nature de ce triangle, il est donc quelconque. **b.** Triangle équilatéral. **c.** Triangle rectangle. **d.** Triangle rectangle isocèle.

❸ **a.** MN < KM + KN. **b.** NO + OM > MN. **c.** MK + KO > OM. **d.** NL = NO + OL. **e.** NL < NK + KL

❹ **a.** 8 < 5 + 5, donc le triangle est constructible. Il est isocèle.
b. 12 > 7 + 4, donc il n'existe pas de triangle de longueurs 12, 7 et 4 cm. **c.** 10,9 = 3,4 + 7,5 cm, donc les points sont alignés et le triangle est plat. **d.** 3 < 3 + 3, donc le triangle est constructible. Il est équilatéral. **e.** 11,7 < 5,5 + 9,2, donc le triangle est constructible. Il est quelconque.

❺ ML = 9,3. Si ML était égal à 3,9, alors le triangle ne serait pas constructible (9,3 > 3,9 + 3,9).

❻ • Les points E, C et D sont alignés car 6 = 2,4 + 3,6.
• Les points E, C et D ne sont pas alignés car 60 ≠ 20 + 50.
• 85 dm = 850 cm et 2,5 m = 250 cm. Les points E, C et D sont alignés, car 850 = 600 + 250.

• x = 10 cm, a = 8 cm et b = 6 cm.
10 < 8 + 6, donc le triangle est constructible. Il en existe 2, un de part et d'autre du segment [AB].

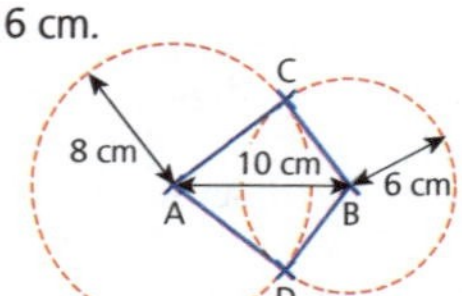

• x = 8,5 cm, a = 4 cm et b = 3 cm.
8,5 > 4 + 3, donc le triangle n'est pas constructible. Il n'existe pas de triangle de longueurs 8,5, 4 et 3 cm.
• x = 9 cm, a = 5,5 cm et b = 3,5 cm. 9 = 3,5 + 5,5. Les points sont donc alignés et le seul triangle constructible est plat.

❽ AB et AC sont des rayons du même cercle de centre A, donc AB = AC. Le codage indique que AB = BP et que AC = CN. On en déduit que AP = AN et donc le triangle APN est isocèle en A. De plus, les droites (AN) et (AP) sont perpendiculaires. L'angle $\widehat{NAP}$ est donc un angle droit. On en conclut que le triangle NAP est rectangle isocèle en A.

❾ Dans le triangle ESP, on a : SP < ES + EP. E est un point de la médiatrice (d), donc RE = ES. E est un point du segment [RP], donc RE + EP = RP. En remplaçant RE par ES, l'inégalité SP < ES + EP devient SP < RE + EP. En remplaçant RE + EP par RP, l'inégalité SP < RE + EP devient SP < RP.

FICHE 18, p. 96 Constructions de triangles

❶ **a. Faux**, pour pouvoir le construire à la règle et au compas seuls, il manque la longueur du côté [BC] ou l'angle $\widehat{BAC}$. **b. Vrai.** **c. Faux**, il est constructible à la règle graduée et au compas. **d. Vrai.**

2

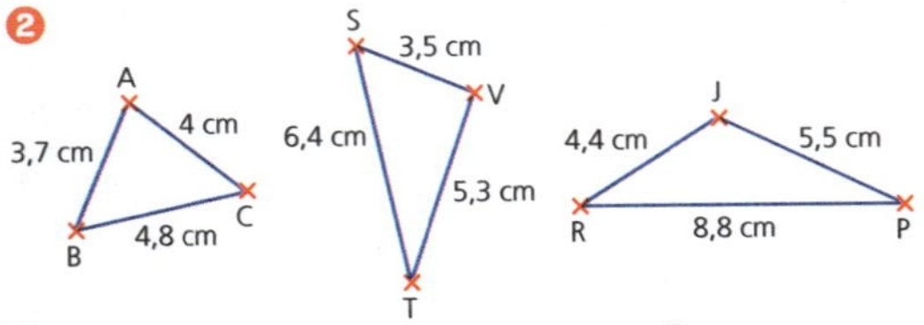

3

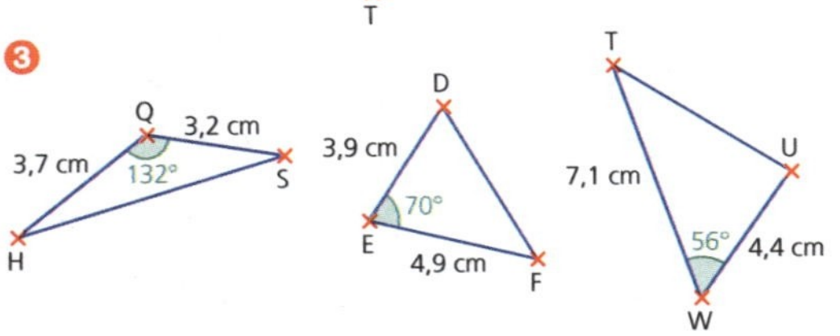

4

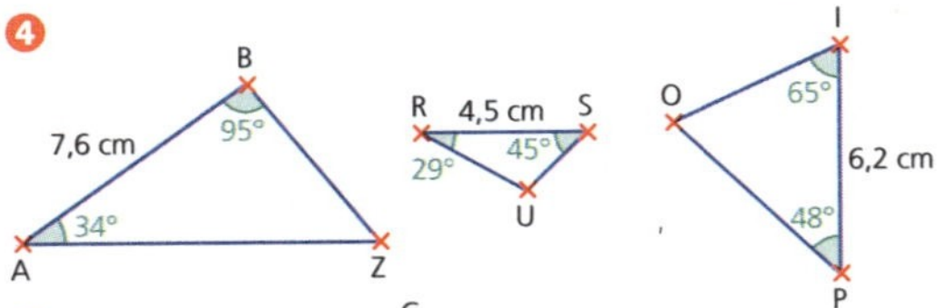

5

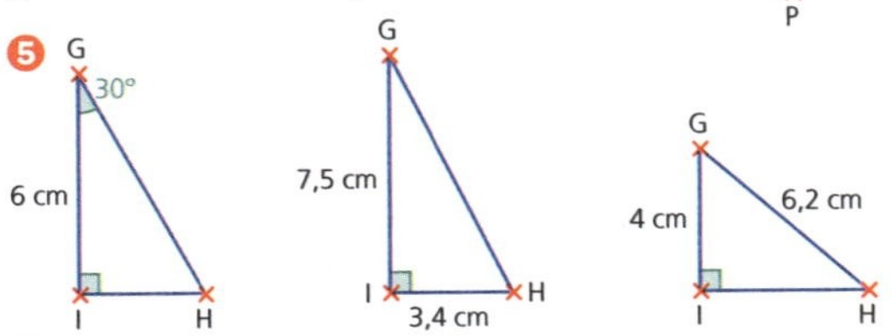

6

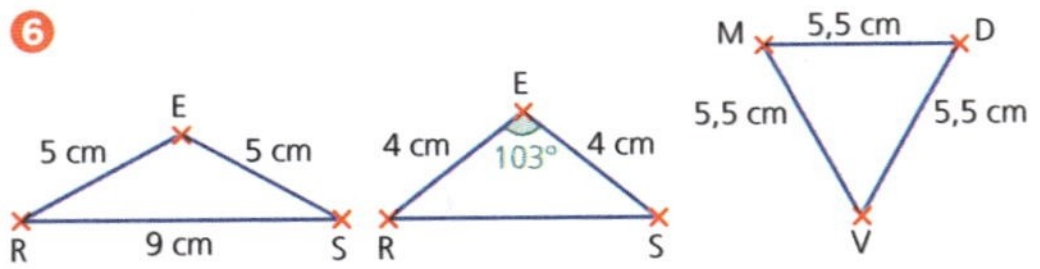

7 **a.** Si un côté mesure 4 cm, on peut choisir de construire tout triangle dont la somme des longueurs des deux autres côtés est égale à 12 cm. **b.** Si un côté mesure 7 cm, on peut choisir de construire tout triangle dont la somme des longueurs des deux autres côtés est égale à 9 cm. **c.** Si un côté mesure 8 cm, alors la somme des longueurs des deux autres côtés est égale à 8 cm. Le triangle est donc plat et les points sont alignés. **d.** Si un côté mesure 10 cm, alors la somme des longueurs des deux autres côtés est égale à 6 cm. Donc le triangle n'est pas constructible.

8 **a.** Pour L = 1,5 cm : AN = 1,5, NO = 0,5, AO = 2,5. Or, AN + NO = 1,5 + 0,5 = 2 < AO. Donc le triangle n'est pas constructible. **b.** Pour L = 2 cm : AN = 2, NO = 1, AO = 3. Or, AN + NO = 2 + 1 = 3 = AO Donc le triangle est plat et les points A, N et O sont alignés.
c. Lorsque L = 6 cm, AN = 6, NO = 5, AO = 7.
d. Lorsque L = 4 cm, AN = 4, NO = 3, AO = 5.
Le triangle NOA semble être rectangle en N.
e. Pour que le triangle NOA soit constructible, il faut et il suffit que AN + NO > AO,
ce qui revient à écrire que L + L – 1 > L + 1
ce qui revient à écrire que 2L – 1 > L + 1
ce qui revient à écrire que L – 1 > 1
ce qui revient à écrire que L > 2.

FICHE 19, p. 98 Médianes et hauteurs

1 **a.** **Faux**, dans le triangle BVM, la hauteur issue du sommet B est perpendiculaire à la droite (VM). **b.** **Faux**, la plupart du temps, la médiane issue d'un sommet n'est pas perpendiculaire au côté opposé. **c.** **Faux**, le point de concours des médianes est toujours situé à l'intérieur du triangle. **d.** **Vrai.**

2 **a.** Ni hauteur, ni médiane. **b.** Hauteur issue du sommet A. **c.** Médiane issue du sommet A. **d.** Médiane issue du sommet A.

3

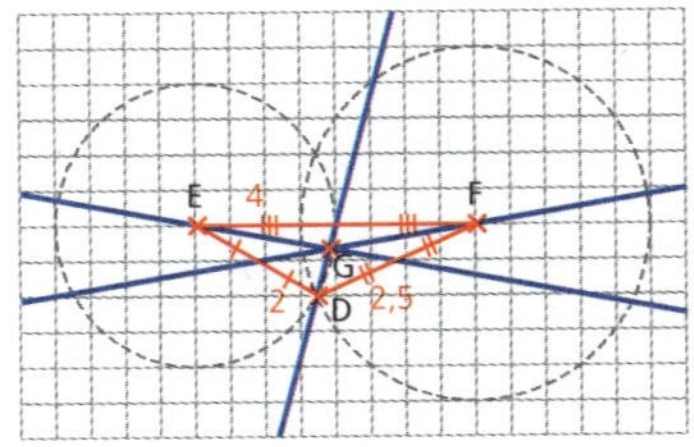

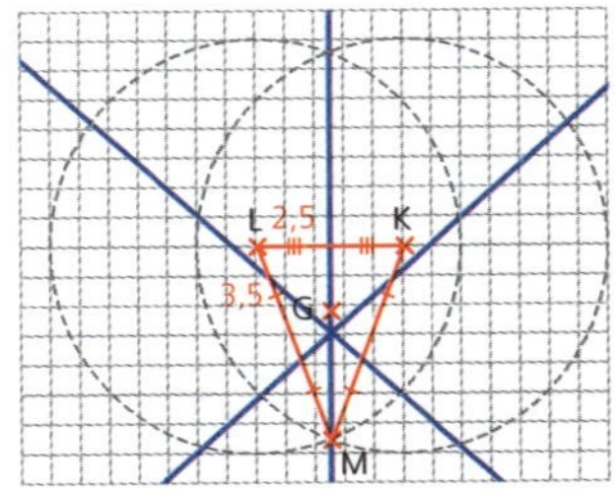

4 **a.** La droite (AH) est la médiane issue du sommet A dans les triangles AGC, ABI. **b.** La droite (AH) est la hauteur issue du sommet A dans les triangles ABG, AHC, AGC, AHG, ABC, AHB, AHI, AGI, ACI, ABI.

5

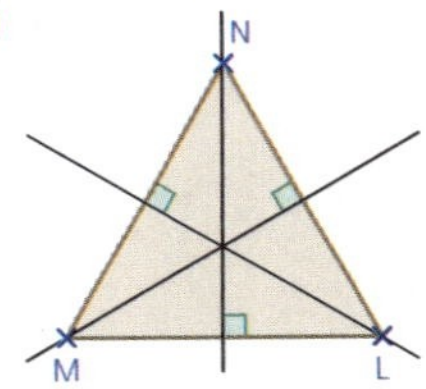

Le point de concours des hauteurs du triangle équilatéral MLN est à l'intérieur du triangle.

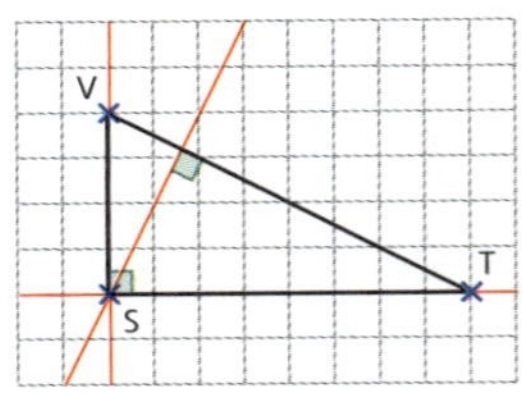

• Le point de concours des hauteurs du triangle rectangle STV est confondu avec le sommet S. Les hauteurs issues des sommets T et V sont confondues avec les côtés [ST] et [VS] du triangle rectangle.

• Le point de concours O des hauteurs du triangle GJK est à l'extérieur du triangle.

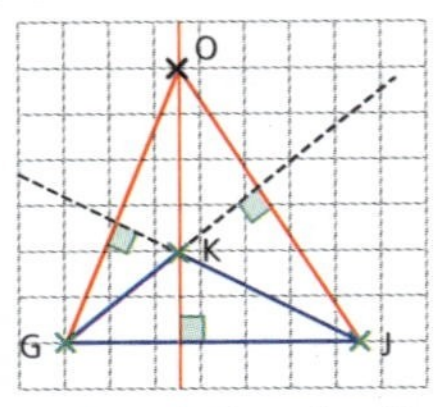

6 **a.** La médiane issue du sommet E est (EG) car les diagonales d'un carré se coupent en leur milieu. **b.** La hauteur issue du sommet E est (EG) car les diagonales d'un carré sont perpendiculaires. **c.** Dans le triangle EFH rectangle et isocèle en E, la médiane et la hauteur issues du sommet E sont confondues.

7 Je sais que : dans le triangle ABC, • (BG) est la médiane issue de B. • (CG) est la médiane issue de C.
Propriété : Les trois médianes d'un triangle sont concourantes.
J'en déduis que : (AG) est la troisième médiane du triangle, celle issue du sommet A.

8 **a.** La droite (AA′) représente la hauteur issue du sommet A dans le triangle ABC. La droite (BB′) représente la hauteur issue du sommet B dans le triangle ABC.
b. Je sais que : Dans le triangle ABC, • (AO) est la hauteur issue du sommet A ; • (BO) est la hauteur issue du sommet B.
Propriété : Les trois hauteurs d'un triangle sont concourantes.
J'en déduis que : (CO) est la hauteur du triangle ABC issue du sommet Cet (CO) est perpendiculaire à la droite (AB).

FICHE 20, p. 100 Médiatrices et cercle circonscrit

❶ **a. Vrai. b. Faux**, le cercle ($\mathscr{C}$) ne passe pas par les trois sommets du triangle EFG. **c. Faux**, il manque le fait qu'elle coupe le segment [EG] en son milieu. **d. Vrai.**

❷ **a.** La droite (*d*) n'est pas la médiatrice du segment [MN]: il manque le fait que (*d*) soit perpendiculaire à [MN].
b. La droite (*d*) est la médiatrice du segment [MN]: la droite (*d*) passe par deux points équidistants des points M et N.
c. La droite (*d*) n'est pas la médiatrice du segment [MN]: il manque le fait que (*d*) coupe [MN] en son milieu.
d. La droite (*d*) est la médiatrice du segment [MN]: (*d*) coupe [MN] en son milieu et perpendiculairement.

❸

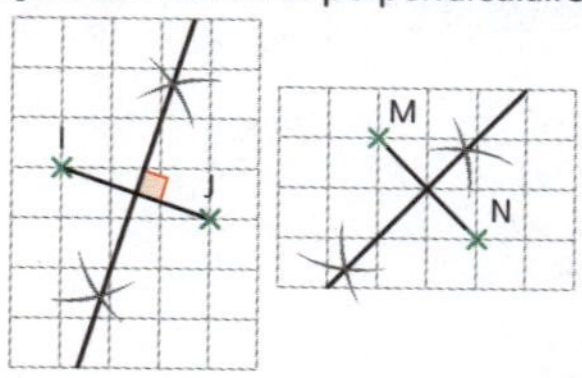

❹

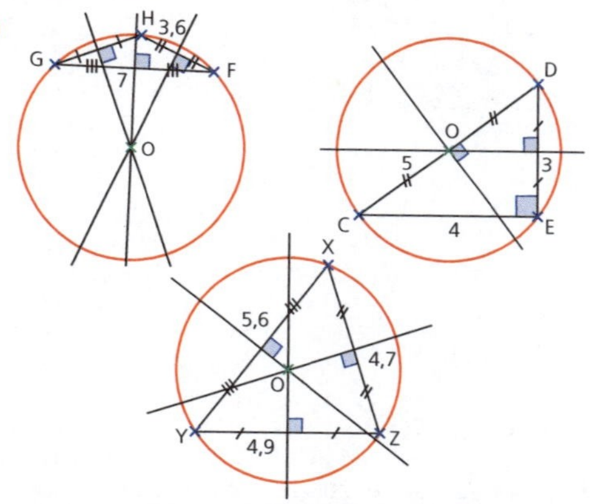

Le centre du cercle circonscrit se trouve à l'extérieur du triangle HFG. Le centre du cercle circonscrit au triangle se trouve au milieu de l'hypoténuse du triangle CED. Le centre du cercle circonscrit se trouve à l'intérieur du triangle XZY.

❺ **a.** O appartient à la médiatrice du côté [HI]. Alors O est équidistant des points H et I, donc HO = OI. **b.** O appartient à la médiatrice du côté [IJ]. Alors O est équidistant des points I et J, donc OI = OJ. **c.** On en déduit que HO = OI = OJ donc H, I et J sont équidistants du point O. Ils sont donc tous les trois situés sur un même cercle de centre O. **d.** Les sommets H, I et J du triangle HIJ sont situés sur un même cercle. Ce cercle est donc circonscrit au triangle HIJ et O en est son centre.

❻ **a.** On construit un triangle ABC dont les sommets A, B et C sont sur le cercle. **b.** A, B et C sont donc tous équidistants de son centre O. Donc AO = OB, ce qui permet d'en déduire que O est un point de la médiatrice [AB].
De même O est un point de la médiatrice [BC]. De même O est un point de la médiatrice [CA]. Ainsi, le point O est le point d'intersection des médiatrices des côtés du triangle ABC. Pour placer le point O, il suffit donc de construire deux des trois médiatrices du triangle ABC.

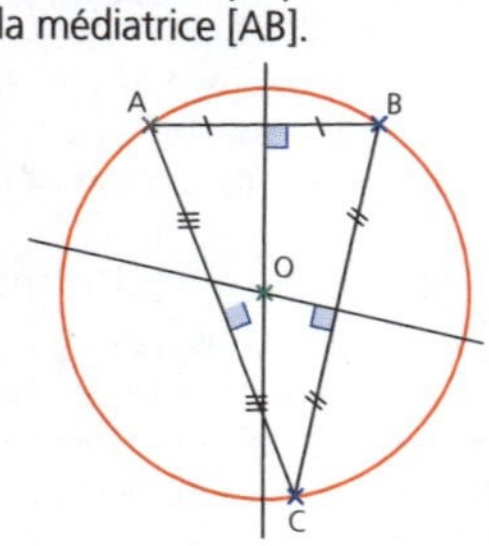

FICHE 21, p. 102 Angles et parallélisme

❶ **a. Vrai. b. Faux**, si les droites étaient parallèles, alors $\widehat{a}$ et $\widehat{c}$ auraient la même mesure. Donc $\widehat{c}$ mesurerait 63°, et $\widehat{b}$ mesurerait 180 – 63 = 117°. Or, $\widehat{b}$ = 127°, donc les droites ne sont pas parallèles. **c. Faux**, des angles opposés par le sommet ont toujours la même mesure. **d. Vrai. e. Faux**, ils n'ont pas de sommet commun.

❷ **a.** Les angles bleu et rouge ne sont pas adjacents, car ils ne sont pas situés de part et d'autre de leur côté commun [AC]. **b.** Les angles bleu et rouge sont adjacents. **c.** Les angles bleu et rouge ne sont pas adjacents, car ils n'ont pas le même sommet.

❸ **a.** Paires d'angles alternes-internes: $\widehat{c}$ et $\widehat{e}$ – $\widehat{d}$ et $\widehat{f}$.
b. Paires d'angles correspondants: $\widehat{e}$ et $\widehat{a}$; $\widehat{d}$ et $\widehat{h}$; $\widehat{c}$ et $\widehat{g}$; $\widehat{b}$ et $\widehat{f}$. **c.** Paires d'angles opposés par le sommet: $\widehat{a}$ et $\widehat{c}$; $\widehat{b}$ et $\widehat{d}$; $\widehat{e}$ et $\widehat{g}$; $\widehat{f}$ et $\widehat{h}$.

❹ **a.** Je sais que: (*d*) // (*d'*) et que les angles $\widehat{a}$ et $\widehat{b}$ sont correspondants. Propriété: Si deux droites parallèles sont coupées par une sécante, alors les angles correspondants qu'elles forment ont la même mesure. J'en déduis que: $\widehat{b}$ = $\widehat{a}$ = 64°. **b.** Je sais que: (*d*) // (*d'*) et que les angles $\widehat{c}$ et $\widehat{d}$ sont alternes-internes. Propriété: Si deux droites parallèles sont coupées par une sécante, alors les angles alternes internes qu'elles forment ont la même mesure. J'en déduis que: $\widehat{c}$ = $\widehat{d}$ = 43°.

❺ **a.** Les angles coloriés sont alternes-internes, et n'ont pas la même mesure. Alors on en déduit que les droites (*d*) et (*d'*) ne sont pas parallèles. **b.** Je sais que: Les angles coloriés sont correspondants et de même mesure. Propriété: Si deux droites coupées par une sécante forment des angles correspondants de même mesure, alors elles sont parallèles. J'en déduis que: les droites (*d*) et (*d'*) sont parallèles. **c.** Les angles sont opposés par le sommet. Ils ont donc toujours la même mesure. On ne peut donc rien conclure quant au parallélisme des droites (*d*) et (*d'*).

❻ **a.** Comme EFGH est un rectangle, alors les droites (EF) et (HG) sont parallèles. Je sais que: (EF) // (HG) et que les angles $\widehat{a}$ et $\widehat{b}$ sont alternes-internes. Propriété: Si deux droites parallèles sont coupées par une sécante, alors les angles alternes internes qu'elles forment ont la même mesure. J'en déduis que: $\widehat{b}$ = $\widehat{a}$ = 123°.
b. 1re méthode. Je sais que: (EF) // (HG) et que les angles $\widehat{a}$ et $\widehat{c}$ sont correspondants. Propriété: Si deux droites parallèles sont coupées par une sécante, alors les angles correspondants qu'elles forment ont la même mesure. J'en déduis que: $\widehat{c}$ = $\widehat{a}$ = 123°. **2e méthode.** Je sais que: Les angles $\widehat{b}$ et $\widehat{c}$ sont opposés par le sommet. Propriété: Si deux angles sont opposés par le sommet, alors ils ont la même mesure. J'en déduis que: $\widehat{c}$ = $\widehat{b}$ = 123°.

FICHE 22, p. 104 Angles dans le triangle

❶ **a. Faux**, dans un triangle, la somme des angles est toujours égale à 180°. **b. Vrai. c. Faux**, si deux angles d'un triangle sont complémentaires, alors ce triangle est rectangle. **d. Vrai.**

❷ $\widehat{INH}$ = 180° – 86° – 33° = 61°.

❸ Marwan: Le triangle n'est pas constructible: si le triangle est équilatéral, alors ses trois angles mesurent 60° chacun.
Sabrina: La somme des mesures des trois angles n'est pas égale à 180°, donc le triangle n'est pas constructible.
Cécile: Le triangle est constructible car la somme des angles vaut 56° + 68° + 56° = 180°.

4

Mesure de l'angle $\widehat{EFG}$	34,2°	45°	90°	60°	30°
Mesure de l'angle $\widehat{EGF}$	103,4°	45°	62,4	60°	30°
Mesure de l'angle $\widehat{FEG}$	42,4°	90°	27,6°	60°	120°
Nature du triangle	Quelconque	Rectangle	Rectangle	Équilatéral	Isocèle

5 **a.** ABC est un triangle quelconque, donc $\widehat{A} = 180° - 122° - 18° = 40°$. **b.** ABC est un triangle isocèle en A. Donc $\widehat{B} = \widehat{C} = 60°$. Par conséquent, $\widehat{A} = 180° - 60° - 60° = 60°$ et le triangle ABC est en fait équilatéral. **c.** ABC est un triangle rectangle en B. Donc $\widehat{C} = 90 - 59 = 31°$. **d.** ABC est un triangle isocèle en B. Donc $\widehat{C} = (180° - 47°) \div 2 = 66{,}5°$.

6 EGD est isocèle en E. Alors $\widehat{EGD} = \widehat{EDG} = 66°$ et $\widehat{GED} = 180° - 66° \times 2 = 48°$. $\widehat{GEF}$ est un angle plat. Donc $\widehat{FED} = \widehat{FEG} - \widehat{DEG} = 180° - 48° = 132°$.
$\widehat{GDF}$ est un angle droit,
donc $\widehat{EDF} = \widehat{GDF} - \widehat{GDE} = 90° - 66° = 24°$.
Dans le triangle EDF, la somme des trois angles valant 180°, on en déduit que $\widehat{EFD} = 180° - 24° - 132° = 24°$.
On en déduit donc que le triangle DEF est isocèle en E et que GE = EF = ED.

7 **a.** Les points H, C et I étant alignés, les angles $\widehat{HCB}$, $\widehat{BCA}$ et $\widehat{ACI}$ forment un angle plat. **b.** Les angles $\widehat{ICA}$ et $\widehat{CAB}$ sont alternes-internes : Ils sont situés de part et d'autre de la droite (CA), tout en étant compris entre les droites (HI) et (BA). **c.** Les angles $\widehat{HCB}$ et $\widehat{CBA}$ sont alternes-internes : Ils sont situés de part et d'autre de la droite (CB), tout en étant compris entre les droites (HI) et (BA). **d.** Je sais que : • Les angles $\widehat{ICA}$ et $\widehat{CAB}$ sont alternes-internes. • Les angles $\widehat{HCB}$ et $\widehat{CBA}$ sont alternes-internes. • Les droites (HI) et (BA) sont parallèles. Propriété : Si deux droites parallèles sont coupées par une sécante, alors les angles alternes internes qu'elles forment ont la même mesure. J'en déduis que : $\widehat{HCB} = \widehat{CBA}$ et $\widehat{ICA} = \widehat{CAB}$.
Comme $\widehat{HCB} + \widehat{BCA} + \widehat{ICA} = 180°$, alors en remplaçant, on a : $\widehat{CBA} + \widehat{BCA} + \widehat{CAB} = 180°$, ce qui montre que la somme des mesures des angles d'un triangle vaut 180°.

FICHE 23, p. 106 Parallélogrammes

1 **a.** **Faux**, dans un parallélogramme, les côtés consécutifs n'ont pas nécessairement la même longueur.
b. **Faux**, voici un contre-exemple : les angles $\widehat{B}$ et $\widehat{D}$ sont supplémentaires. Pourtant DECB n'est pas un parallélogramme. **c.** **Vrai.** **d.** **Faux**, en général, le parallélogramme n'admet pas d'axe de symétrie, sauf dans les cas particuliers du rectangle, losange et carré. **e.** **Vrai.**

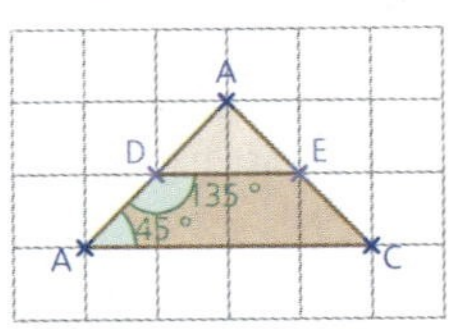

2 **a.** Les côtés opposés ne sont pas parallèles, donc ce quadrilatère n'est pas un parallélogramme. **b.** Les côtés opposés semblent parallèles, donc ce quadrilatère pourrait être un parallélogramme. **c.** Les côtés opposés semblent parallèles, donc ce quadrilatère pourrait être un parallélogramme. **d.** Les côtés opposés semblent parallèles, donc ce quadrilatère pourrait être un parallélogramme. **e.** Les côtés opposés semblent parallèles, donc ce quadrilatère pourrait être un parallélogramme. **f.** Les côtés opposés ne sont pas parallèles, donc ce quadrilatère n'est pas un parallélogramme.

3 **a.** RUTS n'est pas un parallélogramme car ses diagonales n'ont pas le même milieu. **b.** Le quadrilatère MNOP a ses côtés opposés parallèles, donc c'est un parallélogramme. **c.** Il manque des informations pour pouvoir affirmer que VWZF est un parallélogramme. Il le serait si WV = ZF ou si (WZ) était parallèle à (VF). **d.** Les diagonales du quadrilatère XJKL sont perpendiculaires. Cela ne suffit pas pour pouvoir affirmer que c'est un parallélogramme. **e.** Le quadrilatère ABCD a ses côtés opposés de la même longueur, donc c'est un parallélogramme. **f.** Le quadrilatère GEIH a deux côtés opposés parallèles et de même longueur, donc c'est un parallélogramme.

4 **a.**

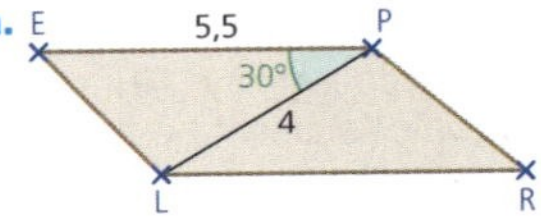

b.

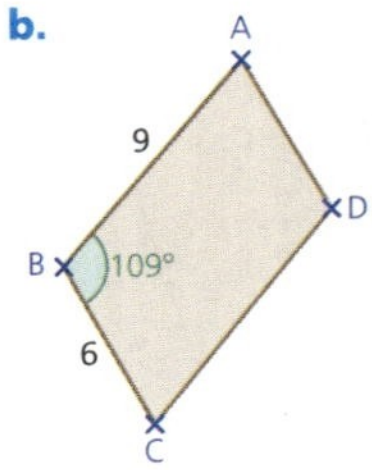

c.

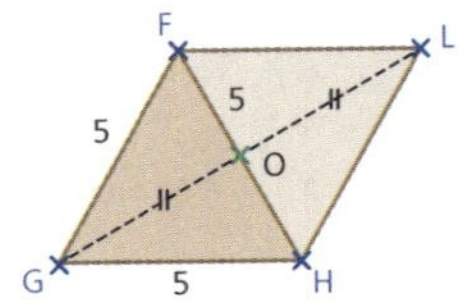

d.

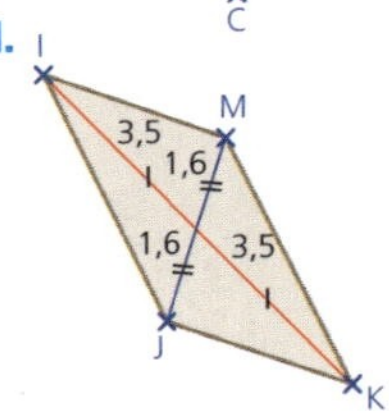

5 **a.**

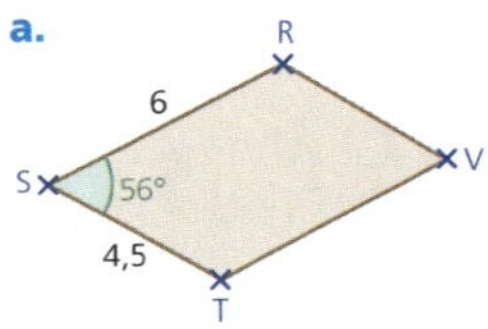

b. Je sais que : SRTV est un parallélogramme et que SR = 6 cm. Propriété : Si un quadrilatère est un parallélogramme, alors ses côtés opposés ont la même longueur.
J'en déduis que : TV = 6 cm. **c.** Je sais que : SRTV est un parallélogramme et que $\widehat{S} = 56°$. Propriété : Si un quadrilatère est un parallélogramme, alors ses angles opposés ont la même mesure. J'en déduis que : $\widehat{V} = 56°$. **d.** Comme dans la question **b.**, on pourrait démontrer que RV = 4,5 cm. On en déduit que le périmètre P est égal à :
P = SR + RV + VT + TS = 6 + 4,5 + 6 + 4,5 = 21 cm.

6 **a.** Je sais que : (AB) // (DC) et que (AD) // (BC). Propriété : Si un quadrilatère a ses côtés opposés parallèles, alors ce quadrilatère est un parallélogramme. J'en déduis que : Le quadrilatère ABCD est un parallélogramme. **b.** Les angles x et d sont correspondants car : • ils sont situés du même côté de la droite (AD), • d est situé entre les droites (AB) et (DC), • x n'est pas situé entre les droites (AB) et (DC). **c.** Je sais que : (AB) // (DC) et que les angles $\widehat{x}$ et $\widehat{d}$ sont correspondants. Propriété : Si deux droites parallèles sont coupées par une sécante, alors les angles correspondants qu'elles forment ont la même mesure. J'en déduis que : Les angles $\widehat{x}$ et $\widehat{d}$ ont la même mesure. **d.** Les angles $\widehat{a}$ et $\widehat{x}$ forment un angle plat : ils sont supplémentaires. **e.** Comme les angles $\widehat{x}$ et $\widehat{a}$ ont la même mesure, en remplaçant $\widehat{x}$ par $\widehat{d}$, on en déduit que $\widehat{d}$ et $\widehat{a}$ sont aussi supplémentaires. **f.** Si un quadrilatère est un parallélogramme, alors deux angles consécutifs sont **supplémentaires**.

FICHE 24, p. 108 Rectangles

1 **a.** **Vrai.** **b.** **Faux**, les diagonales d'un rectangle ne se coupent pas nécessairement perpendiculairement. **c.** **Vrai.** **d.** **Faux**, le rectangle admet le point d'intersection de ses diagonales pour centre de symétrie. **e.** **Faux**, le rectangle admet 2 axes de symétrie.

2 **a.** [AC] et [BD]. **b.** [AB] et [DC] ou [AD] et [BC].
c. [AB] et [BC] ou [BC] et [CD] ou [CD] et [DA] ou [DA] et [AB].
d. A et C ou B et D.

3 **a.** NVPR est un quadrilatère ayant 3 angles droits, c'est donc un rectangle. **b.** CUBS est un quadrilatère ayant ses diagonales qui ont le même milieu. C'est donc un parallélogramme, mais pas nécessairement un rectangle. **c.** TAEM est un quadrilatère ayant ses côtés opposés de même longueur. C'est donc un parallélogramme, mais pas nécessairement un rectangle. **d.** ABCD est un quadrilatère ayant ses diagonales qui ont le même milieu, c'est donc un parallélogramme. Ce parallélogramme admet un angle droit, c'est donc un rectangle.

4 **a. d.**

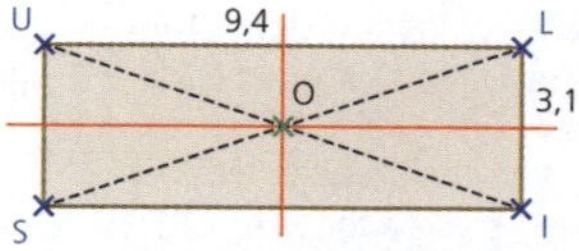

b. SI = UL = 9,4 cm car les côtés opposés d'un rectangle sont de même longueur. **c.** US = LI = 3,1 cm car les côtés opposés d'un rectangle sont de même longueur. **e.** Un rectangle admet le point d'intersection de ses diagonales pour centre de symétrie.

5 **a.**

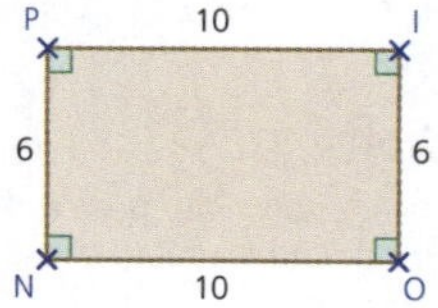

b.

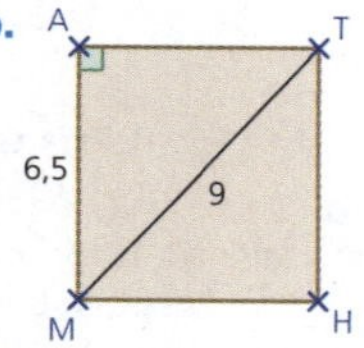

c.

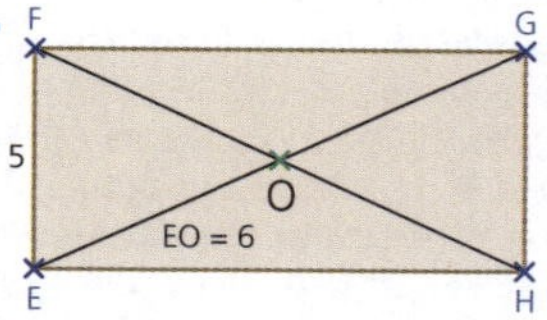

d.

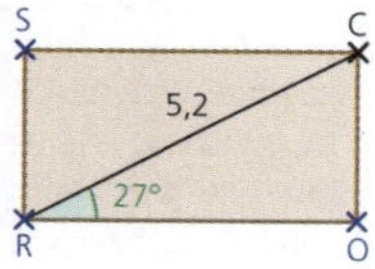

6 **a.** P désignant le périmètre, l désignant la largeur et L désignant la longueur du rectangle, alors :
$P = l \times 2 + L \times 2$; $25 = 5 \times 2 + L \times 2$;
$25 = 10 + L \times 2$;
$L \times 2 = 25 - 10 = 15$; $L = 15 \div 2 = 7{,}5$.

b.

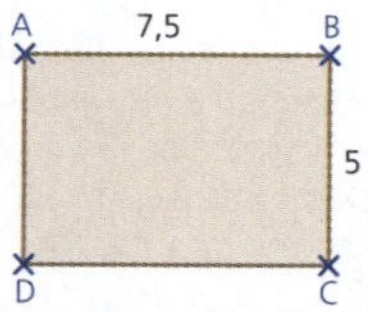

7 **a.**

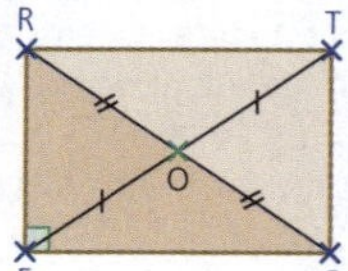

b. Je sais que : O est le milieu de [RC] et de [ET]. J'en déduis que : RECT est un parallélogramme. Je sais que : RECT est un parallélogramme. Et que $\widehat{E}$ est un angle droit. J'en déduis que : RECT est un rectangle.

8 **a. b.**

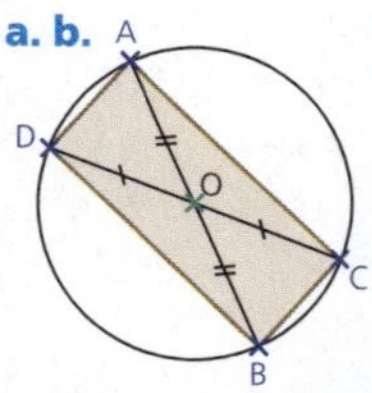

c. [AB] et [EF] sont des diamètres du cercle ($\mathscr{C}$), alors AB = EF et AO = OB = EO = OF. Je sais que : O est le milieu de [AB] et de [EF]. Propriété : Si les diagonales d'un quadrilatère ont le même milieu, alors ce quadrilatère est un parallélogramme.
J'en déduis que : AEBF est un parallélogramme.
Je sais que : AB = EF et que AEBF est un parallélogramme.
J'en déduis que : AEBF est un rectangle.

9 **a.** $\widehat{EAL} = 90 - 27 = 63°$. **b.** $\widehat{AEL} = \widehat{DAE} = 27°$ car ces angles sont alternes-internes et (AD) // (LE).

c. $\widehat{ADL} = \widehat{DAE} = 27°$ car le triangle AOD est isocèle en O et que les angles de la base d'un triangle isocèle ont la même mesure.

d. $\widehat{AOD} = 180 - 27 \times 2 = 180 - 54 = 126°$, car la somme des mesures des angles d'un triangle est égale à 180°.

FICHE 25, p. 110 Losanges

1 **a. Faux.** **b. Vrai.** **c. Vrai.** **d. Faux**, comme tout parallélogramme, un losange admet le point d'intersection de ses diagonales pour centre de symétrie. **e. Vrai.** **f. Faux.** Contre-exemple : ABCD un losange avec AC = 4 cm et BD = 6 cm. ABCD est un losange mais ses diagonales n'ont pas la même longueur. Remarque : si les diagonales d'un losange sont de même longueur, alors ce losange est un carré.

2 **a.** FGNP est un quadrilatère ayant ses côtés opposés parallèles, c'est donc un parallélogramme. De plus, FGNP est un parallélogramme ayant ses diagonales perpendiculaires. C'est donc un losange. **b.** Les diagonales du quadrilatère ABCD ont le même milieu, donc ABCD est un parallélogramme. ABCD est un parallélogramme qui a ses diagonales perpendiculaires, c'est donc un losange. **c.** MTRS est un quadrilatère non croisé ayant ses quatre côtés de même longueur, c'est donc un losange. **d.** GHIJ est un quadrilatère non croisé ayant deux côtés opposés parallèles et de même longueur, c'est donc un parallélogramme. De plus, GHIJ est un parallélogramme admettant deux côtés consécutifs de même longueur, c'est donc un losange.

3 **a.**

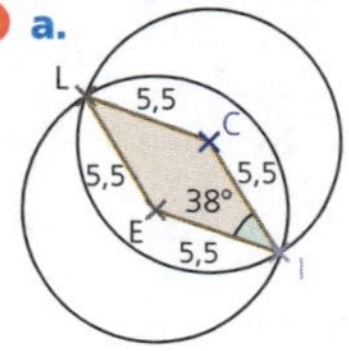

b.

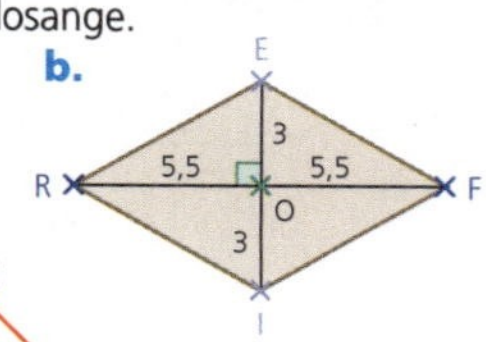

c.

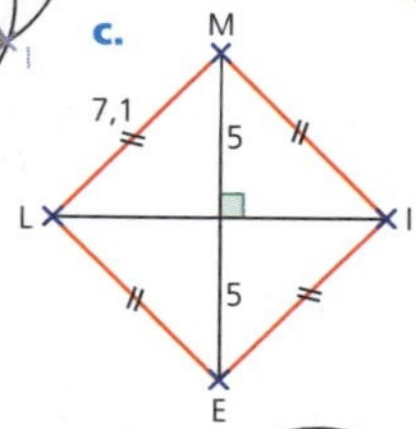

4 **a.** Un losange est un quadrilatère ayant ses 4 côtés de la même longueur c.
Son périmètre P vaut donc : $P = 4 \times c$.
$18 = 4 \times c$ et donc, $c = 18 \div 4 = 4{,}5$ cm.

b.

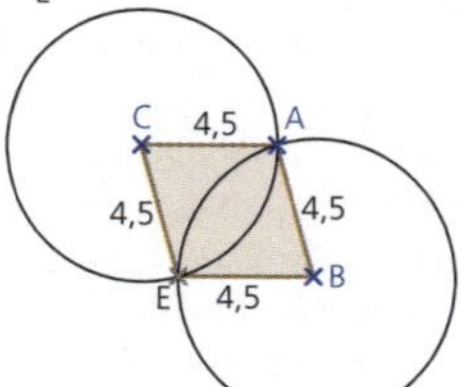

5 **a. b. c.**

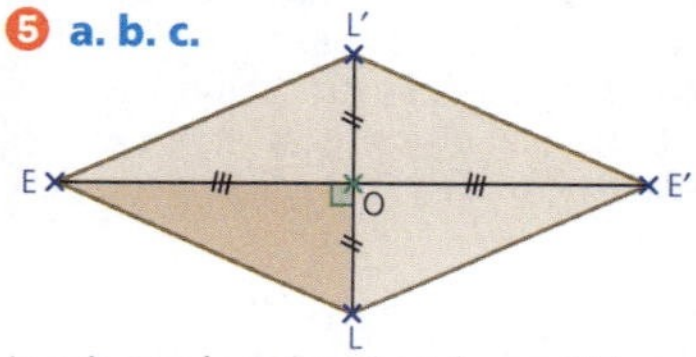

d. Je sais que le point L' est le symétrique du point L par rapport au point O, donc O est le milieu du segment [LL'].
Je sais que le point E' est le symétrique du point E par rapport au point O, donc O est le milieu du segment [EE'].
Je sais que : Les diagonales [LL'] et [EE'] ont le même milieu O.
J'en déduis que : LEL'E' est un parallélogramme. Je sais que le triangle LEO est rectangle en O, donc les droites (EE') et (LL') sont perpendiculaires. Je sais que : (EE') ⊥ (LL').
J'en déduis que : LEL'E' est un losange.

6 **a.**

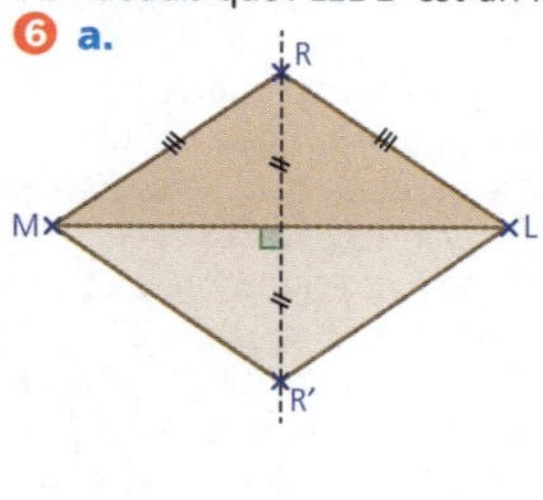

b. On montre que : [MR'] est le symétrique du segment [MR] par rapport à la droite (ML). [LR'] est le symétrique du segment [LR] par rapport à la droite (ML). Comme la symétrie axiale conserve les longueurs, on en déduit que MR' = MR et LR = LR'.

De plus, le triangle MLR est isocèle en R, alors MR = RL. Finalement, MR = MR′ = LR = LR′ et le quadrilatère MRLR′ est donc un losange.

7 **a.** Je sais que : NUAG est un losange. Propriété : Si un quadrilatère est un losange, alors ses diagonales sont perpendiculaires. J'en déduis que : NOG est un triangle rectangle en O. **b.** Je sais que : Le triangle ONG est rectangle en O. J'en déduis que : $\widehat{GNO} = 180 - 90 - 28 = 62°$. **c.** Je sais que : Un losange admet ses diagonales pour axes de symétrie. Comme [GU] et [AN] sont les diagonales du losange NUAG, alors (NA) et (UG) sont des axes de symétrie du losange NUAG. J'en déduis que : $\widehat{GNU} = 2 \times \widehat{GNO} = 2 \times 62 = 124°$ et $\widehat{NGA} = 2 \times \widehat{NGU} = 2 \times 28 = 56°$. **d.** Comme les angles opposés d'un losange sont de même mesure, on en déduit que : $\widehat{NUA} = 56°$ et $\widehat{UAG} = 124°$.

8 **a.**

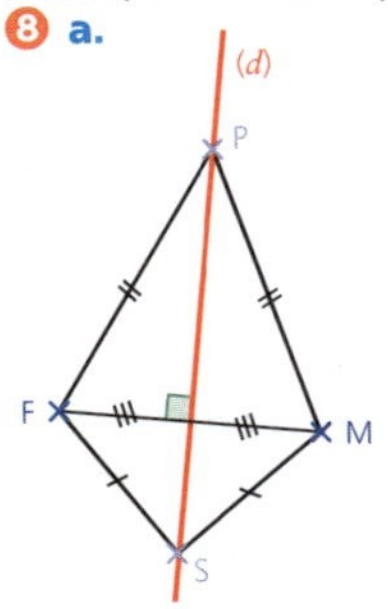

c. Je sais que : P et S sont deux situés sur (*d*). Propriété : Si un point est situé sur la médiatrice d'un segment, alors ce point est équidistant des extrémités de ce segment. J'en déduis que : FP = MP et FS = MS. FPMS est donc un quadrilatère ayant deux paires de côtés consécutifs de la même longueur. C'est donc un cerf-volant mais pas nécessairement un losange. **d.** Pour que FMPS soit un losange, il faudrait que les quatre côtés soient de la même longueur.

On pourrait donc reformuler la consigne **b.** : « Placer deux points distincts P et S sur la médiatrice (*d*) et tels que FP = FS ».

FICHE 26, p. 112 Carrés

1 **a.** **Faux.** Contre-exemple : ABCD un parallélogramme tel que : AB = BC = 3 cm et $\widehat{ABC} = 30°$. ABCD est un losange mais pas un carré. **b.** **Faux.** Contre-exemple : ABCD un parallélogramme tel que : AB = 3 cm ; BC = 4 cm et $\widehat{ABC} = 90°$. ABCD est un rectangle mais pas un carré.

Remarque : le carré est un rectangle particulier.

d. **Vrai.** **e.** **Faux** : le carré admet 4 axes de symétrie : ses diagonales et les médiatrices de ses côtés.

2 **a.** IJK n'est pas un carré car ses diagonales ne se coupent pas en leur milieu. **b.** ABCD est un rectangle. Pour qu'il soit un carré, il faudrait que ses diagonales soient perpendiculaires. **c.** EFGH est un rectangle ayant deux côtés consécutifs de même longueur, c'est donc un carré. **d.** RQPN est un quadrilatère ayant ses quatre côtés de même longueur, c'est donc un losange.

3

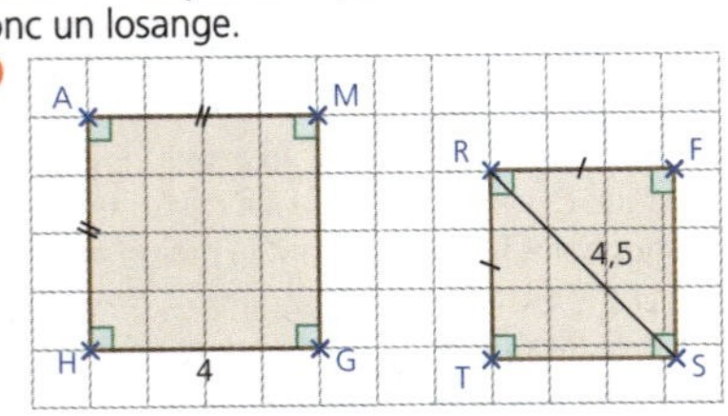

4 **a.** P désignant le périmètre d'un carré de côté *c*, on a : $P = c \times 4$; $22 = c \times 4$ et $c = 22 \div 4 = 5{,}5$.

5 **a.**

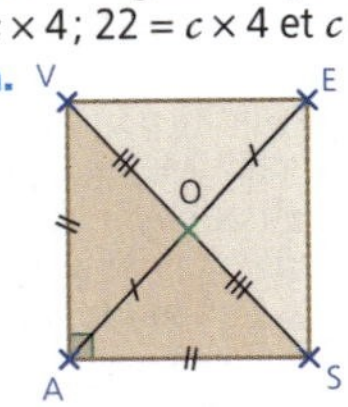

b. E est le symétrique du point A par rapport au point O, donc O est le milieu de [EA]. Je sais que : O est le milieu de [EA] et de [VS]. J'en déduis que : VASE est un parallélogramme. Je sais que : VASE est un parallélogramme et que A est un angle droit.

J'en déduis que : VASE est un rectangle. Je sais que : VASE est un rectangle et que VA = AS. J'en déduis que : VASE est un carré.

6 **a.** **b.** **c.**

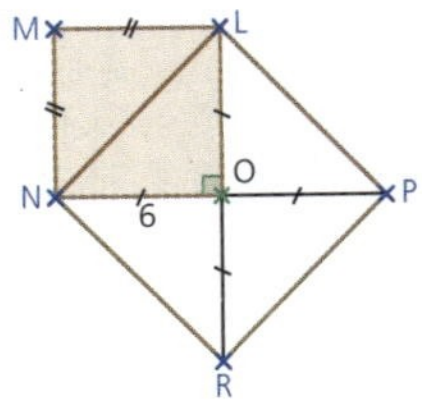

d. Je sais que : LMNO est un carré. J'en déduis que : NO = OL et (NO) ⊥ (OL). P est le symétrique du point N par rapport au point O, donc O est le milieu de [PN] et NO = OP.

R est le symétrique du point L par rapport au point O, donc O est le milieu de [LR] et LO = OR. Je sais que : O est le milieu de [LR] et de [PN]. J'en déduis que : LNRP est un parallélogramme de centre O. Je sais que : LNRP est un parallélogramme, que LO = OR = ON = OP et que (LR) et (PN) sont perpendiculaires. J'en déduis que : LNRP est un carré.

7 **a.** Je sais que : Les diagonales [CR] et de [AE] ont le même milieu O et que CR = AE. J'en déduis que : CARE est un rectangle de centre O. **b.** Pour que CARE soit un carré, il faudrait ajouter la condition suivante : les droites (CR) et (AE) sont perpendiculaires.

8 Ligne 1 : Aucun ; Ligne 2 : L ; Ligne 3 : L ; Ligne 4 : Aucun ; Ligne 5 : R ; Ligne 6 : R ; Ligne 7 : P ; Ligne 8 : R ; Ligne 9 : L ; Ligne 10 : C.

FICHE 27, p. 114 Prismes droits

1 **a.** **Faux**, voici un contre-exemple : un prisme à base triangulaire admet 5 faces. Le nombre de faces d'un prisme dépend de la nature de ses bases. Voir l'exercice 8. **b.** **Vrai.** **c.** **Faux**, un prisme droit à 6 sommets est un prisme à base triangulaire. Il admet donc 5 faces. **d.** **Vrai.** **e.** **Faux**, le prisme à base triangulaire admet 9 arêtes, et c'est le minimum.

2 **a.** Le solide est un cylindre. Ce n'est pas prisme car ses bases ne sont pas polygonales. **b.** Le solide est un prisme : il a deux bases parallèles et superposables et trois faces latérales qui sont des rectangles. **c.** Le solide est un prisme : il a deux bases parallèles et superposables et six faces latérales qui sont des rectangles. **d.** Le solide est une pyramide. Ce n'est pas un prisme car elle n'a pas de bases parallèles et superposables. **e.** Le solide est un prisme : il a deux bases parallèles et superposables et cinq faces latérales qui sont des rectangles. **f.** Le solide n'est pas un prisme car il n'a pas de bases parallèles et superposables.

3 **a.** Les sommets sont : I ; J ; N ; P ; K ; O. **b.** Les bases sont les triangles IJN et PKO. **c.** Les faces latérales sont les rectangles IJKP ; JNOK ; IPON. **d.** Les arêtes latérales sont les segments [IP] ; [JK] ; [NO]. **e.** La hauteur est égale à IP = JK = NO.

4 **a.** Les faces parallèles sont : • les rectangles ABYX et DCZT ; • les rectangles ABCD et XYZT ; • les rectangles ADTX et BCZY. **b.** Les faces ABYX et DCZT sont perpendiculaires aux faces ABCD ; AXTD ; XYZT ; BYZC. **c.** Deux arêtes parallèles n'appartenant pas à la même face : [AD] et [YZ] ou [BC] et [XT] ou [AB] et [TZ] ou [DC] et [XY] ou [AX] et [CZ] ou [BY] et [DT].

5 **a.**

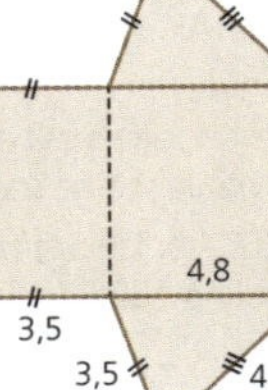

b.

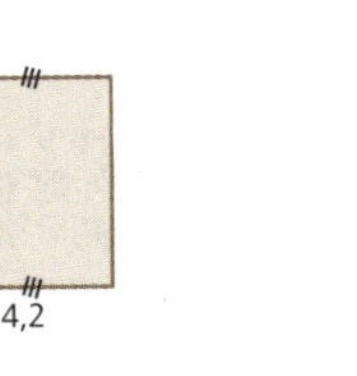

c.

d. La surface latérale est un rectangle de longueur 3,5 + 4,8 + 4,2 = 12,5 cm et de largeur 5 cm.
$\mathcal{A} = L \times l$; $\mathcal{A} = 12{,}5 \times 5$; $\mathcal{A} = 62{,}5$.
L'aire latérale est égale à 62,5 cm^2.

6 **a.**

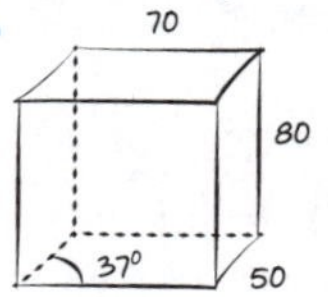

b.

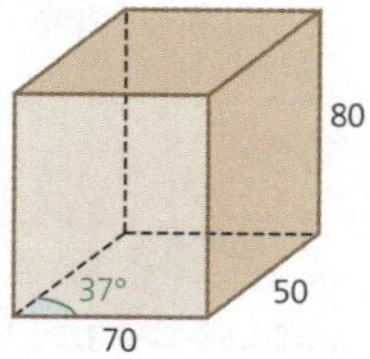

c. Patron à l'échelle $e = \frac{1}{2}$.

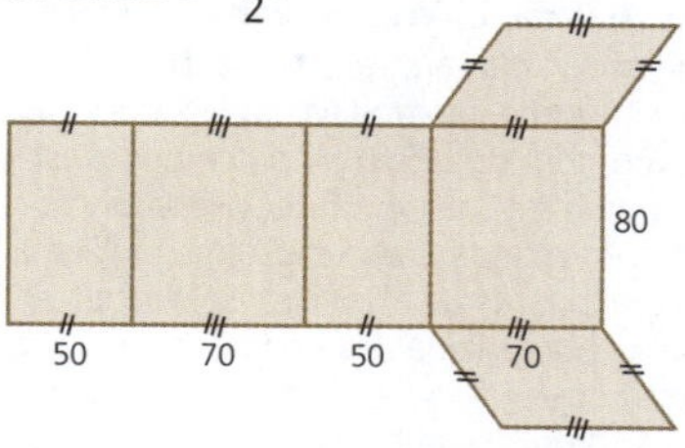

d. La surface latérale est un rectangle de longueur 70 + 50 + 75 + 50 = 240 mm et de largeur 80 mm.
$\mathcal{A} = L \times l$; $\mathcal{A} = 240 \times 80$; $\mathcal{A} = 19\,200$ mm^2.

7 **a.** La surface latérale d'un prisme droit est un rectangle obtenu en dépliant tous les rectangles de ses faces latérales. Comme ce rectangle « s'enroule » tout autour des bases, il a pour dimensions : • le périmètre d'une base ; • la hauteur du prisme. (Voir les codages des patrons des exercices 5 et 6.) **b.** Le prisme considéré est un cube : toutes ses faces sont des carrés de côtés c. Le périmètre P du carré de côté c est égal à $4 \times c$. La hauteur h du prisme est égale à c. Donc $\mathcal{A} = P \times h$ revient à : $400 = 4 \times c \times c$ revient à : $100 = c \times c$ revient à : $c = 10$.

FICHE 28, p. 116 Cylindres de révolution

1 **a. Faux.** Les bases d'un cylindre de révolution sont des disques. **b. Faux.** Un cylindre de révolution est le solide obtenu en faisant tourner un rectangle autour d'un de ses côtés. **c. Vrai.** **d. Vrai.** **e. Faux.** Dans un cylindre, lorsque la hauteur h est égale au diamètre, sa surface latérale est un rectangle dont les dimensions sont h et πh. (Voir exercice 8).

2 **a.** Les deux bases de ce cylindre sont des disques de centres O et O′ et de rayon 50 mm. **b.** Le diamètre du cylindre est égal à 100 mm. **c.** La hauteur du cylindre est égale à 140 mm. **d.** L'axe du cylindre est la droite (OO′).

3

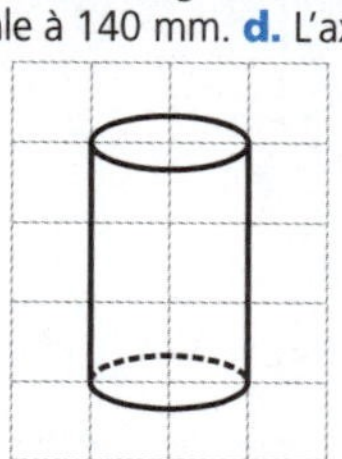

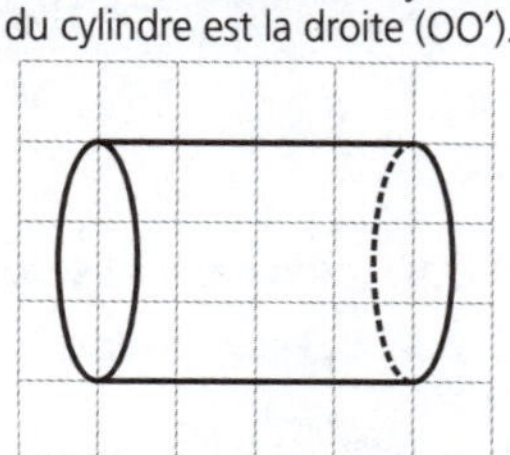

4 **a.** 1) La figure pourrait être un patron d'un cylindre : elle est composée d'un rectangle et de deux disques superposables de part et d'autre du rectangle.
2) La figure ne pourrait pas être un patron d'un cylindre car les deux bases sont situées sur le même côté du rectangle représentant la surface latérale.
3) La figure ne pourrait pas être un patron d'un cylindre car les deux bases ne sont pas superposables.
4) La figure ne pourrait pas être un patron d'un cylindre car la largeur du rectangle ne pourrait visiblement pas s'enrouler entièrement autour des bases.
5) La figure pourrait être un patron d'un cylindre pour les mêmes raisons que dans le 1).
b. Pour que les figures 1) et 5) soient réellement des patrons de cylindre, il faudrait ajouter la condition suivante :
La longueur des côtés du rectangle en contact avec les bases circulaires doit être égale au périmètre des bases.

5 **a.**

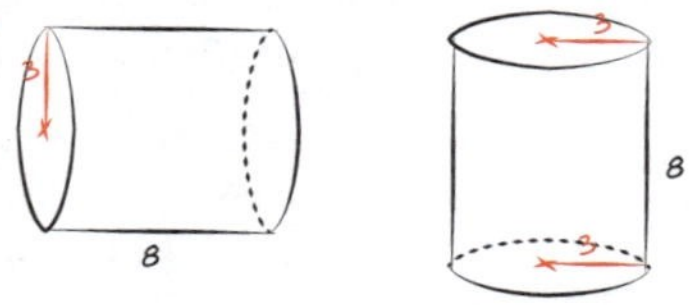

b.

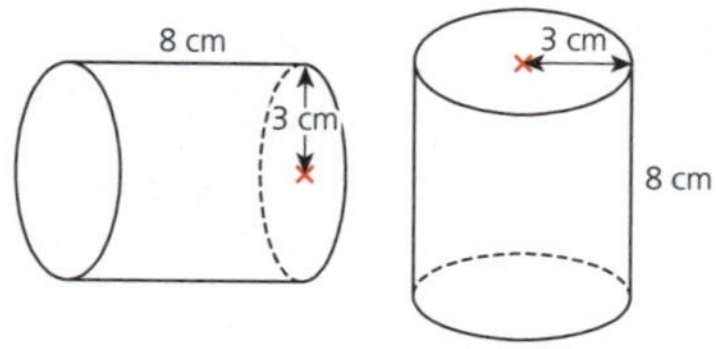

6 **a.** Lorsque l'on fait tourner le rectangle ABCD autour du côté [AB], il se forme un cylindre de hauteur 12 cm et de rayon 4 cm. **b.** Lorsque l'on fait tourner le rectangle ABCD autour du côté [AD], il se forme un cylindre de hauteur 4 cm et de rayon 12 cm. **c.** Lorsque l'on fait tourner le rectangle ABCD autour de la médiatrice du côté [DC], il se forme un cylindre de hauteur 4 cm et de rayon 6 cm. **d.** Lorsque l'on fait tourner le rectangle ABCD autour de la médiatrice du côté [BC], il se forme un cylindre de hauteur 12 cm et de rayon 2 cm.

7 **a.** $\mathcal{A} = 11\pi \times 22 = 242\pi \approx 760{,}27$ mm^2.
b. Sa longueur L est égale au périmètre d'un disque de la base, soit : $L = \pi \times d$; $44\pi = \pi \times d$; $d = 44$. Le diamètre du cylindre est égal à 44 cm. **c.** Le périmètre P d'une base est égal à : $P = 2 \times \pi \times 6$; $P = 12\pi$. La surface latérale est un rectangle de longueur 12π et de largeur égale à la hauteur h du cylindre. L'aire du rectangle est égale à : $\mathcal{A} = 12\pi \times h$; $72 = 12\pi \times h$; $h = 72 \div 12\pi$; $h = 6 \div \pi$; $h \approx 1{,}9$ cm.

FICHE 29, p. 118 Aires

1 **a. Faux**, l'aire d'un rectangle de longueur L et de largeur l est égale à $L \times l$. **b. Vrai.** **c. Faux.** Si $d = 6$, alors $r = 3$ mm et $\mathcal{A} = \pi \times r^2 = \pi \times 3^2 = 9\pi$. **d. Vrai.** **e. Faux.** **f. Faux.**

2 **a.** Aire du triangle isocèle : $\mathcal{A} = \frac{2 \times 3}{2} = 3$. **b.** Aire du triangle rectangle : $\mathcal{A} = \frac{4 \times 1}{2} = 2$. **c.** Aire du rectangle : $\mathcal{A} = 4 \times 1 = 4$. **d.** Aire du triangle : $\mathcal{A} = \frac{3 \times 3}{2} = 4{,}5$. **e.** Aire du parallélogramme : $\mathcal{A} = 3 \times 3 = 9$. **f.** Aire du disque : $\mathcal{A} = \pi \times 2^2 = 4\pi$. **g.** Aire du demi-disque : $\mathcal{A} = \frac{\pi \times 1^2}{2} = \frac{\pi}{2}$.

3

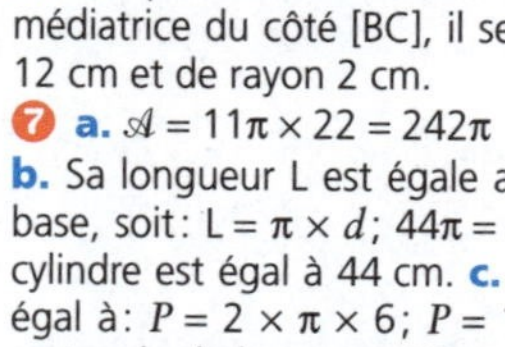

TR	IH	Aire du triangle TRI
7,4 mm	3 mm	11,1 mm^2
4,8 m	6,25 m	15 m^2
22 cm	16 cm	176 cm^2

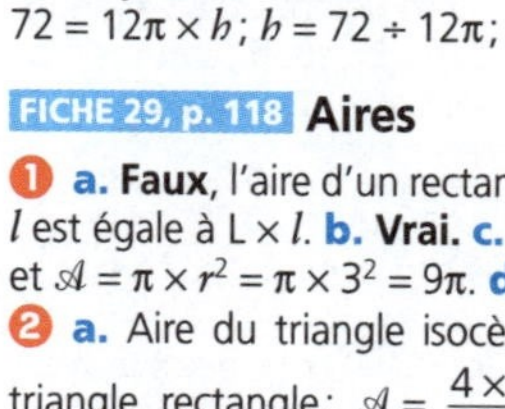

PL	HH′	Aire du parallélogramme PARL
13 cm	3,2 cm	41,6 cm^2
7 hm	6 hm	42 hm^2
8 dm	9 dm	72 dm^2

❹ Les triangles ABC, ABD, ABE et ABF ont la même aire car ils ont tous la même hauteur relative au côté commun [AB].

❺ **a.** On note x la largeur du rectangle, alors sa longueur est égale à $3x$. Le périmètre est égal à $2(x + 3x) = 2 \times 4x = 8x$. Son périmètre étant égal à 24 cm, on en déduit que $8x = 24$ cm, ce qui revient à dire que $x = \frac{24}{8} = 3$ cm. Donc sa largeur est égale à 3 cm et sa longueur à 9 cm.
b. $\mathcal{A} = L \times l$; $\mathcal{A} = 9 \times 3$; $\mathcal{A} = 27$ cm^2.
❻ **a.** Je sais que : CD = EF et que (CD) // (EF). Propriété : Si un quadrilatère non croisé a deux côtés opposés parallèles et de même longueur, alors ce quadrilatère est un parallélogramme. J'en déduis que : CDEF est un parallélogramme. Aire $\mathcal{A}_{CDEF}$ du parallélogramme CDEF : $\mathcal{A} = EF \times h$; $\mathcal{A} = 4 \times 4$; $\mathcal{A} = 16$. **b.** Aire $\mathcal{A}_{DEF}$ du triangle DEF : $\mathcal{A}_{DEF} = \mathcal{A}_{CDEF} \div 2$; $\mathcal{A}_{DEF} = 16 \div 2$; $\mathcal{A}_{DEF} = 8$. L'aire du triangle DEF est égale à 8 unités d'aires. **c.** $\mathcal{A}_{DEF} = \frac{DE \times HF}{2}$. $8 = \frac{5 \times HF}{2}$; $16 = 5 \times HF$; $HF = 16 \div 5$; $HF = 3,2$.

FICHE 30, p. 120 Volumes

❶ **a. Vrai. b. Vrai. c. Faux.** 1 L = 1 dm^3. **d. Faux. e. Vrai.**
❷ **a.** 152 cL. **b.** 0,5 dm^3. **c.** 21 dL. **d.** 200 hL.
e. 1,39 daL. **f.** 100 cm^3. **g.** 0,02 L. **h.** 1 000 mm^3.
❸ **a.** Tous les angles d'un parallélépipède rectangle sont droits.
b. $\mathcal{V} = \mathcal{B} \times h = 5 \times 3 \times 12 = 180$ cm^3.
❹ $\mathcal{V} = \frac{20 \times 21}{2} \times 34 = 7\,140$ cm^3.
❺ **a.**

Rayon r	2 cm	5 cm	6 cm	x cm
Aire de la base	4π cm^2	25π cm^2	36π cm^2	$\pi \times x^2$ cm^2
Volume du cylindre	36π cm^3	225π cm^3	324π cm^3	$\pi \times x^2 \times 9$ cm^3

b. On passe de la deuxième à la troisième ligne de ce tableau en multipliant par 9. Les deux dernières lignes forment donc un tableau de proportionnalité : « Le volume d'un cylindre est proportionnel à l'aire de sa base. Le coefficient de proportionnalité est la hauteur du cylindre ».

❻ **a.**

Hauteur h	1 cm	21 cm	13 cm	x cm
Volume du prisme	11 cm^3	231 cm^3	143 cm^3	$11 \times$ cm^3

b. On passe de la première à la deuxième ligne de ce tableau en multipliant par 11. Ce tableau est donc un tableau de proportionnalité : le volume d'un prisme est proportionnel à sa hauteur. Le coefficient de proportionnalité est égal à l'aire de la base du prisme.

❼ Calcul du volume $\mathcal{V}$ d'un cube de côté 3 cm :
$\mathcal{V} = 3 \times 3 \times 3 = 27$ cm^3.
Calcul du volume $\mathcal{V}'$ d'un cylindre de rayon 3 cm et de hauteur 3 cm : $\mathcal{V}' = \pi \times 3^2 \times 3 = 27\pi$. Le volume d'un cylindre de rayon 3 cm et de hauteur 3 cm est 27π cm^3, soit environ 84,78 cm^3. Conversion : 33 mL = 33 cm^3. On peut donc verser les 33 mL de liquide dans le récipient cylindrique, mais pas dans le récipient cubique.
❽ Prisme IJKLMNOP : $\mathcal{V} = 7 \times 6 \times 20 = 840$ cm^3.
Prisme ABNDCO : Une base du prisme ABNDCO est le triangle ABN.
LK = MN = 7 cm. B est le milieu du segment [MN], donc BN = MN ÷ 2 = 7 ÷ 2 = 3,5 cm.
L'aire $\mathcal{B}'$ du triangle ABM est donc : $\mathcal{B}' = \frac{3,5 \times AM}{2}$ cm^2.
$\mathcal{V}' = \mathcal{B}' \times h$; $\mathcal{V}' = \frac{3,5 \times AM}{2} \times 20$; $\mathcal{V}' = 35$ AM cm^3.
Pour que $\mathcal{V}'$ soit cinq fois plus petit que $\mathcal{V}$, il faut que :
$\mathcal{V}' = \mathcal{V} \div 5$; 35 AM = 840 ÷ 5 ; 35 AM = 168 ;
AM = 168 ÷ 35 ; AM = 4,8 cm.
Lorsque A est le point du segment [IM] tel que AM = 4,8 cm, le volume du prisme droit ABNDCO est cinq fois plus petit que le volume du prisme droit IJKLMNOP.

Histoire

FICHE 1, p. 122 Les débuts de l'islam

❶ **a. Faux** ; **b. Vrai** ; **c. Vrai** ; **d. Faux** ; **e. Faux**.
❷ **a.** Bagdad se situe en Irak, sur le Tigre. **b.** La dynastie abbasside y a fondé sa capitale au VIIIe siècle. **c.** L'Irak est appelé le « nombril de la Terre » parce que c'est la capitale abbasside, que c'est sans doute la ville la plus grande et la plus peuplée du monde arabo-musulman (elle aurait atteint un million d'habitants au Xe siècle), et surtout en raison de sa position géographique de carrefour. **d.** Le titre de ce texte pourrait être : « Bagdad, centre du monde » ou encore « Bagdad, carrefour commercial ».
❸

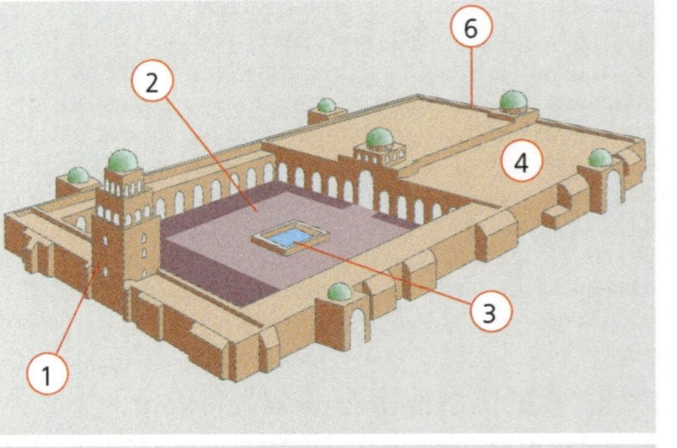

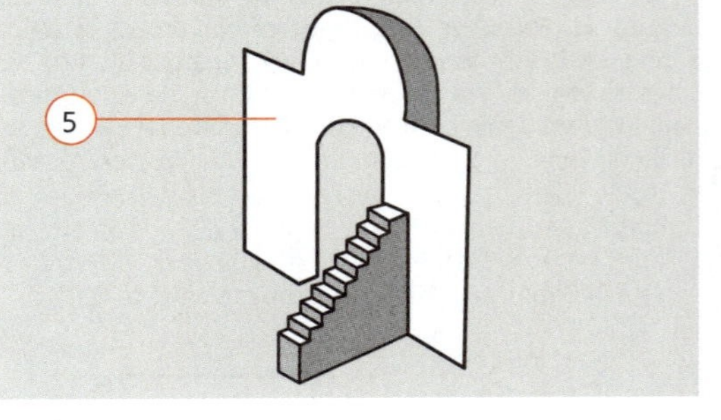

FICHE 2, p. 124 Paysans et seigneurs

❶ **a. Vrai** ; **b. Faux** ; **c. Vrai** ; **d. Vrai** ; **e. Vrai** ; **f. Faux** ; **g. Faux**.
❷ **a.** Il s'agit du sceau équestre d'Eudes, fils du Duc de Bourgogne du XIIe siècle. **b.** Un sceau est une empreinte destinée à garantir l'authenticité d'un document ou d'une information. Au Moyen Âge, le sceau en plus de garantir la confidentialité d'un message, attestait également de son authenticité et faisait office de signature. **c.** Le personnage est à cheval lourdement armé. Il porte une armure, un écu ou bouclier et un heaume pour se protéger ainsi qu'une épée pour combattre. **d.** Eudes de Bourgogne est un chevalier qui combat à cheval. Il doit défendre et protéger les terres et leurs habitants. **e.** Eudes de Bourgogne est un seigneur, fils de seigneur.
❸ **a.** Il s'agit de l'extrait d'une poésie appelée « Complainte » qui témoigne des difficiles conditions de vie des paysans dans

une seigneurie normande au XIIe siècle. **b.** Les paysans doivent accomplir de nombreuses corvées, principalement agricoles tout au long de l'année : faucher les prés en juin, récolter les moissons en août, préparer la terre en hiver pour les futures récoltes. Ils entretiennent aussi les fossés du château et des chemins. **c.** Les paysans doivent payer des taxes ou banalités pour utiliser le moulin et le four qui appartiennent au seigneur. **d.** Les paysans payent en nature gerbes de blé, boisseau de grains et farine. Ils payent en argent « le treizième » du prix de vente de leur terre. **e.** Un vilain est un paysan libre installé sur le domaine d'une seigneurie territoriale. **g.** Il peut posséder des terres (tenure) ou en louer au seigneur (cens). **h.** Le calendrier des fêtes chrétiennes sert à rythmer les travaux agricoles et les corvées « à la Saint Jean » c'est-à-dire le 24 juin.

FICHE 3, p. 126 Féodaux, souverains et premiers États

❶ **a. Faux** ; **b. Vrai** ; **c. Faux** ; **d. Vrai** ; **e. Vrai** ; **f. Faux** ; **g. Vrai**.

❷ **a.** Ce document est un courrier privé échangé entre deux seigneurs, l'un religieux Fulbert de Chartres, l'autre laïc, le Duc d'Aquitaine. **b.** Il est extrait d'archives de correspondances datant de 1020. **c.** Les personnages cités sont un vassal et son seigneur. **d.** Le vassal doit servir fidèlement son seigneur, il lui doit le conseil et l'aide. Le seigneur doit protéger son vassal, l'aider militairement et économiquement. **e.** Les deux hommes ont conclu un contrat, « l'hommage », qui les lie. Le seigneur a remis un fief à son vassal en échange de ses services. C'est le système féodal.

❸ **a.** Ce sont les anciens fiefs des grands seigneurs qui ont été intégrés au domaine royal, comme l'Anjou en 1259. **b.** Ce sont des fiefs appartenant à des seigneurs, qui ne dépendent pas directement de l'autorité du roi de France comme l'Auvergne. **c.** Les rois de France agrandissent le domaine royal en rattachant les fiefs seigneuriaux par mariage (Champagne), par la guerre (Bourgogne) ou par héritage (Toulouse). **d.** C'est au cours du XIIIe siècle que le domaine royal s'étend le plus : 6 fiefs (Maine, Poitou) et au XVe siècle : 4 fiefs (Picardie, Provence). **e.** À la fin du XVe siècle, le roi de France gouverne un royaume très étendu.

FICHE 4, p. 128 La place de l'Église (XIe - XVe siècles)

❶ **a. Faux** ; **b. Vrai** ; **c. Faux** ; **d. Vrai** ; **e. Vrai** ; **f. Vrai**.

❷ **a.** L'Église propose aux chevaliers de prononcer ce serment, afin de pacifier le monde occidental chrétien et de maîtriser l'usage de la violence dans la société. **b.** L'Église veut d'abord protéger ses propres biens, ainsi que le clergé, mais aussi la paysannerie, victimes de la violence et du pillage exercés par les chevaliers. **c.** Celui qui s'enfreindra le serment de respecter la paix de Dieu s'exposera à être exclu, par le pape de la communauté des chrétiens.

❸ **a.** Le tympan est l'espace habituellement sculpté au-dessus d'un portail d'église. **b.** Le tympan représenté est celui de l'église Sainte-Foy de Conques. **c.** Il est de style roman. **d.** Il représente le Jugement dernier et l'acheminement des âmes vers l'enfer ou le paradis. **e.** C'est le Christ en majesté qui figure au centre du tympan.

FICHE 5, p. 130 L'expansion de l'Occident

❶ **a. Faux** ; **b. Faux** ; **c. Vrai**. ; **d. Vrai** ; **e. Vrai** ; **f. Faux**.

❷ Associer 1 et f ; 2 et d ; 3 et a ; 4 et g ; 5 et b ; 6 et c ; 7 et e.

❸ **a.** L'Italie du Nord et les Flandres sont les deux principales régions de production et d'échanges des étoffes. **b.** Des produits essentiellement produits et échangés par l'Occident sont agricoles : blé, vin, miel, sel, laine mais aussi des textiles fabriqués par des artisans. **c.** Les marchands circulent par voie maritime : au sud, dans la mer Méditerranée et en mer Noire ; au nord, dans la mer du Nord et la mer Baltique. Ils empruntent des circuits terrestres reliant les villes de l'Ouest de l'Europe. **d.** Les principales villes commerciales européennes sont des villes portuaires d'Italie (Gênes, Venise) et de Méditerranée (Barcelone, Marseille) de la Hanse (Lübeck), des Flandres (Bruges), de foires (Troyes) et des capitales (Londres, Paris). **e.** Un marchand d'étoffes de Bourges est en relations commerciales avec des marchands de villes européennes pour se fournir en matières premières (Londres, Bruges, Gênes). Il se rend sur place pour négocier en empruntant les voies maritimes. Il revend les textiles lors des grandes foires de Troyes et à des marchands bourgeois de Paris ou de Lyon.

FICHE 6, p. 132 L'Afrique subsaharienne (VIIIe-XVIe siècles)

❶ **a. Vrai** ; **b. Vrai** ; **c. Vrai** ; **d. Faux** ; **e. Vrai** ; **f. Vrai**.

❷ **a.** Il s'agit de l'extrait d'une lettre rédigée par Ahmad al-Wancharisi, spécialiste du Coran, au XVe siècle. **b.** L'esclave noir est de religion animiste ; c'est un « incroyant » car il n'est pas converti à l'islam. **c.** Selon la loi coranique, un musulman ne peut être réduit en esclavage par un autre musulman. **d.** Pour Ahmad al-Wancharisi, un esclave, même s'il se convertit à l'islam, ne peut être libre car ce qui compte c'est qu'il a été incroyant par le passé. **e.** L'esclavage est un état humiliant de servitude qui résulte, d'après l'auteur, de la croyance passée ou présente de la personne qui est fausse, car non musulmane.

FICHE 7, p. 134 Les grandes découvertes

❶ **a. Faux** ; **b. Vrai** ; **c. Faux** ; **d. Vrai** ; **e. Faux** ; **f. Vrai**.

❷

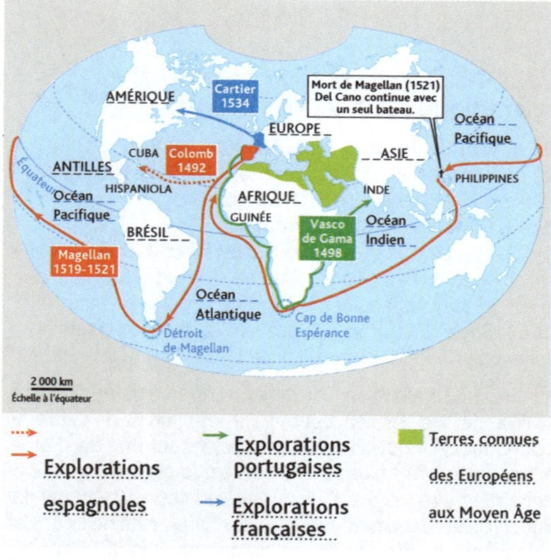

❸ **a.** Il s'agit d'un tableau réalisé au XVe siècle par un auteur inconnu. **b.** et **c.** Les instruments représentés sont des inventions qui facilitent la navigation et l'orientation en haute mer : astrolabe, caravelle, portulan. On voit également une épée qui fait penser à la conquête militaire de territoires découverts. **d.** Les personnages sont certainement des navigateurs, un prêtre avec sa robe marron et un conquistador. **e.** Ils semblent préparer une prochaine expédition maritime vers les territoires déjà découverts ou à découvrir.

FICHE 8, p. 136 La Renaissance

❶ **a. Vrai** ; **b. Faux** ; **c. Vrai** ; **d. Vrai** ; **e. Vrai**.

❷ **a.** Laurent de Médicis, surnommé Laurent le Magnifique, a vécu à Florence au Quattrocento, de 1449 à 1519.

b. Laurent collectionne les œuvres d'art ; il permet à ceux dont il a repéré le talent de se former ; il emploie des artistes. **c.** Il a les moyens de collectionner des œuvres des plus grands artistes ; il assure les moyens de vivre aux jeunes artistes en formation ; il récompense les meilleurs. **d.** Laurent de Médicis est un grand mécène.

❸

	La Vierge et l'Enfant en majesté entourés de six anges	*La Vierge à l'Enfant et le petit Saint Jean-Baptiste (La Belle Jardinière)*
Peintre	Cimabue (1240-1302)	Raphaël (1483-1520)
Date et lieu de conservation	Vers 1280, musée du Louvre, Paris	1507-1508, musée du Louvre, Paris
Technique utilisée	Peinture sur bois *a tempera*	Peinture à l'huile sur bois
Dimensions	4,27 x 2,80 m. Objet de vénération destiné à être placé dans une église, ce retable, doit être vu de loin par les fidèles.	1,22 x 0,80 m
Attitude des personnages	Les personnages sont immobiles et regardent tous le spectateur.	Les personnages sont en mouvement et leurs visages sont expressifs.
Arrière-plan, profondeur	Fond et auréoles dorés à la feuille d'or. Reflet de l'influence des icônes byzantines. La profondeur n'est pas restituée.	Fond constitué d'un paysage.

FICHE 9, p. 138 La révolution de la pensée scientifique (XVIIe-XVIIIe siècles)

❶ **a. Vrai** ; **b. Faux** ; **c. Faux** ; **d. Vrai** ; **e. Vrai**

❷ 1543 - Copernic - Héliocentrisme / 1543 - Vésale - Traité d'anatomie / 1595 - Jansen - Microscope / 1609 - Galilée - Lunette astronomique / 1628 - Harvey - Circulation sanguine / 1641 - Pascal - Première machine à calculer / 1643 - Torricelli - Mesure de la pression atmosphérique / 1657 - Huygens - Probabilités / 1661 - Boyle - Dilatation des gaz / 1672 - Newton - Premier télescope / 1687 - Newton - Loi de la gravitation universelle

❸ **a.** Dans une lettre à Christine de Lorraine datée de 1615, Galilée défend ses conceptions sur les sources de l'autorité scientifique, ce qui l'amène à contester l'autorité de l'Église. Mais, dix-huit ans plus tard, lors de son procès, il doit renoncer à défendre ses théories. **b.** Galilée est un astronome italien, Professeur de mathématiques à l'Université de Pise, puis de Padoue. **c.** Au XVIe siècle, l'astronome polonais Copernic avait remis en question la théorie géocentriste alors admise, et défendue par l'Église. Selon, lui, le Soleil, et non la Terre, se trouvait au centre de l'Univers ; la Terre, une planète parmi d'autres, tournait autour du Soleil. Au XVIIe siècle, ayant mis au point une lunette astronomique, Galilée le prouve par ses observations. **d.** Galilée remet ainsi en question l'autorité de l'Église. **e.** et **f.** En 1616, le tribunal de l'Inquisition lui interdit d'enseigner les thèses de Copernic. En 1633, à la suite d'un second procès, il est condamné à la prison à vie et doit renier ses idées. **g.** L'Inquisition était une juridiction spécialisée, créée par l'Église catholique romaine et relevant du droit canonique. Elle était chargée d'émettre un jugement sur le caractère conforme ou non (par rapport au dogme religieux) des cas qui lui étaient soumis. L'hérésie est une doctrine ou une attitude jugée contraire aux dogmes de l'Église.

FICHE 10, p. 140 La crise religieuse du XVIe siècle

❶ **a. Faux** ; **b. Vrai** ; **c. Faux** ; **d. Vrai** ; **e. Vrai** ; **f. Faux**.

❷ **a.** Les catholiques sont du côté gauche. On reconnaît le Pape à sa tiare, entouré de deux cardinaux, d'un évêque coiffé de la mitre et portant la crosse ; des curés, des moines et des enfants de chœur, disposés de façon hiérarchique. **b.** Les protestants sont du côté droit, sobrement vêtus et tous alignés en deux rangs. On reconnaît Luther et Calvin au premier rang. **c.** Les catholiques tentent de faire pencher la balance de leur côté en y accumulant la tiare (attribut pontifical), la clé (du paradis), un reliquaire (qui évoque le culte des saints), et un moine cordelier. Un autre moine s'est accroché au plateau pour tenter de faire pencher le fléau de son côté. Les protestants ne mettent que la Bible sur leur plateau. **d.** Contre toute logique, la balance penche du côté de la seule Bible. **e.** Le message est clair : la Bible seule pèse davantage que toute la hiérarchie ecclésiastique, le culte des saints, les richesses accumulées par l'Église catholique. **f.** L'auteur de la gravure est manifestement favorable aux protestants puisqu'il montre que la lecture individuelle de la Bible par les fidèles pèse davantage, dans l'obtention du Salut, que toutes les pratiques catholiques.

	Catholiques	Protestants
On obtient le Salut	Par la foi et les œuvres	Par la foi seule
La Bible	En latin, interprétée par le Pape et les évêques, lue par les prêtres	Traduite pour que les fidèles puissent la lire eux-mêmes
La Vierge et les saints	Culte encouragé	pas de culte
Les sacrements	7 sacrements	2 sacrements
Lieu de culte, cérémonies	Église Luxueuses, en latin	Temple Simples, dans la langue des fidèles
Images et ornements	Sculpture et peintures représentant le Christ, la Vierge et les saints	Seule la croix est autorisée dans le Temple
Chef de l'Eglise	Le Pape	Pas de chef
Clergé	Prêtres obligatoirement célibataires, moines	Pasteurs autorisés à se marier, pas d'ordres religieux

FICHE 11, p. 142 L'émergence du « roi absolu »

❶ **a. Vrai** ; **b. Faux** ; **c. Vrai** ; **d. Vrai** ; **e. Faux** ; **f. Vrai**.

❷ **a.** Louis XIV est l'auteur de ce texte. **b.** Il a rédigé ces *Mémoires* à l'intention de son fils aîné, le Dauphin, qui doit lui succéder sur le trône (mais le Dauphin est mort avant lui, en 1711).**c.** Le roi emploie le « Nous » de majesté pour parler de lui-même.**d.** « Le roi a tous les pouvoirs ». **e.** Louis XIV désigne ainsi Dieu, dont il affirme tenir son pouvoir absolu. **f.** « Toute puissance, toute autorité » « absolus. » « se réservant à lui seul » « quiconque » « totalement ».

❸ **a.** Cette gravure de 1679, conservée à la BNF, dénonce la politique de conversion forcée des protestants, qui aboutit, en 1685, à l'édit de Fontainebleau révoquant l'Édit de Nantes et obligeant les protestants à se convertir ou à quitter le royaume. **b.** Elle énumère les « moyens sûrs et honnêtes de ramener les hérétiques – ici, selon le point de vue des catholiques, les protestants – à la foi catholique ». **c.** L'homme agenouillé est un protestant, auquel un abbé intime l'ordre de se convertir, en lui indiquant les mauvais traitements auxquels il s'expose en cas de refus. **d.** et **e.** La gravure représente 6 moyens : 1. La roue, 2. La prison, 3. Le fléau, 4. La potence, 5. Les galères, 6. Le bûcher. **f.** C'est une gravure satirique, réalisée par un protestant qui s'insurge contre la politique répressive de Louis XIV.

Géographie

FICHE 12, p. 144 Les enjeux du développement durable

1 **a.** **Faux** ; **b.** **Faux** ; **c.** **Vrai** ; **d.** **Vrai** ; **e.** **Faux**.
2 **a.** Le quartier Vauban se trouve à Fribourg-en-Brisgau, en Allemagne. Il existe depuis 1993. **b.** Ce quartier défend l'environnement en utilisant, entre autres, l'énergie solaire, l'eau de pluie, en réduisant l'utilisation de la voiture. **c.** L'éco-quartier est un quartier qui met l'environnement et le développement durable au cœur de ses projets d'aménagements.
3 **a.** Ce document est une carte qui présente le quartier Vauban à Frigourg, en Allemagne. **b.** Ce quartier est principalement desservi par des transports collectifs : tramway, train. Les parkings sont situés à l'extérieur du quartier pour limiter l'utilisation de la voiture dans le secteur. **c.** La voiture pollue et encombre les chaussées. **d.** Ce quartier regroupe des espaces de logements, des espaces verts et des espaces d'activités. **e.** Ce quartier est un écoquartier car il privilégie l'environnement et la fréquentation des espaces locaux.

FICHE 13, p. 146 Dynamiques de la population et développement durable

1 **a.** **Vrai** ; **b.** **Faux** ; **c.** **Faux** ; **d.** **Faux** ; **e.** **Vrai** ; **f.** **Vrai**.
2 **a.** Les pays d'Afrique se caractérisent par une forte croissance de leur population. **b.** Ce sont principalement des pays pauvres. **c.** Ils sont encore au début de leur transition démographique. **d.** Les pays développés comme la plupart des pays européens, la Russie ou les pays d'Amérique du Nord. **e.** Les pays en développement comme l'Inde, le Brésil…
3 **a.** Cette photographie a été prise au Vitenam. **b.** La forêt est défrichée pour permettre l'augmentation des surfaces cultivées de manioc. **c.** Un front pionnier est un territoire récemment mis en valeur pour des buts agricoles. **d.** Un front pionnier.

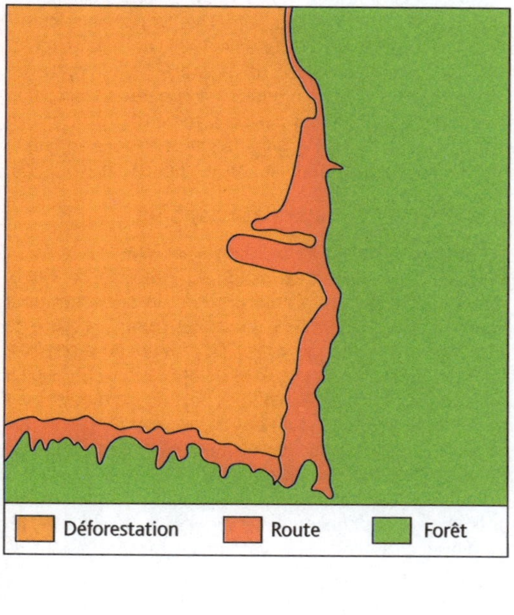

FICHE 14, p. 148 Les inégalités devant la santé

1 **a.** **Faux** ; **b.** **Vrai** ; **c.** **Faux** ; **d.** **Vrai** ; **e.** **Vrai** ; **f.** **Faux** ; **g.** **Vrai**.
2 **a.** Le guérisseur s'appelle Emmanuel Ghana. **b.** et **c.** Par rapport à un guérisseur qui dispose de connaissances empiriques, transmises oralement, un médecin bénéficie de longues études universitaires et d'une approche scientifique des pathologies. **d.** Selon l'OMS, le guérisseur emploie des méthodes, savoirs et croyances qui s'appuient sur des plantes, des parties d'animaux, des minéraux, des thérapies spirituelles et des exercices manuels pour diagnostiquer, soigner ou prévenir des maladies. Une partie de ces pratiques existent aussi dans les pays du Nord sous le nom de médecine « alternative » ou « parallèle ». Ce type de pratique est très fréquent en Afrique subsaharienne à cause de la rareté des médecins ou des hôpitaux. **e.** Le guérisseur se propose de soigner la tuberculose, le paludisme. **f.** Pour des affections graves, les résultats sont beaucoup plus faibles qu'une prise en charge par des médecins hospitaliers.
3 **a.** Ce pourcentage est de 3,6 %. Il augmente progressivement mais reste très bas. **b.** L'espérance de vie était de 56 ans en 2010. Elle reste très basse mais augmente. **c.** La plupart des pays africains consacrent moins de 26 $ par habitant à la santé. **d.** Dans les pays fortement atteints par le SIDA, ce sont les grands-parents aux ressources très faibles, faute de système de retraite, qui doivent prendre en charge les enfants.

FICHE 15, p. 150 Les inégalités devant l'éducation

1 **a.** **Faux** ; **b.** **Vrai** ; **c.** **Faux** ; **d.** **Faux** ; **e.** **Vrai** ; **f.** **Vrai**.
2 **a.** Le Maroc et la Tunisie sont 2 pays du Maghreb. Leur histoire fait qu'une partie de la population parle français. **b.** La Tunisie est globalement plus riche que le Maroc. **c.** Le niveau d'instruction est beaucoup plus élevé en Tunisie qu'au Maroc. La situation s'est améliorée dans les deux pays mais le Maroc conserve beaucoup de retard. **d.** Il y a un lien direct entre le revenu et la fécondité : si le revenu augmente et que la scolarité s'allonge, le nombre d'enfants par femme diminue. Il y a également un lien entre le revenu, l'éducation et la mortalité infantile : la pauvreté est responsable d'une forte mortalité des nourrissons.
3 **a.** L'Afghanistan est situé aux confins du Moyen-Orient et de l'Asie du Sud, ente l'Iran et le Pakistan. **b.** Les Talibans avaient fermé, lorsqu'ils étaient arrivés au pouvoir, la plupart des écoles de filles. La scolarisation avait fortement chuté pour tous les enfants. **c.** Le nouveau régime afghan, avec l'aide de nombreuses associations internationales, a rouvert les écoles et effectué un gros effort éducatif. **d.** Les résultats ont été spectaculaires, notamment pour les filles. **e.** Mais, en cette fin des années 2000, le gouvernement afghan semble se désintéresser des problèmes de l'école.

FICHE 16, p. 152 Les inégalités devant les risques

1 **a.** **Vrai** ; **b.** **Vrai** ; **c.** **Faux** ; **d.** **Vrai** ; **e.** **Vrai**.
2 **a.** Ce document est un extrait d'un article de journal, rédigé le 3 juillet 2009. **b.** Le Japon est soumis à de nombreux risques et est situé sur une limite de plaque tectonique. **c.** Le Japon se protège contre les tsunamis, les séismes et le volcanisme. **d.** Un système d'alerte et de prévention est mis en place auprès des populations. **e.** Cela permet aux populations d'être prévenues et de se mettre à l'abri, pour limiter le nombre de victimes lorsque la catastrophe se produit.
3 **a.** Les grandes régions soumises aux cyclones sont les régions tropicales. **b.** Les autres risques sont : le volcanisme,

les tsunamis, les séismes, les inondations. **c.** Les principaux espaces soumis aux risques sont les littoraux. **d.** Le Japon est situé sur une limite de plaques tectoniques et est soumis à de nombreux risques : volcanisme, séismes, tsunamis.

FICHE 17, p. 154 La pauvreté dans le monde

1 **a. Faux** ; **b. Vrai** ; **c. Faux** ; **d. Faux** ; **e. Faux** ; **f. Faux**.

2 **a.** Buenos Aires est la capitale de l'Argentine (Amérique du Sud). **b.** La municipalité de Buenos Aires compte officiellement quatorze bidonvilles, l'agglomération tout entière plus de 800. **c.** Les autorités municipales ne s'occupent pas des populations défavorisées des bidonvilles. **d.** Les autorités politiques cachent le phénomène de la misère absolue pour faire apparaître aux yeux du monde l'Argentine comme un pays émergent.

3 **a.** C'est l'Afrique subsaharienne qui est la région du monde la plus touchée par la grande pauvreté. **b.** C'est l'Asie du Sud, avec notamment l'Inde, le Pakistan et le Bangladesh, qui est la région du monde qui compte le plus d'habitants vivant dans des bidonvilles, suivie par l'Afrique et l'Asie orientale. **c.** L'Europe n'est pas épargnée par la grande pauvreté, notamment l'Europe orientale, comme la Roumanie, membre de l'Union européenne, et l'Ukraine. L'Europe compte aussi des bidonvilles.

FICHE 18, p. 156 La question des ressources alimentaires

1 **a. Vrai** ; **b. Faux** ; **c. Faux** ; **d. Faux** ; **e. Vrai**.

2 **a.** Ce graphique examine la situation alimentaire mondiale sur 40 ans, de 1960 à 2000. **b.** La production agricole mondiale a augmenté plus vite que la population. **c.** La situation alimentaire mondiale s'est indubitablement améliorée. On l'observe à la fois avec l'augmentation plus rapide de la production par rapport à la croissance de la population mondiale et avec l'accroissement des disponibilités alimentaires par habitant. **d.** Ce document est clair mais simpliste. Il ne peut montrer les crises agricoles ponctuelles qui ont un effet sur les prix des aliments de base et donc sur la situation alimentaire des plus pauvres. Le document a également l'inconvénient de ne pas montrer les évolutions du début du XXIe siècle, qui sont préoccupantes, avec une relative stagnation des quantités disponibles par habitant.

3 **a.** C'est l'Afrique qui compte le plus grand nombre de pays à la situation alimentaire catastrophique (plus de 35 % de personnes mal nourries) mais l'Asie n'est pas épargnée, surtout l'Asie du Sud avec l'Inde, le Pakistan et le Bangladesh. **b.** Non, surtout pour l'Inde. On ne peut donc parler d'autosuffisance alimentaire pour ces trois pays qui exportent pourtant des denrées alimentaires. **c.** La sous-alimentation affecte beaucoup moins d'hommes qu'en Asie ou en Afrique mais la situation alimentaire n'est pas satisfaisante dans nombre de pays. **d.** En gros, les pays riches du Nord ont une population bien nourrie alors que les pays pauvres du Sud ont une population plus ou moins sous-alimentée. Mais de petits pays du Nord peuvent avoir un pourcentage important de populations sous-alimentées (Moldavie) alors que des pays du Sud peuvent avoir une situation alimentaire correcte (Turquie, une partie de l'Afrique du Nord, Cuba). **e.** L'échelle de la carte, qui ne représente que les États, ne permet pas de représenter les différences régionales qui affectent de grands pays comme l'Inde ou la Chine ou toutes les détresses humaines qui touchent aussi les pays riches.

FICHE 19, p. 158 La question de l'accès à l'eau

1 **a. Faux** ; **b. Vrai** ; **c. Faux** ; **d. Vrai** ; **e. Faux** ; **f. Vrai**.

2 **a.** L'eau devient un bien rare car les disponibilités sont constantes alors que la population et l'urbanisation augmentent fortement. **b.** Il faut utiliser au mieux les ressources en construisant des barrages et des canaux, en captant l'eau des nappes souterraines. **c.** Il faut lutter contre les fleuves en crue liés à l'Asie des moussons.

3 **a.** La plupart des pays connaissant des pénuries d'eau ou un stress hydrique correspondent soit à des régions désertiques (Arabie saoudite) ou semi-désertiques (Syrie), soit à des régions tropicales de mousson (Inde et Pakistan). **b.** La Russie ne souffre globalement pas de pénurie dans la mesure où la densité par habitant y est près de 50 fois plus faible qu'en Inde : les disponibilités en eau par habitant y sont donc beaucoup plus fortes qu'en Inde, malgré des précipitations moyennes ou faibles. **c.** Le Danemark et la Pologne apparaissent comme des pays connaissant un stress hydrique : cela est lié à des densités de population relativement fortes et, pour le Danemark, à l'absence de grands cours d'eau et à l'importance des activités agricoles et industrielles. **d.** Les États-Unis et l'Australie représentent deux pays où une partie du territoire connaît un climat sec ou désertique, dans lequel les activités agricoles et le réseau urbain consomment des quantités d'eau excessives par rapport aux ressources. La petite échelle de la carte ne permet pas de représenter le même phénomène au niveau régional dans de nombreux pays comme le Brésil ou les États du Maghreb. **e.** Les principaux fleuves, objets de conflits sont le Colorado et le Rio Grande, partagés entre les États-Unis et le Mexique, le bassin du Nil partagé entre le Soudan, l'Éthiopie et l'Égypte, l'Euphrate partagés entre la Turquie, la Syrie et l'Irak, le Jourdain partagé entre Israël et la Jordanie, l'Indus et le Gange partagés entre l'Inde et ses voisins pakistanais et bengalis.

FICHE 20, p. 160 Gérer les océans et leurs ressources

1 **a. Vrai** ; **b. Vrai** ; **c. Vrai** ; **d. Faux** ; **e. Vrai**.

2 **a.** La communauté internationale veut interdire le commerce car il est menacé par la surpêche et cela pose des problèmes de survie de l'espèce. **b.** Elles sont en augmentation. **c.** Les principaux consommateurs sont japonais. **d.** La France a décidé d'interdire la pêche au thon rouge. **e.** Les pêcheurs étaient mécontents, car cela leur pose des soucis économiques et renforce leurs difficultés liées aux quotas.

3 **a.** Jusqu'en 1060, les prises de morue augmentent et sont très importantes. **b.** Après 1968, les prises diminuent, principalement à cause de la surpêche. La première loi instaurant des quotas en UE date de 1983. **c.** L'image représente un code-barres avec un poisson. Cela montre un poisson en vente, mais le produit est « épuisé ». L'association veut montrer qu'il ne faut pas consommer des poissons en voie d'épuisement. **d.** L'augmentation de la consommation entraîne une augmentation des prises et une surexploitation.

FICHE 21, p. 162 Ménager l'atmosphère

1 **a. Vrai** ; **b. Vrai** ; **c. Faux** ; **d. Vrai** ; **e. Vrai** ;

2 **a.** Ce document est un extrait du Protocole de Kyoto, signé en 1997. **b.** Cet accord propose un calendrier pour réduire la production de GES, considérés comme la cause du réchauffement climatique. **c.** Le CO^2 provient de la combustion des énergies fossiles et de la déforestation. **d.** Les pays signataires sont principalement des pays du Nord et les pays industrialisés. **e.** Les pays en développement craignent que cet accord ne limite leur développement. **f.** Les États-Unis ont refusé de signer cet accord.

3 **a.** Cette carte représente les possibles conséquences sur la Planète des changements climatiques **b.** En Asie, les mangroves et les coraux seraient menacés. Des millions de personnes seraient forcées de quitter l'endroit où elles vivent à cause de la montée des eaux. **c.** En Afrique, les populations souffriraient de la famine, des inondations, de l'érosion des sols... **d.** En Europe, ce serait principalement les activités touristiques hivernales qui seraient touchées (le ski); en Amérique du Nord, les espaces agricoles. **e.** Les régions qui arriveraient le mieux à s'adapter sont les pays riches, car ils ont la capacité et les moyens de développer d'autres systèmes économiques.

FICHE 22, p. 164 La question de l'énergie

❶ **a. Faux**; **b. Faux**; **c. Vrai**; **d. Vrai**; **e. Faux**.

❷ **a.** Les pays qui dépendent des hydrocarbures pour plus de la moitié de leur PIB sont l'Irak, le Koweït, le Qatar. L'Arabie Saoudite, l'Iran et les Émirats-Arabes-Unis ont des économies plus diversifiées, dans les secteurs de l'industrie ou du commerce. **b.** Les hydrocarbures sont acheminés par gazoducs ou oléoducs jusqu'à des ports d'embarquement en direction de la Méditerranée ou de l'Océan indien. **c.** Les deux principaux types de dangers qui menacent l'acheminement terrestre ou maritime des hydrocarbures sont les tensions politiques (entre la Turquie et les pays arabes, entre les pays arabes de la Péninsule arabique et l'Iran, entre Israël et la Syrie ou l'Iran) et les actes de piraterie (capture de navires contre rançon). **d.** Les pays musulmans de la Péninsule arabique et Israël craignent la poursuite du programme nucléaire de l'Iran, qui peut avoir des implications militaires. **e.** Les pirates proviennent essentiellement de Somalie dont l'État s'est effondré il y a plus de vingt ans. Ils capturent des navires, avec leurs équipages, qui ne sont libérés que contre rançon. Des forces navales internationales essaient de protéger les navires de commerce. **f.** Les Américains possèdent des bases dans la Péninsule arabique et sont intervenus militairement à plusieurs reprises dans la région.

❸

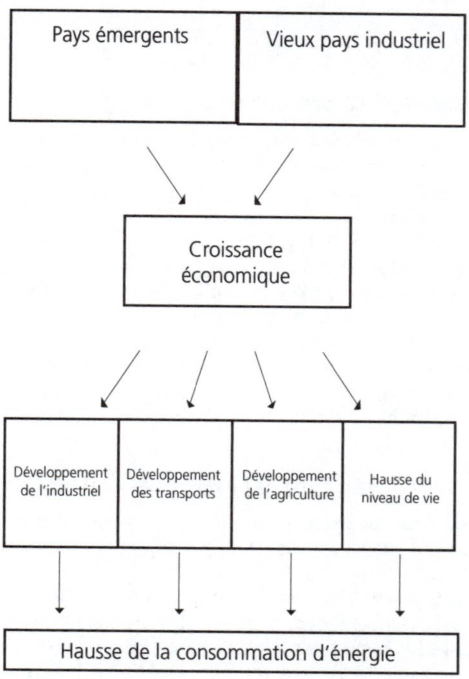

Éducation civique

FICHE 23, p. 166 Égalité des droits et discriminations

❶ **a. Vrai**; **b. Vrai**; **c. Faux**; **d. Vrai**; **e. Faux**.

❷ **a. et b.** 1. Le candidat au CV de référence ne subit pas de discrimination. / 2. Il faut souligner « femme », il s'agit d'une discrimination sexiste. / 3. Souligner « réside au Val Fourré à Mantes-la-Jolie », discrimination en raison du lieu de résidence, un quartier dit « difficile » dont les employeurs craignent les habitants. / 4. Souligner « visage disgracieux », discrimination en raison de l'apparence physique. / 5. Souligner « 50 ans », discrimination en raison de l'âge. / 6. Souligner « nom maghrébin », discrimination xénophobe ou raciste. / 7. Souligner « handicapé », discrimination en raison d'un handicap.

❸ **a.** Les droits proclamés à l'article 1 sont la liberté et l'égalité en dignité et en droits. **b.** Il faut souligner: « tous les êtres humains », « chacun », « sans distinction aucune », « universelle ». **c.** Les différences entre humains évoquées dans les documents: race, couleur, sexe, langue, religion, opinion politique ou autre, origine nationale ou sociale, fortune, naissance, origine, situation de famille, grossesse, apparence physique, patronyme, état de santé, handicap, caractéristiques génétiques, mœurs, orientation sexuelle, âge, activité syndicale. Cette énumération rappelle, en creux, toutes les discriminations qui ont pu ou peuvent être pratiquées, dans le passé et encore aujourd'hui. **d.** Le Code pénal prévoit une peine de trois ans d'emprisonnement et de 45 000 euros d'amende.

FICHE 24, p. 168 Les identités multiples de la personne

❶ **a. Vrai**; **b. Faux**; **c. Faux**; **d. Vrai**; **e. Vrai**.

❷ **a.** Marjane Satrapi, originaire d'Iran, s'est installée en France où elle vit. **b.** L'auteur a choisi de vivre en France, elle y a ses amis et elle s'implique dans ce qui se passe dans son nouveau pays. **c.** L'identité officielle de Marjane Satrapi est iranienne. Son identité personnelle est double, à la fois française par ses choix et iranienne par ses origines.

❸ **a.** Graphique en barres ou histogramme réalisé pour un sondage INSEE portant sur ce qui incarne le plus l'identité personnelle d'un individu. **b.** La question porte sur les critères qui définissent le mieux l'identité personnelle. **c.** L'attache familiale (86 %) et la voie professionnelle (40 %) puis les amis (37 %) sont les critères qui semblent davantage définir l'identité d'une personne. **d.** Réponse personnelle.

FICHE 25, p. 170 L'égalité, une valeur en construction

❶ **a. Faux**; **b. Faux**; **c. Vrai**; **d. Vrai**; **e. Faux**.

❷ **a.** On considère comme pauvre toute personne vivant sous le seuil de 60 % du niveau de vie moyen de la population. **b.** Le taux moyen de pauvreté, toutes catégories confondues, est de 13,4 % de la population. **c.** La tranche d'âge la plus touchée par la pauvreté est celle des jeunes de 18 à 24 ans. Cela est lié aux difficultés à trouver un emploi. **d.** La catégorie « chez les 75 ans et plus » concerne à la fois les hommes et les femmes; les retraités de sexe masculin ont très souvent des niveaux de revenus supérieurs à ceux des femmes. C'est pourquoi cette catégorie comporte moins de pauvres que la catégorie « chez les femmes âgées de plus de 75 ans ».

FICHE 26, p. 172 La sécurité et les risques majeurs

❶ **a.** **Vrai** ; **b.** **Vrai** ; **c.** **Vrai** ; **d.** **Faux** ; **e.** **Vrai**.
❷ **a.** Ce document est une photographie d'une inondation à Redon, en Bretagne, en janvier 2001. **b.** L'aléa est la rivière, la Vilaine, qui traverse la ville, de même que le canal de Nantes à Brest qui se croisent à angle droit sur la photo. **c.** L'enjeu concerne les populations et les activités installées près de la rivière. **d.** Il s'agit du risque inondation.
❸ **a.** Le document est une carte qui présente les zones touchées par le risque inondation, à Gif-sur-Yvette. **b.** Le PPR impose des normes de construction, et peut interdire certains terrains à la construction. **c.** Le collège est en zone moyennement exposée à la crue. Il peut être touché en cas de fortes inondations. Le terrain de football est aussi en zone inondable. **d.** La mairie, l'Église et les écoles primaires sont dans des zones où le risque est faible. **e.** Toutes les communes qui sont situées dans des zones à risques sont tenues d'avoir un PPR.

Anglais

FICHE 1, p. 174 *Be* et *Have*

❶ **a.** « être » ; **b.** un verbe et un auxiliaire ; **c.** *I have 13 years old.* (On dit *I* ***am*** *13 years old.*) ; **d.** *Have you a brother, do you?* (Car on doit utiliser un auxiliaire pour conjuguer le verbe *have* : ***Do*** *you have a brother?*)
❷ **a.** are ; **b.** is ; **c.** am ; **d.** Is ; **e.** is.
❸ **a.** have ; **b.** has ; **c.** have ; **d.** have, have ; **e.** have.
❹ **a.** is ; **b.** am ; **c.** have, are, am ; **d.** has, is.
❺ **a.** Who are you? **b.** How old are they? **c.** How many brothers (and sisters) has your grandpa got? **d.** What are you wearing? **e.** How many pets has your / our President got?
❻ **a.** I am lucky! **b.** I am afraid. **c.** I am hot. **d.** I am wearing glasses. / I have (got) glasses.
❼ **a.** I am XX years old. **b.** I am (name). **c.** I am tall and thin. **d.** I have (got) three brothers and sisters. **e.** I am an only child.

FICHE 2, p. 176 Les questions

❶ **a.** Auxiliaire – Sujet – Verbe? **b.** appelé un mot en *Wh-*. **c.** commencent toujours par un auxiliaire.
❷ **a.** Wh- ▶ Where do you live? **b.** Yes / No ▶ Do you like hamburgers / chips / Mc Donald's? **c.** Wh- ▶ What time is it? **d.** Yes / No. ▶ You like Paris, don't you? / Do you like...? **e.** Wh- ▶ How old are you?
❸ **a.** Who ▶ Who is she? **b.** How ▶ How are you? **c.** When ▶ When did she tell you? **d.** Why ▶ Why do you always call me? **e.** Where ▶ Where do Mum and Dad keep their money?
❹ **a.** Where ; **b.** Can ; **c.** What … for? **d.** How tall ; **e.** Do ; **f.** Did.
❺ **a.** Do you like football? **b.** Does she have a boyfriend? **c.** Can your five-year-old brother swim? **d.** Do your grandparents live in London? **e.** Did Mum arrive late yesterday?
❻ **a.** What time do you go to bed? **b.** How old are your twin sisters? **c.** Do you look like your dad? **d.** Where do you live?

FICHE 3, p. 178 Le présent simple – Adverbes de fréquence

❶ **a.** *do / does* (*did* est celui du prétérit, le passé. *Be* est l'auxiliaire « être » et au présent il se conjugue : *am, is, are. Have* est l'auxiliaire « avoir » qui a deux formes : *have* et *has*, 3e personne du sing.). **b.** l'auxiliaire *do*. **c.** *She didn't make reservations for tonight, did she?* (car elle est au passé). **d.** décrire ce que l'on est en train de faire exceptionnellement (car c'est le présent en *be + V-ing* que l'on utilise alors).
❷ **a.** drives ; **b.** eat ; **c.** arrives ; **d.** sleeps ; **e.** am, comes ; **f.** carries.
❸ **a.** don't take / do not take ; **b.** doesn't leave / does not leave ; **c.** doesn't do / does not do ; **d.** don't drive / do not drive ; **e.** don't live / do not live.
❹ **a.** Do you like sleeping in the afternoon? **b.** Do you want a / this cat? **c.** Does your sister help around the house? **d.** What job does he do?
❺ **a.** I always / usually wake up at 7.15. **b.** Mum usually brushes her hair and Dad always shaves at 7.15. **c.** I usually brush my teeth (sometimes with my finger) at 7.30! **d.** I always have breakfast and usually eat cereal at 7.45. Mum usually has a cup of tea. Dad doesn't usually have breakfast. Dad never has breakfast with us. **e.** I rarely / never tidy up and clean up my room. / I usually don't tidy up and clean up my room. **f.** Mum always / usually makes her bed and folds the pyjamas at 8.30.

FICHE 4, p. 180 Le comparatif de supériorité

❶ **a.** 1 syllabe et 2 syllabes finies par *-y*. **b.** *-est*. **c.** *father* (père). (*further*: plus loin, *farther*: plus loin, *funnier*: plus drôle.) ; **d.** plus (davantage).
❷ **b 3**, **c 2**, **d 5**, **e 7**, **f 1**, **g 11**, **h 9**, **i 10**, **j 8**, **k 6** ; *short* (court) : **c**, **e**, **h**, **i**, **j**, **k**.
❸ **a 2**, **b 8**, **c 4**, **d 7**, **e 6**, **f 5**, **g 3**, **h 1**.
❹ **a.** taller than ; **b.** more famous than ; **c.** thinner than ; **d.** funnier than.
❺ **a.** better than ; **b.** crazier than ; **c.** more complicated than ; **d.** worse than ; **e.** happier than ; **f.** sweeter than ; **g.** farther / further than ; **h.** stronger than.
❻ **Proposition de corrigé : a.** Swimming is more physical than diving. **b.** Playing tennis is more interesting than swimming. **c.** Rugby is more difficult than jumping. **d.** Running is more tiring than jumping. **e.** Jumping looks more spectacular than playing rugby. **f.** Diving is more spectacular than swimming. **g.** Playing rugby seems harder than jumping. **h.** Tennis is more beautiful than rugby.

FICHE 5, p. 182 Le présent en *be + V-ing*

❶ **a.** être en train de faire quelque chose **b.** *I am working.* **c.** *Is Sarah sick tonight?* **d.** Une action qui se déroule au moment où l'on parle, une action qui se déroule dans un futur proche, une action en cours inachevée.
❷ **a 3**, **b 1**, **c 5**, **d 2**, **e 4**.
❸ **a.** are ; **b.** are ; **c.** are ; **d.** is ; **e.** is ; **f.** am.
❹ **a.** is looking for ; **b.** Are you leaving ; **c.** are not practicing ; **d.** am painting ; **e.** is burning.
❺ **a.** The parrot is sleeping next to the cat. / The parrot is sleeping with the cat. **b.** The dogs are playing cards. **c.** The fish is phoning the mouse. / The mouse is phoning the fish. **d.** The tortoise is racing the snail. / The snail is having a race with the tortoise.

FICHE 6, p. 184 Le superlatif de supériorité

❶ **a.** **Vrai** ; **b.** **Faux** : c'est le comparatif qui compare. Le superlatif indique la plus haute qualité dans une catégorie. **c.** **Vrai** ; **d.** **Vrai**.
❷ **a 5**, **b 4**, **c 3**, **d 2**, **e 1**, **f 10**, **g 9**, **h 8**, **i 7**, **j 6**.
❸ **a.** best ; **b.** cheapest ; **c.** oldest ; **d.** most popular ; **e.** most expensive ; **f.** most beautiful.
❹ **a.** The most interesting story in 2013 was *Argo*. **b.** The nicest song in 2013 was *Skyfall*. **c.** The most amazing set in 2013 was *Lincoln*. **d.** The most beautiful actress in 2013 was Jennifer Lawrence.

5 **a.** The largest; **b.** the tallest; **c.** the smallest; **d.** The heaviest; **e.** The highest.
6 **Proposition de corrigé : a.** I cook the best apple crumble in our family and I make the best pancakes. **b.** I like playing tennis but I am not the most competitive player. **c.** I am not the tallest but I am not the shortest in my class. **d.** I can make the most beautiful Christmas cards. **e.** My grandma says I am the funniest / most impatient / nicest child.

FICHE 7, p. 186 La possession

1 **a.** *beautiful keys* (*beautiful* qualifie, pas de notion d'appartenance). **b.** *The Carters' car.* **c.** *Here is Cathy, Pete and Jimmy's cousin.* (La possession est attachée à la fin du groupe nominal.) **d.** *the table's cloth* (car *table* n'est ni une personne ni un animal).
2 **a.** Josh**'s** party ; **b.** the Bakers**'** garage ; **c.** Patricia and Linda**'s** sister ; **d.** the children**'s** soup ; **e.** Eddie**'s** brothers**'** birthday.
3 **a.** a child's bag ; **b.** the girls' nicknames ; **c.** Jonathan's friends ; **d.** a man's magazine ; **e.** The Johnsons' boat ; **f.** my sisters' mp3 players ; **g.** Charles's CD.
4 **a.** her ; **b.** their ; **c.** His ; **d.** my ; **e.** our ; **f.** her ; **g.** His.
5 **a.** In the red box, there is Patrick's car and his teddy bear. There is Boris's candle too. **b.** In Boris's box, you can find / there is Anna's doll and her magazine, and Patrick's bike. **c.** In Patrick's box there is Boris's book and his phone. There is Anna's dress too.

FICHE 8, p. 188 *Can – Can't*

1 **a.** On peut mettre *can* à la 3e personne du singulier en ajoutant un *-s*. **b.** Je dois réfléchir : *I must think*. (Je sais nager : *I can swim* Puis-je sortir ? : *Can I go out?* Je suis capable de sauter en parachute : *I can jump*.) **c.** synonyme de savoir et de connaissance, une façon de dire « pouvoir » ou « savoir ». **d.** *She does can buy shoes.* (*Does* et *can* sont deux auxiliaires, or un seul auxiliaire est nécessaire.)
2 **a.** can't ; **b.** Can ; **c.** Can't / Can ; **d.** can't ; **e.** can, can, can't.
3 **a.** I can't cut hair very well. **b.** You can park your car here. **c.** I can't do my maths homework alone. **d.** Can I / we book five tickets please?
4 **a.** Jane can fly a helicopter. **b.** The Jameses can drive their neighbour's car. **c.** My children can't play video games. **d.** You can't ride a horse. **e.** Marcus can paint quite well. **f.** A suspect can be a witness, can't he ?
5 **Proposition de corrigé : a.** I can't drive very well / at all. **b.** I can play tennis a little / quite well. **c.** I can ski extremely well / can't ski very well. **d.** I can sing quite well / can't sing at all. **e.** I can cook quite well / a little. **f.** I can't dance very well / at all.

FICHE 9, p. 190 *Must – Mustn't – Don't have to*

1 **a.** le contraire de *must*, obligation. **b.** être obligé de, devoir… **c.** *don't / doesn't have to* **d.** verbe sans *to* (= BV).
2 **a.** must ; **b.** must ; **c.** mustn't ; **d.** must ; **e.** must, mustn't.
3 **a.** mustn't ; **b.** must ; **c.** don't have to ; **d.** mustn't ; **e.** don't have to ; **f.** must, must.
4 **a.** The students mustn't chew gum. **b.** Our students don't have to wear uniforms. **c.** Our students mustn't wear sports shoes. **d.** Everyone must be on time. **e.** You must do your homework. **f.** All students must take part in the lessons. **g.** Students don't have to wear a blazer.

FICHE 10, p. 192 Le prétérit simple – *The simple past*

1 **a.** *did* ; **b.** *-ed, did, didn't* ; **c.** *was – were*.
2 **a 8, b 4, c 5, d 9, e 6, f 3, g 2, h 1, i 10, j 7.**
3 **a.** last night ; **b.** at 7 o'clock ; **c.** last year ; **d.** This morning ; **e.** The last time, a year ago.
4 **a.** wrapped ; **b.** expelled, refused ; **c.** delivered ; **d.** put out ; **e.** was, got in.
5 **a.** was, did not / didn't iron ; **b.** did she say, started ; **c.** told, forgot, was, arrived ; **d.** didn't / did not publish, was.
6 **Proposition de corrigé : a.** When my friends arrived, there was / were… **b.** The cake tasted great. **c.** My parents planned everything and organised a great party. **d.** The party was great and my friends had a lot of fun. **e.** My favourite moment was when I opened my presents.

FICHE 11, p. 194 L'expression du futur

1 **a. Vrai** ; **b. Vrai** ; **c. Vrai** ; **d. Vrai** ; **e. Faux**.
2 **a.** I am going to wash ; **b.** I am going to work ; **c.** Dad is going to take care ; **d.** we are going to send ; **e.** they are going to visit.
3 **a.** I'll / will drive ; **b.** I'll / will have to wait, I won't / will not get ; **c.** I won't / will not go, I'll / will do ; **d.** I won't / will not go ; **e.** There will be, the children will run and play.
4 **a.** am going to go ; **b.** will take care ; **c.** am not going to smile ; **d.** will sort.
5 **a.** will tell ; **b.** will have to wait ; **c.** will be ; **d.** will arrive ; **e.** will warn, will be expelled.

SVT

FICHE 1, p. 196 La respiration des êtres vivants

1 **a. Faux.** Les animaux respirent, mais également les végétaux (sans oublier les champignons). **b. Faux.** De nombreux êtres vivants respirent dans l'eau par exemple. **c. Vrai. d. Faux.** La formule chimique du dioxyde de carbone est CO_2. La formule chimique O_2 est celle du dioxygène. **e. Faux.** Pour détecter la présence de CO_2, on utilise de l'eau de chaux. C'est un mélange d'eau et de chaux, mais ce n'est pas de l'eau chaude.
2 **a.** L'eau de chaux permet de détecter la présence de dioxyde de carbone (CO_2). Habituellement limpide, elle se trouble en présence de CO_2. **b.** Le poisson respire dans le milieu aquatique (l'eau). **c.** Lorsque le poisson respire, il absorbe du O_2 et rejette du CO_2.
3 Le matériel à utiliser est : être humain, eau de chaux, pailles, tubes à essais. L'eau chaude et la boussole ne sont pas utiles. On prévoit deux manipulations. Pour la première manipulation, l'être humain souffle dans la paille, plongée dans le tube à essais contenant de l'eau de chaux (pendant plusieurs secondes). Pour la deuxième manipulation (témoin), on « enlève » l'être humain et on laisse la paille plongée dans le tube à essais contenant de l'eau de chaux (pendant la même durée que la première manipulation).
4 **a.** En présence d'escargot, la quantité de O_2 diminue. **b.** En présence d'escargot, la quantité de CO_2 augmente. **c.** Avec les autres êtres vivants, la quantité de O_2 diminue et la quantité de CO_2 augmente. **d.** En l'absence d'être vivant, la quantité de ces deux gaz reste constante. **e.** Tous ces êtres vivants, lorsqu'ils respirent, absorbent du O_2 et rejettent du CO_2.

FICHE 2, p. 198 Les organes et les comportements respiratoires

1 **a. Vrai.** Les branchies permettent d'absorber du O_2 et rejeter du CO_2 dans l'eau. **b. Faux.** Les poumons permettent d'absorber du O_2 et rejeter du CO_2 dans l'air, mais pas dans l'eau. **c. Faux.** Les trachées permettent d'absorber du O_2 et rejeter du CO_2 dans l'air, mais pas dans l'eau. **d. Vrai.** **e. Vrai.** Certains êtres vivants aquatiques respirent avec des poumons (cachalot, phoque, otarie, dauphin…).

❷

	Milieu de vie	Milieu dans lequel il respire	Organes respiratoires
Calmar	eau	eau	branchies
Chimpanzé	air	air	poumons
Crevette	eau	eau	branchies
Mésange	air	air	poumons
Mouche	air	air	trachées
Orque	eau	air	poumons
Truite	eau	eau	branchies

❸ **a.** Ce sont des trachées. **b.** Les trachées permettent de respirer en milieu aérien (dans l'air). **c.** Le grossissement obtenu avec la loupe binoculaire est : ×10 (5 × 2). **d.** On en conclut que le criquet ne respire ni avec sa tête, ni avec son thorax. Il respire avec son abdomen.

FICHE 3, p. 200 Respiration et répartition des êtres vivants

❶ **a. Vrai.** Moins il y a de O_2 dans un milieu, plus les êtres vivants ont du mal à respirer et risquent l'asphyxie. **b. Faux.** L'agitation de l'eau permet d'oxygéner le milieu et favorise ainsi la présence d'êtres vivants. **c. Faux.** Plus la température de l'eau augmente, moins il y a de O_2 dissous. **d. Faux.** Dans un aquarium, le bulleur sert à oxygéner l'eau. Les poissons absorbent le O_2 dissous. **e. Faux.** Quand la température de l'eau augmente et que les poissons meurent, c'est parce qu'ils manquent de O_2 dissous dans l'eau.

❷ 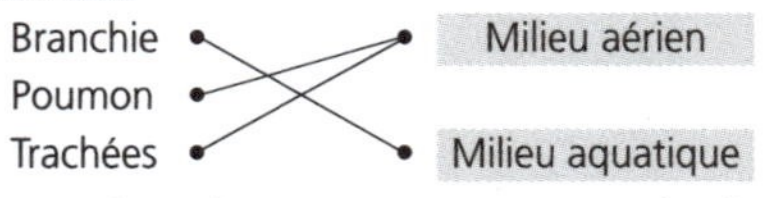

❸ Hypothèse : les poissons sont morts asphyxiés par manque de O_2 dans l'eau devenue trop chaude.

❹ **a.** Les poissons vivent dans l'eau, en milieu aquatique. **b.** Le bulleur sert à augmenter l'oxygénation de l'eau. **c.** Le radiateur ou les rayons du soleil entraînent un réchauffement de l'eau, donc une diminution du O_2 dissous. **d.** La lumière permet aux végétaux de fabriquer du O_2 et de le libérer dans l'eau.

❺ **a.** Hypothèse : la biodiversité diminue dans les endroits n° 2 et n° 3 à cause des constructions humaines. **b.** Au niveau du torrent, la biodiversité est importante grâce à une bonne oxygénation de l'eau. Juste après le lac, le barrage diminue fortement l'agitation de l'eau donc son oxygénation ; ce qui cause la diminution de la biodiversité. Dans la rivière, la biodiversité devient encore plus faible car la centrale nucléaire rejette de l'eau chaude qui cause une diminution de l'oxygénation de l'eau, donc de la biodiversité. Dans l'estuaire, l'agitation et la température sont plus modérées, ce qui permet une meilleure oxygénation de l'eau et donc une remontée de la biodiversité. **c.** Hypothèses : on pourrait disposer des rochers juste après le barrage afin d'augmenter l'agitation de l'eau. On devrait limiter les rejets d'eau chaude de la centrale nucléaire.

FICHE 4, p. 202 Les organes et leurs besoins en énergie

❶ **a. Vrai.** Tous nos organes, sans exception, absorbent du O_2 et rejettent du CO_2. **b. Vrai.** **c. Vrai.** Lors de la digestion, les échanges entre l'estomac et le sang augmentent car digérer représente un effort pour l'estomac qui est un organe de l'appareil digestif. **d. Faux.** Nos organes utilisent l'énergie chimique pour fonctionner. **e. Faux.** Nos muscles transforment l'énergie chimique des nutriments en énergie utilisable.

❷ 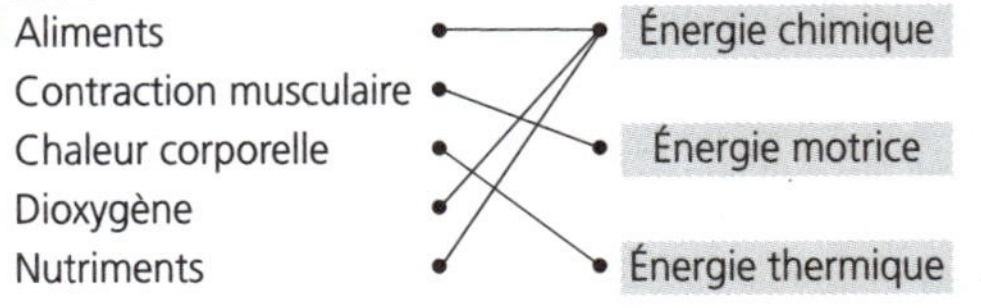

❸ Ce graphique représente la quantité de O_2 dans le sang au niveau d'un muscle. On a mesuré la quantité de O_2 (en mL/L) dans le sang qui arrive à un muscle et celle présente dans le sang repartant d'un muscle, au cours de trois types d'effort : faible, modéré, important. Il y a toujours 200 mL/L de O_2 dans le sang entrant dans un muscle. Par contre, la quantité de O_2 qui en sort varie selon l'effort : 150 mL/L pour un effort faible, 70 mL/L pour un effort modéré, 30 mL/L pour un effort important. En conclusion, plus l'effort est important, plus le muscle consomme du O_2.

❹ **a.** Ce graphique représente l'évolution de la température corporelle d'un adolescent. On a mesuré sa température (en °C) au cours du temps (en minutes), lors de plusieurs phases (repos, marche et course). On observe que la température est initialement de 37 °C. Après 10 min de marche, elle a augmenté légèrement (37,2 °C). Après 10 min de course, elle a encore plus augmenté (37,7 °C). Après 20 min de repos, elle est revenue à 37 °C. Elle reste constante (37 °C) lors des 10 dernières minutes de repos. **b.** C'est le rejet d'énergie thermique sous la forme de chaleur qui est ici mise en évidence. **c.** Les autres échanges effectués par nos organes sont l'absorption de nutriments et de O_2, le rejet de déchets. **d.** La durée de récupération nécessaire est de 20 minutes (de $t = 30$ min à $t = 50$ min).

FICHE 5, p. 204 Le fonctionnement de l'appareil respiratoire

❶ **a. Vrai.** **b. Faux.** Le dioxygène est absorbé : il passe de l'air vers le sang. **c. Vrai.** C'est l'individu qui force l'air à rentrer et à sortir de nos poumons grâce aux muscles respiratoires et à la cage thoracique. **d. Faux.** L'absorption de O_2 a lieu au niveau des alvéoles pulmonaires. **e. Faux.** La pollution peut avoir des effets négatifs sur l'appareil respiratoire (asthme, bronchite…).

❷ **a.** L'asthme gène la respiration car l'air circule moins bien dans les bronches qui sont resserrées et pleines de mucus. L'absorption du O_2 est donc moins importante. **b.** Le tabagisme est un facteur environnemental qui favorise l'asthme : tabagisme actif pour le fumeur et tabagisme passif pour son entourage. Fumer nuit donc à la santé du fumeur et à celle de son entourage en favorisant les crises d'asthme.

❸ **a.** Le volume des poumons augmente au cours de l'inspiration et diminue au cours de l'expiration. **b.** Les muscles respiratoires permettent d'augmenter (inspiration) et de diminuer (expiration) le volume de la cage thoracique et donc le volume des poumons. **c.** Lors d'une inspiration, l'air rentre par le nez et la bouche, passe par le pharynx et la trachée, emprunte les bronches et les bronchioles pour parvenir jusqu'aux alvéoles.

d.

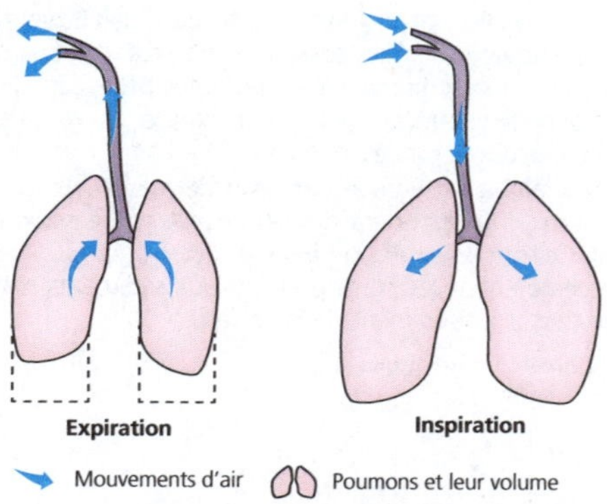

L'appareil respiratoire et les mouvements d'air

FICHE 6, p. 206 La digestion des aliments et le devenir des nutriments

1 **a. Vrai.** Notre appareil digestif permet de découper les aliments en plus petites molécules : les nutriments. **b. Faux.** Certains éléments ne sont pas digérés, comme les fibres végétales par exemple. **c. Faux.** Pour être en bonne santé, il faut manger selon ses besoins quotidiens. Ces besoins varient avec de nombreux facteurs : l'âge, le sexe, la taille et la corpulence, l'activité physique… **d. Vrai.** Les nutriments sont absorbés au niveau de l'intestin grêle. **e. Faux.** Les dents ont une action mécanique dans la digestion des aliments, tout comme l'estomac et l'œsophage par exemple. Les enzymes, quant à elle, sont les acteurs de la transformation chimique des aliments en nutriments.

2

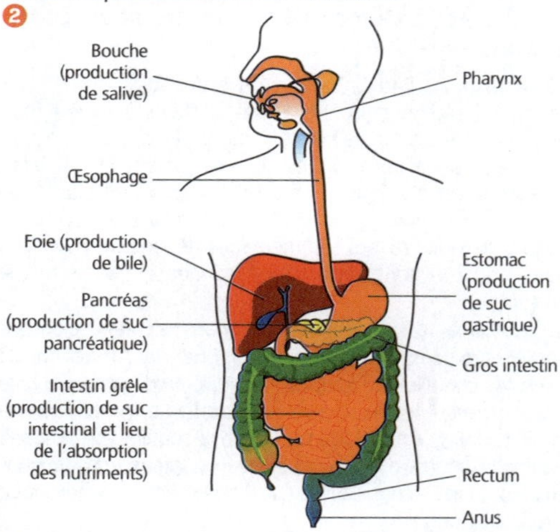

3 **a.** Le taux d'obésité augmente régulièrement entre 1995 et 2010 aux États-Unis, passant de 25 % à 36 % de la population en 15 ans. **b.** Le taux de diabète a presque triplé entre 1995 et 2010 aux États-Unis, passant de 8 à 21 millions d'habitants en 15 ans. **c.** D'après le tableau, plus l'obésité augmente, plus il y a de diabétiques. On peut donc poser l'hypothèse que l'obésité est un facteur responsable du déclenchement du diabète. **d.** Une mesure à prendre pourrait être d'informer la population sur les facteurs de risques entraînant l'obésité comme les bonnes et les mauvaises habitudes de vie (alimentation équilibrée, activité physique…).

4 **a.** Dans l'expérience, le tube témoin est le tube A car il ne contient pas d'enzyme. **b.** On observe que le poisson reste présent en entier dans les tubes A et B, mais qu'il n'est plus visible dans le tube C. Le poisson a donc « disparu » en présence des enzymes du suc gastrique, mais pas en présence de salive ou d'eau uniquement. On en conclut que les enzymes du suc gastrique sont capables de digérer le poisson : l'hypothèse est validée.

FICHE 7, p. 208 L'élimination des déchets

1 **a. Vrai. b. Faux.** Des déchets sont éliminés par les reins, mais pas tous (le CO_2 est éliminé par les poumons). **c. Faux.** L'urine, fabriquée par les reins, est stockée dans la vessie avant d'être évacuée hors du corps. **d. Vrai.** Notre sang est filtré par les reins. **e. Vrai.**

2

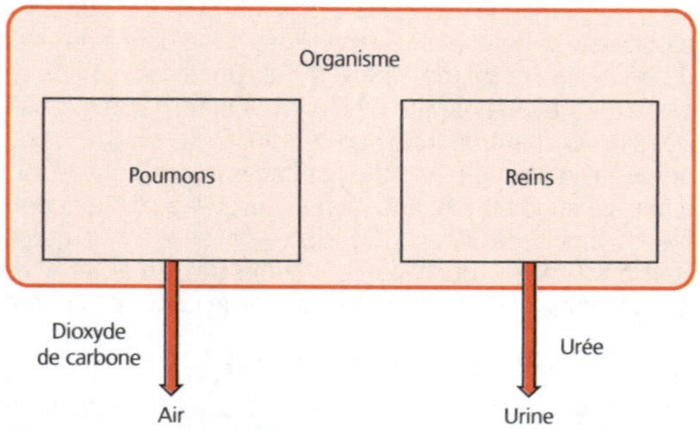

3 **a.** Ce sont nos deux reins qui permettent de fabriquer l'urine à partir du sang. **b.** Les substances qui ne passent donc pas dans le sang (car non filtrées par les reins) sont : les glucides, les lipides et les protides. **c.** Les substances qui passent dans le sang sont : l'eau, l'urée et l'acide urique.

4 **a.**

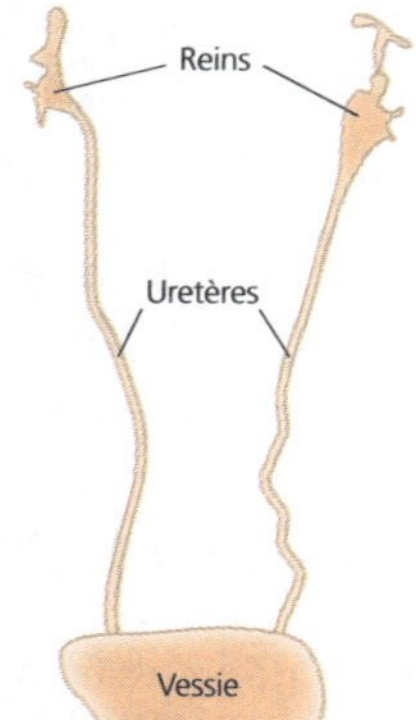

Appareil urinaire observé sur une radiographie

b. Les calculs rénaux bloquent l'écoulement de l'urine. L'évacuation de l'urine hors de l'appareil urinaire est alors impossible. **c.** Les calculs rénaux empêchent l'appareil urinaire de fonctionner : les déchets toxiques tels que l'urée ne sont plus éliminés et s'accumulent dans le sang. **d.** En cas de calculs rénaux, on peut boire beaucoup, prendre des médicaments, voire subir une opération chirurgicale.

FICHE 8, p. 210 La circulation sanguine

1 **a. Faux.** Les veines ne sont qu'une partie de nos vaisseaux sanguins. **b. Vrai.** Notre sang ne peut que circuler à sens unique à l'intérieur de nos vaisseaux sanguins. **c. Faux.** Les échanges entre les organes et le sang ont lieu au niveau des capillaires. **d. Vrai. e. Vrai.**

2 Muscle ⇨ Capillaires ⇨ Veines ⇨ Cœur ⇨ Artères ⇨ Capillaires ⇨ Poumons + Reins.

3 Observer : ce document est un graphique qui représente le risque d'infarctus en fonction du nombre de cigarettes fumées chaque jour. On observe que le risque est de 1 unité pour 0 cigarette. Pour 1 à 5 cigarettes fumées par jour, le risque est de 1,5 unité. Pour plus de 40 cigarettes fumées par jour, le risque est de 9,5 unités. Déduire : on en déduit que plus on fume de cigarettes, plus le risque d'infarctus augmente. Conclure : on en conclut que le tabagisme est responsable d'une augmentation du risque d'infarctus (certainement en augmentant le risque de formation de caillots), ce qui montre une dégradation de l'appareil cardio-vasculaire : on valide donc l'hypothèse.

❹ Observer : le tableau présente le taux d'obésité dans plusieurs pays en 2008. On observe que la France a un taux d'obésité de 13 % comme le Japon. La Belgique et l'Italie 15 %, l'Allemagne 20 %, les États-Unis et le Canada 25 % d'obésité. Le graphique représente l'évolution du taux d'obésité en France, de 1980 à 2008. On observe qu'on est passé d'un taux d'obésité de 6 à 13 % entre 1980 et 2008. Déduire : on peut déduire que la France est, avec le Japon, un des pays les moins touché par l'obésité, mais que le taux d'obésité augmente quand même puisqu'il a plus que doublé en moins de 30 ans. Conclure : on en conclut que la France est moins touchée que d'autres pays, mais elle l'est quand même et de plus en plus : on valide donc l'hypothèse.

FICHE 9, p. 212 L'érosion de roches

❶ **a. Faux.** L'érosion, c'est la dégradation (l'altération) des roches. **b. Faux.** Un affleurement, c'est lorsque la roche est visible en surface. **c. Vrai. d. Faux.** L'agent d'érosion varie (eau liquide, eau solide, vent…) et les roches n'ont pas toutes la même résistance. **e. Vrai.**

❷	Photo 1	Photo 2
Localisation	mer	désert
Forme	en triangle	en triangle
Agent d'érosion	eau, à l'état liquide	vent

❸ **a.** Voir le tableau en bas de la page.
b. L'agent d'érosion est l'eau (de pluie). **c.** Un seul minéral résiste bien à l'érosion : le quartz. **d.** Les minéraux résistant mal à l'érosion sont : le feldspath orthose, les plagioclases et les micas.

FICHE 10, p. 214 Le transport et le dépôt des sédiments

❶ **a. Vrai.** Les morceaux de roche issus de l'érosion peuvent rester sur place et entrer dans la composition de la terre formant le sol. **b. Vrai.** Les morceaux de roche issus de l'érosion peuvent être transportés sur de courtes et longues distances. **c. Vrai.** Le vent peut transporter des morceaux de roche de petite taille comme les grains de sable. **d. Vrai. e. Vrai.** L'entassement des strates de sédiments permet de les transformer en roche sédimentaire.

❷ Matériel utilisé : grains de sable, graviers, galets, ventilateur, règle (matériel inutile : colle, ciseaux). Protocole : on dispose des morceaux de roche de différentes tailles (3 tailles). On actionne le ventilateur pendant 1 minute. On mesure la distance parcourue par les morceaux de roche.

❸ **a.** La falaise est érodée par l'eau de mer. **b.** Les traits horizontaux correspondent aux strates de roche sédimentaire. **c.** Ce sont les strates supérieures qui se sont formées le plus récemment : elles correspondent aux sédiments déposés par-dessus les sédiments plus anciens.

❹ **a.**

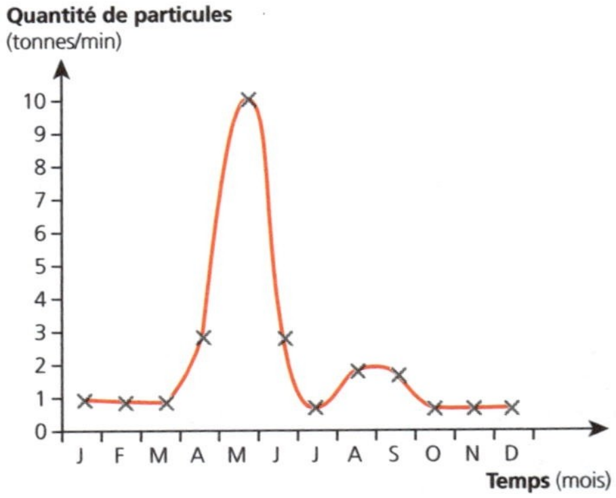

Évolution de la quantité de particules transportées par l'eau du torrent au cours de l'année

b. L'érosion est maximale au mois de mai. **c.** Cette érosion particulièrement importante peut être due à la fonte des neiges.

FICHE 11, p. 216 La reconstitution des paysages anciens

❶ **a. Vrai. b. Faux.** On ne trouve des fossiles que dans les roches sédimentaires. **c. Faux.** Certains fossiles appartiennent à des groupes aujourd'hui disparus, mais d'autres appartiennent à des groupes qui existent encore. **d. Vrai.** Une strate est plus jeune que celle du dessous et plus vieille que celle du dessus. **e. Vrai.** Les traces des sédiments visibles dans les roches sédimentaires dépendent du milieu dans lequel se sont déposés les sédiments, parfois même du climat.

❷ **a.** Animal fossile – animal entier dans sa carapace découpée en segments – trilobite (arthropode). **b.** Animal fossile – seule la coquille est fossilisée – coquille en deux parties face à face (valves) – les deux valves sans trou au sommet – bivalve (mollusque). **c.** Animal fossile – seule la coquille est fossilisée – coquille externe d'une seule pièce – en spirale – spirale dans un plan, à plat – coquille lisse, sans ornements – gastéropode (mollusque).

Caractéristiques \ Évolution du granite	Granite sain	Granite altéré (boules de granites + arène granitique)	Arène granitique (sable grossier mêlé à de l'argile)
Minéraux	quartz	quartz	quartz
	feldspath orthose	feldspath altéré	
	plagioclases	plagioclases altérés	
	micas	micas altérés	
		minéraux argileux	minéraux argileux
		oxydes de fer	oxydes de fer
Degré d'altération	aucune altération	faible altération	altération importante

❸ **a.** Animal fossile – seule la coquille est fossilisée – coquille externe d'une seule pièce – en spirale – spirale verticale ou sur le côté – gastéropode (mollusque). **b.** Le sable de plage est majoritairement d'un diamètre compris entre 0,25 et 0,5 mm. Le sable d'estuaire a un diamètre plus hétérogène (entre 0,062 et 0,125 mm + entre 0,25 et 0,5 mm). Le sable de Fontainebleau est donc un sable de plage. **c.** Le sable de Fontainebleau est plus jeune que les marnes situées sous lui; il est plus vieux que le calcaire situé au-dessus de lui: il date donc d'une époque entre –34 Ma et –23 Ma. **d.** Dans la région de Fontainebleau, entre –34 Ma et –23 Ma (d'après l'âge des strates), se trouvait une plage (d'après la taille des grains de sable) au niveau de laquelle vivaient des animaux marins tels que des mollusques gastéropodes appelés Bittium (d'après les fossiles retrouvés).

FICHE 12, p. 218 L'action de l'Homme sur l'évolution des paysages

❶ **a. Vrai.** L'Homme prélève des matières précieuses: uranium, pierres précieuses, métaux… **b. Vrai.** L'Homme prélève des matières non précieuses, mais néanmoins utiles: sable, graviers, roches pour les constructions… **c. Vrai.** L'Homme prélève des matières énergétiques: hydrocarbures, uranium, barrages. **d. Vrai.** Les exploitations de l'environnement géologiques ont des conséquences négatives: inondations, pollutions, baisse de la biodiversité… **e. Faux.** Il y a des solutions: réaménagements, normes anti-pollution, reboisement…

❷ L'Homme exploite les granulats (sable et graviers) pour la construction: verre, béton, routes… Les carrières d'où l'on extrait les granulats sont localisées près des rivières et zones humides: ce sont des zones riches en biodiversité mais fragiles. Pour limiter son impact, l'Homme peut, par exemple, utiliser des péniches plutôt que des camions pour le transport des granulats, réaménager les anciennes carrières en réserves biologiques ou en aires de loisirs…

❸ **a.** L'eau, en tant que ressource géologique, est utilisée comme moyen de transport, pour extraire certains minerais, dans le domaine de l'énergie. **b.** Elle sert de moyen de transport pour les particuliers, mais surtout pour le transport de marchandises (exemple des granulats transportés par les péniches). Elle sert à séparer certains minerais de la roche dans laquelle ils se trouvent (exemple de l'or). Dans le domaine de l'énergie, l'eau sert à la production d'électricité au niveau des barrages, mais aussi pour refroidir les centrales nucléaires. **c.** Dans le domaine du transport, les aménagements des cours d'eau avec des seuils peuvent gêner la remontée des saumons par exemple. L'extraction de minerai est très polluante car l'eau utilisée est souvent rejetée dans les cours d'eau. Les barrages appauvrissent les eaux en O_2 et gênent la circulation des saumons par exemple. Le refroidissement des centrales nucléaires entraîne le rejet d'une eau plus chaude donc appauvrie en O_2. **d.** On limite le nombre de seuils, on aménage des passages pour les saumons, on impose des normes anti-pollution, on traite l'eau avant de la rejeter dans les rivières, on limite la température de l'eau rejetée par les centrales nucléaires, etc.

❹ **a.** La consommation de pétrole n'a cessé d'augmenter de 1900 à 2010, passant d'environ 0 à 4,2 milliards de tonnes/an. **b.** Au rythme actuel, il faudra moins de 55 ans (230 milliards de tonnes/4,2 milliards de tonnes par an) pour épuiser cette ressource. **c.** Les énergies éoliennes et solaires ont plusieurs intérêts: elles sont renouvelables, et en plus, elles ne polluent pas.

Physique - Chimie

FICHE 1, p. 220 L'eau qui nous entoure

❶ **a. Faux.** Les océans recouvrent 70 % de la surface de la Terre. **b. Vrai. c. Faux.** Mais toutes les boissons contiennent de l'eau. **d. Faux.** Tous les organismes vivants contiennent de l'eau. **e. Vrai.**

❷ **a.** La limonade contient de l'eau.
b. L'huile d'olive ne contient pas d'eau.

❸ **a.** 2 – 4 – 7 – 5 – 1 – 3 – 8 – 6. **b.** Pour être libre de ses mouvements. **c.** Pour ne pas abîmer ses affaires et avoir le plus de place possible pour manipuler. **d.** Pour qu'ils ne trempent pas dans les solutions. **e.** Parce qu'elles sont indispensables lors de la manipulation du sulfate de cuivre anhydre. **f.** Si la coupelle n'était pas sèche, l'humidité réagirait avec le sulfate de cuivre anhydre et le résultat de l'expérience ne serait plus significatif.

❹ **a.** La poudre utilisée est du sulfate de cuivre anhydre. **b.** Elle passe de la couleur blanche à la couleur bleue. **c.** Les liquides contenant de l'eau sont: le lait, le jus de citron et l'alcool ménager. **d.** Les liquides ne contenant pas d'eau sont: l'huile de tournesol et le white-spirit. Ce ne sont pas des boissons. Par conséquent c'est Amza qui a raison car il n'y a pas d'eau dans tous les liquides, mais l'eau est présente dans toutes les boissons.

FICHE 2, p. 222 Les mélanges aqueux

❶ **a. Faux.** Car on peut distinguer plusieurs constituants. **b. Vrai. c. Vrai. d. Vrai. e. Faux.** C'est le test d'identification du dioxyde de carbone.

❷ **a.** C'est un mélange hétérogène. **b.** Le filtre sert à séparer le solide (les feuilles de thé) du liquide. Le thé est un mélange homogène. **c.** Le jus de pomme est un mélange homogène; le jus d'orange est un mélange hétérogène.

❸ Les scouts peuvent utiliser comme premier filtre le tamis de chercheur d'or pour enlever les plus gros solides, puis comme deuxième filtre le grand drap usagé qui filtrera des plus petites matières solides.

❹ **a.** Mélange homogène. **b.** Les petites bulles de gaz viennent du gaz dissous dans l'eau pétillante. Ce gaz passe par le tube à dégagement et entre dans le tube à essai en y chassant l'eau. **c.** On a récupéré le gaz dissous de la bouteille. **d.** Le gaz chasse l'eau du tube à essai et prend sa place.

❺ **a.**

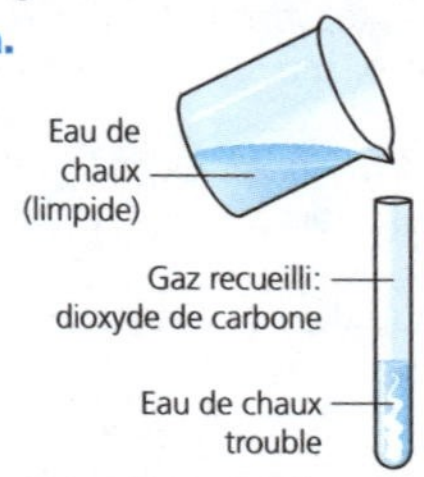

Test à l'eau de chaux

b. Clair et transparent. **c.** Le test est positif, caractéristique de la présence de dioxyde de carbone. **d.** Le gaz dissous dans la boisson pétillante est du dioxyde de carbone.

FICHE 3, p. 224 Mélanges homogènes et corps purs

❶ **a. Faux. b. Faux.** L'eau boueuse est un mélange hétérogène. **c. Faux.** Pour récupérer de l'eau pure au laboratoire, on utilise un montage de distillation. **d. Faux.** Le réfrigérant. **e. Vrai. f. Vrai.**

❷ **a.** Elle n'est pas pure car elle contient des minéraux. **b.** Un mélange homogène: on ne peut pas distinguer ses constituants à l'œil nu. **c.** Le résidu sec est ce qui reste après évaporation de l'eau.

3 **a.** Ce solide blanc est appelé tartre ou encore calcaire. **b.** Il provient des sels minéraux contenus dans l'eau et déposés après évaporation de l'eau.

4 **a.** 1 : système de chauffage ; 2 : eau et fleurs de lavande ; 3 : eau ; 4 : entrée d'eau ; 5 : sortie d'eau. **b.** 6 : réfrigérant. **c.** Le réfrigérant sert à refroidir et condenser les vapeurs odorantes. **d.** On observe un mélange séparé en deux parties, on parle alors de mélange hétérogène.

5 **a.** Voir ci-contre.

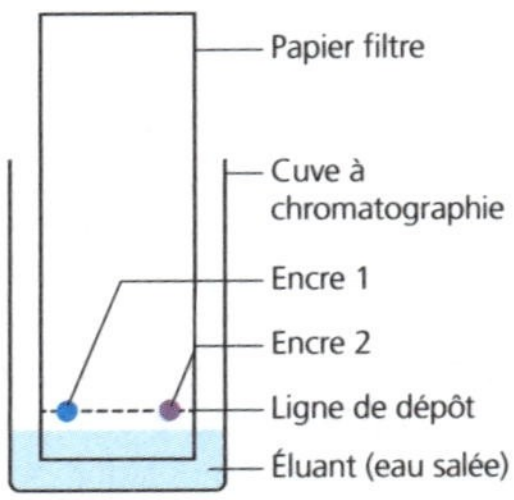

b. La chromatographie est une technique expérimentale permettant de séparer les constituants d'un mélange homogène. Ici, en utilisant cette méthode, on en déduit que l'on désire connaître la composition de ces deux encres. **c.** On observe une tache pour l'encre 1 et deux taches pour l'encre 2. L'encre 1 n'est composée que d'une seule couleur : bleue. L'encre 2 est composée de deux couleurs : bleue et rouge. Par conséquent, l'encre 1 est bleue et l'encre 2 est violette.

FICHE 4, p. 226 Les trois états physiques de l'eau

1 **a. Faux.** **b. Vrai.** **c. Vrai.** **d. Faux.** L'eau passe d'un état à un autre. **e. Faux.** Le passage de l'état solide à l'état liquide s'appelle la fusion. **f. Faux.** C'est la vaporisation, qui peut se faire soit par évaporation soit par ébullition.

2 Le gaz roux et l'air vont se mélanger en prenant tout le volume qui leur est offert (l'ensemble du volume des deux bouteilles) car les gaz sont expansibles.

3 **a.** **Eau à l'état solide :** la neige, la glace. **Eau à l'état liquide :** l'eau des mers, l'eau des cours d'eau, la pluie, les gouttelettes d'eau dans les nuages. **Eau à l'état gazeux :** la vapeur d'eau contenue dans l'air qui est invisible.
b. **Vaporisation** de l'eau des mers en vapeur d'eau. **Liquéfaction** de la vapeur d'eau contenue dans l'air en gouttelettes d'eau formant les nuages. **Solidification** des gouttelettes d'eau en neige. **Fusion** de la glace et de la neige des glaciers en eau formant les torrents.

4 **a.** **Vaporisation** par évaporation à la surface du linge.
b. **Liquéfaction :** la vapeur d'eau devient liquide au contact du miroir plus froid.
c. **Fusion :** le glaçon fond au contact du cola plus chaud.
d. **Vaporisation :** l'eau de l'eau de mer s'évapore, le sel cristallise sur le sol.
e. **Liquéfaction :** la vapeur d'eau invisible se liquéfie en petites gouttelettes d'eau liquide au contact de l'air plus froid.
f. **Solidification :** la pluie se solidifie au contact du sol très froid.

5

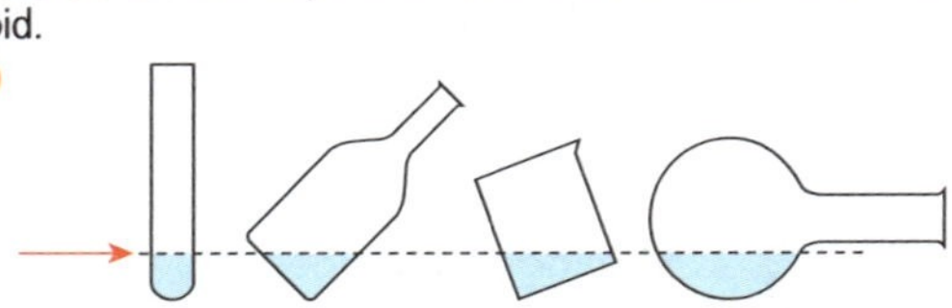

6 On remarque que lors de la solidification de l'eau, le volume a augmenté car la bouteille est brisée. En effet lors d'un changement d'état, la masse est conservée, mais le volume varie.

7 **a.** Émy a besoin d'une balance électronique et d'un bécher (ou tout autre récipient). **b.** Mettre la balance en marche. Poser le bécher vide sur le plateau de la balance. Appuyer sur TARE pour mettre l'affichage à zéro. Verser le cola dans le bécher. Lire la masse sur la balance.

FICHE 5, p. 228 Les changements d'état de l'eau

1 **a. Faux.** C'est une fusion. **b. Vrai.** Le brouillard est constitué de petites gouttes d'eau en suspension dans l'air. **c. Faux.** Comme le brouillard, la buée est de l'eau liquide. **d. Faux.** Il y a évaporation. **e. Vrai.**

2 **a.** Apporter de l'énergie. **b.** Retirer de l'énergie. **c.** Retirer de l'énergie. **d.** Apporter de l'énergie.

3 **a.** Cette courbe représente l'évolution de la température du mercure en fonction du temps lors du réchauffement d'un échantillon de mercure solide. **b.** Région **1** : le mercure est à l'état solide. **c.** La région **2** correspond à un palier de température. Le mercure est à l'état solide et à l'état liquide. **d.** Le changement d'état est la fusion, il se produit à – 39 °C. **e.** Région **3** : le mercure est à l'état liquide.

4 **a.**

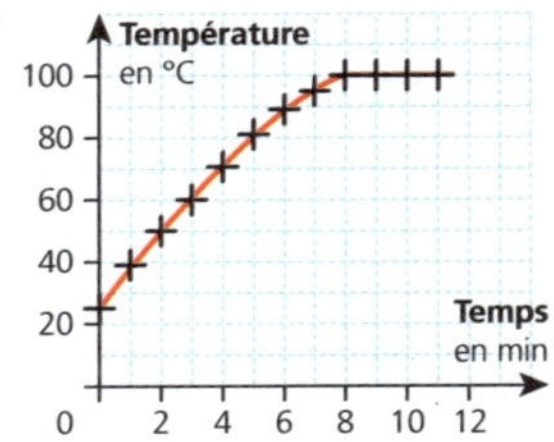

b. À 25 °C, à la pression normale, l'eau est liquide.
c. À 100 °C, à la fin de l'expérience, l'eau est présente à l'état liquide et à l'état gazeux.
d. On observe un palier de température, ce qui prouve qu'il y a un changement d'état. 100 °C est la température de vaporisation de l'eau.

FICHE 6, p. 230 Les grandeurs physiques : masse, volume et température

1 **a. Vrai.** **b. Faux.** C'est le m^3. Le m^2 est l'unité SI de la surface. **c. Vrai.** Car 1 kg = 1 000 g. **d. Vrai.** **e. Faux.** Le kilogramme étant l'unité d'une masse et le litre l'unité d'un volume, il ne peut pas y avoir égalité entre ces grandeurs. Cependant un volume de 1 L d'eau a une masse de 1 kg. **f. Faux.** Il faut préciser le pays et détailler le degré.

2 **a.**

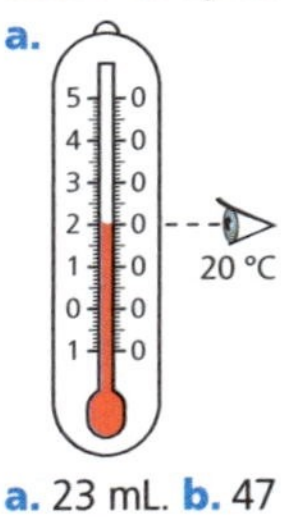

b.

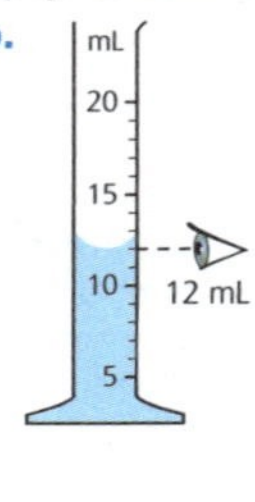

3 **a.** 23 mL. **b.** 47 cm^3.

4 **a.** 1,5 kg = 1 500 g. **b.** 750 mg = 0,750 g.
c. 43,78 g = 43 780 mg. **d.** 0,001 5 g = 1,5 mg.
e. 375 mL = 0,375 L. **f.** 20 mL = 20 cm^3. **g.** 1,5 L = 1,5 dm^3.
h. 88 m^3 = 88 000 L. **i.** 5 678 L = 5,678 m^3.

5 **a.** Matériel : balance électronique, éprouvette graduée.
b. Le ménisque.
c.

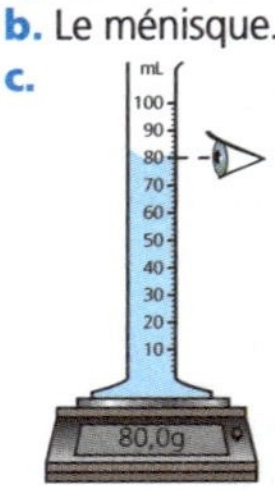

d. 80 mL. **e.** La masse de 1 L d'eau est de 1 kg. **f.** On peut également écrire que la masse de 1 000 mL d'eau est de 1 000 g. La masse et le volume étant proportionnels, on peut écrire que la masse de 80 mL d'eau est de 80 g. Ce qui correspond bien à la masse lue par Mathieu sur la balance. **g.** L'huile « flotte » sur l'eau. Un volume de 80 mL d'huile a donc une masse inférieure à 80 g.

FICHE 7, p. 232 L'eau est un solvant

❶ **a. Vrai. b. Faux.** Un solide peut être soluble. **c. Vrai. d. Faux.** On utilise une ampoule à décanter. **e. Vrai.**

❷ **a.** Le sel est **soluble** dans l'eau. Le sel est **insoluble** dans l'huile. L'huile et l'eau sont **non miscibles**.

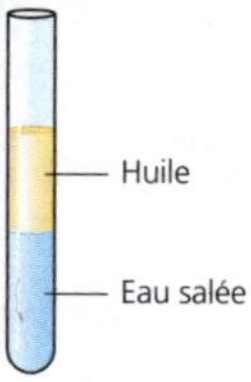

b. On trouve de l'eau salée dans le bas du tube, surmontée par de l'huile (schéma ci-contre).

c. On peut utiliser une ampoule à décanter. On laisse d'abord couler l'eau salée puis on récupère l'huile.

❸ **a.** 118,3 g. **b.** Le sel n'a pas disparu et n'a pas fondu. Il s'est dissous dans l'eau. **c.** Le solvant est l'eau et le soluté est le sel. **d.** Laisser s'évaporer l'eau et récupérer le sel.

❹ Le glaçon **fond** dans la tasse grâce à la chaleur donnée par le café brûlant. L'eau **solide** passe à l'état **liquide**. Ce **changement d'état** se nomme **fusion**.
Le sucre est **soluble** dans le café. Cependant, la quantité de sucre étant trop importante, une partie ne se **dissout** pas, le café est dit **saturé** en sucre.

FICHE 8, p. 234 Le circuit électrique

❶ **a. Faux.** Le générateur transfert de l'énergie électrique à un récepteur. **b. Faux.** C'est le contraire. **c. Faux.** Un générateur est court-circuité quand ses bornes sont reliées par un fil conducteur. **d. Vrai. e. Vrai.**

❷ **Récepteurs** : sèche-cheveux, radiateur électrique, télévision. **Générateurs :** dynamo de vélo, cellule solaire.

❸ **a.** Le circuit est fermé, le courant circule. Le générateur est court-circuité. **b.** Le courant devient intense. Il y a danger d'incendie.

❹ **a.** Une photopile convertit de l'énergie **lumineuse** en énergie **électrique**. **b.** Une pile convertit de l'énergie **chimique** en énergie **électrique**. **c.** Une éolienne convertit l'énergie **du vent** en énergie **électrique**. **d.** Un moteur convertit de l'énergie **électrique** en énergie **mécanique**.

❺ **a.** Il y a deux boucles : la première constituée de la pile et de la lampe ; la deuxième constituée de la pile et de l'interrupteur. **b.** Cette boucle est fermée, le courant peut y circuler. C'est pourquoi la lampe s'allume. **c.** Le courant ne peut pas circuler dans cette boucle car l'interrupteur est ouvert. **d.** En observant la deuxième boucle, on remarque qu'Oscar a relié les deux bornes de la pile à un interrupteur. Lorsque l'interrupteur est ouvert, le courant ne circule pas. Mais dès qu'il ferme l'interrupteur, celui-ci se comportant comme un fil, les deux bornes de la pile seront reliées entre elles. **La pile est court-circuitée. Il y a risque d'incendie.**

❻ **a.**

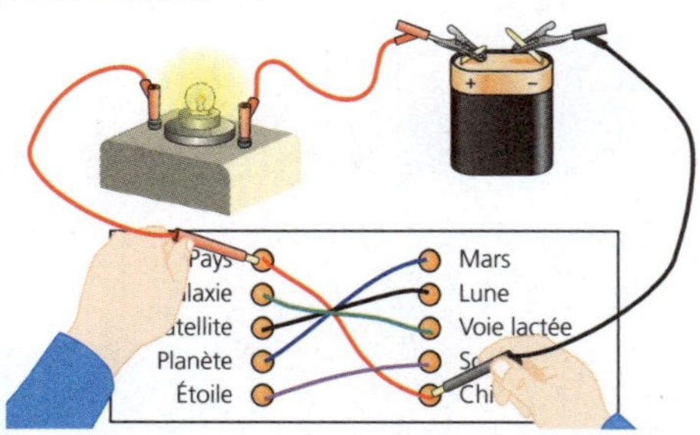

b. Le petit fil électrique reliant chaque élément du couple (Chine ; Pays) permet de fermer le circuit électrique. Le courant peut circuler et traverser la lampe.

c. Si la réponse est fausse, la lampe ne s'allume pas car le circuit n'est pas fermé (car il n'y a pas de connexion entre les éléments d'un couple faux).

FICHE 9, p. 236 Le circuit électrique en série

❶ **a. Faux.** C'est le contraire. **b. Faux.** Un circuit en série ne comporte qu'une seule boucle. **c. Vrai. d. Faux.** Le corps humain est conducteur. **e. Faux.** Un interrupteur fermé se comporte comme un conducteur. Mais ouvert, il se comporte comme un isolant.

❷ **Lampe** **DEL** **Générateur** **Pile**

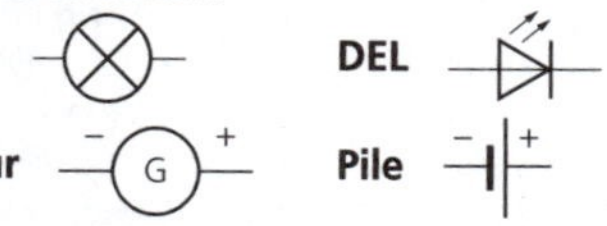

❸ **a. La bouteille** ne laisse pas passer le courant. **b.** Le plastique dont elle est faite est un **isolant**. **c.** Les matériaux qui laissent passer le courant sont des **conducteurs**.

❹ **a.** Le sens du courant indiqué par Dylan est correct car le courant sort de la borne + et rentre par la borne – du générateur en passant par l'extérieur. **b.** Le sens du courant change quand on inverse les bornes de la pile, en effet le courant sort toujours de la borne + et rentre par la borne – du générateur, par l'extérieur.

❺ **a.** Le circuit est en série, car on observe une seule boucle.
b. et **e.**

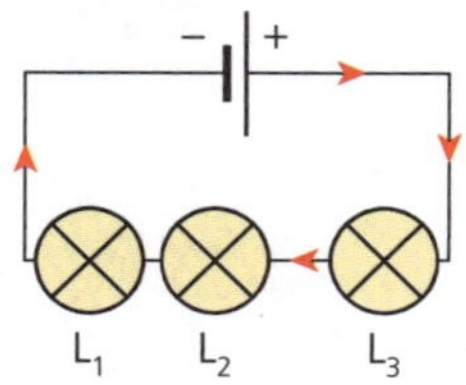

c. Cela ne change pas le fonctionnement du circuit. **d.** Si une lampe grille, le circuit est ouvert, le courant ne passe plus, les lampes s'éteignent.

FICHE 10, p. 238 Le circuit électrique comportant une dérivation

❶ **a. Vrai. b. Faux.** L'autre ampoule brille encore. **c. Faux.** Ce sont deux lampes en série qui sont branchées côte à côte. **d. Vrai. e. Faux.** Dans une installation domestique standard, les appareils sont branchés en dérivation. **f. Vrai.**

❷ Les montages 1 et 6 sont **en série**. Les montages 2, 3, 4 et 5 comportent une **dérivation**.

❸ **a.** Pour faire fonctionner deux lampes de manière indépendante, il faut qu'elles soient branchées en dérivation. **b.** Oui, car dans une installation domestique classique, tous les appareils sont branchés en dérivation.

c.

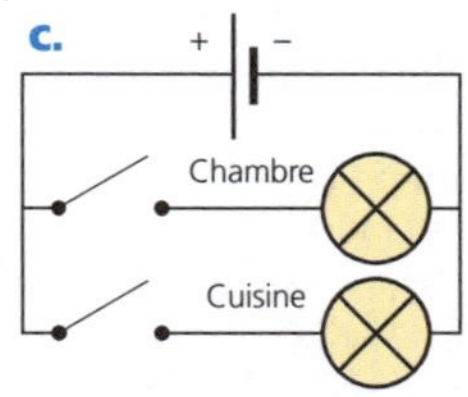

❹ Les montages d'Aminata et de Ganesh correspondent au montage de Rayane. Le montage de Léna ne correspond pas car L_1, L_4, L_3 et L_2 sont en série. Le montage de Mehdi ne correspond pas car il comporte deux dérivations au lieu d'une.

FICHE 11, p. 240 Les sources de lumière – Comment se propage la lumière

❶ **a. Vrai. b. Faux.** Une planète ne produit pas de lumière, elle diffuse celle de son étoile. **c. Faux.** Un objet diffusant renvoie la lumière qu'il reçoit. **d. Vrai. e. Vrai. f. Vrai.** Mais il faut ajouter une flèche pour indiquer son sens de propagation.

❷ **Sources de lumière primaires :** Proxima du Centaure (étoile), le Soleil, l'écran d'un téléphone portable allumé, un feu de cheminée. **Objets diffusants :** la Lune, Saturne, un poisson rouge, un livre, l'étoile du Berger (c'est le nom donné à Vénus qui n'est donc pas une étoile).

❸ **a.** Laser est l'acronyme de « *light amplification by stimulated emission of radiation* » qui signifie « amplification de la lumière par émission stimulée de rayonnement ». **b.** Le laser concentre beaucoup d'énergie sur une petite surface : il est utilisé pour cette propriété en médecine, dans l'industrie, dans la recherche. Le laser émet de la lumière dans une seule direction : on dit qu'il est directif, cette propriété est utilisée en télécommunication, dans la recherche. **c.** Un laser est dangereux pour l'œil, car il peut brûler la rétine, c'est pour cela qu'il ne faut jamais le regarder directement.

4 **a.** La lampe est une source de lumière primaire. **b.** L'écran blanc est un objet diffusant. **c.** Un bon écran diffusant doit être de couleur claire ou blanche. On évitera les couleurs sombres et le noir. **d.** La pomme est éclairée dans les cas **2** et **3**. **1**. L'écran noir ne laisse pas passer la lumière. **2**. La vitre est un milieu transparent, elle laisse passer la lumière. **3**. L'écran blanc est un objet diffusant qui renvoie la lumière de la lampe vers la pomme. **4**. L'écran blanc renvoie la lumière de la lampe mais la pomme n'est pas bien placée, elle ne reçoit pas cette lumière. **5**. L'écran noir n'est pas un objet diffusant. **6**. La lampe n'est pas allumée.

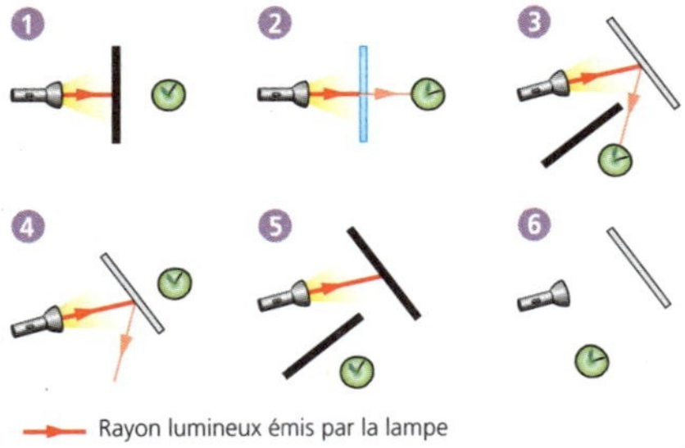

5 Anatole doit se placer devant le trou n° 2 pour voir le trésor.

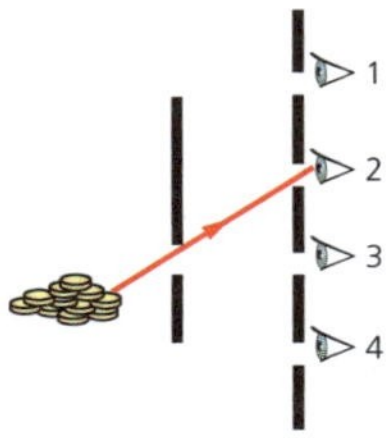

FICHE 12, p. 242 Les ombres et le système Soleil – Terre – Lune

1 **a.** **Vrai.** **b.** **Faux.** **c.** **Faux.** La Terre tourne autour du Soleil. C'est le mouvement de rotation de la Terre sur elle-même en un jour qui donne l'illusion que le Soleil tourne autour de la Terre. **d.** **Vrai.** **e.** **Vrai.**

2 **1**. Ombre portée. **2**. Ombre propre.

3 Voir le schéma du paragraphe « Ombre propre, ombre portée et cône d'ombre ».

4 **a.** **b.** et **c.**

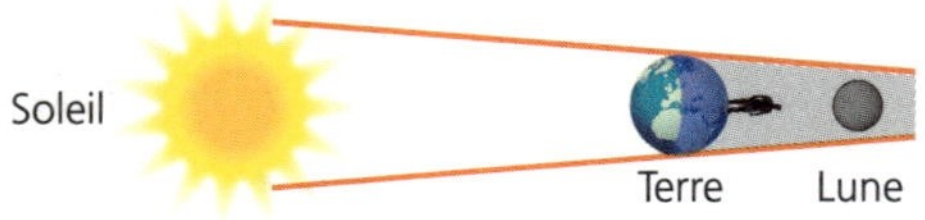

d. La Lune se trouve dans le cône d'ombre de la Terre. Elle est invisible pour les habitants de la Terre. C'est une éclipse de Lune.

5 **a.** On voit la surface de la Lune éclairée et la Terre dont une partie est dans l'ombre. **b.** Apollo 8 est la première mission qui s'est placée en orbite lunaire. La photo a été prise alors que le module survolait la surface de la Lune. **c.** Il faut imaginer être sur la Lune. La Terre semblera tourner autour de nous et on arrivera à la même schématisation que pour les phases de la Lune. Pour les positions vues dans « Apprendre comment faire » les phases de la Terre sont :

Bilans

p. 244 Français

1B ; 2C ; 3A ; 4B ; 5C ; 6AC ; 7C ; 8C ; 9C ; 10A ; 11B ; 12A ; 13A ; 14B ; 15B ; 16B ; 17B ; 18A ; 19C ; 20C ; 21C ; 22C ; 23B ; 24A ; 25B ; 26B ; 27B ; 28A ; 29B ; 30A ; 31B ; 32B ; 33B ; 34C ; 35A ; 36A ; 37C ; 38AC ; 39B ; 40C ; 41A ; 42B.

p. 246 Maths

1C ; 2BC ; 3A ; 4B ; 5A ; 6AC ; 7A ; 8B ; 9C ; 10B ; 11B ; 12A ; 13C ; 14B ; 15A ; 16B ; 17BC ; 18B ; 19C ; 20AB ; 21AB ; 22A, BC ; 23AB ; 24C ; 25B ; 26BC ; 27AC ; 28BC ; 29BC ; 30A ; 31A ; 32BC ; 33B ; 34AC ; 35AB ; 36C ; 37B ; 38A ; 39B

p. 258 Histoire-Géographie-Éducation civique

1B ; 2A ; 3C ; 4B ; 5A ; 6C ; 7A ; 8B ; 9A ; 10A ; 11A ; 12C ; 13B ; 14B ; 15A ; 16C ; 17A ; 18B ; 19B ; 20C ; 21C ; 22B ; 23C ; 24A ; 25C ; 26B ; 27B ; 28A ; 29A ; 30C ; 31C ; 32C ; 33B ; 34A ; 35B ; 36B ; 37A ; 38A ; 39C ; 40C ; 41C ; 42B.

p. 250 Anglais

1B ; 2A ; 3C ; 4A ; 5B ; 6C ; 7B ; 8B ; 9C ; 10B ; 11C ; 12B ; 13C ; 14A ; 15C ; 16A ; 17B ; 18B ; 19A, C ; 20A, C ; 21B ; 22B ; 23A ; 24C ; 25C ; 26C ; 27B ; 28C ; 29B ; 30B,C ; 31B ; 32A ; 33A ; 34B ; 35C ; 36A ; 37B, C ; 38A ; 39B ; 40B ; 41B ; 42B ; 43B ; 44C ; 45A ; 46A ; 47B ; 48A ; 49A ; 50C ; 51C ; 52B ; 53B ; 54A ; 55A ; 56B ; 57C.

p. 252 SVT

1AC ; 2B ; 3C ; 4A ; 5B ; 6AB ; 7A ; 8C ; 9B ; 10B ; 11B ; 12A ; 13B ; 14B ; 15B ; 16A ; 17ABC ; 18BC ; 19ABC ; 20C ; 21ABC ; 22C ; 23AC ; 24AB ; 25B ; 26B ; 27ABC ; 28A ; 29B ; 30ABC ; 31C ; 32B ; 33BC ; 34B ; 35ABC ; 36AC ; 37B ; 38C ; 39A ; 40B ; 41A ; 42C ; 43AC ; 44C ; 45A ; 46BC ; 47B ; 48AB ; 49A ; 50BC ; 51ABC ; 52ABC ; 53BC.

p. 254 Physique-Chimie

1C ; 2B ; 3C ; 4C ; 5AC ; 6C ; 7B ; 8C ; 9B ; 10B ; 11BC ; 12B ; 13C ; 14B ; 15B ; 16BC ; 17AC ; 18B ; 19B ; 20C ; 21B ; 22B ; 23A ; 24C ; 25A ; 26C ; 27B ; 28C ; 29B ; 30AC ; 31BC ; 32B ; 33B ; 34C ; 35AC ; 36C ; 37B ; 38C ; 39B ; 40AC ; 41AC ; 42A ; 43B.